商丘年鉴

2015

商丘市人民政府　主办
商丘市地方史志办公室编

中州古籍出版社

编辑说明

一、《商丘年鉴》是由商丘市人民政府主办，商丘市地方史志办公室及《商丘年鉴》编辑部具体承编的具有政府公报性质的综合性大型信息资料工具书。旨在准确、科学、权威、系统地记述商丘上一年度各项事业的基本情况、重大事件，为各级领导决策提供参考依据，为社会多层面提供资讯，是了解商丘、研究商丘的重要窗口。

二、《商丘年鉴》为年刊，从1999年起每年出版一卷，逐年排列卷次，本年卷为第十七卷。本刊向国内外发行。

三、本卷年鉴主要采用分类编辑法，设类目、分目、条目三个层次，条目是主要表现形式。为方便读者检索，在第三个层次条目中出现的市级单位，其概况条目以分目形式在目录中显示，如“组织工作概况”。

四、《商丘年鉴》2015年卷共分25个类目：即特载、调查报告、大事记、概貌、人物、政党、政权·政协、社会团体、人民武装、政法、国策实施、经济管理、人民生活、基础设施建设、农业、工业、商贸服务业、精神文明创建、教育·科技、文化·史志、新闻媒体、卫生·体育、县（市、区）概览、统计资料、附录。全书共有155个分目、1118个条目。

五、年鉴所用资料均由市直各单位和各县（市、区）提供，并经过单位领导审定。主要数据由市统计局提供，其他数据由有关部门提供。表中“#”字号表示其中的意思。原辖区内永城市2013年11月经河南省委、省人民政府批准为省直接管理县。《商丘年鉴》自2015卷始，文中统计数字不含永城处均注明“不含永城”。

六、为便于读者检索，除卷首有“目录”外，书末还附有“索引”。“索引”采用分析索引法，按主题词首字拼音字母顺序排列。

《商丘年鉴》编辑部

2015年11月

《商丘年鉴》编纂委员会

《商丘年鉴》编辑部

商丘年鉴（2015）撰稿人员名单

（按书中顺序排列）

市委办公室
朱贤正
市委组织部
张振风
市委宣传部
孙　博
市委统战部
鲁学勇
市委政研室
王爱健
市市直工委
张　磊
市编办
白　冰
市老干部局
孟献跃
市信访局
郑家然
市委党校
周曙光
市纪委、监察局
武义成
市民革
王　林　申　思
市民盟
卢　玮
市民建
吕　冰
市农工党
王志刚
市民进
路　伟
市九三学社
王卫平
市人大办公室
王卫华
市政府办公室
郭敬强
市人力资源和社会保障局
邵建伟
市民政局
田　军
市民族宗教局
田秀禅

市外侨办
耿小均
市行政服务中心
邓传宏　杨　乐
市市直机关事务管理局
李华山
市政协办公室
冯海风
市总工会
王　博
团市委
余　洋
市妇联
汤　敏
市科协
耿　聪
市社科联
李国杰
市残联
杨继江
市文联
朱晓楠
市工商联
冉　燃
市侨联
吕景龙
市台办
杜家振
商丘军分区
张龙田
武警商丘支队
张晓华
市人防办
杜学亮
市政法委
李玉峰
市公安局
张兆东
市检察院
曹　虹　李纪军
市法院
闫文超
市司法局
王冰洁

市人口和计划生育委员会
吴　坤
市计生协
汪　建
市国土资源局
徐　冬
市环保局
常海兵
市发改委
王荣鑫
市财政局
吴进丰　张　超
市发展投资有限公司
王东辉
市国税局
芮纪伟
市地税局
张　嘉
市工商局
董慧波
市统计局
杨梅锦　宋　静
市国调队
姬红亮
市审计局
薛　源
市技术监督局
白月亮　刘　陶
市药监局
温允魁
市食品安全委员会办公室
孙麦多　蒋军生
市检验检疫局
吴文彬
市安监局
高进步
市市场发展服务中心
杨景伟
市国资委
李　琳
市城调队
刁　磊
市农调队
高云峰

商丘火车站
赵炳莉
市交通局
唐夫振
市公路局
许　涛　赵万里
市邮政局
范梦龙　邓　蕾
商丘移动公司
孟庆慧
中国联合网络通信有限公司
商丘市分公司
马爱玲
市水利局
吴晓丽　王紫煜　刘长征
市供电公司
王思印　郭　强
市住房和城乡建设局
潘舒亚
市住房公积金管理中心
杨　洋
市城乡规划局
李　振
市城市管理局
张新杰
市农办
贾冬莹
市扶贫办
魏友良
市农业局
刘卫华　张　伟
市畜牧局
张振红
市林业局
吕存峰
市农科院
王艳敏
市农机局
马智勇
市气象局
丁　超　张艳玲
顾杰图
民权林场
栗争鸣　邓广军
市工业和信息化局
吕目知

神火集团
王永岐
市商务（招商）局
李志标
市盐业局
张庆雷
市供销社
李经成
市物流中心
邢玉花
市粮食局
王本洲
市烟草局
王海港
市医药经济发展中心
李东振
市旅游局
韩佳伟
市人行
汤文东
市工行
左　冲
商丘银行
张振东
市农行
祁洪洲
市中行
韩　鑫
市农发行
鲁宇宁
市建行
娄渊礼
中原证券商丘分公司
张世皓
市财险公司
庞在礼
市人险公司
胥泽宇
市文明办
朱胤龙
市教育局
蔡圣英
商丘师范学院
王少栋
商丘职业技术学院
李五坡

商丘工学院
胡　健
商丘医学高等专科学校
徐慧琳
市科技局
吴自然　郭振波
市地震局
崔东亚
市文广新局
李　艳
市新华书店
李健峰
市档案局
席长峰
市党史办
李冬丽
市史志办
张振东
商丘日报社
孙　凯
市卫生局
李　冰
市体育局
赵慧军
永城市
黄思恩
梁园区
黄　平
睢阳区
朱思君　陈传峰
夏邑县
王世波　彭朝阳
虞城县
杨保华
宁陵县
于　飞
柘城县
李海霞　刘彩英　范凤华
睢　县
高明慧
民权县
武传坤
商丘城乡一体化示范区
张　伟

2014 年 11 月 1 日，中国 · 商丘国际华商节开幕式暨商祖故里拜谒活动举行

2015 年 8 月 6 日，副省长王铁一行在市长李公乐的陪同下，到民权县调研黄河故道综合开发工作

2015 年 6 月 17 日，副省长张广智在市委书记魏小东的陪同下，到市城乡一体化示范区马楼水库调研防汛抗旱工作

2015 年 7 月 13 日，市委书记魏小东、市长李公乐带领全市项目建设暨“三区”观摩点评组一行在柘城县巡查观摩

商丘军分区

金秋助学

2014 年，商丘军分区在省军区党委和商丘市委正确领导下，贯彻落实军委、总部和两级军区党委决策指示，紧紧围绕党在新形势下的强军目标，扎实开展“牢记强军目标、献身强军实践”主题教育、战斗力标准大讨论和拥护支持改革教育，官兵献身强军实践的内动力得到激励。扎实做好“四反”和隐蔽斗争工作，按照“三争四抓两确保”工作思路，转变作风、主动作为、敢于担当，创新实践，军分区部队和民兵预备役建设在接续奋斗中迈出新步伐、取得新成绩。

法律进军营

专武干部军区年度军事训练考核

商丘市商务中心区

安置房建设

商务中心区位于商丘市中心城区东南部，北海路以南、迎宾路以北、归德路以东、星林路以西，总规划面积 14.85 平方公里。涉及两区（睢阳区、经济技术开发区）、四个街道、8 个行政村、25 个自然村，总人口 3.2 万人。2011 年 5 月，河南省政府批准设立商丘新区。198 平方公里的新区需要有一个先行区和突破点，市委市政府决定先划出商务中心区率先建设。2011 年 8 月 8 日，商丘新区起步区建设指挥部挂牌成立；2012 年 2 月 7 日，商丘市商务中心区管理委员会正式挂牌成立并搬迁至商丘应天公园园林大厦办公。近年来，商务中心区抢抓机遇，围绕省、市关于加快“两区”建设的发展目标，按照“规划先行、基础配套，要素集聚、资源集约，多点同步、从容开发，突出重点、循序渐进”的基本思路，坚持“先规划再建设、先地下再地上、先安置再开发”的基本原则，强力推进规划设计、征迁安置、土地整备、融资筹资、招商引资、项目建设等工作，力争将商务中心区打造为现代服务业集聚区、城市文化展示区、生态魅力景观区、创新创业新高地。商务中心区建设保持又好又快的发展态势，2014 年完成总投资 68 亿元，占市定目标 50 亿元的 136%。

道路建设

建业十八城

日月湖风光

展示中心

商丘市城乡规划局

局长　曹月坤

商丘市城乡规划局是市政府城乡规划工作行政主管部门。主要职责是组织城市发展战略规划、总体规划及分区规划、控制性详细规划和各类专项规划的编制、调整、修改、报批和监督实施工作，参与建设项目的可行性研究。对规划区内各类建设项目选址、建设用地和建设工程进行规划许可。指导村镇体系规划和乡镇、村庄规划的编制与实施。参与组织编制历史文化名城、名镇、名村的保护、开发规划。配合各级政府依法查处各类违法建设行为。

近年来，商丘市城乡规划局以科学发展观为指导，按照“提升素质、服务大局、持续创新”的工作要求，自我加压，攻坚克难，务实拼搏，实现了商丘城乡规划工作的新突破，谱写了城乡规划工作的新篇章。城乡规划编制工作成效显著，中心城区控规覆盖率基本达到全覆盖，城乡规划体系更加完善。违法建设查处工作力度进一步加大，开展清除城区违法搭建专项行动，规划服务水平、办事效率进一步提高。以活动为载体，全面加强精神文明建设，通过举办各种形式的职工运动会、无烟机关建设、驻村帮扶慰问、书法摄影比赛等活动，切实增强规划队伍的战斗力、凝聚力和向心力，规划系统的整体面貌焕然一新。

植树造林

商丘市第一人民医院

院 长 韩传恩

商丘市第一人民医院建于 1912 年，其前身为加拿大圣公会创办的圣保罗医院。商丘撤地建市后，1998 年 6 月更名为商丘市第一人民医院。2013 年 12 月 14 日，医院通过河南省医院评审委员会三级甲等医院评审。河南省第二周期三级甲等综合医院。连续四年跻身香港艾力彼医院管理研究中心主办的“中国地级城市医院 · 竞争力 100 强”排行榜。

医院占地面积 122798.14 平方米，建筑面积 177087.66 平方米，其中医疗建筑面积 95121.71 平方米。现有在职职工 2184 人，专业技术人员 2047 人，其中硕士研究生以上学历 190 人。医院编制床位 1400 张，开放床位 1650 张，设有内、外、妇、儿、肿瘤、口腔、耳鼻喉、急诊等 56 个临床医技科室，多个专业分组及 ICU、PICU、NICU、RICU 病房。是豫东地区最大的一所集医疗、教学、科研、康复为一体的三级甲等综合医院。是郑州大学医学院、新乡医学院、河南大学医学院等医学高等院校的临床教学医院。

近年来，医院先后获全国先进基层党组织、全国医药卫生系统先进集体、全国医院文化建设先进单位、全国模范职工之家、河南省群众满意医院、河南省医院行业作风建设先进单位、河南省创新医院、商丘市平安建设工作先进单位、商丘市医院行业作风建设先进单位等称号。

医院实景图

市长李公乐到该院调研

院长韩传恩慰问患者

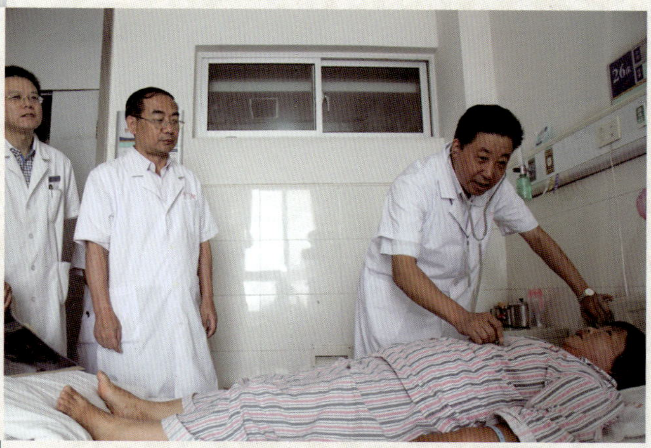

党委书记李成钦查房

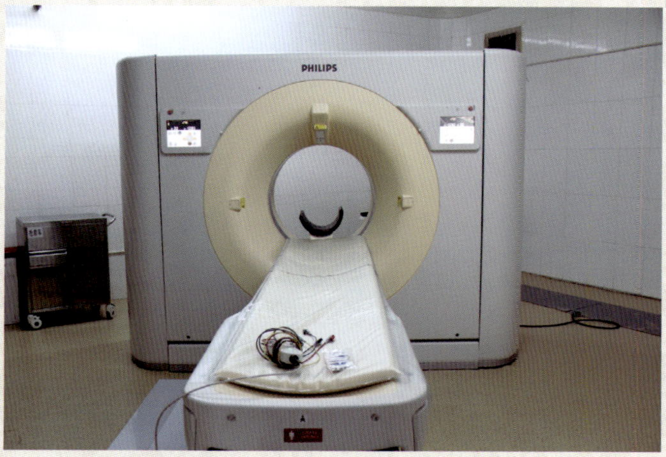

PhiliPS icT

商丘古城旅游区

燧皇陵

应天书院

八关斋

北城门楼

商丘古城座落在商丘市睢阳区，为中国六朝古都，曾用名亳、宋国、睢阳、梁国、宋州、宋城、南京城、应天府、归德府等，自商契建都为始，已有四千多年的历史，是中国历史文化名城、全国重点文物保护单位，是一座集八卦城、水中城、城上城的大型古城遗址。

归德府文庙

现存的商丘古城即归德府城，重建于明朝正德六年，是中国保存最为完好的古城之一，古城下叠压着春秋时期宋国都城、秦汉和隋唐时期的睢阳城、北宋应天府和南京城等 6 座都城、古城。古城城墙、城郭、城湖三位一体，整座城外圆内方，形似古铜钱，砖城内街道形如棋盘，城内地势呈龟背形，诠释着古人“天圆地方、顺天应地”的建城理念，实乃运用阴阳五行学观划城市之典范大作。

商丘古城旅游区是以商丘古城为依托，由古城文

国际华商节举办地——商祖祠

化景区、应天文化景区、商文化景区、火文化景区四部分组成，具有深厚的文化内涵和悠久厚重的历史积淀。

火神台

侯方域故居

旅游区内主要景点：发明钻木取火、开创人类新纪元的三皇之首燧人氏的陵寝——燧皇陵；距今4000多年历史的中国最早天文台遗址——阏伯台；中国唯一一座左殿右学的文庙——归德府文庙；明末四大才子之一侯方域著书立说的壮悔堂；名列北宋四大书院之首的应天书院；纪念“安史之乱”中守一城而捍天下的唐忠烈侯张巡的张巡祠；以留存唐代著名书法家颜真卿墨宝闻名的八关斋；拜谒华商始祖、国际华商节举办地——商祖祠。

张巡祠

穆氏四合院

南城门楼

天下归德，华夏荣光。开放、发展、奋进中的商丘古城旅游区正以满腔的热情、周到的服务、优美的环境诚邀八方宾客的到来。

科迪食品集团股份有限公司

科迪食品集团股份有限公司创建于1985年，是一家以农副产品深加工为主，集工、科、农、牧、商于一体的基地型、多元化、现代化食品企业集团。现有员工1万余人，是全国农业产业化重点龙头企业、全国农产品加工示范企业、河南省10家粮食转化重点龙头企业、河南省百户重点工业企业、河南省重点畜牧养殖及乳品加工基地、河南省奶品安全工程技术研究中心。科迪食品工业园被省政府授予河南省首批新型工业化产业示范基地，科迪乳品产业化集群被省政府认定为河南省农业产业化示范性集群。自创建以来一直致力于做“三农”文章，提高农业资源的附加值和市场化程度，企业快速发展，产生显著的企业效益和社会效益，走出一条“种、养、加”结合和“工农一体化”道路。公司现拥有科迪乳业股份有限公司、科迪速冻食品有限公司、科迪面业有限责任公司、河南中粮粮业有限公司、科迪天然深泉饮用水公司、河南科迪生物工程有限公司、科迪便民连锁超市公司等多家子公司。主导产品有乳制品、速冻食品、面制品、饮用水等五大系列2000多个品种。科迪乳业的综合实力位居河南省第一位，科迪速冻位居全国前三位，科迪面业位居河南省前二位，良种奶牛繁育及奶牛现代化养殖规模居全国前列。

科迪良种奶牛繁育中心

省级
企业技术中心
河南省发展改革委 财 政 厅
河 南 省 地 税 局 郑州海

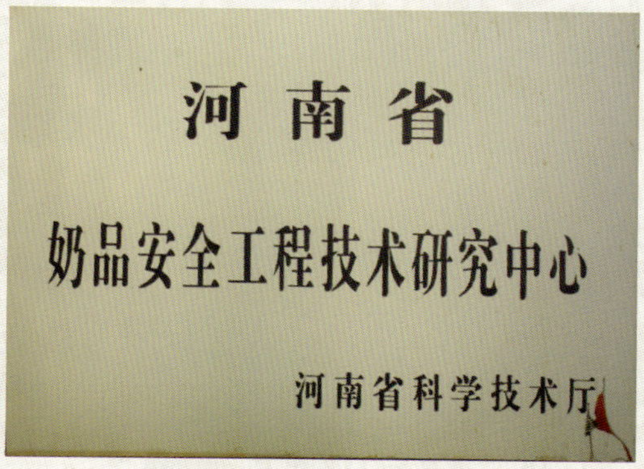
河 南 省
奶品安全工程技术研究中心
河南省科学技术厅

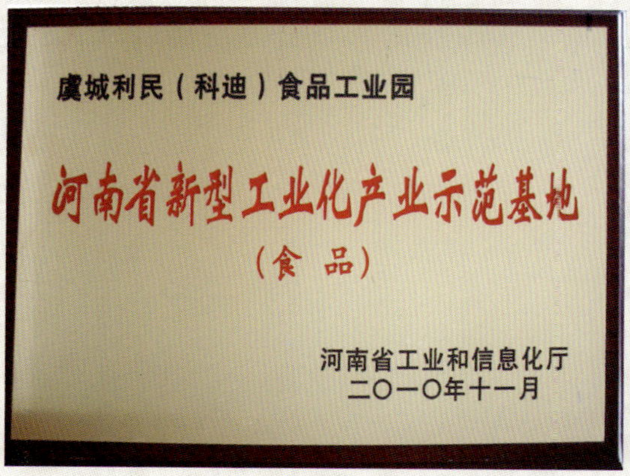
虞城利民（科迪）食品工业园
河南省新型工业化产业示范基地
（食 品）
河南省工业和信息化厅
二〇一〇年十一月

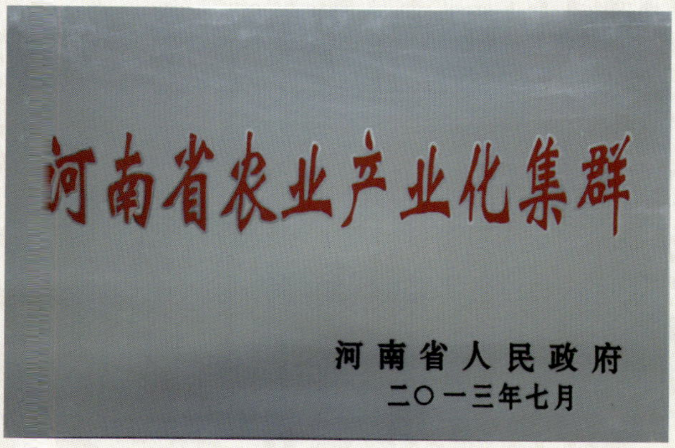
河南省农业产业化集群
河 南 省 人 民 政 府
二〇一三年七月

证书
科迪食品集团股份有限公司：
经评审，批准你单位为全国农产品加工业示范企业。
二〇一〇年十二月

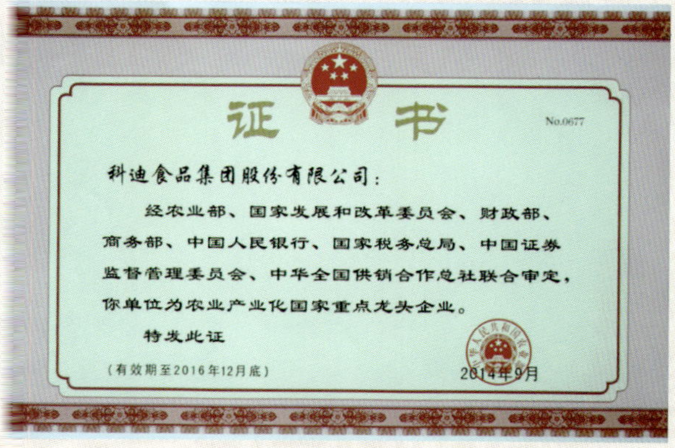
证书
No.0677
科迪食品集团股份有限公司：
经农业部、国家发展和改革委员会、财政部、商务部、中国人民银行、国家税务总局、中国证券监督管理委员会、中华全国供销合作总社联合审定，你单位为农业产业化国家重点龙头企业。
特发此证
（有效期至2016年12月底）

商丘民康医院

朱伟院长（右）

义诊活动

朱伟院长为村民发放医疗宣传单

商丘民康医院是2012年3月经商丘市卫生部门批准成立的集急诊、门诊、住院、预防保健为一体的非营利性一级综合性医院。医院职工140人，其中临床主任医师9名，副主任医师5名，主治医师8名，职业医师21名，建筑面积6800平方米，开放床位157张。位于商丘市民主路与中州路交叉口，交通便利，就医条件舒适，环境优美。

医院设有预防保健科、内科、外科、骨科、颈肩腰腿疼科、妇产科、儿科、急诊医学科、麻醉科、检验科、中医科、中西医结合科。医院医疗设施齐全，现拥有四维彩超、X光机、CT、彩色多普勒、全自动生化分析仪、尿液分析仪、洗板机、血常规分析仪、移动式X光机、C型臂、多功能麻醉机、电刀、洗胃机、电动吸引器、多功能手术床、万能手术灯、重症监护仪、呼吸机、心电图、婴儿辐射保暖台、胎儿监护仪、120救护车、气管插管等各种先进的医疗设备。

该院将在商丘城乡一体化示范区建总面积为174623平方米新医院，其中门诊楼8700平方米，病房楼37495平方米，医技楼2923平方米，商务服务中心4076平方米，居家养老中心77999平方米，居家养老医务室2733平方米，地下车库40697平方米。新医院是一家二级甲等综合医院，为商丘市及周边县区居民提供高质量多样化的医疗需求。新院的900张床位将全面服务于社会，新院及居家养老中心对医院进一步发展全市医疗卫生事业及促进本市文化经济及和谐社会的建设起着重大意义。

商丘市民康医院
民康医院

明香石榴苑

明香石榴苑建于2006年，站地4公顷。是以石榴、松柏为三景的私家花园园林，现有石榴盆景千余盆，石榴树万余棵，樱花，海棠，百日红，桂花，木瓜，三角枫，朴树等万余株，是一处休闲娱乐的好地方。

园中怪石林立，古柳叠翠，水榭楼阁，曲经通幽，好似人间仙境。另外园内还建有“三和盛世园”、“紫艺轩”、“明香纪念馆”、“九曲桥”、“福寿山”、“大乐湖”、“青刺林”、“古树林”、“石榴仙景”、“神龟一号”等景区，供人游乐。

千枝竞秀群苗翠，百花争艳满园香，明香石榴园，建园以来共接待游客和外地宾客等3000余人，受到林专家、大师等的好评，2010年获河南省园林单位称号。

紫玉轩

明香纪念馆

黑松图

星蕴黎明

胸怀若谷

秀丽飘香

五百年石榴三

明香石榴园

商丘市总工会

市领导参观市工会工作成果展

2014 年，商丘市总工会开展组织全市卫生、教育等行业近 90 个工种的职工职业技能竞赛。高质量地完成 48 名河南省劳动模范（先进工作者）的评选推荐。评选表彰商丘市“五一劳动奖状”17 个，商丘市“五一劳动奖章”85 名，商丘市“工人先锋号”70 个。全面推进企业开展工资集体协商，年底全市签订工资集体协议 1786 份，覆盖企业 8465 家。“双节”送温暖活动走访慰问困难企业 536 家，帮扶救助困难职工 17941 户，发放 886.3 万元慰问金和物品。夏季送清凉活动筹集慰问资金 70.35 万元，慰问职工 21083 人。金秋助学活动筹集资金 436.0[illegible] 万元，资助 1997 名困难学子圆大学梦或完成学业。全年全市新建工会组织 242 家，发展会员 20156 人。举办商丘市第三届职工文艺汇演、市工会三大以来工会工作成果展，组织开展职工书画展、摄影展、演讲比赛，分别与商丘日报社、商丘电视台联合举办万人相亲大会。

市领导为困难职工发放送温暖物资

为职工发放送清凉物品

商丘市发展投资有限公司

市长李公乐视察保障房建设

2014 年，商丘市发展投资有限公司围绕全市四项重点工作，积极向开发银行及其它金融机构融资，及时拨付项目建设资金，保障项目建设顺利进行。全年共争取到位省豫资公司、百瑞信托、中信银行、商丘银行等金融机构项目资金 20.18 亿元，其中：土地储备贷款资金到位 2.9 亿元；以引黄调蓄日月湖项目向国家开发银行申请的 4.7 亿元湖体贷款，争取到位 1 亿元；争取到位中信银行贷款 7000 万元，商丘银行贷款 3000 万元，华商农村商业银行贷款 3000 万元；以商务中心区 4、5 号安置小区为载体，向国家开发银行和省豫资公司贷款 13.9 亿元，到位资金 1 亿元；古城棚户区改造项目到位 [illegible].2 亿元；争取到位国务院支持商丘古城棚户区改造无偿资金 2.69 亿元; 12 月，发投公司以日月新城投资公司为借款主体向百瑞信托贷款 7 亿元用于支持商务中心区 4、5 号安置房项目，7 亿元资金已于 12 月 5 日全部到位

全年共拨付项目资金 34444 万元，其中: 拨付宋城 新城、平台街道各类拆迁安置及附属物补偿款 24749 万元; 拨付道路工程款及监理费等 7540 万元；拨付 4、5 号安置房各类前期设计、拆迁补偿费等 2155 万元。共按时偿还开行贷款本金 24152 万元，贷款利息 7839 万元。全年实现商业银行分红 1155 万元，争取到位“金融业发展债券专项奖补资金”100 万元。

商丘市国土资源局

走访慰问困难职工

职工运动会

"省级文明单位"揭牌仪式

2014 年，商丘市国土资源局坚持"放权、增效，规范、提升，务实、创新"的工作理念，各项工作取得显著成效。一是土地管理更加规范。报请市政府成立土地管理委员会，把土地管理重大事项的决策和管理上升到政府层面，加强土地资产的集中统一管理和科学民主决策；制作市区土地供应区片价，建立国有建设用地使用权网上交易平台，确保交易公开、公平、公正，促进土地价值的充分显现。二是制度建设持续完善。报请市政府出台《商丘市人民政府关于进一步加强土地管理工作的意见》，进一步提升政策指导性和执行效力。三是执法监管持续强化。创新推行异地交叉执法巡查模式，有效制止违法案件 37 起，查处 2 起，挂牌督办 10 余起，挽回直接经济损失 200 余万元。四是教育实践活动扎实开展。编印《凝聚正能量》《土地新政专家解析》《群众最关心的 60 个国土资源问题》等系列读本。成立督查室，强化效能监管，出台"建设用地初（预）审、批征转供审批和批后监管"等业务流程图。五是信访工作机制持续健全。宁陵县局成为全省系统唯一的创新完善基层矛盾纠纷调处化解综合机制试点单位，在全市推广。六是文化建设持续深化。创作拍摄反映基层执法工作的微电影《警戒线上》。组织开展第三届全国国土资源系统"书香国土智慧人生"读书活动，创办《守望》杂志，2014 年，省级文明单位成功创建。

军训活动

商丘市安全生产监督管理局

市长李公乐检查工作

2014年，全市安全生产工作牢固树立“底线”思维和“红线”意识，以推进党政同责、一岗双责、齐抓共管的安全生产机制为重点，围绕“强基层打基础，严执法重实效，广宣传造氛围，除隐患防事故，保安全促和谐”的工作思路，真抓实干，努力工作，圆满完成了各项安全生产工作任务。一是安全专项整治。认真落实国办发〔2013〕99号文件精神，组织煤矿企业中层以上领导，并按照要求开展专项检查，对存在的问题进行逐项整改。认真落实煤矿安全规定，加强监督检查，坚持领导带班制度，督促煤矿企业建立安全风险预控体系，严格现场管控，杜绝违法违章生产行为。建筑施工安全专项整治。市政府安全生产委员会牵头，组织公安、住建、安监、规划、城管等部门，针对施工资质、安全防护措施、安全教育培训等问题，开展督查检查。道路交通安全专项整治。强化车辆、驾驶人员等源头治理，加快事故多发点、段改造，严格重点时段、路段管控，严厉打击非法挂靠、非法营运等重大交通违法行为。对大型商场、超市、露天市场、公园、医院、学校等人员密集场所开展消防专项检查，开展“九小”场所专项治理，完善消防设施设备，疏通紧急疏散通道，强化安全防范措施。督促相关部门严格监管，对网吧、洗浴中心、KTV等人员密集场所，采取联合执法的形式，全面排查整改隐患，对一时不能整改的，一律停业整顿，坚决杜绝群死群伤事件。二是危险化学品和烟花爆竹监管。危险化学品和烟花爆竹注重抓好生产、经营、储存、运输以及打击非法生产经营行为等各个环节的工作，确保危险化学品和烟花爆竹安全。三是职业卫生工作专项治理。2014年，以职业卫生培训为抓手，以监督执法为手段，督促用人单位做好职业卫生工作，履行职业卫生主体责任，全年全市没有发现职业病新增病例。

慰问困难群众

商丘市质量技术监督局

执法检查

商丘市质量技术监督局是综合职能部门，主要负责在全市贯彻执行质量法律、法规及方针政策，组织实施质量、标准化、计量、认证认可、质量检验、纤维制品检验、执法打假、特种设备安全监察等工作。2014 年，市质量技术监督局紧紧围绕市委、市政府中心工作，以“建设质量强市、打造质监强局”为目标，坚持科学发展观，抓质量、保安全、促发展、强质监，促进全市质量水平的整体提升和经济社会又好又快发展。

连年被省质监局和市政府评为目标管理优秀单位、党风廉政建设优秀单位、优化经济发展环境先进单位、社会治安综合治理工作先进单位，先后 8 次受到市政府通令嘉奖和通报表彰，行风评议连续多年保持在优秀行列；近年来，被评为全国“全面管理质量及基础教育先进单位”、全国质检系统“四五”普法先进集体、全省质监系统“五五”普法先进单位、商丘市依法行政示范单位、执法打假工作优秀单位，全市“十年十佳优质服务窗口”和平安建设工作特别贡献奖单位等。

为企业现场办证

省级文明单位创建工作

商丘市民族宗教局

少数民族群众实用技能培训班

市长李公乐到清真寺慰问

看望慰问少数民族群众

赴“扶弱陪强”联系点调研

2014 年，商丘市民族宗教局围绕“党的群众路线教育实践活动”，全局上下转作风求实效，以改革的精神和务实的作风夯实基础，破解难题，创新发展，狠抓落实，持续保持商丘市民族团结、宗教和谐的大好局面。全市共有少数民族 43 个，少数民族总人口 16.5 万人，占全市总人口的 1.85%，主要有回、蒙古、满族等。其中回族人口 16 万人，回族人口总数居河南省第二位。属于民族大市，少数民族万人以上的县（区）7 个，少数民族千人以上的乡（镇）、街道 39 个，其中民族乡（镇）4 个，少数民族聚居村 93 个。有佛教、道教、伊斯兰教、天主教、基督教五大宗教，开放宗教活动场所 799 个，市级重点宗教活动场所 34 处，已备案宗教教职人员 1178 人，信教群众总数 85 万人。全市市级宗教团体 7 个，县级宗教团体 41 个。商丘市 12 家企业“十二五”期间被确定为全国民族特需商品定点生产企业。全年共计贴息 20[illegible]万元。充分发挥上下沟通作用，积极协调省民委、省财政厅，本年度共为商丘市争取项目 21 个、资金 660 万元。

组团参加全省第七届少数民族运动会

现场协调天主教北堂迁址工作

商丘无线电管理局

局 长　司久成

近年来，商丘无线电管理局在省工业和信息化厅和商丘市委、市政府的正确领导下，紧紧围绕“三管理、三服务、一重点”的要求，切实做好各项工作，为服务地方经济发展、促进社会和谐、服务国防建设等方面做了不懈努力，多次被评为先进单位。2010 年，被评为“党风廉政建设先进单位”、“宣传工作先进单位”、“执法工作先进单位”等，获“商丘市文明单位标兵”称号；2011 年，被商丘市委评为“先进基层党组织”、“党风廉政建设纪检监察工作先进单位”、“工会工作先进单位”、“依法行政先进单位”，2012 年，被评为“无线电管理重大保障先进单位”，被商丘市评为“全面推进依法行政示范单位”、“五好五强”基层党组织、“工会工作先进单位”，被河南省委、省政府命名为“省级文明单位”；2013 年在全省无线电管理业务技术演练中荣获优胜奖，无线电管理综合目标考评优秀单位，被商丘市评为“五好五强”先进基层党组织，工会工作先进单位；2014 年 9 月，在全省工信系统组织的依法行政现场知识竞赛中荣获第一名，并作为服务型执法示范单位上报省法制办。在全省组织的十八个地市参加的无线电监测技术演练中，商丘无线电管理局荣获总体第一名。

植树造林

便民服务大厅

商丘市地方史志办公室

省级文明单位创建工作汇报会

近年来，商丘市地方史志办公室按照“十二五”规划确定的目标任务和市委、市政府对史志工作提出的要求，团结协作，奋发进取，圆满完成了各项目标任务，充分发挥了史志资政、存史、教化作用，为全市经济社会发展作出了积极贡献。

按照《地方志工作条例》、省政府《地方志工作规定》和市政府《商丘市地方史志工作管理办法》的规定要求，加大对县（区）依法治志的督导力度，全市基本上完成了二轮修志任务。适时启动了乡镇志编纂工作，举办了乡镇志培训班。为了提升年鉴编纂质量，对撰稿单位提出供稿要求，市史志办广泛征集资料，认真组织编写，聘请专家审阅，精心排版印刷，严格质量监督。《商丘年鉴》（2013 卷）在第五届全国年鉴出版质量评比中获综合二等奖、框架设计二等奖、条目编辑二等奖、装帧设计二等奖。注重创新，不断提升《商丘大事月报》质量。为做好读志用志工作，让人们重温家乡历史，了解商丘市情，激发建设热情，推进商丘经济社会又好又快发展，市史志办编印出版了《图说商丘名胜》。编辑出版的《商丘民间歌谣》被评为全国优秀科普作品。旧志整理工作取得了阶段性成果，完成了《商丘历代方志集成》影印工作。完成了市委、市政府交办的招商引资、“六城”联创、“植树造林”等项工作任务。2014 年获河南省史志系统综合先进单位、市级文明标兵单位。

献爱心送温暖捐款活动

开封市史志办主任曹景宪一行莅商考察交流

打扫积雪

冬季运动会

河南高发公司商丘分公司

观摩交流

河南高速公路发展有限责任公司商丘分公司总里程 330 公里，下辖 18 个收费站，6 个路政大队，1 个超限检测站，1 个交通机电运维中心，10 个机关科室，现有正式职工 1200 人。

连霍高速公路商丘段、济广高速公路河南段及商周高速公路商丘段，作为高速公路国道主干线和省道的重要组成部分，位居东引西进桥头堡的位置，是横贯东西、连南贯北的三条交通大动脉，

近年来，商丘分公司始终坚持改革创新、规范管理和勤俭节约的理念，牢固树立“五种意识”（制度管理意识、勤俭节约意识、创先争优意识、责任担当意识、服务基层意识），持续抓好“六项工作”（目标任务、安全管理、廉政建设、队伍建设、规范管理、路域经济），圆满完成各项工作目标任务。在运营管理、精神文明建设等方面取得了较好成绩。先后获“省级文明单位”、“省级卫生先进单位”、“河南省交通劳动奖状”等，被商丘市政府授予“诚信示范企业”、“精神文明创建先进单位”、“宣传工作先进单位”等，商丘收费站、木兰收费站获全国妇联授予的“全国巾帼文明岗”。《中国公路网》《河南电视台》《河南经济报》等多家新闻媒体对商丘分公司进行多次宣传报道，实现经济效益和社会效益的双丰收，全方位展示商丘高速“畅安舒美”的魅力形象。

全省高速公路管理观摩会

员工风采

办公大楼

连霍济广立交

中国移动商丘分公司

市领导看望慰问员工

中国移动通信集团公司商丘分公司（简称“商丘移动”）于1999年9月6日成立，现设有8个部门，员工1920名。

多年来，公司在市委、市政府的领导下，在社会各界的关心帮助下，以促进商丘信息化建设为己任，由“移动通信专家”向“移动信息专家”转变，在发展上求突破，在服务上求质量，在管理上求创新，客户规模从分营初的不足5万户到现在的400多万户，固定资产从不足1亿元到现在的20亿元，交换总容量达700多万户，累计建设基站6000多个，为国家创造利税14亿元。同时，公司还积极秉承责任理念，谋和谐、构和谐、促和谐，主动参与慈善、环保、教育等公益活动，扶贫济困助残，服务全市大型盛会，营造和谐环境。先后获“全国文明单位”、“模范职工之家”、“全国三八红旗集体”、“诚信维权单位”、“模范职工小家”“青年文明号”、“精神文明建设工作先进单位”、“巾帼文明岗”、“通信行业用户满意企业”9项国家级荣誉。连续8年获“商丘市政风行风建设先进单位”和“商丘市工业经济发展贡献奖”。客户服务满意度在河南移动服务评比中连续八年位居第一。

基站维护

服务监督员座谈会

中国农业银行商丘分行

党委书记、行 长 王皓东

中国农业银行商丘分行是中国农业银行股份有限公司辖属的二级分行，下辖12个支行，62个营业网点，在职员工1433人，是具有机构网点、客户规模、产品服务、网络科技、城乡联动等多方面优势的国有大型上市银行。

2009年3月商丘分行本届党委成立以来，以打造区域内优秀主流银行、精品银行为目标，以各项业务增量市场份额大于存量市场份额为履职标准，以增速、增幅高于同业四大行、高于全省平均水平为发展目标，谋经营科学发展，抓合规严控风险，带队伍外树形象，各项工作一年一个新台阶，年年都有新进步。各项存款从2009年3月末的100亿元增长到2014年末的243.05亿元，增长1.43倍；各项贷款从22.5亿元增长到2014年末的100.08亿元，增长3.45倍；中间业务收入从2009年的0.48亿元增加到2014年末的1.65亿元，增长2.44倍；拨备后利润从2009年的1.03亿元增加到2014年的3.97亿元，增长2.8倍。综合实力持续保持全省农行第一方阵，同业领先优势持续扩大，为支持商丘社会经济发展做出突出贡献。

省行党委书记、行长武刚为商丘分行颁奖

睢县支行调研

"最美商丘农行人"合影

中国工商银行商丘分行

2014 年 9 月 23 日，河南省副省长在商丘分行调研

自 1984 年扎根商丘，商丘工行经营发展实现了历史性跨越，各项存款增长 90 倍，各项贷款增长 20 倍。商丘工行现有员工 868 人，下辖营业网点 32 个、离行式自助银行 34 个。努力践行“工于至诚，行以致远”的企业文化。

2014 年，商丘工行紧紧围绕商丘市经济发展大局，进一步改进金融服务，持续扩大贷款投放，取得较大成效。全年累计投放各项贷款 120 亿元，余额较年初新增 20 亿元，有效支持重点项目、大中型骨干企业和众多小微企业及个人的融资需求，被市政府评为“2014 年度金融业促进地方经济发展优秀奖”。

商丘工行在大力发展存款、贷款、代理等传统业务的同时，凭借着强劲创新能力和科技优势，在同业中率先推出“e-ICBC”互联网金融品牌，竭诚为广大客户提供网上购物、投资理财、结算转账等便捷的线上金融服务。

同时，该行持续加大软、硬件投入力度，优化网点布局，增加自助银行数量，最大限度地满足客户的服务需求。近两年，先后搬迁改造营业网点 6 家，新建自助银行 32 家，优美的环境、温馨的服务，让 110 余万个人客户和近 8000 户对公客户享受最便捷、最现代的金融服务。

2014 年 10 月 29 日，行长王海峰与永城市签署全面战略合作协议

2014 年 7 月 8 日，副行长崔晓波与虞城县产业集聚区管委会签署全面战略合作协议

中国建设银行商丘分行

行长郭永亮深入中小企业调研

2014 年，建行商丘分行立足愿景，牢记使命，以服务地方经济建设为己任，以“系统创优，同业领先”为目标，以转型创新为动力，面向新常态，抢抓新机遇，深入践行核心价值观，努力打造核心竞争新优势，充分发挥大型商业银行的作用，有效促进地方经济社会发展。

全年建行商丘分行着力做好三项工作：一是着力做大做强信贷业务，搭建“助保贷”等融资平台，不断加大信贷投放力度，扩大信贷规模，丰富信贷产品，优化信贷结构，全方位支持大中小企业；二是着力加强网点建设和“三综合”建设，进一步优化网点环境，提升综合服务能力，实现营业网点综合化、多功能、集约化，不断改善客户体验；三是着力实施“产品引领，转型带动”策略，先后与工商联、供销社等单位签约合作协议，打好“五大战役”，开展“三大活动”，实现各项业务跨越式发展。

建行商丘分行多项工作走在全省建行乃至全国建行系统前列。2014 年被评为中国企业文化先进单位、总行级企业文化先进单位、省分行“三综合”建设先进单位、思想政治工作先进单位、案件防控工作先进单位；被市委市政府评为责任目标完成先进单位、政风行风建设先进单位、诚信服务先进单位、服务重点项目建设先进单位、金融业支持地方经济建设一等奖。

服务大厅

省分行行长石亭峰到建行营业网点调研

中国银行商丘分行

中国银行股份有限公司商丘分行成立于 1984 年 8 月，按照“追求卓越，持续增长，建设国际一流银行”的战略方针，全行员工经过 30 年的艰苦创业，实现平稳、快速发展，在商丘地区树立中国银行的知名品牌、良好声誉和一流国际化大银行的形象。

商丘分行现有员工 600 余人，其中大学本科及以上学历人员占比 48%，员工平均年龄 39 岁。全行下辖 21 家分支机构，其中：二级分行本部 1 个、城区支行 10 个、县（市）支行 5 个，县辖经营性支行 5 个。商丘中行始终坚持走特色化、差异化的业务发展道路，推出“中银理财”、“中银汇兑”、“理想之家住房贷款”等金融产品，努力发挥国际结算业务特长，大力运用国内信用证、海外代付等投行业务，为企业规避风险、节省成本、融集资金，全力支持商丘市企业发展。多年来，中国银行国际结算市场份额在商丘保持同业第一位。

中行商丘分行秉承“回馈社会”的理念，自觉将各项工作纳入商丘市经济社会发展的全局中来，全力支持商丘市经济建设和社会发展。截至 2014 年，人民币存款余额 147.21 亿元，较年初增加 14.01 亿元，新增额在 17 家地市行排第 2 位；人民币存款增速和市场份额在四大行居第三位，公司存款新增和余额保持四大行第一位。

商丘分行各项主要监管指标均达到或优于监管标准，企业文化得到大力弘扬，多次获“总行级精神文明示范岗”、“河南省职工职业道德建设十佳单位”、“先进工会集体”、“河南省金融安全保卫工作先进集体”、“河南省五一劳动奖状”等。

行长李自王到企业调研

植树活动

中行夜景

商丘华商农村商业银行

2014 年，商丘华商农村商业银行紧紧围绕全市经济社会发展大局，认真贯彻落实市委、市政府决策部署，坚持优化信贷结构和注重增量投放，发挥点多面广、经营机制灵活的优势着力拓宽实体经济融资渠道，将有限的资源重点投向“三农”和中小微企业。全行涉农贷款余额 56.88 亿元，较上年末增加 10.99 亿元，增幅 23.95%，在信贷余额中占比 83.50%，占比较上年提高 6.09 个百分点，超额完成涉农贷款“两个不低于”目标。深入开展规范化服务提升活动，积极推进精品网点建设工程。先后被评为全省农信社“文明规范服务示范单位”、全省银行业“文明规范服务示范单位”等。上缴税收从 2010 年的 1000 万元增长到 2014 年的 7785 万元。2014 年度，省财政厅向商丘市财政局拨付资金 233 万元，奖励银行在支持产业集聚区上做出的积极贡献；河南省财政厅给予银行小微企业信贷风险补偿奖励 741.5 万元，列全省农信社首位；2014 年末，全行营业网点共 79 家，遍布全市 23 个乡镇，实现农村金融服务全覆盖。

2014 年末，全行资产 150.53 亿元，比上年末增长 32.61 亿元，增幅 27.65；各项存款余额 109.95 亿元，比上年末增加 16.58 亿元，增幅 17.76%；各项贷款余额 68.12 亿元，比上年末增加 8.84 亿元，增幅 14.91%；全年实现净利润 1.27 亿元，比上年增加 0.13 亿元，增幅为 11.40%；资产利润率 2.69%。不良贷款率 1.25%，拨备覆盖率 380.07%，资本充足率 10.53 %。

组织员工参加郑开马拉松大赛

规范化服务培训

商丘市环境卫生管理处

市委副书记周树群莅临环卫处调研

商丘市环境卫生管理处是市政府主管全市环卫行业的职能部门，负责城市规划区内环境卫生的协调、指导、督查工作；负责城市规划区内道路清扫保洁、垃圾清运，公厕、中转站的管理和督促检查工作；负责城区道路洒水降尘工作；负责城市规划区内建筑渣土的管理工作；负责城市生活垃圾处理费征收的管理、协调、督导、检查工作。

2014 年，市环卫处紧紧围绕“让商丘净起来”的目标，以环境卫生综合整治为突口，以完善环卫设施为基础，以强化环境卫生管理为重点，深化环卫体制改革，创新工作思路，不断提升环卫工作水平。一是对城区生活垃圾清运工作实行市场化运作。通过公开招标方式，将城区生活垃圾清运作业承包给郑州清尘环保技术有限公司，解决以往的清运车辆露天运输、沿街抛洒等问题。二是强化生活垃圾中转站建设。市区投资 3000 万元新建和改造垂直压缩式垃圾中转站 25 座，取消露天垃圾收集点，解决垃圾落地污染环境等诸多问题。三是强化公厕建设。在神火大道绿化带内新建 8 座水冲式公厕，又在宋园、火车站、凯四街新设置 5 座生态型水冲公厕，新建改造公厕 12 座。四是加大机械化洗扫力度。购置洒水车、洗扫车共 15 部，有效地治理道路扬尘污染。五是集中清理城市出入口、主次干道、背街小巷和河道等死角垃圾 2 万余吨。六是城区渣土污染整治基本理顺管理机制，启动渣土车封闭改装和资源化利用项目建设，引导鼓励企业积极捐资关爱环卫工人。

环卫车队停车场

垃圾中转站

喷雾降尘作业

商丘市中心医院

市长李公乐在该院调研

2014年，商丘市中心医院认真贯彻党的十八大和十八届三中、四中全会精神，认真践行党的群众路线，紧紧围绕“以人为本，以病人为中心”这一主题，深入贯彻省二级以上医疗机构宏观监管“十大指标”和“三好一满意”活动要求，认真落实“河南省医疗系统‘以病人为中心’优质服务60条”，狠抓医疗质量，规范医疗行为，改善服务态度，努力为人民群众提供安全、有效、方便、价廉的医疗服务。

全年医院实现总收入1.2亿元，同比增长9.64%；全年门诊量近20万人次，出院病人1.5万人次，危重病人抢救成功率92.2%，住院患者平均满意率98.9%，全年无医疗事故发生。临床开展新业务20余项。获市级科技成果奖两项。发表论文95篇，其中国家级74篇、省级17篇、核心期刊3篇、SCI论文一篇。在市妇幼健康技能竞赛中，一人获得全市第一名并代表商丘市参加省竞赛。在上年度市卫生系统行风评议中荣获第一名，商丘市中心医院被市卫生局、商丘日报报业集团评为上年度市级“群众满意的好医院”。省级、市级新闻媒体上刊登关于该院的宣传报道80余篇。由该院选送的歌伴舞《我用歌声谢谢你》获市第三届职工文艺汇演一等奖。

为产妇庆祝生日

患者家属赠送锦旗

商丘市妇幼保健院

消防演练

院长大查房

捐赠义诊活动

商丘市妇幼保健院创建于 1953 年，为全市唯一的二级甲等专业性妇幼保健机构。承担着商丘市及周边地区妇幼临床业务指导、人员培训、教学和妇幼卫生信息收集等公共卫生职能；承担着全市儿童保健、妇女保健、婚姻保健、计划生育技术指导、优生优育技术服务和监测指导工作。全院职工 398 人，拥有技术力量雄厚，其中高级职称 29 人、中级职称 71 人，中高级职称占全院比例 27%。对妇科、产科、儿科等各种常见病、多发病、疑难病的诊治及各种难产具有很强的专业处置能力。

拓展训练

信泰人寿保险股份有限公司商丘中心支公司

总经理　郭选民

信泰人寿保险股份有限公司商丘中心支公司自 2009 年 8 月成立以来，始终秉承诚信经营，让客户满意为宗旨的服务理念，以创新经营，不怕困难，勇争第一的团队精神，为广大客户提供满意的保险保障，以务实，和谐，合规，高效的工作作风，实现着对商丘人民的承诺，公司始终把“商丘团队，出类拔萃，创造奇迹，勇争第一”作为各条业务线内外勤伙伴追求卓越的口号，努力工作，积极进取，把发展业务和服务客户做到尽善尽美。公司始终坚持“开心工作，快乐生活”的团队文化，努力为广大客户传递爱和责任，送去保障和关爱。6 年来，信泰保险商丘中心支公司从无到有，从小到大，得到了长足的发展。连续六年被河南分公司评为先进中支。

管理团队

中国人民健康保险股份有限公司商丘中心支公司

总经理　郭海军

中国人民健康保险股份有限公司系国内第一家专业健康保险公司，由“世界 500 强”企业中国人民保险集团公司（PICC）联合欧洲最大的健康保险公司——德国健康保险股份公司（DKV）发起设立，公司注册资本金 64.49 亿元，是中国内地资本实力最为雄厚的专业健康保险公司。

中国人保健康秉承中国人保“人民保险，服务人民”的光荣传统，坚持走专业化发展道路，积极服务国家医疗保障体系建设，全面培育公司的核心竞争力，通过坚持不懈地探索和创新实践，在社保业务领域创建了“湛江模式”、“太仓模式”、“平谷模式”等典型经验做法，建立涵盖医疗保险、疾病保险、护理保险、失能收入损失保险等健康保险全部领域的专业化产品体系，构建以“诊疗绿色通道、慢性病管理、家庭医生、异地转诊”为核心服务项目的专业化健康管理服务体系，打造运行稳定、便捷高效的专业化运营管理平台，公司专业技术能力快速提升，在专业健康保险市场中占比 90%，处于绝对领先地位。

截至年底，中国人保健康已设立 25 家省级分公司、109 家地市级机构、99 家县区级机构和 97 家互动部，依托集团公司遍布全国的分支机构和服务网点，分销服务网络可覆盖全国地级和县级行政区，服务人群超过 1 亿人次。

免费体检

街头义诊

商丘市公安局交警支队

支队长　李 涛

李涛做客直播间共话春运

基层督导检查

交警支队 2014“中国商丘国际华商节”彩排预演

商丘市茶业商会

商丘市茶业商会会长　王 伟

商丘市茶业商会自成立以来，在市工商联的指导和帮助下，会长王伟带领全体会员，坚持“文化办会、服务立会、诚信兴会”的宗旨，守法经营、依法办事、奋发进取、诚信执业，为推动商丘茶叶行业和茶文化产业健康发展做出积极贡献，得到了政府和社会的广泛认可。

八闽茶具茶叶批发

商丘市茶叶商会
副会长　刘 彬

商丘市淮海驾校

商丘市淮海汽车驾驶员培训学校是 1993 年经省交通厅批准，公安部门认可的国家一类资质驾校、全市唯一一所普通机动车驾驶员培训综合类驾校。学校占地 20 余公顷，可同时容纳 100 台教练车和 500 名学员参加场地训练，校区内按教学培训大纲规定设置有桩训、侧方停车、直角转弯等 10 多个训练科目；学校拥有森林公园训练基地一处；建成科目一、二、三考场并投入使用。现有教练车 120 辆，员工 200 多人，其中教练员 110 人。学校理论教研室 900 多平方米，多媒体教室能容纳 300 余名学员进行大型多媒体教学，配备 40 多台模拟驾驶器，80 多台理论考试用电脑。近年来，淮海驾校坚持“信誉第一、质量第一、服务第一”的经营理念，诚信经营、规范管理、优质服务，在稳定商丘驾培市场、提升学员培训质量等方面发挥了重要而积极的作用。先后被授予河南省质量信誉服务 AAA 级驾校、河南省十佳驾校、河南省诚信驾校、全国百佳品牌驾校、市级文明单位标兵等荣誉称号。2015 年[illegible]月，被品牌中国产业联盟授予“中国百强品牌驾校”。

2014·数字商丘

全市总面积：10704 平方公里

全市总人口：904.70 万

其中男性：454.95 万

女性：449.75 万

全年生产总值：1697.64 亿元

第一产业：374.78 亿元

第二产业：735.51 亿元

工 业：624.89 亿元

建筑业：110.62 亿元

第三产业：587.35 亿元

第一、二、三产业构成：

22.1 ：43.3 ：34.6

人均生产总值：23359 元

财政一般预算收入：100.74 亿元

财政一般预算支出：352.10 亿元

全社会固定资产投资：1552.19 亿元

社会消费品零售总额：719.18 亿元

其中城镇：529.75 亿元

乡村：187.42 亿元

进出口总额：34053 万美元

其中出口总额：28433 万美元

进口总额：5621 万美元

实际利用外资：30897 万美元

邮电业务总量：60.0 亿元

国内旅游收入：17.4 亿元

国际旅游创汇：188 万美元

金融机构年末存款余额：1759.88 亿元

城乡居民储蓄存款：1233.20 亿元

金融机构年末贷款余额：1007.19 亿元

保险业务收入：50.75 亿元

普通高等学校：6 所

普通中等专业学校：6 所

成人中等专业学校：10 所

职业高中：23 所

特殊教育：10 所

卫生机构床位：30189 张

在岗职工工资总额：2219.04 亿元

在岗职工平均工资：40441 元

城镇居民人均可支配收入：22273 元

城镇居民人均消费性支出：13739 元

农民人均纯收入：8025 元

农民人均生活消费支出：5262 元

城镇居民消费价格总指数：102.3%

农村居民消费价格总指数：102.2 %

城镇居民恩格尔系数：31.4%

农村居民恩格尔系数：37.4%

目 录

特 载

调查报告

大 事 记

概 貌

人　　物

政　　党

政权·政协

社会团体

人民武装

政 法

国策实施

经济管理

人民生活

基础设施建设

农　　业

工 业

商贸服务业

精神文明创建

教育·科技

文化·史志

新闻媒体

卫生·体育

县(市、区)概览

统计资料

附 录

索 引

为您服务

CONTENTS

FEATURED ARTICLE

INVESTIGATION REPORT

CHRONICLE OF EVENTS

GENERAL PICTURE

FIGURES

POLITICAL PARTY

REGIME AND POLITICAL CONSULTATIVE CONFERENCE

SOCIAL ORGANIZATIONS

PEOPLE'S ARMED FORCES

LEGAL SYSTEM

NATIONAL POLICY IMPLEMENTATION

ECONOMIC MANAGEMENT

PEOPLE'S LIFE

INFRASTRUCTURE CONSTRUCTION

AGRICULTURE

INDUSTRY

TRADE, BUSINESS AND SERVICE

CONSTRUCTION OF SPIRITUAL CIVILIZATION

EDUCATION, SCIENCE AND TECHNOLOGY

CULTURE & LOCAL CHRONICLES

NEWS MEDIA

HYGIENE & SPORTS

SURVEY OF COUNTIES, CITY AND DISTRICTS

STATISTICAL INFORMATION

APPENDIX

SUBJECT INDEX

特 载

陶明伦在市委经济工作会议上的讲话

（2015 年 1 月 9 日）

这次市委经济工作会议的主要任务是，贯彻落实省委九届八次全会、省委经济工作会议精神，总结回顾好去年我市经济工作，安排部署新常态下的经济工作。按照市委常委会研究的意见，李公乐同志将对我市经济工作作全面总结部署，这里我先讲几点意见。

一、把握新常态，把思想认识统一到中央战略判断和省委决策部署上来

中央经济工作会议指出，认识新常态，适应新常态，引领新常态，是当前和今后一个时期我国经济发展的大逻辑。因此，把握新常态，是 2015 年经济工作的核心要求。做好今年的经济工作，最重要的是把思想认识统一到中央对经济发展新常态的战略判断上来，把发展目标凝聚到省委、省政府对今年经济工作的总体安排部署上来，以清醒的头脑、有效的措施、扎实的作风，推动经济平稳持续健康增长，促进社会事业全面进步，全力以赴完成全年经济社会发展任务。

进入新常态，我国经济呈现出速度变化、结构优化、动力转换三大特点，消费需求、投资需求、生产能力和产业组织方式、市场竞争特点、资源环境约束、经济风险积累和化解等等都将发生趋势性变化。因此，在新常态下，更要按经济规律办事，实现遵循经济规律的科学发展；更要按自然规律办事，实现遵循自然规律的可持续发展；更要按社会规律办事，实现遵循社会规律的包容性发展。

2014 年，在省委、省政府的正确领导下，市委、市政府团结带领全市广大干部群众，坚持“持续求进、好中求快”的总基调，团结一致，攻坚克难，保持了经济社会持续又好又快发展的好势头和好局面。预计全年经济增长 8.8%，高于全省平均水平，发展的质量效益不断趋好，协调性科学性继续增强，蓄势跨越崛起的后劲更加充分，后发优势进一步累积凸显，干部群众务实奋进、干事创业的氛围更加浓厚，商丘的整体形象持续提升。在国际经济形势严峻复杂，国内经济发展矛盾交织叠加的大背景下，取得这样的成绩确实不易，也证明市委、市政府作出的决策部署符合省委要求，切合商丘实际，各地各部门的工作扎实有效。这是全市上下团结奋斗、共同努力的结果。

2015 年是全面深化改革的关键之年，是全面推进依法治国的开局之年，也是全面完成“十二五”规划的收官之年，做好今年的经济工作意义重大。今年经济工作的总体要求是：深入学习贯彻习近平总书记系列重要讲话精神，认真落实省委九届八次全会和省委经济工作会议精神，坚持“持续求进、好中求快”的总基调，以建设承接产业转移示范市为统揽，以三区发展促突破，以四项重点带全局，以五大建设作保障，稳增长，调结构，促改革，扩开放，控风险，惠民生，把握新常态，抓住新机遇，增创新优势，实现新发展，不断开创我市经济社会持续健康发展新局面。

今年经济增长预期目标是 8.5%，这是充分考虑了经济社会发展进入新常态，又立足商丘自身呈现的阶段性特征这一现实情况而确定的。从商丘角度看，一是新常态下内需不足的矛盾更为突出，但是我市处于工业化城镇化加快推进阶段，投资带动的空间大、消费需求的潜力大。二是靠能源原材料工业支撑增长的传统资源优势在减弱，但我市产业集群、现代物流、交通信息等后发优势在明显上升。三是人力资本的成本优势在减弱，但我市丰富的劳动力保障优势在增强。四是拼资源拼消耗的粗放型发展模式不可持续，但我市环保装备新技术新产品、电子商务新业态新模式发展势头强劲，有的同先进地区比已经处在同一起跑线上，还有可能后来居上、迎头赶上，如阿里巴巴·商丘产业带就走在了全国前列。五是近年来我市谋划实施了一批打基础管长远增后劲的大事，交通基础设施、产业集群发展、区域经济壮大等支撑保障能力不断增强，发展的势能不断积蓄，后发优势明显增多。六是多年来我市经济社会持续健康平稳较快增长的事实说明，各级领导干部驾驭经济发展大局的水平在提高，应对复杂形势的能力在增强，真抓实干的作风在转变，我们有能力有信心把挑战变机遇，牢牢把握经济工作主动权，推动商丘在新常态下实现更好更快发展。

因此，我市需求潜力大、后发优势多、产业集群成效好、区域经济发展势头强、干部队伍素质高等自身独特因素,决定了我市做好新常态下经济工作的综合比较优势明显。未来一段时间,我市发展速度会更科学合理,总体质量会越来越好,经济效益会越来越高,各地各部门和广大党员干部要看到商丘发展的有利因素和美好前景,坚定信心,抢抓机遇,应对挑战,化解风险,乘势而上,在新常态下体现新作为、实现新发展。

贯彻总体要求,实现预期目标,关键要做到"六个坚持":

——坚持推动发展不动摇。习近平总书记多次强调,发展是我们党执政兴国的第一要务,发展仍是解决我国所有问题的关键。我市人口多、底子薄、总量小、人均水平低是基本市情,必须毫不动摇地坚持以经济建设为中心,在发展中壮大自身实力,在发展中努力缩小差距,在发展中实现经济转型,在发展中提高质量效益。

——坚持改革开放不停步。改革开放是破解深层次矛盾的治本之策,要坚定不移把深化改革、扩大开放作为稳定增长、持续发展的法宝,向改革要动力,向开放要外力,着力完善体制机制,破除瓶颈制约,释放改革红利,激发活力、增添动力。

——坚持质量效益不移位。切实把经济工作的着力点转到转变发展方式上来,以提高质量效益为中心,大力发展先进制造业,加快现代服务业发展步伐,培育特色主导产业,转化发展动力,做到减速不减势、减速不减效,实现质量效益的双提升。

——坚持创新驱动不松劲。新常态的发展动力源于创新,要在继续注重要素驱动、投资驱动的同时,大力实施创新驱动发展战略,重视体制机制创新,加快科技创新,积极开展产品创新、业态创新和商业模式创新,着力培育新的经济增长动力。

——坚持改善民生不换挡。要始终把满足人民群众物质文化需求、让城乡居民安居乐业,作为一切工作的出发点和落脚点,持续加大民生投入,着力解决人民群众反映强烈的突出问题,切实把基本民生底线兜住兜好,使改革发展成果更多地惠及广大人民群众。

——坚持优化环境不懈怠。区域经济的竞争某种意义上讲是发展环境的竞争,要加大基础设施建设力度,深化"三治三提"活动成果,营造低成本、高效率、零障碍、无干扰的商丘环境,增强软实力。

二、明确新任务,把《河南省全面建成小康社会加快现代化建设战略纲要》落到实处

省委九届八次全会审议通过的《河南省全面建成小康社会加快现代化建设战略纲要》,是我省在新的历史起点上全面建成小康社会、加快现代化建设的纲领性文件,形成了河南发展的总体设计和行动指南,既为"十三五"乃至更长时期的发展确定了基本坐标和路线图,也为明年经济社会发展指明了方向。贯彻落实好《战略纲要》,对于促进干部群众认识更到位、路子更明确、行动更坚定、工作更有效,引领和鼓舞全省上下沿着正确方向乘势而上,加快中原崛起河南振兴富民强省,实现"两个一百年"奋斗目标,具有重大而深远的意义。

一要明确战略目标。就是到2020年全面建成小康社会,力争经济社会发展主要人均指标高于全国平均水平;到2040年左右全省基本实现现代化。

二要明确战略方针。就是必须坚持中国特色社会主义根本方向,坚持党的领导,不断增强道路自信、理论自信、制度自信;必须坚持以人为本,一切为了人民,一切依靠人民;必须坚持党的实事求是的思想路线,把握科学思想方法。

三要明确战略布局。就是把中国特色社会主义事业"五位一体"总布局和全面推进党的建设新的伟大工程在河南具体化,打造富强河南、文明河南、平安河南、美丽河南,推进社会主义民主政治制度建设、加强和提高党的执政能力制度建设。

四要明确战略重点。就是坚持工业化、信息化、城镇化、农业现代化"四化"同步科学发展。聚焦实施粮食生产核心区、中原经济区、郑州航空港经济综合实验区三大国家战略。着力推动"一个载体、四个体系、六大基础"建设。

五要明确战略举措。就是持续扩大对外开放,全面深化改革,全面推进依法治省,加强思想文化建设,推进社会治理体系和治理能力现代化。

六要明确战略保证。就是发挥党委领导核心作用,建设高素质执政骨干队伍,创新基层党建工作,推动作风建设常态化,坚定不移反对腐败。

《战略纲要》明确了全面建成小康社会、加快现代化建设的战略目标、战略方针、战略布局、战略重点、战略举措、战略保证,形成了"六位一体"的有机整体,我们要深入学习领会,把握实质内涵,切实把《战略纲要》的精神贯穿到工作的各个方面,落实到具体行动之中。尤其要注意以《战略纲要》精神来指导"十三五"规划的编制,结合年度经济社会发展的工作安排,做到有机衔接,把长远目标任务与阶段性工作部署紧密结合起来。要坚持从现在开始,把能做的事情先做起来,用《战略纲要》引领行动、指导实践、推动工作,真正把《战略纲要》精神落到实处,确保我市经济增长年均增速高于全省平均水平,确保与全省同步全面建成小康社会、加快实现现代化宏伟目标任务。

三、增创新优势,持续推动商丘更好更快发展

优势是现实生产力,更是未来竞争力。商丘最大的优势是后发优势,主要包括:

一是交通区位优势。近年来,我们抢抓交通项目建设机遇,加快郑徐高铁、商合杭高铁、商登高速、商丘机场、沱浍河航运等重大项目建设,郑徐高铁年底将联调联试,商合杭高铁已于去年年底开工,京九高铁已列入规划。去年商丘综合交通体系建设取得历史性突破,未来商丘将拥有三个火车站,成为高铁新贵,从根本上确立了综合交通枢纽城市地位。商丘地处豫鲁苏皖四省接合部,区位优越,交通便利,交通区位优势凸显,综合竞争力增强。

二是产业集聚优势。2008年国际金融危机爆发后,我们抓住了东部沿海地区产业转移的难得历史机遇,大力加强产业集聚区建设,一大批产业转移项目落户商丘,每个县都形成了具有自身特点的主导产业和产业集群,商丘新型工业化开始起步,为探索走出一条传统农区跨越发展之路奠定了坚实基础。

三是人文环境优势。打响“商之源”品牌，连续成功举办五届中国·商丘国际华商节，塑造全球华商共同的精神家园。大力弘扬社会主义核心价值观，“一言九鼎、实干兴商”的商丘城市精神成为大家的自觉行动，“商丘好人”成为商丘一张靓丽的城市名片。落实中央八项规定，开展党的群众路线教育实践活动，正作风反“四风”以及“三治三提”作风建设，优化了发展环境，树立了良好形象。

四是人力资源优势。劳动力资源是重要的生产要素保障资源，商丘作为人口大市，富余劳动力充裕，我们围绕承接产业转移，大力发展职业教育，着力提升劳动者就业技能和素质，推动了商丘由人力资源大市向人力资源强市的嬗变。可以说，商丘人力资源比东部发达地区保障性强，比西部欠发达地区素质高，商丘的人口红利优势明显。

五是和谐稳定优势。稳定利于干事创业，和谐能够身心愉悦。近年来，商丘社会大局保持平稳，连年获得全国信访稳定先进单位和全省平安建设先进市，外界说商丘没有发生惊天动地的大事，也很少有杂七杂八的怪事，外地人来商丘有安全感，能感受到公平正义的阳光，可以放心干事、舒心生活。

六是政治生态优势。党员干部能够勇于负责、敢于担当，讲原则、懂规矩、守底线；居民群众本分开明、热情真诚，做到讲诚信、懂友善、守公德，这是商丘风清气正、政通人和的关键所在。大家务必倍加珍惜，精心呵护，持续保持。

四、实现新发展，着力研究解决经济工作中的关键问题

实现我市在新常态下的新发展，必须集中力量研究经济工作中面临的形势任务，抓住关键环节，化解潜在风险，解决实际困难和问题。主要是：

一是把稳增长作为首要任务。商丘这几年发展的一个最大亮点就是“稳”，没有急转弯，没有瞎折腾，没有犯颠覆性错误。今年国内外经济环境错综复杂，经济下行的压力依然较大，必须把稳增长作为经济工作的首要任务。只有稳住经济运行，防止大起大落，才能稳住市场预期，才能为结构调整创造条件，为改革开放赢得空间，为持续发展奠定基础。

二是培育新的经济增长点。稳增长仅靠调整存量还远远不够，必须培育高成长性产业、竞争力强的企业、有市场有效益的产品，推动传统产业的转型升级，加快新项目的投产达效。要抓好创新驱动，推进包括科技创新、产业创新、产品创新、市场创新、体制机制创新在内的全面创新，增强自主创新能力，推动实现由要素驱动为主向创新驱动为主的转变。

三是高度重视承接产业转移问题。特别是如何适应国际化、专业化的要求，如何在现有基础上持续开展集群化、产业链招商引资，扩大承接产业转移成效，要认真研究，拿出具体有效办法措施。要大力发展先进制造业，加快构建现代工业产业体系，巩固扩大承接产业转移示范市建设成效。

四是加快商丘区域性中心城市建设步伐。商丘的城市定位是豫鲁苏皖四省接合部区域性中心城市，在豫皖城市群中发挥龙头带动作用。我市要按照区域中心城市、县域核心县城、乡域中心镇三级节点的要求，构建放射状、葡萄串、集群型、网络化城镇空间格局。

五是解决事关群众切身利益的问题。着力解决好就业、教育、住房、医疗、社会保障等问题，把保障困难群众基本生活的底线兜住兜好，尤其要高度重视劳动力技能培训，把人力资源大市转化为人力资源强市。要加强生态环境建设，实施蓝天碧水工程，深入开展“六城”联创和“美丽商丘·整洁村镇”行动，今冬明春要大力开展植树造林活动，加快森林城市创建步伐，优化城乡居民生产生活环境，建设美丽商丘。

六是推进改革创新。坚持问题导向，对于影响经济社会发展的突出障碍、群众反映强烈的突出问题，要组织专题小组，制定专门方案，组成专业队伍去推动落实。要突出简政放权，实行“负面清单”制度，做到“应减必减”“应放必放”“应授必授”，着力破解体制机制障碍，通过改革创新增动力、添活力。

七是研究土地制度改革。准确把握中央在农村土地制度改革方面的新政策，围绕发展规模经营、增强支撑保障能力，健康推动土地流转，盘活土地资源，保障农民权益，保障建设需要。

八是研究农业增产、农民增收问题。主要是如何破解当前农业生产面临的生产成本上升、财政补贴压力加大两大“天花板”和环境、资源制约两道“紧箍咒”，保障粮食生产安全，加快发展现代农业，构建新型农业经营体系，切实转变农业发展方式。

九是防范金融风险。高度重视影子银行、担保公司等各类隐性风险的显性化，特别是防止非法集资问题演化成区域性风险或者系统性风险，注重抓早抓小抓苗头，防止小问题酿成大问题、经济问题变成社会问题。

五、落实新要求，大力加强领导干部队伍建设

省委反复强调，对一个地方来说，领导干部不是动力就是阻力，做不成事就会误事。阻碍发展进程的因素主要有五个方面：一是路子走不对，二是机遇抓不住，三是改革跟不上，四是干部不适应，五是风险控不住。防止这种局面的发生，关键在人，关键在干部，关键在各级党组织。省委要求各级党组织和广大党员干部，发挥领导核心作用，善于观大势、谋大事，与时俱进推进领导经济工作的观念、体制、方式方法的转变，提升应对复杂形势的能力和水平，自觉做到顶得上、做得成、稳得住。

落实省委要求，建设一支高素质的党员干部队伍，需要明确的是：

一要强化责任。作为党员领导干部，在其位就要谋其政、尽其责，不能从个人角度考虑问题，徇私情、落好人，必须强化责任担当，始终把干事创业谋发展作为最大的责任，主动作为，勇于担当，敢于直面矛盾，善于解决问题，关键时刻冲得上、困难面前不退缩，成为组织放心、群众信任的好干部。

二要真抓实干。评判一个地方发展主要看四个方面：一是变化比较大，主要是城乡面貌的改善，经济增速及质量效益,老百姓得到的实惠;二是大局比较稳,就是社会大局平稳,稳得住是衡量领导素质、岗位能力的重要标准;三是风气比较正,就是领导干部带头正风肃纪,干部群众自觉遵规守章,党风正民风淳,歪风邪气没市场,政治生态环境优;四是态势比较好,就是发展有后劲,基础打得牢,发展前景好,后发优势多。相信只要把精力用到谋发展上,把心思用到求实效上,把劲头用到抓落实上,就一定会建功立业,创造出经得起检验的工作实绩。

三要改进作风。始终绷紧作风建设这根弦,深入推进正风肃纪,健全改作风反"四风"的常态化制度,巩固拓展党的群众路线教育实践活动成果,把从严治党要求传递到各个领域、各个系统,把管党治党责任落实到各个方面、各项工作,干部转作风,工作上台阶,群众得实惠,党员树形象。

四要推动落实。推进市委、市政府提出的以大交通发展大物流、以大物流催生大产业、以大产业建设大都市的发展大局,需要落实到具体事项、具体地区、具体单位、具体人员,各地各部门要自觉把自身工作与全市工作大局结合起来,领导同志靠前指挥,深入基层一线抓好落实,凝聚力量集中攻坚,确保工作扎实推进,圆满完成既定的各项任务。

新常态提出新任务,新要求必有新作为。让我们共同努力,重视经济工作、加强经济工作、做好经济工作,为推动商丘跨越发展科学发展,为中原更出彩贡献力量。

为您服务

商丘市中心汽车站部分客运班次时刻表(一)

止站	车次	时间	车号	止站	车次	时间	车号
单 县	0591	5:30		单 县	0610	16:00	
	0593	6:00			0612	16:30	
	0595	6:30			0614	17:00	
	0597	7:00			0616	17:30	
	0599	7:30			0618	18:00	
	0601	8:00			0619	19:30	
	0603	8:30		济 宁	0621	6:50	
	0592	8:55			0623	7:30	
	0594	9:20			0625	8:10	
	0596	9:45			0627	9:00	
	0598	10:10			0629	9:40	
	0600	10:35			0631	10:20	
	0602	11:00			0633	11:30	
	0604	11:20			0622	12:40	
	0605	12:00			0624	13:10	
	0607	12:20			0626	13:50	
	0609	12:40			0628	14:40	
	0611	13:00			0630	15:20	
	0613	13:20			0632	16:00	
	0615	13:50			0634	16:40	
	0617	14:20			0636	17:30	
	0606	15:00		丰 县	0721	9:20	
	0608	15:30			0722	13:40	

政府工作报告

商丘市人民政府代市长　李公乐

（2015 年 3 月 10 日）

各位代表：

现在，我代表市人民政府，向大会报告工作，请予审议，并请各位政协委员和其他列席人员提出意见。

一、2014 年工作回顾

2014 年，在省委、省政府和市委的正确领导下，面对经济下行压力增大的形势，全市上下深入贯彻落实党的十八大、十八届三中、四中全会和习近平总书记系列重要讲话精神，抓住产业转移机遇，把握“持续求进、好中求快”的总基调，坚持以四项重点带全局，求真务实，锐意进取，较好完成了年初确定的目标任务。全市生产总值完成 1697.6 亿元，比上年增长 9.2%；规模以上工业增加值完成 383.4 亿元，增长 11.6%；固定资产投资完成 1233.8 亿元，增长 19.5%；社会消费品零售总额完成 579.7 亿元，增长 13.6%；一般公共预算收入完成 100.7 亿元，增长 17.4%；城镇居民人均可支配收入达到 22274 元、农民人均纯收入 8025 元，分别增长 10.2% 和 11.2%；全年居民消费价格上涨 1.7%，控制在合理范围内。主要经济指标增速均高于全省平均水平，科学发展的基础更加坚实、支撑更加有力、前景更加广阔。

（一）产业结构不断优化。把工业作为稳增长、调结构的主阵地，稳步提升二、三产业在生产总值中的比重，全市产业结构为 22.1 ∶ 43.3 ∶ 34.6。认真落实国家宏观调控政策，强化重点区域、重点行业、重点企业运行调节，加大对中小企业扶持力度，搭建产销对接平台，成功举办了电动车、纺织服装、食品博览会。做好要素保障，加大信贷投入，抓好土地管理、环境综合整治，有效缓解了资金、土地、环境容量等瓶颈制约。把产业集聚区作为工业发展的主要载体，按照“四集一转”要求，突出主导产业集群发展，重点推进基础设施、科技创新、公共服务，产业集聚区建设迈上新台阶。全市产业集聚区完成固定资产投资 1081.2 亿元，增长 31.7%，高于全市投资增速 12 个百分点，占全市投资的 87.6%；规模以上工业企业达到 528 家，完成增加值 286.5 亿元，增长 21.6%，占全市规模以上工业增加值的 74.8%。民权制冷、柘城金刚石、睢县制鞋、夏邑纺织服装、虞城五金电子、宁陵农资化工等主导产业特色突出；睢阳区针织服装、梁园区生物医药、开发区电动车和环保装备产业，都形成了比较强的生产能力，具备了区域竞争优势。加快培育新材料、生物医药、环保装备等新兴产业和高新技术产业，全市高新技术产业增加值占规模以上工业增加值的比重提高到 25.8%，六大高成长产业完成工业增加值 217.6 亿元，增长 14.1%，对工业增长贡献率达到 66.7%。加强检验检测公共技术服务平台建设，建成国家级质检中心 2 家、省级质检中心 4 家。大力发展现代服务业，把商务中心区和特色商业区作为发展服务业的重要载体，引进总部经济，突出发展现代物流、电子商务、金融保险、文化旅游等现代服务业，国药物流、华润医药物流、多美滋物流配送中心等一批重点项目在我市落地，中铁快运、南航快运、中通、申通等国内知名物流企业在我市设立分支机构。全市商品交易市场快速发展，年交易额 10 亿元以上的市场 12 家，农产品中心批发市场、中原车城销售链创新高，交易额达到 228 亿元、126 亿元。金融业快速发展，年末人民币各项存款余额 1759.9 亿元，增长 12.9%；贷款余额 1007.2 亿元，增长 20.9%。金融机构引进实现历史性突破，浦发银行、郑州银行成功落户商丘，睢县、宁陵县村镇银行相继开业。软件开发、呼叫中心、信息咨询、服务外包等三方服务业发展迅速，电子商务、网上购物等新兴业态势头强劲。阿里巴巴 · 商丘产业带入驻企业 617 家，产业带客流量和转化率位居全国前列。文化旅游业加快发展，7 月 5 日迎来了首趟从上海到商丘的旅游专列，全年接待游客 962.9 万人次，旅游收入 19.6 亿元。

（二）现代农业稳步发展。全年粮食总产达到 107 亿斤，实现“十一连增”，连续 3 年被评为全国粮食生产先进市。畜牧业平稳增长，全年肉类、禽蛋、奶类总产量分别为 48.1 万吨、23.2 万吨、28.6 万吨。农业产业化快速发展，市级以上龙头企业 252 家，销售收入超亿元的 88 家，科迪乳业、诚实人面业、宏伟饮品等 8 个产业化集群被认定为省农业产业化集群。开展农田水利基础设施、水库除险加固、引黄调蓄工程建设，新建高标准粮田 5.93 万公顷，改善有效灌溉约 3.53 万公顷、除涝 4.33 万公顷、引黄灌区配套 1.4 万公顷，新增旱涝保收田 1.13 万公顷。农机总动力 1012 万千瓦，农作物综合机械化水平达 83.5%。完成造林 0.71 万公顷，国家森林城市创建规划获得国家林业局批准。

（三）新型城镇化加速推进。统筹发展中心城区、县城、重点镇和新农村，四级城乡规划建设体系进一步完善。全市城镇人口达 340.5 万人，城镇化率达 45.2%，中心城区人口达 120 万人。启动了城市总体规划（2005 ~ 2020）修编，完成了梁园特色商业区、火车站核心区等 11 个片区控制性详细规划编制，市区控规覆盖率达 90% 以上。加快郑徐高铁商丘站区、商务中心区、古城保护区三大区域建设。实施神火大道、睢阳大道、中州路等道路改造升级工程，积极推进华夏游乐园、汉梁文化公园建设。开展康林河、忠民河等 6 条河道治理，启动中心城区 3 个污水处理厂建设；实施河流清洁碧水行动，促进了大沙河、包河、运河等河道水质改善。开展农村土地综合整治，严厉打击违法用地，规范土地出让行为,保障了发展用地需求。继续推进"六城"联创,开展了小广告、门头牌匾、违法建设等10个专项整治行动,依法拆除各类违法违章建筑1.2万余处、40余万平方米,市容市貌明显改观。围绕商务中心区和特色商业区建设,着力提高县城综合承载能力,县城功能不断完善,形象得到提升。深入开展"美丽商丘·整洁村镇"活动,我市被列为全省改善农村人居环境试点。

(四)招商引资和项目建设力度加大。围绕主导产业,持续开展大招商活动,成功举办了2014中国·商丘国际华商节,引进了一大批知名企业和项目。全市实际利用省外资金496.1亿元,利用外资3.1亿美元,外贸进出口总额达到3.4亿美元,增速为35%。狠抓中心城区招商,王老吉凉茶、舒华体育等项目落地,天骏电动汽车、快菱电梯、传化公路港等项目达成合作意向。深入开展"项目服务年"活动,以项目建设带动投资快速增长。市管重点项目完成投资905亿元,增长28%。富士康实训工厂、顿汉格力、史丹利、英泰冷藏车等80个项目竣工投产。郑徐客专商丘段、连霍高速拓宽改造、商登高速、郑民高速二期建设按计划推进。商合杭客专商丘段可行性研究报告已由国家发改委组织评审;沱浍河航运夏邑段施工图已通过省交通厅评审;商丘机场可研报告的前置性文件全部得到国家有关部委批复,项目设计已委托空军设计研究局编制。

(五)改革创新进一步深化。圆满完成市级政府机构改革,市政府工作部门由34个减少32个,有序推进工商、质监、食品药品监管等部门职责和机构整合,深入推进事业单位分类、医药卫生体制改革。理顺了城乡一体化示范区管理体制。深入推进国有企业改革,稳步推进商电铝业集团依法破产,积极帮助河南路桥集团脱困发展。深化行政审批制度改革,取消、下放行政审批项目45项。积极推进工商登记制度改革,简化手续,降低门槛,放宽企业注册登记条件,各类市场主体达到20.7万户,增长18.1%。扎实推进财税改革,完善全面规范、公开透明的预算制度,从严控制一般性支出,确保了"三公"经费只减不增。推动关键领域科技创新,新认定国家级高新技术产业化基地1家、国家级科技企业孵化器1家,争取省级重大科技专项2项,培育发展高新技术企业12家,发展省级工程技术研究中心6家,高新技术产业增加值完成98.8亿元,增长37.6%,高于规模以上工业增加值增速26个百分点。

(六)各项社会事业协调发展。加大民生投入,全市财政民生支出284.8亿元,增长14.2%,占一般公共预算支出的80.8%,比上年提高1.5个百分点。全市城镇新增就业7.8万人,下岗失业人员再就业2.9万人,农村劳动力转移就业7.2万人。文化、教育、体育、医疗卫生等基本公共服务体系不断完善,城区办学条件有所改善,商丘幼师新校区投入使用。大运河通济渠商丘南关段和夏邑济阳段申遗成功,被列入世界文化遗产。"舞台艺术送农民""百戏进百乡""农村公益电影放映工程"完成了年度计划。城乡居民养老、医疗、工伤和失业保险覆盖率都达95%以上。新农合全市参合农民617.2万人,参合率99.3%。全年人口自然增长率4.99‰,政策生育率98%。开工各类保障房项目65个、82854套。发放住房公积金贷款18.5亿元,解决1.5万户困难职工住房问题。加快农村安全饮水工程建设,解决了104.4万农村居民和学校师生的饮水安全问题。高度重视生态环境建设,实施蓝天、碧水和乡村清洁工程,积极淘汰造纸、电解铝、制革、酒精等落后产能,提前一年完成省"十二五"淘汰落后产能任务,环保责任目标年度考核居全省第三位。加强民族宗教工作,促进民族团结进步、宗教关系和谐稳定。重视信访工作,及时排查解决人民群众反映的问题。加强城乡社区建设,完成第八届村委会换届选举。加强社会治安综合治理,严厉打击非法集资和刑事犯罪,加大反暴力反恐怖、打击黑恶势力、扫除"黄赌毒"力度,平安商丘建设取得新成效,群众安全感、满意度不断提升,被评为全省平安建设工作先进市。抓好安全生产和食品药品安全工作,全市安全生产形势持续平稳。

(七)民主法治和反腐倡廉建设不断加强。自觉接受人大依法监督、政协民主监督和社会各界监督,办理人大代表建议和政协委员提案699件,满意率达98%。深入开展党的群众路线教育实践活动,认真执行中央八项规定,重点解决"四风"突出问题,政府行政效能、公务员能力素质得到提升。全面推进依法治市,落实"六五"普法规划,认真开展法制宣传教育。加强行政监察、行政复议、行政执法监督和审计监督,强化廉洁从政,反腐倡廉取得新成效。加强社会主义核心价值观教育和精神文明建设,"商丘好人"群体不断扩大,"一言九鼎,实干兴商"城市精神,日益成为广大干部群众的自觉行动。

开展"双拥"共建活动,推动军民融合深度发展,驻商解放军、武警部队和民兵预备役在经济社会发展中作出了积极贡献,巩固了军政军民团结的良好局面。工会、共青团、妇联等人民团体在经济社会发展中发挥了不可替代的作用。外事侨务、对台、统计、气象、地震、人防、档案、史志等工作取得了新的成绩。

各位代表!

这些成绩的取得,是省委、省政府和市委正确领导的结果,是市人大、市政协监督支持的结果,是全市人民共同奋斗的结果。在此,我代表市人民政府,向广大工人、农民、知识分子、干部,向人民解放军指战员、武警消防官兵、公安民警,向关心、支持、参与商丘建设的社会各界人士,表示衷心的感谢!

在肯定成绩的同时,我们也清醒地认识到,经济社会发展和政府自身建设还存在一些突出问题:一是产业结构不优,工业不够强,服务业水平比较低,消费需求不足,煤电铝等行业、企业经营困难,效益下滑,农业持续增产、农民稳定增收难度增大,一些领域体制机制障碍仍然较多;二是城镇化进程中产业支撑能力不足,城乡二元结构比较突出,城镇基础设施不完善,中心城区辐射带动能力不强,城市管理水平不高;三是资金、土地、用工等生产要素制约依然存在,资源环境约束加剧;四是民生保障能力不强,一些涉及群众切身利益的问题还没有得到解决,改善民生、维护社会稳定的任务依然繁重;五是政府职能转变、简政放权还不到位,部分工作人员责任意识淡漠、履职能力不强、工作作风不实，行政服务效能还需要提升，反腐倡廉工作需要进一步加强。对此，我们一定高度重视，在今后的工作中认真解决。

二、2015 年工作总体要求和主要目标

今年是全面深化改革的关键之年，是全面推进依法治国的开局之年，是全面完成“十二五”规划的收官之年，也是《河南省全面建成小康社会加快现代化建设战略纲要》的启动之年。今年政府工作的总体要求是：以党的十八大和十八届三中、四中全会精神为指导，认真贯彻落实省委和市委决策部署，坚持“持续求进、好中求快”的总基调，以建设承接产业转移示范市为统揽，以三区发展促突破，以四项重点带全局，以五大建设作保障，稳增长、调结构、促改革、扩开放、控风险、惠民生，把握新常态，抓住新机遇，增创新优势，实现新发展，不断开创我市经济社会持续健康发展新局面。

今年经济社会发展主要预期目标是：在优化结构、提高质量、增加效益的基础上，全市生产总值增长8.5%；一般公共预算收入增长10%；全社会固定资产投资增长17%；社会消费品零售总额增长13%；进出口总额增长10%；实际利用外资增长8%；人口自然增长率控制在7.1‰以内；城乡居民收入与经济增长同步，居民消费价格涨幅控制在3%左右；节能减排和环境质量改善完成省定目标；发展方式转变取得新进展。

实现上述要求和目标，必须准确把握经济发展新常态的大趋势、大背景，立足商丘，找准定位，明确目标，把发展重点转到提高质量和效益上来，坚持把握好六个方面的着力点。一是坚持加快发展。商丘是传统农业市，经济总量比较小，工业化、城镇化水平比较低，第一要务是发展。必须毫不动摇地坚持以经济建设为中心，一心一意谋发展，在加快发展中实现转型升级，提高发展质量。二是坚持深化改革。把改革作为破解瓶颈制约的根本之策，通过政府职能转变、体制机制创新、优化审批流程和深化土地、户籍、国有企业等领域的改革，努力解决阻碍经济发展的困难和问题，增强经济发展活力。三是坚持优化结构。针对经济发展中不全面、不协调、不可持续的问题，以市场为导向，结合国家淘汰落后产能和化解过剩产能的政策，调整优化产业结构和产品结构，拓展新型城镇化、新型工业化、农业现代化和信息化发展空间。四是坚持培育优势。适应新常态，必须立足商丘，扬长避短，主动作为，建设大交通、发展大物流、培育大产业，增强竞争力。五是坚持开放引领。把扩大开放作为应对复杂局面、促进改革发展最有效的举措，坚定不移实施开放带动战略，大力发展外向型经济，积极引进行业龙头企业和产业链上的配套企业，壮大产业集群。六是坚持创新驱动。深化科技创新体制改革，强化企业创新主体地位，建设研发平台，培育技术创新体系，不断提高创新水平。

三、2015 年重点工作

今年工作任务非常繁重，我们将重点做好八个方面的工作。

（一）加快构建现代产业体系。一是强化工业主导地位。持续推动产业结构优化升级，促进工业经济向高端、高质、高效方向发展。改造提升传统产业，重点围绕冶金建材、制冷装备、纺织服装、电动车、食品加工等传统产业，引导企业升级改造，向产业价值高端发展，提高市场竞争力。培育发展战略性新兴产业，重点围绕电子信息、生物医药、新材料、环保装备等优势产业，积极承接产业转移，促进企业集中集聚，形成一批先导性、带动性强的新兴产业。加强工业经济运行调节，综合运用延伸链条、技术改造、兼并重组、淘汰落后产能等手段，缓解资金、土地、用工等要素制约，提升产业综合竞争能力。落实支持中小微企业、民营经济发展的各项政策，激发市场活力和企业创造力。推进工业化和信息化深度融合，实施生产设备的数字化、智能化、网络化改造，普及生产管理智能化和营销服务网络化，推动信息化与生产制造、技术创新、现代服务、节能环保等方面融合发展。继续举办针织童装、电动车、食品博览会，举办“中国·民权首届制冷装备博览会”，深化产销对接，帮助企业开拓市场。二是大力发展服务业。把商务中心区和特色商业区作为现代服务业发展的重要平台，采取有力措施，加快建设区域性服务业中心。突出发展现代物流业，加快豫东综合物流集聚区建设，完善基础设施功能，引进品牌物流企业，积极申报综合保税区。加快商品交易平台建设，运用现代技术管理手段对传统商贸物流企业进行改造提升，完善现代市场体系。围绕火车站区域改造和高铁商城建设，打造市区北部高档商业圈。积极发展文化产业，把商丘古城、睢县北湖、民权王公庄、夏邑火店镇等文化产业园打造成我市示范产业园区，培育知名文化品牌和重点文化企业。做好旅游宣传与推介，积极发展文化体验、生态休闲、果蔬采摘等旅游业态，加大 A 级景区、星级饭店、星级旅行社创建力度，力争新增 2 处以上国家 A 级景区。发展金融服务业，争取交通银行、中信银行进驻商丘，新增 1 ~2 家村镇银行，争取引进 5 家以上保险机构。继续做好科迪乳业、东和环保等企业上市工作，争取 1 家企业上市、2 家以上企业在新三板挂牌。做好预防和处置非法集资工作，加强对信用类理财公司的监管，加大非法集资打击力度，有效防范金融风险。发展新兴服务业，加快发展科技研发、信息咨询、检验检测等生产性服务业，积极发展楼宇经济、健康养老、教育培训等生活性服务业。以电子商务为牵引，支持建设电商产业园，继续推进与阿里巴巴的战略合作，壮大阿里巴巴 · 商丘产业带，力争年底入驻企业突破 1000 家。三是打造产业发展平台。把产业集聚区作为推进产业发展的重要载体，坚持“四集一转”，完善基础配套，壮大产业集群，促进提速提质。围绕主导产业，积极引进龙头企业和配套企业，努力培育规模效益明显、产业链条完整、配套体系完善、竞争优势明显的产业集群。争取装备制造产业集群主营业务收入超过 500 亿元，纺织服装产业集群超过 700 亿元，食品加工产业集群超过 700 亿元。加快产业集聚区道路、电力、通信、污水处理等基础设施建设，推动综合服务、检验检测、信息咨询、技术研发、物流配送等公共服务平台建设，提升综合承载能力。四是强化创新驱动发展。组织实施科技创新主体培育工程，提升现有科技孵化器的功能，培育一批高新技术企业、科技型中小企业,新增高新技术企业5家以上,积极创建河南省商虞高新技术产业开发区。围绕产业集聚区主导产业发展,加快省级研发中心、院士工作站、产业技术创新战略联盟建设,突破一批核心技术,建立基本技术标准,培植自主品牌,高新技术产业增加值超过116亿元,增长18%以上,占规模以上工业增加值的比重达28%。

(二)做强做优现代农业。一是稳定提高粮食生产能力。按照"稳粮增收、提质增效、创新驱动"的总要求,实施高标准粮田百千万工程,建成高标准粮田5万公顷。加快中低产田改造,推广良种良法配套、农机农艺融合等农业科技,确保全市粮食综合生产能力稳定在100亿斤以上。二是培育现代农业产业化集群。抓住国家支持商丘建设现代农业示范区的重大机遇,积极推进现代农业产业园区、农产品集中区和农产品市场体系"三大载体"建设,采取项目引导、政策倾斜等措施,壮大龙头企业实力,延伸产业链条,提升产业层次,增加农产品附加值,打造一批"全链条、全循环、高质量、高效益"的农业产业化集群。新发展市级农业产业化重点龙头企业10个,形成销售收入10亿元以上的产业化集群8个、20亿元以上的2个。三是调整农业结构。按照"一乡一业""一村一品"的要求,大力发展果蔬花卉种植等高效农业、生态农业、创意农业、休闲农业,建设现代农业生产基地、示范园区和都市农业工程。大力发展畜牧业,推动奶牛、生猪、家禽、肉牛肉羊集群发展,加快建设标准化、规模化的生产基地。推进食品农产品出口示范区建设,扩大出口规模,带动农民增收。加强农产品质量监测体系建设,确保农产品质量安全。四是加强农业基础设施建设。搞好农村道路、电力、安全饮水、通信等基础设施建设。实施农业综合开发、灌区续建配套与节水改造工程,完善农田水利配套设施,提高抗旱排涝标准,新增和改善灌溉4.8万公顷、除涝5.13万公顷,新增旱涝保收田1.33万公顷。完善气象防灾减灾机制,推进气象现代化建设,提高防御灾害能力。五是做好土地流转工作。加快农村土地承包经营权确权颁证,健全土地流转机制,建立规范有序的土地流转平台,强化信息沟通、政策咨询、合同签订、价格评估等服务,按照依法、自愿、有偿的原则,引导和鼓励农民采取转包、出租、互换、入股等形式,将土地向种养大户、家庭农场、农民合作社、龙头企业流转,发展农业适度规模经营。六是搞好扶贫开发。巩固发展专项扶贫、行业扶贫、社会扶贫"三位一体"扶贫格局,千方百计增加农民收入,不断提高贫困地区和贫困人口的自我发展能力。继续实施好我市大别山区域扶贫攻坚与小康建设规划,做到村户精准扶贫,实现13万贫困人口摆脱贫困。

(三)科学推进新型城镇化。按照"一城、六组团、24个重点镇、社会主义新农村"四位一体的总体布局,加快构建新型城镇化体系,在完善功能、统筹发展上下功夫。一是强力推进中心城区建设。发挥规划引领调控作用,完成《商丘市城市总体规划(2015~2030)》编制,强化规划管理,维护规划的严肃性和权威性。以郑徐高铁商丘站区、古城保护区、商务中心区、开发区、物流园区、梁园产业聚集区、睢阳产业聚集区、食品工业园区等八大板块建设为重点,强力推进道路管网、园林绿化、内河水系等城市基础设施建设。发挥示范区的示范带动作用,坚持产业、工农、城乡统筹发展,逐步把示范区建成工业、服务业和都市生态农业协调发展的复合型经济区。加快公共服务设施建设,促进教育、文化、医疗、体育等高端要素向中心城区集中,提高中心城区辐射带动能力。提升城市管理水平,按照"分级管理、权责统一、重心下移、以区为主"的工作思路,深化城市管理体制改革,积极推行网格化管理。推进数字化城市建设,实现市区两级平台和终端平台的网络对接。继续开展"六城"联创活动,深入推进省级文明城、全国卫生城创建工作,完成国家森林城市创建任务,争创全国双拥模范城七连冠,巩固国家旅游城、园林城创建成果。二是大力发展县城组团。按照"改造老城、发展新区"的工作思路,加快县城新城区、产业集聚区、商务中心区和特色商业区等功能区开发,推进旧城改造步伐,引进更多的工业项目在产业聚集区布局,更多的服务业项目在商务中心区和特色商业区集聚,增强县城辐射带动能力。三是有序推进小城镇建设。加快建设24个区位优势好、产业基础强的小城镇,结合各自资源禀赋,引导各种要素向重点镇布局,推动交通、通信、文化、卫生、物流快递向重点镇延伸,加快形成服务周边的生产生活中心,增强吸纳农村人口转移能力。四是稳步推进新农村建设。坚持"五规合一",分类推进新农村综合发展、特色发展。认真做好新农村规划编制,调整优化村庄布局,合理确定村庄规模,引导村民按照规划进行建设。加强农村人居环境整治,持续推进"美丽商丘·整洁村镇"活动,探索建立垃圾收集清运、污水处理等环境卫生管护长效机制,使更多村庄成为宜居的美丽家园。

(四)持续深化改革。按照市委全面深化改革意见,扎实推进我市第一批改革事项。一是深化行政体制改革。巩固政府机构改革成果,制定"三定"工作方案,全面完成市县政府机构改革。围绕简政放权,继续取消、下放行政审批事项,全部取消非行政许可审批,清理和规范中介服务事项。借鉴"五险合一"经验,实现社会保险经办管理"一站式"服务,建立便民快捷的社会保险经办管理服务体系。完成党政机关公务用车制度改革。二是深化国有企业改革。围绕激发市场活力,通过兼并重组,推进国有企业产权多元化,积极稳妥发展混合所有制经济,鼓励民间投资主体参与国企改制重组,实现投资主体和产权多元化,依法做好商电铝业破产工作。加快国有经营性文化单位转企改制,支持文化企业发展壮大。三是深化财税体制改革。认真落实新预算法,加强政府性债务管理,建立跨年度预算平衡机制,推进政府和部门预决算公开,确保"三公"经费只减不增。四是深化价格改革。积极稳妥推进水、电、油、气等资源性产品价格改革,完善阶梯电价、水价政策,探索排污费征收调整机制,实行差别化排污收费政策。五是深化农村改革。抓好农村产权制度改革,加快农村土地承包经营权、农村集体建设用地确权登记颁证工作,谋划建设农村产权交易市场,建立健全市、县、乡、村四级土地流转服务体系。六是加快户籍制度改革和医药卫生体制改革。深入落实户籍制度改革措施，推进教育、医疗、就业、社保等配套改革，推进农业转移人口市民化。全面深化县级公立医院综合改革，完善全民医保体系，实施城乡居民大病保险，深入推进社会办医。

（五）强力实施开放招商。把招商引资作为"以不变应万变"的有效举措，抢抓机遇，大力承接产业转移。一是明确招商重点。突出重点区域，主攻东部沿海发达城市群体，建立珠三角、长三角及港澳地区招商战区。突出主导产业，重点引进制冷、食品、纺织服装、新材料、生物医药等产业，增强竞争力。突出招大引强，瞄准国内外500强企业、著名品牌、上市公司、行业龙头，重点引进跨国集团、央企、省企、大型民企以及配套服务的中小型企业。突出链条招商，围绕主导产业开展"延链、补链、强链"招商，争取产业集群整体引进，形成带动效应。二是做强招商平台。抓好产业集聚区、商务中心区和特色商业区建设，培育产业集群，尽快形成一批具有较强竞争力的千亿元主导产业集群和百亿元特色产业集群，形成一批具有鲜明特色的服务业集群。2015年，全市产业集聚区新落地亿元以上主导产业项目100个，建成投产项目100个，完成工业项目投资850亿元。三是提升服务水平。不断创新服务机制，优化发展环境，继续实行领导分包项目、服务承诺、限时办结等工作机制，重点推行代办、代建、代招、代训等工作机制。对确定的重点项目，明确一名领导、指定一个部门、组建一套班子，提供全程服务。开展专项整治，打击影响企业发展的各类不法行为，营造宽松的发展环境。四是抓好项目推介。积极组织企业和项目"走出去"，充分利用招商平台，做好项目包装和推介，寻求新的合作伙伴和合作方式，在引进境外资金上实现新突破。在对外直接投资、承包工程、劳务合作上下功夫，带动设备出口和外派劳务。五是加强中心城区招商。立足中心城区产业发展基础，围绕纺织服装、装备制造、食品、医药等主导产业，按规划布局，发挥中心城区优势，吸引更多项目落户中心城区，打造雁阵效应。引导金融、研发、总部、物流、中介等服务业项目向商务中心区、城乡一体化示范区集聚，提升辐射带动能力。

（六）加强支撑能力建设。以重点项目实施为载体，推进基础能力建设，为经济社会发展奠定坚实基础。一是打造综合交通体系。以建设中原经济区综合交通枢纽为目标，加快实施郑徐客专、连霍高速拓宽改造项目，确保按时完工；推进商合杭客专、沱浍河航运夏邑段、商丘机场等重大项目前期工作，争取早日开工建设；营造良好施工环境，确保商登高速、郑民高速如期建成通车，在商丘境内形成"三纵三横"高速公路网，实现"县县通高速"目标。积极推进干线公路升级改造，加快实施农村公路"三年行动计划"，提升道路畅通能力。二是提升信息化应用水平。以国家智慧城市、数字城市建设为契机，加快城乡信息资源管理和服务平台建设。积极发展信息服务业，今年全市信息消费规模增长25%以上，打造2个市级、1个省级"两化"融合试验区。三是加强能源基础支撑。积极推进与中电国际合作，争取商丘市2×35万千瓦热电联产项目年内开工建设。加快电网升级改造和西气东输豫东支线二期工程，积极发展太阳能光伏发电、垃圾发电，扩大生物柴油等新能源产能。四是抓好重点水利项目建设。推进郑阁、王安庄、任庄、马楼等水库除险加固工程，完成虬龙沟、小堤河、沱河、黄河故道等中小河流治理工程，构建复合型、多功能的水利网络。五是加强人才支撑。大力发展职业教育，围绕产业集聚区主导产业和骨干企业用工需求，灵活设置相关专业，开展订单式培训。加强校企合作，鼓励学校在企业设立实训基地。创新人才培养选拔、评价使用、流动配置、激励保障等机制，引导科技人才、工程技术人才向产业一线集聚。六是加强项目基础支撑。围绕基础设施和主导产业，千方百计做好项目引进和建设工作。今年全市第一批计划安排省、市重点建设项目210个，总投资2208亿元；今年计划投资900亿元，增长20%。创新项目管理机制，确保万宝家电年产120万台冰箱冰柜、赛琪年产200万件服装、200万件鞋包，金锐金刚石产业园、中原佳海国际商贸城、古城棚户区改造安置等重大工业、商贸物流、城市建设和民生项目顺利推进。扎实做好"十三五"规划编制工作，加强项目谋划，计划入库项目1000个以上，总投资4000亿元左右，"十三五"期间完成投资3500亿元，争取一批重大项目进入全省、全国的盘子，为我市今后发展奠定基础。

（七）加强生态文明建设。把生态文明建设融入经济社会发展全过程，坚持节约集约，推动绿色发展，增强可持续发展能力。一是大力发展循环经济。提升循环经济发展水平，以产业集聚区和重点企业为依托，重点打造生态农业、环保产业以及建筑领域循环产业链，加快形成节约资源和保护环境的发展模式。提高准入门槛，实行项目审批与区域环境质量、产业结构调整、节能减排绩效挂钩。二是加大治污减排力度。强化减排精细化管理，狠抓重点减排项目建设和运行监管，把结构减排、工程减排、管理减排和科技减排的各项措施落实到位。淘汰、改造高排放项目，实行挂牌督办，坚决关停一批污染严重、治理无望的企业，严格控制区域排污总量。开展节能行动，实施节能技术改造，完成企业转型升级节能专案。三是强化环境综合治理。实施"蓝天工程"，制定重污染天气应急预案，积极推进电力机组脱硫脱硝、城市燃煤锅炉改造，严格控制城市施工和道路扬尘，开展餐饮业油烟污染治理；实施"碧水工程"，开展重点河流环境综合整治，确保饮用水水源地水质达标率100%；实施"乡村清洁工程"，以生活污水和生活垃圾治理为重点，开展农村环境综合整治，努力营造天蓝地绿水净宜居环境。四是严格环境执法。加强新《环保法》的宣传和贯彻落实。开展重点污染源执法监管活动，加强对重点污染源、重点建设项目、重点流域检查，坚决查处违法建设、违法生产、无证排污、违法排污、超标排污等行为。深化污染综合防控，强化辐射环境管理，推动清洁生产。五是抓好林业生态建设。以创建国家森林城市为抓手，围绕40项创建指标，大力实施生态廊道、农田防护林、平原沙荒造林、特色经济林、花卉苗木等林业生态建设提升工程，全年造林1.04万公顷，森林抚育和改造0.33万公顷,达到国家森林城市标准。

(八)切实保障改善民生。一是确保就业稳定增长。实施全民技能振兴工程,同步推进政策扶持就业和鼓励促进就业。健全城乡公共就业服务体系,落实就业困难人员补贴政策,促进农村转移劳动力、城镇困难人员、化解产能过剩过程中职工安置就业。扶持小微企业,促进家庭服务业发展,发挥扩大就业积极作用。做好高校毕业生就业工作,就业意向签订率达80%以上。二是推进社会保障体系建设。完善基本医疗、工伤、生育、失业保险市级统筹,健全医疗保险门诊统筹管理机制,将新农合和城镇居民医保财政补助标准由每人每年320元提高到380元。巩固城乡居民养老保险试点成果,提高群众自觉参保的积极性,引导激励适龄居民积极参保。做好被征地农民的社会保障工作。三是落实社会救助制度。建立社会救助工作部门联席会议、救助申请家庭经济信息比对制度,严格低保申请审核审批,推动设立市、县两级低收入家庭认定中心和救助信息多部门共享平台。适时提高城乡居民最低生活保障标准和补助水平,加大农村敬老院建设资金投入,提高五保集中供养率。四是发展各项社会事业。推进文明商丘建设,弘扬"商丘好人"精神,加强公民道德建设,践行社会主义核心价值观。实施文化惠民工程,开展文化下乡、文化进社区活动,加快县级数字影院建设,实现县(区)全覆盖。依托现有资源,完善提升市图书馆和青少年活动中心。完成商丘博物馆陈展并向社会公众开放,做好大运河(商丘段)世界文化遗产保护和展示工作。深化文化市场综合执法改革,持续开展"扫黄打非",净化文化市场。优化城乡基础教育配置,调整城乡学校结构布局,新建改扩建初中13所、小学21所、九年一贯制学校2所,在商务中心区新建1所标准化幼儿园。推动高中教育、职业教育、民办教育加快发展,从秋季起免除全日制中等职业学校在校生的学费。促进高等教育协调发展,推动商丘医学高等专科学校专升本工作。做好重大传染病、慢性病防控救治和各类突发公共卫生事件应急处置,完善基层医疗卫生服务体系,让更多群众享受优质医疗服务。发挥住房公积金的保障作用,全市公积金归集覆盖率80%以上。坚持计划生育基本国策,推进免费孕前优生健康检查项目城乡全覆盖,提高出生人口素质,落实好单独二孩生育政策,促进人口长期均衡发展。稳定物价总水平,继续实行社会救助和保障标准与物价上涨相挂钩的联动机制。五是加强和创新社会治理。健全四项基层基础制度,推进县乡村三级服务体系建设。加强法治宣传教育和骨干队伍培训,完成"六五"普法任务。集中开展社会矛盾纠纷预防化解活动,健全分级管控、整体联动的预防化解体系。加强和改进信访工作,开展信访突出问题专项治理,解决人民群众的合理诉求,化解信访矛盾。完善社会治安防控体系建设,推进物防技防人防综合应用,完善"一村一警"长效机制,做好隐患排查治理和安全预防控制。做好反恐工作,依法严厉打击暴力犯罪、黑恶势力、"黄赌毒"等各类犯罪活动,确保社会和谐稳定、人民安居乐业。创新流动人口、特殊人群、网络虚拟社会服务和管理,引导社会组织有序参与社会治理,全面推进社区矫正工作。加强重大公共安全事件预警、应急、救援体系建设,不断提高预防和处置突发事件的能力。落实安全生产责任制,加强食品药品等行业监管,严格责任追究,确保不发生重特大安全事故。

加强国防教育和国防后备力量建设,深入开展双拥共建,支持驻商解放军、武警部队、预备役部队、民兵和人民防空建设,促进军民融合深度发展。支持工会、共青团、妇联、工商联等人民团体发挥桥梁纽带作用。做好民族宗教、统计、外事侨务、对台、史志、地震、社会科学研究等工作。

继续办好事关人民切身利益的"十件实事":

1. 开工建设宋城路(紫荆路—归德路)、商都大道等30条新建道路,打通长江东路、胜利东路、香君西路等17条断头路,改造提升金桥路、归德南路(北海路~高速南出入口)等22条道路。

2. 实施宋城路、长江西路等19条道路、132条背街小巷亮化工程。

3. 开工建设汉梁文化公园、华夏游乐园,完成金世纪广场升级改造工程,完成包河和25条道路的景观带和廊道绿化。

4. 完成中心城区6条河道清淤扩容,实施蔡河、运河、中水渠贯通工程。完成第五污水处理厂二期工程,开工建设第六、第八污水处理厂。

5. 实施商丘火车站南广场、火车南站广场改造提升工程。

6. 新开工各类保障性住房32138套,其中公共租赁住房12061套,城市棚户区改造20077套。

7. 市区内建设水冲公厕50座。

8. 开工建设大剧院、群艺馆、科技馆、体育中心二期工程。

9. 购买公益性岗位5000个,城镇新增就业6万人,就业困难人员实现就业7300人。

10. 解决108万农村居民和学校师生的饮水安全问题。

四、加强政府自身建设

按照"三严三实"要求,以建设法治政府、服务型政府为重点,推进政府自身改革建设,增强政府执行力和公信力。

(一)转变职能,提高效率。进一步简政放权,继续清理行政审批事项,建立权力清单制度,清单之外的一律不得实施审批。强化政府在加强市场监管、公共服务、社会管理、环境保护等方面的职能,做到不越位、不缺位。推进诚信政府建设,大力弘扬"一言九鼎,实干兴商"城市精神,不断提高政府公信力,带动商业诚信和社会诚信。加强政府绩效管理,强化行政问效,坚决整治不作为、慢作为、乱作为,全面提升政府服务水平。

(二)转变作风,务实重干。巩固党的群众路线教育实践活动成果,持续解决好"四风"问题。深化学习型机关建设,加大对新知识、新技术的学习培训,着力建设高素质公务员队伍。加强调查研究,善于把握和运用市场经济规律,抓住工作重点,调动各方力量,提高应对复杂局面的能力。大力倡导务实重干,坚持实事求是,真抓实干，不搞“形象工程”、“政绩工程”，努力创造经得起实践、人民和历史检验的实绩。

（三）依法行政，科学决策。依法履行政府职能，敢于负责、勇于担当。坚决执行人大及其常委会决议决定，自觉接受法律和工作监督，支持政协参政议政，主动接受政协民主监督。认真办理人大代表建议和政协委员提案，广泛听取民主党派、工商联、无党派人士和人民团体意见。完善决策程序，重大事项由公众参与、专家咨询、风险评估、合法性审查和集体讨论决定，确保民主决策、科学决策。支持审计、监察部门依法独立行使监督权。深化政务公开，增强政府工作透明度。

（四）廉洁从政，服务为民。坚持人民至上，强化服务意识和纪律意识，把守纪律、讲规矩摆在更加重要位置，严格执行中央“八项规定”和省市关于加强作风建设的各项规定。坚持从严从俭，厉行节约，反对浪费，严格控制“三公”经费。继续推行廉政监督员制度，强化对政府机关，尤其是对窗口单位、关键部门和重点岗位的监督。认真落实党风廉政建设责任制，强化“一岗双责”，把廉洁从政贯彻到政府工作各个环节。完善财政资金支出、工程项目招投标、土地规划管理等各项制度。坚决反对和惩治腐败，以反腐败斗争的实效保障发展、取信于民。

各位代表！

新的征程已经开启，新的目标催人奋进。让我们在省委、省政府和市委的坚强领导下，凝聚力量、开拓创新，埋头苦干、狠抓落实，推动商丘经济社会持续健康发展。

为您服务

商丘市中心汽车站部分客运班次时刻表（二）

止站	车次	时间	车号	止站	车次	时间	车号
项 城	1419	6：10		濮 阳	1165	7：40	
	1421	7：00			1167	8：30	停
	1423	8：00	停		1169	9：20	
	1425	8：45			1171	10：40	
	1427	10：00	停		1173	11：20	停
	1429	11：00	停		1175	12：00	
	1420	11：40			1166	12：40	停
	1422	12：30			1168	13：20	
	1424	13：30			1170	14：00	停
	1426	14：30			1172	14：40	
	1428	15：30			1174	15：40	
	1430	16：30	停		1176	16：40	停
驻马店	1483	5：30			1178	17：00	
	1473	6：10		安 阳	1147	6：50	
	1474	7：30			1148	7：40	
	1475	8：20	停		1149	8：30	
	1476	9：30			1150	9：20	
	1477	11：10			1151	10：10	
	1478	12：50			1154	13：40	
	1479	14：20		宿 县	0365	6：20	
	1480	16：00			0366	12：30	

为您服务

市直各单位办公室、各县(市、区)政府办公室电话号码表

党群口		统计局	3288378	供销社	3223322	重点企业	
市委办	3288030	外侨办	3288249	粮食局	3217966	神火集团	5113726(总机)
纪检会	3289361	旅游局	3288011	盐业局	3222206	铝电集团	2806681
组织部	3289018	机关事务局	3288000	城建口		冰熊集团	8511666
宣传部	3288538	行政服务中心	2536000	国土局	3285100	福源集团	2214780
统战部	3289579	计生委	3229100	建委	2510348	运输公司	2259030
政法委	3289568	物价办	3288632	规划局	2562000	医药集团	2288596
接待办	3288536	史志办	3288991	市政公用局	2708803	振华玻璃厂	2599771
市直工委	3288220	优化办	2536085	房产局	3285770	张弓集团	7602980
信访局	3288551	农　口		**人防办**	2266320	**林河酒业**	3295998
政研室	3288503	**农开办**	3288206	**创建办**	2522960	**酒业集团**	3215308
老干部局	3289222	**农业局**	3289312	金融口		裕东电厂	5136226
党史办	328850	林业局	2781588	人行	2536881	商丘驻军	
党校	3682068	水利局	2691335	银监局	3239300	军分区	3276888(总机)
商丘日报社	2675169	农机局	2214350	农发行	3229011	武警支队	3266000(总机)
档案局	3289002	畜牧局	3289293	工商行	2696831	消防支队	2262200
文明办	3289532	气象局	2685301	农行	2596603	交警支队	2511143
对台办	3289268	农科所	2699735	中行	2510890	县(市、区)	
总工会	2539508	工交口		建行	2533810	梁园区	2214420
团市委	3288186	工业经济委	3288735	城信联社	2527888	睢阳区	3315511
妇联	3288555	安全生产局	2212228	财险公司	3216393	永城市	5113221
社科联	3289771	物流中心	2314919	寿险公司	2614567	夏邑县	6212169
文联	3289259	交通局	2562578	政法口		虞城县	4126066
残联	3259200	公路局	2786301	公安局	2513140	柘城县	7299001
工商联	3289658	电业局	2206226	安全局	3225533	宁陵县	7811352
侨联	3288978	药监局	3282081	检察院	2581099	睢县	8111770
科协	3289603	烟草局	3220568	中级法院	2209312	民权县	8522205
计生协	3288398	技术监督局	2799001	司法局	3263110	开发区	3168903
人大办	3288215	邮政局	2789216	科教文卫口		驻外机构	
政协办	3288695	通信公司	2566983	科技局	3289789	驻郑办	0371－63871222
政府综合口		移动公司	13781518005	教育局	3220929	驻京办	010－58550009
政府办	3288023	联通公司	3220130	文化局	3289995	驻沪办	021－65632737
发改委	3288621	财税口		卫生局	3352167	驻深圳办	0755－83038335
国资委	3289016	财政局	2697831	体育局	3288879		
人事局	3289818	国税局	2697206	广电局	2293464		
劳动保障局	2781001	地税局	2208800	新闻部门			
编办	3289886	工商局	2625519	日报社	2614667		
民政局	3288783	发展投资公司	2697958	电视台	2532700		
审计局	3235663	市场发展中心	3288567	广播电台	2293998		
监察局	3289090	商务局	2512515	省报记者站	3288568		
环保局	3289678	招商局	2790900	省 TV 记者站	3288697		
宗教局	3289163	检验检疫局	3210685				

调查报告

发挥历史文化优势
努力打造华夏历史文明传承创新示范市

华夏历史文明传承创新区是中原经济区建设的五大战略定位之一。商丘是华夏历史文明发祥地之一,历史悠久,文化底蕴深厚,作为国家历史文化名城和文化体制改革先进市,应主动规划,乘势作为,先行先试,努力打造华夏历史文明传承创新示范市。

一、优势条件

建设华夏历史文明传承创新区是中原经济区文化建设的使命,也是商丘文化强市、文化体制改革和文化发展先行区建设的内在要求:有利于提高商丘地区整体竞争优势;有利于发挥和增强文化对经济社会的推动力;有利于促进社会跨越式发展。

(一)文化资源丰富。商丘是火的发源地,是先商和商业的发祥地,是"百家争鸣"的核心地与策源地,是墨、道、名三大学派的发祥地,是儒家思想的孕育地,是中国传统文化思想的发源地之一,有不可移动文物 3915 处,有价值的非物质文化遗产项目 9174 项。

(二)文化传承与创新基础良好。商丘古城、国际华商节、王公庄画虎村、火文化、庄子文化、木兰文化等诸多商丘文化现象与文化品牌,引起国内外各界的高度关注和广泛赞誉。宁陵刘[illegible]笔庄,柘城"泥人李"已入选河南省非物质文化遗产名录。柘城金麦草画在首届中原国际文化产业博览会上荣获金奖,被国内外艺术界誉为"中华瑰宝""民间一绝";"中国民间艺术之乡"夏邑县火店传统宫灯等传统艺术品生产得到社会广泛赞誉。

(三)文化事业和文化产业初具规模。2013 年,商丘市共有艺术表演团体 1[illegible]个,影剧院 8 个,文化馆 12 个,公共图书馆 8 个。广播电台 1 座,电视台 1 座,广播人口覆盖率和电视综合人口覆盖率均达 100%。

(四)公民文明素质明显提高。商丘市实施了公民道德素质提升工程,加强道德典型培育,"商丘好人"群体现象和公民道德建设工作引发社会广泛关注与肯定。目前有近 700 人的事迹被中央、省级主流媒体深度报道,67 人入选"中国好人榜"候选人,16 人荣登"中国好人榜",5 人分别被评为全国、全省道德模范或道德模范提名奖。

(五)文化消费市场逐步扩大。2012 年城镇居民人均文化娱乐用品和服务消费支出 833 元,比上年增长 23.77%;农村居民人均文教娱乐消费支出 352 元,增长 12.82%。

二、主要目标

商丘建设华夏历史文明传承创新示范市,应主要实现"五大目标"。

——华夏历史文化遗产保护传承示范基地。一是做好商丘古城大遗址保护和"申遗"工作。要争取省文物局和国家文物局支持,申报商丘古城大遗址列入国家大遗址保护名录,按照世界文化遗产的标准和要求,修复商丘明清古城,争取早日列入世遗名录。二是建立商丘非物质文化遗产传承基地与展示中心。建议在商丘古城内设立非遗一条街,集中展示商丘非遗文化;在古城周边,可以博物馆为基地,建设非物质文化遗产传承中心,加强非遗保护传承。三是复建应天书院,打造国学传承研习基地。复建的应天书院既要遵循原貌,体现原有格局,又要充分考虑其现代利用。要以应天书院为依托,联合高等院校、研究院所、国学团体等,打造国学研习传承基地,使应天书院真正"复活",成为商丘的一张金字招牌。四是完善具有商丘文化特色的博物馆网络体系。继续完善商文化博物馆建设,筹建中国火文化博物馆、商丘古城博物馆、大运河遗址公园、宋国故城遗址公园、商丘历史文化主题公园等,展示传承商丘历史文明。五是深入开展文化遗产保护宣传教育工作。组织编制商丘乡土教材、商丘历史文化基础知识等教师指导用书和学生阅读用书及商丘简史、城市文化简明读本等宣传读本,借助文化宣传大篷车、"商丘文化大讲堂"等,强化商丘历史文化的宣传普及活动。

——全球华人根亲文化圣地。一是挖掘中华姓氏等根亲祖源文化资源优势。积极宣传吸引帝喾高辛氏后裔等从商丘繁衍生发的千余姓氏来商丘寻根祭祖,建设姓氏祖根标志物、中华姓氏文化园等,建议把"中华姓氏文化园"建设与商丘古城连体规划联袂打造。二是持续办好商丘国际华商节。打造火祖燧皇、文字鼻祖仓颉、歌舞鼻祖葛天氏、酒祖杜康、烹饪和汤药鼻祖伊尹等相关的行业根亲文化,推动全世界华商来商丘拜谒商祖,以商人根亲文化吸引寻根之举。三是打造名人文化拜谒寻访胜地。打造道家始祖庄子、墨家始祖墨子、名家始祖惠子、春秋五霸之一宋襄公、春秋四公子之一信陵君、梁园汉赋兴盛之地、李白杜甫高适梁园唱和云游、曹操已吾起兵、赵匡胤归德兴业、范仲淹应天书院成才育才、明清雪苑六子歌咏、宋荦清德堂等文化名人活动遗址或博物展示或风景胜地。

——中华历史文化名城体验旅游区。一是原真性修复古城。把商丘古城建设成商丘历史文明传承创新示范市的标志性工程。二是按照5A级景区标准打造商丘历史文化名城体验旅游区。完善古城基础设施及配套设施,充实历史文化元素,让古城悠久的历史和深厚的文化底蕴更好呈现。进一步健全旅游的六大要素"吃、住、行、游、购、娱",使商丘古城既展示出历史文化名城的独特魅力,又能体验到现代文化旅游的时尚感受。三是要建设商丘古城博物馆,集中展示商丘5000年文明,让游客在较短时间内了解古城及商丘5000年文化。

——公共文化服务示范区。一是实施基础文化设施覆盖工程。大力完善公共文化服务体系,要完善公共文化设施网络建设,建设一批标志性文化设施;在城市各区域和农村新型社区,规划布局一些真正能让群众方便活动、享受文化生活、体验文化快乐的基础设施。二要实施重大文化惠民工程,推进免费文化服务活动。加大公共文化服务供给力度,创新公共文化服务运营机制,创新公共文化服务形式,从群众的实际需求出发,深入开展文化惠民活动,让群众享受到多样式的免费文化大餐。

——新兴文化产业发展示范基地。一是建设文化产业示范园区。着力抓好文化项目的品牌培育、项目带动、主体建设和平台搭建,促进文化资源与文化产业的合理交融,与教育、体育、旅游等产业科学嫁接,与科技创新、工业设计、城市建设等有机结合,优化全市经济结构。二是加快文化产业投融资平台和公共服务、产品展示推介、贸易平台建设。三是大力发展动漫、创意等新兴产业。依托商丘古城及周边人文景观资源,打造影视、动漫基地,培养具有商丘元素、中原特色、中国风格、国际影响的动漫品牌。四是积极推进文化产业特色村镇的建设。指导王公庄、火店等文化产业特色村镇的建设,促进农村文化产业集群发展,推进城乡文化一体化。

三、主要路径

商丘建设华夏历史文明传承创新示范市,应积极实施"八大工程":

——文化品牌塑造工程。一是以"商宋文化"为主,打造统领区域文化品牌。以商宋概称商丘区域文化,作为文化主品牌,已经过学术界研讨,初步形成社会共识。商宋文化是高于各个单一文化品牌层级的、能够总括商丘区域文化基本内涵的唯一品牌。二是持续完善、打造六大文化品牌。应继续深挖六大文化品牌历史资源,分别制定出相应的品牌发展战略,使之成为商丘闪亮的文化名片。三是打造商丘文化品牌集群。陆续推出新的文化品牌,重点推出打造根亲文化、古城文化、道德文化(商丘好人)、长寿文化、仓颉文化、墨子文化、葛天文化、生态园林文化等富有商丘特色的文化新品牌,使商丘的文化底蕴更显充实。

——历史文化遗产保护工程。一是分批次实施古遗址保护工程。全面规划,拉出清单,分批推进,科学修复商丘明清古城;完善隋唐大运河通济渠遗址展示配套附属设施,保护性修复修复商副陵、仓颉墓、伊尹墓、三陵台、民权白云寺等名胜古迹和重点文化遗址,使商丘历史文化遗产更完整地传与后人。二是开展古籍及地方文献保护工程。商丘有大量古籍及地方文献,亟待保护性修复和整理研究。可由市文广新局牵头,面向全国组织专家,全面开展抢救性保护工作。三是加大非物质文化遗产的保护力度。商丘非物质文化遗产种类繁多,要加大财政投入,扶持非遗传承人的延续与培养,使非遗传承后继有人。

——文化资源产业化提升工程。一是推进商丘特色文化产业发展。商丘有丰富的地方文化产品与工艺,如藤编、草编、麦草画、泥塑、布艺、民间工艺品、民间杂技等,具有浓烈地方特色的"商丘文化元素",应予引导和扶持,使其发展壮大,走产业化集群发展之路。二是培育一批具有较强综合实力的骨干文化企业和文化项目。对有一定规模和潜力的文化企业,要加大培育力度,使之成为支柱产业,通过创新引领,创意提升,融合发展,推进文化产业转型升级,推动文化产业与高新科技的融合,发展新型文化业态。三是推进文化产业园、集聚区和文化基地建设。以商丘古城或一些历史文化遗址为依托,在周边布局文化产业园、集聚区和文化基地,通过科学定位、巧妙引导、宽松政策、保障到位,使之能孵化生长、快速壮大。

——文化资源信息数字化工程。以商丘博物馆、图书馆为基础,推进历史文化资源信息库建设,打造"商丘记忆"文化艺术基础资源数字平台,以数字化方式整合商丘5000年的历史文化遗产,以促进商丘历史文明的展示与传承。

——公共文化服务体系建设工程。一是抓好文化基础设施建设。加快商丘博物馆、科技文化中心、商丘大剧院、群众艺术馆、图书馆等重点文化设施建设,建成一批标志性文化工程。利用1~2年时间,为全市新成立的农村社区解决无文化活动场所问题,实现城乡公共文化服务网络全覆盖。二是组织好群众文化活动。以"文化惠民工程"系列活动为总载体,持续开展"欢乐中原·文明商丘"等群众文化活动,举办的场次、地点、形式要有计划、有措施、有落实、有效果。三是提升服务质量。通过开展"文化下乡""文化大讲堂""公益讲座"等形式多样、方便快捷的文化服务活动,总结推广公共文化网格化服务、农家书屋流动服务、数字图书馆移动服务经验,拓展延伸公共文化服务途径,提升服务质量。四是营造城市特色文化艺术景观。把文化渗透于城市建设的各个方面、各个环节,要在城市主干道沿线及水系、公园、广场等重点区域,增建体现商丘历史和现代化建设的文化设施和精品雕塑,形成一批生态文化带和生态文化园。

——文化艺术精品创作工程。一是打造歌舞、戏曲类精品。以传承创新优秀传统文化为动力，深入挖掘以商丘历史文化题材为主的歌舞、戏曲，以此类精品展演宣传商丘文化，实现文化与旅游的互融共赢。二是打造文学艺术创作精品。整理出版商丘民间文学、书画摄影等方面的系列书籍和影像制品；深度挖掘提炼商丘文化内涵，创作一批能够体现商丘文化特色、反映时代精神风貌，融思想性、艺术性、观赏性为一体的文学作品、艺术作品。三是催生高质量的影视摄影作品。凭借商丘古城、黄河故道等优势资源，加大策划包装、挖掘整理和宣传营销力度，积极开展商丘历史题材影视剧拍摄工作，着力催生展示商丘地理景观、历史景观、人文景观、民俗风情等影视及摄影作品，使之成为对外宣传展示商丘市文化旅游资源的新载体。

——公民文明素质提升工程。一是持续打造"商丘好人"品牌。加强全民社会公德、职业道德、家庭美德、个人品德教育，扎实开展"身边好人""道德模范"等先进人物评选表彰，挖掘宣传培育"凡人善举""凡人小事"典型，积极构建"好人有好报"的导向机制；定期集中举办活动，请身边人讲身边事、用身边事教身边人，让尚德修身之理深入人心。二是大力实施文明引导行动。倡导公民基本道德规范，逐步形成尊老爱幼、男女平等、扶贫济困、礼让宽容的人际关系；大力普及以文明礼仪教育为重点的社会礼仪、生活礼仪、交往礼仪、职业礼仪常识；继续抓好公共文明道德实践活动，使广大居民在衣、食、住、行、娱和人际交往中，逐步养成文明礼貌、尊重他人、举止文雅的文明习惯。三是持续开展"六城联创"。不断完善城市功能、优化城市环境、提升城市形象，提高公民文明素质。加大对欺诈售假违法行为的治理打击力度，开展"诚信市场、诚信经营"评选活动，引导从业人员增强社会责任感。四是营造良好的社会舆论氛围。在广播电台常年开播"讲文明、树新风"专题节目，广播电视台设立不文明行为曝光台，开设监督热线，组织记者、摄影爱好者和网络文明传播志愿者抓拍不文明行为；全面开展社会媒介宣传，有效确保"全民文明素质提升工程"的知晓率、参与率。

——文化人才队伍建设工程。一是创新用人机制。不断完善人才选拔、培养机制，健全人才使用、流动机制，积极引进、培养和使用各类成果创意、经营管理等文化人才，采取签约、项目合作、技术入股等多种方式，促进人才合理流动。二是加快人才培养。整合利用文化专业教育、职业教育和社会教育资源，支持学校、科研机构和文化企业开展产学研一体化文化人才培养。三是培育领军人才。重点培育扶持商丘当代文化名人名家，采取激励措施，提供发展平台，助其在更大空间内发挥作用、产生影响，为商丘及全国人民提供更多文化精品。四是壮大人才队伍。重视发现和培养扎根基层的乡土文化能人、民间文化传承人特别是非物质文化遗产项目代表性传承人，扶持群众中涌现出的各类文化人才和文化活动积极分子健康成长，对作出突出贡献和具有特长的人员给以有关特殊政策照顾，鼓励他们充分发挥作用，不断发展壮大基层文化队伍力量，为华夏文明传承创新区建设提供人才保障。

（刘　洋　王爱健）

关于加强人才队伍建设和人才使用的调研报告

近年来，商丘市委、市政府深入贯彻落实科学发展观，高度重视使用人才工作，大力实施"人才强市"战略，不断创新人才工作机制，营造良好的人才使用环境，确保人才"引得来""用得上""干得好"，为建设中原经济区承接产业转移示范市提供了强有力的人才支撑和智力支持。

一、人才工作基本情况

据有关部门统计，全市共有各类人才50.46万人，其中党政人才队伍总量为2.07万人，占4.1%；企业经营管理人才2.26万人，占4.48%；专业技术人才队伍总量为11.12万人，占22.04%；技能人才15.06万人，占29.85%；农村实用人才16.33万人，占32.36%；社会工作人才3.62万人，占7.17%。初步建立起一支规模较大、结构合理、素质不断优化的人才队伍。目前全市在岗工作并享受国务院特殊津贴人员15人，河南省优秀专家10人，省级学术技术带头人15人，市级专业技术拔尖人才189人；全市党政机关、企事业单位共有全日制博士28人，全日制硕士1050人。

二、主要做法

（一）建立领导干部联系专家人才制度。建立市县级领导干部与专家人才联系制度，每个市县级领导联系3～4名专业技术拔尖专家人才，利用电话、网络等形式每季度联系一次，每半年面谈一次，密切了党和政府同专业技术拔尖专家人才的关系，及时了解并掌握专家人才的基本情况，积极帮助并协调解决他们在工作、学习、生活和家庭上的后顾之忧；每年召开专家人才工作座谈会，市县主要领导与专家人才代表座谈，广泛听取专家人才的意见和建议，了解他们对做好人才工作、发挥人才作用的意见，倾听他们对党和政府工作的意见和建议；组织和发动专家人才针对当前经济社会发展的重点、难点问题献言献策，发挥其在领导决策中的智囊和参谋作用。该制度实行以来，柘城县共有1100余名领导干部与各类人才结成了帮扶对子，先后为各类人才解决子女入学、家庭就业、住房安置、职务晋升、职称评定、工资福利发放等实际困难和问题700余件,使他们能够舒心工作、快乐生活,牢牢地扎根于柘城创业发展,充分发挥了科技领军作用和示范引导作用。

(二)实施引才工程。我市在抓好现有人才队伍建设的同时,连续多年面向全省、全国公开招聘,着力实施以引进高层次管理型人才和创新型人才为主要内容的引才工程。从引进的硕士、博士研究生来源的院校来看,大多来自复旦大学、武汉大学、兰州大学、四川大学、山东大学等重点院校。专业技术涉及农业种植、畜牧养殖、文化旅游、社科教研、化工煤炭、电子管理、城市建设等急需专业,突出了社会需求,优化了全市人才队伍结构。柘城县深入开展"百名人才进园区"活动,成功引进博士后1人,博士生5人,硕士生47人,本科生369人,引进高中级专业人才56人,韩国籍超硬材料专家2人,成为产业集聚区建设的强大智力支撑。

(三)建立人才首席服务员制度。以建立人才首席服务员制度为抓手,提升人才服务能力和水平,有力促进了产业集聚区和新型农村社区的大发展。根据《关于建立产业集聚区和新型农村社区人才首席服务员制度的意见》,明确六项职责任务:即定期调查了解产业集聚区和新型农村社区人才现状和需求,帮助解决实际困难和问题;做好人才资源调查统计,建立健全人才资源信息库;总结宣传人才工作的经验、先进人才典型;配合做好人才培养和优秀人才推荐选拔工作,协助党委、政府贯彻落实有关人才政策。依托人才首席服务员,建立健全了产业集聚区和新型农村社区各类人才信息库,实现了企业、社区、人才信息共享。虞城县在产业集聚区和新型农村社区建立起5200余人的人才信息库,发布人才供求信息1500余条(次)。在农村社区完成土地流转140余公顷,组建专业合作社16家,安置社区群众就业1200余人次;在产业集聚区帮助10家企业建立产品研发中心,协调并促成8家重点企业与高等院校开展"院企合作"。

(四)实施"千名人才进园区"活动。2009年在全市开展"千名人才进园区"活动以来,商丘市把人才工作和产业集聚区建设有机结合起来,成为全市人才工作服务发展大局的重要载体。截至目前,全市新建各类示范园区57个,进园专家人才1160人,引进利用资金136亿元,解决技术难题743项,革新技术项目554项,有力推进了全市产业集聚区建设。

(五)实施人才创新创业"百点示范"计划。人才创新创业示范点建设已授牌市级示范点30个、县级36个,引导、鼓励各类人才集聚产业园区和创新创业示范点;梁园区采取"人才+项目、人才+基地"的模式,与商丘师院合作,为人才搭建创新创业平台;虞城县组织专家人才协助15家重点企业建立了企业标准化体系,实现技术革新20余项,申报各类国家专利26项。统筹各方力量,把百点示范计划和人才作用的发挥有机接合起来。

三、存在问题

(一)人才资源总量偏低。商丘虽是人口大市,但还不是人才大市。全市各类人才总量约占总人口的6.07%,大大低于全省9.3%、全国10.5%的平均水平,也明显低于一些兄弟市的人才比例。如郑州市为11.57%、洛阳市为10.38%,焦作市为8.86%,济宁市为7%,徐州市为6.2%。例如民权县专业技术人才共12761人,仅占全县人口总数的1.3%,仅为全省平均水平的1/2;在全县12997名技能人才人中高级工仅680人。人才总量的不足致使不少行业因人才缺乏而发展缓慢。

(二)高层次人才偏少。受经济发展水平的制约,商丘市人才工作的各项投入普遍偏低,待遇相对较差,对人才的吸引力不足,不仅造成企事业单位在急需引进的技术型人才、科研型人才、创新型人才时面临许多难以解决的瓶颈与问题,同时还造成现有的高层次人才队伍不稳定,"孔雀东南飞"的现象常有发生。致使人才整体质量不高、结构不合理,产业领军人才、高层次技术专家和高技能人才严重缺位,研发力量十分薄弱,人才配置结构不适应产业升级的需要。例如柘城县专业技术人才中副高以上职称929人,仅占专业技术人才总量的6.93%,其比例不仅远远低于沿海发达地区,而且也低于全国、全省平均水平。

(三)基层人才断层问题十分突出。自2008年机构改革以来,全市各单位基本未进新人,随着现有人才的逐步退休,已经出现十分严重而普遍的人才年龄老化、断层和青黄不接现象,人才选拔使用的梯次配置欠缺情况十分常见。特别是在基层一线的乡镇显得更为突出。此次调研随机抽查了柘城县的惠济乡、胡襄镇、牛城乡,夏邑县王集乡,宁陵县的黄岗镇等乡镇,据抽样统计数据显示:在大多数乡镇干部队伍中,50岁以上的均占16%左右,30岁以下的均占5%左右。具有全日制大专以上学历的均占7%左右,其余93%左右的第一学历中,大部分是初中学历,典型数据充分反映了商丘市基层政权执政资源十分薄弱、"双基"建设亟待加强的现实状况。

(四)人才行业分布严重失衡。全市现有专业技术人才12万人,事业单位为105890人,占95.21%;主要分布在教育、卫生两大行业,分别是72.12%和14.92%,共计为87.04%,其他行业仅为12.96%;而电子技术、网络信息技术、环保工程、城市规划、经济管理、决策咨询研究等急需的专业人才极为缺乏。例如民权县分布在教育、卫生行业的专业技术人才达10826人,占专业技术人才的85%;分布在农林水牧渔的仅有549人,只占专业技术人才的4.3%。其他县(区)的情况大致相同,这在很大程度上制约了县域经济产业的发展。

(五)人才效能作用发挥不足。专业技术人才大多是本单位(系统)的技术骨干或中坚力量。但调查发现:有一部分人才的效能作用发挥不明显,特别是有些高级专业技术人员和市县级拔尖人才,只享受荣誉和利益,仅仅是完成一般性工作任务,缺乏创新创造的精神和能力,没有突出贡献,长期不搞创新创作和研究开发,不能承担重大的研发项目或调研课题,没有发挥出高层次人才应有的引领示范作用。

(六)人才使用的评价机制有所滞后。考核评价的标准和内容有待完善。人才工作目标考核标准不注重研究的方向和内涵是否与商丘经济社会发展的实际情况紧密相连，导致科技人员只着眼于发表论文的数量，仅仅是为了取得职称、应付考核、完成日常工作任务，而在深入基层一线发现问题、深入研究解决问题方面十分欠缺。同时，人才评价机制还存在着政策导向前后不一的问题，比如评选专业技术拔尖人才，有些科技人员为追求在名利配置方面的功利和利益，不惜弄虚作假，采取不正当的竞争手段也能获得专业技术拔尖人才的荣誉称号，在社会上产生了一定的负面影响。

四、加强人才工作的建议

*（一）在人才的观念认识方面，要牢固确立“人才资源是第一资源”的思想。*各级领导要进一步更新观念，不断提高对人才工作的认识，要把人才资源开发放在优先的地位，长抓不放。由市委组织部牵头，全市各级各部门全力配合，制定和完善适合商丘市人才工作发展的政策和措施。同时通过新闻媒体、网络等传播方式，广泛宣传，让人才政策真正达到用人单位熟悉、组织人事干部精通、各类人才了解、全社会共同落实。营造尊重劳动、尊重知识、尊重人才、尊重创造的良好氛围，为人才发展创造宽松的环境。

*（二）在人才的引进培养方面，要坚持以商丘发展需要和社会内在需求为主要导向。*要着眼于经济转型和产业升级的需要，聚焦商丘发展战略工程项目，坚持高端引领、需求导向、以用为本，重点引进能够带动突破关键技术、发展高新技术产业、带动新兴学科的战略型人才，创新创业的领军人才，重点领域急需紧缺的高技能专门人才。树立“不求所有、但求所用”的柔性理念，鼓励优秀人才以多种方式为商丘市经济社会发展服务，不断拓宽吸引人才的渠道。

*（三）在人才的选拔任用方面，要坚持从基层一线选拔使用年轻干部的政策观念，使“双基”建设真正落到实处。*长期以来，我们党十分重视在基层形成培养锻炼、选拔使用年轻干部的完整链条，就是因为基层工作能够深刻了解群众的生活现状和诉求，知晓民情、体察民意，把准时代的脉搏，看清奋斗的方向。商丘市几千名大学生村官下到基层锻炼已经长达6年之久，通过长期的一线工作实践，磨炼了意志，增长了才干，提高了解决实际问题、处理复杂问题、驾驭复杂局面的能力，已经到了可以选拔使用的阶段。商丘市、县两级组织人事部门应当按照中组部相关精神要求，把大学生村干部培养使用纳入本地干部队伍建设、后备干部培养和人才发展的总体规划。同时坚持人员编制向乡镇倾斜的原则，对大学生村官实行定向考录的政策，录用比例应当占定向考录总数的80%。把优秀大学生村官及时充实到乡镇基层政权中去，大力改善乡镇干部队伍结构，增强党的基层组织的生机活力，为“双基”建设真正落到实处提供强有力的人才支撑。

*（四）在人才的工作机制方面，要积极深化人才使用机制改革创新，切实发挥其对商丘跨越发展的引领作用。*明确人才工作目标责任。把人才工作纳入各级党政领导班子工作的目标责任制，明确各单位一把手抓人才工作的任务和目标，定期进行考核；完善人才工作政策。根据各类人才的特点，尽快制定各类人才工作实施意见、办法或细则。立足商丘实际，着力加强高新技术、煤炭化工、信息工程、城市规划、环境保护、园林绿化、文化旅游、法律、金融等专业和商丘市支柱产业、重点工程等领域急需紧缺人才引进政策的落实；完善人才竞争机制。不断完善竞争性选人用人制度，对有特殊贡献的人才应大胆破格提拔任用，充分调动人才的积极性；创新人才考核评价、奖惩激励、流动管理机制。通过目标责任考核、业绩量化评估等举措，建立起与人才工作业绩紧密联系，能者上庸者下，末位淘汰、有进有出的良性循环机制。鼓励有关部门和企事业单位加大对优秀人才的表彰奖励力度。积极开展各类评选活动，对有突出贡献的专业技术人才、经营管理人才和高技能人才，政府给予表彰，予以奖励；加大人才资金的投入。人才资金的投入要随每年县财力的增长而增长，用于各类人才的培养、引进、使用和奖励等；切实关心爱护各类人才。要落实好联系人才制度、人才定期体检、津贴补贴的发放等制度。

（李光明　王玉华）

商丘市粮食生产情况的调查与思考

商丘是河南粮食的主产区，是粮食生产核心区，常年粮食产量稳定在120亿斤以上，占全省粮食总产的1/10强。近年来，市委、市政府始终把提高粮食综合生产能力摆在经济工作的突出位置和“三农”工作的首要位置，坚持用工业化思维谋划农业，充分发挥粮食生产优势，在国家的支持下，采取大型商品粮基地建设等一系列积极有效的措施，使粮食产量屡创新高。

一、基本情况

商丘粮食生产发展历程大致可分为两个历史阶段，即从新中国成立至1978年，商丘粮食生产与全国一样在不懈探索中曲折发展；1978年至今，进入较快的发展时期。尤其是从2003年以后，粮食产量每年递增，2004年粮食总产量90.77亿斤，2005年粮食总产量96.9亿斤，2006年粮食总产量109亿斤，2007年为115亿斤，2008年为117亿斤，2009年粮食总产量达到122亿斤，2010年为123亿斤，2011年达124亿斤，2012年达125.93亿斤，2013年达128.83亿斤，2014年达132.5亿斤，实现了“十二连增”。全年全市夏粮种植50.81万公顷，比上年增加 0.25 万公顷。全市小麦产量构成“三因素”呈“两增一减”趋势,亩穗数 45.4 万穗比上年增 2.2 万穗,穗粒数 31.5 粒,比上年减少 1.4 粒,预计千粒重比上年增加,按42 克计算,全市夏粮总产有望再创历史新高,平均单产可达510.5 公斤,比上年增加 11.6 公斤,总产预计可达到77.8 亿斤,在上年 68.37 亿斤的基础上增产近10 亿斤,有望实现“十三连增”。

为确保全市粮食生产稳步递增,2012 年根据《河南省人民政府关于建设高标准粮田的指导意见》“规划建一批百亩方、千亩方和万亩方高标准粮田”的要求,制定《商丘市高标准粮田“百千万”建设工程规划(2012 ~ 2020 年)》,规划到 2020 年要建成 257 个万亩方、342 个千亩方、226 个百亩方,全市集中打造 660 万亩高标准永久性粮田。2012 年建成万亩方 37 个,千亩方 47 个,百亩方 12 个、6.71 万公顷;2013 年建成万亩方 37 个、千亩方 32 个,百亩方 4 个 6.39 万公顷,完成总投资 21.82 亿元。2014 年建成高标准粮田 4.68 万公顷,其中万亩方34 个,千亩方 15 个,百亩方 4 个,完成项目投资 7.1 亿元。至年底,全市已建成高标准粮田 17.7 万公顷,其中万亩方 108 个,千亩方 94 个,百亩方 20 个。这些都为商丘市粮食连续增产提供了有力的保障。

二、主要做法

(一)*加强组织领导,落实扶持政策*。商丘市从战略和全局的高度,增强抓好粮食生产的政治责任感,创造性地抓好粮食生产。在统筹推进城镇化、工业化和农业现代化的同时,用发展工业的理念发展农业,大力推动农业产业化、规模化、市场化、标准化,出台支持粮食生产的政策,加大对粮食生产的奖励扶持力度,全面落实支农惠农强农政策、提高农民种粮的积极性和创造性,为全市经济平稳较快发展提供了强力保障。同时大力发展农副产品加工企业,如面粉及其他农产品加工、畜牧及肉蛋奶加工、林果、林板浆纸及食用菌生产、棉纺等为中心,支持附加值高、综合经济效益较强,有明显的市场竞争力以及能带动其他企业发展的农业化领军企业,提高了粮食产出效益,有力推动了农业现代化进程。

(二)*促进土地流转,扩大种粮耕地*。全市农业部门自 2010 年以来,探索创造了“小块并大块,多块变一块”的土地互换模式,有效解决了土地细碎化问题,为土地流转、适度规模经营奠定基础,促进了农业生产规模化、集约化发展。2014 年,全市农村土地流转 12 万公顷,其中转包 5.33 万公顷,出租 4.67 余万公顷,互换约 1.33 万公顷,其他 0.67 余万公顷。流转入农户 6.67 余万公顷,流转入专业合作社 3.33 余万公顷,流转入企业 1.33 余万公顷,流转入其他主体 0.67 余万公顷。流转 6.67 公顷以上大户 935 个,66.67 公顷以上的流转大户 139 个。如“全国种粮大户”虞城县站集镇西北街村村民卢合军,现已流转土地 593.3 公顷,粮食总产 1.1 万吨,销售商品粮达 10080 吨,入股农户达 2100 户。他们统一采购农药、化肥、种子,统一机械化耕作,解放出了大量农村劳力从事二、三产业或就地、外出务工。截至 3 月底,全市农民专业合作社已达 2322 个,其中从事粮食生产的合作社就有 600 余个,经营土地 3.33 万公顷。

(三)*实施“百千万”工程,提高粮食产量*。把实施好高标准粮田“百千万”工程建设作为全市农业农村工作的重点,全力打造国家粮食生产核心区,确保全市耕地面积不减少,粮食产量有增加。一是整合资金。按照“渠道不乱、性质不变、统筹安排、集中使用、各负其责、各记其功”的原则,有效整合各类农田建设项目资金,将新增千亿斤粮食田间工程、小型农田水利、大中型灌溉与节水改造、农业综合开发、土地综合整理、农田林网、农田电网等涉农资金 21.82 亿元,用于高标准粮田建设,并通过先建后补、民办公助、以奖代补等形式,吸引社会资金向高标准粮田“百千万”工程建设区域集中,发挥了项目资金最大效益。二是示范带动。按照省政府要求,高标准、高起点进行规划设计,统筹本地农业项目资源,科学安排使用资金,在柘城、民权两县实施高标准粮田提升行动。至 2014 年底,柘城县已建成的 1.67 万公顷高标准粮田内土地平整,集中连片,田成方、林成网、路相通、渠相连、旱能浇、涝能排、机械化作业无障碍,良种覆盖率、测土配方施肥、病虫害统防统治、农业专业化组织统一服务覆盖率均达 100%,大型农机化服务率达 84.2%,粮食总产 8.06 亿公斤,年均单产 1128.6 公斤,比一般大田亩均增产 102 公斤,增率 10%,示范带动效应明显。三是强化服务。市、县两级农业、发改、财政、水利、国土、科技等部门加强沟通,抽调得力人员,根据高标准粮田分布区域和规模,因地制宜设立行政管理机构,负责实施规划、行政执法监督和综合服务工作,在对高标准粮田区域土地和道路、电网、水网、林网、环保等公共设施进行有效管理服务的同时,积极协调沟通,提高服务质量与效率。2014 年全市对 6.67 万公顷高标准粮田小麦种子实行统一招标,农民用一斤麦换一斤种子,每亩供种 25 斤,差价 1534 万元由市、县两级财政共同负担。市政府采购中心统一采购众麦 1 号、矮抗 58、郑麦 7698 等 17 个品种,1250 万公斤,品种价格最高1.89 元/斤,最低 1.85 元/斤,平均价为 1.873 元/斤,达到了种子质优价廉的目的。

(四)*加强设施建设,夯实基础保障*。商丘市高度重视农田水利基础设施建设,积极推进“井井通电”工程,切实解决旱能浇的问题;大力疏通河道,加大田间排涝治理力度,构建井、沟、渠、库一体化网络状格局,解决涝能排的问题;按照“引得来、蓄得住、分得出、用得上”的总体目标,加强引黄工程建设,确保饮水规模和用水规模,解决保供给的问题;按照“科学规划、综合配套、稳定面积、规模经营、集中投入、主攻单产”的原则,投资1.049 亿元对 1.39 万公顷耕地进行水、渠、田、林、路综合治理,新打机井 1869 眼,新建桥涵闸 964 座,开挖疏浚沟道 55.67 万米,地埋管道 10.18 万米,修生产路 640413 平方米,田间植树 47.88 万株,土地平整 0.12 万公顷,项目建成后,可增加粮食产量 2168.3 万公斤。

(五)*搭建科技平台,强化服务指导*。全市积极实施科教兴农战略,不断健全乡镇基层农业公共服务机构,发挥县、乡农技推广机构的整体功能,积极开展“千名科技人员包千村”活动,引导农村社会化服务组织开展农技推广服务,大力推进病虫害专业化统防统治,积极实施种子工程、沃土计划等，大面积引进和推广农作物优良品种、地膜覆盖、温室栽培、病虫害防治、模式化栽培等先进技术，科技进步贡献率达42%以上，成为粮食产量增长的第一要素。同时注重在人才服务上求突破，以阳光工程、雨露计划、农民专业技能培训为依托，注重培训一批"土专家"和"田秀才"，对农村水利员、防疫员、农业经营人才等进行重点培训，为稳定粮食产量、提高粮食质量提供了有力支撑。

三、存在问题

（一）比较效益低，种粮动力不足。尽管国家对农业的投放不断增加，粮食保护价多次上提，种粮直补、良种补贴等支农惠农资金也逐年增长，但相对种粮投入成本持续偏高的形势，按照目前年亩产粮食1000公斤计算，除去必要的生产投入，不计人人力投入，每亩效益最多1500元，而外出打工每月收入在3000～5000元，粮食生产比较效益低，直接影响农民种粮积极性和对粮食生产的投入，也是当前粮食生产缺乏活力的主要原因。

（二）惠补政策不完善，经济收益受限制。以梁园区双八镇为例，随着城镇化的进展，该镇被划为非农乡镇。农民在购买农机具时，因为不是农业户口，而享受不到国家的农机购置补贴政策。种粮大户承包成百上千亩的土地进行粮食生产，种粮直补、农资综合补贴、良种补贴等均发放给土地原有的农户，真正的种粮大户享受不到应有的补贴；有些种粮大户流转的土地因没有在农业建设项目内，不能享受到各种政策优惠，严重制约其发展。同时由于租地成本不断上涨，而一亩地一年种植小麦、玉米两季，净收益较低，种粮大户只有寻求发展高效经济作物来增加收益。

（三）项目建设不科学，实际成效不明显。目前，粮食主产区各类项目建设现状与发展现代农业要求相比还存在非常大的距离。一方面，农业项目建设如五龙治水，没有形成合力。发改部门有千亿斤粮食工程，财政部门有农业综合开发，国土部门有土地整理，水利部门有小型农田水利建设，农业部门有高标准粮田建设，现在全市实施的高标准粮田"百千万"建设工程名义上整合了所有涉农项目，但是项目资金渠道分散，每个项目工程都有各自的部门负责实施，各部门都有相应的项目管理及资金管理办法，项目建设标准不一致，每亩投入不等，建设内容也不同，高标准粮田建设难以平衡和统一，实际统筹项目资金难度较大，实施成效很不理想。另一方面，大部分项目存在着"重建设，轻维护"问题，已经建成的农业基础设施缺少后续维护，发挥作用不明显。

（四）资金支持力度不够，规模发展有瓶颈。种粮大户由于其经营规模、资金投入都比较大，对资金和农业保险的需求比普通农户更强烈。在农业保险方面，以小麦为例，保额为311元/亩，即在绝收的情况下，一亩地才能获得311元的赔偿，且商丘市几乎不会发生绝收现象，一亩地只能获得100余元甚至几十元的赔偿，作为保险公司对管理农业风险能力还比较薄弱，不愿提高农业保险保额，唯恐遇到大灾出现超赔。目前种粮大户投入资金来源主要是找亲朋好友借贷和对生产所需要种子、农药、化肥等农资赊购。农信社和邮政储蓄虽可予以小额贷款，但是需要有几个公务人员进行担保，手续烦琐，而且最多只能贷10万，解决不了所需资金缺口，一定程度上制约了规模化发展。

（五）高效产业增长，粮食安全受影响。主要是农村土地的承包经营权流转以后，土地的规模经营激活了高效农业产业发展。不少土地流转规模经营主体一般都选择发展药材、瓜果、蔬菜、花卉苗木以及特种养殖等效益好的、市场前景好的优势特色产业和产品。据调查，商丘市除了原有的种粮大户和粮食加工企业外，新进入农村的其他社会资本几乎没有种粮的案例。工商资本进入农业越来越普遍，在逐利冲动下大多从事高效农业，不同程度地对粮食生产带来冲击。随着种植结构越调整、新型主体越多、非粮效益越高，从事粮食生产者就会越来越少，这对粮食产量的稳定和国家粮食安全带来了不利影响。

四、对策建议

当前，农业生产已进入高投入、高成本、高风险的发展阶段，保障国家粮食安全必须加大对农业的保护力度，建立保障粮食安全和农民增收的长效机制。

（一）加快高标准粮田建设步伐。严格执行高标准粮田建设标准，科学规划，按照田成方、林成网、路相通、渠相连、旱能浇、涝能排、机械化、科技化的要求，引进更多的资金，保证中低产田的改造、农田基本设施的建设，进一步明确各部门责权利，真正把各类涉农建设项目统筹起来，发挥涉农资金效益最大化。大力推行"五统一"工作模式，即在已建成的高标准粮田项目区内实行统一供种、统一播种、统一施肥、统一病虫害防治、统一技术指导，真正把"五统一"服务落实到位，确保项目区内粮食产量持续稳定增长。进一步改进县级财政资金投入的形式，通过以奖代补的手段，吸引和支持社会资金用于农田基本设施建设，缓解这项建设资金压力。电力部门要密切配合，架设农田电网，实现井电配套。继续坚持省、市、县、乡农技四级网络推广体系，充实专业技术人员加强专业技术人员培训，建立健全多元化服务机制与农业院校、科研院所与农民专业合作社以及涉农企业的有效对接，提高农技推广体系的服务建设，提升基层农技人员技术水平。

（二）大力发展农业规模经营。要继续加大培育种养大户、农民专业合作组织、农业产业龙头企业等各类规模经营主体，积极推进"小块并大块，多块并一块"的土地承包经营权的流转，进一步扩大土地经营的规模，建设高标准生产基地，带领更多农民参与规模化、集约化经营，实现生产方式的转变。要加大奖补力度，设立农村土地承包经营权流转专项资金，对受让土地面积较大、流转期限较长、流转合同规范的经营主体，各级财政分别给予适当奖补，对种植大户、家庭农场、农民专业合作社等规模经营主体，予以重点补贴。同时要加强对土地用途的督查，积极实施农业用地规划，加强政府对土地用途的管制和规范，严格贯彻和落实土地法规，切实加强地籍管理，在保障农业用地不受到损害的基础上进行合理的流转和使用，确保农地数量尤其是耕地数量只增不减。

（三）完善粮食价格合理增长机制。目前国家制定的小麦平均最低收购保护价格年均增长7.5%，而种子、农药的年均增速分别为9%和12%，与粮食价格上涨的速度相比存在一定的差距。因此应该进一步提高小麦等粮食收购保护价，根据当前总体物价和消费水平，小麦保护价应提高到每斤1.5元左右，以缩小农产品与工业产品以及打工经济的剪刀差，缓解农业生产资料价格持续上涨给粮食生产带来的压力和负面影响，提高种粮效益，激发农民种粮积极性。

（四）健全创新涉农资金补贴机制。现在农业补贴的发放形式比较分散，属于“普惠式”补贴，也就是“补进不补出”，使一些地区出现了只种高收入的经济作物，不种粮食作物的情况，不利于稳定和扩大粮食生产，应改变粮食直补的方式，严格审查补贴发放对象，使粮食补贴真正向粮食主产区、种粮大户、种粮能手倾斜。在补贴方式上，可由现在的将种植粮食的面积作为补贴标准，变为在此基础上参考农户向国家出售粮食的质量以及多少来确定补贴的标准，也可以参考粮食作物与经济作物收益差额与种植面积的多少来确定补贴标准。要完善农资综合补贴动态调整机制，农资直补标准要随着农资价格的变动做相应的调整，使补贴标准贴近市场，这样能够尽量减少物价调整对农民购买农资物品的影响。

（五）切实加强农资市场监管。粮食生产周期长，若选错品种或误使假肥料假农药，会招致严重减产。所以农业执法部门要切实履行职责，加大执法检查力度，加强对农资市场管理，对未审定或跨区域推广的种子坚决查封，重点查处农药、肥料含量不足问题，下大力气净化农资市场，使农民用上放心农资。同时，采取各种措施保证农资产品的真实性，限制最高价格，并通过专业合作社统一采购、统一配送等措施来缩小农资物品零售价与批发价之间的差距，最大限度地减少农民种粮的资金投入。

（六）改善粮食生产金融保险服务。鼓励农业产业化龙头企业为其合作的农民、专业合作社提供贷款担保。要完善农业保险机制，建立起完善的粮食主产区政策性粮食保险补贴机制，大力推进农业保险，特别是洪涝、旱灾等自然灾害保险，要通过农业风险基金的建立，使政府风险基金也承担起一定比例的农业保险责任，当出现重特大自然灾害时，商业性保险公司无力承担保险责任时，政府风险基金会根据一定的标准给予相应的财政补贴。

（王爱健）

商丘市农机专业合作社建设情况的调查与思考

商丘市农机专业合作社创建始于2006年，2007年《农民专业合作社法》颁布后，农机专业合作社蓬勃兴起。特别是近几年，在各级政府和部门的关心支持下，农机专业合作社得到了较快发展。

一、基本情况

目前，全市农机专业合作社发展总体处于初级阶段，大部分是中小型的。截至2014年底，全市农机专业合作社411个，其中建成部级示范社10个，省级示范社20个，市级明星社10个。全市农机专业合作社服务总户数达25万户，入社者5930人，社均人数14.4人。全市的精少量播种机械、设施农业机械、农产品初加工机械、畜牧养殖机械、渔业机械等均有一定程度地增加，拥有各类农机具数18195台，农机装备类型正由小型、单一功能型向大中型、复合型、高性能快速转变，配套比1∶2.5，社均资产总额141.3万元，均比2007年翻一番，高于全省平均水平。年作业总量达到22.33万公顷，社均0.06万公顷，全市农机专业合作社年度总收入14346万元，社均37万元，其中农机化服务收入13406万元，社均34.7万元，农机化服务收入占总收入的93.5%。

从总体来看，全市农机专业合作社大体可分为三种类型：一是农机大户入股合作型。就是机械所有权归机手个人所有，合作社对机械实行统一调配、统一管理、统一联系业务、统一组织作业、统一收费标准，实行单机核算，多劳多得，按作业量统一提取一定比例的管理和公积金。二是农产品加工企业注入资金催生型。即由农产品加工企业注入资金，成立农机专业合作社，通过土地流转形成规模化生产作业。如夏邑县的洪马合作社，引入雪凤集团面粉厂的资金流转约0.07万公顷土地，形成面粉厂—合作社—农户三位一体，三级连锁。面粉厂给合作社注入资金流转土地，实施农机规模作业，面粉厂可以用较低价格的收购小麦进行加工，实现双赢。三是村干部致富能手带动型。就是通过农业机械服务企业，带动农机专业合作社的发展。如睢县海涛农机专业合作社，其法人为睢县大蒋楼村党支部书记王海涛，为带领农民致富，首先筹集资金开办一家农机城，从事农机销售、维修，2007年《合作社法》出台后，成立农机专业合作社，2009年6月注册资金93万元，由当初7人发展到现在的500人、400台大型农业机械、年收入达900余万元。2013年开展了土地流转、农机维修、农机培训、加油站等6项服务，在此基础上，又成立了海涛种植专业合作社，拥有规模化经营土地200余公顷，托管土地400公顷，带动群众共同致富，被农业部评为“全国农村合作社示范社”。

随着新型经营主体的出现，农村专业合作社正由数量扩张向效益提升转变，由原来的带机入社发展到以资金入社、土地入社，农机大户和种粮大户强强联合等多种入社形式也逐渐显现，呈现出投资主体多元化、组织形式实体化、服务方式基地化、机具装备大型化、农机农艺相结合的发展趋势。主要有：一是引入资金作支持，就是通过引入企业等社外资金支撑自己发展。二是与种植业等合作社联合或融为一体，通过联合或融为一体达到优势互补。三是多策并举，多种经营，通过自己的硬实力和软实力开展多种经营，一步步做大做强。

本市农机专业合作社的发展，一是推动了农业规模经营主体的发展。以家庭联产承包责任制为主体的小规模经营体制，造成土地、资源、技术规模小，抵御技术风险、自然风险和市场风险的能力脆弱，产业化、规模化经营成为农业生产中的现实需要。农机专业合作社开展合同订单作业、代耕代种作业、跨区作业、实行土地托管、土地租赁承包等形式，达到区域化种植、规模化作业、集约化经营的目的，促进土地有偿流转。2014 年通过农机专业合作社实现土地流转 1.5 万公顷，社均 400 公顷，土地托管 4.11 公顷，社均 111.3 公顷，订单作业 15.44 万公顷，社均 416.7 公顷，实现规模化作业效益，有效地配置了资源，优化了农村的经济结构和产业结构。二是促进了农机增效和农民作业增收。由农机专业合作社使用的农业机械装备性能优越、作业效率、利用率高，农机专业合作社的作业服务不仅能把劳动力从繁重的体力劳动中解放出来，吸纳大批农村富余劳动力，又能够促进更多的农村劳动力向非农产业转移，多渠道增加农民收入，改善农民生产生活条件。三是桥梁纽带作用进一步显现。农机专业合作社可以作为农机管理和服务的延伸和补充，在政府和农户之间架起了相互沟通的桥梁，形成了“公益服务部门—农民服务组织—农户”这种新的管理服务机制，越来越多的农机合作社在管理部门和农民之间架起桥梁，配合管理部门开展农机科技试验示范，组织新技术培训，为保护性耕作、玉米机械化收获等技术的推广、土地机械化深松的实施发挥了很好作用。

二、主要做法

1. 强化组织领导。几年来全市农机部门把农机专业合作社建设当作农机工作的总抓手和推进农机化发展的重要载体来抓，把农机专业合作社工作列入政府发展规划，纳入政府日常工作中，把发展农机合作社扶持资金列入财政计划，做到年年有计划、中长期有规划，并把发展农机专业合作社纳入县（区）经济发展统计指标体系。市县两级农机管理部门均成立领导组，实行工作责任制，推行市县两级农机管理部门领导定点联系农机专业合作社制度，实行定点服务、跟踪服务、落实责任，形成政府牵头、部门联动的长效工作机制。

2. 加强业务指导。全市农机专业合作社工作思路是“两个并重”：质量和数量并重，规模建设和服务能力建设并重。凡是有新建、扩建的合作社，市县农机部门有关人员一定到场指导，凡是新注册的合作社，县农机部门有关人员必定面见专业合作社负责人，了解合作社建在哪里，什么时候开建等。如柘城县开展了农机技术人员下乡包干，特别是针对农机合作社、科技示范户开展技术指导靠上服务，开展技术咨询、培训，对机械挂牌、办证、年检、年审等，实行电话预约上门服务，大大减轻了社员的机械管理负担，提高了管理水平。

3. 实施扶持措施。农机部门对农机专业合作社实行政策倾斜，如优先享受农机购置补贴政策、优先承担农机化项目实施工程等，各县（区）级农机管理部门树立把农机专业合作社建成新技术推广基地、新机具示范基地、技术培训基地、安全生产基地为一体的工作思路，将其作为实施各类农机财政专项和基本建设项目、科技研究推广项目的重要主体，这样既完成了农机项目又增加了农机专业合作社收入。同时积极协调土地、工商、金融等有关部门，在解决建设用地、注册登记和信贷支持等方面为其发展提供大力支持。近几年来积极争取了 1000 余万元的中央、省、市资金对 100 余个合作社进行扶持奖励，其中 50 万元市级资金纳入财政预算。

4. 督导激励发展。市农机部门建立平时督导和年终检查验收制度，对农机专业合作社的场地建设、库棚建设、设备配置、制度建设、作业开展情况，以及扶持、奖励资金使用情况等进行不定期检查指导，督促各县（市）区农机部门加大检查指导力度。市农机部门对扶持发展农机专业合作社数量多、质量好、效果显著的县（市）区农机部门通报表彰。2014 年，商丘市从 50 万元的市级合作社资金中拿出 5 万元对涌现出的 10 个市级明星农机专业合作社进行奖励。

三、存在问题

随着农机合作社建设规模逐渐扩大和经营模式变迁，一些制约因素越来越突出。

1. 整体数量少、发展不均衡。目前全市有 1000 万亩土地，按每个农机合作社作业覆盖 0.07 万公顷，需要创建 1000 个，而目前注册的只有 420 个，不足四成，且区域差别大，尚有部分乡镇空白。当前大部分农机的作业项目单一，仅局限于耕种和收获，机具利用率低，不能够做到“一机多用”“一机常用”，直接影响其收益和发展壮大。

2. 用地困难、资金匮乏。目前全市农机合作社农机数量大，缺乏建设用地，绝大多数为散地存放保养，在《河南省农业机械化促进条例》中明确规定农机合作社建设用地属于农业用地，但与土地部门掌握的政策不相同，缺乏协调沟通，在一定程度上制约了农机合作社的发展。在投入资金上，由于农机专业合作社投入较大，没有预付资金，农业生产周期长，流转土地资金投入大、回收慢，若贷款则难以承担银行利息，国家也无相应政策措施，严重制约了农机专业合作社的发展壮大。如梁园区的翔宇合作社、民权县的恒丰合作社等，在这方面都遇有不同程度的困难。

3. 经营理念有待提高。部分理事长缺乏先进的经营管理理念，会员整体素质参差不齐，虽然有内部管理制度，但没有完全依据管理制度办事，缺乏组织管理、统筹协调、对外交往等方面的知识和能力，其组织结构松散,组织化程度不高,服务领域路少、面窄,致使农机专业合作社功能不能充分发挥,凝聚力不强,规模不大,吸收的成员不多,整体实力弱,经营规模小,竞争实力不强,发展活力不足。

四、发展建议

1. 加强宣传,落实政策。通过宣传,使广大干部群众充分认识到农机专业合作社是重要的农业经营主体,推进农机专业合作社建设就是推进农业生产的社会化、合作化、专业化。各级政府及部门才能积极采取财政扶持、税费优惠、信贷支持等措施,并把这些政策经常化、具体化,从而形成全社会关注、各部门合力支持农机专业合作社发展的局面。

2. 理清思路,分类指导。当前和今后一个时期发展农机专业合作社应按照上规模、上水平、上效益、提高可持续发展能力的"三上一高"的思路。构建公益性服务与经营性服务相结合,专业服务与综合服务相协调的新型农机服务体系。在工作指导中,一是服务水平能大则大,宜小则小。根据全市农村经济条件,像夏邑县洪马合作社那样土地流转几千亩上万亩自然可取,但流转约33.3公顷左右的更符合大部分合作社的实际。二是能综合则综合,宜专业则专业。像睢县海涛合作社那样开展六项综合服务,也可走小而灵活之路。

3. 典型引路、示范带动。以明星农机专业合作社创建为载体,用好典型引路、示范带动的工作方法,推进农机专业合作社强强联合、资源互补,与涉农企业合作共建,弥补资金、用地等短板,积极推进与种植业合作社联手,走农机农艺结合之路。通过创建一批示范社,使其他合作社学有榜样,赶有标杆,进而推动全市农机合作社整体上档升级。

4. 强化培训,提升理念。理事长是发展农机合作社的"领头雁",组合农机资源的"协调人",建设现代农业的"排头兵"。开展合作社理事长培训是一个行之有效,应该坚持的经常性、长期性的措施。通过培训,切实加强理事长文化知识和业务知识学习,培养其有做大做强的雄心志向,有共同致富的思想境界,有经营管理的良好素质,有利用资源的运作水平。

(王爱健)

为您服务

商丘市中心汽车站部分客运班次时刻表(三)

止站	车次	时间	车号	止站	车次	时间	车号
洛阳	1121	8:00		新乡	1135	7:30	
	1123	9:00	停		1137	9:00	
	1125	9:50			1139	9:50	停
	1127	10:40	停		1141	10:30	
	1129	11:30			1143	12:00	
	1122	13:00			1136	13:00	
	1124	14:00	停		1138	14:00	
	1126	15:00			1140	15:00	
	1128	16:00	停		1142	16:00	
	1130	17:00			1144	17:00	
邯郸	1152	11:50		汝州	1235	8:00	

大 事 记

1 月

1 日　商丘市第三次经济普查入户登记工作展开，选聘（[illegible]）10527 名普查指导员、普查员到 4387 个普查区，对 40 余万个普查对象现场采集，是本市区史上首次无纸化登记。

同日　商丘市第三届冬泳文化节在睢阳区南湖举行。全市 200 余名冬泳爱好者参加。

同日　商丘市第六次体育场地普查启动。

6 日　商丘市首家数字图书馆在睢县开通。

7 日　市长余学友会见国家开发银行行务委员、客户服务管理中心主任袁英华一行。双方就促进金融与地方经济协调发展，建立长期、稳定、健康的战略合作伙伴关系进行交谈。

8 日　商丘市被评为“全国网民留言办理工作先进单位”。

同日　由省文明办、省广播电影电视局主办的“河南好人”发榜，其中商丘市张晓华、张绿峰入选见义勇为榜，赵松武、席月丽入选诚实守信榜，祝英杰入选助人为乐榜。

10 日　商丘市市直机关“送温暖献爱心”捐赠仪式在市行政办公中心举行。

同日　省文化艺术研究院、省戏剧家协会、市文广新局、市豫剧院联合举办的豫东调研讨会暨商丘市豫剧院 65 年成果展开幕。

12 日　由《中国信息报》、《河南日报》、河南人民广播电台、河南电视台、《大河报》5 家中央、省会主要媒体组成的采访团莅商，对商丘市第三次全国经济普查工作进行采访。

同日　《商丘日报》经中国传媒评选，荣列中国十大影响力地市党报，《京九晚报》荣列中国十大创新力地市晚报。

13 日　商丘师范学院的吴恒、吴永康和商丘医学高等专科学校的李创业被评为“中国大学生自强之星”。

同日　商丘市夏德兰等 8 位老人当选为“全国健康老人”。

15 日　商丘代表团参加省十二届人大三次会议。市委书记陶明伦为此次会议商丘代表团团长，高献涛、余学友为商丘代表团副团长。

16 日　商丘市义工联会长李东亮荣获 2013 中国最佳公益精神奖。

18 日　柘城信质地产董事长孙红军被评为“中国公益事业形象大使”，并当选为中国公益事业促进会副会长。

20 日　商丘沙隆达春华益农农资连锁有限公司董事长祝春华被评为河南十大“三农”新闻人物。

21 日　市长余学友率团赴济南军区空军机关慰问。

同日　商丘市被省文明委评为河南省文明城市创建工作先进城市。

22 日　副省长王铁、省政协副主席高体健、省政府副秘书长胡向阳带领省民政厅、省总工会、省人社厅等相关单位负责人莅临商丘，走访慰问困难群众、困难劳模、一线工人及敬老院老人。

2 月

8 日　商丘市王军章、付妍、牛艳辉、孙文博 4 人入选“中国好人榜”候选人。

10 日　规划 2303.5 公顷，湿地率 98.1% 的民权黄河故道湿地被国家林业局批准为国家湿地公园。

12 日　团市委、市希望工程办公室联合启动 2014 年“希望工程·爱心小书包”计划。在全市寻找首批 200 名品学兼优的贫困小学生，每人发放一个书包、一套学习文具、一套课外读物。

14 日　虞城县青年黄圣涛被团市委评为“商丘市见义勇为好青年”。

19 日　全市四项重点工作暨“四区”建设年度巡查观摩点评活动启动。

21 日　全市党的群众路线教育实践活动部署会议召开。负责商丘市此次教育实践活动督导工作的省委第七督导组组长、省政协副主席邓永俭出席会议。

24 日～27 日　中国人民政治协商会议第四届商丘市委员会第三次会议在市体育馆召开。市政协主席吴宏蔚代表政协第四届商丘市委员会常务委员会向大会作工作报告。

25 日～27 日　商丘市第四届人民代表大会第四次会议在市体育馆召开。市长余学友作政府工作报告。

同日　省委组织部组织《人民日报》、新华社、《光明日报》、中央电视台、河南电视台等 10 余家中央、省级主流媒体莅商采访“最美身边人”。

27 日　商丘市帮扶“商丘好人”协会回访座谈会举行。至年底，80 家爱心企业和 4300 名爱心会员入会，回访“商丘好人”2397 人次。

3 月

3 日　商丘市政府与中国机械

设备工程股份有限公司战略合作框架协议在北京签订,市长余学友和中设公司总裁张淳分别在协议书上签字。

4日　商丘市见义勇为青年王军章荣登“中国好人榜”。

5日　“学习雷锋精神建设文明商丘”活动启动仪式在商都广场举行。全市各企事业单位、社会团体、大专院校近千人参加启动仪式。

6日　商丘市首部主旋律电影《警戒线上》观摩研讨会召开。

同日　商丘市委举行学习焦裕禄精神报告会。邀请焦裕禄干部学院名誉副院长、河南省焦裕禄精神研究会副会长、焦裕禄二女儿焦守云为全市500余名党员干部宣讲焦裕禄精神。

6日~7日　商丘市妇女第三次代表大会举行,各县(区)350名妇女代表参加大会。

10日~11日　省委常委、省军区政委周和平到第二批党的群众路线教育实践活动联系点——商丘市夏邑县产业集聚区生产企业调研。

14日　由省扶贫办组织的河南省定点扶贫工作(豫东片区)经验交流会在睢县召开。省直机关驻开封市、商丘市、周口市51个驻村定点帮扶工作队131名代表参加会议。

同日　第二届“万锦杯”全国象棋公开赛在商丘市举办。来自河南、山东、四川和台湾等10余个省近200名棋手参赛。

17日　河南省首家“家事审判合议庭”在宁陵县人民法院成立。

18日　省九届人大常委会主任、省敬老助老总会会长任克礼在市长余学友等陪同下到虞城县产业集聚区调研。

19日　省委党的群众路线教育实践活动第七督导组一行莅临商丘召开座谈会,传达学习习近平总书记在兰考县调研指导教育实践活动时的重要讲话精神,并对全市活动开展情况进行督导。

21日　全市信访维稳工作专题会召开。市委常委、政法委书记李德才出席会议。

24日　全国安全教育日名家书法展在商丘桃花源艺术馆举行开幕式。全国政协委员、《人民日报》(海外版)原总编、享受国务院津贴专家詹国枢,中国经济研究院常务副院长、中国基金联盟副主席卢保国等出席活动。

4　月

2日~3日　商丘市“5+2”经济合作(商丘)活动举行。中央第二巡视组组长、中央马克思主义理论研究和建设工程咨询委员会主任、中共河南省委原书记、河南省豫商联合会名誉会会长徐光春及市委书记陶明伦等出席签约仪式。9个县(区)与商会签署合作协议,签约项目19个,总投资87亿元,涉及纺织服装、机械加工、食品加工等。

3日　商丘市创建国家森林城市青年志愿服务队成立并启动植绿主题活动。

同日　省政府安全生产委员会第十四督导组一行莅临商丘,对安全生产工作进行检查指导。

10日　省政协主席叶冬松带领2014年全省重点项目暨产业集聚区建设观摩点评第三组莅临商丘,就商丘重点项目和产业集聚区建设进行观摩指导。

11日　由八一电影制片厂出品,黄宏、李海江担任出品人,赵小溪导演,王大治、郭金杰主演的电影《我不是王毛》在商丘市首映。该片由商丘市影视编剧、中国电影电视家协会会员李海江创作,是一部以河南方言演绎的灰色喜剧。

同日　商丘市被评为2013年度市县经济社会发展目标考核评价先进省辖市。

15日　阿里巴巴·商丘产业带上线。市委书记陶明伦、市长余学友和河南联通公司党委书记、总经理赵玉军共同启动阿里巴巴·商丘产业带上线水晶球,标志着商丘市拉长产业链条、加快电子商务建设、加快工业经济转型升级取得了又一重大成果。

18日　2014中国·商丘针织童装产品展销会开幕。中国针织工业协会副会长赵洪和协会副秘书长蔡剑华,河南省工信厅副厅长聂春山等参加开幕式。240家针织童装企业到会参展,签约金额19.82亿元。

22日~24日　省委书记、省人大常委会主任郭庚茂在市委书记陶明伦陪同下调研部分企业和“三农”工作。

23日　睢县检察院副检察长袁广业被评为“全国模范检察官”。

28日　商丘十大“三农”新闻人物颁奖典礼在梁园区闫庄新村举行。

5　月

5日　全国百城千村健身气功交流展示系列活动河南省启动仪式暨商丘市全民健身月启动仪式在市体育馆举行。省体育局党组书记、局长彭德胜,市领导周树群等出席仪式。

6日　商丘市组织收听收看中央、河南省党的群众路线教育实践活动视频会议。省委第七督导组组长、省政协副主席、党组副书记邓永俭,市委书记陶明伦等领导在商丘分会场收听收看会议。

同日　商丘市第一人民医院护士韩雪被评为“河南最美护士”。

8日　河南省农民负担监督卡发放工作启动仪式在商丘市举行,省农业厅党组成员、产业化办公室主任马国明等领导出席。

9日　全国政协调研组到商丘市调研土地互换并地工作。省政协副主席靳克文,市政协主席吴宏蔚等领导陪同调研。

同日　2014中国·商丘电动三轮车、新能源汽车及零部件展览会在商丘市博大化工有限公司开幕。展会签约金额24.36亿元。

13日　商丘市第一期企业家培训班在市中小企业服务中心开班。全市50余名企业家参加培训。

14日　省委第二巡视组巡视动员会在商丘市召开。

15日　商丘市朱冬梅、孙成乐家庭分别被评为全国“最美家庭”和全国“五好文明家庭”。

16日　梁园区残联被国务院残工委命名为“残疾人之家”,夏邑县地税局被评为“全国扶残助残先进集体”。

17日～19日　夏邑县武术代表队荣获全国传统武术暨农民武术比赛一等奖和全国农民武术比赛“道德风尚奖”。

20日　全市“科技活动周”暨“四下乡”集中活动启动仪式在虞城县李老家乡蒯庄中心广场举行。

27日　“林河杯”第九届全国木球锦标赛新闻发布会在市行政中心举行。该赛事于5月31日至6月4日在商丘师范学院举行。来自全国14个省区市48支代表队634名教练员、运动员参加团体赛、单人赛、双人赛等项目。

28日　商丘市高铁建设一期征迁总结暨二期征迁动员工作会议召开。市领导李公乐等出席会议。

6　月

10日　商丘市国民体质监测工作启动。

11日～12日　河南省十一届人大常委会副主任、省现代农业研究会会长刘新民带领该会有关人员莅临商丘，就商丘市现代农业发展情况进行调研。

12日　副省长张维宁到虞城县、市城乡一体化示范区部分企业，调研商丘市工业经济运行情况。

13日　全市“文明餐桌”活动启动仪式在华驰粤海酒店举行。

15日　商丘市第二届残疾人运动会在商丘师范学院新校区体育场开幕。全市各县（区）8个代表队131名残疾人运动员参加田径、举重等8个大项、16个小项的比赛。

16日　商丘市首个“单独二孩”生育证发放仪式在梁园区前进街道行政服务大厅举行。至6月底，受理“单独二孩”生育申请20个，批准16个。

19日　商合杭高铁商丘段现场踏勘调研会在梁园区召开。

20日　商丘市机械业商会成立大会举行。市宏达汽车防滑设备有限公司董事长李宏军当选为第一届理事会会长。

同日　商丘市召开第六届美德少年表彰大会，50名中小学生被评为第六届商丘美德少年。

22日　中国大运河申遗成功。

7　月

1日　中国歌剧舞剧院在商丘市体育馆演出大型音乐剧《焦裕禄》。市委书记陶明伦，省委第二巡视组组长高颖照等领导及市直各单位党员干部3000余人观看了演出。

2日　副省长张广智由市委书记陶明伦陪同莅商调研商丘市文化旅游产业发展情况。

3日　商丘共青团网络宣传员队伍成立。全市各层级、各领域的专兼职团干等136名青年成为首批宣传员。

5日　市公交总公司20台空调公交车试运营，票价暂定为2元。

11日　国家粮食局副局长卢景波一行莅临商丘检查粮食收购、仓储使用和地方粮食储备等工作，市委书记陶明伦陪同。

同日　商丘籍运动员许小令获全国田径冠军赛女子跳远冠军。

17日　由省文明办、省广电局主办，市文明办、省电视台新农村频道承办的“文明河南——2014河南好人中原行活动”走进商丘。

同日　国学大讲堂在宋城影院开讲。榜列感动中国十大孝子的王凯、王瑞应邀授课。

27日　《拂晓报》采访组到彭雪枫将军纪念馆采访。

29日　商丘市首届“十佳好军嫂”颁奖典礼在驻商某部队举行。

8　月

1日　商丘市召开“八一”军地座谈会。市委书记陶明伦主持座谈会并讲话。代市长李公乐通报了全市上半年经济社会发展情况。

5日　省人大常委会副主任储亚平率省人大调研组莅商，对土壤污染防治工作监督检查。

6日　省委常委、省委政法委书记刘满仓莅临商丘，就全市基层平安建设工作进行调研。

8日　商丘市“校讯通杯”“全民健身幸福中原”活动启动仪式在体育馆举行。

12日　商丘市启动家庭助廉活动。

13日～14日　党的群众路线教育实践活动中央第一巡回督导组组长周声涛一行莅临商丘，就全市经济社会发展和教育实践活动开展情况进行调研。

15日　中央电视台《焦点访谈》栏目组到商丘市采访拍摄科技抗旱保丰收情况。

19日　副省长王铁率河南省10个省直管县（市）党政主要负责人组成的观摩团莅临商丘，实地参观考察全市产业集聚区发展和新型城镇化建设情况。

同日　商丘市“希望工程·百名学子圆梦行动”助学金发放仪式举行。全市300名家庭贫困、品学兼优的大学新生分别获5000元、4000元和3000元的现场捐助。

同日　商丘市举行2014年第一次“美丽商丘·整洁村镇”观摩点评活动。市委副书记周树群等领导观摩了9个县（区）的9个乡镇政府所在地和18个村庄，实地察看全市“美丽商丘·整洁村镇”活动的先进典型。

21日～22日　省水利厅厅长王小平一行莅临商丘，就基层农村水利建设进行调研。市委副书记、代市长李公乐等陪同。

22日　全市贯彻落实省委巡视组反馈意见整改工作动员会召开，市委书记陶明伦就进一步落实中央和省委关于党要管党、从严治党的要求，对省委第二巡视组反馈意见的整改落实工作进行动员部署。市委副书记周树群主持会议，市领导高献涛等出席。

同日　商丘市启动“十三五”规划编制工作。

26日　宁陵女孩李丹被评为河南省“最美孝心少年”。

27日　市委网络安全和信息化领导小组第一次会议召开，市委书记、市委网络安全和信息化领导小组组长陶明伦主持会议并讲话。

同日 商丘市青年商会成立大会在华驰粤海酒店举行。

9 月

2日 省委第七督导组组长、省政协副主席、党组副书记邓永俭带领督导组全体成员莅临商丘,就商丘经济社会发展和教育实践活动开展情况进行调研。市委书记陶明伦和市领导周树群、张光明出席汇报会。

5日 第三十个教师节师德主题报告会举行。市委书记陶明伦出席会议并讲话。

10日 商丘市土地管理委员会成立。

11日 省委副书记邓凯率领省直有关部门负责人先后到安踏嘉鸿鞋业、富士康产业园、华莹鞋业、豪烽国际鞋业等企业,实地调研主导产业集聚发展情况和失地农民就地转移就业情况。

同日 商丘市组织参加中国农产品加工业投资贸易洽谈会。贸易展区签订合同6个、1.2亿元;贸易协议11个、2.3亿元;现场销售6万元。

12日 彭雪枫殉国70周年公祭仪式在夏邑县彭雪枫将军纪念馆举行。省委副书记邓凯,彭雪枫之子、中国人民解放军第二炮兵原政委彭小枫上将,市委书记陶明伦出席并分别讲话。

15日~18日 河南省老区建设促进会副会长姚如学一行6人,就贯彻省委《关于加快革命老区发展全面建设小康社会的意见》、加快老区经济社会全面发展水平、实施精准扶贫中存在的困难与问题莅商调研。

16日 由省委、省政府组织的18个省辖市市长、分管副市长、发改委主任和10个省直管县(市)长及省直相关部门负责人组成的全省产业集聚区观摩团,由副省长张维宁带队莅临商丘,实地观摩指导商丘市产业集聚发展情况。

同日 中国流动科技馆河南巡展夏邑站暨2014年商丘市全国科普日活动在夏邑县启动。

23日 全省农村水利工作会议在商丘召开。省水利厅厅长王小平出席会议并讲话。

27日 商丘市首届国学经典诵读大赛在新华书店举行。本次活动近200名少年儿童参加比赛。

28日 国家(虞城)钢卷尺及五金工具质检中心通过国家"三合一"资质认可认证。

10 月

8日 商丘市组织收听收看党的群众路线教育实践活动总结大会。

10日 商丘市首家五金机电行业商会——虞城县五金机电商会成立大会暨第一届理事会在虞城县木兰国际大酒店举行。工产业界100余名企业家代表参加会议。

18日 商丘市2014秋季大型人才招聘会在文化路原服务中心举行。130家企业提供7000个就业岗位,涉及会计、文秘、市场营销等,500余人与用人单位现场达成就业意向。

同日 省委组织部常务副部长宗义在市委书记陶明伦陪同下莅临夏邑县,就产业集聚区党建工作、乡镇干部队伍建设和优秀乡镇党组织书记、村委主任考录乡镇机关公务员工作进行调研。

23日 全国政协常委、省政协副主席高体健一行莅临商丘,就科技型企业发展进行调研,并召开省政协十一届二次会议重点提案办理协商座谈会。

24日 全市廉政文化进产业集聚区工作现场会在睢阳区产业集聚区召开。

27日~28日 河南省棉纺行业银企协作发展促进会在虞城县召开。省农发行行长赵富洲、副行长杨百路,副市长张家明等领导及70余家棉纺企业董事长参加会议。

28日 全市党的群众路线教育实践活动总结会议召开。省委第七督导组组长、省政协副主席、省政协党组副书记邓永俭,市委书记陶明伦出席会议并分别讲话。

同日 《商丘日报》荣膺2014传媒中国年度十大竞争力城市日报。商丘日报报业集团董事长、党委书记、社长刘道明被评为"2014传媒中国年度贡献人物"。

29日 由中国铁路总公司、交通部国家铁路局、郑州铁路局、上海铁路局、铁三局、河南省铁路办、安徽省铁路办等40余名专家组成的商合杭可研审查组莅临商丘,就新建商丘至合肥至杭州铁路进行现场踏勘。

11 月

1日 2014中国·商丘国际华商节开幕式暨商祖故里拜谒活动举行。河南省政协主席叶冬松等领导出席开幕式。

同日 2014中国·商丘国际华商节承接产业转移项目签约仪式在商丘博物馆举行。签约项目100个,总投资406亿元,项目涉及机械制造、纺织服装、农副产品深加工、物流、制鞋、新能源、新材料等领域。

同日 副省长李亚带领省民政厅厅长冯昕一行莅临商丘调研指导商丘市村"两委"换届选举工作。市委副书记、代市长李公乐等领导陪同调研。

同日 省委常委、统战部部长史济春莅临商丘,到各县(区)产业集聚区调研产业集聚发展情况。市委书记陶明伦陪同。

同日 汉代画像石艺术展在商丘博物馆开展。76件两汉时期商丘区域汉代画像石生动再现两汉时期社会生活的各个方面。

2日 2014中国(郑州)产业转移系列对接活动成功举行。商丘市各县(区)代表和客商160人参加活动,共签约项目31个、122.8亿元,其中,省外资金110.3亿元,省内资金12.5亿元。

3日~5日 省军区司令员卢长健一行莅商,实地调研全市经济社会发展和基层武装工作。

8日 中华戴氏总商会成立大会暨第一届第一次会员大会在商丘市举行。全国政协常委、香港四洲集团董事局主席戴德丰当选为中华戴氏总商会主席,世界戴氏总会荣誉理事长、广东五原集团董事长戴庆元当选为会长,世界戴氏宗亲总会荣誉理事长、商丘戴氏文化联谊会会长戴克明当选为执行会长,浙江凯美斯特进出口有限公司董事长戴宁当选为监事长。

同日 2014中国·商丘食品博览会在商丘市开幕。中国食品工业协会会长石秀诗、河南省食品工业协会会长张以祥出席开幕式。

19 日　商丘师范学院与瑞新环保签订校企合作协议。

21 日　省委文化体制改革发展督查指导组一行 3 人莅临商丘，对全市文化体制改革发展工作进行督导检查。

22 日　虞城籍运动员王开印夺取第七届世界杯 75 公斤武术散打冠军。

25 日　省委党的十八届四中全会精神宣讲团在商丘市举行报告会。全市各级党员干部近千人聆听报告。

27 日　全市村委会换届选举试点村现场观摩会在睢阳区宋城街道许楼村召开。

28 日　中国铁塔股份有限公司商丘市分公司成立并举行揭牌仪式。市委副书记、代市长李公乐，中国铁塔股份有限公司河南省分公司总经理黄庶共同揭牌。

12　月

3 日　商丘市廉政教育基地启用。市委常委、市纪委书记曾昭宝，市检察院检察长曹忠良为基地揭牌。

5 日　民权县被评为“国家级出口制冷机电产品质量安全示范区”。

8 日　《商丘古城旅游区归德府城修建性详细规划》通过专家评审。

9 日～10 日　省文明河南建设第三考核组组长王鉴带队，对商丘市文明河南建设组织工作推进情况及文明服务、文明执法、文明经营、文明交通、文明旅游、文明餐桌等“六文明”活动开展情况进行考核。

16 日　省高级人民法院党组书记、院长张立勇、副院长王树茂一行莅临商丘实地调研，并与驻商部分全国、省人大代表和省政协委员座谈。

同日　商丘市直“践行价值文明我先行”电视知识竞赛在市老干部活动中心演播厅举行，市直 10 个职能部门选手参赛。

18 日　商丘市造血干细胞捐献者服务队在商丘医学高等专科学校揭牌。商丘市红十字会应急救护培训基地同时揭牌。省红十字会党组书记、常务副会长赵国新，市委常委、副市长、市红十字会会长李思杰出席揭牌仪式。

19 日　浦发银行商丘分行揭牌暨项目签约仪式在梁园区举行。市委副书记、代市长李公乐，浦发银行郑州分行行长赵春玲等领导参加仪式。

24 日　商丘市被评为全国产粮大市，夏邑县、虞城县、柘城县、民权县被评为全国产粮大县，虞城县城关镇解楼村农民李中才被评为全国种粮大户。

25 日　商丘市荣获“全国十大见义勇为英雄司机评选活动”城市奖。

同日　商丘市第二次全国地名普查工作会议召开。市委常委、副市长李思杰出席会议并讲话。

28 日　民权县被评为“国家级出口制冷机电产品质量安全示范区”。

30 日　商丘市举行新型公交车交接运营仪式，25 台新型公交车投放 88 路公交线路运营。

31 日　商丘市交通运输服务监督电话“12328”开通试运行。“12328”是社会公益性服务监督电话，主要功能包括交通运输行业服务监督、举报投诉、咨询服务等。

（贾红艳）

为您服务

商丘市中心汽车站部分客运班次时刻表(四)

止站	车次	时间	车号
亳州豪华	0483	6：00	
	0417	6：20	
	0419	6：40	
	0421	7：00	停
	0423	7：20	
	0425	7：40	
	0427	8：00	停
	0429	8：20	
	0431	8：40	
	0433	9：00	
	0418	9：20	
	0420	9：40	
	0422	10：00	停
	0424	10：20	
	0426	10：40	
	0428	11：00	停
	0430	11：20	
	0432	11：40	
	0434	12：00	
	0437	12：20	
	0439	12：40	
	0441	13：00	停
	0443	13：20	
	0445	13：40	
	0447	14：00	停
	0449	14：20	
	0451	14：40	
	0453	15：00	
	0438	15：25	
	0440	15：50	
	0442	16：15	
	0444	16：40	
	0446	17：00	停
	0448	17：20	
亳州豪华	0450	17：40	
	0452	18：00	停
	0454	18：30	
亳州金杯	0457	6：30	
	0458	7：00	
	0459	7：30	停
	0460	8：00	
	0461	8：30	
	0462	9：00	
	0463	9：30	停
	0464	10：00	
	0465	10：30	
	0466	11：00	
	0467	11：30	
	0468	12：00	
	0469	12：30	
	0470	13：00	
	0471	13：30	
	0472	14：00	
	0473	14：30	停
	0474	15：00	
	0475	15：30	停
	0476	16：00	
	0477	16：30	
	0478	17：00	
	0479	17：30	
	0480	18：00	
亳州普通	0494	16：00	
	0495	16：30	
	0496	17：00	停
	0497	15：30	
	0498	18：00	停
	夜班	20：00	
利　辛	0386	13：50	

概　　貌

自然历史概况

【区域位置】　商丘市立于苏、鲁、豫、皖四省接合部，是河南省东大门。北与山东省菏泽地区交界，西与河南省开封市毗邻，南与河南省周口地区和安徽省阜阳、宿州市接壤，东隔安徽一角与江苏省徐州市相望。地理坐标为北纬33°43′～34°52′，东经114°49′～116°39′。东西横距168公里，南北纵距128公里，全市区域10704平方公里，约占全省总面积的6.4%。

商丘市政府驻地睢阳区与相邻中心城市的距离是：西距河南省会郑州市铁路里程203公里，距开封市铁路里程140公里；东距江苏省徐州市铁路里程146公里；北距山东省菏泽市铁路里程95.9公里；南距安徽省阜阳市铁路里程174公里。与全市各县县城距离是：东距虞城铁路里程23公里；东南距夏邑公路里程55公里，距永城公路里程98公里；西南距柘城公路里程53公里；西距宁陵公路里程35公里，距睢县公路里程62公里；西北距民权铁路里程52公里。

【交通】　商丘交通发达。东起中国连云港、西至荷兰鹿特丹的欧亚大陆桥——陇海铁路横贯全市，中国最长的南北大动脉——京九铁路纵穿商丘并与陇海铁路在商丘市交会；连霍高速横穿境内睢县、民权、宁陵、梁园区、虞城、夏邑、永城7个县（市、区）与济广高速在梁园区境内交会；北京至珠海的105国道与天水至连云港的310国道亦在商丘市相交，从而形成铁路、高速公路、公路三"十"字交通枢纽，被誉为"黄金交通枢纽"。商（商丘）亳（亳州）高速公路2005年建成通车，商周高速公路2006年建成通车，永登高速公路2010年建成通车。商周高速二期工程，永登高速商丘段2011年12月26日、28日相继建成通车，商丘成为全省第四个拥有环城高速公路的城市。全市公路通车总里程1788公里，其中高速公路375公里、干线公路1413公里。

【地形地貌】　商丘除永城市境内有小面积孤山残丘外均为平原，地势平坦，由西北向东南微倾，海拔为30米～70米，坡降为1/5000～1/7000。历代由于黄河多次泛滥和改道，加之长期雨水、风力等自然和人类生产活动的影响，形成了许多沙丘、滩地、背河洼地、湖洼地等相互交错分布的平原地貌，按成因可分为剥蚀残丘和沉积堆积两种类型。商丘市地貌按其成因和形态类型的特征，分为黄河冲积平原、淮河冲积平原、剥蚀残丘三大类型区，主要为黄河冲积平原区。剥蚀残丘为全市独特的地貌类型。

【三大水系】　商丘属淮河流域，分属洪泽湖、涡河、南四湖三大水系。洪泽湖水系境内流域4912平方公里，涡河水系境内流域4341.5平方公里，南四湖水系境内流域866.4平方公里。境内流域在1000平方公里以上的骨干河流有涡河（4048平方公里）、惠济河（3700平方公里）、沱河（2358平方公里）、黄河故道（1408平方公里）、浍河（1314平方公里）、大沙河（1246平方公里）、王引河（1020平方公里）。河流大多呈西北东南流向，大致平行相间分布，多属季节性雨源型，汛期遇大、暴雨，河水猛涨，洪峰显著，水位、流量变化很大。

【气候概况】　2014年商丘市基本气候特点是：年平均气温偏高，偏高时段出现在冬季、春季和秋季，夏季偏低；年降水量偏少，偏少时段出现在冬季、春季和夏季，秋季降水较常年偏多1倍；年日照时数偏少，偏少时段出现在冬季和秋季，春季和夏季基本正常。年内出现了干旱、连阴雨、雾霾、干热风、暴雨、高温等天气气候事件。

【气候评价】　气象指标。气温。2014年，全市年平均气温15.3℃，较常年同期偏高0.9℃，较上年同期偏高0.1℃。各县（市、区）年平均气温14.6℃（虞城县）～15.9℃（永城市），气温距平值0.5℃～1.3℃，与历年同期相比，夏邑县正常，虞城县偏高，宁陵县、柘城县异常偏高，其他各县（市、区）显著偏高。极端最高气温39.8℃，出现在永城市的7月22日。日极端最高气温≥35.0℃的日数为4天（商丘市）～11天（宁陵县、柘城县），比上年少19天～22天，无≥40.0℃的高温天气。极端最低气温－12.2℃（虞城县）～－8.0℃（永城市），均出现在2月11日。日平均气温≤0℃的日数为15天（永城市）～29天（虞城县）。日平均气温≤－5℃的日数永城市、柘城县没有出现，商丘市出现1天，其他各县（区）出现2天。日极端最低气温≤－10℃的日数夏邑县、虞城县出现3天，睢县、宁陵县、民权县出现1天，其他各县（市、区）没有出现。终霜日：夏邑县出现在3月13日，民权县出现在3月14日，睢县、虞城县出现在4月6日，其他各县（市、区）均出现在3月21日。初霜日：民权县出现在11月8日，永城市、柘城县出现在11月13日，其他县（区）均出现在11月3日。分季评价。冬季，全市平均气温2.6℃，较常年同期偏高0.9℃，较上年同期偏高1.6℃。

各县(市、区)平均气温1.5℃(虞城县)~3.5℃(柘城县、永城市),气温距平值为-0.1℃~1.5℃,与历年同期相比,虞城县、夏邑县正常,柘城县、永城市显著偏高,其他各县(区)偏高。春季,全市平均气温16.7℃,较常年同期偏高2.2℃,较上年同期偏高1.3℃。各县(市、区)平均气温15.8℃(虞城县)~17.1℃(商丘市),气温距平值为1.6℃~2.8℃,与历年同期相比,各县(市、区)均显著偏高。夏季,全市平均气温25.8℃,较常年同期偏低0.3℃,较上年同期偏低2.2℃。各县(市、区)平均气温为25.3℃(虞城县)~26.3℃(永城市),气温距平值为-0.6℃~0.0℃,与历年同期相比,虞城县、夏邑县偏低,其他各县(市、区)基本正常。秋季,全市平均气温15.8℃,较常年同期偏高0.9℃,较上年同期偏高0.3℃。各县(市、区)平均气温15.2℃(虞城县)~16.5℃(永城市),气温距平值为0.5℃~1.2℃,与历年同期相比,虞城县、夏邑县正常,商丘市显著偏高,其他各县(市、区)偏高。降水。2014年,全市年平均降水量654.0毫米,较常年同期偏少13%,较上年同期偏多7%。各县(市、区)年降水量516.1毫米(宁陵县)~806.6毫米(永城市),降水距平百分率-28%~1%,与历年同期相比,宁陵县偏少,其他各县(市、区)正常。年内,1日最大降水量71.6毫米,出现在永城市的10月20日。最长连续降水日数12天,出现在柘城的9月7日~18日,过程雨量为145.7毫米。最长连续无降水日数72天,出现在各地2013年11月25日至2014年2月3日。2月4日~7日全市普降大到暴雪,积雪深度7厘米~16厘米,积雪日数为7天~10天。分季评价。冬季,全市平均降水量30.7毫米,较常年同期偏少29%,较上年同期偏少30%。各县(市、区)降水量为21.7毫米(民权县)~42.4毫米(永城市),降水距平百分率为-20%~-38%,与历年同期相比,除永城市正常外,其他各县(区)均偏少。春季,全市平均降水量110.4毫米,较常年同期偏少17%,较上年同期偏少48%。各县(市、区)降水量为94.5毫米(睢县)~129.8毫米(虞城县),降水距平百分率为-30%~0%,与历年同期相比,睢县、宁陵县偏少,其他各县(市、区)正常。夏季,全市平均降水量220.2毫米,较常年同期偏少49%,较上年同期偏少22%。各县(市、区)降水量124.0毫米(宁陵县)~292.7毫米(永城市),降水距平百分率-71%~-32%,与历年同期相比,宁陵县、柘城县、虞城县显著偏少,其他各县(市)偏少。秋季,全市平均降水量291.9毫米,较常年同期偏多108%,较上年同期偏多212%。各县(市、区)降水量为261.8毫米(民权县)~348.4毫米(永城市),降水距平百分率为86%~146%,与历年同期相比,各县(市、区)均异常偏多。日照。2014年,全市年平均日照时数1900.6小时,较常年同期偏少154.2小时,较上年同期偏少92.6小时。各县(市、区)年日照时数1744.8小时(宁陵县)~2091.7小时(民权县),日照距平值为-317.9小时~35.5小时,与历年同期相比,虞城县、宁陵县偏少,其他各县(市、区)正常。分季评价。冬季,全市平均日照时数333.5小时,较常年同期偏少71.8小时,较上年同期偏多72.7小时。各县(市、区)日照时数为294.3小时(宁陵县)~391.7小时(民权县),日照距平值为-110.7小时~-11.8小时,与历年同期相比,民权县、商丘市、夏邑县、永城市正常,其他各县(区)偏少。春季,全市平均日照时数604.7小时,较常年同期偏多11.6小时,较上年同期偏多53.0小时。各县(市、区)日照时数为545小时(宁陵县)~690.7小时(民权县),日照距平值为-52.8小时~70.3小时。与历年同期相比,各县(市、区)均属正常。夏季,全市平均日照时数541.7小时,较常年同期偏少22.1小时,较上年同期偏少88.3小时。各县(市、区)日照时数为498小时(商丘)~598.6小时(民权县),日照距平值为-62.3小时~38.2小时。与历年同期相比,各县(市、区)均属正常。秋季,全市平均日照时数378.0小时,较常年同期偏少113.9小时,较上年同期偏少141.7小时。各县(市、区)日照时数为323.8小时(宁陵县)~415.5小时(夏邑县),日照距平值为-157.5小时~-66.5小时,与历年同期相比,夏邑县正常,虞城县、柘城县、宁陵县显著偏少,其他各县(市、区)偏少。

【主要天气气候事件】 雾霾。雾霾天气主要出现在冬季和秋季。全年大雾天气出现9天(虞城县)~25天(睢县),最小能见度50米;雾霾出现20天(宁陵县)~48天(永城市)。雾霾天气频繁出现,影响交通安全和人们身体健康。降雪。2月4日20时至7日17时,在自然降雪和人工增雪共同影响下,全市普降大到暴雪,降水量14.5毫米~19.3毫米,雪深7厘米~16厘米。干旱。2013年11月25日至2014年2月3日,除永城市有2.4毫米的降水外,其他各县连续72天无降水,导致空气干燥,农田出现不同程度旱情。3月1日至4月10日,全市降水量仅5.3毫米~16.9毫米,较常年偏少49%~85%,10厘米~50厘米层土壤相对湿度均在60%以下,麦田出现不同程度旱情,对小麦生长不利。进入6月以来,降水较常年偏少且分布不均,多局地性降水,全市各地从7月上旬夏玉米拔节前后开始出现旱情,至7月28日旱情持续,沙土地出现重度干旱,壤土地和黏土地出现中度偏重干旱,玉米出现萎蔫现象,对产量有一定影响。高温。5月27日~30日最高温度36.1℃~39.1℃,高温天气加快了小麦灌浆速度,局部旱地麦出现高温逼熟,小麦成熟期提早且比较集中,加大了机收压力,且高温天气影响了户外工作的开展,电力负荷加大,对人们的生产生活带来一定的影响。夏季,全市日极端最高气温≥35.0℃的日数为4天(商丘市)~11天(宁陵县、柘城县),高温天气持续时间虽不长,但对心脑血管疾病患者和户外作业不利,用电量较大。干热风。根据干热风指标,5月22日、26日~27日、30日~31日出现干热风天气,其中27日、30日为重度干热风日。小麦受干热风影响,蒸腾加剧,水分消耗大,灌浆期缩短,粒重下降。连阴雨。4月15日~19日出现5日连续降水,各县(市、区)降水量在18.7毫米~29.3 毫米，日照时数 1.5 小时~8.8 小时，阴雨天气造成麦田土壤和空气湿度大、光照不足，对小麦抽穗扬花期生长影响较大，对已经出苗的春播作物和蔬菜大棚作物生长不利。9 月 7 日~18 日全市出现连阴雨天气，累计降水量达 23.6 毫米~145.7 毫米，较常年偏多 3.1 倍~4.0 倍，期间日平均气温低于 20℃的日数为 5 天，最低日平均气温只有 15.4℃，日照时数 1.2 小时~9.0 小时，不足常年的 10%。连阴雨天气对处于灌浆后期的夏玉米有一定影响，使玉米灌浆强度下降，成熟期推迟，也易滋生各种病虫害。暴雨。7 月 30 日商丘市、夏邑县各出现一个暴雨日，日降水量分别为 90.8 毫米和 94.9 毫米。8 月 7 日和 24 日永城市出现暴雨日，日降水量分别为 77.2 毫米和 74.4 毫米。

【气候影响评价】 气候与小麦。2014 年冬小麦越冬期间气温偏高，降水偏少，麦田出现不同程度旱情。2 月 4 日~7 日全市普降大到暴雪，降水量 14.5 毫米~19.3 毫米，积雪融化有效补充了土壤水分，缓解了旱情。2 月 16 日~18 日全市普降小到中雨，降水量 6.2 毫米~12.5 毫米，此次降水过程进一步增加了土壤储水，大部分地区旱情解除。两次降水过程为冬小麦返青恢复生长奠定了较好的水分基础。2 月上、中旬气温持续偏低，积雪日数长达 7 天~10 天，低温雨雪天气一方面可冻死一部分晚播弱苗，控制壮苗旺长，麦田群体结构得到一定程度的优化；另一方面还能有效杀死病虫害越冬基数，减少春季病虫害的发生程度。2 月下旬小麦陆续进入返青期，因前期降水偏多，大部分地区土壤墒情适宜，利于小麦根系生长和早春分蘖，对小麦返青期生长有利。3 月小麦陆续进入起身拔节期，降水量较历年同期偏少 34%~81%，降水明显不足，加上光照充足，温度偏高，蒸发量大，麦田出现不同程度旱情，小麦生长迅速，起身和拔节期较常年提前。由于 2 月低温雨雪天气有效杀死了病虫害的越冬基数，3 月小麦病虫害发病程度较轻，对小麦生长有利。4 月上旬小麦处于孕穗、抽穗期，中旬处于开花期。上旬气温较常年偏高 3℃左右，光照充足，小麦生长加快，但自 3 月以来降水较少，各地旱情加重，对小麦生长不利。中旬至下旬气温正常，各地出现两次降水过程，降水量 49.6 毫米~72.6 毫米，及时补充了土壤水分，旱情得到有效缓解，部分地块旱情解除，对处于抽穗扬花期的小麦生长十分有利。但阴雨天气较多，造成光照明显不足，麦田土壤和空气湿度较大，影响小麦开花授粉，也利于赤霉病、白粉病、锈病等各种病害的发生发展。5 月小麦进入灌浆至成熟期。上旬和中旬气温适宜、光照充足，全市普降中到大雨，对小麦灌浆有利。下旬气温偏高 3℃~5℃，5 月 22 日、26 日~27 日、30 日~31 日出现干热风天气，其中 27 日、30 日为重度干热风日。25 日~31 日连续 7 天最高气温均在 30℃以上，干热风和高温天气对小麦灌浆十分不利，使灌浆期缩短、粒重下降，造成小麦高温逼熟，小麦提前进入成熟期。6 月初天气晴好，对小麦收获有利，各地麦收工作较为顺利。10 月中旬，全市冬小麦进入适播期。小麦播种期间气温适宜、土壤水分充足，对小麦播种和出苗均有利，出苗整齐、均匀。11 月上旬，小麦进入分蘖期。上旬、中旬、下旬平均气温分别为 11.2℃、8.8℃和 8.4℃，均在分蘖温度适宜范围之内。上旬至中旬，天气晴好、光照充足、土壤墒情适宜，促进分蘖增多，中旬进入分蘖盛期。下旬多阴雨天气，降水偏多，光照明显偏少，对苗质有所影响，部分地块土壤偏湿，对小麦根系发育不利。12 月气温较常年偏高，全市冬小麦均未进入越冬期。气候与玉米。小麦收获期天气晴好，各地腾茬早，土壤墒情适宜，全市夏玉米播种早而集中，出苗整齐、粗壮。7 月全市夏玉米进入拔节、抽穗、开花期。需水量增多，气温偏高、降水偏少，从拔节开始各地均出现不同程度旱情，萎蔫地块达到中度偏重干旱，使玉米发育迟缓。7 月 29 日~30 日除柘城降水量偏少外，全市多地乡镇出现暴雨、大暴雨天气，使部分干旱地块旱情解除，大部分地块旱情得到有效缓解，对正处于抽穗开花期的夏玉米生长十分有利。8 月夏玉米进入灌浆期，中旬后期进入乳熟期，虽然温度较常年偏低，但在灌浆适宜范围内。8 月 6 日~7 日，大范围降水过程使大部分地区前期旱情基本解除，但阴雨日数较多，使光照稍显不足，影响玉米光合效率。9 月夏玉米进入成熟收获期。9 月 7 日~18 日，全市出现连阴雨天气，降水偏多，气温偏低，光照严重不足，连阴雨期间玉米正处于产量形成的最后阶段，对玉米生长有一定不利影响，降低了光合生产能力，使玉米灌浆速率变慢、积累量减小，导致玉米晚熟，收获期推迟，病虫害加重，对玉米的产量和品质产生一定影响。9 月 25 日后全市夏玉米进入适宜收获期，其间多晴好天气，对收获和晾晒较为有利。气候与蔬菜。2 月 4 日~7 日的降雪给温室大棚蔬菜生长带来不利影响，雪后棚膜积雪，给塑料大棚造成压力，多地出现塑料大棚被大雪压塌、破损的现象，使棚内蔬菜受冻。另外，2 月雾霾、连阴雨雪天气较多，各地日照时数异常偏少，光照明显不足，阴雨寡照天气使棚内温度偏低，喜温、喜光的蔬菜滞长，也影响果蔬着色，持续高湿环境容易诱使棚内蔬菜发生病害，影响蔬菜产量和品质。气候与疾病。由于 12 月、1 月连续 2 个月无降水，气温偏高，空气干燥，雾霾天气较多，空气质量较差，空气中含有多种对人体有害的化学颗粒物质，对身体的影响较大。2 月上旬的大雪降温天气，减少了空气中污染物和病菌、病毒的传播，清洁了空气，抑制了细菌的繁殖，对人们身体健康有利。5 月 27 日~30 日，最高温度 36.1℃~39.1℃。气温过高，人的胃肠因受暑热刺激，其功能就会相对减弱，容易引起食欲不振等不适。气候与交通。冬季雾霾天气较多，特别是春节期间 1 月 30 日至 2 月 3 日，连续 5 天出现能见度较低的雾霾天气，给春运工作带来不利影响。2 月 4 日~7 日大雪低温天气造成道路多日积雪、结冰，路滑难行，对春运影响很大。降雪导致路面结冰，影响交通通行，共造成 42 起事故，伤 6 人，没有重大事故发生。

【矿产资源】 境内分布着金属矿产、非金属矿产、能源矿产 3 种类型的矿产资源,金属矿产储量较小,能源矿产储量丰富,非金属矿产储量较大。金属矿产类仅有铁矿,分布在永城市老城区东4公里处的王庄及其周围,面积约0.45平方公里。经多次勘探,已探明工业储量902.6万吨,远景储量1306.8万吨。矿床含铁量很高,伴生矿产有钴,可在选矿时回收钴金属467吨。铁矿床埋藏深度97米~100米。因王庄及其周围水文地质条件复杂,地下断层较多,铁矿产尚未开发。能源矿产已发现的有煤炭与石油、天然气。煤炭主要分布在永城市、夏邑县、民权县境内,含煤面积4056平方公里,地质储量200亿吨。已开发的永城煤田精查储量为31.46亿吨,其中天然气5.9亿吨。煤炭为优质低硫低磷灰无烟煤,为全国六大无烟煤基地之一。石油、天然气分布在虞城县、夏邑县境内,因尚未被国家列入开采计划,储量、地质等方面的数据没有公开发布。非金属矿产有石灰岩、花岗石英斑岩、白云岩、细晶岩、大理石岩、膨润土、黏土、地热等。石灰岩分布在永城市芒山镇境内,出露于地表,极易开采,是市内唯一的水泥原料基地,探明工业储量为3608.3万吨,已由永城市水泥厂、商丘市劳改支队水泥厂开采并用于生产水泥。为保护文物,已于2000年封山禁采。花岗石英斑岩分布在永城市芒山镇的邵山、徐山等处,工业储量413万吨,远景储量1048万吨,是生产玻璃的原料。白云岩分布在永城市芒山镇的铁角山、夫子山、僖山的顶部,地表以上储量6835万吨,是制作碱性耐火材料、钙美磷肥的原料或配料,也可以用于提炼镁金属。细晶岩分布在永城市芒山镇的芒砀山、夫子山、黄土山一带,呈岩脉状,主要用于烧制陶瓷与用于生产水泥的配料。大理石岩分布在永城市芒山镇的周山一带,厚度约2米,石地粒度均匀致密,材质优良,可制作高档建筑装饰贴面。膨润土分布在永城市芒山镇的徐山,为钙质膨润土,储量9.36万吨。此土经改型可成为钠基膨润土,用于铸造、纺织、橡胶、造纸、石油等工业作为添加剂。黏土分布在永城市芒山镇周围的山坡地带,含蒙脱石黏土,储量92.35万吨,是生产水泥的配料。地热资源分布在永城市老城区东3公里~4公里处,埋藏深度480米~580米,水温分别为36℃、40℃,为低温热水。

【动植物资源】 商丘市属暖温带落叶林植被类型,为豫东平原栽培作物植被区。由于人类活动历史悠久,土地都已开垦,除少数沙区、河滩、山丘、洼地、盐碱荒地有自然植被外,其余早已为人工植被所代替,是河南省典型的农业地区。自然植被以盐生和沙生植被为主,草甸植被次之。人工植被以小麦、杂粮两年三熟植被为主,一年两熟小麦、杂粮次之。组成人工植被以小麦、玉米为主;棉花、豆类、高粱、谷子、芝麻和烟草次之。本市分布有大面积木本与草本间作的植被,如桐粮间作、粮棉间作、粮条间作、枣粮间作等。各种树种,多数为落叶阔叶林树种,表现为夏绿的特征。种子植物约有98科472种,以草本植物为主,占2/3以上,木本植物少于1/3。各科种子植物中,禾本科、豆科、蔷薇科、十字花科等所占种类最多。商丘饲养动物资源:家畜主要有牛、马、驴、骡、猪、羊、兔、狗、猫等,家禽主要有鸡、鸭、鹅、鸽等,猪、羊、鸡在饲养业中占比重最大。无脊椎动物主要有蚕、蜜蜂、蚯蚓、土元、蝎子等。商丘市因地处平原,野生动物的种类与数量较少。随着人类活动的影响,生态环境的变化,许多兽类、鸟类趋向减少,有的现已绝迹。兽类尚有野兔、鼠、獾、刺猬、蝙蝠等。鸟类主要有麻雀、喜鹊、黄鹭、鹌鹑、乌鸦、啄木鸟、斑鸠、鸽子、燕子等。两栖类主要有青蛙、蟾蜍;爬行类有鳖、壁虎、麻蜥、蛇等。鱼类主要有鲤鱼、鲫鱼、青鱼、鲢鱼、金鱼、鳝鱼、泥鳅等。昆虫类农业益虫有瓢虫、草蛉、赤眼蜂、小茧蜂;园林益虫有螳螂、马蜂、蜻蜓等。

【水资源】 商丘市年平均地表水资源量为9.07亿立方米,浅层地下水资源量为16.97亿立方米,扣除重复水量3.2亿立方米,全市天然水资源总量为22.84亿立方米。外来水资源8.45亿立方米。天然水资源平均每平方公里22.3万立方米,亩均水资源235立方米,为全省亩均水资源量490立方米的48%,为全国亩均水资源量1755立方米的13.4%。人均水资源372.7立方米,为全省人均水资源量650立方米的57.4%,为全国人均水资源量2700立方米的13.8%。

【旅游资源】 商丘是国家级历史文化名城,文化灿烂,名胜古迹繁多,散布于6县3区1市。共发现主要古建筑20余处,古遗址50余处,古墓葬30余处,近、现代革命圣迹20余处,馆藏文物2万余件。15处属国家级重点文物保护单位,52处属省级重点文物保护单位,89处属市级重点文物保护单位,132处属县级重点文物保护单位。

【土地资源】 2014年,全市总面积107.04万公顷,其中耕地719966.67公顷,园地27086.67公顷,林地4.87万公顷,牧草地6.67公顷,居民点及工矿用地180266.67公顷,交通用地9895.99公顷,水域6898公顷,未利用土地36266.67公顷。全年造林0.67万公顷,林业育苗1846.67公顷。土地资源的突出特点:一是土地利用现状分类复杂多样;二是地貌以平原为主,土地利用类型以耕地为主;三是土地开发程度高,但后备资源严重不足;四是水土资源不平衡;五是中低产田、非农业用地比重大。

【历史】 商丘为中华民族发祥地之一,在历史上有多层次建制。曾为五帝之一帝喾国都,商朝商汤的第一个国都,后为宋代陪都和一方大都会,更为历朝历代州、府、郡、军、路、道、专区治所在地。商丘在全国具有重要的政治、经济、文化地位。据境内发掘的100多处古代遗址可知,先民们早在几千年前便在这块土地上繁衍生息。远古时期的"三皇五帝"是中国历史上最早的帝王,而"三皇"中的二皇(即燧人氏和炎帝)、"五帝"中的二帝(即颛顼和帝喾)都曾在商丘这片土地上留下足迹并集民智民力创造了古老而灿烂的文明。旧石器时代,生长在商丘的燧人氏经过长期的实践,发明了以石击火和钻木取火两种引火技术并教会人们使用火,使中华民族的祖先结束了茹毛饮血的时代,由生食到熟食,从而引起人类生理上的变革，使人类最终从动物中分离出来。有了火，人类开始焚林而猎与开荒种植，一步步利用自然去征服自然，逐步走向文明。燧人氏之后，居住在商丘市境内宁陵一带的葛天氏部落，发明了舞蹈与诗歌，使商丘成为中国歌舞的发祥地。

商丘已有四五千年的文明史。2004年5月，商丘市政府与河南省社科院联合举办“中国·商丘与商业起源研讨会”，到会的[illegible]0余位国内知名专家经过分析论证，证实商丘是商族、商人与商业的发祥地。同时又是商汤的首次建都之地，商丘被史学家称为“三商之源”。据史书记载，约在公元前24世纪，黄帝的曾孙姬最初居于今睢阳区高辛，称高辛氏。颛顼崩，高辛立，是为帝喾（五帝之一），建都于亳，亳在商丘境内。帝喾的儿子契（即阏伯）佐禹治水有功，封于商，是商族人的始祖。

商丘经济发展较早，历史上曾出现过三次大的经济繁荣时期。第一次经济繁荣在夏朝末期、商朝初期。据史书记载，商族部落曾以畜牧业为主，用其剩余产品与外部落以物易物。喾子契封于商之后，商部落即开始青铜冶铸、制陶、制骨，还有玉石制作等相继发展起来，促进了农牧业的发展。契之孙相土发明马车、六世孙王亥发明牛车后，更好的运输工具使商族人贸易活动更加活跃，足迹远到有易氏居住的部落（河北省易县一带）。到商王朝成立，农业、畜牧业和手工业已初步分工，其手工业已开始专业分工。有青铜冶铸、陶瓷烧制、丝麻纺织、骨角制作、土木营造等。第二次经济繁荣在西汉初期。经过文景之治，推行“代田法”，农业振兴，“人给家足”“仓廪皆满”。当时梁国辖40余城，皆为膏腴之地。加之梁王刘武大兴土木，在商修筑梁园，一时成为天下游览胜地。第三次经济繁荣在北宋初期。因北宋开国皇帝赵匡胤发迹于宋，先升宋州为应天府，继建为陪都南京，“商贾徙宋者颇众”，农业振兴，手工业发展，有“平原沃土，桑柘甚盛，蚕[illegible]勤苦……茧薄山立，操车之声，连甍相闻”的记载。

商丘历史上教育发达，文化灿烂，人文荟萃，曾出现四次文化高潮。春秋、战国时期的宋国，都城有“国学”，地方有“庠”“序”等学校，为周朝的文化教育中心，是商丘市历史上第一次文化高潮。是时百家争鸣，思想活跃。墨家学派创始人墨翟、道家学派创始人之一庄周、名家学派代表人物惠施都是宋国人；儒家学派的创始人孔子和继承人孟子等人也曾在此讲学，且均有著作传世，影响至深。商丘是墨、道、名三个学派的发祥地，也是儒家学派的重要基地。及至汉代，这里的经学研究，再次出现百家争鸣的局面，形成商丘市第二次文化高潮。梁国鼎盛时期，梁王刘武招延天下名士研究经典，撰文作赋名满华夏。韩安国、焦延寿、田何、丁宽、田王孙、施仇、孟喜、梁丘贺均为经学大师或著名学者；在易学上一时形成施孟和梁丘贺两大学派。有《易说》《大易通变》《焦氏易林》和《孟氏易经》等传世之作。戴德、戴圣的《大戴礼记》《小戴礼记》曾被当朝列为儒家经典著作，是研究古代社会的重要书籍。枚乘、邹阳、司马相如和名臣大儒贾谊先后在梁国赋文，留下许多瑰丽篇章。北宋时期，教育发达，宋城人曹诚兴办私学，后以学入官，成为闻名全国的应天府书院，“从学者不远千里而至，登第者五六十人”，为国家培养不少栋梁之材。这是商丘市历史上第三次文化高潮。明清之际，归德有府学，各县有县学，乡村有社学，私学遍布城乡，学者之众，著述之丰，诗文之盛，均超过前代。据不完全统计，归德府全境在当时登进士科者达400多人，近300人有著作传世。这是商丘市历史上第四次文化高潮。

商丘历来是中州门户，军事重镇，自周朝至民国历来为兵家必争之地。春秋战国时期，宋国争长于诸侯数百年，泓水之战、弭兵之会古今闻名。楚汉相争，刘邦与项羽在荥阳对峙，彭越为汉攻下睢阳，掠其积蓄，断其归路，迫项羽返军东征。西汉景帝后元三年（154）七国之乱，吴楚两国进攻睢阳，梁王刘武力拒吴楚，使之无力西进，支持汉军取得平叛大捷。东晋年间，十六国逐鹿中原，连年战争，各方均以夺取商丘为重要目标之一。唐天宝末年，安史叛军横行，欲取东南各地，及抵睢阳，遭到唐将张巡、许远的有力阻击，江淮各州县得到保障。北宋建陪都于宋州，设路治于宋城。金朝末年，哀宗弃汴京，守归德，试图以此为据点，重振金兵军威，数度打垮蒙古大军的进攻。元末农民起义军红巾军驰骋江淮河汉，往来豫东平原，商丘成为义军与元军交锋的战场之一。明末，李自成率领农民起义大军两破归德府城，致使明王朝在河南的统治中心——开封孤立无援，如失臂膀。鸦片战争之后，太平军、捻军转战豫东，威胁开封，震动京师。清王朝将归德营改建为镇，设总兵官，并派大员坐镇归德，同义军作战。民国年间，军阀混战，当局先后在商丘设立豫东镇守使署、行营、绥靖区等军事机构，并常驻重兵。1927年，冯军与直鲁联军在本区反复激战45天，双方全力争夺商丘，直鲁联军两次击败冯军占领商丘，冯军组织反击收复商丘，最终以消灭直鲁联军13万余人结束。1930年中原大战，蒋介石的所谓讨逆军和阎（锡山）冯（玉祥）联军数十万人马于商丘地区厮杀。5月18日蒋军占领商丘，不久蒋介石将其行营由徐州迁柳河、朱集，于商丘县城内设立省政府，遂以商丘为据点进行5个月的大战。1938年5月，国民党一战区对日军的徐州会战开始，蒋介石、李宗仁命令第八军黄杰等部驻防商丘、兰封一线，防守陇海铁路。

中国共产党成立以后，商丘人民对帝国主义、封建主义和官僚资本主义进行28年的殊死斗争。早在1927年5月，永城、睢县农民便在共产党的领导下举行武装暴动，占领县城，分别成立革命政权，有力地配合了国民革命军的北伐。国共分裂后商丘人民前赴后继，同国民党反动派的斗争从未停息，在抗日战争、解放战争和抗美援朝中作出了重大贡献和牺牲。1938年，商丘沦陷，各县抗日武装奋起。新四军游击支队1020人，在人民全力支援下，从睢县到永城，从津浦路西到津浦路东，转战数千里，越战越强。1938年～1939年，小的战斗难以胜计，大战61次，毙伤日伪军3579人，俘敌1226人，缴获枪支1481支，支队武装扩大到7369人，开辟豫皖苏抗日根据地1.3万平方公里。其中包括商丘市永城、睢县大部,夏邑、虞城、柘城、民权、商丘、宁陵各一部分。1940年到1943年经过反复较量,粉碎日、伪、顽多次“围剿”。到1944年,永、夏、虞等县地方武装在新四军四师的全力支持下,历经大小数十次战斗,歼敌1.3万余人,敌人投诚者达3700余人,恢复了豫皖苏边区抗日根据地,建立县政权8个、区政权53个、乡政权315个。1949年1月10日,淮海战役第三阶段在永城陈官庄地区胜利结束,全歼国民党军26万余人,为解放大军渡江作战、解放全中国打通了前进道路。

【行政区划】 2014年,商丘市行政区划现状(不含永城市):辖梁园、睢阳2区及省级经济开发区、商丘市城乡一体化示范区,夏邑、虞城、柘城、宁陵、睢县、民权6县,辖76个乡、68个镇、20个街道、3877个村民委员会(不含永城市)。

梁园区:长征街道、前进街道、东风街道、八八街道、白云街道、建设街道、平原街道,双八镇、谢集镇,刘口乡、李庄乡、孙福集乡、王楼乡、观堂乡、水池铺乡。

睢阳区:古城街道、文化街道、东方街道、新城街道、古宋街道、宋城街道,宋集镇、李口镇、郭村镇、高辛镇、坞墙镇、冯桥镇、路河镇、闫集镇、毛堌堆镇,临河店乡、勒马乡、包公庙乡、娄店乡。

示范区:中州街道、平安街道、平台街道,张阁镇、贾寨镇、周集乡。

虞城县:城关镇、利民镇、界沟镇、大杨集镇、杜集镇、张集镇、谷熟镇、木兰镇、站集镇、稍岗镇,沙集乡、店集乡、田庙乡、郑集乡、刘集乡、李老家乡、大侯乡、镇里堌乡、黄冢乡、刘店乡、城郊乡、闻集乡、芒种桥乡、乔集乡、古王集乡。

民权县:南华街道、绿洲街道,北关镇、龙塘镇、人和镇、程庄镇、王庄寨镇、孙六镇、白云寺镇、庄子镇、王桥镇,林七乡、伯党回族乡、花园乡、双塔乡、野岗乡、老颜集乡、胡集回族乡、褚庙乡。

宁陵县:城关镇、张弓镇、柳河镇、逻岗镇、石桥镇、黄岗镇、华堡镇,孔集乡、刘楼乡、赵村乡、阳驿乡、城郊乡、乔楼乡、程楼乡。

睢县:城关镇、平岗镇、长岗镇、潮庄镇、西陵寺镇、周堂镇、蓼堤镇、尚屯镇,城郊乡、董店乡、涧岗乡、匡城乡、后台乡、尤吉屯乡、河集乡、孙聚寨乡、白楼乡、河堤乡、白庙乡、胡堂乡。

夏邑县:城关镇、车站镇、会亭镇、杨集镇、李集镇、马头镇、济阳镇、韩道口镇、太平镇、罗庄镇、火店镇、北岭镇,刘店集乡、歧河乡、胡桥乡、中峰乡、孔庄乡、业庙乡、何营乡、骆集乡、王集乡、郭店乡、桑堌乡、曹集乡。

柘城县:长江新城街道、浦东街道,城关镇、慈圣镇、胡襄镇、安平镇、起台镇、陈青集镇、远襄镇、岗王镇,邵园乡、张桥乡、马集乡、伯岗乡、申桥乡、牛城乡、洪恩乡、皇集乡、李原乡、大仵乡、老王集乡、惠济乡。

【人口】 2014年末商丘总人口904.7万,其中男性454.95万人、女性449.75万人。2014年,全市出生人口9.88万,出生率为10.92‰;死亡5.16万人,死亡率为5.73‰,人口自然增长率为5.19‰。人口分布状况为,梁园区总人口81.12万,睢阳区总人口84.79万,民权县总人口91.13万,睢县总人口87.15万,宁陵县总人口65.12万,柘城县总人口102.36万,虞城县总人口118.38万,夏邑县总人口120.59万,永城市总人口154.06万。

【民族】 商丘市主要有回、汉2个民族,但也有其他少数民族在此定居。这些民族是:蒙古族、藏族、维吾尔族、苗族、彝族、壮族、布依族、朝鲜族、满族、侗族、瑶族、白族、傣族、黎族、土家族、土族、撒拉族、裕固族等。2014年,全市共有少数民族43个,少数民族总人口16.5万,占全市总人口的1.85%,主要有回、蒙古、满族等。回族人口16万人,其中回族人口总数居河南省第二位。属于民族大市,少数民族万人以上的县(区)7个,少数民族千人以上的乡(镇)、街道39个,其中民族乡(镇)4个,少数民族聚居村93个。具有大分散小聚居的显著特征,是典型的民族散杂居地区。

组织机构

一、中共商丘市委

(一)市委工作机构

中共商丘市纪律检查委员会

(二)市委工作部门

市委办公室

市委组织部

市委宣传部

市委统战部

市委政法委员会(市社会治安综合治理委员会办公室)

市机构编制委员会办公室

市委农村工作办公室

市信访局(市委群众信访工作部)

市委市直机关工作委员会

(三)部门管理机构

市委政策研究室(市委办公室管理)

市委老干部局(市委组织部管理)

(四)直属事业单位

市委党校(商丘行政学院)

商丘日报社

(五)市委市政府直属事业单位

市档案局(馆)

市市直机关事务管理局

(六)部门领导的正处级事业单位

市委党史研究室(市委办公室领导)

市接待办公室(市委办公室领导)

市委第三招待所(豫东宾馆)(市接待办公室领导)

市政府第一招待所(东方宾馆)(市接待办公室领导)

二、商丘市人大

三、商丘市人民政府

(一)政府工作部门

市政府办公室(市外事侨务办公室)

市发展和改革委员会

市教育体育局

市科学技术局

市工业和信息化委员会

市民族宗教事务委员会

市公安局

市监察局

市民政局
市司法局
市财政局
市人力资源和社会保障局
市国土资源局
市环境保护局
市住房和城乡建设局
市城乡规划局
市城市管理局
市交通运输局
市水利局
市农业局
市林业局
市畜牧局
市商务局(招商服务局)
市文化广电新闻出版局
市卫生和计划生育委员会
市审计局
市政府国有资产监督管理委员会
市统计局
市安全生产监督管理局
市食品药品监督管理局(市政府食品安全委员会办公室)
市工商行政管理局
市质量技术监督局
市粮食局
(二)议事协调机构的常设办事机构
市人民防空办公室
(三)市政府直属事业单位
市旅游局
市扶贫开发办公室
市农业机械管理局
市农林科学院
市行政服务中心
市住房公积金管理中心
市市场发展服务中心
市供销合作社联合社
市发展投资有限公司(市政府投资项目代建制办公室)
(六)部门领导的正处级事业单位
市地方史志办公室(市政府办公室领导)
市公路管理局(市交通运输局领导)
市盐业管理局(盐业总公司)(市工信委领导)
市医药经济发展中心(市工信委领导)
市物流中心(市发展改革委领导)
商丘高级技工学校(商丘技师学院)(市人力资源社会保障局领导)
商丘中等专业学校(市教育体育局领导)
商丘幼儿师范学校(市教育体育局领导)
商丘广播电视台(市文广新局领导)
市爱国卫生运动委员会办公室(市卫计委领导)
市第一人民医院(商丘医学高等专科学校第一附属医院)(市卫计委领导)
市中医院(市卫计委领导)
市民权林场(市林业局领导)
市政府驻北京联络处(市政府办公室领导)
市政府驻郑州办事处(市政府办公室领导)
市政府驻西安办事处(市商务局领导)
市政府驻上海办事处(市商务局领导)
市政府驻广州办事处(市商务局领导)
市政府驻深圳办事处(市商务局领导)

四、市委、市政府派出机构

中共商丘市城乡一体化示范区工作委员会、商丘市城乡一体化示范区管理委员会
中共商丘市商务中心区工作委员会、商丘市商务中心区管理委员会

五、商丘市人民法院

六、商丘市人民检察院

七、商丘市政协

八、民主党派

中国国民党革命委员会商丘市委员会
中国民主同盟商丘市委员会
中国民主建国会商丘市委员会
中国民主促进会商丘市委员会
中国农工民主党商丘市委员会
九三学社商丘市委员会

九、群众团体

市总工会
共青团商丘市委
市妇女联合会
市工商业联合会(总商会)
市科学技术协会
市文学艺术界联合会
市社会科学界联合会
市归国华侨联合会
市残疾人联合会
市计划生育协会
市红十字会
市法学会

十、大专院校

商丘职业技术学院
商丘医学高等专科学校

十一、各县(市、区)

梁园区
睢阳区
永城市(省直管试点市)
夏邑县
虞城县
柘城县
宁陵县
睢　县
民权县

(白　冰)

2014年商丘市国民经济和社会发展统计公报

商丘市统计局

2014年居民消费价格指数

(以上年为100)

类别	指数
居民消费价格	101.7
食品	103.8
#粮食	105.4
肉禽及其制品	102.3
菜类	91.1
蛋类	115.8
糖类	99.3
烟酒及用品	100.1
衣着	100.5
家庭设备用品及维修服务	101.3
医疗保健和个人用品	102.6
交通和通信	99.7
娱乐教育文化用品及服务	101.1
居住	100.2

2014年主要农产品产量

产品名称	产量(万吨)	比上年增长%
粮食	535.12	2.0
#夏粮	341.88	3.1
秋粮	193.24	0.2
油料	37.53	-5.6
#花生	34.14	-5.1
油菜籽	3.14	-8.2
芝麻	0.25	-34.2
棉花	2.41	-13.9
烤烟	1.12	-24.3
蔬菜	806.72	-2.5
水果	156.24	-0.6

2014 年规模以上工业增加值主要分类情况

指标	增加值(亿元)	比上年增长%
规模以上工业增加值	383.40	11.6
#轻工业	231.52	5.1
重工业	151.87	22.3
#国有企业	15.92	-4.7
集体企业	2.07	-12.3
股份合作制企业	0.27	-4.0
股份制企业	300.93	12.4
外商和港澳台商投资企业	15.37	129.2
其他类型企业	48.84	-2.3
#大中型工业企业	241.64	10.0
#高技术产业	44.95	72.9

2014 年主要工业产品产量

产品名称	单位	产量	比上年增长%
纱	万吨	58.34	11.3
服装	万件	39480.05	9.4
轻革	万平方米	140.09	7.8
鞋	万双	1013.06	58.3
化学纤维	万吨	1.58	20.2
小麦粉	万吨	473.49	-3.9
乳制品	万吨	42.82	21.8
软饮料	万吨	60.15	37.8
鲜、冷藏肉	万吨	31.44	37.4
畜肉制品	万吨	6.16	11.3
速冻食品	万吨	67.61	14.7
方便面	万吨	42.39	17.6
钢材	万吨	102.58	-1.1
铝材	万吨	12.73	-6.6
水泥	万吨	532.23	58.0
平板玻璃	万重量箱	662.59	-8.5
量具	万件	635.44	86.0

2014年,在市委、市政府的正确领导下,全市上下深入贯彻落实党的十八大、十八届三中、四中全会精神,牢牢把握"持续求进、好中求快"的总基调,统筹推进稳增长、促改革、调结构、惠民生,加快转型升级、提质增效,全市经济在新常态下平稳运行,呈现出结构不断优化、质量稳步提升、民生持续改善的良好态势。

一、综合

初步核算,全年全市生产总值1697.58亿元,比上年增长9.2%。分产业看,第一产业增加值380.48亿元,增长4.4%;第二产业增加值783.02亿元,增长10.6%,其中工业增加值672.40亿元,增长10.1%,建筑业增加值110.62亿元,增长14.2%;第三产业增加值534.08亿元,增长10.6%。三次产业结构为22.4∶46.1∶31.5。

全年居民消费价格比上年上涨1.7%。其中,食品价格上涨3.8%,家庭设备用品及维修服务价格上涨1.3%,医疗保健和个人用品价格上涨2.6%,娱乐教育文化用品及服务价格上涨1.1%,居住类价格上涨0.2%。商品零售价格上涨0.9%。

全年城镇新增就业人员77886人,城镇下岗失业人员再就业28693人,其中就业困难人员再就业10340人。年末城镇登记失业率为3.6%。

二、农业

全年粮食种植80.66万公顷,比上年增长2%。其中,小麦种植47.59万公顷,增长1.1%。油料种植9.79万公顷,下降0.3%。棉花种植2.52万公顷,下降13.2%。全年粮食产量535.12万吨,比上年增长2%。油料产量37.53万吨,下降5.6%。棉花产量2.41万吨,下降13.9%。全年猪牛羊禽肉类总产量47.26万吨,比上年增长2.9%;禽蛋产量23.15万吨,下降1.8%;奶类产量28.62万吨,下降3.9%。年末农业机械总动力1012.6万千瓦,比上年增长1.5%;农用拖拉机20.4万台,农用运输车32.6万辆;农村用电量18.25亿千瓦小时,增长1.2%。

三、工业

全年规模以上工业增加值383.4亿元,比上年增长11.6%。

规模以上工业31个行业大类中,增加值居前10位的行业为:农副产品加工业45.57亿元,比上年下降5.4%;纺织服装、服饰业39.61亿元,增长23.5%;纺织业38.22亿元,增长9.8%;食品制造业31.67亿元,增长2.2%;非金属矿物制品业29.92亿元,增长23.1%;电力、热力生产和供应业19.12亿元,下降4.3%;皮革、皮毛、羽毛及其制品和制鞋业18.57亿元,下降14.4%;黑色金属冶炼和压延加工业17.46亿元,下降0.3%;酒、饮料和精制茶制造业15.70亿元,下降5.5%;仪器仪表制造业15.53亿元,增长54.1%。

电子信息、装备制造、汽车及零部件、食品、现代家居、服装服饰等六大高成长性产业增加值217.59亿元,比上年增长14.1%,占规模以上工业增加值的比重为56.8%。高技术产业增加值44.95亿元,增长72.9%。煤炭开采和洗选业、化学原料及化学制品制造业、非金属矿物制品业、黑色金属冶炼及压延加工业、有色金属冶炼及压延加工业、电力热力的生产和供应业等六大高耗能行业占规模以上工业增加值的比重为21.7%,比上年下降1.3个百分点。

主要工业产品产量中,纱增长11.3%,方便面增长17.6%,服装增长9.4%。

全年规模以上工业企业主营业务收入1790.92亿元,比上年增长19.7%;实现利润108.01亿元,增长18.7%。

全年产业集聚区规模以上工业增加值286.5亿元,比上年增长21.6%,占全市规模以上工业的比重为74.8%。产业集聚区规模以上工业主营业务收入1325.5亿元,增长29.9%,占全市比重达74.0%;产业集聚区规模以上工业利润总额85.3亿元,增长28.4%。

四、固定资产投资

全年全社会固定资产投资1288.72亿元,比上年增长17.9%。其中,固定资产投资(不含农户)1233.83亿元,增长19.5%;农户投资54.89亿元,下降8.8%。

在固定资产投资(不含农户)中,国有控股投资102.99亿元,比上年增长58.1%;民间投资1128.16亿元,增长17.0%;外商投资9.82亿元,增长186.3%。第一产业投资5.46亿元,下降58.5%;第二产业投资827.79亿元,增长21.2%;第三产业投资400.58亿元,增长19%。

全年房地产开发投资172.33亿元,比上年增长8.3%。其中,住宅投资139.75亿元,增长1.5%。商品房施工面积1781.27万平方米,增长13.7%。其中,住宅1476.19万平方米,增长8.3%。商品房竣工面积438.99万平方米,增长7.7%,其中,住宅368.33万平方米,下降0.4%。

全年亿元及以上固定资产投资在建项目652个,完成投资988.22亿元,比上年增长28.4%。

全年产业集聚区完成固定资产投资1081.22亿元,比上年增长31.7%,占固定资产投资的比重达87.6%。其中,产业集聚区工业投资794.1亿元,增长30.5%。

五、国内贸易

全年社会消费品零售总额579.69亿元,比上年增长13.6%。分城乡看,城镇消费品零售额421.88亿元,增长13.6%;乡村消费品零售额157.81亿元,增长13.8%。分行业看,批发零售贸易业零售额496.64亿元,增长13.4%;住宿餐饮业零售额83.05亿元,增长15.1%。

限额以上批发和零售业商品零售额中,粮油、食品、饮料、烟酒类零售额比上年增长68.8%,服装、鞋帽、针纺织品类增长71.7%,日用品类增长27.5%,金银珠宝类增长31.3%,化妆品类增长37.5%,家具类增长32.7%,汽车类增长26%。

六、对外贸易

全年进出口总额34053万美元,比上年增长35.3%。其中,出口总额28433万美元,增长34.5%;进口总额5621万美元,增长39.4%。

全年新批设立外商投资企业7个。实际利用外资30897万美元,增长11.7%。

七、交通、邮电和旅游

年末干线公路通车里程1180公里,农村公路通车里程18316公里,高速公路通车里程317公里。全年公路运输完成货物周转量327.39亿吨公里,旅客周转量完成83.2亿人公里;货运量11715万吨,客运量8818万人次。

全年邮电业务总量60亿元，比上年增长20.3%。其中，邮政业务总量6.32亿元，增长8.2%；电信业务总量53.68亿元，增长21.9%。年末固定电话用户52.81万户，移动电话用户624.88万户。互联网宽带接入用户74.95万户，无线上网用户263.35万户。

全年共接待国内外游客962.95万人次，比上年增长11.2%。旅游总收入19.55亿元，增长12.4%。

八、财政、金融和保险业

全年地方公共财政预算收入100.75亿元，比上年增长17.4%。其中，税收72.75亿元，增长15%，税收占地方公共财政预算收入的比重为72.2%。地方公共财政预算支出352.55亿元，增长12%。其中，农林水事务支出增长10.3%，医疗卫生支出增长12.1%，住房保障支出增长105.9%。

年末金融机构各项存款余额1759.88亿元，比上年末增长12.9%。其中，城乡居民储蓄存款余额1233.20亿元，增长12.3%。各项贷款余额1007.19亿元，增长20.9%。其中，短期贷款余额577.73亿元，增长22%；中长期贷款余额406.65亿元，增长17.3%。

全年保险公司保费收入25.27亿元。其中，财产险保费收入3.92亿元，人寿险保费收入21.35亿元。全年赔款及给付5.95亿元。其中，财产险赔款支出3.22亿元，人身险赔付2.55亿元。

九、教育、科学技术和文化

全市有普通高等学校6所，在校生7.76万人。中等职业教育学校39所，在校生6.72万人。普通中学436所，在校生51.65万人。其中，高中33所，在校生17.11万人；初中403所，在校生34.54万人。小学2179所，在校生76.80万人。小学学龄儿童入学率100%。

年末拥有县级以上科学研究与技术开发机构12个。全年共取得省级科技进步奖4项；申请专利793件，授权专利545件；签订技术合同1份，成交金额500万元。

年末共有艺术表演团体12个，影剧院8个，文化馆12个，公共图书馆8个。广播电台1座，电视台1座，广播人口覆盖率和电视综合人口覆盖率均到100%。

商丘市组队参加全国第十九届自行车赛总决赛，共获得第一名2个、第二名1个、第三名1个。在省第十二届运动会上，商丘市青少年组获得金牌91.5枚、银牌18枚、铜牌28枚。成功举办全国第九届木球锦赛，来自香港和内地40余个城市600余名选手参加比赛。

十、环境保护

全年规模以上工业万元增加值能耗比上年下降16.6%，初步核算可完成省下达的万元生产总值能耗下降目标。

全年城市集中饮用水水源地取水水质累计达标率保持100%。城区空气质量优良天数280天，优良率为77%。

十一、人口、人民生活和社会保障

年末总人口750.64万人，常住人口604.7万人。出生人口8.05万人，出生率10.72‰；死亡人口4.3万人，死亡率5.73‰；自然变动净增人口3.75万人，自然增长率4.99‰。全年农村居民人均纯收入8025元，比上年增11.2%；农村居民人均生活消费支出5262元，增长10.3%。城镇居民人均可支配收入22274元，增长10.2%；城镇居民人均消费支出13739元，增长9%。农村居民家庭恩格尔系数为37.4%，城镇居民家庭恩格尔系数为31.4%。

年末企业养老保险新增参保人数1.72万人，机关事业养老保险新增参保人数1823人。参加城镇基本医疗保险人数137.2万人，参加失业保险人数29.96万人。

全年共发放城镇居民最低生活保障资金2.5亿元，享受最低生活保障10.65万人。发放农村低保金3.8亿元，农村低保对象32.18万人。发放农村五保供养资金1.1亿元，供养对象3.8万人。

年末各类收养性社会福利院床位739张，收养10人。全年销售福利彩票2.42亿元。

注：

1. 本公报中数据为初步统计数。

2. 公报中生产总值、各产业增加值绝对数按现价计算，增长速度按可比价格计算。

3. 公报中生产总值、各产业增加值、产业结构、对外贸易、邮电、财政、金融、保险、教育、万元增加值能耗、城乡居民收入包含永城数据，其他指标数据不含永城市。

4. 公路客货运量、客货周转量由于基数调整与上年不可比，邮政业务总量包含快递业务总量。

5. 居民家庭恩格尔系数指居民家庭食品消费支出占生活消费支出的比重。

6. 劳动就业、对外贸易、科技教育、文化体育、财政金融保险、交通邮电、环境保护、社会保障和社会福利、旅游等数据由相应部门提供。

为您服务

商丘市中心汽车站部分客运班次时刻表(五)

止站	车次	时间	车号	止站	车次	时间	车号
徐州大客	0301	5：20		周口	1241	5：40	
	0303	5：50			1243	6：30	
	0305	6：20			1245	7：00	
	0307	7：10			1247	7：45	
	0309	7：30			1249	8：15	
	0311	8：10			1251	9：00	
	0313	8：30			1253	9：30	
	0315	8：55			1255	10：15	
	0302	10：25			1257	10：45	
	0304	10：50	停		1259	11：30	
	0306	11：15			1261	12：00	
	0308	11：40	停		1263	12：30	
	0310	12：00			1262	12：45	
	0312	12：25			1242	13：00	
	0314	12：50			1244	13：30	
	0316	13：10	停		1266	14：00	
	0318	13：35			1246	14：10	
	0320	14：20			1248	14：40	
	0322	15：00			1250	15：10	
	0330	17：05	停		1252	15：50	
徐州豪华	0331	6：45			1254	16：10	停
	0333	7：50			1256	16：30	
	0335	9：30			1258	17：10	
	0337	10：00			1260	18：00	
	0332	14：00			1264	18：50	
	0334	14：40			1265	20：00	
	0336	15：50	停	淮阳	1292	13：20	
	0338	17：30			1294	14：00	
蒙城	0390	12：20			1296	15：20	
	0392	13：00			1298	16：20	
滕州	0703	6：20		西华	1300	14：50	
	0704	12：20			1302	15：50	停
肖县	0360	13：00			1304	17：00	停

人　　物

市委领导

陶明伦　男，汉族，1963年5月生，河南省泌阳县人。中共党员，研究生学历，管理学硕士。1982年[illegible]月至1985年12月任泌阳县[illegible]河店乡团委书记、副乡长；1985年12月至1993年2月任驻马店地委组织部办公室副主任；1993年2月至1997年12月任驻马店地委办公室副主任、地委副秘书长；1997年12月至2001年9月任遂平县县长、县委书记兼县人大常委会主任；2001年[illegible]月至2008年3月任共青团河南省委副书记、书记；2008年3月任商丘市人民政府市长；2011年5月任中共商丘市委书记。八届、九届中共河南省委委员，省十一届、十二届人大代表。

余学友　（见市政府领导）

李公乐　（见市政府领导）

周树群　男，汉族，1959年11月生，河南省南阳市人。1981年9月参加工作，1983年[illegible]月入党，中国政法大学法学硕士研究生。1981年9月至1984年5月任罗山县竹竿公社管委会、竹竿乡政府秘书；1984年5月至1986年5月任罗山县团委书记；1986年10月至1995年5月任信阳地区团委办公室主任、副书记、书记（其间：1992年1月至1993年12月在河南大学研究生班进修）；1995年5月至2003年11月任河南省乡镇企业局副局长、党组成员；2003年11月至2008年9月任中共周口市委常委、政法委书记，市纪委书记；2008年9月至2011年8月任中共商丘市委常委、市纪委书记（其间：2007年5月至2010年6月在中国政法大学刑法学专业在职研究生班学习，获法学硕士学位）。省八次、九次党代会代表，八届省纪委委员。2011年8月任中共商丘市委副书记。

王建民　男，汉族，1964年3月生，河南省滑县人。在职研究生。1982年9月参加工作，1983年11月入党。历任滑县赵营公社团委副书记，共青团滑县县委干事，滑县赵营乡政府副乡长、党委副书记、乡长，滑县八里营乡党委副书记、乡长，滑县留固镇党委书记，共青团安阳市委副书记、书记、党组书记（其间：1996年4月至1998年3月在中国社会科学院研究生院工业经济专业学习），中共安阳市北关区委副书记、区长、区委书记，中共内黄县委书记。2003年11月任中共商丘市委常委、中共永城市委书记；2008年10月任中共商丘市委常委、政法委书记；2011年8月任中共商丘市委常委、市纪委书记；2014年2月离任。

曾昭宝　男，汉族，1961年8月生，河南省罗山县人。在职研究生学历。1977年9月参加工作，1982年8月加入中国共产党。历任息县教育局副股长，息县县委组织部干事，息县孙庙乡、张陶乡党委副书记、书记，团县委书记，息县人民政府副县长、常务副县长，中共新县县委副书记、县长，中共固始县委副书记、县长，中共信阳市浉河区委书记。2003年6月任商丘市人民政府副市长；2006年12月任中共商丘市委常委、统战部部长兼市人民政府副市长；2011年9月任商丘市委常委、组织部部长；2014年2月任中共商丘市委常委、纪委书记。

李德才　男，汉族，1963年12月生，河南省济源市人。硕士研究生，高级经济师。1984年7月参加工作，1988年11月入党。历任河南省交通规划勘察设计院团委书记、省高等级公路管理部党委书记。设计院党委书记，河南省交通厅副厅长、党组成员、省交通厅新闻发言人，省派驻驻马店市“三个代表”驻村工作队总队长，省派驻驻马店市上蔡县艾滋病帮扶工作队组长。2004年11月至2006年11月任商丘市人民政府副市长、党组成员；2006年12月任中共商丘市委常委、宣传部部长；2011年9月任中共商丘市委常委、政法委书记。

贾宏伟　男,汉族,1962 年 3 月生,河南省邓州市人。1981 年 3 月参加工作,1983 年 7 月入党,中央党校法学理论专业在职研究生学历。1978 年 9 月至 1981 年 3 月在南阳师范学校学习;1981 年 3 月至 1983 年 12 月任社旗县团委、县直党委干事;1983 年 12 月至 1987 年 1 月任社旗县委宣传部宣传理论科、新闻科科长;1987 年 1 月至 1990 年 5 月任南阳地委政研室副主任干事、农村科副科长;1990 年 5 月至 1997 年 12 月任南阳地(市)委办公室第二秘书科科长、综合科科长;1997 年 12 月至 2002 年 1 月任南阳市委办公室副主任;2002 年 1 月至 2003 年 9 月任南阳市宛城区委常务副书记;2003 年 9 月至 2007 年 12 月任河南省政协副秘书长、机关党组成员;2007 年 12 月至 2008 年 9 月任河南省政协副秘书长、机关党组成员、河南省政协常委;2007 年 9 月至 2008 年 1 月在中央党校培训部半年制中青班学习;2008 年 9 月任中共商丘市委常委、秘书长、河南省政协常委;2014 年 3 月离任。

吴孟铎　男,汉族,1963 年 11 月生,河南省汝阳县人,博士学历,1983 年 12 月入党,1985 年 7 月参加工作。1981 年 9 月至 1985 年 7 月在河南大学物理系学习;1985 年 7 月至 1994 年 9 月任河南省汝州市纸坊乡团委书记、组织委员、党委副书记,焦村乡党委书记(其间:1993 年 9 月至 1996 年 3 月在天津大学管理科学与工程专业学习,获工学硕士学位);1994 年 9 月至 1997 年 12 月任汝州市政府党组成员、副市长;1997 年 12 月至 2001 年 6 月任中共汝州市委常委、市政府党组副书记、常务副市长(其间:1999 年 9 月至 2002 年 8 月在天津大学管理科学与工程专业学习〈统招〉,获工学博士学位);2001 年 6 月至 2004 年 3 月任中共汝州市委副书记、市政府党组书记、市长;2004 年 3 月至 2008 年 9 月任中共河南省平顶山市委委员、汝州市委书记;2008 年 9 月任中共商丘市委常委、永城市委书记。河南省八、九次党代会代表;河南省十届人大代表;2010 年被省委、省政府记个人一等功。

张海云　(见市政府领导)

史根治　(见市政府领导)

贾瑞琴　女,回族,中共党员,1961 年 4 月生,河南省开封县人。1978 年 12 月参加工作,1984 年 10 月入党,研究生学历。历任开封县朱仙镇回中教师,朱仙镇副镇长、党委副书记,开封县杜良乡党委副书记、乡长,党委书记,中共开封县委常委、宣传部部长,开封市委宣传部副部长(正处级),中共开封市顺河回族区区委副书记、区长,区委书记(其间:1998 年 9 月至 2000 年 6 月在河南大学政治经济学研究生班学习;2004 年 9 月至 2004 年 12 月在中央党校县处级干部培训班学习;2004 年 11 月至 2006 年 11 月在中央党校法理在职研究生班学习);2006 年 12 月任商丘市委常委、市人民政府党组成员、副市长;2011 年 9 月任中共商丘市委常委、宣传部部长。九、十届全国人大代表,河南省八次党代会代表。全国民族团结进步先进个人,河南省"三八"红旗手。

李思杰　(见市政府领导)

张光明　男,汉族,1964 年生,河南省济源市人。1984 年 1 月入党,1987 年 7 月参加工作,研究生文学博士。1980 年 9 月至 1984 年 7 月在河南大学中国语言文学专业学习;1984 年 7 月至 1996 年 6 月任河南省

教委高等教育处科员、副主任科员、主任科员;1996 年 6 月至 2000 年 7 月任省教委高等教育处副处长;2000 年 7 月至 2002 年 11 月任省教育厅高等教育处调研员;2002 年 11 月至 2008 年 9 月任省学位委员会办公室主任(其间:2003 年 12 月至 2005 年 12 月挂职任太康县副县长、县委副书记;2003 年 9 月至 2006 年 7 月在河南大学文学院中国现当代文学专业学习,获文学博士学位);2008 年 9 月至 2010 年 6 月任河南省教育厅学生工作处处长;2010 年 6 月至 2014 年 2 月任河南省委巡视组副厅级巡视专员;2014 年 2 月任中共商丘市委常委、组织部部长。

吴祖明　男,汉族,1968 年 5 月生,河南省罗山县人,1998 年 12 月入党,1991 年 7 月参加工作,研究生学历,经济学博士。1987 年 9 月至 1991 年 7 月在郑州航空工业管理学院财务管理系财务会计专业本科学习;1991 年 7 月至 1999 年 8 月在郑州航空工业管理学院财务管理系任教师(班主任、助教、讲师);(其间:1991 年 8 月至 1992 年 2 月参加省委社教工作,在三门峡市渑池县西阳乡西阳村进行农村社会主义思想教育工作,任省驻村社教组长);1994 年 4 月至 1994 年 10 月借调中国航空工业总公司财务从事企业境外上市筹备工作;1995 年 8 月至 1996 年 7 月在复旦大学世界经济研究所世界经济专业硕士学习,1998 年 7 月获经济学硕士学位;1999 年 9 月至 2002 年 7 月在复旦大学世界经济研究所世界经济专业全日制博士研究生班学习,任博士生班党支部书记、班长,2002 年 7 月获经济学博士学位;2002 年 8 月至 2004 年 8 月任郑州市委政策研究室副主任(其间:2004 年 1 月 ~8

月借调省委办公厅综合一处工作);2004年9月至2006年8月任省委办公厅综合一处副处长(其间:2006年4月至10月抽调省八次党代会筹备组报告起草组工作);2005年9月至2008年12月任省委办公厅信息调研处处长;2008年12月至2012年4月任省委办公厅第二秘书处处长;2012年4月至2014年3月任省委办公厅督促检查室主任(副厅级);2014年3月任中共商丘市委常委、市委秘书长。

李小平　(见军分区领导)

市人大领导

高献涛　男,汉族,1953年1月生,河南省滑县人。1968年12月参加工作,1971年6月入党,在职研究生。历任滑县万古公社党委秘书、团县委常委,安阳团地委少儿部长、地委办公室干事,省委组织部干事,安阳地区科教办干事(其间:1983年8月至1985年7月在安阳师专政史系学习),濮阳市委宣传部干事、办公室主任,濮阳市文指办主任,中共南乐县委副书记,濮阳市人事局局长、党组书记,濮阳市委组织部副部长、市人事局局长、党组书记,中共商丘市委常委、宣传部部长、组织部部长、中共商丘市委副书记。2007年3月当选为商丘市第三届人大常委会主任。现任商丘市第四届人大常委会党组书记、主任。

付元清　男,汉族,1953年7月生,商丘市睢县人。1970年12月参加工作,1972年5月加入中国共产党,河南大学经济学专业研究生毕业。历任睢县白楼、孙聚寨高中教导主任、团委书记,中共睢县县委宣传部干事、副部长,中共睢县县委常委、宣传部部长、县委副书记。民权县县委副书记、人民政府县长,商丘地委副秘书长兼政研室主任,商丘行署党组成员、副秘书长、秘书长兼办公室主任,商丘市人民政府党组成员、秘书长兼办公室主任。2001年7月当选为商丘市第一届人大常委会副主任。现任商丘市第四届人大常委会党组副书记、副主任。

陈海娥　女,汉族,1952年4月生,山西省晋城市人。无党派人士。1977年1月毕业于清华大学水利系。历任商丘地区水利局副科长、科长、副局长,商丘市(现梁园区)副市长。曾任商丘市政协副主席、市水利局总工程师。省九届政协委员。2007年3月当选为商丘市第三届人大常委会副主任。现任商丘市第四届人大常委会副主任。

刘慧生　男,汉族,1957年11月生,河南省长葛市人。1974年5月参加工作,1978年5月入党。天津大学在职研究生毕业。1974年5月至1976年2月下乡知青;1976应征入伍,先后任排长、连政治指导员、武装部干事;1986年10月至1996年11月先后任商丘地区交通局纪委干事、党委办公室副主任,公路总段党委副书记,交通局党委副书记、副局长兼地区公路总段党委书记、段长;1996年12月任中共虞城县委副书记、县人民政府县长;1999年12月任中共民权县委书记;2005年5月任商丘市人民政府市长助理;2006年4月任商丘市人民政府秘书长兼办公室主任;2009年2月当选为商丘市第三届人大常委会副主任。现任商丘市第四届人大常委会副主任。

张　新　男,汉族,1957年1月生,河南省杞县人,1974年2月参加工作,1983年7月入党,本科学历。先后任杞县于佰岗学校教师、杞县九中团总支副书记(其间:1977年9月至1979年7月在开封师专政治系学习);睢县二中教师、睢县一中团委副书记、睢县县委办公室办事员、秘书、睢县团委书记,商丘地委组织部副科级组织员、正科级组织员、青干科科长;1992年10月任商丘市(现梁园区县级)副市长;1996年1月任商丘地区行政公署副秘书长;1998年2月任宁陵县委副书记、县长(其间:1999年9月至2002年7月在郑州大学经管专业函授本科班学习);2003年8月任虞城县委书记;2008年9月,任虞城县委书记、副市厅级干部;2012年5月当选为商丘市第四届人大常委会副主任。现任商丘市第四届人大常委会副主任。

杨继民　男,汉族,1957年10月生,商丘市虞城县人,1980年12月参加工作,1978年1月入党,商丘师范学校中文专业毕业,本科学历。先后任商丘师范学校干部、商丘地区教育局人事科干部,商丘地委组织部干事、副科长、干审科科长(其间:1984年9月至1986年7月河南广播电大党政管理专业大专班学习);1996年1月任商丘县委常委、组织部部长;1998年2月任睢阳区委副书记、区长(其间:2003年9月至2005年12月在中央党校法律专业本科班学习);2009年4月任睢阳区委书记、区长;2009年9月任睢阳区委书记。2012年5月当选为商丘市第四届人大常委会副主任。现任商丘市第四届人大常委会副主任。

王　琦　男,汉族,1960 年 11 月生,河南省淮阳县人,1976 年 12 月参加工作,1983 年 6 月入党,郑州大学新闻系毕业,在职研究生。先后任宁陵县委宣传部新闻干事,商丘地委组织部干事、副科长、青干科科长。1996 年 7 月历任民权县政府副县长、常务副县长、县委副书记(其间:1999 年 9 月至 2002 年 7 月在河南省委党校行政管理专业研究生班学习);2003 年 8 月任睢阳区委副书记;2007 年 1 月任梁园区委副书记、区长;2009 年 4 月任商丘市政府党组成员、秘书长,政府办公室主任,政府办公室党组书记。2012 年 5 月当选为商丘市第四届人大常委会副主任。现任商丘市第四届人大常委会副主任。

刘连昌　男,汉族,1958 年 9 月生,商丘市夏邑县人,1985 年 8 月入党,1976 年 9 月参加工作,大学学历,高级经济师。1976 年 9 月至 1977 年 12 月在夏邑县朱莱园中学任教,1977 年 12 月至 1980 年 12 月在商丘农校学习,1980 年 12 月至 1983 年 11 在商丘农校任教,1983 年 11 月至 1996 年 1 月任商丘地区科委办公室副主任、科长(其间:1990 年 4 月至 1996 年 1 月,抽调商丘试验区办公室工作),1996 年 1 月至 1998 年 1 月任商丘地区体改委副主任、党组成员,兼商丘试验区办公室副主任(其间:1996 年 9 月至 1998 年 12 月,在中央党校函授学院经济管理专业本科班学习),1998 年 1 月至 2000 年 4 月任商丘市体改委副主任、党组成员,兼商丘试验区办公室副主任,2000 年 4 月至 2001 年 1 月任宁陵县委常委、常务副县长,2001 年 1 月至 2006 年 5 月任中共宁陵县委副书记,河南张弓集团有限公司董事长、党委书记,2006 年 5 月至 2008 年 9 月任中共柘城县委副书记,2008 年 10 月至 2011 年 10 月任中共柘城县委副书记、柘城县人民政府县长,2011 年 11 月至 2014 年 2 月任中共柘城县委书记,2014 年 2 月当选为商丘市人大常委会副主任。现任商丘市第四届人大常委会副主任。

市政府领导

余学友　男,汉族,1958 年 6 月生,河南省光山县人。1975 年 10 月参加工作,1983 年 11 月入党。省委党校研究生学历。1982 年 5 月至 1985 年 3 月任新县团县委常委、办公室主任、副书记、书记;1985 年 3 月至 1988 年 9 月任新县郭家河乡党委书记;1988 年 9 月至 1996 年 3 月任新县县长助理、副县长;1996 年 3 月至 11 月任信阳地区行署驻郑州办事处书记、主任;1996 年 11 月至 2003 年 2 月任省林业厅副厅长、党组成员;2003 年 2 月至 2006 年 12 月任中共鹤壁市委副书记;2006 年 12 月至 2008 年 3 月任中共周口市委副书记;2008 年 3 月至 2009 年 2 月任省民政厅党组书记、副厅长(正厅级);2009 年 2 月至 2011 年 5 月任省委农村工作办公室常务副主任(正厅级);2011 年 5 月至 7 月任中共商丘市委委员、常委、副书记、代市长;2011 年 7 月至 2014 年 4 月任商丘市委副书记、人民政府市长;2014 年 4 月离任。

李公乐　男,汉族,1962 年 3 月生,河南省濮阳市人,1983 年 12 月入党,1982 年 8 月参加工作,毕业于河南省农学院,大学本科学历。1982 年 8 月至 1983 年 12 月任濮阳县白罡公社干事;1983 年 12 月至 1985 年 2 月任河南省濮阳县白罡乡经联社副主任;1985 年 2 月至 1992 年 6 月任白罡乡党委副书记、乡长、党委书记;1992 年 6 月至 1996 年 12 月任共青团濮阳市委副书记、书记;1996 年 12 月至 2004 年 3 月任河南省台前县委副书记、代县长、县长、县委书记;2004 年 3 月至 2006 年 12 月任河南省新乡市人民政府副市长、党组成员;2006 年 12 月至 2008 年 10 月任中共新乡市委常委、政法委书记;2008 年 10 月至 2011 年 9 月任中共郑州市委常委、巩义市委书记;2011 年 10 月至 2013 年 6 月任郑州市人民政府副市长(正市厅级),郑州新区党工委副书记、管委会主任;2013 年 6 月至 2014 年 4 月任中共郑州市委常委、郑东新区党工委书记、管委会主任;2014 年 4 月任中共商丘市委副书记,市人民政府代市长、市长、党组书记。

史根治　男,汉族,1965 年 1 月生,河南省尉氏县人,1983 年 10 月入党,1981 年 9 月参加工作,中央党校研究生院政治经济学专业毕业,研究生学历。1981 年 9 月至 1982 年 4 月任尉氏县水利局技术员;1982 年 4 月至 1983 年 12 月任尉氏县小陈公社团委书记;1983 年 12 月至 1985 年 5 月任尉氏县小陈乡副乡长;1985 年 5 月至 1987 年 2 月任共青团尉氏县委书记(其间:1984 年 3 月至 1986 年 3 月在开封市委党校大专班学习);1987 年 2 月至 1989 年 11 月任尉氏县城关镇党委副书记、镇长;1989 年 11 月至 1993 年 12 月任共青团开封市委员会副书记(其间:1989 年 9 月至 1991 年 9 月在河南省委党校政治管理专业函授本科班学习);1993 年 12 月至 1996 年 6 月任开封市农委副主任、党组成员(其间:1994 年 9 月至 1995 年 7 月在河南省委党校第 16 期中青班学习);1996 年 6 月至 1997 年 11 月任开封市农经委副主任、党

组成员；1997年11月至1999年1月任杞县县委副书记；1999年1月至2002年3月任开封市南关区委副书记、区长（其间：2001年2月至2001年6月在省委党校第28期中青班学习）；2002年3月至2002年12月任兰考县委副书记、县长；2002年12月至2006年3月任通许县委书记（其间：2003年3月至2003年6月在中央党校第6期进修班学习；2004年3月至2006年1月在中央党校研究生院政治经济学专业学习）；2006年3月至2006年5月任河南省周口市副市长，通许县委书记；2006年5月至2011年4月任周口市副市长；2011年4月至2011年8月任周口市委常委、副市长；2011年8月至2014年3月任周口市委常委、秘书长；2014年3月任中共商丘市委常委、副市长。

张海云 男，汉族，1969年12月生，河南省上蔡县人。1992年3月加入中国共产党，1992年7参加工作。毕业于中国石油大学（华东）企业管理专业，博士研究生学历。历任中原石油勘探局钻井一公司技术员，中原石油勘探局中原石油报社要闻采访部记者、副主任，要闻采访部副主任，中原石油勘探局政策研究室科长，中原石油报社党委委员、副社长，中国石油报社北京新闻工作部主任，社长助理兼经营管理部主任、石油商报社社长，中国石油报社党委委员、副社长。2008年7月至2010年5月挂任新疆维吾尔自治区塔城地委委员、行署副专员；2010年5月，任中国石油河南销售分公司党委书记、纪委书记、副总经理；2010年7月挂职任商丘市委常委、副市长。

李思杰 男，汉族，1964年10月生，河南省扶沟县人，1985年10月入党，1986年7月毕业于河南农业大学植物保护专业，同年参加工作。2004年6月获河南农业大学农业推广硕士学位，2010年6月获华中科技大学西方经济学博士学位。1986年7月至1988年8月在河南省农牧厅工作（其间：1986年9月至1988年5月在河南省永城县王集乡锻炼）；1988年8月至1997年6月在河南省农业综合开发办公室工作，历任科员、副科长、科长、农艺师（其间：1992年10月至1994年10月下派河南省新乡县古固寨乡锻炼，任乡党委副书记）；1997年6月至2000年3月任河南省农业厅人事劳动处副处长；2000年3月至2000年7月任省农业厅农业区划办公室主任（正处）；2000年7月至2003年9月任省农业厅市场与经济信息处处长（其间：2001年9月至12月在复旦大学河南省第三期县处级干部经济管理培训班学习；2002年3月至7月在省委党校第30期中青年干部培训班学习）；2003年9月至2006年5月任省农业厅科技教育处处长；2006年5月至2012年4月任商丘市人民政府副市长；2012年4月任中共商丘市委常委、副市长。

许大刚 男，汉族，1958年11月生，河南省开封市人。研究生学历。1981年10月参加工作，1986年10月入党。历任兰考县公安局局长（副处级），开封市公安局副局长兼兰考县公安局局长，河南省公安交警总队高速公路直属支队支队长、公安交警总队副总队长兼高速公路直属支队支队长，省公安厅交通管理局副局长（正处级）兼高速公路直属支队支队长，省公安厅治安管理总队总队长，周口市公安局党委书记、局长，商丘市人民政府党组成员、市长助理、商丘市公安局党委书记、局长。2009年8月任商丘市人民政府副市长兼商丘市公安局党委书记、局长。

江文玉 男，汉族，1964年11月生，河北省涉县人。研究生学历。1983年7月参加工作，1985年9月入党。1981年9月至1983年7月在安阳师范学校学习；1983年7月至1986年4月为安阳东南营学校教师；1986年4月至1989年4月任安阳市团委干事、少工委办公室副主任；1989年4月至2000年5月任河南省团委学校部主任干事、组织部主任干事、办公室副主任（其间：1984年9月至1989年7月在河南大学政治专业学习；1996年11月至1998年11月在中国社科院经济系市场经济研究生班学习）；2000年5月至2002年1月任鹤壁市团委副书记、团委书记、党组书记；2002年1月至2004年4月任淇县县委副书记（正处级）；2004年4月至2006年5月任鹤壁市鹤山区委副书记、区政府区长；2006年5月至2007年1月任民权县委副书记、县长；2007年1月至2011年8月任民权县委书记；2011年8月任商丘市人民政府副市长（2011年8月至2014年3月兼任商丘市城乡一体化示范区党工委书记）。

张家明 男，汉族，1965年7月生，商丘市睢阳区人。大学学历。1984年8月参加工作，1991年8月入党。1981年9月至1984年7月在开封医专医疗专业学习；1984年8月至1990年2月任商丘县人民医院团总支书记；1990年2月至1993年5月任商丘县委政研室办事员、秘书；1993年5月至1996年1月任商丘县试验区办公室副主任；1996年1月至2000年10月任睢阳区宋集镇党委副书记、镇长、党委书记（其间：1995年9月至1998年6月在中央党校函授学院经济管理本科班学习）；2000年10月至2002年5

月任商丘市农经委副主任、党组成员;2002 年 5 月至 2005 年 11 月任商丘市建委副主任、党组成员、市小城镇建设发展办公室主任(其间:2003 年 2 月 ~5 月在市委党校县处级干部培训班学习;2000 年 8 月至 2002 年 7 月在河南大学区域经济研究生课程进修班学习;2003 年 12 月郑州大学新闻专业自学考试本科毕业);2005 年 11 月至 2006 年 2 月任商丘市建委副主任、党组成员兼市小城镇建设发展办公室主任(正处级)(其间:2005 年 9 月 ~12 月在建设部村镇规划建设办公室挂职学习);2006 年 2 月至 2008 年 10 月任中共柘城县委副书记、县长;2008 年 10 月至 2011 年 8 月任中共柘城县委书记;2011 年 8 月任商丘市人民政府副市长。

岳爱云 女,回族,1962 年 9 月生,山东省成武县人,1979 年 8 月参加工作,大学学历,统计师、会计师,1997 年 8 月加入中国民主建国会。1979 年 8 月至 1985 年 3 月任商丘市砖瓦厂会计;1985 年 3 月至 1987 年 8 月任商丘地区统计局主管会计,副科长;1987 年 8 月至 1995 年 10 月任统计局办公室副主任;1995 年 10 月至 1998 年 8 月任统计局普查办公室主任;1998 年 8 月至 2007 年 3 月任睢阳区人民政府副区长,民建商丘市委副主委;2007 年 3 月至 2010 年 6 月任睢阳区人民政府副区长(正处),民建商丘市委主委;2010 年 6 月任商丘市政协副主席,睢阳区人民政府副区长,民建商丘市委主委;河南省第八届政协委员,九届、十届、十一届河南省政协常委;2012 年 5 月任商丘市人民政府副市长。

张 弛 男,汉族,1962 年 5 月生,河南省罗山县人。研究生学历。1985 年 6 月入党,1983 年 7 月参加工作。1979 年 9 月至 1983 年 7 月在河南大学政治系经济专业学习;1983 年 7 月至 1988 年 12 月任省农科院人事教育处科员、劳资科副科长、干部科科长;1988 年 12 月至 1995 年 12 月任省委组织部科教企业干部处、研究室主任干事、宣传组组长;1995 年 12 月至 1999 年 4 月任省委宣传部秘书(副处);1999 年 4 月至 2001 年 12 月任省委组织部知识分子工作处助理调研员、干部监督处助理调研员、副处长(其间:1999 年 9 月至 2001 年 11 月挂职任永城市副市长、副书记;1997 年 9 月至 2000 年 1 月在省委党校经济管理专业研究生班学习);2001 年 12 月至 2002 年 6 月任省委组织部干部监督处调研员;2002 年 6 月至 2012 年 4 月任商丘市委组织部常务副部长;2012 年 4 月 ~5 月任商丘市政府副市长人选、市委组织部常务副部长;2012 年 5 月任商丘市人民政府副市长。

王仲田 男,汉族,1963 年 6 月生,商丘市人,1982 年 8 月参加工作,1985 年 8 月入党,中央党校国际政治专业毕业,研究生学历。1979 年 9 月至 1982 年 7 月在商丘地区卫生学校学习;1982 年 7 月至 1983 年 10 月为商丘县水池铺乡卫生院医师;1983 年 11 月至 1993 年 4 月为商丘县卫生局干部(其间:1985 年 9 月至 1988 年 7 月在河南省卫生职工医学院放射专业学习);1993 年 5 月至 1996 年 1 月任商丘县政府办公室副主任;1996 年 1 月 ~3 月任商丘县政府办公室副主任、县目标办公室主任;1996 年 3 月至 2000 年 6 月任商丘县政府办公室主任,商丘市睢阳区政府办公室主任(其间:1996 年 9 月至 1999 年 7 月在中央党校经济管理专业函授本科班学习);2000 年 6 月至 2002 年 2 月任商丘市政府办公室副主任;2002 年 2 月至 2003 年 8 月任商丘市政府副秘书长(副处级)(其间:2000 年 9 月至 2002 年 6 月在中国人民大学区域经济管理专业学习);2003 年 8 月至 2007 年 2 月任商丘市政府副秘书长兼驻京联络处主任;2007 年 2 月至 2011 年 12 月任民权县委副书记、县长(2011 年 9 月至 2011 年 12 月主持县委全面工作);2011 年 12 月至 2014 年 2 月任中共民权县委书记;2014 年 2 月任商丘市人民政府副市长。省十一届人民代表大会代表,中共商丘市第四届委员会委员。

市政协领导

吴宏蔚 男,回族,1953 年 8 月生,商丘市柘城县人。在职研究生。1970 年 1 月参加工作,1980 年 8 月入党,天津大学工商管理专业研究生班毕业。1970 年 1 月至 1972 年 2 月为柘城县轴承厂工人;1972 年 2 月至 1975 年 3 月在洛阳农机学院学习;1975 年 3 月至 1982 年 2 月任柘城县农机研究所技术员、所长、农机局副局长;1982 年 2 月至 1985 年 2 月任柘城县慈圣乡党委副书记、乡长、党委书记;1985 年 2 月至 1988 年 8 月任民权县政府副县长、商丘地区民委副主任;1988 年 8 月至 1995 年 10 月任商丘县委常委、常务副县长(其间:1992 年 9 月至 1994 年 7 月在天津大学工商管理专业研究生班学习);1995 年 10 月至 1997 年 2 月任商丘县委副书记、县政府县长;1997 年 2 月至 1997 年 11 月任商丘县委书记;1997 年 11 月至 1999 年 2 月任商丘市睢阳区委书记;1999 年 2 月至 2003 年 6 月任商丘市人民政府副市长、党组成员;2003 年 6 月至 2007 年 1 月任商丘市委常委、市政府常务副市长、党组副书记;2007 年 1 月至 2007 年 3 月任商丘市政协党组书记、市人民政府副市长;2007 年 3 月任商丘市政协主席、党组书记。省十届、十一届政协委员。

朱明伦　男，汉族，1956年10月生，商丘市虞城县人。1972年12月参加工作，1975年7月加入中国共产党。研究生学历。1972年12月至1974年6月任解放军工程兵建筑第144团2营测量员；1974年6月至1975年2月在南京地质学校基建工程兵水文普查部队测绘短训班学习；1975年2月～8月任解放军基建工程兵第911大队物测排测量员；1975年8月至1978年9月在南京大学地理系学习；1978年9月至1979年11月在解放军基建工程兵第911大队三中队实习；1979年11月至1980年12月在南京大学地理系进修学习；1980年12月至1981年9月任解放军基建工程兵第911团技术员；1981年9月至1984年6月在南京大学地理学系人文地理专业攻读研究生；1984年6月至1990年6月任商丘市（县级）政府办公室秘书、副主任；1990年6月至1992年10月任商丘市（县级）规划土地局局长；1992年10月至1996年1月任商丘地区计建委副主任、党组成员（其间：1993年4月至1995年6月在南京大学研究生进修班房地产专业学习）；1996年1月至1997年11月任商丘县委副书记；1997年11月至1998年2月任商丘市睢阳区委副书记；1998年2月至2001年12月任民权县委副书记、县长；2001年12月至2011年2月任永城市委副书记、市长；2011年2月至2011年9月任商丘市政协副主席、党组成员，永城市委副书记、市长；2011年9月至2012年5月任商丘市政协副主席、党组成员；2012年5月任商丘市政协副主席、党组副书记。

郝　萍　女，汉族，1954年10月生，山东省长清市人。1973年5月参加工作，1995年11月加入中国农工党。研究生学历。1973年5月至1976年9月为宁陵县五七园林场下乡知青；1976年9月至1979年9月在新乡医学院医疗系学习；1979年9月至1993年4月任商丘地区人民医院医师、主治医师；1993年4月至1998年1月任商丘地区眼科医院院长、副主任医师（1993年12月晋升为眼科副主任医师）；1996年任农工党商丘市委主委，1988年1月至2003年7月任梁园区政协副主席、省八届政协委员、商丘市眼科医院院长、主任医师（1998年12月晋升为眼科主任医师）；2000年任农工党河南省委常委，2003年7月任商丘市政协副主席、农工党商丘市委主委、商丘市眼科医院院长。中华医学会眼科专业会员，中华医学会河南省眼科学会五、六、七、八届省委委员，中华医学会河南省眼科医师学会一届省委委员、二届省委常委；2007年12月任农工党十四届中央委员；2008年为享受国务院特殊津贴专家；2011年3月当选为中华眼外伤职业眼病杂志编委；2011年5月当选为河南省全民健康促进会眼科保健与疾病防治专业委员会副主任委员；2012年12月任农工党十五届中央委员；十、十一、十二届全国人大代表。

刘明亮　男，汉族，1962年10月生，商丘市夏邑人。1979年8月参加工作，在职研究生学历，无党派人士。1979年8月至1982年8月为夏邑县桑堌乡许楼中学代课教师；1982年9月至1984年7月为永城师范学校学生；1984年8月至1985年3月为永城师范学校干部；1985年3月至1998年7月在商丘地区（市）教委任办事员、科员、副科长（其间：1984年8月至1989年6月在河南大学历史系本科班函授学习）；1998年8月至2007年3月任商丘市梁园区人民政府副区长（其间：2001年9月至2004年7月在省委党校研究生班行政管理专业学习）；2007年3月至2007年7月任商丘市政协副主席；2007年7月至2012年5月任商丘市政协副主席、市工商联主席；2012年5月任商丘市政协副主席、市工商联主席、市工业和信息化局局长。省第九、十、十一、十二届人大代表。

李德民　男，汉族，1968年10月生，商丘市虞城县人。1985年6月参加工作，1997年12月加入中国民主促进会。研究生学历。1985年6月至1997年6月任商丘地区财政局行财科科员、副科级协理员（其间：1986年7月至1991年5月在中南财经大学工业经济专业学习）；1997年6月至1998年11月任财政局行财科副科长（其间：1994年9月至1997年7月在南开大学社会主义建设专业学习）；1998年11月至2003年8月任商丘市财政局行财科主任科员、科长；2003年8月至2009年2月任民进河南省委常委、民进商丘市委主委、市接待办副主任；2008年9月至2009年2月为商丘市政协副主席候选人；2009年2月任商丘市政协副主席、民进河南省委常委、民进商丘市委主委、市接待办副主任。河南省八、九届政协委员、省十届、十一届政协常委。

魏昭炜　男，汉族，1958年6月生，商丘市柘城县人。1975年8月参加工作，1981年11月加入中国共产党。河南农业大学本科毕业，研究生学历，农业推广硕士学位。1975年8月至1976年9月为柘城县大仵乡下乡知青；1976年9月至1978年3月任柘城县革委会财贸组办事员；1978年3月至1982年1月在河南农学院园林系林学专业学习；1982年1月至1984年1月任河南农学院园林系辅导员、团总支副书记;1984年1月至1986年1月任商丘地委组织部干事;1986年1月至1988年4月任柘城县大作乡党委副书记、书记;1988年4月至1989年5月任商丘地委组织部正科级组织员;1989年5月至1993年3月任商丘地委组织部党管科科长、组织科科长;1993年3月至1996年1月任商丘地区农业局副局长;1996年1月至1998年2月任商丘地区农办副主任;1998年2月至2000年7月任夏邑县县委副书记;2000年7月至2002年1月任商丘市委副秘书长、市政府驻外机构管理处党总支书记、驻郑州办事处党支部书记;2002年1月至2003年9月任商丘市政协秘书长;2003年9月至2003年12月任商丘市政协秘书长、办公室主任;2003年12月至2006年5月任睢县县委书记、县人大常委会主任;2006年5月至2009年4月任睢县县委书记;2009年4月至2010年11月为副市厅级干部,睢县县委书记;2010年11月至2012年4月为副市厅级干部,商丘市政府党组成员;2012年4月至2012年5月为副市厅级干部,市政协副主席候选人,市政府党组成员;2012年5月任商丘市政协副主席、党组成员。

孟　玮　女,汉族,1958年10月生,商丘市睢县人。1974年1月参加工作,1978年8月入党。研究生学历。1974年1月至1978年4月为睢县蓼堤公社蓼北大队团支书兼赤脚医生;1978年4月至1980年4月在商丘地区卫生学校学习;1980年4月至1981年12月为商丘地区人民医院团委干部;1981年12月至1983年7月任商丘地区人民医院团委书记;1983年7月至1985年7月在中央团校大专班政治教育专业(全日制)学习;1985年7月至1986年7月中共商丘地委整党办抽调工作;1986年7月至1998年2月任商丘地区卫生局副局长、党组成员;1998年2月至2006年8月任商丘市妇联主席、党组书记(其间:1999年9月至2002年6月在省委党校经济管理专业研究生班学习);2006年8月至2012年4月任中共商丘市纪委副书记、监察局局长;2012年4月至2012年5月为商丘市政协副主席候选人,市纪委副书记、监察局局长;2012年5月任商丘市政协副主席、党组成员。

李　崇　男,汉族,1964年10月生,河南省永城市人。大学学历。1986年8月参加工作,1996年3月加入中国共产党。1982年9月至1986年8月在中国矿业大学煤炭综合利用专业学习;1986年8月至1988年10月任新密矿务局技术员;1988年10月至1997年7月任永城矿务局助理工程师、工程师、选煤厂厂长兼党委书记;1997年7月至2000年4月任神火股份有限公司副总经理、财务部部长;2000年4月至2003年11月任神火集团副总经理、党委委员、董事、铝电公司董事长、总经理;2003年11月至2005年3月任神火集团常务副总经理、党委委员、董事;2005年3月至2010年11月任神火集团董事长、党委委员;2010年11月至2012年4月任神火集团有限公司董事长、党委书记;2012年4月至2012年5月为商丘市政协副主席候选人、神火集团有限公司董事长、党委书记;2012年5月至2014年1月任商丘市政协副主席、党组成员,河南神火集团有限公司董事长、党委书记;2014年1月任商丘市政协副主席、党组成员,河南神火集团有限公司董事长。

宋崇江　男,汉族,1962年8月生,商丘市梁园区人。在职研究生学历。1981年3月参加工作,1998年5月加入民革。1979年2月至1981年3月在郑州建筑工程学校工民建专业学习;1981年3月至1985年5月为商丘地区计划建设委员会综合管理科、施工管理科、定额站办事员;1985年5月至1990年12月任计划建设委员会定额站科员;1990年12月至1997年8月任计划建设委员会定额站副科级协理员、副站长(其间:1990年9月至1993年7月在河南省委党校党政专业函授大专班学习);1997年8月至1998年2月任商丘地区建委建设工程招标投标办公室主任;1998年2月至2003年8月任商丘市建委建设工程招标投标办公室主任(其间:1998年5月加入民革任支部主委);2003年8月至2009年4月任睢县人民政府副县长、民革商丘市委副主委(其间:2001年4月至2004年12月在华中科技大学马克思主义思想政治教育在职研究生班学习);2009年4月至2009年12月任睢县人民政府副县长(正县级)、民革商丘市委副主委;2009年12月至2012年4月任民革商丘市委主委、睢县人民政府副县长;2012年4月至2012年5月为市政协副主席候选人,民革商丘市委主委、睢县人民政府副县长;2012年5月任商丘市政协副主席,民革商丘市委主委、睢县人民政府副县长。

军分区领导

宋学庆　男,1963年6月出生,汉族,江苏靖江市人,硕士研究生学历,商丘军分区司令员,大校军衔。1979年9月入伍,1984年5月加入中国共产党,历任工程兵工程学院学员、济南军区直属工区安装连排长、济南军区直属工区安装连助工、济南军区司令部工程兵部装备器材处参谋、济南军区司令部兵种部组织计划处参谋、济南军区司令部技术部综合计划处参谋、济南军区司令部技术部工化处参谋、济南军区装备部车船工化部工化处副处长、济南军区装备部

车船工化部工化处处长、国防大学师团职研究生（脱产学习两年半）、代理新疆军区边防九团副团长（正团职代职一年）、济南军区装备部综合计划部副师职装研员、济南军区装备部综合计划部副部长兼装研员、济南军区装备部综合计划部副部长，2011年4月任商丘军分区司令员。

李小平　男，1965年[illegible]月出生，汉族，湖北应城市人，硕士研究生学历，商丘军分区政治委员，大校军衔。1983年10月入伍，1985年8月加入中国共产党，历任20集团军58师炮兵团指挥连战士、电子技术学院学员、20集团军工兵团舟桥3营4连排长、20集团军通信团有线电连政治指导员、20集团军司令部直工处正连职干事、20集团军政治部干部处正连职干事、副营职干事、正营职干事、20集团军装甲旅政治部副主任、20集团军政治部干部处副团职干事、干部处副处长、20集团军58旅副政治委员、20集团军政治部干部处处长、20集团军60旅政治委员。2013年12月任商丘军分区政治委员、商丘市委常委。

全国“五一”劳动奖章

高美丽　商丘市汇丰棉业有限公司办公室主任

丁建华　商丘市中医院肛肠科主任

河南省“五一”劳动奖章

孟　瑞　孔祥晨　刘泽新

黄满意　李新柱　司圣法

王　雷　孟　超

河南省“三八”红旗手

刘春霞　商丘市妇联党组书记、主席

谢亚锋　商丘市职业技术学院工会副主席

雷　燕　商丘供电公司女工主任

张红艳　商丘市中医院超声科主任

杨秀丽　永城市国税局党组副书记、副局长

刘凤玲　商丘市方舟棉业有限公司车间主任

赵素贞　虞城县城关镇卫生院主治医师

杜志华　商丘银行柘城支行行长

吴海燕　睢县人民政府县长

周冬梅　民权县发改委党组书记、主任

史新艳　睢阳区委副书记

河南省见义勇为好青年

黄圣涛　虞城籍昆山三一重机有限公司工人

河南省杰出大学生村干部“创业之星”

王保威　虞城县界沟镇韩南村

河南省优秀大学生村干部“创业之星”

余艳栋　柘城县洪恩乡柿黄村

王慧雅（女）　柘城县牛城乡单桥村

刘雯霞（女）　梁园区刘口乡李堤口村

刘　博（女）　梁园区王楼乡厅堂楼村

周仁峰　虞城县营廓镇周庄村

梁兆强　睢县尤吉屯乡许堂村

王方彦　睢阳区冯桥镇安楼村

谢云龙　睢阳区郭村镇谢寨村

2014年度感动商丘十大新闻人物

戚昌安　睢阳区临河店乡秦楼小学教师

王香浦　宁陵县赵村乡姜庄村委会杨庄村学生

张维峰　商丘市烟草公司梁园区烟草专卖局（分公司）卷烟客户经理商丘市水上义务救援队副大队长

潘明明　夏邑籍南京打工者

黄圣涛　虞城籍昆山三一重机有限公司工人

王　飞　商丘市第七中学教师

韩雪迎　商丘市第一人民医院急诊门诊护士长

耿红伟　民权冷谷红葡萄酒有限公司董事长

王军章　宁陵籍河南在京志愿者

商丘交通广播团队

商丘市第七批专业技术拔尖人才

陈培莉（商丘市第一人民医院，主任医师）

韩传恩（商丘市第一人民医院，主任医师）

李家亮（商丘市第一人民医院，主任医师）

孟　祥（商丘市中心医院，副主任医师）

张士兰（商丘市中心医院，主任护师）

苗　宏（中共商丘市委党校，副教授）

李秋莲（中共商丘市委党校，副教授）

刘合行（商丘职业技术学院，教授）

蒋晓雷（商丘职业技术学院，教授、高级心理咨询师、高级人力资源管理师）

刘永建（商丘职业技术学院，教授）

陈文聪（商丘师范学院，教授）

姚润田（商丘师范学院，教授）

冯宇红（商丘师范学院，教授）

田　华(商丘医学高等专科学校,教授)
赵永森(商丘市第一高级中学,中学高级教师)
陈汝泉(商丘市第一高级中学,中学高级教师)
张廷杰(商丘市第一中学,中学高级教师)
张建中(河南路桥集团有限公司,高级工程师)
程传政(商丘水务公司,资产管理师、政工师)
苏成军(商丘市农业局农产品质量安全中心,农业推广研究员)
周　青(商丘市林业局森防站,教授级高级工程师)
卢广远(商丘市农林科学院,副研究员)
苏玫燕(商丘广播电视台新媒体中心,记者)
李良玉(商丘市第四人民医院,副主任医师)
刘志广(商丘市饮之健食品有限公司,经济师)
宋肃远(河南诚实人实业集团有限公司,高级经济师)
江正祥(上海现代哈森〈商丘〉药业有限公司,高级经济师)
刘军祥(商丘市长征医院,主任医师)
张国栋(商丘市民主路第二小学,中学高级教师)
石　珩(宁陵县人民医院,副主任医师)
徐清超(宁陵县人民医院,副主任医师)
魏长春(宁陵县高级中学,中学高级教师)
王来福(惠丰钻石科技有限公司,高级工程师)
邵增明(河南省力量新材料有限公司)
张存升(河南省力量新材料有限公司,工程师)
张建臣(河南华商药业有限公司,工程师)
贾文超(柘城县中西医结合医院,副主任医师)
刘建说(商丘日报报业集团驻虞城县记者站,虞城县委宣传部,中级记者)
李　博(河南佳美农业科技有限公司,高级技工)
王升运(虞城县住房和城乡规划建设管理局,高级农艺师)
付振国(睢县公费医疗医院,副主任医师)
苏建华(睢县人民医院,主任医师)
赵学书(商丘市鼎泰木业有限公司)
段建青(夏邑县红十字医院,副主任医师)
高宝珠(夏邑县农业技术推广中心,高级农艺师)
宋惠华(华鹏棉业有限公司)
范美侠(夏邑县孔祖中学,中学一级教师)
李　静(民权县农业局信息中心,高级农艺师)
徐南翔(民权县第三小学,中学高级教师)
胡庆恩(民权县高级中学,中学高级教师)
尚中兴(民权县第一高级中学,中学高级教师)
徐文新(民权县妇幼保健院,副主任医师)

2014年商丘市正高级职称专业技术人员

姓　名	职称系列	时间	职称	单位
高孟英	卫生	2014.11	主任医师	商丘市第二人民医院
黄绍军	卫生	2014.11	主任医师	河南神火集团职工总医院
李留霞	卫生	2014.11	主任医师	商丘市中医院
张学红	卫生	2014.11	主任医师	商丘市第三人民医院
陈　武	卫生	2014.11	主任医师	河南神火集团职工总医院
井晓亮	卫生	2014.11	主任医师	夏邑县第二人民医院
陈培莉	卫生	2014.11	主任医师	商丘市第一人民医院
田发书	卫生	2014.11	主任医师	宁陵县人民医院
童长刚	卫生	2014.11	主任医师	商丘市第三人民医院
王玉娉	卫生	2014.11	主任医师	商丘市第二人民医院
张　丽	卫生	2014.11	主任医师	商丘市第一人民医院
林新治	卫生	2014.11	主任医师	睢县中医院
张世军	卫生	2014.11	主任医师	夏邑县人民医院
刘保夫	卫生	2014.11	主任医师	虞城县人民医院

续表 1

姓 名	职称系列	时间	职称	单位
于 娟	卫生	2014. 11	主任医师	河南神火集团职工总医院
王素敏	卫生	2014. 11	主任医师	柘城县人民医院
高晓棠	卫生	2014. 1	主任医师	永煤集团总医院
邓同锋	卫生	2014. 11	主任医师	商丘市疾病预防控制中心
李志强	卫生	2014. 11	主任医师	商丘市第三人民医院
蒋 辉	卫生	2014. 11	主任医师	永煤集团总医院
汤 建	卫生	2014. 11	主任医师	商丘市第三人民医院
王聘益	卫生	2014. 11	主任医师	商丘市中医院
张亚莉	卫生	2014. 11	主任医师	商丘市第一人民医院
冉秀荣	卫生	2014. 11	主任医师	商丘市第一人民医院
杨秋敏	卫生	2014. 11	主任医师	商丘市第一人民医院
刘建军	卫生	2014. 11	主任医师	商丘市第四人民医院
周克堂	卫生	2014. 11	主任医师	睢县人民医院
随志化	卫生	2014. 11	主任医师	夏邑县人民医院
王友杰	卫生	2014. 11	主任医师	商丘市中心医院
郝雪峰	卫生	2014. 11	主任医师	河南神火集团职工总医院
张秀敏	卫生	2014. 11	主任医师	夏邑县人民医院
张伟华	卫生	2014. 11	主任医师	商丘市第一人民医院
赵红梅	卫生	2014. 11	主任医师	柘城县中医院
王随山	卫生	2014. 11	主任医师	商丘市第一人民医院
贺培英	卫生	2014. 11	主任医师	河南神火集团职工总医院
李 梅	卫生	2014. 11	主任医师	虞城县人民医院
赵保良	卫生	2014. 11	主任医师	商丘市第四人民医院
田秀岭	卫生	2014. 11	主任医师	商丘市第三人民医院
许素玲	卫生	2014. 11	主任医师	商丘市第三人民医院
孙隆昌	卫生	2014. 11	主任医师	商丘市长征人民医院
刘红梅	卫生	2014. 11	主任医师	商丘市第四人民医院
邵晓曼	卫生	2014. 11	主任医师	商丘市妇幼保健院
王 倩	卫生	2014. 11	主任医师	商丘市长征人民医院
姜 霖	卫生	2014. 11	主任医师	商丘市中心医院
韩孝峰	卫生	2014. 11	主任医师	宁陵县人民医院
赵 宇	卫生	2014. 11	主任医师	夏邑县人民医院
石红英	卫生	2014. 11	主任医师	商丘市第一人民医院
徐家友	卫生	2014. 11	主任医师	商丘市第一人民医院
姚宏伟	卫生	2014. 11	主任医师	商丘市第一人民医院

续表 2

姓　名	职称系列	时间	职称	单位
郭炳伦	卫生	2014.11	主任医师	商丘市第一人民医院
曹翠萍	高级教师	2014.11	教授	商丘医学高等专科学校
秦振华	高级教师	2014.11	教授	商丘医学高等专科学校
蔡朔冰	高级教师	2014.11	教授	商丘职业技术学院
张百胜	高级教师	2014.11	教授	商丘职业技术学院
孟秀民	高级教师	2014.11	教授	商丘职业技术学院
袁培尧	高级教师	2014.11	教授	教授商丘职业技术学院
马爱菊	中专教师	2014.12	正高级讲师	商丘中等专业学校
郑凤玺	工程	2014.11	教授级	商丘市公路管理局
聂书奎	工程	2014.11	教授级	河南神火煤电股份有限公司
常兴民	工程	2014.11	教授级	河南神火煤电股份有限公司
付根生	工程	2014.11	教授级	商丘市水利局农水技术指导站
朱晓辉	工程	2014.11	教授级	河南省路桥建设集团有限公司
王世秀	工程	2014.11	教授级	商丘电视台
胡序建	工程	2014.11	教授级	商丘市质量技术监督检验测试中心
段敬杰	农业	2014.9	研究员	园艺技术推广柘城县皇集乡农业服务中心
王新华	农业	2014.9	研究员	商丘市园艺工作站
张传忠	农业	2014.09	研究员	商丘市土地肥料管理站
宋彦军	农业	2014.09	研究员	商丘市农业机械化技术推广鉴定站
高宝珠	农业	2014.09	研究员	夏邑县农业技术推广站
王洪州	农业	2014.09	研究员	宁陵县农技推广中心
韩　靖	新闻	2014.12	高级记者	商丘电视台
于红霞	新闻	2014.12	高级编辑	商丘广播电视台
杨　超	农业	2014.09	研究员	商丘市农技推广中心
董国靖	农业	2014.09	研究员	柘城县土壤肥料管理站

政　　党

中国共产党商丘市委员会

陶明伦

【中共商丘市委工作综述】2014年，中共商丘市委深入学习贯彻党的十八大、十八届三中、四中全会和习近平总书记系列重要讲话精神，全面贯彻落实省委、省政府决策部署，以党的群众路线教育实践活动为动力，以建设承接产业转移示范市为统揽，深化改革，扩大开放，破解难题，增创优势，经济平稳健康持续发展，社会大局和谐稳定，人民生活持续改善，党的建设进一步加强，各项工作都取得新的进展。商丘市被评为县(市)经济社会发展目标考核评价先进省辖市。

一、深入学习贯彻习近平总书记系列重要讲话精神。市委坚持把学习贯彻习近平总书记系列重要讲话精神作为重大的政治任务，在深学、细照、笃行上下功夫。市委常委带头研读讲话原文，做到先学一步、学深一层，发挥表率作用。创新方式方法，注重学习效果，各级党组织书记、班子成员带头为党员干部讲党课、作辅导。先后举办专题培训班、集中学习班、县处级干部轮训班，对全市(县)处级干部和各级党组织书记分期轮训，推动中国特色社会主义理论和习近平总书记系列重要讲话精神进机关、进基层，做到入脑入心，广大党员干部坚定了中国特色社会主义的道路自信、理论自信、制度自信。大力弘扬马克思主义学风，注重学以致用、学用相长。坚持把学习贯彻习近平总书记系列重要讲话精神与落实《河南省全面建成小康社会加快现代化建设战略纲要》结合起来，与商丘实际结合起来，提出在新的历史起点上，把握商丘发展的历史方位，认清新形势新任务，明确总坐标、路线图和新举措，以承接产业转移示范市建设为统揽，以三区发展促突破，以四项重点带全局，以五大建设作保障，推动商丘跨越发展科学发展，为中原更加出彩贡献力量、增光添彩。

二、扎实开展党的群众路线教育实践活动。按照中央、省委统一部署，从2月开始，组织全市9324个机关和基层党组织22.4万名党员，按照"照镜子、正衣冠、洗洗澡、治治病"的总要求，以"一学双争"(深入学习弘扬焦裕禄精神，争当焦裕禄式的好党员)为主要载体，聚焦"四风"(形式主义、官僚主义、享乐主义、奢靡之风)，突出为民务实清廉主题，深入开展党的群众路线教育实践活动。教育实践活动环环相扣、梯次推进，完成既定任务，达到预期目的，广大党员干部受到一次马克思主义群众观点的深刻教育，经历一次严格的党内生活锻炼，一批涉及人民群众切身利益的突出问题得到解决。商丘市教育实践活动获得省委第七督导组四地综合评价最好成绩。强化学习教育，广泛听取意见。把学习弘扬焦裕禄精神作为一条红线贯穿始终，教育激励广大党员干部深入学习焦裕禄精神，争当焦裕禄式的好党员好干部、争做人民群众贴心人。落实"开门搞活动，让群众参与，让群众评判，受群众监督"的要求，广开渠道征求群众意见，真心实意和人民群众沟通交流，自觉主动接受群众的评判监督。深入查摆问题，认真开展批评和自我批评。结合"三治三提"(治庸、治散、治懒，提质、提速、提效)专项活动，采取群众提、自己找、上级点、互相帮、集体议等方式，深入查找"四风"方面存在的突出问题的具体表现，召开高质量专题民主生活会。市委常委同志全程参与指导联系点的专题民主生活会，各县(区)、市直单位组织党员干部一对一全程指导村级党组织专题组织生活会。聚焦整改落实，建立长效机制。坚持问题导向，集中整治"四风"问题，抓住群众感受最直观、反映最强烈、要求最迫切的问题，集中整治"庸懒散"、文山会海、公车私用、吃空饷等问题，查纠"庸懒散"问题748个，组织处理433人，党政纪处分82人。

三、着力推动商丘又好又快发展。坚持以发展为第一要务，落实持续求进、好中求快的总基调，全市经济保持又好又快发展态势。全年生产总值1697.6亿元，比上年增长9.2%；规模以上工业增加值383.4亿元(不含永城市)，增长11.6%；全社会固定资产投资1552.19亿元，增长19.5%。公共财政预算收入100.7亿元，增长17.4%；城镇居民人均可支配收入增长10.2%，农民人均纯收入增长11.2%。主要经济指标增速均高于全省平均水平。质量效益双提升获得突破，一、二、三产业结构比重优化为22.1∶43.3∶34.6，在稳固农业地位的基础上，加快工业和服务业发展，为历史最优结构。围绕建设承接产业转移示范市，加快推进新型工业化进程。持续加快产业集聚区建设，着力打造产业集群，认真破解企业发展中遇到的突出矛盾和问题，加快构建现代工业产业体系，保持工业经济持续快速健康发展的良好态势，为商丘跨越发展提供了支撑和保障。全年产业集聚区完成固定资产投资1081.2亿元,规模以上工业企业增加值占全市规模以上工业增加值的比重74.8%。重点培育百亿元、千亿元产业集群,产业集群集聚效应逐渐显现。睢县产业集聚区、虞城县产业集聚区获“十快”产业集聚区称号。梁园区、民权县、夏邑县、虞城县、柘城县、睢县产业集聚区被评定为一星级产业集聚区。实施“东张西望”(向东融入长三角经济圈,积极对接长三角和环渤海经济圈,成为承接产业转移的桥头堡,向西眺望郑汴,主动融入中原经济区的核心增长极)行动纲领,进一步扩大招商引资成效,打造内陆开放高地,成功举办2014中国·商丘国际华商节。围绕统筹城乡协调发展,加快新型城镇化建设。出台《科学推进新型城镇化的实施意见》,着力打造豫鲁苏皖四省接合部区域性中心城市,壮大中心城区规模和实力,加快推进商务中心区、中心火车站和商丘古城建设,“金三角”联动互促格局正在形成。持续深化“六城”联创工作,推进以“两建设、三清除、五治理”为主要内容的10个专项行动,城市建设和管理水平进一步提高。围绕构建综合交通枢纽,加快推进郑徐高铁、商登高速、商丘机场、沱浍河航运等重大基础设施项目建设,争取商合杭高铁在商丘设立新区站、建设存车场和动车运用所,建成后商丘将拥有3个火车站,确立高铁新贵地位,商丘综合交通枢纽体系建设获得历史性突破,交通区位优势进一步凸显。围绕夯实农业基础地位,坚持加快新型农业现代化建设。认真落实国家粮食生产核心区规划,以高标准粮田“百千万”工程和农业产业化集群培育工程为抓手,改善农村生产生活条件,发展适度规模经营,建成8个农业产业化集群。加强农业基础设施建设,新建高标准粮田5.39万公顷,粮食总产量535.13万吨(不含永城市),实现“十一”连增,商丘市被评为“全国粮食生产先进市”。围绕培育增长点,加快信息化进程。全市市级以上各类研发中心、高新技术企业、国家级科技企业孵化器快速增加,软件开发、呼叫中心、信息咨询、服务外包等第三方服务企业发展迅速,电子商务、网上购物等新兴业态崛起势头强劲。阿里巴巴·商丘产业带入驻企业617家,运行良好,位居全国产业带前列。围绕提升生态文明建设水平,大力加强环境保护,着力推进可持续发展。实施“蓝天、碧水、乡村清洁”环境工程,加强城区内河水系综合整治,积极推进“美丽商丘·整洁村镇”行动,城乡居民生产生活环境日益改善。强化污染物排放总量预算管理,加强重点领域节能工作,不断加大污染治理力度,全市环境质量总体平稳。牢固树立生态文明理念,加强自然生态环境保护,实施林业生态提升和退耕还林工程,生态自然修复能力不断增强。围绕全面深化改革,增强经济发展动力,增添跨越活力。出台全面深化改革的实施意见、第一批重点改革事项以及责任分工意见,着力推动经济、政治、文化、社会、生态文明和党的建设改革。深化行政审批制度改革,完成第一批市级行政审批项目清理工作,取消、下放、调整市级行政审批项目45项。扎实推进财税改革,完善预算制度,清理规范税收优惠政策,从严控制一般性支出。完成市级政府机构改革。

四、持续加强社会主义民主政治建设。坚持党的领导、人民当家做主、依法治国有机统一,推进社会主义民主政治建设,扩大社会主义协商民主,全面推进依法治市,巩固发展民主团结、生动活泼、安定和谐的政治局面。支持市人大、市政协依法履行职能。市人大常委会尽职尽责,认真开展执法检查,对城区内河水系综合治理、传染病防治等关系人民群众切身利益的工作进行视察调研。市政协围绕粮食生产核心区建设、商丘古城保护利用等重点工作进行专题视察,有效发挥了政治协商、民主监督、参政议政职能作用。巩固和发展最广泛的爱国统一战线。定期就重大决策向各民主党派、工商联和无党派人士通报情况、听取意见。发挥工会、妇联、团委等群团组织桥梁纽带作用。着力推动军民深度融合发展,双拥工作向战斗力聚焦的经验做法被济南军区总结推广。

五、大力弘扬社会主义核心价值观。打响“商丘好人”品牌,深入开展“践行价值观,文明我先行”主题系列活动,出台《培育和践行社会主义核心价值观实施方案》,引导城乡居民坚定富强、民主、文明、和谐的价值目标,倡导自由、平等、公正、法治的价值取向,践行爱国、敬业、诚信、友善的价值准则。“商丘好人”群体规模不断扩大,全年有700余人先进事迹被中央、省级主流媒体深度报道,28人被提名为“中国好人榜”候选人,4人荣登“中国好人榜”。抓好道德建设、法制建设、诚信建设和服务型机关建设,深化拓展群众性精神文明创建活动。坚持团结稳定鼓劲、正面宣传为主,把握正确舆论导向,形成正面宣传声势,树立商丘的良好形象。推动文化体制改革,促进文化事业发展。建立健全现代文化市场体系,构建现代公共文化服务体系,大力实施文化产业“双十”工程,推进重点文化产业园区、重点文化企业发展。大力实施文化惠民工程,加快公共文化服务设施建设,丰富人民群众的精神文化生活。推动文化遗产保护工作,“中国大运河”商丘部分申遗成功。

六、深入推进民生改善维护社会和谐。坚持着力民生,着力民心,提升社会治理体系和社会治理能力现代化水平。集中办好省定“十项重点民生工程”和市定“十件实事”。全市民生支出占公共财政支出80.8%。着力解决上学难、看病贵等关系群众切身利益的突出问题,现行药品和高值耗材在原中标价格的基础上降低10%。加快农村饮水安全工程建设,解决104.44万农村居民和农村学校师生的饮水安全问题。深化平安商丘建设。以维护社会安全有序、保障人民安居乐业为基本目标,以推进法治和德治为基本途径,以基层组织建设、基础制度建设为基本保障,人民生活水平稳步提高,社会大局和谐稳定。出台《关于深化平安商丘建设的实施意见》,开展“基层基础建设提升年”活动,推行“六位一体”平安家园创建新模式。始终保持对刑事犯罪打击的高压态势,严厉打击各类违法犯罪活动,强化维护国家安全和反邪教工作,深入开展平安单位创建活动,商丘被评为“全省平安建设工作先进省辖市”。做好信访稳定工作。深入排查化解矛盾纠纷，扎实开展大接访、大回访、大走访，完善信访、社会稳定风险评估机制，从源头上预防和减少矛盾纠纷。推动涉法涉诉信访改革。深入开展无赴京上访、无赴省上访、无来市上访“三无”乡镇（街道）创建活动，健全县乡村三级矛盾纠纷预防化解网络，建立市县乡村四级矛盾纠纷动态排查化解台账，完善动态排查率、动态化解率和基层信访吸附率等“五率”指标考核体系，使大量矛盾纠纷在基层一线得到解决，努力实现小事不出村、大事不出乡、难事不出县、商丘的事情自己办。商丘被评为“全省信访稳定工作先进省辖市”。

七、加强党的执政能力建设。聚精会神抓党建，为推动商丘又好又快发展提供坚强保障。坚持完善基层四项基础制度。完善基层民主决策机制，大力拓展“四议两公开”工作法，促进基层决策科学化、民主化。完善矛盾纠纷排查调处化解机制，构建有地方说理、有人员评理、有办法处理的工作格局。完善便民服务工作机制，努力做到在基层有力量办事、有章程理事、有人员管事。完善党风政风监督检查机制，规范基层党员干部履职行为，对侵犯老百姓权益的行为有人管、有人纠、有人查，树立党员干部的良好形象。深化“驻村帮扶”活动，4.7万名干部走进基层，结对帮扶为农民群众办好事实事。认真抓好基层党组织建设。以村“两委”换届为契机，选准配齐“一好双强”村党支部书记2954人，占村党支部书记总数的76%，圆满完成村“两委”换届选举工作。选派机关干部任村党支部书记，配齐配强村“两委”班子，全市村级组织班子队伍年龄结构、知识结构不断优化，综合素质进一步提高。扎实开展软弱涣散基层党组织整顿工作，415个软弱涣散基层党组织得到强化。大力推进“街道—社区—小区—楼院”四级组织管理模式，实现城市社区党建工作全覆盖。县级行政服务中心、乡镇综合服务大厅、村级便民服务站三级服务平台建设加快推进，建成规范的便民服务大厅163个、便民服务站2718个。着力加强领导班子建设。以思想政治建设为重点，大力加强理论武装。修订完善市委常委会议事规则，落实民主集中制原则，严肃党内政治生活制度，强化党组织的领导和把关作用。改进干部选拔任用考核办法，干部配备按照“听取意见、确定原则、统筹协调、组织考察、常委决策、履行程序”六个步骤，对重要部门、关键岗位“一把手”，广泛听取多方意见，研究确定人选条件，制定调整配备原则，规范党委和组织部门的用人权力，进一步提高选人用人的科学性和准确性。制定领导班子和领导干部年度综合考核办法及配套文件，增加落实八项规定、纠正“四风”考核内容，着重干部德的考核评价，推动干部年度考核、经济社会发展目标考核、作风建设暨反腐倡廉建设检查考核和政治理论学习考核“四考协同、结果通用”。认真贯彻执行中央八项规定精神。健全贯彻执行省委、省政府若干意见、市委、市政府落实意见联席会议制度，完善督促检查工作机制。紧盯元旦、春节、清明、端午、中秋等重要时间节点，集中开展专项督查活动。全年共查处违反八项规定精神案件106起，党政纪处分148人，其中县处级干部7人。深入开展医药购销领域不正之风和党员干部婚丧喜庆事宜大操大办借机敛财等问题专项治理，坚决整治“舌尖上的浪费”“车轮上的腐败”“会所中的歪风”。出台公务用车、用房和差旅费管理等规章制度，强化制度的约束力和执行力，自觉内化于心、外化于行、固化于制，着力构建正作风、反“四风”的长效机制。高度重视中央和省委巡视整改落实工作。把教育实践活动问题整改、中央巡视组反馈意见整改、省委巡视组巡视问题整改“三个平台”一起抓，凝聚整改合力。针对中央和省委巡视组指出的问题，制定工作方案，细化分解任务，明确具体责任，限时办结完成。市委常委分工负责，加强督促检查，推动整改落实工作见实效，中央和省委巡视组反馈意见整改落实取得阶段性成果，共查处损害群众利益问题504起。持续开展构筑“廉洁商丘”活动。制定《关于落实党风廉政建设党委主体责任和纪委监督责任的意见（试行）》，强化两个责任，对腐败行为零容忍，推动全市党风廉政建设和反腐败斗争向纵深开展。认真开展领导干部亲属违规经商办企业和领导干部收受红包礼金问题专项治理，强化对领导干部行使权力的监督制约。坚持有案必查、有腐必反、有贪必肃，立案1204件，党政纪处分1362人，营造风清气正的政治生态。省纪委、省统计局《2014年河南省党员干部工作作风状况分析报告》显示，18个省辖市党员干部作风公众满意度综合评比中，商丘居前三位。

中共商丘市委领导成员

书　记：陶明伦

副书记：余学友（4月离）
　　李公乐（4月任）
　　周树群

常　委：陶明伦
　　余学友（4月离）
　　李公乐（4月任）
　　周树群
　　王建民（2月离）
　　曾昭宝
　　李德才
　　贾宏伟（3月离）
　　吴孟铎
　　张海云
　　史根治（3月任）
　　贾瑞琴（女，回）
　　李思杰
　　张光明（2月任）
　　吴祖明（3月任）
　　李小平

市委正副秘书长

市委秘书长：贾宏伟（3月离）
　　吴祖明（3月任）

市委常务副秘书长：侯俊榜

市委副秘书长：吴金山（兼市委办公室主任）
　　马基忠
　　黄俊波
　　李　永（10月离）
　　赵少锋

办公室主任：吴金山

纪检组长：沈彦华

【全市党的群众路线教育实践活动部署会议召开】　2月21日，全市党的群众路线教育实践活动部署会议召开。省委第七督导组组长、省政协副主席、党组副书记邓永俭作重要讲话。市委书记陶明伦主持会议并作

吴祖明

侯俊榜

动员讲话,对全市党的群众路线教育实践活动进行部署。省委第七督导组副组长、省政协社会和法制委员会副主任王伟,督导组副组长、省有色金属地质矿产局纪检组组长、党组成员许军出席会议。市委副书记、市长余学友,市委副书记周树群等出席会议。

【周和平莅商调研】 3月10日~11日,省委常委、省军区政委周和平到第二批党的群众路线教育实践活动联系点夏邑县,深入基层武装部,进社区、入企业,倾听基层干部群众对开展好第二批党的群众路线教育实践活动的意见和建议。市委书记陶明伦,省委第七督导组副组长、省有色金属地质矿产局纪检组组长、党组成员许军,市委常委、商丘军分区政委李小平,商丘军分区司令员宋学庆陪同调研。

【"5+2"经济合作(商丘)活动举办】 4月2日~3日,举办"5+2"经济合作(商丘)活动及签约仪式。中央第二巡视组组长、中央马克思主义理论研究和建设工程咨询委员会主任、中共河南省委原书记、河南省豫商联合会名誉会长徐光春,省政协副主席李英杰,省豫商联合会会长、九届省政协副主席陈义初,省委副秘书长、省委办公厅主任白建国,市委书记陶明伦,市长余学友,市政协主席吴宏蔚等出席仪式。全市9个县(区)与9家商会签署战略合作协议,签约项目19个,总投资87亿元,涉及纺织服装、机械加工、食品加工等产业。

【阿里巴巴·商丘产业带正式上线】 4月15日,市委书记陶明伦、市长余学友和河南联通公司党委书记、总经理赵玉军共同启动阿里巴巴·商丘产业带正式上线水晶球,标志着商丘市拉长产业链条、加快电子商务建设、加快工业经济转型升级取得又一重大成果。商丘成为河南省第二家地方政府与阿里巴巴(中国)网络技术有限公司合作伙伴。

【郭庚茂到商丘调研】 4月22日~24日,省委书记、省人大常委会主任郭庚茂到商丘调研部分企业和"三农"工作。在市委书记陶明伦陪同下,郭庚茂一行到睢县、永城市、商丘城乡一体化示范区、商丘市商务中心区,了解企业发展和民生情况。郭庚茂指出,商丘整体上发展态势很好,经济发展、社会稳定、班子团结、干部精神状态饱满,产业集聚区建设、县域经济发展,成效比较突出,为全省创造了有意义的经验。希望商丘再接再厉,抢抓机遇,乘势而上,扩大成效,实现跨越式发展,为中原崛起河南振兴作出更大的贡献。

【省委第二巡视组巡视商丘工作动员会召开】 5月14日,省委第二巡视组巡视商丘市工作动员会召开。省委第二巡视组组长高颖照就即将开展的巡视工作讲话,省委巡视工作领导小组办公室有关负责人就配合做好巡视工作提出要求,市委书记陶明伦作表态讲话,代市长李公乐主持会议。省委第二巡视组副组长杨艳丽及巡视组全体成员,商丘市级领导班子成员和市中级人民法院院长、市人民检察院检察长出席会议。

【市委四届十次全会】 5月23日,中国共产党商丘市第四届委员会第十次全体会议举行。全会深入学习贯彻省委九届七次全会精神,研究部署商丘市全面深化改革工作,审议通过《中共商丘市委关于贯彻党的十八届三中全会和省委九届七次全会精神全面深化改革的实施意见》和《中国共产党商丘市第四届委员会第十次全体会议决议》,讨论《商丘市全面深化改革第一批重点改革事项》和《中共商丘市委办公室、商丘市人民政府办公室关于贯彻落实中央和省委全面深化改革重要举措的责任分工意见》。

【张维宁到商丘调研】 6月12日,副省长张维宁到虞城县、市城乡一体化示范区部分企业,就商丘市工业经济运行情况进行调研。张维宁一行到虞城县步步先车业有限公司,详细了解企业管理、生产经营、技术工艺、环境保护、市场开拓等情况。到汇丰棉业有限公司,详细了解企业生产经营销售情况,询问企业发展中的困难。到市城乡一体化示范区永煤碳纤维有限公司,详细询问企业的产品研发、市场规模和未来发展前景。

【中国大运河申遗成功】 6月22日,经过第三十八届世界遗产大会审议,"中国大运河"跨省系列申遗项目,成功列入世界文化遗产名录。中国大运河申遗项目,涉及河南的部分包括洛阳市回洛仓遗址和含嘉仓遗址、通济渠郑州段、通济渠商丘南关段、通济渠商丘夏邑段、卫河(永济渠)滑县—浚县段、浚县黎阳仓遗址7项遗产。

【纪念建党93周年座谈会召开】 6月30日,商丘市召开纪念建党93周年座谈会。市委书记陶明伦出席座谈会并讲话。陶明伦就深入开展学习弘扬焦裕禄精神、争当焦裕禄式的好党员好干部、争做人民群众贴心人,在全市营造创先争优的良好氛围,对全市各级党组织和广大党员干部提出五点要求:始终有追求真理的底气,坚定走中国特色社会主义道路;始终有一心为民的真气,牢记全心全意为人民服务的宗旨;始终有敢于担当的刚气,推动商丘跨越发展科学发展;始终有攻坚克难的锐气,坚定不移地推进改革、扩大开放;始终有廉洁奉公的正气,保持艰苦奋斗的政治本色。

【张广智莅商调研】 7月2日,副省长张广智到商丘古城、市博物馆、商丘演艺集团等地,调研商丘市文化旅游产业发展情况。到商丘市防汛工程处察看防汛工作。张广智指出,商丘作为传统农区,除了发展农业,工业及产业集聚区发展迅猛,成效令人震撼。张广智要求,要发挥好自身独特优势,保护好、开发好文化旅游资源,积极推进文化旅游产业发展,为建设文化旅游强省多作贡献。汛期即将来临,要严阵以待,做好防大汛、抗大洪、抢大险的准备,采取有力措施,做到有备无患,确保人民群众的生命财产安全。

【卢景波莅商调研】 7月10日,国家粮食局副局长卢景波到商丘调研。市委书记陶明伦代表市委、市政府对国家粮食局长期以来对商丘的关心支持表示感谢,并简要介绍商丘经济社会发展和粮食工作情况。卢景波对商丘市高度重视粮食生产以及为保障国家粮食安全和粮食产品的有效供给作出的贡献,给予充分肯定。11日,卢景波一行先后到商丘国家粮食储备库、中央储备粮宁陵直属库、睢县国家粮食储备库等地,详细了解商丘市夏粮收购、库存等情况。

【刘满仓莅商调研】 8月6日,省委常委、政法委书记刘满仓莅临商丘,就基层平安建设工作进行调研。市领导陶明伦、李公乐、许大同,市中级人民法院院长孙同占陪同调研。刘满仓一行到宁陵县柳河镇派出所,认真听取民警的日常工作汇报,详细询问对于报警求助的处置方式和治安巡逻防范工作。到柘城县法庭立案室,详细了解基层法庭立案、审判情况。到柘城县邵园乡朱学府社区警务室察看基层警务情况。刘满仓对商丘市的社会稳定和平安建设工作给予充分肯定。

【中央第一巡回督导组到商丘调研】 8月13日~14日,党的群众路线教育实践活动中央第一巡回督导组组长周声涛一行就商丘市经济社会发展和教育实践活动开展情况进行调研。市委书记陶明伦陪同调研,省委第七督导组副组长王佳、市委副书记周树群参加汇报会。周声涛一行先后到柘城县公安局、力量新材料公司、惠丰钻石科技公司、厚亘钻石工具公司等地调研,对商丘市经济社会发展和教育实践活动取得的成效给予充分肯定。

【王铁莅商调研】 8月19日,副省长王铁率河南省10个省直管县(市)党政主要负责人组成的观摩团莅临商丘,实地参观考察商丘市的产业集聚区发展和新型城镇化建设情况。王铁一行到民权县产业集聚区,参观考察万宝集团民权电器工业园、澳柯玛电器工业园、香雪海集团家电科技有限公司、阿诗丹顿电气工业园、松川专用汽车有限公司等。王铁指出,近几年商丘的飞速发展给全省带了个好头,尤其是产业集聚区发展创造的经验,值得省直管县(市)乃至全省挖掘、总结、推广。

【彭雪枫殉国70周年公祭仪式】 9月12日,彭雪枫同志殉国70周年公祭仪式在夏邑县彭雪枫将军纪念馆举行。省委副书记邓凯,彭雪枫之子、中国人民解放军第二炮兵部队原政委彭小枫上将,市委书记陶明伦出席并分别讲话。公祭仪式由代市长李公乐主持。河南省委党史研究室主任于吉林和省民政厅有关负责人,商丘市领导周树群、吴宏蔚、贾瑞琴、李思杰、吴祖明,原62师部队代表,红军老战士代表,亳州、永城、泗县、砀山、虞城等地有关领导,夏邑县党员干部群众代表参加公祭活动。仪式结束后,与会领导和嘉宾参观了彭雪枫将军事迹展览室和新四军四师指挥部旧址。

【2014中国·商丘国际华商节开幕式暨商祖故里拜谒活动】 11月1日,2014中国·商丘国际华商节开幕式暨商祖故里拜谒活动举行。河南省政协主席叶冬松,中国侨联副主席李卓彬,中共河南省委常委、统战部部长史济春,河南省人大常委会副主任王保存,河南省人民政府副省长李亚,河南省政协副主席、省工商联主席梁静,中共商丘市委书记陶明伦等出席。陶明伦代表市委、市人大、市政府、市政协和全市人民,向前来参加2014中国·商丘国际华商节的各级领导、各位嘉宾、各界朋友,表示热烈的欢迎和衷心的感谢。李卓彬、史济春分别讲话。梁静宣读拜谒文。叶冬松宣布2014中国·商丘国际华商节开幕。拜谒活动结束后,叶冬松、李卓彬、史济春、王保存、李亚、梁静等与会领导和嘉宾,实地参观了商祖殿、阏伯台等,对商丘悠久历史、灿烂文化、经济发展等给予高度评价。

【卢长健莅商调研】 11月3日~5日,省军区司令员卢长健一行莅临商丘,实地调研商丘市经济社会发展和基层武装工作。卢长健一行到民权县、睢县、柘城县、宁陵县、虞城县、睢阳区、物流集聚区和市人防办,察看商丘市产业集聚区发展、基层武装建设和人防工作,慰问退伍军人和军属。卢长健对商丘市人防工作近年来取得的成绩和商丘市县域经济发展、城市建设、双拥和基层武装等工作取得的成绩给予肯定。

【食品博览会开幕】 11月8日,2014中国·商丘食品博览会在商丘市体育馆开幕。中国食品工业协会会长石秀诗、河南省食品工业协会会长张以祥出席开幕式。本次食博会七大展区分别为特装区、糖酒副食区、休闲食品区、面粉及面制品加工区、速冻食品区、食品配料及调味品区、加工及包装机械区。贵州茅台、泸州老窖、天津顶益(康师傅)、农夫山泉、维维豆奶等600家国内外知名企业应邀参展。本届食博会还在全国率先举办"食品产业云展会",线上线下互动、同台交流、网罗食品行业商机,架起企业产品销售新平台。

【蔡宁莅商调研】 11月26日,省人民检察院党组书记、检察长蔡宁莅临商丘市调研,听汇报、看企业、解难题,并与驻商部分省人大代表、省政协委员座谈,征求对检察院工作的意见和建议。蔡宁一行实地到贵友实业集团有限公司等企业生产车间,详细了解企业经营、销售情况。蔡宁指出,商丘市的外向型经济做得十分出色。商丘市各级党委、政府对检察工作给予高度重视和支持,各基层检察院办公场所面貌崭新,案件查办质量高,各项工作都取得突出成绩。

【中央和济南军区新闻采访组采访商丘市双拥工作】 11月28日,来自新华社军分社军区支社、解放军报社军区分社和济南军区部分新闻单位的中央和济南军区新闻采访组一行8人,就商丘市"双拥工作向战斗力聚焦"的经验进行采访。市委常委、商丘军分区政委李小平,商丘军分区司令员宋学庆分别向采访组成员简要介绍了商丘市情、商丘军分区基本情况和商丘坚持“双拥工作向战斗力聚焦”的做法和经验。

【张立勇莅商调研】 12月16日,省高级人民法院党组书记、院长张立勇和副院长王树茂一行到商丘调研指导工作,并与驻商部分全国、省人大代表和省政协委员座谈,就全面推进依法治国、积极维护司法公正,征求对法院工作的意见和建议。张立勇一行参观了市中级人民法院反腐倡廉教育展厅,对该院近年来注重作风建设、加强自警自省教育取得的良好成效给予充分肯定。

【中共商丘市委重要决定、通知、意见、请示、通报】

1月23日,《中共商丘市委关于成立市委全面深化改革领导小组的通知》。

2月11日,《中共商丘市委关于2013年度市委常委民主生活会召开情况报告》。

2月20日,《中共商丘市委关于成立市委党的群众路线教育实践活动领导小组的通知》。

2月26日,《中共商丘市委关于在全市党员中深入开展党的群众路线教育实践活动的实施意见》。

3月12日,《中共商丘市委关于学习弘扬焦裕禄精神的决定》。

3月26日,《中共商丘市委、商丘市人民政府关于全面深化农村改革加快推进农业现代化的实施意见》。

3月27日,《中共商丘市委关于在党的群众路线教育实践活动中开展“一学双争三促四抓五提升”的决定》。

4月21日,《中共商丘市委、商丘市人民政府关于举办2014中国·商丘国际华商节的请示》。

4月30日,《中共商丘市委、商丘市人民政府关于贯彻落实省委书记郭庚茂莅商调研重要讲话精神的报告》。

6月29日,《中共商丘市委关于表彰“一学双争”先进集体和先进个人的决定》。

6月30日,《中共商丘市委关于贯彻党的十八届三中全会和省委九届七次全会精神全面深化改革的实施意见》。

7月10日,《中共商丘市委关于市委常委班子党的群众路线教育实践活动专题民主生活会召开情况的报告》。

7月29日,《中共商丘市委关于印发〈市委常务委员会议事规则(试行)〉的通知》。

7月31日,《中共商丘市委、商丘市人民政府关于夏邑县举办彭雪枫将军殉国70周年纪念活动的请示》。

同日,《中共商丘市委印发〈关于落实党风廉政建设党委主体责任和纪委监督责任的意见(试行)〉的通知》。

8月20日,《中共商丘市委关于印发〈2013年~2017年全市干部教育培训规划〉的通知》。

9月1日,《中共商丘市委关于省委巡视组整改领导小组在商丘市督导检查巡视整改工作时发现问题整改情况的报告》。

同日,《中共商丘市委关于中央巡视组反馈意见整改落实情况的报告》。

9月24日,《中共商丘市委、商丘市人民政府关于贯彻落实文明河南建设的实施意见》。

9月25日,《中共商丘市委常务委员会关于带头做好巡视整改落实工作的意见》。

同日,《中共商丘市委、商丘市人民政府关于科学推进新型城镇化的意见》。

10月14日,《中共商丘市委关于省委第二巡视组反馈意见整改情况的报告》。

10月24日,《中共商丘市委、商丘市人民政府关于商丘市人民政府职能转变和机构改革方案的请示》。

11月3日,《中共商丘市委关于开展党的群众路线教育实践活动的总结报告》。

11月6日,《中共商丘市委关于认真学习贯彻党的十八届四中全会精神的通知》。

11月10日,《中共商丘市委、商丘市人民政府关于深化平安商丘建设的实施意见》。

11月21日,《中共商丘市委关于印发〈商丘市建立健全惩治和预防腐败体系2013年~2017年实施意见〉的通知》。

12月10日,《中共商丘市委、商丘市人民政府关于县(区)政府职能转变和机构改革的意见》。

12月11日,《中共商丘市委、商丘市人民政府关于党政机关厉行节约反对浪费的实施意见》。

12月17日,《中共商丘市委、商丘市人民政府关于商丘市人民政府职能转变和机构改革的实施意见》。

12月27日,《中共商丘市委、商丘市人民政府关于加快革命老区发展全面建设小康社会的实施意见》。

【中共商丘市委办公室重要决定、通知、意见、请示、通报】

1月24日,《中共商丘市委办公室、商丘市人民政府办公室关于市委经济工作会议确定重点任务立项分解的通知》。

2月10日,《中共商丘市委办公室、商丘市人民政府办公室关于印发〈商丘市县(区)经济工作社会发展目标考核评价试行办法〉等三个考核评价办法的通知》。

3月28日,《中共商丘市委办公室关于印发〈中共商丘市委同民主党派无党派人士2014年政治协商计划〉的通知》。

4月17日,《中共商丘市委办公室关于转发任克礼同志在商调研县域经济发展报告的通知》。

4月25日,《中共商丘市委办公室、商丘市人民政府办公室印发〈关于进一步加强市级领导包案解决信访问题意见〉的通知》。

5月13日,《中共商丘市委办公室、商丘市人民政府办公室关于2014年全市重点项目建设实行市四大家领导同志分组负责制的通知》。

6月4日,《中共商丘市委办公室、商丘市人民政府办公室关于印发〈2014年县(区)招商引资目标管理与奖惩办法〉的通知》。

6月30日,《中共商丘市委办公室、商丘市人民政府办公室关于印发〈商丘市全面深化改革第一批重点事项〉的通知》。

8月1日,《中共商丘市委办公室印发〈关于完善党员干部直接联系群众制度的实施意见〉的通知》。

同日，《中共商丘市委办公室、商丘市人民政府办公室关于开展"文山会海"专项治理活动的通知》。

8月7日，《中共商丘市委办公室关于印发〈商丘市整改落实中央第八巡视组反馈意见的实施方案〉的通知》。

8月22日，《中共商丘市委办公室、商丘市人民政府办公室关于开展"美丽商丘·整洁村镇"活动的意见》。

8月27日，《中共商丘市委办公室关于印发〈省委第二巡视组反馈意见整改落实方案〉的通知》。

9月30日，《中共商丘市委办公室、商丘市人民政府办公室关于印发〈2014中国商丘·国际华商节总体方案〉的通知》。

10月20日，《中共商丘市委办公室、商丘市人民政府办公室关于认真做好全市村级组织换届选举工作的实施意见》。

11月14日，《中共商丘市委办公室、商丘市人民政府办公室关于进一步明确制定群体稳控化解工作牵头责任单位的通知》。

11月21日，《中共商丘市委办公室印发〈商丘市建立健全惩治和预防腐败体系2013年～2017年实施意见〉分工方案的通知》。

11月24日，《中共商丘市委办公室、商丘市人民政府办公室关于印发〈商丘市评比达标表彰活动管理实施意见（试行）〉的通知》。

11月25日，《中共商丘市委办公室关于印发〈党风廉政建设党委主要负责人廉政谈话和约谈制度（试行）〉的通知》。

同日，《中共商丘市委办公室、商丘市人民政府办公室关于印发〈贯彻执行中央八项规定精神和省市相关文件精神督促检查工作六项机制〉的通知》。

（朱贤正）

【组织工作概况】 2014年，全市组织部门认真贯彻落实党的十八大、十八届三中、四中全会精神，深入学习习近平总书记系列重要讲话精神，以巡视反馈意见整改、干部队伍建设、基层组织建设、落实人才规划为重点，坚持围绕中心、服务大局、改革创新、克难攻坚，各项工作取得实效。

张光明

扎实开展教育实践活动，深入开展学习弘扬焦裕禄精神、争当焦裕禄式的好党员好干部、争做人民群众贴心人的"一学双争"活动，对1700余名县处级干部和全市各级党组织书记进行分期轮训；召开征求意见会2263个（次），设立意见箱1556个，发放征求意见表32万余份，征求意见建议18171条；组织全市各级党组织召开专题民主生活会；累计查纠"庸懒散"问题748个，组织处理443人，清理腾退超标准办公用房3.2万平方米，清理辞退"吃空饷"人员71人。全市共查处各类损害群众利益案件504起，中央教育实践活动办公室、《组工通讯》、《人民日报》、《光明日报》、人民网、《河南日报》深度报道商丘市的经验，在全省群众路线教育实践活动站位排名中位居前三。清理多项涉及干部选拔任用"土政策"，进一步完善市管干部退休办理办法、科级干部备案审批办法和干部选拔任用全程纪实办法。加强领导班子和干部队伍建设，围绕"什么是好干部，怎样成为好干部，如何把好干部用起来"，严格按照"听取意见、确定原则、统筹协调、组织考察、常委决策、履行程序"六个步骤配备柘城、宁陵、民权等县县长；制定"坚持标准、组织推荐、人岗相适、优中选用"四项调整原则，调整涉及政府机构改革的六个部门"一把手"；围绕理想信念、执政能力、党风政风等方面内容，采取专多种方式，培训干部4万余人次；建立市直单位和县（区）优秀年轻干部双向挂职制度，选派20名基层优秀年轻干部到市直单位挂职锻炼1年，选派30名市直单位优秀年轻干部到乡镇和产业集聚区挂职锻炼2年；制定县（区）经济社会发展、市直部门和产业集聚区三个目标考核评价办法，推动"四考协同、结果通用"，切实加强对干部的日常分析和研判；完善并落实干部监督"三示"制度，对3名县处级干部书面提示，对5名县处级干部约谈警示。坚持重心下移、力量下沉、资源下倾，以建立健全"4+4"党建制度体系为重点，着力夯实基层基础，制定建立基层党组织党建工作目标责任制意见，对乡镇党委书记抓基层党建述职评议工作全程跟踪指导；深入推进"四议两公开"工作法在农村基层的创新实践，制定《关于完善基层民主科学决策机制的实施意见》，全市有3796个村运用该工作法解决村级重大事务1.4万余项；制定《关于加强基层便民服务体系建设的实施意见》，163个乡镇（街道）组建综合服务大厅，建立村（社区）便民服务站2954个，占村（社区）总数的76%；加强软弱涣散基层党组织整顿，对排查出来的415个软弱涣散基层党组织建立市、县、乡、村四级台账，实现近期治"弱"，中期治"乱"，长期治"穷"；加强基层党员干部队伍建设，着力规范党员发展工作，新发展党员5438名；实施"三步走"工作法，处置不合格党员16名；强化基层基础保障，市财政设立每年不低于200万元的党建基础保障资金，全市累计投入5800余万元，新建村级组织活动场所323个、修缮810个；建立"商丘党员教育基地"，引导广大党员学习商丘党史，接受革命传统教育；高标准推进红色网络家园建设工作，全市共建设红色网络家园32个。实施人才强市战略，推进"人才强市工作试点"，落实人才创业创新"百点示范"计划，引进博士生148名、硕士生1760名，选拔人才首席服务员221名，建立市级人才创业创新示范点30个、县级36个，抓好名师名家和第七批市级拔尖人才评选活动，完善领导联系专家制度，形成了"四个尊重"的良好氛围。做好自身建设，结合群众路线教育实践活动，在全市组织系统开展"忠诚于党的事业、做优秀组工干部"主题实践活动，增强组工干部的大局意识、奉献意识、责任意识、紧迫意识，成为一专多能的复合型人才，抓好轮岗交流激发活力，健全岗位责任制度，不断提升组织工作水平。同时，公务员管理、老干部工作、军转干部安置、组工调研宣传、信息信访等工作均取得良好成效。

中共商丘市委组织部领导成员

部　长:张光明(2 月任)
常务副部长:刘　兵
副 部 长:李军成　侯卫星　姜开杰
纪 检 员:许秀丽(女)

刘　兵

【群众路线教育实践活动】 按照“照镜子、正衣冠、洗洗澡、治治病”的总要求,以“为民务实清廉”为主要内容,以“一学双争”为主要载体,把贯彻落实中央八项规定精神作为切入点,坚决反对形式主义、官僚主义、享乐主义和奢靡之风,进一步突出作风整改,着力解决人民群众反映强烈的突出问题,教育实践活动取得成效。深入开展学习弘扬焦裕禄精神、争当焦裕禄式的好党员好干部、争做人民群众贴心人的“一学双争”活动,邀请焦裕禄同志的女儿焦守云到商为广大党员干部作焦裕禄精神专题报告,组织观看影片《周恩来的四个昼夜》《焦裕禄》《杨善洲》《生死牛玉儒》和歌剧《焦裕禄》,开展“为了谁、依靠谁、我是谁”大讨论,表彰“一学双争”先进党组织和优秀共产党员;举办乡镇(街道)党(工)委书记专题培训班、基层党支部书记集中学习班、县处级干部轮训班,对 1700 余名县处级干部和全市各级党组织书记分期轮训。坚持“广、诚、实、好、快”“五字诀”,群众提、自己找、上级点、互相帮、集体议,从严从实查摆剖析问题,召开征求意见会 2263 个(次),设立意见箱 1556 个,发放征求意见表 32 万余份,征求意见建议 18171 条。按照“三必清”、“四不放过”的要求,对照“三严三实”要求,在全市开展专题民主生活会,市委常委同志全程参与指导联系点的专题民主生活会,各县区、市直单位组织 806 名党员干部一对一全程指导村级党组织专题组织生活会。坚持从小事抓起,从具体事处理起,切实加大日常监督检查和违法违纪案件查处力度,对顶风违纪行为及时通报曝光,让人民群众看到成效、感到变化,始终保持反“四风”的高压态势,坚决查处通报顶风违纪行为,累计查纠“庸懒散”问题 748 个,组织处理 443 人,清理腾退超标准办公用房 3.2 万平方米,清理辞退“吃空饷”人员 71 人。始终聚焦人民关切,开展重点领域不正之风、涉法涉诉问题处理不公等专项治理。全市共查处各类损害群众利益案件 504 起;注重立破并举、建章立制,进一步规范权力运行和行为规范,逐步扎牢制度笼子,增强制度的执行力和约束力。部机关教育实践活动取得实效,围绕“为民、务实、清廉”这个主题,坚持问题导向,把教育实践活动与组织部门建设“阳光之家”、打造“务实组工”主题实践活动相结合,与解决组织部门突出问题、深化党的组织制度改革相结合,与推动组织工作提升、为全市经济社会发展提供坚强组织保证相结合,聚焦“四风”,持续用力,深入查摆,积极整改,取得实效。

【巡视反馈意见整改】 针对中央和省委巡视组反馈的意见,按照市委制定巡视反馈意见整改实施方案,市委组织部牵头承担 10 项整改任务,认真负责、敢抓敢管,取得明显成效。加强职数管理,采取充实基层一批、规范转任一批、自主创业一批、清理消化一批、交流转岗一批等“七个一批”消化措施,消化超职数配备干部 907 人,占超配总数的 56.37%。同时,进一步完善市管干部退休办理办法、科级干部备案审批办法,切实加强干部的职数管理,明确要求该退休的要及时办理退休手续,没有职数的不能新提拔干部。倒查“带病提拔”,对受到撤销党内职务或者行政职务以上处分的 4 名县处级干部和 12 名乡科级干部选用过程倒查,发挥了震慑警示作用。进一步完善和落实干部选拔任用全程纪实办法,把干部的选人用人全过程记录在案,确保出现问题有据可查,责任追究有据可依。清理干部工作“土政策”,及时废止干部任职年龄“一刀切”和《商丘市委关于贯彻落实〈中共河南省委关于进一步加强新时期工会工作的意见〉的意见》《商丘市委、商丘市人民政府关于进一步加强纪检监察机关建设的意见》《中共宁陵县委关于对有关重点工作奖惩的意见(试行)》等文件涉及干部选拔任用的“土政策”,维护干部政策的严肃性。严审干部档案,对 1000 余卷市管干部档案进行审核登记,并实行数字化“双备份”管理,规定干部调整中凡发现档案记载不实或有涂改,一时又无法核清的,一律暂缓提拔使用。同时,深入开展拉票贿选、跑官要官、买官卖官等问题的专项治理,认真做好“裸官”的排查核实等工作。

【领导班子和干部队伍建设】 围绕“什么是好干部,怎样成为好干部,如何把好干部用起来”,紧紧盯住干部“育、选、管”三个关键环节,采取有效措施,领导班子和干部队伍建设取得实效。认真贯彻新修订的《干部任用条例》,进一步规范干部选拔任用工作程序。在柘城、宁陵、民权等县县长配备中,严格按照“听取意见、确定原则、统筹协调、组织考察、常委决策、履行程序”六个步骤进行。在涉及政府机构改革的 6 个部门“一把手”调整等实践中,结合岗位实际,制定“坚持标准、组织推荐、人岗相适、优中选用”四项调整原则,把习近平总书记提出的好干部标准放在首位,由县(区)和市直单位党委(党组)分别推荐符合岗位条件的人选,再由市委从中比选使用,收到较好效果。围绕理想信念、执政能力、党风政风等方面内容,采取专题报告、党校培训、网络培训等方式,培训干部 4 万余人次。市委组织部在市委党校陆续举办县处级干部提高法治思维专题培训班、年轻干部加强理想信念和道德品行专题培训班等 5 个专题班,在郑州大学举办县级干部暨企业领导干部进修班,共培训干部 300 余人次。建立市直单位和县(区)优秀年轻干部双向挂职制度,选派 20 名基层优秀年轻干部到市直单位挂职锻炼 1 年,选派 30 名市直单位优秀年轻干部到乡镇和产业集聚区挂职锻炼 2 年,引导年轻干部在实践中锻炼党性、增长才干。

【干部管理】 制定县(区)经济社会发展、市直部门和产业集聚区三个目标考核评价办法,推动干部年度考核、经济社会发展目标考核、作风建设暨反腐倡廉建设检查考核和政治理论学习考核"四考协同、结果通用",并通过无任用推荐、谈心谈话、调研督查等形式,切实加强对干部的日常分析和研判,全面掌握和了解干部的日常表现情况。从严推进领导干部个人事项报告核查制度,完善并落实干部监督"三示"制度,已对3名县处级干部书面提示,对5名县处级干部约谈警示。依托12380电话、信访、网络、手机短信等渠道,直接受理各类有效举报共7件,部领导转办件2件,均按要求分别进行直接查办、转办或通过其他方式办理;对省委组织部转办的11件要结果举报件,已认真调查处理并上报结果。

【基层组织建设】 坚持重心下移、力量下沉、资源下倾,以建立健全"4+4"党建制度体系为重点,着力夯实基层基础。制定建立基层党组织党建工作目标责任制的意见,明确党建工作的7项责任和4项目标,规范6项考核内容和4步考核程序,并建立个人自评、常委互评、上级点评、书记总评、民意测评的"五评工作法",召开全市县(区)党委书记抓基层党建工作述职评议会议,对乡镇党委书记抓基层党建述职评议工作全程跟踪指导,全市8个县(区)163个乡镇(街道)已全部完成党委书记抓基层党建述职评议工作。深入推进"四议两公开"工作法在农村基层的创新实践,制定《关于完善基层民主科学决策机制的实施意见》,对基层民主决策的范围、程序等内容进行规范,并提出制度保障和推进措施,全市有3796个村运用该工作法解决村级重大事务1.4万余项。加强三级便民服务平台建设,进一步健全便民服务工作制度,制定《关于加强基层便民服务体系建设的实施意见》,切实把基层党组织打造成服务改革、服务发展、服务民生、服务群众、服务党员的坚强堡垒。全市8个县(区)已全部按要求完善行政服务中心,163个乡镇(街道)组建综合服务大厅,建立村(社区)便民服务站2954个,占村(社区)总数的76%。加强软弱涣散基层党组织整顿,对排查出来的415个软弱涣散基层党组织建立市、县、乡、村四级台账,实现近期治"弱",中期治"乱",长期治"穷",共调整村级党组织班子135个,调整充实班子215人(其中调整支部书记95人),培植、发展致富项目112个,已全部完成整顿任务。加强基层党员干部队伍建设,建立健全推优制、预审制、公示制、票决制、责任追究制等一系列制度,着力规范党员发展工作,新发展党员5438名。积极构建流动党员组织网络,建立流动党员管理台账,切实加强流动党员管理。实施"三步走"工作法,处置不合格党员16名。在全市开展基层党组织书记素质提升工程,采取市级示范培训、县级普遍培训、其他领域归口培训的方式,对全市基层党组织书记实施集中轮训。强化基层基础保障,市财政设立每年不低于200万元的党建基础保障资金,加大村级组织活动场所建设投入力度,全市累计投入5800余万元,新建村级组织活动场所323个、修缮810个。抓好非公有制企业党建工作,按照"组织围绕产业转、支部围绕项目建"的总要求,积极探索运用"五四"工作法,在全市2464家非公企业建立党组织936个,县级以上党员领导干部建立462个党建工作联系点,选派党建工作指导员1635人,实现党组织和党的工作"双覆盖",促进企业发展与党建工作的良性互动。贯彻落实全国大学生村官工作座谈会精神,进一步加强大学生村干部的日常管理,教育培养,创业服务,待遇保障,典型宣传等工作,拓宽大学生村干部出路,帮助他们成长成才,全市在岗的2274名大学生村干部勤奋敬业,在服务农民、发展农业、建设新农村中作出积极贡献。积极开展"深入开展党的群众路线教育实践活动""学习焦裕禄精神、做为民务实清廉表率""一把手访谈""党委(组)书记论坛"等访谈活动,共制作访谈节目46期,先进典型事迹专题片24部。建立网上"商丘党员教育基地",引导广大党员学习商丘党史,接受革命传统教育。协调市移动公司开设"商丘市党的群众路线教育实践活动手机报",组织全市党的群众路线教育实践活动图片展。创新党员教育模式,积极做好"商丘党员教育基地"的筹建工作。按照全省统一部署,高标准推进红色网络家园建设工作,全市共建设红色网络家园32个。创新直播课堂学用模式,与商丘电视台联合设立商丘党教频道。

【人才工作】 大力实施人才强市战略,进一步提升人才使用效能。坚持引才与引智相结合,组织引导有关事业单位和各县(区)制定人才引进的优惠政策,大力引进各类高层次人才,引进博士生148名,硕士生1760名。大力推进"人才强市工作试点",持续推进"一区一员一示范"活动,扎实开展"千名人才进园区"活动,加大人才首席服务员选拔力度,实施人才创业创新"百点示范"计划,人才使用效能不断提高。已选拔人才首席服务员221名,建立市级人才创业创新示范点30个、县级36个。开展名师名家和第七批市级拔尖人才评选活动,搞好专家保健服务,完善领导联系专家制度,建立专家人才联谊会,形成"四个尊重"的良好氛围。坚持党政人才、高技能人才、企业经营管理人才、专业技术人才、农村实用人才"五支队伍"一起抓,通过集中培训、外出学习考察、加强实践锻炼等多种形式,不断提高人才队伍素质。

【大组工网建设】 按照省委组织部《河南大组工网分级保护建设工作技术方案》要求,制定工作方案,积极做好大组工网网络升级改造,部机房增加市级防火墙和防病毒系统三级分中心服务器,安装支持802.1X功能(访问控制和认证)的桌面交换机,对所使用的计算机系统升级,增加江民杀毒软件,达到省委组织部的基本要求,有效地确保网络互联互通,信息安全保密。收集整理审核市管干部的动态信息(家庭情况、通联方式、新取得的学历学位等),不断对系统内信息进行修订和完善。对数字化档案库进行备份封存,形成档案纸质库、数字应用库、数字备份库的并存监督机制,有效防止档案的篡改,规范了档案管理应用。

中共商丘市委组织部荣获奖项

先进单位

河南省"文明河南做表率"知识竞赛活动先进单位

河南省党员干部现代远程教育工作先进单位

河南省党内统计全优报表

(张振凤)

贾瑞琴

【宣传工作概况】 2014年,全市宣传思想文化工作按照"高举旗帜、围绕大局、服务人民、改革创新"的总要求,深化务实宣传工作理念,围绕建设文明河南、提升商丘形象工作目标,着力加强思想理论建设,着力提高舆论引导能力和水平,着力培育和践行社会主义核心价值观,着力推动文化体制改革和文化发展,重点工作出新出彩,常规工作扎实推进,先后被中宣部评为《党建》宣传工作先进集体、全省党的十八届三中全会精神集中宣讲活动先进集体、全省第十届精神文明建设"五个一工程"组织工作先进单位等28项省级及以上表彰,为全市经济社会又好又快发展提供了有力的思想保证、精神动力、舆论支持和文化条件。

中共商丘市委宣传部领导成员

部　　长:贾瑞琴(女)

常务副部长:刘玉杰

副 部 长:贾忠顺　高　斌

纪 检 员:田中会

刘玉杰

【宣传理论工作】 把学习习近平总书记系列重要讲话精神作为重大政治任务,以抓好党委(党组)中心组学习为重点,依托集中宣讲、科学理论进基层、优秀党课比赛等丰富多样的形式,在全市干部群众中掀起学习贯彻习近平总书记系列重要讲话精神的热潮,马克思主义在意识形态领域的指导地位和全市干部群众团结奋斗的共同思想基础不断巩固。一是理论学习主题突出,安排到位。制定《县处级单位党委(党组)中心组分专题集体学习的安排意见》和《关于认真学习贯彻党的十八届四中全会精神的通知》,把认真学习贯彻党的十八大,十八届三中、四中全会和习近平总书记系列重要讲话精神作为党委(党组)中心组学习的重要内容,通过专题报告、理论辅导、集体讨论等多种形式使广大党员干部提升学习效果,领会精神实质。制定《关于对全市各县(区)和市直单位领导班子、领导干部述学测评的通知》《关于加强党委(党组)中心组学习情况的通报工作的通知》,有力地促进全市各级党委(党组)中心组学习的经常化、制度化、规范化。充分发挥市委中心组学习的示范带动作用,服务市委中心组围绕群众路线、法治建设、廉政建设等不同专题进行集中学习12次。二是理论宣讲导向正确,形式多样。注重常规宣传与创新宣传相结合,运用集中宣传、网络新媒体宣传、文艺宣传、社会宣传等多种方式加强宣讲效果。围绕党的十八届三中、四中全会精神的宣讲,组建市、县两级宣讲团,开展"科学理论进基层"集中宣讲活动1000余场次,直接受众28万人次。将宣讲内容通过手机客户端、文艺表演、社区公益广告等形式广泛宣传,有效提高理论宣传的覆盖面和实效性。注重组织干部群众进行理论互动,开展全市党的群众路线教育实践活动理论征文活动、"中原大讲堂·商丘讲堂"和"商丘市社科知识大篷车进基层"活动,汇编《全市党的群众路线教育实践活动理论调研集》。三是理论研究联系实际,成效明显。积极引导全市理论研究立足商丘,服务大局,指导市社科联采取招标立项的形式,对事关全市改革和经济社会发展的重大课题进行集中攻关,全年立项课题205项,获省社科联立项12项,6篇作品被评为省优秀社科普及作品,为市委、市政府决策提供强有力的理论支持。四是基层党教工作真抓实干,效果突出。大力加强基层党校建设,主动设计党课交流评比活动,有力提升基层党员的理论素质。在全省基层党校检查评比中,有16所基层党校受到省委宣传部表彰,1所基层党校被评为"全省示范基层党校"。积极组织开展"文明河南做表率"基层党员教育系列活动,上报的4篇党课教案全部获奖。围绕庆祝建党93周年,组织开展"学习弘扬焦裕禄精神,争做人民群众贴心人"大学生村官讲党课比赛活动,利用"商丘微党课"等新媒体平台刊发党的路线方针政策专题60余期,通过微党课这种"短、平、快"形式的宣讲,进一步增强基层广大党员干部群众的道路自信、理论自信、制度自信。

【新闻宣传工作】 坚持团结稳定鼓劲、正面宣传为主,牢牢把握正确舆论导向,围绕市委、市政府中心工作,持续发起新闻宣传战役和专项治理活动,一是服务中心成绩显著。围绕宣传贯彻党的十八大,十八届三中、四中全会精神和习近平总书记系列重要讲话精神,深入解读市委、市政府重大战略思想和重要决策部署,开展系列重大主题宣传报道活动,先后策划"党的群众路线教育实践活动"、"六城"联创、"商丘好人"、"2014中国·商丘国际华商节"等大型系列报道。集中媒体资源,着力宣传"四项重点工作"、"四区"建设、产业集群发展、文明河南建设等重点工作取得的成效,将全市干部群众的思想和行动统一到落实中央精神和市委、市政府部署上来。组织开展"感动商丘十大新闻人物""十大三农新闻人物"评选活动和"寻找最美身边人"系列活动,通过榜样的力量传播正能量。二是对上发稿再创新高。建立新闻协调会制度、选题策划机制,围绕中央、省主要媒体的新闻报道关注点,围绕全市经济社会发展的闪光点,策划发表一大批重量级报道。先后邀请新华社、《人民日报》、中央电视台、《河南日报》等主要媒体记者60余人到商采访。所邀媒体在一版、重要栏目、黄金时段不断推出关于商丘市核心价值观建设、推进文明河南建设、群众路线教育实践活动、产业集聚区建设等重大报道,为商丘市社会经济发展营造良好的舆论氛围与外部环境。特别是一年内《人民日报》《经济日报》《光明日报》3家中央主要媒体在一版头题或重要位置刊发商丘报道。全年共在中央、省主流媒体发表头题(条)稿件52篇,刊(播)稿件198篇。三是阵地管理不断加强。进一步加强对新闻媒体、社科研究机构、各种学会协会、高校课堂、报告会、研讨会、讲座、论坛、出版物管理,确保意识形态阵地可管可控。加强对民办社科研究机构、培训机构等的管理,严格资格审查和登记审批制度,从源头上查漏补缺。深入开展打击假媒体、假媒体机构、假记者行动和扫黄打非"秋风行动"4个专项治理行动,严肃处理虚假失实报道,严密封堵和查缴政治性非法出版物和有害信息,进一步规范新闻传播秩序和文化市场环境。

【社会宣传工作】 深入开展社会主义核心价值体系内涵的宣传阐释,着力加强思想道德建设,持续打造"商丘好人"品牌,文明河南建设工作有特色、有亮点、有突破。一是注重加强顶层设计。制定《商丘市培育和践行社会主义核心价值观实施方案》《关于开展"践行价值观、文明我先行"主题系列活动的实施方案》《关于广泛开展"星级文明户"创评活动的实施方案》《关于进一步加强农村精神文明建设工作的实施方案》《中共商丘市委、商丘市人民政府关于贯彻落实文明河南建设的实施意见》等文件,对各项工作任务进行量化、细化,确保责任到人,按时推进。建立"六文明"主题活动联席会议制度、信息上报制度,打造"六文明"主题活动示范点。二是着力突出教育引领。充分运用多种宣传手段,对社会主义核心价值观进行深入持久宣传解读。加大公益广告宣传力度,利用新闻媒体、城市广场、户外屏幕、公交车体等宣传载体发布文明河南、"讲文明树新风"等公益广告,在全市主要报刊刊载公益广告100余个整版,音视频资料8000余分钟,户外公益广告5万平方米。编辑"文明河南建设"系列丛书,制作文明河南建设宣传片、文艺会演片,打造文明河南宣传一条街,为文明河南建设营造良好的社会氛围。全面推进"道德讲堂"建设,实现基层乡(镇)、单位"道德讲堂"建设全覆盖。组织道德模范基层巡讲和道德模范故事汇基层巡演活动,深入社区、村镇、企业、学校等基层单位举行巡讲活动近40场,引导干部群众见贤思齐,争当模范。三是大力强化道德实践。深入开展"践行价值观、文明我先行"主题系列活动,倡导文明服务、文明执法、文明经营、文明交通、文明旅游、文明餐桌,以活动为载体推动社会主义核心价值观落细落小落实。积极组织参与全省文明河南做表率系列活动,商丘市综合排名第一,荣获组织工作奖。柘城县政协合唱团代表商丘市参加全省"践行价值观、唱响文明河南"群众歌咏活动,荣获最高奖"优胜奖"。开展车窗抛物等不文明交通行为集中治理活动,在全省"文明交通"综合评比中名列第一。市工商局在全市开展的"文明经营"活动,得到省工商局充分肯定,并在商丘召开全省"文明经营"活动现场会。市委市直工委在市直单位中组织"践行价值观、文明我先行"电视知识竞赛,市文联组织"学习焦裕禄精神,争做为民务实清廉好干部"书法展,有力推动工作深入开展。注重典型宣传,充分发挥身边人、身边事的示范带动作用。广泛开展文明市民、"星级文明户"系列评选活动,开展"寻找最美身边人""学雷锋见行动""最美孝心子女"和"文明医生""文明警察"等各行业优秀代表评选活动。注重做好未成年人思想道德建设工作,开展认星争优、做文明小使者等道德实践活动,商丘市3名少年入选河南美德少年。扎实推进志愿者服务活动,召开全市志愿服务站建设现场推进会和志愿服务制度化工作视讯会议,在全省率先制定《商丘市文明使者志愿服务站管理办法》,建设标准化"文明使者志愿服务站"127个。开展"关爱农民工、温暖回家路""学习雷锋精神、建设文明商丘"等志愿服务活动,营造"我为人人、人人为我"的社会氛围。四是扎实推进文明创建工作。持续深化拓展群众性精神文明创建活动,着重抓好文明城市创建和美丽乡村建设两项重点。确定以文明城市创建为统领的"六城"联创工作目标,组织各责任单位签订市"六城"联创目标任务责任书,落实目标管理责任制。扎实开展文明单位、文明村镇、文明社区、文明示范窗口等系列创建活动,做好全国、省级文明单位推荐工作,评选表彰一批市级文明单位。修订发布《商丘市民文明公约》,组织机关、学校、企事业单位广泛开展学习践行活动,不断提升城市文明程度。出台《关于进一步加强农村精神文明建设工作的实施方案》,以"六进"农村为工作重点,以"星级文明户"创评工作为载体,促进农村精神文明建设,打造美丽乡村。五是持续打造"商丘好人"品牌。建立完善"商丘好人"导向机制、选树机制、宣传机制、帮扶机制和回访机制,注重做好生活困难好人的帮扶救助工作,帮扶56名生活困难好人200余万元。良好的机制使"商丘好人"不断涌现,形成群体现象,商丘好人品牌越叫越响。《人民日报》头版刊发《政府建机制扶持企业出资金赞助——商丘好人不吃亏》。《河南日报》整版刊发《好人文化结硕果满城遍开文明花——关于"商丘好人"现象的调查与思考》。中宣部副部长王世明,省委常委、宣传部长赵素萍,市委书记陶明伦,市长李公乐对"商丘好人"现象作出批示肯定,赵素萍在全省宣传部长会议上指出"商丘好人"现象形成了全国影响。至年底,商丘各行业涌现出典型性、代表性"商丘好人"近万名,800余名好人事迹被中央、省级媒体深度报道,76人入选"中国好人榜"候选人,17人荣登"中国好人榜",5人分别被评为全国、全省道德模范或道德模范提名奖,5人荣登"河南好人榜"。年内28人入选"中国好人榜"候选人,4人荣登"中国好人榜"。

【网络宣传】 坚持把网上舆论引导作为宣传工作的重中之重,坚持正能量是总要求,管得住是硬道理,完善管理体制,着力加强正面引导,强化专项行动,使网络空间晴朗起来。一是完善管理体制机制。成立市互联网信息办公室,建立健全网站备案管理机制、网站总编辑制度,网站内容监管制度。认真贯彻落实中央、省有关文件精神,切实加强对属地网站、论坛等互动栏目的日常监管,及时发现和删除政治类有害信息400余条,确保属地内网站"零传播"。清理网上淫秽色情及低俗信息,积极营造文明办网、文明上网的良好社会氛围。二是加强网上正面宣传。围绕党委、政府中心工作,加强网上正面宣传组织,突出宣传主题,丰富报道形式,发挥网络互动优势,网上正面宣传形成声势。认真组织开展学习贯彻党的十八届三中、四中全会精神、党的群众路线教育实践活动、商丘"两会"、2014中国·商丘国际华商节、商丘好人等系列重大主题宣传,形成网上正面舆论强势。在庆祝新中国成立65周年"搜索红色记忆"网络主题宣传活动中荣获全省组织工作奖。三是积极引导网上舆论。健全完善网上舆论引导工作机制,认真组织网上舆情分析研判,加强和改进热点敏感问题网上舆论引导,主动回应关切、增进社会共识。注重做好突发事件和群体性事件的引导和应对,编发《今日网上舆情》60期,向各县(区)、市直有关部门通报网上预警舆情260余条,及时回应发声,有效应对处置,避免事件的发酵升级形成网上舆论炒作。快速妥善处置《河南夏邑新农村建设乱象重重规划局称查不过来》《河南虞城工业园污水直排绵延数十里无人问津》《河南超限站服毒自杀货车司机家属:调查无结果》等多起突发、热点舆情事件。四是积极运用微博、微信新媒体服务社会。充分发挥新媒体作用,通过政务微博积极服务社会,回应网友关切,开展正面宣传,传递商丘正能量。市委宣传部官方微博"微博商丘"粉丝量达120余万人,影响力日益壮大。精彩商丘政务微信被评为2014腾讯河南政务微信"最具亲民风范奖"。"微博商丘"共发布涉及商丘经济社会发展及便民惠民信息4000余条,解答网友问询1500余条。《人民日报》发表题为《35万公斤滞销南瓜引发的爱心接力》的新闻,对商丘市政务微博平台破解信息不对称难题、帮助农民排忧解难专题报道。组织各县(区)委宣传部、市属新闻媒体、部分政府职能部门开通官方微博和官方微信,主动占领新媒体舆论主阵地,积极主动引导网上舆论。

【文化建设】 认真学习贯彻习近平总书记在文艺工作座谈会上的重要讲话精神,坚持以人民为中心的工作导向,大力推动文化改革发展,不断增强商丘文化的整体实力和竞争力。一是加强文艺精品创作。召开全市文艺工作座谈会,学习传达习近平总书记、省委书记郭庚茂对文艺工作的指示精神,引领全市文艺工作者树立以人民为中心的创作导向,创作人民喜爱的文艺精品。在全省第十届精神文明建设"五个一"工程奖评比中,商丘市报送的电影《我不是王毛》等3部优秀作品入选,入选数量居全省地市第二位。精心组织全市第五届精神文明建设"五个一"工程评奖活动,电影《豫东汉子》等28件优秀作品受表彰。新编历史剧《王昭君》荣获河南省戏剧大赛文华大奖,实现商丘市文华大奖四连冠。《商丘好人》系列微电影被列入"中原人文精神精品工程"2014年重点项目,实现商丘市重点文艺创作项目的新突破。曲艺《文明礼仪伴我行》获河南省第七届曲艺大赛金奖。二是扎实推进文化惠民。加强公共文化服务体系建设,组织丰富多彩的群众文化活动,积极推进基本公共文化服务标准化,满足基层群众的精神文化生活。商丘博物馆新馆建设主体工程已全部完工,市群艺馆、大剧院的立项、选址工作已完成,先后投入文化专项资金4800余万元用于加快农村书屋等公共文化服务设施建设。精心组织2014中国·商丘国际华商节文化月系列活动,首届河南坠子传承与发展研讨会暨坠子艺术流派演唱会、中国曲协"送欢乐、到基层"文艺演出、商丘汉画像石艺术展、大型新编历史剧《王昭君》展演等众多精彩活动,为参会嘉宾和广大市民奉上文化盛宴。认真组织"文明河南·欢乐中原"夏季广场文化演出、"教你一招"等群众性文化活动近600场,参与群众300万余人次,形成"情韵商都""唱响水城""醉美宁陵"等一批深受群众喜爱的活动品牌。三是深化文化体制改革。坚持把社会效益放在首位、社会效益和经济效益相统一的改革方向,加强顶层设计,细化改革方案,推动改革稳步深入进行。成立市委文化体制改革专项小组及专题小组,理顺工作机制,为全面深化改革提供组织保障。制定《全市深化文化体制改革实施方案》并由省委文化体制改革专项小组正式批复,详细安排改革路线图、时间表、计划书。巩固国有文艺院团改革成果、推动公益性文化事业单位组建理事会等第一批重点改革事项已完成。四是加快文化产业发展。深入推进文化产业"双十"工程,加大引导和扶持的力度,打造一批重点文化产业园区和重点文化企业。建成省级文化产业基地3家,省级文化产业出口示范基地1家,省级文化产业特色乡村4个,公布5批市级文化产业基地。加强对民权王公庄绘画文化产业园区、商丘古城文化旅游园区等重点文化产业园区建设的督导工作,建立台账、督促建设。组织省文化产业专项资金申报和市文化产业专项资金评审工作,商丘演艺集团等2个项目获省资金支持,17个重点项目获市资金支持。精心组织参加第十届中国(深圳)文博会、省文化产业专题招商洽谈会和首届中原(鹤壁)文化产业博览会的参展招商工作。在首届中原(鹤壁)文化产业博览会上,商丘市成功签约招商项目8个,4件文化产品获金奖,荣获组织工作奖。组织"2013商丘十件文化大事"评选活动,为全市文化建设营造了良好舆论氛围。五是大力推进文化遗产保护传承工作。坚持"保护为主、抢救第一、合理利用、传承发展"的原则,扎实做好文化资源普查和非物质文化遗产申报备案工作。精心组织世界文化遗产申报,商丘市通济渠商丘古城南关段、通济渠商丘夏邑段作为"中国大运河"部分申请世界文化遗产成功,实现申遗零突破。组织豫剧豫东调研讨会和市豫剧院建院65周年成果展,筹备成立豫东调保护研究机构。积极搜集整理抢救稀有剧种资源,完成商丘目连戏《目连救母》等16部传统剧目的复排抢救工作。组织"木兰传说"等2个国家级非物质文化遗产项目和"花鼓戏"等5个省级非物质文化遗产项目的专项资金申报工作。

【节会宣传工作】 2014中国·商丘国际华商节是经中央批准保留的河南省六大节会之一,是"全球最具影响力的十大根亲文化盛事"之一。在市委、市政府的正确领导和华商节组委会的精心组织下,经过全市上下的共同努力,2014中国·商丘国际华商节于11月1日(农历闰九月初九)在商丘举行。本届华商节由政协河南省委员会主办,中华归国华侨联合会协办,商丘市人民政府、河南省工商业联合会、河南省归国华侨联合会承办,市委宣传部牵头筹办。中国侨联副主席李卓彬,省领导叶冬松、史济春、王保存、李亚、梁静等莅临节会。本届华商节是历届华商节中筹备时间最短、邀请客商最多、签约资金额度最大、参加省级领导最多、花费资金最少的一次盛会,受到与会领导和参会嘉宾的充分肯定和高度赞扬。一是在策划创意上注入新元素。拜谒大典庄严隆重,商丘市情说明会暨项目签约仪式,商丘承接产业转移成果展、商丘汉画像石艺术展及咏商艺术作品展,中国·商丘高铁经济与现代物流产业发展论坛等各项活动紧密有序,精彩呈现。二是在对外宣传上展现新亮点。借助节会平台,通过市情说明会、主题论坛、发展成果展、艺术作品展、形象宣传展等多种形式全方位展示商丘市近几年大力实施开放带动战略,抢抓产业转移机遇,加强产业集聚区建设,打造承接产业转移示范市取得的最新发展成就。节会期间,《人民日报》、新华社、中新社、《河南日报》、河南电视台等30余家媒体聚焦商丘,多角度、多层次向外界发布华商节盛况,2014华商节官方网站直接发布有关新闻信息200余条,图片近50幅。通过立体宣传对外全面展示商丘的良好形象和发展潜力。三是在招商引资上取得新成效。本届华商节共吸引世界500强企业3家,国内500强企业6家,世界华商500强1家,上市公司12家,行业50强企业32家。承接产业转移项目100个,投资406亿元。四是在组织上融入新特点。充分融合商文化元素,突出商丘特点,融入"商之源"的民风、民俗、民情,向参会来宾展示商丘的厚重历史文化。本届节会的圆满举办,进一步提升2014中国·商丘国际华商节的文化层次和品牌影响力。

(孙 博)

【统战工作概况】 2014年,全市统一战线围绕中心,服务大局,集中全力推进工作重点,务实创新提升工作层次,各领域工作取得新进展。坚持"同心"引领,思想政治基础更加巩固。把"同心"思想贯穿于统战工作各领域、各方面,提高统一战线成员的政治把握能力和协作共事能力。持续深化非公有制经济人士理想信念教育实践活动,举办系列讲座、政企对话和全市非公经济人士学习贯彻十八届四中全会精神培训班。持续加强多党合作制度化建设,进一步完善市委常委与党外代表人士联系交友制度,协助市委、市政府召开2次高规格的情况通报会。坚持锁定中心,服务承接产业转移更加有力。围绕建设承接产业转移示范市,凝心聚力促发展。重视发挥工商联主体作用,配合市政府举办首届商丘针织童装产品展销会、第二届商丘电动三轮车新能源汽车及零部件展览会和商丘市首届食品博览会。开展"企业服务年"活动,协调中行、邮政、省发行等多家银行共为76家企业发放贷款2.48亿元,为54家企业担保贷款5.78亿元,有效缓解中小企业融资难题。加强商会组织建设,新成立7家市级行业商会,市级行业商会达34家,异地商会10家。发挥联系广泛优势,配合市委、市政府举办"2014中国·商丘国际华商节",邀请50名重要客商参会。发挥侨台作用,持续做好海外联谊工作。全年新增台资企业3个,实际利用资金7000万美元。坚持服务大局,民族宗教工作更加有效。认真贯彻全国和省、市民族工作会议精神,积极稳妥推进少数民族工作。坚持民族宗教问题月排查制度,及时掌握情况,消除隐患。协助有关部门做好郑徐高铁涉及3个宗教活动场所的拆迁问题;会同民族宗教部门加大"三乱"(基督教乱设私设点、乱建寺庙、乱建露天宗教造像)治理力度,协调落实对民族宗教界代表人士经常性联系制度,进一步增强统战、民宗部门在民族宗教界的凝聚力、影响力。坚持擦亮品牌,"同心"实践行动更加扎实。组织引导各民主党派、工商联、无党派人士联谊会参与"同心"实践行动,全力助推承接产业转移示范市建设。市工商联持续开展"千企帮千村"活动,全市(不含永城市)有290家民营企业对口帮扶380个村,实施帮扶项目697个。民盟商丘市委圆满实施对民权县"白云民盟烛光小学"捐助活动,举行"白云民盟烛光小学"落成典礼暨捐赠公益活动,现场捐赠电脑50台、空调1台、学生服装558套,爱心捐款4.4万元。民建商丘市委联合市慈善总会免费救助18岁以下贫困家庭先天性心脏病儿童。农工党商丘市委举办"希望有爱、爱有希望"为主题的庆"六一"献爱心活动。九三学社商丘市委组织"全城尽飘菜花香——为20万斤花菜找销路"活动,联系20余家爱心企业解决虞城县芒种桥乡20万斤滞销花菜难题。坚持服务民生,帮扶弱势群体更加深入。重视发挥民营企业在推动就业工作中的作用。全年举办人才招聘会8期,为400余家单位招聘人才1500余人。开展"光彩圆梦"活动,截至9月,商丘市非公有制经济人士共捐款185.4万元,帮助856名家境困难大学生圆大学梦。持续深化"情暖夕阳——工商联会员结对帮扶敬老院"活动,2013年已对全市所有注册敬老院实现帮扶全覆盖,并走上常态化,截至9月,参与会员企业694家,帮扶资金821.04万元,帮扶敬老院老人1.82万人。该活动获"2014年度全国工商联工作十大创新"荣誉,是河南省惟一推向全国工商联的地市级工作品牌。依托台联、宋庆龄基金会商丘办事处开展爱心助学活动,救助320名贫困学生,110名留守儿童及52名孤儿,筹资购买11台电脑捐赠给贫困学校;为夏邑县闫集镇小学学生捐赠3.6万元。坚持内外兼修,机关干部作风更加务实。重视加强机关作风建设,以扎实开展党的群众路线教育实践活动为契机,努力营造风清气正、干事求为的工作氛围。组织机关干部认真贯彻落实中央八项规定和市委、市政府20条落实意见,积极参与"三治三提"和做人民群众贴心人活动,开展以"六个一"主要内容的创建"统战工作服务之家”活动,树立统战干部的良好形象。

中共商丘市委统战部领导成员

常务副部长:郭巍杰

副　部　长:白　超　周　鑫

纪　检　员:李海永

郭巍杰

【党外人士座谈会召开】 1月8日,市委召开党外人士座谈会,听取市各民主党派、工商联负责人和无党派代表人士对做好市委、市政府工作的意见建议。市委书记陶明伦主持会议并讲话。市长余学友,市委副书记周树群,市委常委、组织部部长曾昭宝出席座谈会。市各民主党派、工商联、无党派人士联谊会负责人,结合各自实际和实地调研情况,踊跃发言,建言献策。在认真听取发言后,陶明伦对全市各民主党派、工商联和无党派人士为商丘改革发展稳定作出的贡献表示衷心的感谢。他希望各民主党派、工商联和无党派人士联谊会:一要围绕推动商丘科学发展,积极参政议政。二要围绕推动商丘跨越发展,自觉尽心出力。三要围绕推动商丘和谐发展,坚持多办实事。四要围绕推动商丘务实发展,强化民主监督。各民主党派、工商联和无党派人士具有独特优势,完全可以在推动商丘发展中发挥独特作用。市委、市政府将继续为大家履行职能、开展工作创造良好的环境条件,并积极推进民主党派组织建设,努力建设坚强有力、团结合作、素质过硬的领导班子,带出朝气蓬勃、充满活力、大有作为的成员队伍。同时市委、市政府也会主动接受、真诚欢迎党外人士的监督和批评,齐心协力把商丘各项工作做得更好,为构筑中原经济区东部战略支撑、助推中原崛起河南振兴作出积极贡献。市长余学友通报上年全市经济社会发展情况及2014年工作总体安排。

【市直统战系统党的群众路线教育实践活动动员会召开】 3月10日,市直统战系统召开党的群众路线教育实践活动动员会,对开展好此次活动作出全面部署,市委统战部常务副部长、市工商联党组书记郭巍杰要求市直统战系统全体党员干部要按照市委统一部署和统战部的具体安排,在市委督导组的指导下,把此次活动摆上突出位置、列入重要议事日程,加强领导,精心组织,确保教育实践活动落到实处;要认真学习,领会精神实质,不断提高思想认识,切实增强思想自觉和行动自觉;要按照《实施方案》要求,着力抓好学习教育、听取意见,查摆问题、开展批评,整改落实、建章立制等工作,力戒形式主义,做到“不虚”,着力解决实际问题,做到“不空”,围绕为民务实清廉,做到“不偏”;要将开展教育实践活动作为推动工作的重要机遇和强大动力,把开展此项活动与认真做好中心工作、日常工作和本职工作有机结合起来,统筹兼顾,穿插进行,以更高的标准查问题,以更严的要求促整改,以更扎实的作风抓落实,以更大的工作成效检验活动,推动全市统一战线各项事业再上新台阶。市委第十一督导组组长许明春传达市委关于开展党的群众路线教育活动的工作要求,并就开展好此项活动提出具体要求。市委统战部副部长白超主持会议并讲话。市委统战部副部长周鑫宣读《商丘市委统战系统深入开展党的群众路线教育实践活动实施方案》。

【党外人士征求意见建议座谈会召开】 4月1日,市直统战系统征求意见建议座谈会召开。会议传达学习市委书记陶明伦在市委召开的两次党外人士座谈会上的讲话精神,听取市各民主党派、市工商联、市无党派人士联谊会对市直统战系统党的群众路线教育实践活动的意见建议。座谈会上,市委统战部副部长、市侨联党组书记白超首先传达市委书记陶明伦于2月10日就党外人士在座谈会上的意见建议作出“督查室分别到相关部门和政府分管系统,并加强督查,跟踪问效情况专报市委”的批示,并向党外人士介绍了市直统战系统开展党的群众路线教育实践活动情况。各民主党派、工商联、无党派人士对陶明伦的批示反响热烈,一致认为,陶明伦的批示精神,是对他们工作的充分肯定,倍感振奋;市委对他们所提的意见建议进行建档归案的做法,前所未有,很受鼓舞。他们结合各自实际,从不同角度、不同层面对统战系统开展党的群众路线教育实践活动情况进行客观评价,提出真知灼见。在认真听取发言后,市委统战部常务副部长、市工商联党组书记郭巍杰表示,党内开展的群众路线教育实践活动离不开党外人士的帮助和支持,大家所提意见建议有见解、有深度、有价值,对改进工作方式、提高统战服务水平很有帮助。会后将对这些意见建议进行认真梳理,制定相应方案及对策,做到即知即改。希望党外人士充分发挥优势,积极参与到教育实践活动中来,盯住作风建设这个聚焦点,从群众最关心、最迫切的问题入手,提出更多切实可行的意见和建议,推动市直统战系统教育实践活动扎实有效开展。

【全市非公经济人士理想信念教育实践活动座谈会召开】 3月26日,全市非公经济人士理想信念教育实践活动座谈会召开。市委统战部常务副部长、市工商联党组书记郭巍杰出席会议并讲话。他指出,深入开展非公有制经济人士理想信念教育实践活动,是促进非公有制经济健康发展和非公有制经济人士健康成长的重要举措,也是当前和今后一个时期统战工作和工商联工作的重要任务。为进一步深入开展好非公有制经济人士理想信念教育实践活动,要紧密结合第二批党的群众路线教育实践活动,坚持高标准、严要求,确保活动不走过场,落到实处,取得实效;要以“信念、信任、信心、信誉”主要内容,结合各自实际,加强组织领导,制定实施方案,推动活动深入开展;要周密部署,突出研究解决实际问题,使教育寓于实践之中、服务之中,不断增强活动的参与度和认同度;要借助各类媒体,用好工作简报、网站、手机报等信息平台,大力宣传活动情况,不断扩大活动覆盖面,确保活动取得实实在在的效果。

【民族宗教界代表人士座谈会召开】 4月18日，市委统战部召开民族宗教界代表人士座谈会，会议总结了2013年全市民族宗教工作，安排近期重点工作，听取民族宗教界代表人士对市委统战部开展党的群众路线教育实践活动的意见建议。就做好下一步民族宗教工作，要求民族宗教界代表人士要切实负起维护民族团结的政治责任，多做有利于民族团结的工作，争当民族团结进步的楷模，争做民族团结进步的表率，为巩固和发展全市各族人民的团结作出积极贡献；要努力挖掘和弘扬宗教教义、宗教道德、宗教文化中有利于社会进步的内容，引导广大信教群众树立公民意识，把爱国爱教结合起来，更好地为社会发展大局服务；要充分发挥好党和政府的桥梁纽带作用，积极协助党委政府做好民族宗教政策和法律法规的宣传工作，不断增强信教群众的遵纪守法意识，引导广大少数民族群众和信教群众积极投身社会主义经济建设，全力维护社会稳定。民族宗教界代表人士结合当前正在开展的教育实践活动，从不同层面和角度，提出中肯的意见和建议。

【群众评价工作会议召开】 5月28日，市直统战系统党的群众路线教育实践活动第一环节群众评价工作会议召开。市委统战部离退休老干部、各民主党派、工商联、无党派人士、民族宗教界代表人士、侨界代表、台胞台属代表、县(区)统战部长共95人应邀参加会议，对统战系统教育实践活动"学习教育、听取意见"环节活动情况进行评议。市委第十一督导组现场督导群众评价活动。市委统战部常务副部长、市工商联党组书记郭巍杰首先代表市直统战系统党的群众路线教育实践活动领导小组从学习教育、听取意见、"四风"方面存在的主要问题和问题整改落实等四个方面作情况报告。市委第十一督导组组长许明春在讲话中首先对市直统战系统教育实践活动第一环节工作开展情况给予充分肯定，并就开展群众评价工作提出具体要求。

【爱心捐赠】 5月27日，市委统战部、宋庆龄基金会商丘办事处在夏邑县李集镇张老家小学举行爱心捐赠仪式，向该校学生捐赠价值2.6万元的图书、奶粉和书包。市委统战部副部长周鑫代表商丘市委统战部向受捐赠的张老家小学全体师生表示慰问，希望全校学生勤奋学习，用人类创造的全部知识武装自己，成为对祖国、对人民、对社会的有用之才；希望教师们要发挥自己的聪明才智，当好少年儿童健康成长的引路人，为孩子勤奋学习、锤炼品格、快乐生活、健康成长创造条件。

【宗教界人士培训班开班】 6月9日，全市宗教界人士培训班开班仪式在市委党校举行。市委统战部常务副部长、市工商联党组书记、市社会主义学院副院长郭巍杰主持开班仪式。市委统战部副部长周鑫出席仪式并讲话。她希望参加培训的宗教界人士要珍惜学习机会，严格遵守培训纪律，通过认真学习，进一步提高把握大局的能力，更加自觉地在热爱祖国、坚定信仰中修身立本；要大力弘扬爱国爱教、服务社会大局的优良传统，引导带领信教群众更加自觉地担当起理顺情绪、和睦关系、维护稳定的责任，积极参与建设和谐社会，促进社会和谐。各县(区)和市各爱国宗教团体推荐的宗教界人士及市五大爱国宗教团体负责人共41人参加培训。11日，培训班还组织参训人员到梁园区产业集聚区参观学习。

【市领导与穆斯林群众共度开斋节】 7月29日，市领导李公乐、李思杰、孟玮在有关领导陪同下，到梁园区西清真寺，送去节日祝福。李公乐代表市委、市人大、市政府、市政协和全市人民向广大穆斯林群众祝贺节日，对他们长期以来爱国、爱教、爱商丘，为全市改革发展稳定作出的贡献表示感谢。同日，市领导周树群、贾瑞琴、刘连昌在有关领导陪同下，到睢阳区北关清真寺，看望慰问穆斯林群众。周树群代表市委、市人大、市政府、市政协向大家致以节日的祝贺。他说，一直以来，全市广大穆斯林同胞坚持爱国爱教、团结进步、服务社会，顾大局、识大体、讲团结、思发展，为建设承接产业转移示范市、构筑中原经济区东部战略支撑、促进民族经济发展、提高各族人民的生活水平作出重要贡献。座谈时，清真寺阿訇和部分穆斯林代表表示，一定会继续保持当前民族团结的大好局面，为维护社会稳定、加快商丘发展作出积极的贡献。

【"六个一"活动动员会议召开】 8月21日，市委统战部召开会议，部署为期一个半月的走基层、化热点、解难题的"六个一"(建立一个统战工作服务之家、联系一个统战工作代表人士、联系一家非公有制企业、走访一个基层单位、化解统战工作中的一个热点和难点、撰写一篇调研报告)大调研活动，以此作为开展教育实践活动"回头看"的重要载体。就开展好此次活动，市委统战部常务副部长、市工商联党组书记郭巍杰要求全体人员要充分认识开展大调研活动的重大意义，牢固树立"教育实践活动有期限，贯彻群众路线没有休止符，作风建设永远在路上"的理念；要紧密结合工作实际，结合加强服务型党组织建设，深入基层、深入企业、深入一线了解情况，解决难题，努力做好当前的各项工作。会上宣读《市委统战部开展党的群众路线教育实践"六个一"活动实施方案》。

【史济春莅商调研】 10月31日～11月1日，省委常委、统战部部长史济春，省政协副主席、省工商联主席梁静，省委统战部常务副部长孟令峰一行，在市委书记陶明伦陪同下，到夏邑县、梁园区、宁陵县调研产业集聚区建设和统战工作。史济春一行首先到夏邑县产业集聚区的永安纺织、大洋纱线、华鹏纺织、庄妍服饰、中原纺织服装商贸港等企业，详细询问企业规模和生产运行情况，看到集聚区内的纺织服装产业已形成纺纱、织布、印染、服装加工为一体的完整产业链条时，他高兴地说，这就是我们所想看到的产业集群发展情景。在得知华鹏纺织负责人还担任县工商联领导职务时，史济春对县里的做法给予肯定。随后，史济春一行又到梁园区产业集聚区内国药集团国家基本药物生产基地、商丘安踏产业园、舒华体育产业园，以及宁陵县产业集聚区嘉施利宁陵化肥有限公司、宁陵县白蜡杆工艺产业园产品展示中心、宁陵县张弓老酒厂和张弓酒业公司、夏邑县太平镇敬老院和梁园区基督教圣同心堂调研，实地指导“同心”实践行动和基层统战工作。史济春对商丘市经济社会发展和统一战线工作取得的成绩给予充分肯定。他指出，通过调研，感到商丘的发展态势很好，全市上下干事创业氛围很浓，社会大局和谐稳定。尤其是近几年，商丘抢抓产业转移机遇，全市的产业集聚区形成了以制冷、碳纤维、纺织服装、金刚石、生物制药、食品加工为代表的“冷、热、软、硬、苦、甜”等特色主导产业，产业集群发展特别凸显。商丘的发展主要得益于市委、市政府贯彻落实统一战线政策和民族宗教政策，凝聚各方面力量，形成发展合力。我们要深入学习十八届四中全会精神，按照中央和省委的要求，充分发挥统一战线人才荟萃、智力密集的优势，积极打造平台，凝聚各界力量，调动方方面面的积极性，开展招商引资，促进对外开放，为中原更出彩作出新的更大贡献。

【首期商会秘书长培训班开班】 11月4日~8日，第一期商会秘书长培训班开班典礼在市社会主义学院举行。市委统战部常务副部长、市工商联党组书记、市社会主义学院副院长郭巍杰出席开班典礼并讲话。全市50名商会秘书长参加培训。此次培训班由市委统战部、市工商联、市社会主义学院联合举办，旨在引导各商会秘书长认真学习党的十八届四中全会精神，深刻理解和把握全面深化改革、全面推进依法治国的目标和任务，进一步提升各商会秘书长运用法治思维和法治方式解决问题的能力，团结和带领所在商会会员守法经营、依法办事、奋发进取、诚信执业，为全面推进依法治国作出新的更大贡献。

【宣传工作】 切实将统战宣传工作做到“四个纳入”，明确把统一战线理论纳入到各级党委中心组学习计划。主动加强与国家级报刊的联系，宣传稿件先后在国家级报刊上发表。全年共在市级以上新闻媒体发表统战稿件317篇，其中省级以上87篇，市级报刊230篇。在全市开展“同心·话苑”征文活动，共收到稿件84篇。重视加强统战宣传信息员的培训工作，6月初召开全市统战宣传调研信息网站工作座谈会，通过采取以会代训、“下蹲”基层面对面交流等方式，不断提升统战宣传信息员的整体素质。重视抓好调研工作。按照省委统战部要求，上报高质量的调研报告4篇；加大调研工作力度，注重向上级推介我市统战工作新做法和新经验，一批好的工作经验被省以上刊物采用。《人民政协报》采用1篇，《中华工商时报》采用1篇，《中国统一战线》采用2篇，《河南统战工作》采用6篇。抓好信息工作，提升信息质量。及时向省委统战部报送反映基层统一战线新变化、新特点的高质量的信息161条，其中好的信息被《河南统战信息》刊发。全国“两会”召开期间，广泛收集党外人士意见建议15条，及时上报省委统战部。积极做好统战系统党的群众路线教育实践活动信息上报工作，共向市学教办公室上报信息26条，编印《市直统战系统党的群众路线教育实践活动》简报25期。加大“商丘统战网”工作力度，完善“商丘统战网”网络建设，配备管理技术人员，及时更新统战网页，加快传输速度。全年共传输统战工作信息460条，被省委统战部“根在中原”网站采用190条。年初开通《商丘统战信息周报》，已编发42期。

中共商丘市委统战部系统荣获奖项

先进单位

全国统战宣传工作先进单位
　商丘市委统战部
河南省统战重点工作先进单位
　商丘市委统战部
河南省统战宣传工作先进单位三等奖
　商丘市委统战部
河南省统战信息工作先进单位三等奖
　商丘市委统战部
河南省统战网站宣传工作先进单位三等奖
　商丘市委统战部
河南省统战系统先进集体
　商丘市委统战部
河南省统战系统先进集体
　夏邑县委统战部
河南省基层统战工作先进单位
　柘城县委统战部
河南省基层统战宣传工作先进单位
　睢县县委统战部
河南省基层统战信息工作先进单位
　夏邑县委统战部
河南省基层统战网站宣传工作先进单位
　睢阳区委统战部

先进个人

全国统一战线宣传工作标兵
　冉　燃
中国统一战线优秀特约宣传员
　鲁学勇　蒋海凌　孙文涛
　杨　光　张爱军　张　鹏
　王　冰
河南省委统战部、省人力资源和社会保障厅统战系统先进工作者
　朱忠堂　董慕石
　吕景龙　杜家振
河南省统战宣传工作先进个人
　鲁学勇
河南省统战网站宣传工作先进个人
　路　伟

（鲁学勇）

李　永

【政策研究工作概况】 2014年，市委政研室围绕全市发展大局，全面贯彻落实党的十八大、十八届三中四中全会精神，以调查研究为工作重点，以全面深化改革工作为载体，以群众路线教育实践活动为抓手，进一步拓宽思路，创新举措，不断转变作风，求真务实，较好地发挥参谋、智囊和助手作用，服务中心工作能力得到全面提高，政研工作影响力得到较大提升，队伍建设得到较大增强，干事创业的热情得到较大激发。全年，共起草领导讲话、调查研究、理论文章、宣传报道等各类文稿96篇，在省委政研室、改革办刊发信息以及调研文章9篇，完成18个课题调研任务，编辑《决策参考》15期，出版《商丘工作》12期，超额完成目标任务。

中共商丘市委政策研究室领导成员

主　任：李　永

副主任：朱树华　卞晓鹏

　　　　刘　洋（女）

纪检员：李　玲（女）

【**调查研究**】 2014年，把调查研究工作放在更加突出的位置，进一步提高服务决策的能力和水平，力求出思想、出思路、出效率、出精品，更好地发挥"智囊团""参谋部"作用。一是开展前瞻性、政策性调查研究。围绕全市经济社会发展过程中改革走向和探索创新工作开展调研，撰写了《走向市场才能走出困谷——当前全市国有粮食企业存在的问题与对策》等调研报告，探索出既符合国家政策，又适用于全市实际、具有前瞻性、可操作性的意见和建议，其中2篇调研报告被省委政研室采用。二是开展典型性、交流性调查研究。围绕全市经济社会发展中好经验好做法开展交流性调研。撰写《土地集约"集"出一片新天地——关于全市"小块并大块"土地互换流转模式的调查与思考》等调研报告，对全市在改革发展中先进典型和好经验好做法进行调查研究，并通过《决策参考》和《商丘工作》及时编发，与全国100余个地市赠阅交流。三是开展专题性、敏感性问题调查研究。围绕社会热点敏感问题、改革难点问题，筛选18个调研课题，联合市委办公室、市直有关有关单位开展专题调研，历时2个余月，于2015年10月底圆满完成所有调研任务，推动相关问题的解决，引起上级多位领导的关注，其中多篇调查报告被批转到相关单位参阅抓落实。

【**市委改革办工作**】 1月，承担市委全面深化改革办公室工作任务后，为把工作做好、做实，达到提前介入、超前谋划、提高效率的要求，及时召开领导班子会议研究，成立秘书、信息、督导、协调和保障5个小组，并从基层抽调2名大学本科以上、文字功底深厚的同志充实到小组，做到领导机构、人员充实、任务布置、明确责任"四到位"。安排2人收集国家和其他地区有关改革动态，结合商丘实际，搞好前期的调查摸底工作。年内，组织3次市委全面深化改革领导小组会议，起草各类文件10余份，领导讲话6篇，编发信息30余篇（被上级采用8篇），组织各类会议10余场次，制定各类台账50余份，设置电子邮箱，印发电话号码本，做到沟通及时、信息畅通，提高改革办的工作效率。按照改革事项完成时间节点和"一月报进度、季度听汇报、半年一总结"的要求，探索建立督查督导机制，对发现消极改革、敷衍塞责的单位和个人予以通报。同时积极与省委改革办和兄弟地市加强沟通，组成3个调研小组，赴全省18个兄弟地市学习调研，及时掌握他们的改革动态，进一步增强了做好改革办工作的信心和决心。

【**精神文明建设**】 以创建"省级文明单位"工作为平台，狠抓精神文明建设工作不放松，进一步明确任务，落实责任，从制定实施方案到各项活动的开展，做到有计划、有组织、有成效，进一步健全组织、完善制度、分工详细、落实责任，大力开展上级组织和本室组织的各类"争先创优"活动，购置了投影仪、一体机等设备，硬件设施进一步更新，大大提高了精神文明建设的质量，在全室形成崇德向善、见贤思齐、存好心、当好人、做好事、有好报的浓郁氛围，不断挖掘政研工作潜力、丰富文化活动气氛、激发干事创业热情、传递了新时期的正能量，顺利通过省级文明单位复核验收，有7人（次）被评为市先进个人。

【**统筹协调工作**】 一是推动调研成果转化。全年共收集53余篇调研报告，经过筛选、修改，整理出34篇，上报省委政研室参与"贯彻战略纲要 让中原更加出彩"征文活动，进一步推动调研成果的转化。二是全力为老促会做好协调服务工作。共协调财政扶贫资金95万元，为老区申请以工代赈项目5个，资助老区乡镇14名贫困生圆了大学梦。商丘市老区建设促进会被中国老区建设促进会评为"特等奖"。三是认真做好"做人民群众贴心人"驻村工作。帮扶驻村特困户2000元，3000余元的消毒药，资助1名贫困大学生2000元，协调商丘演艺集团到所驻村演出，受到广大群众的高度称赞。四是积极协调招商引资工作。成功引进商丘永恒科技有限公司投资建设锂电池真空烤箱生产项目。该项目投资1000余万元，建设年产值3000余万元的锂电池真空烤箱，该项目选址初步拟定，到位资金已达1000万元，完成招商引资任务。

【**内部刊物出版**】 坚持正确的办刊导向，继续办好《商丘工作》，对《商丘工作》编辑部人员和办公条件进一步优化，办刊质量得到进一步提升，加强对省内外交流。高质量地撰写编辑15期《决策参考》（其中有8期得到市领导的签批），以短平快方式，为领导决策建言献策，进一步增强以文辅政、指导服务作用。

中共商丘市委政策研究室荣获奖项

先进单位

河南省政研工作先进单位

商丘市"五好五强"基层党组织

商丘市机关党建研究先进单位

先进个人

河南省调查研究先进个人

李文光　王爱健　张卫锋

（王爱健）

陈苏河

【**市直机关工委工作概况**】 2014年，市委市直工委深入学习贯彻党的十八大、十八届三中、四中全会精神，围绕服务中心、建设队伍两大任务，以党的群众路线教育实践活动为抓手，创新思路，突出重点，狠抓落实，着力强化服务型党组织建设，以作风建设新成效推动机关党建工作上台阶，为商丘经济社会又好又快发展提供坚强保证。全年共发展新党员394人，预审发展对象416人，审批转正党员567人。筹措扶助困难党员资金18万元，市直单位共筹措配套资金32万余元，对市直老党员和困难党员进行走访慰问，使1200余名老党员和困难党员，过上一个幸福的春节。开展双节帮扶“送温暖”和“金秋助学”活动，共发放救助资金31.5万元，慰问救助22个单位87名困难职工和5名省、市级劳模，资助困难学生115人。加强工会组织建设，共换届基层工会2个，新建基层工会1个。

中共商丘市委市直机关工作委员会领导成员

书　　记：陈苏河(女)
副 书 记：李安利
　　　　　　李家林
纪工委书记：王　东

【党的群众路线教育实践活动】 在党的群众路线教育实践活动中，按照市委的统一部署，坚持“走在前、作表率”，在“深、准、先、实”上下功夫，聚焦“四风”(形式主义、官僚主义、享乐主义、奢靡主义)问题，狠抓整改落实，取得显著成效。一是学习教育求“深”。3月7日，组织全体党员干部召开党的群众路线教育实践活动动员会，市委第十三督导组全体成员出席动员会。坚持以中心组学习为龙头、党支部学习为重点、党员自学为基础，先后集中学习26次，开展专题心得交流3次；在大别山干部学院进行为期4天党性教育专题培训；邀请中央党校陈述教授举办450人参加的专题辅导报告会；与市活动办、国家安全局联合举办3000余名党员干部参观的隐蔽战线斗争成果展。组织参观焦裕禄纪念馆、签字承诺、观看影视片等学习弘扬焦裕禄精神系列活动。二是聚焦四风求“准”。始终聚焦“四风”，不跑偏、不散光，积极查找解决突出问题。活动中，共征集意见建议4类138条，开展各层次谈心谈话300余人次，召开专题部署会议5次，查摆班子“四风”问题30余条，针对存在问题，制定整改措施20项。三是示范引领求“先”。按照习近平总书记“走在前、作表率”的要求，在学教活动中，工委开展“四联一树”活动，领导班子以身作则，率先垂范，带头认真学习、带头查摆问题、带头开展批评、带头整改提高，人均学习笔记达3万余字，撰写心得体会4篇。面向全市机关开展《学习弘扬焦裕禄精神做新时期优秀共产党员》倡议活动，发挥示范引领作用。高标准完成基层组织生活会试点工作。作为全市机关基层组织生活会试点，工委机关党支部高度重视，先后5次召开支委会研究部署，制定活动流程图和各类表格10余个，组织集中学习6次，征求意见建议5类93条，开展谈心谈话400余人次，查摆“四风”问题16条。同时用1整天时间召开高规格、高质量的机关党支部专题组织生活会扩大会议，中层以上党员全部参加。四是作风转变求“实”。工委积极转变工作作风，下基层、接地气，践行群众路线，切实解决基层和群众关心的热点难点问题。在教育实践活动中，建立联系点17个，走访群众、党员126人次，送科技下乡2次，打机井7眼，解决帮扶资金10万余元，到机关基层党组织调研20余次，整顿软弱涣散党组织4个，修订新建制度19个。坚持开门搞活动，共邀请专职党务干部、思想政治工作专职干部、纪检监察干部、工会专职干部、团员青年干部和市直部分党代表、部分文明单位干部代表、县(区)直工委书记代表、老干部代表等各类代表360余人次参与工委的“群众三评”活动，三个环节评价群众满意率均为100%。

【市直机关党的群众路线教育实践活动专题报告会】 4月2日，市委市直工委在市行政中心三楼大会堂举办市直机关党的群众路线教育实践活动专题报告会。中央党校党史部新时期教研室主任陈述教授作了题为《群众路线是党的生命线和根本工作路线》的专题报告。陈述教授从群众路线在革命战争年代形成并被确立为党的根本组织政治路线，群众路线在社会主义革命和建设的过程中得到坚持及其经验教训，群众路线在改革开放和现代化建设新时期得到恢复和发展，中共十八大以来党的群众路线的新发展和贯彻群众路线的新举措四方面详细梳理和讲解党的群众路线的基本内容和发展历程。市直和中央、省驻商单位专职党务干部及部分市直单位中层以上党员干部450余人参加报告会。

【党性教育专题培训班】 4月10日~13日，市委市直工委和市妇联共同在大别山干部学院举办党性教育专题培训班。市委市直工委和市妇联全体党员干部40人参训。4天之中全体人员踏着革命先烈的足迹，重温革命斗争历史，用心感悟大别山精神的真谛，自觉开展党性锤炼，达到加强党性修养、坚定理想信念、弘扬优良作风的预期目的。

【市直机关入党积极分子培训】 4月22日~26日，在商丘职业技术学院举办为期5天的市直机关入党积极分子培训班。来自市直67个单位的288名入党积极分子参训。培训期间，职业技术学院思想政治部教研室骨干教师提前介入，认真备课，全部参与专题授课。通过考勤和闭卷结业考试，有245名学员合格结业，结业90%，其中优秀学员78名。

【市直机关“党群反腐多壮志，弘扬清廉唱新风”廉政主题演讲比赛】 为深入推动党的群众路线教育实践活动深入开展，大力加强反腐倡廉教育，6月~8月，市委市直工委在市直机关广泛开展以“党群反腐多壮志，弘扬清廉唱新风”为主题的廉政演讲比赛，参与人员1000余人，演讲比赛120余场，45个单位53名选手进入预决赛，受教育党员1万余人。8月29日，在市烟草专卖局三楼会议室举办演讲比赛决赛，13名选手激烈角逐，评出一等奖1名，二等奖3名，三等奖9名，市直机关各单位纪检组(委)、监察室主任260余人参加此次活动。

【干部职工摄影展】 9月22日，由市委市直工委举办、市直机关工会承办的“中国梦·商丘情”市直机关庆“十一”干部职工摄影展在市行政中心一楼大厅展出。机关广大干部职工为此次摄影展踊跃投稿，共征集400余幅摄影作品，专家遴选出112幅优秀作品进行展览。这次摄影展以“家乡美、生活美、劳动美”为主题，摄影者以自己的独特审美视角和构图感悟商丘风采，喜迎建国65周年的到来。市政协副主席、商丘摄影家协会名誉主席朱明伦，市委市直工委书记陈苏河和工委班子成员、市总工会常务副主席张建坤及机关干部职工并参观摄影展。

【社区服务】 为深化党的群众路线教育实践活动,推进在职党员到社区报到为群众服务工作规范化、常态化、长效化,扎实推进社区服务型党组织建设。按照省委和市委要求,工委主动与睢阳区新城街道应天社区对接认亲,到应天社区报到。9月26日、10月17日,先后2次组织全体机关党员干部进社区报到,共向社区赠送3000元的洗衣粉、书籍等日用品,开展义务劳动3次,利用市直医疗资源开展免费义诊服务,提供常规项目体检210余人次,现场解答健康咨询150余人次,发放健康知识宣传资料400余册,受到群众的一致好评,为市直机关作出示范。工委要求市直各单位结合实际,自选联系点、自选服务动作、自选活动形式,扎实做好党员到社区报到活动。市直共有1万余名党员到社区报到,开展各类服务活动500余场。

【"四进"活动】 在"文明河南"建设中,结合"践行价值观文明我先行"系列主题活动,市委市直工委作为文明服务牵头单位,在市直机关创新开展以文明服务"进机关、进行业、进窗口、进校园"为主要内容的"四进"活动,工委成立活动领导组,制定活动方案,下发活动通知,推动活动深入开展。活动中,拍摄活动影像片1部,整理编印市直单位活动资料6本,建立机关示范点1个、行业示范点2个、窗口示范点2个和学校示范点2个,设立雷锋岗40余个,推荐学雷锋示范点2个,岗位学雷锋标兵5个,举办"践行价值观文明进校园"报告会10余场,推荐文明河南优秀党课教案16篇,开展志愿服务活动300余场,组织市直100余个单位开展以学习十八届四中全会精神、文明服务、"六城"联创等为内容的知识竞赛活动,共收到答题卡近2万份,选拔市直有执法职能、窗口服务10个单位参加电视竞赛。12月16日,商丘市直"践行价值观文明我先行"电视知识竞赛在市老干部活动中心演播厅举行。市委副书记周树群,市委常委、宣传部部长贾瑞琴莅临会场,与市直单位领导、党务干部代表,知识竞赛参赛单位的支持团队450余名观众一起观看电视知识竞赛。

【市直机关党务干部培训】 11月24日~27日,市委市直工委在焦裕禄干部学院举办市直机关党务干部培训班,来自市直和驻商单位近100名党务干部参加为期4天的集中培训。一是精心准备。工委多次召开专题会议研究,认真选定培训对象,精心安排组织,确保培训顺利开班。二是精选内容。工委与焦裕禄干部学院多次沟通,精心选定培训内容,培训以学习十八届四中全会精神、全面了解焦裕禄事迹,学习弘扬焦裕禄精神、党务干部业务知识为主。除精彩的室内教学外,还穿插有拜谒焦裕禄烈士墓,参观焦裕禄同志纪念馆等室外现场教学。三是精神提振。通过为期4天的集中培训,参训者深入学习领会党的十八届四中全会和习近平总书记系列讲话精神实质,增强了按照"三严三实"要求,深学、细照、笃行焦裕禄精神的自觉性。振奋精神,提升信心,增强勇于探索机关党建工作的新思路、新内容、新方法、新机制,努力开创机关党建工作新局面的信心和勇气。提高了市直机关党务干部的思想政治素质和业务能力,推动市直机关党建工作科学发展。

【捐助活动】 12月5日,市委市直工委充分发挥组织优势和资源优势,组织商丘供电公司、商丘医学学校团员青年志愿者到新城街道郑庄小学,开展送温暖献爱心志愿帮扶活动。本次活动筹集爱心物资价值1.7万余元,为家庭特别困难的10名学生捐助2000元的爱心助学金,为60名贫困学生捐赠1.4万元的羽绒服帽子、手套、书包等学习用品,发放1200元的医疗用品,并现场为孩子们进行口腔义诊、医疗科普知识宣讲等帮扶活动,把党和政府及社会各界的关心、关注、关爱带到孩子们身边,让他们深切感受到社会大家庭的温暖,让他们温暖过冬、快乐学习。

【"十佳道德模范"评选表彰活动】 12月16日,市委市直工委在市老干部活动中心演播厅举行商丘市直机关"十佳道德模范"表彰大会。市委副书记周树群,市委常委、宣传部部长贾瑞琴出席会议并为"十佳道德模范"颁奖,市委市直工委领导班子成员、市直部分单位领导、党务干部代表450余人参加表彰大会。受表彰的先进典型用自己的模范行为,铸就并诠释了道德模范的优秀品质和高尚情操,为广大干部群众做出了榜样。本次"十佳道德模范"评选活动,经过宣传发动、自愿报名、单位选拔、工委审查等程序,从各单位推荐的45名候选人中,评选出10名市直机关第四届"十佳道德模范"。

【理论武装和宣传教育工作】 2014年,市直工委围绕市委、市政府中心工作,以学习贯彻党的十八大、十八届三中、四中全会精神和习近平总书记系列讲话精神为重点,结合新形势、拓展新思路、探索新途径、创造新载体,切实加强思想理论武装工作和学习型党组织建设。为加强学习型党组织建设,采用在线讨论、网站传播、短信学习等平台和载体,大力宣传习近平总书记系列讲话精神,切实提高学习贯彻于工作的实效性。组织市直130余个单位参加十八届四中全会精神专题辅导报告会;开展"文明河南作表率"主题党课活动,共开展讲党课活动300余场,报送优秀党课教案54篇,受教育党员2万余名。着力抓好中心组理论学习,制定落实学习预告、集体学习、自学、调研、述学、考勤、补课、通报、阅批、考核10项学习制度,突出实践特色,注重学习效果。为加强基层党校建设,以《基层党校建设条例》为依据,进一步加强了对市直基层党校建设工作的指导检查,切实筑牢基层党校教育培训基层党员干部主阵地。2月~4月,从基层设施、队伍建设、办班情况、运行情况等方面对已经建成的30家基层党校进行考评。市地税局基层党校获省级示范党校称号,2所党校获省级先进基层党校。认真做好思想政治工作课题研究工作,4月,联合市委宣传部对2013年度宣传调研工作进行表彰,共表彰先进单位7个、先进个人24名和优秀调研报告139篇;6月,开展"党的群众路线教育实践活动优秀调研报告评选活动”,共收到论文89篇。加强社会宣传工作,在春节、国庆等节会期间,组织市直单位及时通过网站、短信平台、QQ群、微信、电子显示屏、LED屏等方式,发布有关宣传教育内容,弘扬正气,树立新风。全年共下发相关短信、通知9次,设计宣传标语20条,组织专项检查2次,巡查5次,更新相关宣传口号120余条次。

【党建理论研究工作】 年初,精心设计3个重点课题和10个自选课题,明确课题调研的主攻方向和组织要求,切实增强机关党建理论研究工作的针对性和实效性。12月5日,在市行政中心第十会议室召开全市机关党建理论研讨会,市妇联、市公路局、市国税局、市城管局、市公安局、市农机局、宁陵县直工委、梁园区直工委8个单位作典型发言,充分展示课题研究的丰硕成果。全年各单位共报送课题研究论文或经验材料126篇,优选出52篇结集出版书名为《让机关党建在实现中国梦的进程中更出彩——2014年度商丘机关党建课题研究优秀论文集》。开展“党的群众路线理论研讨征文”活动,为配合全市党的群众路线教育实践活动的深入开展,3月~9月,面向全市机关各级党组织和广大党员干部开展“党的群众路线理论研讨征文”活动。征文要求要围绕树立马克思主义群众观点,贯彻党的群众路线,保持党同人民群众的血肉联系,落实中央八项规定精神,反对形式主义、官僚主义、享乐主义和奢靡之风,树立为民务实清廉形象等内容,共征集稿件40余篇。办好《商丘机关党建》刊物,已出版12期,发行近2万册,刊发领导讲话和言论36篇,理论文章48篇,经验材料37篇,事迹材料18篇,读书征文26篇,各类信息100余条。并及时将刊物的电子版传到网上,扩大阅读的覆盖面,《商丘机关党建》已成为交流机关党建经验的重要平台,受到全市及省内外的一致好评。

【基层组织建设】 加强换届选举工作,重点加强对机关党委换届指导,指导党委、总支、支部成立和换届65个,党组织到期换届95%以上,换届成功100%。加强党费收缴规范工作,审验审核市直76单位党费台账210本,基本落实按基数足额缴纳党费问题。组织“召开一次座谈会、发展一批新党员、举办一次宣誓大会、接受一次革命传统教育、慰问一批先进组织和党员、表彰一批先进典型”庆祝建党93周年“六个一”系列活动,拿出经费3万余元对20余个先进组织和优秀党员进行节日慰问,开展宣誓活动80余场,召开座谈会20余场,参观教育基地30余场,表彰先进典型20余个,发展新党员246人。加强中央《条例》和省、市《实施办法》落实的督查,12月23日~24日,工委组成6个组到8个县(区)和部分市直单位专项检查,通过听取汇报和召开座谈会,全面了解掌握市直及县(区)中央《条例》贯彻落实情况,以及存在问题和不足。加强民主评议党员工作,评出合格党员23489名,市直各单位表彰优秀共产党员2368名、“五好”基层党组织231个。

【党风廉政建设】 加强廉政教育,通过举办座谈会、专题报告会、案例分析会、观看教育片等形式,深入开展思想道德和党纪国法教育,共举办教育讲座97场次,专题报告49场次,案例分析会68场,展览25场次,受教育党员4万余人次。组织开展廉政征文活动,共征集廉政理论文章220余篇。加大信访和案件查处工作,全年接上级批转件11件,办结11件。结合教育实践活动,开展市直单位机关食堂、私人会所、公务灶清理整顿、市直机关领导干部亲属违规经商办企业和领导干部收送红包礼金专项整治活动,共对市直及驻商100余个单位进行专项督查,对市直5000余名科级以上党员干部进行从事经营活动排查摸底。

【精神文明建设】 做好群众性精神文明创建工作,培养指导推荐28个单位为国家、省、市级文明单位;组织52个省级文明单位对23个村和新农村社区进行帮扶;组织69个省级以上文明单位对农村留守儿童进行帮扶。扎实开展“道德模范进基层”巡讲、“十佳道德模范”评选、“文明使者”志愿服务等活动,共开展宣讲6场,评选道德模范10名,组织2000余名志愿者开展志愿服务活动20余场,建立“文明使者”志愿服务站25个,建立示范站4个。

【市直团的工作】 2014年,市直团的工作围绕全市中心工作,以加强基层团组织建设为重点,突出抓好青少年思想引领工作,不断增强基层团组织对广大团员青年的吸引力和凝聚力。加强青少年思想教育,率先在共青团系统开展学习贯彻习近平总书记在北京大学师生座谈会上讲话精神活动;举办400余人参加的市直机关团员青年大讲堂暨团干部读书学习班,并组织团干部到淮海战役陈官庄纪念馆接受革命传统教育;注册登记市直网络宣传员430人,共青团微信宣传跟进9600余人,传播社会正能量。开展关爱留守儿童“送温暖·献爱心”和希望工程圆梦活动,积极筹集价值4.6万元爱心物资,帮扶110名贫困学生;申请6.7万元助学金帮助21名家庭贫困大学生。开展“点赞商丘·青春共分享”活动,成立4支青春分享团分赴12单位就商丘经济社会发展情况与市直广大团员青年进行分享,受教育团员青年人数达3500余人。加强团组织建设,共新建团委(总支部)4个,换届改选团组织5个,新发展团员1645人,推荐优秀团员入党224人。

【市直机关关心下一代工作】 2014年,市直关心下一代工作坚持以培育社会主义核心价值观为主线,进一步发挥“五老”的优势和作用,为促进青少年健康成长作出贡献。联合市直文明办在商丘市回民中学举办道德模范事迹报告暨安全知识讲座,400余名师生参加了报告会。开展婴幼儿成长大普查、“珍爱生命远离毒品”禁毒教育图片展、网吧义务监督等活动,为贫困家庭捐助了5000余元现金和价值3万元的奶粉,制作了40余幅宣传展板,发放禁毒宣传图片1000余份。组织“关爱高考生,免费送你行”“践行价值观文明进校园巡回报告会”等活动。联合市公安局在市拘留所设立法制教育基地,加强关工委阵地建设。

中共商丘市委市直机关工作委员会荣获奖项

先进单位

河南省机关党建课题调研工作先进单位

商丘市综合目标考评先进单位

商丘市四项重点工作项目建设先进单位

商丘市“六城”联创工作先进单位

商丘市精神文明建设先进单位

商丘市“三八”红旗集体

先进个人

商丘市“六城”联创工作先进个人 张 磊

（张 磊）

韩道伟

【机构编制工作概况】 2014年，市编办深入学习贯彻落实党的十八大、十八届三中、四中全会精神和习近平总书记系列重要讲话精神，围绕市委、市政府和市编委的决策部署，按照“认真执行条例、服务工作大局、坚持改革创新、促进经济发展”的工作目标，持续开展“改革管理创新年”活动，认真抓好党的群众路线教育实践活动，进一步转变工作观念，转变工作重心，转变工作方法，转变工作作风，注重开拓创新，注重攻坚破硬，注重统筹协调，注重调查研究，着力深化行政体制改革，着力创新机构编制管理，为建设中原经济区承接产业转移示范市、推进“三化”协调科学发展提供强有力的体制机制保障。

商丘市机构编制委员会领导成员

主 任：余学友（4月离）

李公乐（4月任）

副主任：周树群 史根治 张光明

商丘市机构编制委员会办公室领导成员

主 任：韩道伟

副 主 任：孙 维 李长春

纪 检 员：张 玲（女）

【政府机构改革工作】 市编办高度重视政府职能转变和机构改革工作，及时向市委、市政府、市编委主要领导汇报改革工作动态，并认真组织学习改革精神，安排有关人员深入调研，认真做好各项工作。根据省委、省政府和省编办批复意见，市委、市政府下发《中共商丘市委商丘市人民政府关于市人民政府职能转变和机构改革的实施意见》，市委办公室、市政府办公室对各县（区）政府机构改革方案批复。12月19日召开会议，对全市政府职能转变和机构改革工作进行部署。市政府工作部门将由37个调整为32个，减少5个：一是组建市卫生和计划生育委员会，不再保留市卫生局、市人口和计划生育委员会。二是组建市教育体育局，不再保留市教育局、市体育局。三是市外事侨务办公室并入市政府办公室，市政府办公室挂市外事侨务办公室牌子。四是市政府金融服务办公室由市政府办公室管理调整为并入市政府办公室。五是市旅游局由市政府工作部门调整为市政府直属事业单位。重新组建市食品药品监督管理局，挂市政府食品安全委员会办公室牌子，原设在市政府办公室的市政府食品安全委员会办公室不再保留。市人防办仍为市国防动员委员会的常设办事机构，维持不变。

【体制改革工作】 为加强食品药品监管，强化各级政府的监管责任，党中央、国务院和省委、省政府明确要求，加快推进地方食品药品、工商、质监管理体制改革，抓紧完成省级以下食品药品、工商、质监行政管理体制调整工作，将省级以下垂直管理改为各级政府分级管理。市委、市政府和市编委高度重视三部门管理体制改革工作，市委常委会议、市政府常务会议和市编委会议分别听取汇报，专题进行研究。10月31日，《商丘市人民政府关于市县食品药品监管体制改革和调整工商质监行政管理体制的通知》明确将现行三部门省级以下垂直管理改为市、县政府分级管理。市、县食品药品监管、工商、质监部门为同级政府工作部门；市辖区三部门维持现有设立分局的管理体制不变，分别为三部门的派出机构。11月13日，市政府常务副市长史根治主持召开协调会议，要求加快推进三部门人员划转移交工作。根据市政府要求，市编办联合市食药监、工商、质监等部门下发文件，将有关人员划转到位。

【事业单位分类】 市编办根据上级的统一部署和具体要求，抽调精干人员组成2个分类工作组，由处级领导牵头，采取集中时间、分口负责的方法，按照《省委办公厅、省政府办公厅关于开展全省事业单位分类工作的实施意见》和《河南省事业单位分类指导目录》的要求，对各部门事业单位分类工作意见认真审核。9月11日，市长李公乐主持召开市编委会，听取市编办关于市直事业单位分类意见的汇报，对有关事项进行研究，并同意市直事业单位的分类审核意见。按照市编委会研究的意见，市编办认真做好分类意见的批复工作，确保事业单位分类工作稳妥推进，确保不因分类发生不稳定事件。

【行政审批制度改革】 按照市政府的要求，结合国务院、省政府行政审批事项清理情况，市政府各部门对原有的行政审批项目进行认真自查清理，市编办会同市政府法制办严格审核论证，提出审核意见。8月29日，市委副书记、代市长、市编委主任李公乐主持召开市政府第37次常务会议，听取商丘市编办关于行政审批制度改革情况的汇报。根据市政府第37次常务会议研究的意见，9月12日，市政府印发《商丘市人民政府关于取消下放调整和保留行政审批项目的决定》，向社会公布。市政府原有市级行政审批项目214项（其中行政许可项目183项、非行政许可项目31项），经过清理，减少45项，其中：取消22项、下放管理层级14项、调整8项（其中：转为日常工作7项、转为行政服务1项）、2项合并为1项减少1项；保留169项，其中：行政许可项目149项、非行政许可项目20项；承接行政审批项目26项，其中行政许可项目24项、非行政许可项目2项。

【全市机构和人员编制核查暨实名

制信息采集工作】 根据《中央机构编制委员会关于深入开展地方机构和人员编制核查全面推行机构编制实名制管理的通知》和《河南省机构编制委员会关于印发河南省机构和人员编制核查工作方案的通知》要求，认真组织实施全市机构和人员编制核查暨实名制信息采集工作。市委、市政府和市编委高度重视，市长李公乐专题听取市编办关于全省机构和人员编制核查工作会议精神的汇报，并研究部署相关工作。6 月 18 日，召开全市机构和人员编制核查暨实名制信息采集工作会议，并采取以会代训的形式，对核查与信息采集表格的填报工作进行培训，同时对督查、信息采集和材料报送等问题提出明确要求，确保机构和人员编制核查工作扎实有序推进。此次机构和人员编制核查暨实名制信息采集工作，涉及行政事业单位 6871 个，分 8 大类，每类 100 余项指标；涉及在职人员 189835 余人，每个人需要录入的基本信息达 60 余项。全市共实地核实单位 2762 家，占机构总数的 40%；录入市直 75 家行政单位和 539 家机关事业单位 2.12 万余名实有人员的全部信息，核实、修改和完善 9180 项机构编制和实有人员信息。同时，按照省编办的要求，实现机构和人员信息录入完整无误，同时做到单机版实名制数据、网络版实名制数据和核查数据“三库”一致，实现机构编制数据与审批的文件相统一，入库的人员信息数据与编制人员信息、单位人员工资表相统一。

【机构编制管理】 一是实行严控机制，减轻财政负担。市编办通过实行严控机制，严格执行用编审核制度，切实加强行政事业单位机构编制管理，优化编制资源配置，实行总量控制、动态调整，确因工作需要新设立的机构所需人员编制，主要通过整合现有人员编制的途径解决。按照事业单位分类改革的要求，坚持不再新设立承担行政职能的和从事生产经营活动的事业单位。同时按照省编办的要求，进一步强化各县(区)事业单位机构和编制限额的管理，明确要求各县(区)必须将事业单位机构和编制总量控制在省规定的限额内，不得突破数额新设事业单位、新增事业编制，确保不出现超编进人现象，切实减轻财政负担。二是强化监督检查，严肃机构编制纪律。为强化监督检查，严肃机构编制纪律，市编办对市直和县(区)11 个部门主要领导开展机构编制离任审计和任中审计，及时掌握领导干部在任期内执行机构编制法规和政策规定的情况。同时建立健全举报受理制度，做好“12310”机构编制举报电话的受理工作，使其真正成为联系机构编制部门与社会各界的桥梁和纽带。三是高度重视，加强机构编制统计工作。市编办坚持从确保统计数据的准确性与及时性入手，组织专门人员做好统计资料的整理、汇总、分析工作，并及时上报，受到省编办的充分肯定。四是创新管理，提高事业单位登记水平。市事业单位登记管理局在认真做好年度事业单位法人年检工作的同时，大力推进事业单位法人治理结构试点工作。各试点单位制定事业单位章程，明确理事会、管理层、监事会各自权责，通过积极探索事业单位法人治理结构管理体制和运行机制创新，规范政府部门和事业单位各自权责，进一步落实事业单位法人自主权，着力构建决策、执行、监督相互制衡的权力运行机制。市编办积极采取加大年检力度、严格落实“三公开”制度等措施，加强事业单位登记管理。五是大力推进电子政务建设，网络版机构编制实名制信息系统建成并运行。全市机构编制信息化一期工程已全面完成，并按照省编办规定的时间节点，完成全市机构编制部门的联网工作，初步建立连接省、市、县三级的机构编制实名制人员信息库，实现全市机构编制人员信息的联网查询，提高机构编制工作的时效性、安全性和准确性。六是扎实推进中文域名注册，切实做好党政机关网上名称管理工作。市编办在进一步提高全市中文域名注册率的同时，多措并举，开拓创新，按照省编办的要求，大力做好党政机关网上名称管理工作。通过对党政机关、事业单位网站加挂统一标识，提高党政机关网站安全防护水平，对保障电子政务建设、促进政务公开、密切联系群众、维护党政机关和事业单位网站的公信力提供有力保证。

商丘市机构编制委员会
荣获奖项

先进单位

河南省级文明单位

河南省机构编制系统统计实名制管理工作先进单位

商丘市“五好五强”党支部

(白　冰)

王培富

【老干部工作概况】 2014 年，全市老干部工作部门围绕中心、服务大局，以开展党的群众路线教育实践活动为主线，坚持“老干部工作努力为党的事业增添正能量”的价值取向，按照“全面做好离退休干部工作”的总要求，坚持在落实“两项待遇”、加强“两项建设”、强化阵地建设、促进作用发挥、加强自身建设、提升服务质量等方面狠下功夫，致力推进老干部工作科学发展、转型发展，取得一系列工作突破，圆满完成各项工作任务。

中共商丘市委老干部局领导成员

局　长:王培富

副局长:杨秀梅(女)　冯东亮

纪检员:张恩铭

【慰问活动】 1 月 23 日，市委书记陶明伦，市长余学友分别带队到庄敬山、史培德、张春学、周金铎等老领导、老同志家中，表达诚挚的问候，送去新春良好祝愿。市领导周树群、吴宏蔚、王建民、曾昭宝、李德才、贾宏伟、贾瑞琴等一同慰问。陶明伦等市领导一一询问老同志的身体和生活情况，听取他们对市委、市政府工作的意见建议，并给大家拜年，希望老同志们在保重身体的同时，一如既往地关注和支持市委、市政府的工作，多提意见建议，发挥好余热。老同志们也对未来生活满怀信心，充满期待，纷纷表示一定会继续发挥余热，为商丘建设中原经济区承接产业转移示范市积极建言献策。

【“老干部之家”微信服务平台建立】 为更好地推动工作,加强机关精神文明建设,市委老干部局于3月建立“老干部之家”微信群和微信公众平台。这个服务平台通过定期上传中央、省市委的重要精神和部署、老干部工作的方针政策、老干部工作者和老干部先进典型、老干部工作的经验和体会,极大地提升宣传力度,更好地传递社会正能量。

【离休干部护理费标准提高】 4月23日,由市委组织部、市委老干部局、市财政局、市人社局联合下发《关于提高离休干部护理费标准的通知》。《通知》指出,1937年7月7日至1945年9月2日参加革命的离休干部护理费由原每人每月800元提高到1200元;1945年9月3日至1949年9月30参加革命的市(厅)级离休干部护理费仍为每人每月800元,县(处)级及以下离休干部护理费仍为每人每月700元;因瘫痪等原因生活长期完全不能自理的离休干部护理费仍为每人每月1000元。此通知自2014年1月起执行,所需费用按现行开支渠道解决。

【陶明伦到活动中心慰问】 9月26日,市委书记陶明伦到新建市老干部活动中心看望慰问老干部、老同志,市委常委、组织部部长张光明陪同。陶明伦首先实地察看活动中心的办公条件、活动场所及设施设备情况,参观由市委组织部、市委老干部局、市老年书画院联合举办的“庆祝新中国成立65周年商丘市老年书画展”。他在随后的讲话中指出,尊老敬老是中华民族的优良传统,尊重老干部就是尊重党的光荣历史,爱护老干部就是爱护党的宝贵财富。我们要适应新形势的发展变化,着力改进服务方式,提高服务水平,尽心竭力使全市老年朋友老有所养、老有所医、老有所教、老有所学、老有所乐、老有所为,努力让广大老年朋友幸福生活、颐养天年。

【老干部活动中心试运行】 9月29日,新建市老干部活动中心建成及试运行仪式举行。市领导周村群、张光明和市老干部活动中心筹建领导小组成员单位负责人、市厅级离退休干部代表庄敬山、史培德、张春学、周金铎等老领导出席启动仪式。新建市老干部活动中心占地2.08公顷,建筑2万余平方米,共设有书法、绘画、舞蹈、声乐、摄影、电脑、家政等各类教室26个,乒乓球室、台球、羽毛球、沙狐球、麻将室、棋牌室等活动室31个,大、中、小型会议室及接待室4个,可容纳460人余功能报告厅1个,室外活动场地8处。新建活动中心可心同时容纳3000余名老干部活动,是全省省辖市中设计建成且集教学、活动、演出、娱乐、健身、会议、办公功能为一体的老干部活动学习阵地。

【市直离退休干部参观考察工农业生产情况】 10月17日,市委老干部局组织150余名正处级以上市直离退休干部赴梁园区、睢阳区和商丘新区参观考察产业集聚区建设和城市建设。市委正处级组织员、老干部局局长王培富陪同老干部参观考察高铁拆迁现场、舒华体育用品生产项目、安踏集团、啤酒厂新建项目、恒大染业、日月湖等企业和项目。

【庆祝新中国成立65周年系列活动】 9月26日,市委组织部、市委老干部局、市老年书画院联合举办“庆祝新中国成立65周年商丘市老年书画展”,书画展共展出作品200余幅,书画作品主题鲜明、内容丰富、形式多样、异彩纷呈,充分反映广大老干部热爱党、热爱祖国、热爱商丘的博大情怀。同日市委组织部、市委老干部局、市老干部大学联合举办庆祝新中国成立65周年老干部大学教学成果汇报演出。9月29日,市委组织部、市委老干部局、市老年摄影协会联合举办“庆祝中华人民共和国成立65周年商丘市老年摄影展”,摄影展共展出作品100余幅,展出的作品或雄浑激荡或秀美飘逸,充分抒发广大摄影爱好者对伟大祖国的诚挚祝福和对家乡的无限热爱。

【老干部志愿服务队成立】 10月31日,市委组织部、市委宣传部、市委老干部局、市文明办联合举行老干部志愿者服务队成立启动仪式。市委组织部常务副部长刘兵,市委宣传部副部长、市文明办主任刘银波,市委正处级组织员、老干部局局长王培富以及老干部局全体班子成员出席启动仪式,市直单位6个志愿者服务队近300名老干部志愿者参加了启动仪式。

【全市老干部形势报告会】 12月3日,全市老干部形势报告会在新建市老干部活动中心举办。市委老干部局班子成员、市直单位副处级以上离退休干部、市直和县区部分单位老干部党支部书记、各县(区)老干部局局长、市直单位老干部工作负责人以及市委老干部局系统全体工作人员400余人参加报告会。报告会由市委正处级组织员、老干部局局长王培富主持,市委党校教授姚波作“深入学习贯彻习近平总书记系列重要讲话精神”的形势报告并向每位老同志发放由市委老干部局编印的《商丘市离退休干部思想政治建设学习资料选编》,《资料选编》分为“重要文献”“重要讲话”“重要论述”和“附录”四个部分,旨在帮助老同志系统学习和领会中央和省委、市委的重大部署,把思想认识进一步统一到中央和省委、市委的要求上来,为实现中华民族伟大复兴中国梦、让中原更出彩、促进商丘跨越发展进一步增添正能量。

【离退休干部信息库建设】 2014年,全市离休干部和市管退休干部信息库全面建成,该信息库人数为3040人,其中离休干部2260人,退休干部783人。信息库的建立,为进一步促进商丘市离退休干部服务管理工作,准确掌握离退休干部基本信息,加快实现离退休干部管理信息化、科学化、制度化奠定基础。

商丘市老干部局
系统荣获奖项

先进单位

河南省老干部工作调研信息先进集体

市委老干部局

商丘市学习型党组织建设工作先进单位

市委老干部局

‘践行价值观、文明我先行’电视知识竞赛二等奖
市委老干部局
商丘市“先进职工之家”
市干休所
河南省老干部乒乓球比赛团体第三名
市委老干部活动中心
河南省创建“五好”基层关工委优秀组织奖
睢县关工委

先进个人
全国离退休干部先进个人
赵原明
河南省老干部调研工作先进个人
付兴宇　黄家刚　张春华
河南省老干部信息工作先进个人
孟献跃
中国老年大学协会第十一次老年教育理论研讨优秀论文三等奖
张春华
商丘市“五好”家庭
刘艳丽

（孟献跃）

于水旺

【信访工作概况】　2014年，全市各级各部门围绕落实中央、省委和市委、市政府关于信访工作的决策部署，全市信访工作整体水平持续提升，赴京省集体上访、赴京非正常上访得到较好控制，信访稳定工作的整体情况保持良性健康发展态势，为全市社会政治大局持续平稳向好、经济社会又好又快发展提供支撑、营造环境。受到省联席办、省信访局的多次通报表扬。

中共商丘市委群众信访工作部
商丘市人民政府信访局领导成员

部长、局长、党组书记：于水旺
副部长、副局长：马　超　李明俊
蔡　硕　曹思领
纪检组长：刘东伟

【信访工作】　2014年，市委、市政府把贯彻落实省委省政府信访工作部署作为安排全年工作、再创全省信访工作先进省辖市的重要契机。市委书记陶明伦、代市长李公乐多次听取汇报，作出重要批示，提出明确要求，为全年工作开展打下基础。其他市委常委、市政府副市长对分管领域重大信访问题和不稳定因素，主动研究协调，积极推动解决。4月1日，市委常委会专题研究信访工作，要求认真梳理全年工作思路，进一步强化工作责任，落实信访稳定风险评估，全方位做好信访稳定工作，争取主动。陶明伦就重点信访案件明确市级包案领导。肯定上年的信访工作成绩，对今后信访工作形势任务以及增强各级各部门责任、打牢信访工作基础等提出指导性意见。

【接访处访】　为进一步推进领导干部接访处访工作制度化、规范化、常态化，市委信访工作领导小组下发《关于市级党政领导2014年度接待群众来访安排的通知》，规定每周安排一次市级党政领导干部接访，党政主要领导接访原则上每季度不少于一次。制定《市级党政领导接访约请函》，根据接访日程安排，提前约请有关领导，避免接访空岗。在县级层面，深入推进县委书记大接访制度的落实。对各县(区)领导干部接访处访制度的落实情况，市委信访工作领导小组加强督查督导和明察暗访，定期通报有关情况，对不负责任，不落实接访处访的领导干部点名通报到人，并与该县(区)年终信访工作考核挂钩。全年先后有15位市级党政领导到市信访局接访30次，接待信访案件65起，按期结案率95%。

【基层基础建设】　商丘市以开展群众信访工作基层基础建设年活动为契机，把加强县、乡两级信访工作基础建设，作为全年信访工作的重点来抓，纳入年终目标考核。健全完善县、乡群众信访工作网络，倾力打造信访工作“五好县”和信访工作“三无”乡镇。从基层基础、运行机制、工作力量、保障措施、工作行为等规范县、乡两级信访工作。要求各级党委政府要更加重视基层基础建设，把更多的人力、物力、财力和精力投向基层一线，夯实基层工作基础，为基层信访干部打造干事创业的良好环境，不断提高基层化解矛盾、促进和谐的能力水平。

【领导包案工作】　为强化责任，确保领导包案制度不流于形式，市委、市政府下发《关于进一步加强市级领导包案解决信访问题的意见》，进一步明确包案原则、包案范围、包案职责、包案措施以及问责办法，增强包案领导的责任心和工作的主动性。对中央巡视组及国家信访局、省信访局交办案件，做到“随接、随包、随交”，当天建立工作台账，逐案明确包案市、县级领导，责任单位、责任人，决不过夜。全市所有市级党政领导均进行包案，陶明伦带头分包7起信访疑难案件，全部办结，息诉6件，息诉率86.7%。市、县级领导落实“五包”责任制，亲自研究案情，制定措施，逐案分析研判，逐案制定化解方案，全力推进。至年底，市级17位党政领导分包296起案件，按期办结率达100%。

【重点信访案件办理】　党的群众路线教育实践活动开展以来，中央、省委、市委下发《关于把解决信访突出问题纳入第二批党的群众路线教育实践活动的重要内容的通知》，市委、市政府高度重视，把解决好群众反映的信访问题作为活动重要内容抓紧抓实，分析形势，研判问题。针对中央巡视组分6批交办的335起重点和省巡视组在商巡视期间交办的430起案件，商丘市层层明确责任，层层落实领导包案。市级领导按照分工落实包案后，亲自召集有关部门分析研判，亲自到案发现场协调处理，给县级包案领导和案件直接责任部门传到压力，促使其依法及时处理问题，稳控信访群众。中央巡视组分6批交办的335起信访案件，已全部办结，按期结案率100%，息诉信访292起，息诉率87.1%。案件办结率和息诉息访率是全省最高的两个省辖市之一，在全省办理中央巡视组交办案件总结大会上受到省联席办的通报表扬。省委第二巡视组分3批移交商丘市利益诉求类案件430件，其中来信类196件，来访类170件，来电类64件。已办结423件，办结率98.4%。

【"阳光信访"】 大力推行"阳光信访",升级完善"网访、信访、电话访、视频接访"四位一体接访网络,实行网上投诉,网下办理,网上回复,点对点、零距离、面对面接待群众来访,多层次受理群众诉求,以推进信访问题解决、维护群众权益的实际成效,持续提高人民群众对信访工作的满意度。开通绿色邮政,实行信访信件免费邮寄,群众来信明显增多;开通24小时电话接访,有效减少群众赴京到省来市上访;开通视频接访,不需远行便可约见信访群众,面对面地解决问题。自开通网上信访和电话信访以来,共受理群众信访案件1719起,按期办结率100%,息诉率93.5%。

【责任追究】 为持续强化落实各级各部门责任,努力形成"一把手"亲自抓,分管领导具体抓,班子成员合力抓,条块联手共同抓的工作格局,商丘市按照省委书记郭庚茂关于信访工作谁造成问题追究谁、谁不作为追究谁、谁不履职追究谁"三追究"要求,继续加大信访工作问责力度,严格规范信访工作行为,对信访问题突出的地方和单位采取挂牌督办、重点管理、一票否决等手段实行重点整治;对责任不落实引发群众到省越级集体上访的实行点对点通报;对发生到市委、市政府门前集体上访造成影响的约谈责任单位的主要领导或主管领导,严肃追究责任。年内对3名县(区)党政主要领导进行约谈,对1名市直部门分管领导诫勉谈话,对13个乡镇和单位重点管理,对26个乡镇和单位全市通报批评,对6名乡镇党政主要领导给予党政纪处分。

商丘市信访局荣获奖项

先进单位

河南省信访工作党委政府责任制考核先进省辖市

(郑家然)

【市委党校工作概况】 2014年,市委党校坚持以邓小平理论、"三个代表"重要思想和科学发展观为指导,认真学习宣传贯彻党的十八届三中四中全会精神和习近平总书记系列重要讲话精神,扎实开展党的群众路线教育实践活动,狠抓以教学为中心的各项改革,干部培训、科研工作、后勤保障等方面均取得明显成绩,圆满完成市委、市政府下达的各项任务。

王家恩

中共商丘市委党校领导成员

校　　长:周树群
常务副校长、党委书记:王家恩
党委副书记:赵云峰
副 校 长:岳学友　李　民　苗　宏
纪委书记:龚学超

【干部教育培训】 根据市委、市政府干部教育培训计划,市委党校与市委组织部、市委统战部、市人社局等部门配合,全年共举办各类干部培训班次16期,累计培训轮训各类党员干部2165人次,圆满完成干部培训轮训任务。上半年举办全市1700余名县处级干部学习贯彻习近平总书记系列重要讲话精神和十八届三中全会精神集中轮训班,受到市委领导和县处级干部的高度评价。8所分校共举办各类干部培训班55期,培训学员13371人,其中主体班36期9182人,学制20天以上的主体班次4期。睢县分校举办各类培训班17期,培训各类干部2917人。虞城分校举办各级各类培训班15期,培训学员3520名,在培训规模和培训质量上均创该校历史新高。积极推进成人教育工作。市委党校出台《关于进一步加强成人教育工作的意见》,强力推进品牌建设、队伍建设、系统建设和制度建设,规范成人教育工作。先后与市国土局、市工商联、市农信社等有关部门和企事业单位联合举办部门行业干部、专业技术人员培训班26期,培训轮训5500人次。继续开展成人学历教育,与河南农业大学、河南财经政法大学联合举办函授学历教育5个班次,在校学员415人,初步实现成人学历教育的转型。广泛开展理论宣讲。为充分发挥党校理论宣传教育主阵地作用,市委党校10余名校领导及教学骨干赴各县(区)、市直机关、企事业单位及乡镇基层,开展习近平总书记系列重要讲话、党的十八届三中、四中全会精神、建设承接产业转移示范市重点问题、群众路线教育实践活动等专题辅导报告130余场次,受教育干部群众2万余人,产生广泛的社会影响。8所分校累计组织教师深入基层开展理论宣讲193场次,其中,睢县、虞城、民权3所分校开展理论宣讲均在30场次以上。

3月24日,全市县处级干部学习习近平系列重要讲话十八届三中全会精神专题培训班开班

【教学与管理改革创新】 在教学内容上,及时将党的十八届三中、四中全会精神以及习近平总书记系列重要讲话精神等内容充实到教学之中,全年累计开设教学专题116个,其中新专题56个,更新率48%,突显教学的针对性和实效性;在教学方式方法上,加大项目教学、案例教学、现场教学和异地教学的分量,持续推行情景模拟式、团队列名法等教学方法,组织学员论坛和班级研讨活动,学员对教学效果的满意率95%以上;在教学管理上,健全完善教学评估机制,制定评教评学制度,进一步规范教学运行管理;开展专业技术人员岗位大练兵,组织50岁以下的中青年教师进行为期2个月的"中青年教师专题课试讲活动";开展党校名师评选活动,李清江、姚波被评选为党校名师;开展第二届全市党校系统精品课评选活动,评选出一等奖2个、二等奖8个、三等奖3个。大部分分校都围绕提高教学质量,加大教学改革力度,增强教学的针对性和实效性。睢县分校先后邀请8名县委常委进行开班动员,邀请多名中央、省、市知名专家、教授为学员授课,全面提升教学质量和水平。柘城分校注重开发体现本地县域经济社会发展特色的教学课程,专题更新率达40%。完善学员管理制度,认真抓好落实。全面贯彻中央八项规定和中组部关于加强学员管理的九项规定,健全组织部门跟班管理、校纪委日常督查制度,充分发挥班主任、班委会、班级党组织的管理和服务作用。通过实行百分量化考核办法,落实日点名、周通报制度,进一步严格课堂、课余生活纪律,学员平均到课率在95%以上,保证学习效果。根据《商丘市党校系统教学业务"六统筹"实施办法》,市委党校对分校教学业务的统筹协调和日常管理作出具体规定。全市8所分校均按照有关规定开展干部培训和教学业务活动,班次学制更加规范,课程设置更加合理,师资调配更加科学,教学研讨更加深入。全年全市党校系统教师实现跨校授课50人次。此外,市委党校组织各分校教师参加教学观摩、教学经验交流、教学竞赛和集体备课活动,有力地促进各分校办学水平的提高。

9月25日,商丘历史文明传承创新学术研讨会召开

【科研课题调研】 2014年,市委党校修订完善科研成果资助奖励办法、决策咨询项目经费资助和奖励办法等有关规定,充分调动全校教职工开展理论研究和课题调研的积极性和主动性,科研成果数量和质量均大幅提升。全年共立项市厅级以上课题45项,结项省、市级调研课题32项,其中获市厅级以上奖励17项。立项和结项课题总数均比上年翻一番。在CN刊物上发表学术论文137篇,其中省级以上刊物39篇。发表学术论文数量创市委党校近年来之最。出版《图书馆工作理论与实践》专著1部,在市厅级以上理论研讨会交流论文19篇。编发《领导决策参阅》5期,编辑出版《商丘论坛》4期,与校外200余家党校进行资料交流。根据市委书记陶明伦等市委主要领导审定,市委党校将《关于加快商丘跨越发展的对策建议》等10项课题作为重点调研课题,成立以校党委书记、常务副校长王家恩为组长的重点调研课题领导小组,组建10个课题调研组开展广泛、深入、有针对性地调研。至年底,10项重点调研课题已经全部结项,通过《领导决策参阅》上报市委市政府。市长李公乐就《关于加快商丘跨越发展的对策建议》作出批示,并对市委党校市情调研工作给予肯定。市委副书记周树群对《商丘市粮食生产核心区建设存在问题与对策研究》和《关于推进商丘创建文明城市的几点建议》分别作出批示。市委党校将2014年度重点课题调研成果汇编成册,编辑出版《商丘发展研究报告》专著。与市委宣传部、市文广新局、市社会主义学院联合举办商丘历史文明传承创新学术研讨会,交流论文50余篇,并结集印发。大部分分校完善科研制度机制,鼓励教研人员开展调查研究,撰写发表理论文章。全市8所分校共发表理论文章27篇,完成调研报告13篇,结项调研课题2项。虞城分校公开发表论文18篇,完成调研课题7项,论文和课题数量位居各分校之首。民权分校出版《韩非子组织管理的"权"与"谋"》专著1部。

【干部队伍建设】 2014年,通过发布招聘公告、报名与资格审查、笔试、试讲、体检、考察、公示等程序,招录10名硕士研究生学历的优秀专业技术人才。接收1名部队转业干部,为党校增添新的血液,带来新的生机和活力。市委党校先后组织19名教师分赴北京、蚌埠、郑州等地参加进修培训。党的十八届四中全会召开后,选派13名骨干教师到中央党校、省委党校学习党的十八届四中全会精神,其中7人被抽调到市委宣讲团参与专题宣讲。各分校普遍重视人才培养和教师进修工作,全年累计选派20余人次参加学习进修和研讨交流活动,有效提高党校教师的教学能力和水平。

【党校自身建设】 2014年,市委党校全面落实党风廉政建设主体责任。根据中央、省、市有关文件要求,市委党校制定《关于落实党风廉政建设党委主体责任和纪委监督责任的实施方案》,成立党风廉政建设责任制工作领导组,认真厘清党委领导班子责任、主要负责人责任、领导班子成员责任,形成认识到位、责任明晰、履职尽责的主体责任落实体系。坚持全面贯彻《廉政准则》,认真履行"一岗双责",把党风廉政建设和构建惩防体系作为主要内容,制定《廉政准则》制度与办法,明确工作任务、责任划分、责任目标、措施要求等。修订完善《党风廉政建设责任制实施意见》,签订党风廉政建设目标管理责任书,形成一级抓一级、层层抓落实的工作格局。积极开展反腐倡廉教育和研究。市委党校先后邀请市领导和专家学者为教职工和学员作反腐倡廉报告3场次,组织观看廉政影片4次,把党风廉政建设和反腐倡廉教育作为重要内容纳入党校主体班课程,设置"反腐倡廉大家谈"等10余个专题。开展党风廉政建设理论研究,全年发表理论文章10余篇,完成省、市级调研课题2项。扎实推进精神文明建设。按照省、市文明委要求,市委党校持续加强精神文明建设,多次开展志愿者服务活动,组织2次教职工运动会;设置并更新4期宣传栏;举办2期道德讲堂;第二届期满后重新申报省级文明单位,并顺利通过第三届创建检查验收。切实加强社会治安综合治理。全面落实社会治安综合治理目标责任制,实行24小时值班制度,更新部分监控系统,对整个校园进行全方位、不间断巡逻和检查,确保全年无刑事案件和治安案件发生,为全体教职工和学员营造平安和谐的工作学习环境。完成计划生育工作任务。制定《关于加强人口与计划生育工作的意见》,加强计划生育政策宣传工作。2014年,全校无违反计划生育政策、法规现象,完成计划生育工作各项指标任务。认真做好工青妇和老干部工作。完成校工会、团支部换届选举工作,组织老干部开展文体活动。利用节假日慰问离退休老同志。深入开展驻村帮扶工作。根据市委、市政府统一安排,市委党校把"做人民群众贴心人"活动与扶弱培强工程相结合,做好做实驻村帮扶工作。全年累计为派驻村困难群众和贫困学生捐款2.3万余元,并协助解决部分文化娱乐、生产生活用电等问题,受到当地干部群众赞扬。

中共商丘市委党校荣获奖项

先进单位

商丘市目标考核优秀单位

商丘市工会工作先进单位

(周曙光)

纪律检查 行政监察

曾昭宝

【纪检监察工作概况】 2014年,全市各级纪检监察机关按照"明确一个任务(坚决遏制腐败蔓延势头)",突出一条主线(改革创新),抓住四项重点(整风肃纪、严惩腐败、制约权力和教育监督)的工作思路,聚焦中心任务,突出主业主责,着力推动"三转"(转职能、转方式、转作风),充分发挥监督执纪问责职能,为商丘市经济社会发展和全面深化改革提供有力的纪律保证。

商丘市纪律检查委员会领导成员

书　　　记:王建民(2月离)
　　　　　　曾昭宝(2月任)
常务副书记:曹文辉
副　书　记:宋景民
　　　　　　王全国(2月任)
常　　　委:曹月坤
　　　　　　王全国(2月离)
　　　　　　杨亚军
　　　　　　刘尊辉
　　　　　　王　华(4月任)
　　　　　　王亚丽(4月任)

商丘市监察局领导成员

局　长:宋景民
副局长:刘尊辉(5月离)
　　　　贾玉强
　　　　申国兴(5月任)

曹文辉

宋景民

【"两个责任"落实工作】 配合市委起草《中共商丘市委关于落实党风廉政建设党委主体责任和纪委监督责任的意见(试行)》,明确党委主体责任、纪委监督责任的具体内容。市委常委、市纪委书记曾昭宝主讲6场落实"两个责任"的专题宣讲会。由市纪委监察局领导班子成员带队,组成8个检查组,分别对县(区)落实"两个责任"情况开展专项巡查。在商丘电视台、《商丘日报》等新闻媒体,同步开办"全面落实'两个责任'推进党风廉政建设"专栏,各县(区)和部分市直单位党委(组)书记、纪委书记(纪检组长)针对落实主体责任和监督责任的认识、措施和成效接受专题访谈,并就如何强化落实"两个责任",在报纸和电视上作出公开承诺。市纪委全会听取夏邑县、虞城县、睢阳区、宁陵县以及市交通局、市人社局、第一人民医院7位党委(党组)负责人述责述廉,全会对7人的"双述"进行现场测评。全市共落实责任追究案件38起,党政纪处分68人,组织处理5人。其中,处级干部5人,乡科级及以下干部68人。

【案件查办】 市纪委监察局建立领导班子成员领办案件制度,推行机关全员接访和全员办案制,探索实行市纪委主导下的县(区)纪委异地协作办案,高标准建设市级纪检监察办案场所,开通"商丘市纪检监察举报网站",以案件领衔、靠案件支撑、用案件说话,治病树、拔烂树,严格依纪依法办案,突出查办发生在领导机关和领导干部中贪污贿赂、买官卖官、徇私枉法、腐化堕落案件以及群众身边的腐败案件。持续开展基层损害群众利益突出问题专项治理。对省纪委交办的中央第八巡视组受理的信访举报案件线索4批317件(含重复件)以及省委第二巡视组交办的案件线索301件(含重复件),组织力量逐件核实。全市纪检监察机关共受理信访举报1634件,初核案件线索1104件,立案1204件,党政纪处分1362人,其中处分县处级干部27人,乡科级干部179人;移交司法机关24人。

10月27日,市委常委、市纪委书记曾昭宝参加廉政文化进产业聚集区活动

【"四风"纠正】 全市纪检监察机关开展专项检查6379次,检查单位22803个(次),查纠"庸懒散推"和"为官不为"等问题1438个,组织处理690人,党政纪处分227人。紧盯关键节点,坚持一个节点一个节点抓,在"五一"、端午、中秋、国庆、元旦、春节等重要节点,采取印发通知、出台禁令,明察暗访、异地互查等方式,连点成线,持续发力。在"商丘廉政网"开通"四风"举报直通车,充分发挥群众监督作用。持续加强对"公务卡"制度落实情况的监督检查。开展医药购销领域不正之风、党员领导干部婚丧喜庆大操大办借机敛财、领导干部亲属违规经商办企业、领导干部收送红包礼金、会所中的歪风等专项治理,提高领导干部廉洁从政的自觉性。全年全市纪检监察机关"廉政账户"收到上缴金额1900余万元。坚持铁面执纪,对公款吃喝、公款送礼、公款旅游等违规违纪问题坚决纠正、严肃查处、严格追责、及时通报。进一步完善"纠风在线马上就办"管理系统,在全省首家实现广播、电视、网络、报纸、手机客户端全媒体互动联播,商丘"纠风在线马上就办"共受理群众诉求问题1882件,解决1818件,办结率96.6%。全市共查处违反八项规定精神案件106起,党政纪处分148人,其中县处级干部7人。市纪委分7批对24起违反中央八项规定精神典型问题点名通报曝光,发挥警示教育作用。

【"三治三提"活动】 全市纪检监察机关开展明察暗访2369余次,督查单位7864个(次),发现问题748个,组织处理443人,党政纪处分82人。继续发挥行政效能电子监察系统功能和作用,查看窗口工作人员的作风纪律,及时发现、有效处理系统运行中的问题。年内,市本级电子监察系统发现事项异常62起,自动预警33起,自动发放红黄牌54个,视频监察发现违规情况9起。严肃查办损害经济发展环境案件,坚持举报电话"12342"专线24小时值班制度。全市共受理破坏经济发展环境、行政"不作为""乱作为""慢作为""庸懒散"以及效能低下案件线索961件,立案897起,结案866起,处理1239人,其中党政纪处分382人,组织处理857人,涉及县处级干部10人。

【廉政教育】 市纪委监察局把廉政教育作为预防腐败的第一道防线来抓,升级改造市廉政教育基地,分批组织全市县处级干部轮流到基地接受廉政教育。开通市纪委监察局政务微博"@清风商丘",发布党风廉政建设信息3000余条。对领导干部"电子廉政信息服务平台"进行升级改造,提升廉政教育的针对性。在持续推进廉政文化进机关、进社区、进家庭、进学校、进企业、进农村"六进"活动基础上,开展"廉政文化进产业集聚区"活动,把廉政文化建设和企业文化建设有机结合。扎实开展"反腐倡廉制度建设年"活动。持续开展"构筑廉洁商丘"民意调查,对排名后3位的市直单位进行约谈。

【纪检体制改革】 市纪委认真落实"三转"要求,聚焦主业主责,调整机关内设机构,强化办案和监督力量,在编制、机构、人员总数不变的前提下,通过盘活存量、内部挖潜,机关纪检监察室从3个增加8个,从事案件检查相关工作的人员占机关人员总数的70%。市纪委排查出参与议事协调机构116个,调整退出97个、保留19个,清理比例83.6%;各县(区)纪委从参加的766个减少到141个,清理比例81.6%。按照省纪委的要求,对分管业务外工作和存在兼职问题的县(区)纪委书记、市直单位纪检组长,规范调整分工,确保把主要精力放在主业上。进一步深化县直单位纪检监察派驻统管改革,积极调研论证,指导县(区)试点推行"点片面相结合"的派驻方式,优化监督力量配置,实现派驻监督全覆盖目标。

【自身建设】 市纪委监察局扎实做好自身建设工作,深入开展第二批党的群众路线教育实践活动,切实转作风、正学风、改文风、清会风、树形象。在全市纪检监察系统开展整风肃纪专项活动,重点查找"利用职务之便为特定关系人承揽工程""办人情案、关系案、金钱案"等五个方面的问题,深刻剖析原因,强化整改措施,认真解决群众反映的涉及纪检监察干部违纪问题,严防"灯下黑"。着力加强纪检监察组织建设。进一步配齐配强市纪委监察局领导班子，遴选一批委局机关工作人员。实行委局领导班子成员分口联系市直派驻机构制度。全市共查处9起纪检监察干部违纪违法案件，党政纪处分9人，其中县处级干部1人，乡科级干部6人。

中共商丘市纪委商丘市监察局荣获奖项

先进单位

河南省民主评议政风行风组织工作先进单位

商丘市离退休干部工作先进单位

先进个人

河南省“企业服务工作先进个人”
刘立航

河南省反腐倡廉网络舆情工作先进个人
稽春诚　王东剑

河南省案件管理工作先进个人
甄　华

河南省民主评议政风行风组织工作先进个人
路统章

河南纪委案件审理工作通令嘉奖
耿筠清

商丘市离退休干部先进个人
吉宝莲

（武义成）

民主党派

宋崇江

【中国国民党革命委员会商丘市委员会概况】 2014年，民革商丘市委围绕中共商丘市委、市政府的中心工作，发挥自身优势，加强自身建设，履行参政党职能作出积极贡献。在思想建设、组织建设、参政议政、社会服务、祖国和平统一方面成效显著。至年底，全市共有民革党员259人，其中大学本科以上194人，中、高级以上职称199人，各级人大代表政协委员40人（含交叉）。其中省政协常委1人，省人大代表1人，市人大常委1人，市政协常委7人、委员20人、县（市、区）委员11人。

民革商丘市委领导成员

主 任 委 员：宋崇江

副主任委员：刘　红（女）　庄桂森　吕心阳

秘　书　长：王　林

委　　　员：胡　新　刘艳春（女）　刘河山　石红英（女）

【组织建设】 2014年，民革商丘市委严把党员发展，对80余位申请入党人员精心挑选，经民革河南省委批准10人为民革党员，其中，大学本科以上学历10人，具有中高级以上职称8人，45岁以下10人，优化党员的知识层次、年龄结构，为党组织输入了新鲜血液。

【参政议政】 2014年，民革商丘市委积极参加中共商丘市委、市政府、市政协以及市委统战部召开的务虚会、协商会、座谈会、征求意见会、情况通报会，并就商丘市中小企业健康发展、加快发展商丘市环保专用设备制造业、加快中心城区工业经济发展等经济社会发展中的重要问题，提出意见、建议。7月，宋崇江参加全国民革地方组织参与协商民主现状座谈会，并在座谈会上作典型发言，受到民革中央副主席修福金及与会领导和同志的一致好评。全市民革党员共提交提案58件，其中集体提案12件，被市政协列为重点提案4件。《关于建设商丘文化产业发展先行区的建议》被列为主席督办提案；《关于切实加强食品安全监管，努力保障群众健康生活》的提案在市政协四届三次全会上作大会发言，并被录入《民革河南省委员会参政议政成果选编》；《充分发挥基层农技协作用，构建新型农业服务体系》《关于加快推进农村土地使用权流转》《关于加强我市社区物业管理的建议》《关于完善我市普教职教双轨体系的建议》等，被中共商丘市委、市政府采纳，并被市政协列为重点提案。民革党员中的市政协委员在市政协四届三次全会上所提的《关于中小学周边环境整改措施的建议》《关于开通“12316”农业专家服务线的建议》《关于市区主干道电动汽车管理建议》《关于超市散装食品保质期问题的建议》等提案。

【社会服务】 一是开展献爱心帮扶活动。4月，民革市直六支部组织有关党员赴虞城王泽林孤儿院慰问，分别为夏邑县杨集镇的祝进城、虞城县贾寨镇的孙红卫联系民政救助2次，解决了他们的实际困难，为孤寡老人贫困居民捐款捐物2万余元；市第一人民医院支部积极组织本支部党员6次参与商丘市义工联组织的社会救助活动共捐款捐物2万余元；农业支部号召全体党员发挥自身优势为多家酒厂建立优质高粱基地666.67公顷，并免费为种植户全程跟踪服务；道南支部为响应团市委“关爱他人·情暖商丘”号召发动本支部党员捐款捐物1.3万余元；商丘职业技术学院支部发动党员积极参与学院党外人士“爱心连”活动，为贫困学生捐款捐物达1万余元。10月，民革市委为30余位60岁以上老党员进行全身体检给他们送去关心和温暖。二是服务文化建设。民革中山书画院积极参加民革中央、民革省委、中共商丘市委统战部举办的各类书画展，为民革中央举办的书画展选送作品3幅，为民革河南省委举办的“‘同心杯’同心共筑中国梦”主题摄影大赛活动选送作品10幅。副主委庄桂森应邀参加由教育部教育司主办的全国“百名书法家名师论坛”活动，商丘中山书画院在全省民革系统的知名度进一步提高。党员张晓峰写的电影文学剧本《古筝泪》在《电影文学》杂志上发表，他还为中共商丘市纪委创作反腐倡廉微电影《叫板》《村长背羊》2部作品，为宁陵县法院创作微电影剧本《心桥》，受到中共商丘市纪委的表彰。党员徐建设被省民革中山摄影家协会吸收为协会理事，其作品《我这一生》得到民革中央和民革省委有关领导的认可。袁培尧发表专业学术论文20余篇（其中中文核心8篇）主编或参编教材4部，主持完成省部级科研课题2项，市厅级科研项目3项。党员王继璋所带柔道队队员在河南省第十二届运动会上获18枚金牌。党员仝华积极协助市围棋协会举办2014河南围棋段位赛(商丘赛区)大型围棋比赛,为商丘提高围棋运动竞技水平培养优秀后备人才作出巨大贡献。

民革商丘市委荣获奖项

先进单位

民革河南省优秀基层组织

民革河南省委优秀组织奖

先进个人

河南围棋段位赛一等奖

仝 华

河南省学术科技带头人

孟繁俊

商丘市"优秀教师"

潘梁静 袁培克

(王 林)

曹雪莲

【中国民主同盟商丘市委员会概况】 2014年,民盟商丘市委团结带领全市各级盟组织和广大盟员认真履行参政党职能,继承民盟优良传统,扎实开展工作,在思想建设、组织建设、参政议政、社会服务、机关建设等方面取得明显成效。至年底,商丘共有盟员280人,其中文化教育和科技界盟员人,占盟员总数的76.2%;中高级职称207人,占盟员总数的91.7%;民盟商丘市委现下设民盟总支部委员会1个(下设3个支部),民盟基层委员会1个(下设2个支部),民盟支部8个,民盟小组1个。盟员中现有省、市、区各级人大代表、政协委员33人(含交叉),其中,省人大代表1人、省政协常委1人,市人大代表4人(常委1人),市政协委员20人(常委7人),区政协委员13人(常委3人)。市政府副市长1人,区人大副主任1人,区政协副主席1人。另有9名盟员分别担任市特约检察员、监察员、审计员、教育督导员。

民盟商丘市委领导成员

主 任 委 员:曹雪莲(女)

副主任委员:蒋志民 霍丽萍(女)

李铁山

委 员:张爱珺(女) 陈瑞杰

刘 宁 陈长河(回)

李 曼(女)

【自身建设】 一是深入开展坚持和发展中国特色社会主义学习实践活动。根据民盟中央、民盟省委部署,民盟市委认真开展"学习实践活动",成立活动领导小组,制定实施方案,召开动员会议,对活动进行统一安排。邀请中共商丘市委党校曹志刚同志以习近平总书记系列讲话精神为内容,为盟市委基层组织班子成员,市委委员和盟员中的各级人大代表、政协委员做专题辅导。通过座谈会、辅导报告等形式,扎实推进"学习实践活动"的深入开展,进一步提高全市盟员的"知盟、爱盟、忧盟"意识,不断巩固多党合作的思想政治基础。二是创新形式,宣传工作取得了新成绩。开通商丘民盟网站。加强与有关媒体联系,"民盟农村教育烛光行动""黄丝带帮教活动"等工作报道,分别被民盟中央、根在中原网、河南民盟网、《大河报》、河南网、《东方今报》等多家媒体报道,多家网站转载。三是以书画院活动开展为载体,推进商丘文化发展。组织开展书画联谊活动、文化工作座谈会等,积极组织盟员书画家参加民盟河南省委"翰墨中原"书画展,商丘市盟员书画家13人分别获一、二、三等奖。四是召开学习习近平总书记在文艺工作座谈会上的讲话精神座谈会等。

【组织发展】 一是积极开展"基层组织建设年"活动。为贯彻落实民盟中央2014年"基层组织建设年"活动精神,按照民盟省委部署,制定活动方案,成立领导小组,4月召开会议启动活动。开展盟市委负责人走基层活动,配合民盟河南省委开展基层组织调研工作,积极开展争创"活力支部"活动、表彰一批先进基层组织和先进个人。二是加强领导班子和后备队伍建设。民盟市委积极参加各种研讨班和联合中心组学习,选送盟市委领导班子成员、部分基层组织负责人和骨干盟员到中央社会主义学院、省社会主义学院参加培训。三是做好组织发展工作。继续坚持健康稳步发展及质量与数量并重的原则,发展盟员16名。四是加强对新盟员和骨干盟员的培训工作。

【参政议政】 一是认真做好政治协商和民主监督工作。盟市委领导积极参加市政府等有关部门召开的民主协商会、情况通报会、征求意见会等10余次,提出的意见和建议,受到中共商丘市委、市政府及各级党政部门的高度重视。二是积极组织"两会"提案、议案。向省、市"两会"提交集体和个人提案50余件。其中《关于加快我市农业科技创新发展的建议》等36件提案被采纳,《关于出台〈商丘城市内河水系长效管理办法〉,推进内河水系综合治理,逐步形成长效管理和监督机制的议案》被列为市人大议案。陈长河代表民盟市委在市政协大会上发言,《关于对商丘市城市生活垃圾科学处理的建议》得到与会领导和委员的高度评价。集体提案《关于对商丘机场建设的几点建议》和霍丽萍、张爱珺提出的《做好承接产业转移工作,切实加快我市经济发展的提案》和《关于加强对我市非金融机构监管和整治的建议》获得优秀提案奖。三是调整参政议政专委会,加强参政议政队伍建设。四是围绕中共商丘市委、市政府中心工作,开展调查研究。3月~4月,盟市委组织调研组分别到贵友等盟员企业就民营经济发展开展调研。6月组织相关人员就商丘市内河水系治理情况开展全面调研,7月~8月围绕商丘市农村音乐、美术、体育课开展情况及农村教师队伍建设问题开展调研。《关于我市城区内河水系治理情况的调研报告》在市政协常委会议宣读。五是做好社情民意信息工作。民盟商丘市委共收到社情民意信息36篇,经整理上报后,被省政协、民盟省委、市政府采用8篇。

【社会服务】 民盟市委积极协调省、市、县工作,促进"白云民盟烛光小学"的建设。3月,盟市委领导班子、部分基层组织负责人到白云民盟烛光小学开展义务植树活动。在校园种植由经济支部盟员房萍出资购置价值1万元的女贞、法桐等树种。2月~5月配合盟省委协调北京四中网校把“白云民盟烛光小学”确定为“北京四中远程教育合作学校”，北京四中无偿向该校捐赠价值25万元的网络教学资源和学生夏装校服279套、教师工装19件；协调美国科技教育协会、香港田家炳基金会向该校捐赠价值1万元的图书和体育器材。盟省委非公经济委员会副主任、河南汇艺置业有限责任公司董事长李慧向该校捐赠50万元支持学校建设（包括电脑40台及配套桌椅）。百川药业董事长、盟员岳清波向该校捐赠教师教学电脑10台。商丘八达置业有限公司董事长、盟员江丛芝，向该校捐赠冬装学生环保校服260套。商丘特殊教育学校校长、盟员曹昭义向该校捐赠图书4000册。盟员王林，中山电动车厂厂长、盟员朱艳霞向该校捐赠书包260个。盟员王庆民向该校捐赠电脑室空调1部。盟市委班子成员向该校捐赠文具260套、教师工装20套。梁园区教育支部、梁园区机关支部等民盟基层组织盟员向该校捐赠图书1000册。建立实践基地。商丘师范学院将该校确定为“商丘师范大学生实践基地”，并向该校捐赠乒乓球案2台。盟市委将该校确定为“民盟商丘市委调研基地”。开展支教活动。协调北京四中网校教师为“白云民盟烛光小学”开展英语、语文、数学支教活动，并为该校师生辅导了北京四中网络资源的使用方法。5月5日，“白云民盟烛光小学”落成捐赠公益活动举行。河南省人大常委会副主任、民盟省委主委储亚平，中共商丘市委书记陶明伦、副市长岳爱云、商丘师范学院院长曹奎等领导参加活动，并给予充分肯定。组织参加民盟“烛光杯”大赛系列活动。提升“白云烛光小学”师生教学、写作水平。开展“黄丝带爱心帮教计划”活动。积极与河南监狱、商丘监狱、市法院沟通，就帮教工作主动对接、协商。8月，民盟商丘市委邀请河南省著名心理学家王纪琼到省豫东监狱、商丘市中级人民法院为全体干警举办“真诚关爱，情系干警”心理健康知识讲座。组织有关心理学工作者对心理困难人员进行心理辅导。盟市委形成《民盟商丘市委关于与商丘师范学院法学院建立盟院合作关系的意见》，在盟市委主要负责人的带领下，赴商丘师范学院法学院，商讨民盟市委与师范学院法学院建立盟院合作关系等相关事宜，为培养人才、学术研究等提供平台，助推依法治国、治市工作的开展。相关事宜正在积极推进。继续开展好爱心帮扶活动。对帮扶的困难学生，盟员们合理安排时间及时联系、看望和帮助。与白云民盟烛光小学10名困难留守儿童结对帮扶已做好准备工作。

民盟商丘市委荣获奖项

先进单位

河南省民盟宣传工作先进集体

河南民盟组织工作先进集体

河南省民盟参政议政工作先进集体

河南省民盟社会服务工作先进集体

（卢 玮）

岳爱云

【中国民主建国会商丘市委员会概况】 2014年，民建商丘市委共设13个基层支部，6个工作委员会，实有会员202人，其中女会员74人，会员平均年龄50岁，大专以上学历179人，中高级职称164人。会员中有36人担任各级人大代表、政协委员，其中省人大代表1人；省政协常委1人；省政协委员1人；市（区）人大代表、政协委员33人（其中市政协常委5人）。被聘为市（区）各级特邀监督员35人。积极向各级报刊供稿，努力做好新闻宣传工作，在国家、省、市刊物共发表稿件15篇，8条宣传信息被民建中央和民建省委网站采用。

民建商丘市第四届委员会领导成员

主 任 委 员：岳爱云（女，回）

副主任委员：张圣金 刘北京

委 员：郝七一 夏文英（女） 盛敬伟 宋慧玲（女） 罗东亚 吕 冰

【自身建设】 民建商丘市委为进一步巩固会员的思想基础，始终做到与中国共产党同心同德、同向同行，一年来，不断组织会员学习中共的重要会议和文件精神。2月24日，民建商丘市委召开基层支部主委会议。会上，学习中共十八届三中全会精神，布置民建2014年重点理论研究课题工作。3月6日，民建商丘市委召开纪念“三八”国际劳动妇女节104周年座谈会。新老民建女会员代表50余人参加会议。总结上年民建市委妇委会的工作，并对2014年的工作进行安排。4月17日，民建商丘市第四届委员会第三次全体会议召开，总结民建市委2013年工作情况，部署2014年工作；为2013年新发展的会员颁发会员证；表彰2013年度4个先进支部和39名优秀会员；会议通过《民建商丘市委关于开展坚持和发展中国特色社会主义学习实践活动的实施方案》，并成立学习实践活动领导小组。6月3日~7日，民建商丘市委选派6名支部主委参加在信阳举办的民建河南省第三期支部主委培训班。12月16日，民建商丘市委召开学习贯彻中共十八届四中全会精神座谈会。市委委员、各基层支部负责人参加会议。会上，传达民建河南省委《关于转发〈民建中央关于学习贯彻中共十八届四中全会精神的通知〉的通知》，学习《中国共产党第十八届中央委员会第四次全体会议公报》，学习党报党刊对《中共中央关于全面推进依法治国若干重大问题的决定》的解读，学习习近平总书记的重要讲话。与会人员结合自身工作实际，交流对中共十八届四中全会精神的认识和体会。

【参政议政】 2014年，民建市委围绕中共商丘市委、市政府中心工作，充分发挥民建密切联系经济界的特点和优势，深入调查研究，积极参政议政、建言献策。1月6日，民建商丘市委组织部分市委委员、支部负责人、民建会员中的市政协委员20余人参加提案工作会议，对政协提案工作进行安排，向基层支部和广大会员提出要求，面向全会开展征集提案工作。岳爱云深入基层调查研究，积极参政议政、建言献策，在省政协会议上提交提案4件，其中《关于培育扶持我省科技型小企业发展》的提案被省政协选为优秀提案，由省政协副主席高体健带队重点督办。在召开的政协商丘市四届三次会议上，民建商丘市委和民建会员中的政协委员提交提案59件，其中，以民建市委名义提交的大会发言1件，集体提案12件，委员个人提案46件。民建商丘市委《关于加强我市现代农业的建议》的集体提案，张圣金《关于加快豫东综合物流集聚区建设的建议》和吕冰《关于对民主路和神火大道交叉口进行拓宽改造的建议》的个人提案被评为优秀提案。8月26日~27日，民建省委秘书长、理论委员会主任、学习实践活动领导小组成员兼办公室主任王家柱率民建省委调研组赴商丘调研参政党建设的基本经验和学习实践活动开展情况。民建商丘市委班子成员、理论委员会委员和13各基层支部主委参加调研座谈会。座谈会上，岳爱云代表民建商丘市委向民建省委调研组汇报了学习实践活动开展情况。与会人员围绕“参政党建设的基本经验”积极发言。

【社会服务】 1月24日，民建商丘市委携手商丘市嘉业房地产开发有限公司董事长王如福在虞城县杜集镇李菜园小学举行学校危房改造和资助贫困学生活动。岳爱云出席爱心学校捐建及动工仪式并讲话。4月24日，中共河南省委书记郭庚茂在中共商丘市委书记陶明伦的陪同下到企业调研，并对刘红军和他的企业给予充分肯定。6月13日，商丘民建会员、河南亚太能源科技集团有限公司董事长刘红军捐赠给商丘市水上义务救援队，依维柯汽车1辆。7月31日，民建商丘市委携手睢县恒鑫房地产开发有限公司经理一行到睢县消防大队和武警中队慰问，为部队官兵送去1万元的慰问品和1万元的慰问金。9月8日，民建商丘市委联系40名会员，与商丘市名代食品有限公司董事长陈宝晶一起，慰问坚守在工作岗位上的环卫工人和交警，为他们送去价值6万余元的月饼和节日的祝福。9月10日，在第30个教师节到来之际，市政府副市长、民建商丘市委主委岳爱云带领民建市委委员，到部分学校和退休老教师家中，给教师送去节日的慰问。11月2日，民建会员李周为民权县林七乡林东村捐路灯款2.6万元，支持农村城镇化建设。

民建商丘市委荣获奖项

先进单位

河南省组织信息系统录入工作一等奖

河南省社会服务工作先进单位

河南省理论研究工作优秀组织奖

先进个人

河南省重点理论研究二等奖

《民建为实现大宣传思想工作理念的途径》

马西林

商丘市师德标兵

丁堂锋

(吕 冰)

郝 萍

【中国农工党商丘市委概况】 2014年，农工党商丘市委围绕中共商丘市委、市政府的中心工作，认真履行参政党职能，各项工作都迈上了新台阶。全年发展新党员15名。至年底，全市共有党员285名，下设13个基层支部，党员分布在市直和梁园、睢阳两区20余个工作单位。其中医卫界占总人数的66%，教育界占13%；高级职称占总人数的45%，平均年龄44岁。党员中现有各级人大代表、政协委员23人(含交叉)，其中全国人大代表1人，省人大代表1人，市人大常委1人；省政协委员1人，市政协副主席1人，政协常委4人、政协委员5人；区政协常委1人，政协委员8人。现有市“特约四员”(检察员、监督员、审计员、教育督导员)和政府职能部门各类特约监督员25人。

农工党商丘市委领导成员

主任委员：郝 萍(女)

副主任委员：王位东 庞进红 杨彦林

秘书长：王志刚

委员：王书超 杨 华 高 云(女) 曹 辉

【参政议政】 2014年，农工党员中的人大代表、政协委员共向各级人大、政协提交议案、提案和建议87件(含集体提案23件)，其中，郝萍在全国人大会议上提交议案4件，建议6件，关于制定《学前教育法》等4项议案均被全国人大常委会专门委员会立案审议。其中关于修订《生态环境保护法》的议案被采纳，于2014年4月24日被全国人大常委会第十二届八次会议审议通过，并于2015年1月1日正式实施。王位东向省人大提交议案3件，建议6件，关于尽快出台《河南省保障国家粮食安全条例》的议案，被省人大常委会立案审议，交农村工作委员会承办。委员杨华向市人大提交的《关于加快我市养老服务业发展的议案》，被市人大常委会列为3号议案立案审议。在市政协四届三次会议上，农工党市委提交《关于在城镇化进程中确保我市粮食安全的建议》，市农业局和市财政局、市国土资源局、市农机局、市委农办共同研究，连续出台多项强农惠农政策，加大对粮食生产扶持补贴力度，切实加强耕地保护，积极推进土地流转，不断强化百千万高标准粮田和农技推广服务体系建设，使商丘市粮食总产量保持强劲增长的势头，实现十一连增。郝萍、王位东等提出的《关于加强社区和农村基层卫生人才队伍建设》的提案，得到市卫生局的高度重视并被采纳。市卫生局大力实施“人才强卫”战略和“522行动计划”人才培养工程，先后为基层医疗卫生机构引进高校医科毕业生108名，培养全科医师210名，完成社区和乡村医生业务培训5717人，从市、县医疗卫生机构中，选派120名具有高、中级职称的医师对口支援30所乡镇卫生院，使基层医疗机构的诊疗水平和服务能力得到明显提升。

【社会服务】 4月2日，杨彦林带领市第二人民医院支部党员到商丘市阳光老年公寓看望老人并带去慰问品，为老人体检身体并进行心理疏导；他们又到商丘市爱德孤儿院看望儿童，为他们带去党员捐献的衣物180件，学习用具20套，以及爱心人士捐献的善款。4月12日，市委会组织农工党专家名医在商丘市珠江东路的仁和中医院门前为群众义诊咨询，此事于6月18日在《人民政协报》第三版报道。5月31日，市委会在商丘市帝和文化广场，举办以“希望有爱，爱有希望”为主题的庆“六一”献爱心联欢活动，庞进红主持活动仪式。此次活动得到了热衷于公益事业的企业以及爱心人士的资助。他们踊跃捐款捐物为孤儿院的儿童购买学习、生活用品，让弱势群体感受到社会大家庭的温暖。《商丘日报》予以报道。为推动商丘市摄影事业发展，农工党市委联合商丘报业集团和商丘市摄影家协会主办“梦幻天使杯”《京九晚报》小记者风采展示摄影大赛。郝萍参加启动仪式并讲话。6月8日，市委会按照农工党中央和国家部委局关于举办第七届中国环境与健康宣传周活动要求，组织商丘市10余位医疗专家名医，在商丘市珠江路举行大型义诊和环保健康咨询活动，接诊患者680余人次。同时专家们还进行以“树立人与自然和谐发展理念，增强全民生态环保意识，倡导健康生活方式”为主题的宣传活动，发送各类健康资料2500余份。6月15日，联合市中医院开展“中医同行计划”义诊宣传活动等。《人民政协报》《商丘日报》予以报道。11月14日“中国国际科学与和平周”活动当天，市委会组织各科知名专家到虞城县木兰镇进行送医下乡义诊及科技、健康咨询活动，为500余名群众义诊，发放科技、健康宣传资料1200余份。在服务产业集聚区、招商引资方面，市委会牵头引进的华润商丘医药物流中心项目2012年底入驻梁园区医药园区，该项目总投资2亿元。

【思想建设】 2014年，市委会始终把开展坚持和发展中国特色社会主义学习实践活动贯穿于履行参政党职能的全过程，先后组织党员干部学习中共十八大和十八届历次全会精神、习近平总书记系列重要讲话精神，农工党中央十五届三中全会、省委六届五次全会精神，以及中共商丘市委四届十一次全会精神。始终以中国特色社会主义理论体系为指导，扎实开展坚持和发展中国特色社会主义学习实践活动，着力推进学习型、服务型、创新型“三型”参政党组织建设。进一步加强骨干党员的培训工作、引导党员牢固树立正确的世界观、人生观、价值观，在大是大非面前与以习近平为总书记的党中央保持高度一致。进一步深化“同心”活动，把践行“同心”思想自觉融入推进党派工作、服务科学发展的实践中，始终坚持与中国共产党同心同向同行。

【专题调研】 2014年，农工党市委会开展三次专题调研活动，写出调研报告3篇。《关于在城镇化进程中确保我市粮食安全的建议》《加快发展农业机械化推动我市农业现代化快速发展》的建议，前者在商丘市政协四届三次全会上作大会发言，并接受商丘电视台的专访；后者在市政协四届十二次常委会议上作书面发言。《关于加快我市医养结合型养老护理机构建设的建议》，及时上报农工党河南省委。7月，农工党市委在中共商丘市委情况通报会上发言中提出的“关于建立商丘市政府工作部门与民主党派、工商联对口联系制度建议”，被中共商丘市委、市政府采纳并（出台正式文件）落实。10月，农工党市委召开参政议政工作会议，组织参政议政工作委员会成员前往豫东综合物流园区进行调研，并赴全国先进物流园区山东临沂市物流园区学习调研，为促进商丘市物流园区发展建言献策积累第一手资料。

农工党商丘市委荣获奖项

先进个人

农工党中央全国演讲比赛优秀奖

孙启良

全国投入产出调查省级先进个人

朱　丹

河南省坚持和发展中国特色社会主义学习实践活动知识竞赛第一名

徐　青　王　昆　朱　丹

（王志刚）

李德民

【中国民主促进会商丘市委员会概况】 2014年，民进商丘市委切实加强自身建设，努力提高参政议政素质和能力，紧紧围绕中共商丘市委、市政府中心工作大局，扎实工作，奋发有为，各项工作稳步推进，均取得较好成效。至年底，商丘民进共有9个基层支部、4个专门委员会，全市共有民进会员149人，具有中高级以上职称100%。其中，教育界会员占会员总数的71.6%，副高以上职称占会员总数的69%，会员平均年龄44.3岁。会员中有各级人大代表、政协委员23名（含交叉），其中省政协常委1名，委员1名；市人大常委1名；市政协常委2名，市政协委员13名；区人大代表1名；区政协常委3名，区政协委员10名。担任市政协副主席1人。22名会员担任市直16个部门的各类特约员。

中国民主促进会商丘市委员会领导成员

主 任 委 员：李德民

副主任委员：王明泉　杨紫元

委　　　员：方自强　王柳松　陈　海　王建祥　谢　倩（女）　路　伟

【思想建设】 深入开展中国特色政治发展道路学习实践活动。按照民进中央、民进省委的活动安排，市委会坚持引导各级组织和广大成员更加自觉地维护中国共产党的领导，进一步坚定走中国特色社会主义道路的理想信念；更加主动地围绕经济社会又好又快发展；进一步明确为科学发展服务的目标任务、主要内容和途径载体，努力在履行职能上有新作为；更加积极地加强领导班子建设，进一步提高以科学发展观指导参政党建设的能力，努力在自身建设上有新进步。自学习教育活动开展以来，市委会通过召开骨干会员培训会学习科学发展观教育活动的内容，通过印发文件安排科学发展观教育活动的实施方案,通过召开座谈会来总结交流学习经验,通过举办培训班、专题学习会等,认真组织会员学习贯彻中共十八大、十八届二中、三中全会和习近平总书记一系列重要讲话精神,引导会员准确把握坚持和发展中国特色社会主义核心的重要意义,积极号召广大成员立足本岗,身体力行,爱岗敬业,踏实奉献,争当先进,以实际行动发展和实践中国特色社会主义。特别是市委会“以会代培”的活动经验,在民进河南省委专职干部培训班上受到民进河南省委的表扬。为激发广大会员参与活动的积极性,增强会员队伍的凝聚力。市委会以学习教育活动为契机,组织开展了一系列主题实践活动。5月,组织骨干会员赴兰考县焦裕禄烈士陵园等地开展爱国主义教育活动;“六一”前夕,联合市新华书店集团,以会员创办的自强美术学校为依托,举办全市儿童书画大赛。各支部开展多种形式的集体活动。高考前夕,民进商丘市一高支部组织会员在一高校园内开设考前服务点,为广大学生持续开展一周的心理咨询服务和高考政策问询服务;暑假期间,中学二支部组织会员中的优秀教师,赴梁园区远乡镇开展支教活动;重阳节前夕,民进商丘市医专支部组织会员赴敬老院进行义诊活动。

【组织建设】 稳步组织发展,保持会员队伍健康稳定。在组织发展工作中,市委会按照民主党派中央《关于进一步做好民主党派组织发展工作座谈会纪要》和商丘市民主党派工作会议精神,进一步规范组织发展程序,妥善处理发展与巩固、数量和质量、重点与非重点、发展骨干成员与一般成员的关系,注重吸收政治素质高、业务能力强,参政议政水平高的中青年优秀知识分子入会,全年新发展会员8人。会员队伍的知识结构、年龄结构得到进一步优化,保证会员队伍的健康发展。健全完善基层组织的制度建设。为更好发挥基层组织的整体作用,增强基层组织的活力和凝聚力,基层组织建立一定的管理制度和工作程序。在制度的制定与完善过程中,发动广大会员积极参与讨论,使决策更加民主、科学,在执行规定制度时,更是注重接受大家的监督,做到公开、透明、公平、公正。9个基层支部在市委会的帮助和指导下,建立健全支部工作和组织生活制度、会议制度、组织发展制度、参政议政制度等。

【调研和参政议政】 全年开展大型调研活动6次,小规模调研调查活动4次。5月,市委会紧扣当前重要工作,组织会内部分市人大代表、政协委员,就商丘市农产品市场体系建设情况进行专题调研。调研组先后深入梁园区310农贸市场、宁陈庄菜市场、睢阳区包公庄塑料大棚基地等,在查看农产品生产、销售情况的同时,和基层干部、农民经纪人及群众代表座谈,基本掌握商丘市农产品生产、销售中存在的问题。形成了调研报告《关于加快我市农产品市场体系建设的几点建议》在7月上旬召开的市政协常委会上发言,受到与会同志的好评。市委会先后以集体提案的形式向全会提交《关于城市规划和建设应兼顾考虑学校布局的建议》《关于促进我市心理咨询事业发展的建议》《关于发展社区服务业、拓宽再就业渠道的建议》《关于加强我市城镇中小学校园建设的建议》《关于加快我市乡村简易剧场普及的建议》等11个集体提案。其中,《关于加强我市校园安全管理工作的几点建议》作书面发言。市委会集体提案《优化工业投资结构、提高经济增长质量和效益》被评为市政协优秀提案。省政协会议期间,省政协常委、民进商丘市委主委李德民提出的《关于加强大中型超市监管的建议》和《关于加强民间融资担保机构监管的几点建议》提案受到新闻媒体的关注,其中《关于加强大中型超市监管的建议》被《河南商报》2015年1月31日A14版《重磅》栏目予以专题报道。《关于加强民间融资担保机构监管的几点建议》被《河南日报》2015年1月29日第11版《两会专刊》栏目予以报道。7月,针对商丘市地标性景观带——帝和广场周边公共设施毁坏严重的问题,市政协副主席、民进商丘市委主委李德民在全市上半年党外人士情况通报会上提出“关于对帝和广场周边破损景观设施修复的建议”,受到市委主要领导的关注。市政府指示市政管理部门对帝和广场周边毁坏的景观进行修复。针对主要环城干道中州路(民主路至文化路段),路中两侧花坛宽度几近大于路面、车人混杂行驶、交通事故频发等问题,民进商丘市委连续多年提出道路扩建、改造的提案,建议用隔离护栏替代花坛、扩充硬化路面,规范分类行车道、减少交通事故的建议,引起市委的高度重视。

【社会服务】 春节前夕,市委会组织一批会内的书法爱好者,到梁园区前进街道等地为群众义务写春联,深受农民欢迎。市委委员方自强创办的“商丘自强美术学校”,为社会、为高等院校输送大批美术专业人才,先后在国际儿童画大赛中取得金、银、铜牌500余块,多次被《中国美术报》、河南电视台、《河南日报》等多家新闻单位报道。该校长年在校学生2000余人。市委会把救助弱势群体作为一项民心工程来抓,积极引导和鼓励有条件的会员参加多种形式的帮扶救助活动,大力支持会员参加慈善公益事业,给贫困家庭送温暖。全市会员在赈灾、扶老、助残、济困、助学、助医、救助孤儿和支持教育事业、发展公益事业等慈善领域作出很大成绩。会员全年捐款、捐物等2万余元。

民进商丘市委荣获奖项

先进单位

民进中央“社会服务工作先进单位”
　民进商丘市委
民进河南省“民进市级组织参政议政工作先进单位”
　民进商丘市委
民进河南省2012年度“民进市级组织新闻宣传工作先进单位”
　民进商丘市委
民进中学支部、民进河南省“社会服务工作先进单位”
　民进文化出版支部
　民进中学支部

先进个人

民进中央“社会服务工作先进个人”

李洪继

民进河南省“社会服务工作先进个人”

盛 华 吴清雅

民进河南省调研报告一等奖

李德民

河南省网站工作先进个人

路 伟

民进河南省调研报告三等奖

路 伟

（路 伟）

崔道山

【九三学社商丘市委概况】 2014年，九三学社商丘市委在做好参政议政工作的同时，认真履行民主监督职能，努力做好新时期下的社会服务工作，为加快中原崛起、河南振兴、商丘振兴作出应有的贡献。至年底，共有社员154人（女70人），其中副高职称101人，占总人数的65.58%，中级职称52人，占总人数的33.77%，平均年龄47.80岁。科技、教育、医疗界社员123人，占总人数的79.87%，其他31人，占总人数的20.13%。下设6个工作委员会，1个基层委员会（下设2个支社）、11个支社。有省政协常委1人，省人大代表1人，市人大常委1人，市政协委员13人（含交叉），其中市政协常委5人，区政协委员7人（含交叉），24名社员分别担任市特邀检察员、监察员、审计员、教育督导员等特邀职务。

九三学社商丘市委员会领导成员

主 任 委 员：崔道山

副主任委员：郭保国 徐淑华

秘 书 长：张春华（女）

委 员：王封禄 李 建
李祥新 王卫平
秦 彧

【思想建设】 社市委认真落实集体学习制度，通过学习提高思想政治素质，提高政治鉴别力和政治把握能力，深化对我国的政治制度、政党制度和参政党地位、性质及历史使命的认识，坚定树立和践行社会主义核心价值体系的政治信念，增强了贯彻执行党的路线、方针、政策的自觉性和坚定性。4月24日，九三学社商丘市委召开市委会议，安排社务工作。社市委主委崔道山主持会议。会议审议通过2013年社务工作总结和2014年社务工作安排。4月25日，九三学社商丘市委召开市委扩大会，纪念“五一口号”发布66周年，社市委主委崔道山主持会议，社市委委员、各基层自组织负责人、部分骨干社员30余人参加会议。会议回顾“五一口号”发布的背景、重要意义，学习“五一口号的”主要内容，安排2014年的社务工作和社志编纂工作，对2013年参政议政先进个人进行表彰。8月28日，九三学社商丘市委召开“坚持和发展中国特色社会主义学习实践活动”研讨会。崔道山主委主持会议并讲话，社市委委员及部分骨干社员参加会议。崔道山在讲话中要求大家结合工作实际，加强自身建设、切实履行参政党职能，探索创新学习实践活动的思路、方式和载体，增强政治责任感，坚定信念、凝聚力量，推动九三学社商丘市委各项工作再上新台阶。会议还对近期的社务工作进行了安排。10月28日，九三学社河南省委巡讲团在商丘开展巡讲活动，社省委参政议政处处长王清彬就参政议政工作作辅导讲座，九三学社商丘市委班子成员，基层组织负责人，社内人大代表、政协委员，参政议政骨干成员以及部分新社员30余人听取此次讲座。

【参政议政】 2014年，社市委继续发挥人才荟萃、智力密集的优势，抓住党和政府决策迫切需要解决的突出矛盾和关键问题，加大调研力度，积极为商丘经济社会的发展建有用之言、献务实之策。在2月召开的市人大政协“两会”上，九三学社商丘市委共提交集体提案16件，个人提案20余件，全部予以立案，其中3篇提案被评为优秀提案，受到大会表彰。调研报告《我市农村土地流转经营权存在的问题和几点建议》作为书面发言材料提交至政协全会。在市政协四届三次会议上，社员张晓民在大会上作《加快推进我市中小微企业健康发展》的发言，受到社会各界的好评，该文选登在《商丘政协》2014年第1期。3月～4月，组成以崔道山主委为组长的调研组，利用一个余月时间，深入梁园区高铁拆迁现场和睢阳区商丘古城拆迁现场，开展了和谐征地拆迁的集中调研，收集整理相关资料，形成《和谐征地拆迁的几点建议》的调研报告上报社省委。4月16日，崔道山主委带领九三学社商丘市委部分社员，对包河市区段沿岸绿化情况进行巡查。调研组经过分析研究后建议要加强对所植树苗的后期管理，跟踪问效，保证成活率，达到绿化美化的效果。另一方面要加大对沿岸群众的宣传力度，制定奖惩措施调动群众的积极性，让群众从破坏树苗到保护树苗，形成爱绿护绿的良好氛围。7月31日，九三学社河南省委和谐征地拆迁调研商丘座谈会召开。省政协副主席、九三学社河南省委主委张亚忠出席座谈会并讲话。九三学社河南省委常务副主委、省监察厅副厅长孙运锋，九三学社河南省委专职副主委陈志民，商丘市政协主席吴宏蔚、常务副市长史根治等参加座谈会，梁园区、睢阳区、城乡一体化示范区及市直有关单位负责人分别发言。9月18日，九三学社商丘市委主委崔道山带领机关工作人员和部分骨干社员，赴睢阳区坞墙、阎集、冯桥等乡镇，实地调研新型农村社区建设。通过调研洞悉新农村社区建设存在的问题，对问题产生的根源进行分析研究，找寻解决问题的办法，形成内容翔实、意见建议切实可行的调研报告上报市委、市政府，让利民惠民工程真正能够发挥应有的作用，从而改变农村面貌，让广大农民群众能够从中受益。

【组织建设】 社市委按照社中央《关于加强组织建设的若干规定》，经过与中共商丘市委统战部充分沟通，严把质量关，发展7名新社员，其中博士1人，硕士2人，副高职称3人、中级职称3人。社市委重视社员的培训工作。在5月和9月分别选调社内6名骨干社员参加社省委在省社会主义学院举办的第二、三期骨干社员培训班。为提高新社员的参政议政能力,完成从无党派人士到参政党员的角色转换。九三学社商丘市委于11月6日举办培训班,对新入社的7名社员进行全面系统培训。完成科技支社和医疗综合支社的换届选举工作,新成立九三学社商丘市第三人民支社,一批年富力强、有创新能力的骨干社员走上基层组织的领导岗位,为基层组织的健康发展奠定基础。7月31日,九三学社商丘市科技支社开展主题为"创新科技帮扶模式,助推农业丰产丰收"的支社活动日活动。社省委主委张亚忠、专职副主委陈志民、社市委主委崔道山、社市委委员及各基层组织20余人观摩此次活动并对活动进行点评。10月26日至11月7日,市直二支社、科技支社、第一人民医院支社、第三人民医院支社、教育支社、师院基层委员会和中心医院支社二次各组织30余名社员参加《京九晚报》组织的走走团活动。

【理论宣传】 在团结报上发表专题报道3篇,在《商丘日报》发表社市委信息5篇。根在中原网站和统战信息采用社市委信息8篇。出版两期《九三商丘社讯》,内容涵盖《高层声音》《调研之窗》《社员风采》等10余个栏目。补充完善社市委网站,安排专人做好网站的维护,网站内容更新及时。建立健全通讯员队伍。在每个支社都抽调1名~2名政治素质高、文字功底深的社员担任通讯员,将基层活动及时上报至社市委。完成社史资料的收集工作和社市委档案材料的收集工作,《九三河南社志·商丘篇》已成稿,上报社省委审阅。社员纸质档案已经全部建立,相关文件材料已分门别类存入档案盒,影音资料已建立电子档案。

【社会服务】 社市委继承和发扬九三学社的优良传统,始终坚持把围绕中心、服务大局作为开展社会服务工作的出发点,以群众受益为落脚点,本着"发挥优势,知情出力,持之以恒,讲求实效"的原则,突出服务特色,不断开拓社会服务工作新领域。4月5日,九三学社商丘市委组织二支社全体社员,走进商丘市聋儿康复中心,就聋儿康复现状及存在的问题进行调研,并为孩子们送去价值500余元的健身礼物。5月1日,社市委联合地震局、《京九晚报》举办纪念"5·12"汶川特大地震暨防灾减灾日六周年纪念活动,近百名《京九晚报》小记者在崔道山主委及地震局工作人员的带领下走进商丘市地震局,观看地震如何形成的、地震来了如何逃生动画片,参观防震减灾宣传长廊。5月7日,九三学社商丘市委部分社员到梁园区社会福利院奉献爱心,为孤残儿童送去1000余元的面包、牛奶食品。5月19日~22日,社市委组织"全城尽飘'菜花香'为20余万斤花菜找销路"活动。发挥社员各自优势,联系新闻媒体以及20余家爱心企业、单位为虞城县芒种桥乡20余万斤滞销花菜找到买家。市直一支社、市直二支社、科技支社、教育支社、第一人民医院等基层组织社员以各种形式参加此项活动。《京九晚报》、商丘电视台、商丘电台、商丘教育电视台连续对此予以报道。此举创新了社会服务形式,树立了九三学社社员良好形象。社省委主委张亚忠对此次活动给予高度评价并作出批示,赞扬社商丘市委为当地百姓做了好事实事,履行民主党派社会服务的职责,传播社会正能量,树立九三学社的良好形象。市委书记陶明伦也对此次活动作出批示,对九三学社商丘市委的做法进行表扬。5月26日,九三学社商丘市委主委崔道山和科技支社的农业、气象等方面的专家,赴梁园区双八镇九三社员张金民的高标准小麦示范田查看小麦长势情况并进行技术指导。6月10日,组织医疗综合支社的部分医疗、医药方面的专家,参加以"尚德守法,提升食品安全治理能力"为主题的商丘市2014年食品安全宣传周启动仪式。10月11日,"九三学社商丘市委科技帮扶基地"和"统战工作服务之家"在睢阳区临河店乡挂牌。社市委主委崔道山、社内的农业专家、驻会专干和睢阳区相关领导参加挂牌仪式。10月23日,邀请九三学社社员、河南工业大学栗政新教授赴柘城开展技术讲座,从金刚石单晶、粗颗粒、大单晶合成、微粉制造技术、超硬材料工具制造、专用设备以及超硬材料企业管理等方面,进行深入讲解。超硬材料产业的近百家企业负责人或技术人员参加培训。10月31日,邀请中国超硬材料协会理事长邱丽花赴柘城调研考察,实地了解超硬材料企业存在的问题,从技术层面对问题进行剖析,探讨解决问题的办法,并就超硬材料企业今后的发展进行专题辅导。11月1日,邱丽花应邀参加商丘国际华商节系列活动。社市委圆满地完成统战部下达的邀商任务。

【九三学社河南省委和谐征地拆迁调研商丘座谈会召开】 7月31日,九三学社河南省委和谐征地拆迁调研商丘座谈会召开。省政协副主席、九三学社河南省委主委张亚忠出席座谈会并讲话。九三学社河南省委常务副主委、省监察厅副厅长孙运峰,九三学社河南省委专职副主委陈志民,市领导吴宏蔚、史根治等参加座谈会。张亚忠对商丘市征地拆迁的成功做法给予充分肯定。他指出,商丘新型城镇化任务还很艰巨,希望商丘能够承前启后、继往开来,为河南和谐征地拆迁提供一个样板。座谈会由市政协主席吴宏蔚主持,市委常委、常务副市长史根治汇报房屋征收工作情况,梁园区、睢阳区、城乡一体化示范区及市直有关单位负责人分别发言。

九三学社商丘市委荣获奖项

先进单位

社省委组织工作先进单位

先进个人

九三学社中央优秀组工干部

王卫平

九三学社中央优秀新闻作品三等奖

苏美娟

河南省教育厅自然科学优秀论文三等奖

杨广礼

(王卫平)

政权·政协

商丘市人大常委会

高献涛

【人大工作综述】 2014年，市人大常委会认真贯彻落实党的十八大，十八届三中、四中全会和习近平总书记系列重要讲话精神，坚持党的领导、依法治国有机统一，深入开展党的群众路线教育实践活动，依法履行职责，切实发挥作用，圆满完成了市四届人大四次会议确定的各项工作任务。

一、坚持围绕中心，服务大局，积极推动全市经济平稳较快发展。常委会认真贯彻落实市委决策部署，充分发挥人大制度优势和工作优势，站位全局，真抓实干，积极谋划开展人大工作。（一）围绕促进经济平稳较快发展履职尽责。2014年，常委会把握“持续求进、好中求快”的总基调，听取审议国民经济和社会发展计划、财政预算执行和审计工作报告，开展转移支付资金管理使用、国有资产管理、外资企业发展等多项视察调研，指出要充分认识全市经济发展面临的风险和困难，高度重视本级财政收入增长后劲不足、人均财力水平较低等问题，督促支持政府采取有效措施，狠抓运行调节，破解发展瓶颈，促进全市经济平稳运行，主要经济指标增速均高于全省平均水平。（二）围绕加快推进新型工业化履职尽责。常委会着眼加快构建现代工业产业体系，促进承接产业转移示范市建设，先后组织代表130人次，对产业集聚区建设、重点项目推进、招商引资、科技创新、发展环境等开展9次专项视察和专题调研，提出扩大招商引资、壮大产业规模、培育主导产业、提升发展水平、着力打造产业集群和内陆开放高地等建议，促进商丘市工业经济保持健康发展的良好态势。（三）围绕推进新型城镇化履职尽责。常委会认真落实市委《科学推进新型城镇化的实施意见》，围绕构建综合交通枢纽、打造豫鲁苏皖四省接合部区域性中心城市的发展目标，积极开展工作。一是对郑徐高铁商丘站区等基础设施建设情况开展专项视察，要求有关部门进一步加大工作力度，加强协调配合，加快推进项目建设。二是听取审议商丘古城保护开发专项工作报告，强调商丘古城保护与开发并重，高起点规划，高标准建设，在开发中保护，在保护中开发。三是对市商务中心区建设情况专题调研，建议进一步完善基础设施，突出项目支撑，加快科技创新，努力打造商丘城市发展新亮点。四是结合促进“六城”联创，开展城乡规划法执法检查，支持市政府依法加强城市管理，强力推进专项整治行动，加大对违法建筑的拆除力度，进一步发挥规划引领作用，加快推进新型城镇化进程。（四）围绕促进新型农业现代化履职尽责。为进一步夯实农业基础地位，推进“三农”工作健康发展，一是听取审议高标准粮田“百千万”工程、土壤污染防治工作的专题报告，督促有关部门认真落实国家粮食生产核心区规划，加强农业基础设施建设，提升高标准粮田建设水平，大力发展现代农业。二是开展农业技术推广法执法检查和农业科技创新体系建设专项视察，促进农业部门完善推广体系，提升推广能力，解决好服务群众“最后一公里”问题。三是对中小河流治理、防汛工作开展调研，推动水利工作更好服务农业生产。商丘市农业基础地位进一步巩固，连续3年被评为“全国粮食生产先进市”。（五）围绕促进生态文明建设履职尽责。常委会把生态文明建设作为监督工作的重点，持续关注环境保护，一是开展城市内河水系综合治理工作专题询问。在充分调研、沟通的基础上，依据监督法的有关规定，首次启用专题询问监督形式，就城区内河水系综合治理工作，对政府及有关部门开展专题询问。10名常委会委员围绕现状与问题、规划与目标、队伍与管理、措施与保障等提出26个具体问题，市政府和8个职能部门的主要负责人逐一作诚恳翔实回答。二是开展大气污染防治法的执法检查和商丘环保世纪行活动，督促支持市政府依法加大对中心城区扬尘、燃煤小锅炉、机动车尾气、秸秆焚烧的治理力度。三是听取审议“美丽商丘·整洁村镇”专项工作报告，积极推动扩大群众参与，完善基础设施，建立长效机制，持续集中整治。

二、坚持以人为本，履职为民，促进民生不断改善。常委会把改善民生放在推动社会发展的突出位置，察民情、顺民意、解民忧，努力让改革发展成果更多更好地惠及人民群众。（一）持续关注食品安全。由常委会领导同志分头带队，多次组织代表深入食品生产源头、畜牧养殖、食品加工、集贸市场、商业超市等环节进行专题视察，并通过暗访、抽查等方式，真抓实做，增强实效。指出食品安全事关人民群众身体健康和生命安全，事关经济发展、社会和谐稳定，要求全面落实政府监管责任和企业主体责任，强化源头治理，注重标本兼治，确保从农田到餐桌全过程的食品安全。(二)高度关注群众身体健康。听取审议传染病防治工作的专题报告,开展相关调研,要求市政府进一步加大投入,扩大免疫人群,普及疾病预防知识,教育引导群众养成良好的卫生习惯,从源头上减少各类传染疾病发生。(三)积极促进教育事业发展。把推动中小学校建设作为促进教育事业发展的切入点,多次对城区中小学校建设情况进行视察调研,召开座谈会,听取专题汇报,指出在学校布局、资金投入等方面存在的问题,督促政府合理确定中小学校规划,加大基础教育投入,加快中小学校建设。至年底,政府承诺的10所中小学校已全部开工建设,部分学校已投入使用。(四)强力推进文化强市建设。专题听取审议文化产业发展情况报告,肯定政府及其部门实施文化产业"双十"工程、加快推进文化产业园区建设取得的成绩,指出商丘市文化资源综合开发不够、创新能力不足、特色优势尚未转化成产业优势等问题,建议进一步加大文化资源的整合开发力度,大力推进体制机制创新,把文化资源与文化旅游结合起来,变文化资源优势为经济发展优势,推动一批文化产业园区较快发展。(五)常委会围绕促进民生改善,开展对出生人口性别比综合治理、农村卫生体系建设、国家森林城市创建、养老服务业发展等视察调研,有力推动相关工作的开展。

三、坚持法治思维,强化监督,促进社会公平正义。常委会按照全面依法治国的要求,不断强化法律监督和工作监督,积极推进依法行政、公正司法,促进社会和谐稳定。推进法律法规贯彻落实。对《城乡规划法》《大气污染防治法》《治安管理处罚法》《农业技术推广法》等11部法律法规开展执法检查。在对治安管理处罚法的执法检查中,提出要坚持打防并举,综合治理,推进平安商丘建设;在对农业技术推广法的执法检查中,提出要进一步加快农业技术的转化应用,让农业科技更好服务粮食核心区建设。通过执法检查,有效促进这些法律法规的贯彻落实,增强职能部门的法治意识。(二)推进公正司法。听取审议市中级人民法院审判监督工作和市人民检察院民事行政检察工作的专项报告,要求全市法院健全审判监督机制,强化审判流程管理,自觉纠正错误或不当裁判,增强司法公信力;要求全市检察机关创新工作机制,完善制度措施,强化监督职能,维护公平正义。针对常委会的审议意见,市法院采取加大申诉监督、强化审判管理、健全评查机制等措施,努力提高审判工作质量;市检察院通过加强队伍建设、深化检务公开、规范执法行为等,积极推进民事行政检察工作的开展,执法水平进一步提升。(三)推进平安商丘建设。坚持把信访工作作为了解社情民意、联系群众的重要窗口,认真落实主任接待日制度,全年接待人民群众来信来访1068人次,加大督办力度,持续跟踪问效,促进一些涉法涉诉信访案件的解决,化解了社会矛盾。(四)推进规范性文件备案审查。对"一府两院"及县(区)人大常委会报备的45件规范性文件按程序进行备案审查,督促制定机关及时纠正发现的问题,提高审查实效,维护法制统一。(五)推进完善人事任免工作。常委会坚持党管干部和人大依法行使任免权相统一,通过任前法律考试、表态发言及颁发任命书,增强任命人员的法律意识、责任意识、公仆意识。全年任免国家机关工作人员42人次,确保党组织推荐的人选成为国家机关领导人员。

四、坚持主体地位,强化服务保障,促进代表作用发挥。常委会始终坚持尊重代表主体地位,不断提高服务保障水平,进一步发挥代表参与管理国家事务的作用。(一)加强履职培训。邀请有关专家对194名代表进行监督法、代表法知识专题培训;组织常委会组成人员赴大别山干部学院开展党的十八届四中全会精神学习,接受革命传统教育;坚持人大常委会会前法制讲座制度,加强对宪法的学习。常委会组成人员和代表的责任意识、法治观念、履职能力进一步提升。(二)改进与代表的联系。制定进一步密切市人大代表与人民群众联系的意见和常委会组成人员联系代表的规定,认真落实常委会主任、副主任接待代表日和代表列席常委会会议制度,扩大邀请代表参加常委会组织的重大活动。全年联系代表378人次,44名代表列席常委会会议,165名代表参加常委会组织的视察、调研、执法检查活动,保障代表的知情权和参与权。(三)强化议案建议办理实效。市四届人大四次会议代表提出议案7件,建议意见222件。常委会及时归纳梳理,建立台账,转交"一府两院"和常委会有关工作委员会办理,并对涉及群众切身利益的20件建议进行重点督办。至年底,所有议案建议办理完毕,解决一批群众关心的热点难点问题。(四)加强对县乡人大的指导。常委会把推动县乡人大履职尽责作为服务基层、联系群众的具体行动,指导县乡人大进一步规范代表之家、代表活动室建设,丰富代表活动内容,改进代表视察方式,促进代表围绕中心工作建言献策,较好地发挥了基层人大的作用。

五、坚持聚焦四风,真查实改,扎实开展群众路线教育实践活动。市人大常委会把党的群众路线教育实践活动作为全面加强自身建设的重大政治任务,按照中央精神和省市委决策部署,切实加强领导,精心组织实施,扎实开展各个环节的工作。(一)强化学习教育,广泛听取意见。坚持把学习教育贯穿活动的全过程,认真学习贯彻习近平总书记系列重要讲话精神,做到活动向前推进,思想武装同步跟进;结合人大工作实际,有针对性地开展"下基层、接地气"调研活动,广泛征求意见建议,自觉接受群众监督。(二)深入查摆问题,认真开展批评。按照"照镜子、正衣冠、洗洗澡、治治病"的总要求,采取群众提、自己找、上级点、同志帮、集体议等方式,从心灵深处查根源,从工作实际找症结,认真查找"四风"问题的具体表现,召开高质量专题民主生活会,诚恳开展批评和自我批评,触及灵魂,红脸出汗,达到荡涤思想、排毒治病的效果,受到省委第七督导组的充分肯定。(三)狠抓整改落实,健全长效机制。针对查摆出的问题和省委督导组、巡视组反馈的意见,常委会班子拉单子、建台账,制定整改清单,一项一项地整改,一件一件地落实,制定进一步加强中心组学习和机关作风建设的意见,完善了联系代表和接待群众来信来访办法,修订财务管理、车辆管理等制度。常委会机关连续被评为河南省宣传人民代表大会制度先进单位、"中原环保世纪行"优秀组织单位,3项调研成果受到省人大表彰,机关文明单位创建、驻村扶贫等多项工作取得优异成绩,树立了地方国家权力机关的良好形象。

商丘市第四届人民代表大会常务委员会领导成员

主　任:高献涛

副主任:付元清　陈海娥(女)
刘慧生　张　新
杨继民　王　琦
刘连昌(2月任)

党组副书记:刘　沛

秘　书　长:金世超

副秘书长:张　辉(女)
闫树秀(女)

人大常委会各委室领导成员

办公室主任:金世超

副　主　任:周鹰翔　孟亚松
王卫华(2月任)

纪检组长:赵廷显

选举任免代表联络工作委员会

主　任:王　敏

副主任:卢建华

农村工作委员会

主　任:李　冰

副主任:李光武　贾瑞军(2月任)

财经工作委员会

主　任:陈玉玲(女)

副主任:常　霖　孙梦君

预算工作委员会

主　任:孟庆亮

副主任:尹书谱(12月离)
王利华(2月任)
班志立

城建环保工作委员会

主　任:张瑞祥(12月离)

副主任:王义军　张发科

内务司法工作委员会

主　任:徐效仁(12月离)

副主任:郭振旺
都玉兴(12月撤)
范　杰

教科文卫工作委员会

主　任:侯锦山

副主任:魏亚莉(女)
郝卫华(2月任)
张　勇

民族侨务外事工作委员会

主　任:包长修

副主任:刘　彬

研究室

主　任:冯培东

副主任:薛宏伟

信访办公室

主　任:冯书建

副主任:王　超

金世超

【储亚平莅商调研】　8月5日,省人大常委会副主任储亚平带领调研组莅临商丘,调研土壤污染防治工作。市委书记陶明伦,市人大常委会主任高献涛、副主任张新,副市长李思杰参加座谈。调研组先后到睢阳区毛堌堆、南街村,梁园区周集乡、开发区东等地进行实地察看。储亚平指出,要高度重视土壤污染问题,增强土壤污染防治工作的紧迫感和使命感,进一步加大土壤污染防治执法力度,不断加大土壤污染防治资金的投入,切实强化人大监督,通过开展执法检查等监督形式,强化对政府土壤污染防治工作的监督,推动河南省土壤污染防治工作早见成效。

【市四届人大四次会议】　商丘市第四届人民代表大会第四次会议2月25日～27日举行。会议听取并审议市人民政府市长余学友作的《政府工作报告》,市发展计划委员会主任付元学作的《关于商丘市2013年国民经济和社会发展计划执行情况与2014年国民经济和社会发展计划(草案)的报告》、市财政局局长陈书英作的《关于商丘市2013年财政预算执行情况和2014年财政预算(草案)的报告》、市人大常委会主任高献涛作的《商丘市人民代表大会常务委员会工作报告》、市中级人民法院院长孙同占作的《商丘市中级人民法院工作报告》、市人民检察院检察长曹忠良作的《商丘市人民检察院工作报告》。会议通过关于商丘市人民政府工作报告的决议、关于商丘市2013年国民经济和社会发展计划执行情况与2014年国民经济和社会发展计划的决议、关于商丘市2013年财政预算执行情况和2014年财政预算的决议、关于商丘市人大常委会工作报告的决议、关于商丘市中级人民法院工作报告的决议、关于商丘市人民检察院工作报告的决议。

【市四届人大常委会第十一次会议】　2月21日,市四届人大常委会举行第十一次会议。市人大常委会主任高献涛,副主任付元清、陈海娥、刘慧生、张新、杨继民、王琦,秘书长金世超出席会议。商丘市委常委、副市长李思杰,市法、检两院负责人列席会议。会议听取市四届人大四次会议筹备工作进展情况汇报;听取审议通过《关于召开商丘市第四届人民代表大会第四次会议的决定》(草案),听取审议关于代表变动情况及补选代表的代表资格审查情况的报告、市人大常委会工作报告草案;审议市四届人大四次会议议程、工作日程草案;市四届人大四次会议议案办理的规定草案和市四届人大四次会议主席团和秘书长,主席团常务主席和执行主席,大会副秘书长,计划和财政预算审查委员会、议案审查委员会组成人员和特邀、列席人员建议名单草案的说明及各项名单草案;表决通过了商丘市人大常委会关于接受陈苏河、张亚光辞去市四届人大常委会委员职务的决定草案。

【市四届人大常委会第十二次会议】　3月17日,商丘市四届人大常委会举行第十二次会议,市人大常委会主任高献涛,副主任付元清、陈海娥、刘慧生、张新、杨继民、王琦、刘连昌,秘书长金世超出席会议。市长余学友列席会议,市委常委、组织部部长张光明列席会议并介绍拟任命人员有关情况。会议听取审议通过《市人大常委会2014年工作要点(草案)》,表决通过史根治为商丘市人民政府副市长职务的议案。

【市四届人大常委会第十三次会议】　4月29日,商丘市四届人大常委会召开第十三次会议。市人大常委会主任高献涛，副主任付元清、陈海娥、刘慧生、张新、杨继民、王琦、刘连昌出席会议。商丘市委常委、组织部部长张光明列席会议并介绍拟任命人员有关情况，副市长张家明及市法检两院负责人列席会议。会议听取审议关于商丘市高标准粮田“百千万”工程建设情况的汇报和市政府关于商丘古城旅游资源保护与开发情况的汇报。会议以无记名投票方式，表决通过《商丘市人大常委会关于接受余学友同志辞去商丘市人民政府市长职务的决定》。会议表决任命李公乐为商丘市人民政府副市长、代市长。

【市四届人大常委会第十四次会议】 6月26日，市四届人大常委会举行第十四次会议。市人大常委会主任高献涛，副主任付元清、陈海娥、刘慧生、张新、杨继民、王琦、刘连昌及秘书长金世超出席会议。市委常委、副市长李思杰，市法检两院负责人列席会议。会议听取审议市人民政府关于商丘市传染病防治工作情况报告；听取审议市人民政府关于土壤污染防治工作情况的报告；听取审议市人民检察院关于民事行政检察工作情况的报告。表决批准任命武英为睢阳区人民检察院检察长职务的议案、徐爱国为梁园区人民检察院检察长职务的议案、赵维冠为宁陵县人民检察院检察长职务的议案、马南桦为夏邑县人民检察院检察长职务的议案、林光弟为睢县人民检察院检察长职务的议案、薛德峰为民权县人民检察院检察长职务的议案。表决任命高晓扬、贺洪丽、胡洪光、刘攀、钟春毅、王金朝、王永芳、曹春玲、王威、沈湘楠、杨光、肖雨、李兰、陶鑫、田建立、刘占领为商丘市人民检察院检察员职务的议案。

【市四届人大常委会第十五次会议】 8月28日，商丘市四届人大常委会举行第十五次会议。市人大常委会主任高献涛，副主任付元清、陈海娥、刘慧生、张新、杨继民、王琦、刘连昌及秘书长金世超出席会议。市委常委、常务副市长史根治，副市长岳爱云，市法检两院负责人列席会议。会议听取审议市政府关于商丘市2014年上半年国民经济和社会发展计划执行情况的报告、关于商丘市2013年财政决算和2014年上半年财政预算执行情况的报告、关于商丘市2013年度市本级预算执行和其他财政收支的审计工作报告、关于商丘市文化产业发展情况的报告，听取审议市中级人民法院关于审判监督工作情况的报告，会议审议关于《治安管理处罚法》的执法检查报告（书面）、关于《城乡规划法》和《河南省实施〈城乡规划法〉办法》的执法检查报告（书面）、关于《农业技术推广法》和《河南省实施〈农业技术推广法〉办法》的执法检查报告（书面）。表决通过商丘市人民代表大会常务委员会关于批准商丘市2013年市本级财政决算的决议（草案）；表决通过关于免去关保安商丘市交通运输局局长职务的议案；表决任命张一民为商丘市交通运输局局长职务的议案。

【市四届人大常委会第十六次会议】 10月29日，市四届人大常委会举行第十六次会议。市人大常委会主任高献涛，副主任付元清、陈海娥、刘慧生、张新、杨继民、王琦、刘连昌及秘书长金世超出席会议。副市长张家明、市法检两院负责人列席会议。会议传达学习十八届四中全会公报和习近平总书记在庆祝全国人民代表大会成立60周年大会上的讲话；听取审议市政府关于市四届人大四次会议代表所提建议、批评和意见办理情况的报告，关于商丘市“美丽商丘·整洁村镇”活动开展情况的汇报；审议市人大常委会执法检查组关于《大气污染防治法》执法检查情况的报告，市四届人大四次会议第001号~007号议案办理情况的报告。

【市四届人大常委会第十七次会议】 12月29日，商丘市四届人大常委会举行第十七次会议。商丘市人大常委会主任高献涛，副主任付元清、陈海娥、张新、杨继民、王琦、刘连昌及秘书长金世超出席会议。商丘市委常委、常务副市长史根治和市法检两院负责人列席会议。会议听取审议市政府关于2014年市本级收支预算调整和政府债券转贷资金使用方案的报告；审议市政府关于落实《市人大常委会对2013年市本级财政预算执行和其他财政收支情况审计工作报告审议意见》情况的报告。表决通过《商丘市人民代表大会常务委员会关于批准商丘市人民政府2014年市本级收支预算调整和政府债券转贷资金使用方案的决议》的草案；表决通过关于免去张瑞祥商丘市人大常委会城建环保工作委员会主任职务的议案、徐效仁商丘市人大常委会内务司法工作委员会主任职务的议案、孟庆亮商丘市人大常委会预算工作委员会主任职务的议案；表决通过关于撤销都玉兴商丘市人大常委会内务司法工作委员会副主任职务的议案。

（王卫华）

商丘市人民政府

李公乐

【市政府工作综述】 2014年，全市上下深入贯彻落实党的十八大、十八届三中、四中全会和习近平总书记系列重要讲话精神，抓住产业转移机遇，把握“持续求进、好中求快”的总基调，坚持以四项重点带全局，求真务实，锐意进取，较好完成年初确定的目标任务。全市生产总值1697.6亿元，比上年增长9.2%；规模以上工业增加值383.4亿元，增长11.6%；全社会固定资产投资1552.19亿元，增长19.5%；社会消费品零售总额719.18亿元，增长13.6%；一般公共预算收入100.7亿元，增长17.4%；城镇居民人均可支配收入22274元、农民人均纯收入8025元，分别增长10.2%和11.2%；全年居民消费价格上涨1.7%，控制在合理范围内。主要经济指标增速均高于全省平均水平。

一、产业结构不断优化。把工业作为稳增长、调结构的主阵地，稳步提升二、三产业在生产总值中的比重，全市产业结构为22.[illegible]∶43.3∶34.6。认真落实国家宏观调控政策，强化重点区域、重点行业、重点企业运行调节，加大对中小企业扶持力度，搭建产销对接平台，成功举办电动车、纺织服装、食品博览会。做好要素保障，加大信贷投入，抓好土地管理、环境综合整治，有效缓解资金、土地、环境容量等瓶颈制约。把产业集聚区作为工业发展的主要载体，按照“四集一转”（企业（项目）集中布局、产业集群发展、资源集约利用、功能集合构建、农民向城镇转移）要求，突出主导产业集群发展，重点推进基础设施、科技创新、公共服务，产业集聚区建设迈上新台阶。全市产业集聚区完成固定资产投资1081.2亿元，增长31.7%，高于全市投资增速12个百分点，占全市投资的87.6%；规模以上工业企业528家，完成增加值286.5亿元，增长21.6%，占全市规模以上工业增加值的74.8%。民权制冷、柘城金刚石、睢县制鞋、夏邑纺织服装、虞城五金电子、宁陵农资化工等主导产业特色突出；睢阳区针织服装、梁园区生物医药、开发区电动车和环保装备产业，已形成比较强的生产能力，具备区域竞争优势。加快培育新材料、生物医药、环保装备等新兴产业和高新技术产业，全市高新技术产业增加值占规模以上工业增加值的比重提高25.8%，六大高成长产业完成工业增加值217.6亿元，增长1[illegible]%，对工业增长贡献率66.7%。加强检验检测公共技术服务平台建设，建成国家级质检中心2家、省级质检中心4家。大力发展现代服务业，把商务中心区和特色商业区作为发展服务业的重要载体，引进总部经济，突出发展现代物流、电子商务、金融保险、文化旅游等现代服务业，国药物流、华润医药物流、多美滋物流配送中心等一批重点项目在我市落地，中铁快运、南航快运、中通、申通等国内知名物流企业在商丘市设立分支机构。全市商品交易市场快速发展，年交易额10亿元以上市场12家，农产品中心批发市场、中原车城销售链创新高，交易额228亿元、126亿元。金融业快速发展，年末人民币各项存款余额1759.9亿元，增长12.9%；贷款余额1007.2亿元，增长20.9%。金融机构引进实现历史性突破，浦发银行、郑州银行成功落户商丘，睢县、宁陵县村镇银行相继开业。软件开发、呼叫中心、信息咨询、服务外包等三方服务业发展迅速，电子商务、网上购物等新兴业态势头强劲。阿里巴巴·商丘产业带入驻企业617家，产业带客流量和转化率位居全国前列。文化旅游业加快发展，7月5日首趟从上海到商丘的旅游专列，全年接待游客962.9万人次，旅游收入19.6亿元。

二、现代农业稳步发展。全年粮食总产535.13万吨（不含永城市），实现“十一连增”，连续3年被评为全国粮食生产先进市。畜牧业平稳增长，全年肉类、禽蛋、奶类总产量分别为48.1万吨、23.2万吨、28.6万吨（不含永城市）。农业产业化快速发展，市级以上龙头企业252家，销售收入超亿元的88家，科迪乳业、诚实人面业、宏伟饮品等8个产业化集群被认定为省农业产业化集群。开展农田水利基础设施、水库除险加固、引黄调蓄工程建设，新建高标准粮田5.93万公顷，改善有效灌溉3.53万公顷、除涝4.33万公顷、引黄灌区配套1.4万公顷，新增旱涝保收田1.13万公顷。农机总动力1012.57万千瓦（不含永城市），农作物综合机械化水平达83.5%。完成造林0.71万公顷，国家森林城市创建规划获得国家林业局批准。

三、新型城镇化加速推进。统筹发展中心城区、县城、重点镇和新农村，四级城乡规划建设体系进一步完善。全市城镇人口340.5万人，城镇化率45.2%，中心城区人口120万人。启动城市总体规划（2005～2020）修编，完成梁园特色商业区、火车站核心区等11个片区控制性详细规划编制，市区控规覆盖率达90%以上。加快郑徐高铁商丘站区、商务中心区、古城保护区三大区域建设。实施神火大道、睢阳大道、中州路等道路改造升级工程，积极推进华夏游乐园、汉梁文化公园建设。开展康林河、忠民河等6条河道治理，启动中心城区3个污水处理厂建设；实施河流清洁碧水行动，促进沙河、包河、运河等河道水质改善。开展农村土地综合整治，严厉打击违法用地，规范土地出让行为，保障发展用地需求。继续推进“六城”联创，开展小广告、门头牌匾、违法建设等10个专项整治行动，依法拆除各类违法违章建筑1.2万余处、40余万平方米，市容市貌明显改观。围绕商务中心区和特色商业区建设，着力提高县城综合承载能力，县城功能不断完善，形象得到提升。深入开展“美丽商丘·整洁村镇”活动，商丘市被列为全省改善农村人居环境试点。

四、招商引资和项目建设力度加大。围绕主导产业，持续开展大招商活动，成功举办2014中国·商丘国际华商节，引进一大批知名企业和项目。全市实际利用省外资金496.1亿元，利用外资3.1亿美元，外贸进出口总额达到3.4亿美元，增速35%。狠抓中心城区招商，王老吉凉茶、舒华体育等项目落地，天骏电动汽车、快菱电梯、传化公路港等项目达成合作意向。深入开展“项目服务年”活动，以项目建设带动投资快速增长。市管重点项目完成投资905亿元，增长28%。富士康实训工厂、顿汉格力、史丹利、英泰冷藏车等80个项目竣工投产。郑徐客专商丘段、连霍高速拓宽改造、商登高速、郑民高速二期建设按计划推进。商合杭客专商丘段可行性研究报告已由国家发改委组织评审；沱浍河航运夏邑段施工图已通过省交通厅评审；商丘机场可研报告的前置性文件全部得到国家有关部委批复，项目设计已委托空军设计研究局编制。

五、改革创新进一步深化。圆满完成市级政府机构改革，市政府工作部门由34个减少到32个，有序推进工商、质监、食品药品监管等部门职责和机构整合，深入推进事业单位分类、医药卫生体制改革。理顺城乡一体化示范区管理体制。深入推进国有企业改革，稳步推进商电铝业集团依法破产，积极帮助河南路桥集团脱困发展。深化行政审批制度改革，取消、下放行政审批项目45项。积极推进工商登记制度改革，简化手续，降低门槛，放宽企业注册登记条件，各类市场主体20.7万户，增长18.1%。扎实推进财税改革，完善全面规范、公开透明的预算制度，从严控制一般性支出,确保“三公”经费只减不增。推动关键领域科技创新,新认定国家级高新技术产业化基地1家、国家级科技企业孵化器1家,争取省级重大科技专项2项,培育发展高新技术企业12家,发展省级工程技术研究中心6家,高新技术产业增加值98.8亿元,增长37.6%,高于规模以上工业增加值增速26个百分点。

六、各项社会事业协调发展。加大民生投入,全市财政民生支出284.8亿元,增长14.2%,占一般公共预算支出的80.8%,比上年提高1.5个百分点。全市城镇新增就业7.8万人,下岗失业人员再就业2.9万人;农村劳动力转移就业人数185.7万人,其中新增转移就业7.2万人,完成省年度目标的120%。文化、教育、体育、医疗卫生等基本公共服务体系不断完善,城区办学条件有所改善,商丘幼师新校区投入使用。大运河通济渠商丘南关段和夏邑济阳段申遗成功,被列入世界文化遗产。“舞台艺术送农民”“百戏进百乡”“农村公益电影放映工程”完成年度计划。城乡居民养老、医疗、工伤和失业保险覆盖率95%以上。新农合全市参合农民617.2万人,参合率99.3%。全年人口自然增长率5.19‰,政策生育率98%。开工各类保障房项目65个、82854套。发放住房公积金贷款18.5亿元,解决1.5万户困难职工住房问题。加快农村安全饮水工程建设,解决104.4万农村居民和学校师生的饮水安全问题。高度重视生态环境建设,实施蓝天、碧水和乡村清洁工程,积极淘汰造纸、电解铝、制革、酒精等落后产能,提前一年完成省“十二五”淘汰落后产能任务,环保责任目标年度考核位居全省第三。加强民族宗教工作,促进民族团结进步、宗教关系和谐稳定。重视信访工作,及时排查解决人民群众反映的问题。加强城乡社区建设,完成第八届村委会换届选举。加强社会治安综合治理,严厉打击非法集资和刑事犯罪,加大反暴力反恐怖、打击黑恶势力、扫除“黄赌毒”力度,平安商丘建设取得新成效,群众安全感、满意度不断提升,被评为全省平安建设工作先进市。抓好安全生产和食品药品安全工作,全市安全生产形势持续平稳。

七、民主法治和反腐倡廉建设不断加强。自觉接受人大依法监督、政协民主监督和社会各界监督,办理人大代表建议和政协委员提案699件,满意率98%。深入开展党的群众路线教育实践活动,认真执行中央八项规定,重点解决“四风”(形式主义、官僚主义、享乐主义、奢靡之风)突出问题,政府行政效能、公务员能力素质得到提升。全面推进依法治市,落实“六五”普法规划,认真开展法制宣传教育。加强行政监察、行政复议、行政执法监督和审计监督,强化廉洁从政,反腐倡廉取得新成效。加强社会主义核心价值观教育和精神文明建设,“商丘好人”群体不断扩大,“一言九鼎,实干兴商”城市精神,日益成为广大干部群众的自觉行动。开展“双拥”共建活动,推动军民融合深度发展,驻商解放军、武警部队和民兵预备役在经济社会发展中作出积极贡献,巩固军政军民团结的良好局面。工会、共青团、妇联等人民团体在经济社会发展中发挥不可替代的作用。外事侨务、对台、统计、气象、地震、人防、档案、史志等工作取得新的成绩。

商丘市人民政府领导成员

市　长:余学友(4月离)
　　李公乐(4月任)
副市长:史根治(3月任)
　　张海云(挂职)
　　李思杰　许大刚　江文玉
　　张家明　岳爱云(女,回)
　　张　弛　王仲田(2月任)
市政府党组成员:王清辰
秘 书 长:杨　华
副秘书长:任善礼　刘建伟　侯　永
　　王伟岸　薛凤林　刘建军
　　余新艳(女)　闫全伟(兼)
　　李　孟(2月任)

市政府办公室领导成员

办公室主任兼党组书记:杨　华
办公室党组副书记:任善礼
办公室党组成员:刘建伟　侯　永
　　王伟岸　薛凤林
　　刘建军
　　余新艳(女)
纪检组长:管新文

杨　华

【阿里巴巴·商丘产业带上线】 4月15日,市委书记陶明伦、市长余学友和河南联通公司党委书记、总经理赵玉军共同启动阿里巴巴·商丘产业带正式上线水晶球,标志着商丘市拉长产业链条、加快电子商务建设、加快工业经济转型升级取得又一重大成果。市领导刘慧生、江文玉、刘明亮和企业代表参加上线仪式。

【张维宁到商丘调研】 6月12日,副省长张维宁带领省发改委、省工信厅、省环保厅等部门负责人莅临商丘市,深入虞城县、市城乡一体化示范区部分企业,就商丘市工业经济运行情况进行调研。市委副书记、代市长李公乐,市领导江文玉、刘明亮陪同调研。

【张广智到商丘调研】 7月2日,副省长张广智率领省直有关部门负责人莅临商丘,到商丘古城、市博物馆、商丘演艺集团等处调研本市文化旅游产业发展情况,并实地察看防汛工作。张广智要求,要发挥好自身独特优势,保护好、开发好文化旅游资源,积极推进文化旅游产业发展,为建设文化旅游强省多作贡献。在察看防汛工作时,他指出,汛期即将来临,要严阵以待,做好防大汛、抗大、抢大险的准备,采取有力措施,做到有备无患,确保人民群众的生命财产安全。

【王铁率省直管县(市)观摩团到商丘市参观考察】 8月19日,副省长王铁率省10个省直管县(市)党政主要负责人组成的观摩团莅临商丘,参观考察商丘市的产业集聚区发展和新型城镇化建设情况。市委书记陶明伦、副市长江文玉陪同。

【全省农村水利工作会议在商丘召开】 9月23日,全省农村水利工作会议在商丘召开,会议学习贯彻全国农村水利工作会议精神，研究分析当前全省水利工作面临的新形势、新问题，对全省农村水利改革和发展工作进行部署。省水利厅厅长王小平出席会议并讲话，市委副书记、代市长李公乐，副市长张家明出席会议。王小平对商丘农村水利工作表示充分肯定。

【2014中国·商丘国际华商节开幕式暨商祖故里拜谒活动举行】 11月1日，2014中国·商丘国际华商节开幕式暨商祖故里拜谒活动举行。海内外客商欢聚商之源，叙亲情，拜商祖，促合作，谋发展。由政协河南省委员会主办，中华全国归国华侨联合会协办，商丘市人民政府、河南省工商业联合会、河南省归国华侨联合会承办。节会的主题是："天下华商欢聚一堂，谱写中原出彩篇章"。河南省政协主席叶冬松，中国侨联副主席李卓彬，中共河南省委常委、统战部部长史济春，河南省人大常委会副主任王保存，河南省人民政府副省长李亚，河南省政协副主席、省工商联主席梁静，中共商丘市委书记陶明伦等出席。中共商丘市委副书记、代市长李公乐主持仪式。

【李亚到商丘调研】 11月1日，副省长李亚带领省民政厅厅长冯昕一行莅临商丘，调研指导商丘市村"两委"换届选举工作。要求商丘市各级各部门，要坚持党的领导，严格依法办事，确保换届选举工作有序推进实施。市委副书记、代市长李公乐，市委常委、副市长李思杰陪同调研。

【浦发银行商丘分行举行揭牌暨项目签约仪式】 12月19日，浦发银行商丘分行揭牌暨项目签约仪式举行。市委副书记、代市长李公乐，浦发银行郑州分行行长赵春玲，市委常委、常务副市长史根治，市政协副主席、工商联主席刘明亮，共同为浦发银行商丘分行成立揭牌。

【市政府第二十六次常务会议】 1月8日，市政府第二十六次常务会议召开。市长余学友主持会议，副市长李思杰、许大刚、江文玉、张家明、张弛，市政府党组成员王清辰，市政府秘书长杨华出席会议，市总工会主席刘沛及市政府有关部门主要行政负责人列席会议。主要议题：1. 听取2014年市十件实事征集情况汇报；2. 研究进一步规范人防工程建设和行政审批工作；3. 研究民权林场社会养老保险贷款偿还问题；4. 研究市农林科学院整体搬迁及科研土地置换工作；5. 讨论商丘市铁路投资有限公司领导成员建议名单；6. 听取商丘军民合用机场改扩建项目勘察设计工作情况汇报；7. 部署当前安全生产工作。

【市政府第二十七次常务会议】 1月23日，市政府第二十七次常务会议召开。市长余学友主持会议，副市长李思杰、许大刚、江文玉、张家明、岳爱云、张弛，市政府党组成员王清辰，市政府秘书长杨华出席会议，市政协副主席、市工商联主席、市工业和信息化局局长刘明亮及市政府有关部门主要行政负责人列席会议。主要议题：1. 学习贯彻习近平在党的群众路线教育实践活动第一批总结暨第二批部署会议上的重要讲话；2. 听取《政府工作报告（征求意见稿）》起草情况；3. 研究第三届市长质量奖评审工作；4. 加强和改进商丘市消防工作。

【市政府第二十八次常务会议】 2月13日，市政府第二十八次常务会议召开。市长余学友主持会议，副市长李思杰，军分区司令员宋学庆，副市长许大刚、江文玉、张家明、岳爱云、张弛，市政府党组成员王清辰，市政府秘书长杨华出席会议，市总工会主席刘沛，市政协副主席、市工商联主席、市工业和信息化局局长刘明亮及市政府有关部门主要行政负责人列席会议。主要议题：1. 传达学习国务院第二次廉政工作电视电话会议精神；2. 学习传达省委农村工作会议精神及研究商丘市贯彻落实意见；3. 听取商丘市工业经济发展及承接产业转移考核奖励办法（试行）情况汇报；4. 听取国土资源管理有关文件制定情况汇报。

【市政府第二十九次常务会议】 2月27日，市政府第二十九次常务会议召开。市长余学友主持会议，副市长李思杰，军分区司令员宋学庆，副市长许大刚、江文玉、张家明、岳爱云、张弛、王仲田，市政府党组成员王清辰，市政府秘书长杨华出席会议，市总工会主席刘沛及市政府有关部门主要行政负责人列席会议。主要议题：1. 部署全市政府系统开展党的群众路线教育实践活动；2. 研究全市退役士兵安置工作遗留问题。

【市政府第三十次常务会议】 3月17日，市政府第三十次常务会议召开。市长余学友主持会议，常务副市长史根治，副市长李思杰、许大刚、江文玉、张家明、岳爱云、张弛、王仲田，市政府党组成员王清辰，市政府秘书长杨华出席会议。主要议题：1. 传达学习全国"两会"精神；2. 研究市政府领导工作分工情况。

【市政府第三十一次常务会议】 3月21日，市政府第三十一次常务会议召开。市长余学友主持会议，常务副市长史根治，副市长李思杰、江文玉、岳爱云、王仲田，市政府党组成员王清辰，市政府秘书长杨华出席会议，市总工会主席刘沛，市政协副主席、市工商联主席、市工业和信息化局局长刘明亮及市政府有关部门主要行政负责人列席会议。主要议题：1. 听取全市工业经济发展暨承接产业转移大会筹备情况汇报；2. 听取全市金融工作情况汇报；3. 听取市直单位提高绩效工资基本情况汇报；4. 研究对2013年度工作先进单位进行嘉奖的意见。

【市政府第三十二次常务会议】 5月19日，市政府第三十二次常务会议召开。代市长李公乐主持会议，常务副市长史根治，副市长李思杰，军分区司令员宋学庆，副市长江文玉、岳爱云、王仲田，市政府党组成员王清辰，市政府秘书长杨华出席会议，市总工会主席刘沛，市政协副主席、市工商联主席、市工业和信息化局局长刘明亮及市政府有关部门主要行政负责人列席会议。主要议题：1. 学习《党政领导干部选拔任用工作条例》；2. 研究讨论市政府党组党的群众路线教育实践活动对照检查材料;3. 研究讨论2014年县(区)招商引资目标管理与奖惩办法;4. 听取全市人口与计划生育工作情况汇报;5. 听取城区集中供热急需解决有关问题汇报;6. 听取2014年享受政府特殊津贴人员推荐情况汇报。

【市政府第三十三次常务会议】 6月24日,市政府第三十三次常务会议召开。代市长李公乐主持会议,常务副市长史根治,副市长李思杰,军分区司令员宋学庆,副市长许大刚、江文玉、张家明、岳爱云、张弛、王仲田,市政府秘书长杨华出席会议,市总工会主席刘沛及市政府有关部门主要行政负责人列席会议。主要议题:1. 听取商丘市蓝天工程行动计划情况汇报;2. 讨论出台实施商标战略意见;3. 讨论出台加快电子商务发展实施意见;4. 学习贯彻全省打击和处置非法集资工作会议精神及研究商丘市贯彻落实意见;5. 研究商丘市基础教育信息化建设工作;6. 研究市县食品药品监管工商质监管理体制调整工作;7. 研究商丘高铁建设和发行第二期城市建设债券有关情况。

【市政府第三十四次常务会议】 7月14日,市政府第三十四次常务会议召开。代市长李公乐主持会议,常务副市长史根治,军分区司令员宋学庆,副市长许大刚、江文玉、张家明、岳爱云、张弛、王仲田,市政府党组成员王清辰,市政府秘书长杨华出席会议,市总工会主席刘沛,市政协副主席、市工商联主席、市工业和信息化局局长刘明亮及市政府有关部门主要行政负责人列席会议。主要议题:1. 听取《中共商丘市委商丘市人民政府关于进一步加强土地管理工作的意见》制定情况汇报;2. 听取商丘市土地级别与基准地价(区域地价)更新调整情况汇报;3. 听取《关于促进中小微企业健康发展的意见》制定情况汇报;4. 研究部署商电铝业集团脱困有关工作。

【市政府第三十五次常务会议】 7月17日,市政府第三十五次常务会议召开。代市长李公乐主持会议,常务副市长史根治,副市长李思杰,军分区司令员宋学庆,副市长许大刚、张家明、岳爱云、张弛、王仲田,市政府党组成员王清辰,市政府秘书长杨华出席会议,市政协副主席、市工商联主席、市工业和信息化局局长刘明亮及市政府有关部门主要行政负责人列席会议。主要议题:1. 听取《中共商丘市委商丘市人民政府关于科学推进新型城镇化的工作意见》制定情况;2. 听取商丘市上半年经济运行情况汇报;3. 分析当前经济运行存在的问题,对下半年重点工作进行研究部署;4. 传达学习全省服务业大会精神。

【市政府第三十六次常务会议】 8月13日,市政府第三十六次常务会议召开。代市长李公乐主持会议,常务副市长史根治,副市长李思杰、江文玉、张家明、张弛、王仲田,市政府党组成员王清辰,市政府秘书长杨华出席会议,市总工会主席刘沛及市政府有关部门主要行政负责人列席会议。主要议题:1. 讨论市政府党组党的群众路线教育实践活动整改方案;2. 讨论关于开展"美丽商丘·整洁村镇"活动的意见;3. 研究全市道路运输管理体制改革;4. 研究安全生产监管;5. 研究"十三五"规划编制;6. 研究高铁核心区控制性详细规划编制工作。

【市政府第三十七次常务会议】 8月29日,市政府第三十七次常务会议召开,代市长李公乐主持会议,常务副市长史根治,副市长李思杰,军分区司令员宋学庆,副市长许大刚、江文玉、岳爱云、王仲田,市政府党组成员王清辰,市政府秘书长杨华出席会议,市政协副主席、市工商联主席、市工业和信息化局局长刘明亮及市政府有关部门主要行政负责人列席会议。主要议题:1. 听取全市行政审批制度改革有关情况汇报;2. 研究《商丘市人民政府关于促进红十字事业发展的实施意见》;3. 研究《市辖区惠民殡葬实施办法》;4. 研究《商丘市人民政府行政奖励表彰暂行办法》制定情况;5. 传达学习全省商务中心区和特色商业区现场观摩暨建设工作会议精神,研究制定《商丘市商务中心区和特色商业区考核评价办法》。

【市政府第三十八次常务会议】 9月26日,市政府第三十八次常务会议召开。代市长李公乐主持会议,常务副市长史根治,副市长李思杰,军分区司令员宋学庆,副市长许大刚、张家明、张弛、王仲田,市政府党组成员王清辰,市政府秘书长杨华出席会议,市总工会主席刘沛,市政协副主席、市工商联主席、市工业和信息化局局长刘明亮及市政府有关部门主要行政负责人列席会议。主要议题:1. 听取进一步做好城乡居民最低生活保障情况汇报;2. 听取耕地占用税征收管理情况汇报;3. 听取为河南省路桥建设集团和商务中心区提供担保情况汇报;4. 听取市政府议事协调机构清理情况汇报;5. 听取清理党政领导干部在企业兼职情况汇报;6. 研究《商丘市评比达标表彰活动管理办法(试行)》;7. 研究《商丘市2014年~2015年度冬春农田水利基本建设实施意见》;8. 研究《商丘市推进信息化和促进信息消费实施方案(2014年~2016年)》制定情况;9. 研究解决房产登记历史遗留问题。

【市政府第三十九次常务会议】 10月17日,市政府第三十九次常务会议召开。代市长李公乐主持会议,常务副市长史根治,副市长李思杰,军分区司令员宋学庆,副市长许大刚、张家明、张弛,市政府党组成员王清辰,市政府秘书长杨华出席会议,市总工会主席刘沛,市政协副主席、市工商联主席、市工业和信息化局局长刘明亮及市政府有关部门主要行政负责人列席会议。主要议题:1. 学习习近平总书记在党的群众路线教育实践活动总结大会上的讲话精神;2. 研究解决中心城区土地出让金分配和住房公积金县(区)管理部及服务用房购置等问题;3. 学习依法行政和行政复议制度有关文件精神。

【市政府第四十次常务会议】 11月17日,市政府第四十次常务会议召开。代市长李公乐主持会议,常务副市长史根治,副市长李思杰、许大刚、江文玉、张家明、王仲田,市政府党组成员王清辰，市政府秘书长杨华出席会议，市总工会主席刘沛，市政协副主席、市工商联主席、市工业和信息化局局长刘明亮及市政府有关部门主要行政负责人列席会议。主要议题：1. 听取关于进一步贯彻落实社会办医支持政策的实施意见情况汇报；2. 学习贯彻全省打击和处置非法集资工作会议精神及研究商丘市处非工作；3. 研究促进快递服务业发展的意见；4. 听取推进农村土地承包经营权确权登记颁证试点工作情况汇报；5. 听取夏邑县“3·20”民房坍塌事故结案情况汇报并研究安全生产工作。

【市政府第四十一次常务会议】 12月12日，市政府第四十一次常务会议召开。代市长李公乐主持会议，常务副市长史根治，副市长李思杰，军分区司令员宋学庆，副市长张家明、岳爱云、张弛、王仲田，市政府党组成员王清辰，市政府秘书长杨华出席会议，市总工会主席刘沛及市政府有关部门主要行政负责人列席会议。主要议题：1. 听取2014年市十件实事和省十项民生工程工作完成情况汇报；2. 研究商丘市第二次全国地名普查；3. 研究申报追认张本枫为革命烈士；4. 研究河南路桥集团和市铁路投资公司申请由神火集团为其融资提供担保工作；5. 研究食品安全和安全生产工作。

【市政府重要通知】 2014年，市政府发出如下重要通知：

4月24日，发出《关于修改商丘市医疗纠纷预防与处置暂行办法的通知》。

5月9日，发出《关于印发道路交通安全三年综合整治实施方案的通知》。

5月12日，发出《关于印发商丘市2014年迎接国家园林城市复查工作实施方案的通知》。

6月6日，发出《关于印发商丘市2014年国民经济和社会发展计划的通知》。

7月1日，发出《关于印发商丘市蓝天工程行动计划的通知》。

7月24日，发出《关于印发深入推进商丘全民技能振兴工程（2014年～2017年）行动计划的通知》。

9月2日，发出《关于印发商丘市人民政府行政奖励暂行办法的通知》。

9月10日，发出《关于印发宽带商丘实施方案的通知》。

9月12日，发出《关于印发商丘市土地管理委员会议事规则的通知》。

9月22日，发出《关于认真做好第二次全国地名普查工作的通知》。

9月24日，发出《关于印发商丘市市级财政专项资金管理办法的通知》。

9月29日，发出《关于转发豫政〔2014〕67号推进县级公立医院综合改革的通知》。

10月15日，发出《关于印发商丘市推进信息化和促进信息消费实施方案的通知》。

11月3日，发出《关于市县食品药品监管体制改革和调整工商质监行政管理体制的通知》。

11月10日，发出《关于公布第四批城市非物质文化遗产名录的通知》。

11月11日，发出《关于委托市铁路投资有限公司实施郑徐客专商丘段配套市政工程上跨下穿项目的通知》。

11月12日，发出《关于进一步做好耕地占用税征收管理工作的通知》。

11月27日，发出《关于解决房屋权属登记遗留问题的通知》。

【市政府重要决定】 2014年，市政府作出如下重要决定：

2月24日，作出《关于表彰实施品牌战略先进企业的决定》。

同日，作出《关于表彰2013年度商丘市市长质量奖获奖单位的决定》。

2月27日，作出《关于表彰2012年度农田水利基本建设红旗渠精神杯竞赛活动先进集体和先进个人的决定》。

3月18日，作出《关于授予国家开发银行河南省分行“银政合作最佳银行”荣誉称号的决定》。

3月24日，作出《关于表彰2013年度消防工作先进单位和先进工作者的决定》。

4月15日，作出《关于表彰2013年度全市重点项目建设先进个人的决定》。

同日，作出《关于表彰2013年度全市金融工作先进单位的决定》。

4月23日，作出《关于授予罗文涛等9名同志银政合作先进个人荣誉称号的决定》。

5月4日，作出《关于表彰2012年～2013年度全市政风行风建设先进单位的决定》。

7月2日，作出《关于公布规范性文件清理结果的决定》。

9月16日，作出《关于取消下放调整和保留行政审批项目的决定》。

【市政府重要意见】 2014年，市政府发出如下重要意见：

1月10日，发出《关于进一步加强市政府领导班子成员调查研究工作的意见》。

7月1日，发出《关于加快电子商务发展的实施意见》。

同日，发出《关于实施商标战略的意见》。

7月7日，发出《关于实施最严格水资源管理制度的实施意见》；同日，发出《关于加快推进气象现代化的实施意见》。

8月6日，发出《关于实施农村公路三年行动计划乡村畅通工程加快农村公路发展的意见》。

8月15日，发出《关于促进中小微企业健康发展的意见》。

9月2日，发出《关于进一步加强土地管理工作的意见》。

9月22日，发出《关于2014年～2015年冬春农田水利基本建设实施意见》。

9月26日，发出《关于促进红十字事业发展的意见》。

10月16日，发出《关于进一步做好城乡居民最低生活保障的意见》。

11月13日，发出《关于落实政府部门同民主党派工商联对口联系制度的意见》。

11月27日，发出《关于促进快递服务业发展的意见》。

12月4日，发出《关于进一步贯彻社会办医支持政策的实施意见》。

【市政府嘉奖令】　2014年，市政府发布如下嘉奖令：

4月15日，发布对市商务局的嘉奖令。

4月16日，发布对市科技局的嘉奖令。

同日，发布对市民政局、市卫生局、市林业局、市农业局、市供销社、市粮食局、市盐业局、市安全监管局、市体育局、市史志办、市质监局、市政府外侨办、市人防办、市住房和城乡建设局、市住房公积金管理中心、市援疆工作队、市国税局、市地税局、市审计局、市食品药品监管局的嘉奖令。

6月3日，发布对市信访局的嘉奖令。

同日，发布对民权县的嘉奖令。

9月4日，发布对市第一高级中学的嘉奖令。

9月11日，发布对市综治办的嘉奖令。

9月29日，发布对市公安局的嘉奖令。

【市政府重要通报】　2014年，市政府发出如下重要通报：

3月4日，发出《关于表彰2013年度安全生产工作先进单位的通报》。

6月23日，发出《关于表彰2013年企业服务暨百日攻坚活动先进单位和先进个人的通报》。

12月29日，发出《关于表彰民权县人民政府的通报》。

【市政府办公室重要通知】　2014年，市政府办公室发出如下重要通知：

1月23日，发出《关于印发商丘市大气重污染应急预案的通知》。

2月17日，发出《关于认真做好〈商丘年鉴〉编纂工作的通知》。

2月18日，发出《关于省政府下达我市2014年重点工作任务立项分解的通知》。

2月28日，发出《关于印发2014年商丘市食品安全工作要点的通知》。

3月3日，发出《关于贯彻落实豫政〔2014〕16号文件精神进一步做好约法三章督促检查工作的通知》。

3月10日，发出《关于进一步加强盐业市场管理工作的通知》。

3月12日，发出《关于印发商丘市2014年企业服务工作实施方案的通知》。

3月13日，发出《关于评选推荐省劳动模范和先进工作者的通知》。

3月14日，发出《关于印发2014年中国商丘针织童装产品展销会总体方案的通知》。

3月17日，发出《关于印发商丘市2014年"5＋2"经济合作活动工作方案的通知》。

同日，发出《关于转发商丘市组团参加第八届中国（河南）国际投资贸易洽谈会工作方案的通知》。

3月18日，发出《关于明确〈政府工作报告〉提出的2014年重点工作责任单位的通知》。

3月19日，发出《关于印发商丘市2014年主要污染物总量减排实施方案的通知》。

3月20日，发出《关于认真做好2014年市人大代表建议和政协提案办理工作的通知》。

4月2日，发出《关于印发2014年中国商丘电动三轮车新能源汽车及零部件展览会总体方案的通知》。

4月8日，发出《关于印发商丘市水灾事故应急的通知》。

同日，发出《关于印发商丘市2014年银行业金融机构新增贷款和市场融资预期目标的通知》。

4月14日，发出《关于印发商丘市2014年城区园林绿化工作方案的通知》。

4月15日，《关于印发商丘市银行业金融机构考核激励暂行办法的通知》。

同日，发出《关于印发商丘市2014年打击和处置非法集资工作实施方案的通知》。

4月18日，发出《关于2014年政府廉政工作任务分工的通知》。

同日，发出《关于启用商丘市城乡一体化示范区管理委员会及办公室印章的通知》。

4月22日，发出《关于进一步加强政务督查工作的通知》。

4月23日，发出《关于贯彻落实河南省政府非税收入管理条例的通知》。

同日，发出《关于组织修订县（区）街道人民防空袭方案的通知》。

5月7日，发出《关于印发2014年商丘市贫困残疾儿童抢救性康复工程实施方案的通知》。

同日，发出《关于印发商丘市2014年畜禽养殖业污染物减排实施方案的通知》。

5月9日，发出《关于印发商丘市地震应急预案的通知》。

5月16日，发出《关于建立商丘市大气污染防治联席会议制度的通知》。

5月19日，发出《关于明确全市四项重点工作观摩点评暨一季度经济运行分析会议重点工作责任单位的通知》。

同日，发出《关于2014年河南省十项重点民生工程工作立项分解的通知》。

6月3日，发出《关于开展2014年土地卫片执法检查的通知》。

同日，发出《转发省应急办关于做好应急准备工作的通知》。

6月5日，发出《关于印发商丘市2014年防汛抗旱工作方案的通知》。

同日，发出《关于贯彻落实豫政办文〔2014〕16号文件精神促进红十字事业发展若干意见的通知》。

6月6日，发出《关于印发2014年商丘市产业集聚区提升发展专项工作方案的通知》。

同日，发出《关于印发商丘市化解产能严重过剩矛盾实施方案的通知》。

6月13日，发出《关于印发安全商丘创建2014年行动计划的通知》。

6月23日，发出《转发市市场发展服务中心建行商丘分行关于加大支持市场建设提高服务质量推动市场繁荣发展意见的通知》。

6月30日，发出《关于印发商丘市实行最严格的水资源管理制度考核办法的通知》。

7月2日，发出《关于进一步加强城市规划区防空地下室易地建设费征收管理工作的通知》。

7月8日，发出《关于对6家重大火灾隐患单位进行挂牌督办的通知》。

7月10日，发出《关于转发商丘

市2014年干线公路建设实施方案的通知》。

7月11日，发出《关于印发商丘市重大林业有害生物灾害控制应急预案的通知》。

7月22日，发出《关于印发2014年商丘市全民技能振兴工程实施方案的通知》。

7月23日，发出《关于印发2014年度商丘市碧水工程工作计划的通知》。

同日，发出《关于印发2014年度商丘市蓝天工程工作行动计划实施方案的通知》和《关于印发商丘市蓝天工程行动计划重点工作部门分工方案的通知》。

8月4日，发出《关于印发中国商丘食品博览会总体方案的通知》。

8月11日，发出《关于印发2014年商丘市加快商务中心区和特色商业区建设专项工作方案的通知》。

8月15日，发出《关于转发第十八届中国国际投资贸易洽谈会商丘市代表团工作方案的通知》。

8月28日，发出《关于国务院督查组督查反馈意见整改落实工作方案立项分解的通知》。

8月29日，发出《关于转发商丘高标准粮田小麦实行统一供种实施意见的通知》。

9月4日，发出《关于印发2014年商丘市节能减排工作安排的通知》。

9月12日，发出《关于明确商政〔2014〕45号文件确定的重点工作责任单位的通知》。

同日，发出《关于印发实施质量发展纲要2014年行动计划实施方案的通知》。

9月17日，发出《关于印发商丘市组团参加第20届郑州全国商品交易会工作方案的通知》。

9月22日，发出《关于印发商丘市商务中心区和特色商业区考核评价办法（试行）的通知》。

同日，发出《关于印发商丘市城市建筑垃圾管理办法的通知》和《转发关于大力支持第四代移动通信网络建设发展意见的通知》。

9月23日，发出《关于印发商丘市油气回收治理工作方案的通知》。

9月26日，发出《关于印发商丘市市级会议费管理办法的通知》。

9月28日，发出《关于印发商丘市参加第十二届中国国际农产品交易会筹备方案的通知》。

9月29日，发出《关于加强城区生活垃圾中转站和公厕建设的通知》。

10月10日，发出《关于进一步加强消防安全基层基础建设工作的通知》。

10月14日，发出《关于转发商丘市参加2014年中国郑州产业转移企业对接活动工作方案的通知》。

10月16日，发出《关于印发商丘市加强涉企收费管理进一步做好减轻企业负担工作实施方案的通知》。

10月17日，发出《关于印发商丘市淘汰黄标车工作方案的通知》。

10月20日，发出《关于印发商丘市蓝天工程行动计划实施情况考核办法（试行）的通知》。

11月12日，发出《关于公布市政府议事协调机构清理结果的通知》。

12月9日，发出《关于印发商丘市黄标车提前淘汰财政补贴实施方案的通知》。

同日，发出《关于印发商丘市食品药品监督管理局主要职责内设机构和人员编制规定的通知》。

12月15日，发出《关于选拔优秀干部以干代训的通知》。

12月27日，发出《关于命名2014年度市级园林单位（小区）达标单位（小区）的通知》。

【市政府办公室重要意见】 2014年，市政府办公室发出如下重要意见：

1月7日，发出《关于加强金融支持经济结构调整和转型升级的实施意见》。

2月11日，发出《关于2014年商丘林业生态市建设提升工程的实施意见》。

3月18日，发出《关于进一步加强调查研究工作的意见》。

同日，发出《关于做好乡镇志编纂工作的实施意见》。

4月10日，发出《关于印发消防安全基层基础建设年活动的意见》。

9月4日，发出《关于道路运输管理体制改革的实施意见》。

11月10日，发出《关于贯彻落实〈企业信息公示暂行条例〉的实施意见》。

11月14日，发出《关于进一步加强政府信息公开工作的意见》。

【市政府办公室重要通报】 2014年，市政府办公室发出如下重要通报：

2月13日，发出《关于2014年春节期间全市政府系统值班情况的通报》。

3月6日，发出《关于2013年全市消防工作情况的通报》。

3月12日，发出《关于部分单位违反会议纪律的通报》。

5月9日，发出《关于全市四项重点工作观摩点评暨经济运行分析会议参会情况的通报》。

9月1日，发出《关于商丘市商务中心区2014年保障性安居工程建设督查情况的通报》。

同日，发出《关于商丘市梁园区2014年保障性安居工程建设督查情况的通报》《关于商丘市睢阳区2014年保障性安居工程建设督查情况的通报》《关于商丘市夏邑县2014年保障性安居工程建设督查情况的通报》和《关于商丘市城乡一体化示范区2014年保障性安居工程建设督查情况的通报》。

【市政府办公室重要决定】 2014年，市政府办公室作出如下重要决定：

4月10日，作出《关于表彰2013年度全市政府系统办公室工作先进单位和先进工作者的决定》。

（郭敬强）

王　冰

【人力资源和社会保障管理概况】 2014年，商丘市人力资源和社会保障局围绕"民生、发展、稳定"三大主题，坚持就业优先、人才优先两大主线，扎实推进社会保障体系、和谐劳动关系两大建设,深化干部人事制度和工资收入分配制度两大改革,着力提升职能效能,全面推进各项工作,在人力资源开发、就业促进、社会保障、构建和谐劳动关系以及机关建设等方面取得显著成绩,为商丘市经济社会持续快速发展提供优质的人力资源支撑和高效的社会保障服务。统筹推进城乡就业,就业形势保持稳定。积极构建制度完善、保障有力社会保障体系,各项保险参保人数和基金征缴发放均超额完成省、市定年度任务。大力加强人才队伍建设,不断实施人才兴市工程,人事考试机制不断完善。不断加大劳动关系协调力度,积极推进劳动人事争议仲裁工作,强化劳动保障监察执法,劳动关系和谐稳定。大力推进信息化和基层服务平台建设,基础能力建设进一步夯实。积极参与"六城"联创活动,实行目标管理责任制,开展普法宣传活动,营造"六城"联创良好法制环境。认真办理提案,58 件人大代表建议和政协委员提案,在规定的时间内办理完毕。畅通信息渠道,建立健全信息报送工作制度,加大对信息工作人员的培训力度,提高信息采编水平,按时完成重大紧急信息和市领导批示信息的报送工作。全年共上报信息 298 篇,其中被省厅采用工作信息 8 篇,被《中国劳动保障报》采用 17 篇,被《中国组织人事报》采用 3 篇,被《人力资源》杂志采用 19 篇,被市委、市政府两办信息科采用 196 篇(条),编印局工作信息 15 期。深入开展党的群众路线教育实践活动,成效明显,切实转变工作作风。积极发挥工会组织作用,组织开展多项捐款献爱心活动,为综合治理联系点困难群众捐款、捐物,送上党和政府的关心、关爱。

商丘市人力资源和社会保障局领导成员

局长、党组书记:王　冰
党组副书记:马同和(2 月离)　史传礼　张东明
副　局　长:傅晓影　练新建　田海超　陈　源　贺生勤　荣广华　张心潮　陈军然
纪 检 组 长:王九生
公务员局局长:史传礼
企业养老保险中心主任:贺生勤
人才交流中心主任:谷　智
机关事业保险处处长:路来亮
就业促进办主任:李伯灵
军转办主任:闫红兵

【城乡就业】 全市城镇新增就业 77886 人,失业人员再就业 28693 人,就业困难人员实现就业 10340 人,分别完成年度任务的 154.5%、153.4%、141.6%。农村劳动力转移就业人数 185.7 万人,其中新增转移就业 7.2 万人,完成省定年度任务的 120%。城镇登记失业率 3.62%,低于省定失业控制目标 0.88 个百分点,就业形势保持稳定。一是落实政策帮扶就业。购置公益性岗位 6091 个,用于安置就业困难人员再就业。采取"一对一"帮扶方式,消除零就业家庭 106 户,涉及家庭成员 160 人,始终保持零就业家庭动态为零。二是推动创业带动就业。不断完善创业服务体系,推行项目推荐、创业培训、担保贷款、创业指导等"一条龙"创业服务。积极落实小额担保贷款政策,扩大扶持范围,提高贷款限额,创新担保方式。全市创业培训 4400 人,发放小额担保贷款 47677 万元,扶持创业 8980 人,带动就业 31430 人,创业促就业倍增效应充分显现。三是加强培训推动就业。大力发挥驻区工作站服务功能,针对不同类型产业集聚区、新型农村社区、商务中心区对人力资源需求情况,开展招用工技能培训,有效解决全市支柱产业发展和工业园区企业用工需求。四是强化服务促进就业。在商丘职业技术学院设立市人力资源公共就业和人才服务驻校工作站,综合开展就业指导、送岗位信息、创业指导、职业技能培训和技能鉴定进校园活动,强化对大学生的就业服务指导、就业见习及就业援助,随点到位,贴近服务。统筹推进农村富余劳动力转移就业、高校毕业生就业、困难群体就业,除每周六、周日举办固定人才招聘会外,先后开展就业援助月、春风行动、民营企业招聘周、高校毕业生秋季网络招聘月等活动。全市共举办现场招聘会 93 场,提供就业岗位 23387 个,达成就业意向 8929 人。

【社会保障体系完善】 积极构建制度完善、保障有力的社会保险体系。社保政策得到有效落实,共为全市 10.81 万名企业离退休人员发放养老金 22.78 亿元,发放机关事业单位离退休金 3.58 亿元,为 97.42 万 60 周岁以上老人发放养老金 6.7 亿元,为 5872 人发放失业金 3795 万元,认定工伤 702 件。

【社会保险】 大力宣传社保政策,多举措促进灵活就业人员、私营企业就业人员等参加各类社会保险。全市企业养老保险新增参保职工 1.7 万人,共有参保职工 28.4 万人;机关事业单位在职职工参保 6.25 万人;城乡居民养老保险参保 337.99 万人;城镇基本医疗保险参保 137.2 万人,完成省定年度任务的 100.2%;工伤保险参保 22 万人,完成省定年度任务的 100%;失业保险参保 29.96 万人,完成省定年度任务的 101.6%;生育保险参保 17 万人,完成省定年度任务的 100%。

【社会保障实力提升】 全市企业养老保险费征缴工作有新突破,共征缴 11.2 亿元,为 10.81 万名企业离退休人员发放养老金 22.78 亿元,比上年同期增加 3.5 亿元,增幅 18%。征缴机关事业养老保险费 3.8 亿元,发放机关事业单位离退休金 35831 万元,基金累计结余 32541 万元。城乡居民社会养老保险发放 67228.89 万元。城镇基本医疗保险征缴 82008 万元,累计结余 86592 万元。生育保险征缴 2350 万元,累计结余 4281 万元。工伤保险费征缴 3777 万元,累计结余 4646 万元。失业保险费征缴 6486 万元,发放失业金 3795 万元,累计结余 13644 万元。

【社保待遇提高】 连续第 10 年提高企业退休人员基本养老金水平,人均月增加 196 元,比上年度提高 12%。结合实际,调整全市最低工资标准,商丘市区、梁园区、睢阳区和一体化示范区最低工资标准调整为 1250 元,各县 1100 元。随着最低工资标准调整，7月1日起，全市失业保险金标准由以前的880元/月调整为1000元/月。9月，及时调整居民医保政策，将基本医保的封顶线由6万元提高到8万元，大病保险封顶线调整到30万元，报销比例也有所提高，慢性病病种新增11种，取消居民门诊统筹起付线的规定。

【人才队伍建设】 一是加强专业技术人才队伍建设。深入推进专业技术人员知识更新工程，全市专业技术人员继续教育工作信息管理系统网上注册完成6.5万人，开展继续教育面授培训班11期4600人；开通专业技术人员网上继续教育平台，网上培训专业技术人员1.65万人。加大引才引智工作力度，申报选拔国际人才合作项目材料1份，选拔考察享受国务院和省政府特殊津贴人员26人，向国家推荐4人、省推荐5人；申报省级学术技术带头人6人；组织全市博士后研发基地对接项目6项，参加对接洽谈会25人，新申报博士后研发基地2项；完成全市2家引进外国专家资格单位的申报工作。二是加强技能人才队伍建设。大力实施人力资源素质提升行动，做好全市城镇失业人员、农村劳动力的补贴培训工作，大力开展企业在岗职工技能提升培训，提高就业技能。全市开展在职企业职工培训4.56万人，城镇下岗失业人员再就业培训2.37万人，高技能人才培养7975人。三是完成42名“三支一扶”大学生招募工作。四是严密组织职称评聘和等级考试。对市直申报初级的1520名人员进行考核认定，为10428名专业技术人员办理职称资格证书，审查卫生、执业药师、建造师等专业技术资格和执业资格考试人员1.39万余名。首次对民间艺术师采取实行现场表演及材料评审相结合方法，进行民间艺术师评审。认真做好机关事业单位技术工人等级考核报名和资格审查工作，受理机关事业单位技工、技师申报6269人，考试合格4704人，合格率达75%。

【人事制度改革】 一是加强公务员制度建设。认真完成全市公务员数据库信息审核工作。按照省公务员局要求，政府部门共录入公务员13169人。认真做好2013年公务员录用后续工作，对2013年全市统一考录的公务员进行政审和考察，确定拟录用人员名单，下发录用通知，办理录用手续。积极筹备2014年公务员招录计划申报工作，全省2014年统一考试录用公务员申报录用计划工作会后，积极向市领导汇报会议精神，并进行部署。会同市委组织部、市编办按照省《申报计划通知》要求，进行计划申报工作安排，共申报招录计划34人。为提高公务员素质，制定《全市行政机关公务员能力素质提升工程实施方案》和《2014年商丘市行政机关公务员培训计划》。认真做好公务员行政奖励与年度考核工作。与市直单位联合向省级以上推荐由河南省表彰或国家部委表彰的先进集体20个，先进个人65人；与市直单位联合表彰先进集体50个，先进个人120人。完成市直机关单位人员2013年度考核工作。二是深化事业单位人事制度改革。完善事业单位岗位管理，全面提高岗位聘用工作规范化运行水平。完成6家事业单位动态岗位调整，4家事业单位划转，人员划转101人，为130家事业单位900人办理岗位等级变动认证手续。三是周密组织人事考试工作。组织实施职称外语、经济、卫生、护士、公务员等各类人事考试20648人，考试科目41968科。加强考试管理，严肃考风考纪，健全考试安全保障机制，严格执行违纪违规行为处理办法，严厉打击防范高科技手段作弊行为，确保人才评价的公正性。

【工资制度改革】 做好收入分配制度改革，在认真做好市直机关公务员津贴补贴基础上，对市直所属事业单位申报绩效工资总量批复，保证绩效工资工作顺利实施。市直机关公务员津贴工作已结束，6月兑现到位。严格落实《企业年金试行办法》，进一步规范年金方案备案审核程序，加强指导，强化对企业年金制度运行情况的监督检查，确保全市企业年金又好又快的发展。

【劳动关系稳定】 一是推进劳动人事争议仲裁工作。全市调解组织和仲裁机构共受理案件1188件，涉及劳动者1315人，涉案金额1208.08万元。其中两级仲裁机构共立案受理936件，涉及劳动者1063人，当期审结案件901件，结案96.3%。加强基层调解组织建设，全市基层调解组织发展到126个。二是加大劳动关系协调力度。积极推进劳动合同制度，提高劳动合同签订率，全市新签续签劳动合同6639人，签订劳动合同9.23万人，劳动合同签订98.6%；新签订集体合同1786份，涉及职工4.31万人；女职工权益保护专项集体合同29份，涉及女职工3256人。3月，对在2013年度和谐劳动关系创建中涌现出的16个先进单位、11个先进个人、2个先进产业聚集区进行表彰，促进和谐劳动关系创建工作。三是强化劳动保障监察执法。开展清理整顿人力资源市场秩序专项行动，加强劳动保障日常监督检查，动态掌握企业用工状态，有效规范企业用工行为，检查各类用人单位2890户，涉及劳动者11.56万人，依法取缔非法中介组织36户，责令与劳动者补签劳动合同2902份，支付拖欠劳动者工资757万元，督促368户用人单位参保，用人单位补缴社会保险1265.8万元。

【信访维稳工作】 一是做好企业军转干部解困稳定工作。认真落实解困政策，加强宣传教育，对有重大疾患的企业军转干部给予医疗救助，对生活有特殊困难的给予困难救济，对其他的企业军转干部进行走访慰问，解困稳定工作细致，措施得力，政策落实及时准确，感情投入真挚，全市企业军转干部总体稳定。二是加大信访工作力度。充分发挥12345市长热线、民意快线、信访、劳动争议调解仲裁、劳动保障监察、行政复议等多渠道的作用，建立具有人社部门特色的矛盾纠纷调处联合机制，矛盾纠纷调处能力进一步加强，劳动关系总体保持和谐稳定。全年共接待群众来访503人次，受理群众来信12件，办理完结市领导批示信访件9件，受理市长热线、民意快线26件。

【军转安置工作】 做好计划分配军

转干部安置和自主择业军转干部服务工作。全市接收计划分配军转干部档案50名。其中正团职干部2名,副团职干部9名,营职干部21名,连排职干部12名,专业技术干部6名;接收自主择业军转干部档案9名,其中副团职干部1名,营职干部4名,技术干部4名。接收随调家属4名。

【基层服务】 大力推进基层服务平台建设。以落实省政府十项重点民生工程为契机,加快推进"一中心、四站所"建设,在297个乡镇建立劳动保障事务所(站),覆盖城乡的人力资源社会保障公共服务体系逐步形成,各站所工作职能进一步完善。社保"一卡通"平台建设有序推进,通过公开招投标,与9家公司签订信息采集服务合同,采集上报参保信息310万人,完成省定任务280万人的110.7%。全市人力资源和社会保障门户网站已完成初步设计。

商丘市人力资源和
社会保障局荣获奖项

先进单位

商丘市平安建设先进单位

商丘市综合治理先进单位

商丘市"六城"联创工作先进单位

先进个人

河南省人社厅调研宣传工作先进个人

邵建伟

商丘市"六城"联创工作先进个人

张　伟

(邵建伟)

刘凤宇

【民政工作概况】 2014年,全市民政系统围绕年初确定的工作目标,抓工作,促落实,重实效,取得骄人成绩。打造"阳光低保"。以长期公示栏建设为抓手,通过畅通行风热线、政风热线、民意快线、来电、来信、部门监督等渠道,促进低保公平公正、公开透明,阳光低保成效明显。提高农村五保供养水平。为3.8万农村五保供养对象发放资金1.03亿元。投资2000余万元新建、改扩建敬老院13所,新增养老床位1100张,集中供养47%。全市敬老院法人登记95%。规范医疗救助。为城乡低保、农村五保对象补助参保参合费用2598万元,门诊、住院救助3.9万余人次,支出医疗救助资金4203万元,困难群众看病难得到有效缓解。全面推进城乡医疗救助"一站式"结算服务,"一站式"结算资金达到医疗救助资金总支出的30%。对各县(区)医疗救助资金使用情况专项检查,对救助档案不完整、报销程序不规范、救助对象超范围、救助资金超比例等问题督促整改。提升防灾减灾能力。下拨春荒救助资金120万元,下拨旱灾临时生活救助资金180万元,4.4万人因灾困难群众基本生活得到妥善解决。狠抓全国综合减灾示范社区创建工作,积极开展形式多样的防灾减灾宣传教育活动。组织市、县、乡三级灾害信息员180余人培训,提高他们的综合能力。同时积极做好灾情调查统计和上报工作。大力发展养老服务业。全市城乡各类养老服务机构247家,床位2.91万张,每千名老人床位数29张。市政府投入68.88万元对按标准建设、证照齐全的民办养老服务机构给予建设补贴和运营补贴。全年吸引社会各界投资养老服务业1.68亿元,新建社会办养老服务机构6所,设置床位2000张;新增公办养老机构床位900张;新增城市社区日间照料中心32个。狠抓福利基础设施建设。县级福利中心建设是省政府2014年重点民生工程之一,商丘市强力推进,取得突破性进展。虞城县、夏邑县、梁园区、民权县社会福利中心已投入使用;宁陵县社会福利中心主体已完工;睢县、柘城县社会福利中心已开工建设。为全市3929名孤儿办理12种少年儿童常发重大疾病的公益保险,下拨生活救助资金1744万元。下拨涉艾困难人员生活补助资金957万元,确保涉艾群体的稳定。稳步提升福彩销量。通过加强市场监管、督导检查、规范服务、明确责任等措施,共销售福彩金2.41亿元,超额完成省定2.27亿元任务。积极筹建市区长江西路、柘城县和虞城县3个中福在线大厅,为提高福彩销量提供新的增长点。动态调整随军干部家属生活补助标准。按照《中共商丘市委常委会议决定事项通知》"正团职及以上干部随军家属指令性安排到财政供给单位,副团职及以下干部随军家属生活补助达到商丘市最低工资标准"。2014年,未就业的随军家属生活补助资金由原来的每人每月950元提高到1100元,为全省最高。市财政全年保障176人,发放补助资金232万元。认真执行优抚政策。下拨2014年抚恤补助资金1.93亿元、优抚对象医疗补助资金1082万元、老党员生活补贴资金65万元,发放义务兵家属优待金5858万元。审查报批带病退伍人员262人。为132名伤残人员进行迁移备案、伤残评定、调整等级等残情鉴定。完成3900余份残疾军人证和近800份烈士证明书的换证工作。稳步推进退役士兵安置改革。全市共接收退役士兵3572人,其中具备安置资格的退役士兵312人、自主就业退役士兵3260人,发放一次性自主就业金3285万元。符合培训条件且有意愿参加培训的2589名退役士兵,分别在商丘职业技术学院、商丘技师学院参加培训并全部结业,全市已安置退役士兵310人。通过军供战线工作人员的不懈努力,圆满完成军供保障任务,服务过往军事运输列车76列、1.6万余人次,收到部队锦旗1面,感谢信15封。在高铁建设拆迁征收工作中,落实陇海线军供站站址。严格落实军休干部两个待遇。接收军休干部2人、无军籍退职职工6人;及时调整军休干部递增工资和其他补贴、按规定报销医药费、协调解决军休干部房改遗留问题。适时开展政治思想教育和文体活动,军休干部两个待遇得到较好落实。加强婚姻登记机关建设。睢阳区政府投资600余万元购买帝景北苑600余平方米的门面房,梁园区政府投资400余万元购买康城花园600余平方米的门面房用作婚姻处的办公用房。为睢阳区和柘城县2个婚姻登记机构申报国家3A级婚姻登记机关。全年共办理婚姻登记105803对,其中办理结婚登记95334对、离婚登记

10469对，登记合格100%。推行殡葬惠民政策。多方协调，积极推动市政府制定《市辖区惠民殡葬实施办法》，商丘市殡葬惠民政策实现全覆盖。市公墓管理处成功划转市殡仪馆，市殡仪馆列为公益一类事业单位。进一步加强流浪乞讨救助工作。加大对市救助站发展规划的指导及县（区）救助管理机构建设的督导力度，规范救助程序，拓展救助安置渠道。对全市救助补助资金管理使用情况进行专项检查，对发现的问题提出整改意见，督促整改。全年共救助流浪乞讨人员8000余人次，其中护送返乡804人次、医疗救助1214人次、临时安置120余人次。进一步规范地名管理工作。拟制新的《商丘市地名管理办法》。对商丘商务中心区、梁园区产业集聚区的地名规划工作进行调研，并提出初步命名方案。审核修改《河南省政区标准地名图》商丘部分。出台《关于做好商丘市第二次全国地名普查工作的通知》，制定《商丘市第二次全国地名普查实施方案》，召开全市第二次地名普查工作会议进行部署，全面启动商丘市第二次全国地名普查工作。进一步加强界线管理。对鲁豫行政区域界线商丘菏泽段的界桩更换情况进行自查。组织全市界管工作人员参加"全省行政区域界线管理工作暨现场观摩会"，加强平安边界建设，通过了省界管办组织的检查。做好社会组织年度检查工作。下发《商丘市民政局社会组织年检通告》和《商丘市民政局公告》，公告社会组织年检事宜。现有注册登记的民间组织1790个，其中社会团体757个、民办非企业单位1033个。全市性民间组织616个，其中社会团体355个、民办非企业单位261个。完成450家全市性社会组织年检，合格98%。创新社会组织登记管理服务工作。稳妥推进公益慈善类等四类社会组织直接登记，取消业务主管单位审核，实行无业务主管直接登记。取消社会团体分支机构、代表机构设立登记、变更登记和注销登记。取消对社会团体筹备成立的审批。扎实推进行业协会商会去行政化，规范公务员在社会组织兼职任职。探索引入竞争机制，探索一业多会。新发展全市性社会组织29个，办理变更登记30个，申请注销10个，依法撤销社会组织1个。探索"一本三化"社区管理模式。梁园区白云街道、睢阳区新城街道作为"一本三化"（以人为本，网格化管理、信息化支撑、全程化服务）的试点，依托网格化的格局及信息化服务平台，通过一站式服务大厅加强对社区居民的管理和服务，社区服务人员与社区居民间的距离更亲近，关系更融洽，社区居民办事更便捷。

商丘市民政局领导成员

局长、局党组书记：刘凤宇
副 局 长：李启华　周在虎
　　　　　李清军　盛　勇
纪检组长：唐冠军

【低保对象自动退出机制建立】 全市共有城乡低保对象242.83万人，发放城乡低保资金5.9亿元。为从源头上杜绝骗保、错保现象，促进社会救助公平公正，维护困难群众利益。市政府出台《商丘市人民政府关于进一步做好城乡居民最低生活保障工作的意见》，在全省率先建立低保对象自动退出机制，建立跨部门、多层次、信息共享的救助申请家庭核对机制，成立编制6人的商丘市低收入家庭认定中心，负责救助申请家庭经济状况信息查询工作，统一进行跨部门信息核对。同时，建立以市委常委、副市长李思杰为总召集人的联席会议制度。

【全市敬老院工作人员培训班举办】 4月9日～11日，市民政局组织各县（区）民政局业务股长及各乡（镇）农村敬老院工作人员200余人集中培训，聘请专家教授讲解老年心理咨询与疏导，老年人疾病防治，老年人日常护理等内容，以提高基层民政工作者的业务知识和专业技能。

【儿童福利院投入使用】 由于党的群众路线学教活动期间，编制人事冻结，市儿童福利院筹建进度受到一定影响，为确保市儿童福利院年内投入使用，市局党组不等不靠，成立市儿童福利院筹备工作组进驻福利院开展工作。12月19日，市儿童福利院举行揭牌仪式，正式投入使用。

【"义务兵"一卡通工程】 为做好义务兵优待金的发放工作，在全市推行义务兵"一卡通"工程。各县（区）为义务兵制作"军人优抚卡"，义务兵家庭凭卡在全国可以领取优待金。同时该卡还具有"一站式"就医服务，申请无息、低息贷款，接续社会保险等功能。该做法受到军人军属的一致好评，被济南军区推广。

【散葬烈士墓迁葬和保护工作】 通过整县（区）推进、与基层签订协议书、及时兑现资金补贴、工程公开招投标、集中采购等措施，完成2476座散葬烈士墓和22座（处）烈士纪念设施的迁葬和保护工作。市民政局和全市民政部门对烈士后代不愿迁移和个别不适合迁移的散葬烈士墓进行抢救性就地保护，其他散葬烈士遗骨、墓穴全部迁入建制烈士陵园。

【部分区划调整】 按照行政区划管理条例和区划调整申报程序，通过基层申报，专家考察论证，经市政府常务会研究，同意本市部分行政区划调整，并向省政府报批，经省政府审核批准，睢阳区毛堌堆乡、虞城县稍岗乡分别改为镇，虞城县营廓镇更名为木兰镇。经市政府批准撤销民权县城关镇，设立绿洲、南华2个街道。民权县野岗乡、双塔乡，夏邑县郭店乡，柘城县张桥乡、伯岗乡5乡撤乡建镇工作，已经省民政厅考察，等待省政府审批。

【第八届村委会换届选举工作】 按照省委省政府的统一部署和市委市政府安排，商丘市启动第八届村级组织换届工作，11月11日全面开展村委会换届工作。本次换届领导高度重视，选举程序依法依规，整体进展有序。全市3887个行政村有3885个按时完成村委换届选举工作。共登记选民433万余人，参选选民360万余人，参选率83.28%。共选出新一届村委会主任3884人，其中女主任70人、大学生村干部38人；选出新一届村委会成员16304人，其中女性3198人。

商丘市民政系统荣获奖项

先进单位

济南军区军供工作现代化建设先进单位
商丘市军事饮食供应站
商丘市维护妇女儿童权益贡献奖先进集体
商丘市民政局

(田 军)

杨月峰

【民族宗教事务概况】 2014年,商丘市民族宗教局围绕"党的群众路线教育实践活动",全局上下转作风求实效,以改革的精神和务实的作风夯实基础,破解难题,创新发展,狠抓落实,持续保持商丘市民族团结、宗教和谐的大好局面。全市共有少数民族43个,少数民族总人口16.5万人,占全市总人口的1.85%,主要有回、蒙古、满族等。回族人口16万人,其中回族人口总数居河南省第二位。属于民族大市,少数民族万人以上的县(区)7个,少数民族千人以上的乡(镇)、街道39个,其中民族乡(镇)4个,少数民族聚居村93个。有佛教、道教、伊斯兰教、天主教、基督教五大宗教,开放宗教活动场所799个,市级重点宗教活动场所34处,已备案宗教教职人员1178人,信教群众总数85万人。全市市级宗教团体7个,县级宗教团体41个。商丘市12家企业"十二五"期间被确定为全国民族特需商品定点生产企业。全年共计贴息2070万元。充分发挥上下沟通作用,积极协调省民委、省财政厅,本年度共为商丘市争取项目21个、资金660万元。

商丘市民族宗教事务委员会领导成员

党组书记、主任:杨月峰
副 主 任:孙德清
纪检组长:朱景州

【"一办三点"工作】 市民族宗教事务委员会会同市司法局、市人社局、市行政服务中心、商丘运输集团公司等相关部门完善"三窗一点"服务功能,更名为"一办三点"(少数民族就业服务指导办公室,少数民族行政事项办理服务点、少数民族出行售票点和少数民族法律援助联络点)。在劳动就业、培训、维权、帮扶等方面提供服务,帮助少数民族群众解决实际困难。"一办三点"的设立,在全省属于首创。

【民族团结进步教育基地设立】 指导民权县设立民族团结进步教育基地。该基地坐落于民权县标志性建筑庄子文化馆内,总面积860平方米,总投资30余万元。基地共分4个大展区、18个专栏展区,可同时容纳近100人参观。该基地对进一步加强民族团结宣传教育工作、促进各民族共同发展,服务经济社会发展大局将起到积极的推动作用。

【少数民族群众技能培训】 在商丘职业技术学院培训基地举办全市少数民族群众实用技能培训,150余名少数民族群众参加培训,聘请专家、教授讲授食品加工、肉食加工、牛羊养殖、蔬菜种植等知识。培训提升了参训者致富技能,受到参训人员的热烈欢迎。

【参加河南省第七届少数民族传统运动会】 河南省第七届少数民族传统体育运动会在南阳市举行,各地市共有30个代表团参加。商丘市组成以市委常委、副市长李思杰为团长的59人代表团,参加珍珠球、板鞋竞速、传统式摔跤、武术比赛、武术表演5个项目的角逐,荣获4金3银7铜,改写了商丘在少数民族传统体育运动会中历届比赛无金牌历史,取得历史性突破。商丘市还荣获优秀组织奖和体育道德风尚奖。

【宗教团体自身建设】 按照中央对宗教界提出的"政治上靠得住、学识上有造诣、品德上能服众,关键时起作用"的要求,协助县(区)宗教部门对全市宗教团体负责人和场所负责人开展宗教政策法规培训,举办培训班30期2000余人,使其发挥积极作用。

【宗教场所治理】 开展治理乱建寺观和乱塑露天宗教造像工作,全年本市未发现一起乱建寺观和乱塑露天宗教造像的现象;重点做好零散朝觐防控工作。2014年全市报名参加有组织朝觐20人,未发现零散朝觐人员;与统战部、公安局、安全局制定选圣方案,稳妥做好天主教候选人工作,确保天主教领域的稳定;依法治理基督教私设点。联合公安局开展高校周边基督教私设聚会点专项治理活动,对全市高校周边2公里范围内的基督教活动场所(含私设点)摸排并建立台账。

【宗教活动场所拆迁安置工作】 在梁园区郑徐高铁拆迁安置中,涉及伊斯兰教、天主教、基督教4个场所。主动与高铁办对接,宣传宗教政策,在拆迁安置中确保宗教界的合法权益。积极协调市有关部门和梁园区政府使天主教北堂、清真东寺和基督教2个堂点顺利搬迁并得到妥善安置。

【清真食品管理宣传工作】 全年共出动宣传车16辆次、召开各类会议7次、印发宣传资料1300余份,在报纸、网站发宣传信息4条,宣传《河南省少数民族权益保障条例》《河南省清真食品管理办法》等有关清真食品管理方面的法律、法规,深受群众欢迎。

【清真食品电子档案完善】 全市以换发新清真C牌为契机,深入清真食品经营网点,逐户登记,逐人造册,分区编号。至年底,全市已建立标准化、规范化清真食品经营者档案1539个,其中A牌建档率96%,B牌建档率94%,C牌建档率63%,基本实现清真食品经营者底子清、情况明。

【清真食品整顿】 充分发挥清真食品义务监督员作用,做好日常检查和节假日期间的清真食品市场监管力度,严把市场入口关。3月16日~24日,对既生产清真食品又生产非清真食品企业排查和规范,在规范企业生产经营的同时提高行业自律意识。为配合市食品安全"夏日整顿"

行动，本局从7月10日至10月10日，利用100天时间对全市清真食品市场进行专项整治，全面清理整顿。

商丘市民族宗教事务委员会系统荣获奖项

先进单位

第二批全国民族团结进步活动示范单位
　民权县伯党回族乡
河南省第七届少数民族传统体育运动会体育道德风尚奖
　商丘市民族宗教局
河南省第七届少数民族传统体育运动会优秀组织奖
　商丘市民族宗教局
河南省政府第六次民族团结进步模范集体
　商丘市民族宗教局
　商丘市梁园区李庄乡人民政府
　商丘市梁园区八八街道
　睢县城关回族镇人民政府
　柘城县民族宗教局
　夏邑县民族宗教局

先进个人

河南省政府第六次民族团结进步先进个人
　王孝普

（田秀禅）

黄　暇

【外事侨务概况】 2014年，市外事侨务办公室统筹服务国家总体外交和商丘经济社会发展大局，以第二批党的群众路线教育实践活动为契机，以创建省级精神文明单位为动力，围绕中心，服务大局，扎实推进外事侨务各项工作的全面开展，为国家总体外交服务、为侨服务、为加快商丘承接产业转移示范市建设作出积极贡献。圆满完成党的群众路线教育实践活动各项预定任务以及年度外事侨务各项任务，成功创建省级精神文明单位，群众路线教育实践活动获市委群教办综合评价"好"的成绩。

商丘市外事侨务办公室领导成员

党组书记、主任：黄　暇（女）
副 主 任：王春芳（女）　姬艳峰
　　　　张　干（12月离）
纪检组长：张　旭

【对外交往】 全年指导和接待外宾来访团组以及华侨华人4批7人次，包括吉尔吉斯斯坦共和国前总理詹托罗·萨特巴尔季耶夫一行、吉尔吉斯斯坦共和国议员兼农业水资源委员会主任乌扎克巴耶夫·塔蓝特别克先生，应邀到商参加2014中国·商丘国际华商节的德国PIMEX'GmbH公司中国区市场执行总裁、马来西亚籍华人陈海长先生等。进一步深化与商丘市国际友好关系城市——澳大利亚大谢伯顿市的友好关系，积极推进与美国路易斯安那州中部地区的友好交流，并通过多渠道在美国、德国、吉尔吉斯斯坦和印尼等国家积极寻找与商丘市具有互补性的国际友好交流城市对象。积极推荐对商丘市涉外企业——河南贵友实业集团在吉尔吉斯斯坦的经营和发展给予大力支持的吉尔吉斯斯坦议员兼农业水资源委员会主任乌扎克巴耶夫·塔蓝特别克先生，使其荣获由省政府颁发的、旨在表彰对河南省作出突出贡献的外籍人士最高奖项——"黄河友谊奖"，进一步激发塔蓝特别克先生与商丘市合作的热情，促进贵友集团在吉的进一步发展壮大。分别组织涉外涉侨企业——商丘通达专用车辆制造有限公司、商丘汉梁王酒业有限公司、商丘贵友实业集团等，参加由国侨办主办的"第十四届华侨华人创业发展洽谈会"和省政府主办的"第五届华侨华人中原经济合作论坛"等。

【涉外管理】 协助和配合有关部门，全年妥善处理涉外事（案）件4起，处置率100%。其中积极配合外交部、协调驻外使馆，一次性成功撤回76名商丘籍在利比亚工作人员，对河南商丘亿龙公司在外员工给予及时援助等，确保商丘籍在外务工人员的人身安全，维护商丘市企业和公民在海外的合法权益。建立"商丘市涉外涉侨工作市级联席会议制度"，进一步整合利用全市涉外涉侨资源，指导协调处置各类涉外涉侨重大突发事件，更好地维护社会稳定提供机制保障。深入全市涉外涉侨企业，宣传涉外知识和涉外管理法规政策，制定《商丘市APEC商务旅行卡管理办法》，做好APEC商务旅行卡的宣传、使用和管理工作，强化管理措施，完善保管机制，为企业走出国门开展广泛的国际交往与合作提供便利服务。为学校和企业聘请外国经济技术、文教专家等人才做好指导和服务工作，其中为市一高、饮之健食品有限公司和河南冰熊专用车辆制造有限公司等办理外国人到商签证邀请函申请手续。做好"六四"25年期间涉维稳外国记者管理工作，针对在商境外非政府组织及活动情况开展详细摸底调查，对商丘四高违反外事纪律擅自进行相关报道提出严肃批评。

【对外宣传】 抽调专人全面收集、整理商丘近年来对外交往有关图片、数据和文字资料等，为省外侨办以及市委、市政府编印最新省情、市情提供内容丰富、数据翔实、图文并茂的对外宣传资料。积极助推海外华文宣传教育工作，全年共推选3名优秀教师分别被国侨办派往泰国、菲律宾华文学校任教，执行华文教育和宣传任务，其中在菲律宾执行华文教育的张杰，被菲律宾华教中心评为"优秀外派教师"，并被执教学校菲律宾亚虞山培青中学聘为校长，为在海外传播中华文化作出积极贡献。推荐7家涉外企业加入"河南省海外交流协会"，积极为企业搭建对外合作平台，努力为商丘外向型企业"走出去"开展国际交往与合作创造条件。

【因公出国（境）管理工作】 2014年，全市因公出国（境）管理工作贯彻执行中央八项规定以及省、市出台的一系列关于加强因公出国（境）管理的各项规定，进一步规范和完善相关管理制度，严审严控因公出访团组，强化社会监督，优化服务保障措施，确保全市因公出国（境）管理工作科学、规范、有序地开展，取得良好成效。严格遵守市委关于"在第二批党的群众路线教育实践活动期间原则上不安排公务出访”的要求,上半年全市未办理一例因公出国(境)手续,群教活动结束后,严格按出访计划统筹安排全市因公出访任务。认真贯彻落实市委、市政府根据中央八项规定出台的《关于党政机关厉行节约反对浪费的实施意见》,严格控制因公出国(境)团组数量和规模,县处级领导干部确有实质性任务的一个任期内出访不超过1次,原则上每次出访时间不超过10天;新近提拔的、调整岗位的领导干部,一年内不安排出访;从严控制副处级以下干部因公临时出国。严禁照顾性、无实质性内容的一般性出访以及考察性出访。坚持因事定人、定出访国家和地区,严禁以各种名义变相公款出国旅游,严控培训类团组,确保全市因公出访团组得到有效控制。建立健全加强全市因公出国(境)管理各项规章制度,进一步严格党员领导干部因公出国(境)审批管理,坚持原则,从严把关,一视同仁,不搞变通,不开违规违纪口子,严审严把每个出访团组出访任务的必要性、报批材料的真实性、行程安排的合理性;严格执行经费先行审核制度,加强因公临时出国经费预算总额控制,严控“三公”经费支出。加强因公出国(境)管理有关规定的宣传学习和培训力度,在各县(区)、各部门以及全市各级领导干部中宣传解读中央16号、省12号以及商发〔2014〕16号等关于加强因公出国(境)管理有关文件精神,显著提升大家对加强因公出国(境)管理有关政策和规定的理解力和执行力。坚持因公出国(境)管理与服务“两手抓”,在严加管理和严格控制的同时,积极为具有实质性内容的因公出访团组以及企业、个人走出去开展国际交流与合作提供全方位优质服务。高标准完成全市因公出国电子护照二期工程的建设和管理工作,完善有关软硬件配套设施,制定《商丘市因公出国指纹信息采集制度》,进一步增强本市因公出国证件的防伪性和安全性,成为今后本市因公出国(境)工作的一项更加严格的管理和保障措施。

【为侨服务与侨务引资】 围绕“为侨服务、为商丘经济建设和发展服务”这一中心任务,扎实推进各项侨务工作的开展。积极营造爱侨暖侨、依法护侨氛围,充分发挥“商丘市华侨法律维权服务站”和“商丘师院社区侨务示范点”的维侨护侨和示范引领作用,开展“暖侨敬老行动”“归侨侨眷关爱工程——送温暖慰问活动”等,多方筹措资金,加大对全市困难归侨侨眷关爱帮扶力度,“双节”前夕为16户困难归侨侨眷送去慰问金和慰问品。就提高早期老归侨的退休生活待遇问题积极向省外侨办建言献策,得到重视和采纳。由省外侨办牵头,会同省财政厅、省人力资源和社会保障厅联合下发《关于调整早期归国华侨退休生活补贴标准的通知》,将他们的退休生活补贴标准由原来每人每月100元调整到每人每月200元。选派2名归侨侨眷子女参加“2014年河南省归侨侨眷子女夏令营活动”,为全市8名归侨侨眷高、中招考生进行身份认证,使他们依法享受到升学加分的照顾政策。促成华侨捐赠项目“侨爱工程——陈沙立先生救护生命万里行第三期项目”在商丘落地,筛选上报的睢县人民医院获该项目捐赠救护车1部,促成加拿大河南同乡会在梁园区常楼小学捐助建校20万元。做好侨务信访处理工作,全年共受理华侨华人和归侨侨眷来信、来电、来访以及省外侨办、国侨办和我驻外使领馆转办的侨务信访件20余件(人)次,处置率100%。

商丘市外事侨务办公室荣获奖项

先进单位

河南省级文明单位

河南省外事侨务系统信息工作先进单位

商丘市“五好五强”党支部

(耿小均)

【行政服务中心概况】 2014年,市行政服务中心以“规范、高效、廉洁、便民”为服务宗旨,以提高行政服务工作能力和水平为重点,不断开创行政服务工作新局面,较好地完成各项任务。全年共受理和办理各类行政管理事项63.3万件,收缴税费8.87亿元,按时办结99.96%。

王全国

商丘市行政服务中心领导成员

党组书记、主任:王全国

副 主 任:肖世敏　张建杰

纪检组长:王继光

【取消废止行政审批事项】 依照“应减必减、该放就放”原则,逐一对照排查,进一步取消和下放行政审批事项。至年底,中心对接各职能部门取消行政审批事项22项,下放行政审批事项14项,调整行政审批事项8项,保留行政审批事项169项,承接行政审批事项26项。对所有的行政事项分类别进行梳理,按照能进则进的原则,努力使应该进驻中心的行政许可(审批)事项进入中心办理并授权到位。市环保局(包括三区)将57项行政许可(审批)事项进驻中心,开发区工商分局、市工商局专业分局相关业务分别进驻中心,设立服务窗口。集中受理、办理行政许可(审批)及行政事业性收费事项。年内,进驻中心47个职能部门(市直39个,区直8个),设立120个服务窗口,集中受理和办理行政管理事项595项,其中包括169项行政许可、非行政许可审批事项,257项行政征收、行政处罚事项,及169项公共服务事项,窗口工作人员310余人。

【行政审批事项办理流程再造工作】 对群众关注、办件量大的行政审批事项,通过优化内部审批程序进一步减少办事环节,简化办事流程,压缩审批时限,力求“程序最简、时间最短、环节最少、效率最高”。市规划、质监、工商、公安等窗口对有关事项进行流程或时限压缩,为群众节省大量时间和精力。质监局将5个工作日的限时件,压缩到3个工作日,并落实减免政策,免收小微企业代码证书工本费。公安局车驾管窗口简化流程,优化窗口结构,新设导办台、排队叫号系统,更新新车选号系统,完善服务设施,从咨询、照相、体检、点号、填表、信息录入、交费、领取证照各环节,实现一站式办理,提高办事效率。整合窗口岗位设置,调整和规范审批事项。对环保局13个窗口进行优化整合,对农业、林业和水利、农机、畜牧等窗口进行合并,对卫生、计生和民政、残联、司法等窗口进行整合;对国土局划拨国有建设用地使用权、收回国有建设用地使用权、国有土地使用权供应、单独选址建设用地申报等审批事项进行规范、调整办事流程等。交通局窗口优化窗口设置,新增3个申请窗口,重新定义AB岗,把证件换发和诚信考核两项内容合并到一个窗口办理,并将所有业务表格采用电子表格打印,方便办事群众。

【国家级服务标准化试点单位创建】 按照创建国家级服务标准化试点单位标准,出台《创建实施方案》,逐项对照任务按科室进行分解,分解事项完成情况以督办单形式定期督促,全面推进标准化试点的各项筹备和建设。自创建以来,中心围绕功能定位、运行机制、审批流程、环境建设、中心文化、监督保障等方面,建立健全各项标准,最终形成涵盖中心服务通用标准、服务保障标准、服务提供标准三大体系,12月经国家标准委专家组初步验收通过,被确定为"国家级服务业标准化试点单位",在全省名列前茅。

【监管工作】 一是制定《中心窗口及工作人员日常绩效考核办法》。为进一步提高对进驻窗口的规范管理水平,中心历时数月,多次召开座谈会,反复征求意见,数易其稿,制定该《考核办法》,从窗口工作人员配备管理、领导现场办公、业务管理、遵守工作纪律、环境秩序管理、办公设备管理六大项28小项考核内容作详细规定,并设定加分事项和否决事项。加大《考核办法》落实力度,编发《流动红旗窗口、优质服务标兵评选情况通报》12期,评选出流动红旗窗口120单位次,评选出优质服务标兵120人次,否决2个窗口单位。二是抓好对窗口和窗口工作人员的日常管理。(一)加强行政许可电子监察。对各许可审批环节实行全方位监管,在服务大厅安装的摄像头实行全覆盖,对100余个窗口岗位的行政许可实施情况,包括事项受理、承办、审核、批准、办结五个环节进行实时监控,从而使行政许可全过程"看得见、管得住"。(二)加强工作纪律电子监控。完善电子监控室值班制度,调整工作方式,充分利用监控室摄录设备及时查处各类隐形违规现象。(三)认真做好投诉受理。发挥投诉台、群众意见箱、网上投诉专栏、监督电话、投诉电话作用,多角度及时受理群众投诉和相关单位批办件的承办。全年内承办受理各类投诉事项14件,其中来电来访6件,现场投诉8件,做到有诉必查、查必有果、果必有复。(四)加大明察暗访力度。制定巡查制度,坚持工作日内以明查、暗查、抽查等形式查岗6次以上,不定期组织集中抽查,发现问题及时处理。建立跟踪监查制度,针对经常发生问题的窗口和容易出现问题的窗口实行重点管控。同时加大暗访力度,坚持内部监督与外部监督相结合,发挥中心特邀监督员作用,组织第四届特邀监督员成功换届,实行随时暗访制度,对中心出现的问题,不护短、不隐藏,鼓励特邀监督员对中心亮丑、揭短。(五)查办追究。对落实中心《考核办法》不力,违反中心"六坚持六严禁"行为者一经查实从严处理,决不姑息迁就。全年共发现违规违纪事项50余起,下发督查通报10期,通报批评30余人次,责令书面检查16人,其中对问题较为严重的4名工作人员,责令大会作检讨,并对1人作出退回原单位的处理。

【服务工作】 一是落实窗口体验日活动。实行窗口主管单位一把手或班子成员每周至少一次到中心窗口现场体验,现场处理窗口业务,如市环保局、卫生局、住建局、农业局等,一把手亲临窗口体验服务流程,体验窗口工作人员的辛苦,增加对窗口工作的了解与感触,促使各单位加大对窗口工作的重视与支持力度。全年底主管单位一把手或班子成员2100余人次到窗口现场办公。二是出台《急事、难事、特事、重点事优先办理办法》,各窗口完善应对服务措施。建立完善综合服务平台,在一楼大厅设立咨询服务、快速办理、投诉受理、志愿服务、领导现场办公处。及时引导群众办件,进一步畅通"绿色渠道",并对外公布服务热线电话3156555。综合服务平台平均每天接受咨询服务300余人次,每月优先快速办理90余件。三是夯实基础服务。实施代办、登门服务措施,把中心的服务延伸到大厅之外,变单个服务为整体联动服务,变坐等服务为主动上门服务。2014年,中心先后组织市工商局、国税局、地税局、质检局、环保局、国土局等10余家窗口,深入睢阳、梁园产业集聚区、经济开发区的恒大针织、润丰元食品、江华量具等50余家企业开展上门服务,实地办理工商营业执照、组织机构代码年度报告、登记等业务。组织住建局窗口工作人员为困难群众进行登门服务5次,受理廉租住房补贴17户。四是强化服务群众基础保障。为给办事群众提供"暖心"服务,在中心一至四楼设置开水房,配置全自动饮水机和一次性水杯,在卫生间设置相关用品;在大厅设置休息区,增设休息坐椅和便民服务台(桌),为群众提供笔、胶水,并实行免费复印服务;在中心入口处新设置残疾人无障碍通道。五是进一步完善办事指南。让各界群众凭办事指南就能对办理事项一目了然,不需上网、到窗口咨询工作人员。推进网上办理,探索对部分有条件的窗口开通网上咨询、网上投诉、表格下载、业务受理和办理等业务。畅通政务公开渠道,对中心安装的室内电子大屏幕、触摸屏做到及时更新,并按照窗口事项办理程序,实行事前、事中、事后全方位公开,让群众准确、及时、全面地了解事项办理进展情况。

商丘市行政服务中心荣获奖项

先进单位

全国创建节约型公共机构示范单位

河南省级文明单位

河南省文明服务示范窗口

河南省服务标准化示范单位
河南省卫生工作先进单位
商丘市“一学双争”先进集体
商丘市思想政治工作先进单位
商丘市“五好”基层党组织

(邓传宏 杨 乐)

朱坤聚

【市直机关事务管理概况】 2014年,市市直机关事务管理局深入学习贯彻党的十八大和十八届四中全会精神,围绕务实、高效、廉洁的目标,解放思想,转变作风,凝心聚力,创新发展,顺利完成各项工作任务。

商丘市市直机关事务管理局
领导成员

局长、党组书记:朱坤聚
副 书 记:张教国(兼东方宾馆总经理)
副 局 长:张文忠 陈富磊
纪检组长:黄国栋

【安全保卫工作】 建立完善各项安保工作制度。进一步完善值班登记制度、巡逻工作制度和消防工作制度。严格车辆管理。控制通行证办理数量,组织清理机动车45辆,非机动车60余辆。全年共协助处置上访事件900余起、6000余人次,维持了市行政中心的工作秩序。

【节能减排工作】 制定《商丘市公共机构节能监察(暂行)办法》,积极开展节能宣传月、“无车日”和“能源紧缺体验日”活动,协助有关单位顺利完成黄标车治理工作,共淘汰车辆2047辆。

【综合服务保障】 着力做好市行政中心水、电暖及通信设施的管护。全年维修水电6130余次,更换各种水具、电器5640余个(件),保障各种设施设备正常运转。着力抓好机关餐厅管理服务。进一步加强对“公务灶”的管理。全面提升机关餐厅的保障水平。着力做好文印、会务服务。全年共处理文字3500余万字,印装文件380万份;严格落实《会议中心管理制度》,共接待各类会议436场次。

【房产基建管理】 2014年,对全市党政机关办公用房进行详细摸底、统一登记、建立台账、分类建档。完成1号楼、领导公寓及综合站房楼顶的翻新改造;完成市委家属院、厅级干部家属院和行政中心的修缮管理工作,清除污垢,美化环境,提升形象。

【办公环境改善】 2014年,绿化补栽各类花木20余种、1200余棵(株),养护草坪3万余平方米。全年投入10余万元,新植花木350株,片林0.18公顷,行政中心乔灌木及绿地覆盖率41.2%。保洁人员严格执行《市行政中心卫生管理制度》,实行“全天候”服务,为市行政中心干部职工营造一个干净、整洁的工作环境。树立“白天绿起来,晚上亮起来”的亮化理念,确保亮灯率达100%。

【群团活动】 积极组织开展“送温暖、献爱心”活动,共为受灾地区和贫困人员捐款2万余元。积极做好驻村帮扶工作。完成古王集乡中心水厂建设,协调项目资金为全乡修建机井8眼,新安装变压器2个,协调危房改造2万余元,帮扶4户贫困户改造危房。

商丘市市直机关
事务管理局荣获奖项

先进单位

河南省节能减排工作先进单位
河南省公共机构节能示范单位
河南省绿化模范单位
商丘市先进妇委会

(李华山)

中国人民政治协商会议河南省商丘市委员会

【政协工作综述】 2014年,市政协常委会按照市委工作部署和市政协四届三次会议确定的工作任务,主动作为,认真履行职能,切实发挥作用,为促进和谐稳定、助推商丘经济社会各项事业发展作出积极贡献。

吴宏蔚

一、始终坚持正确方向,深入开展教育实践活动。以开展党的群众路线教育实践活动为主线,采取多种措施,强化理论武装,提升思想认识,推进作风建设,确保政协工作沿着正确的政治方向前进。一是不断深化理论学习。通过多种形式,组织和引导广大委员和机关干部认真学习中共十八大、十八届三中、四中全会精神和习近平总书记系列重要讲话精神,深刻理解全面深化改革、全面推进依法治国的重大意义和目标任务,使广大政协委员和机关干部进一步坚定政治信念和宗旨意识,增强政治敏锐性和政治鉴别力,增强中国特色社会主义道路自信、理论自信、制度自信,为履行职能提供重要的思想保证。二是确保活动取得实效。第二批党的群众路线教育实践活动开展以来,市政协严格按照省委、市委部署,结合工作实际,精心组织,分步推进,坚持开门纳谏,广泛征求各方意见,着力查摆市政协领导班子和机关党员干部在“四风”(形式主义、官僚主义、享乐主义、奢靡之风)方面存在的突出问题。对照征求的意见建议,不回避、不掩饰,边查边改、立行立改,以落实“清单”工作法为切入点,着眼长效建章立制,开展专项整改活动,以锲而不舍的精神切实抓好落实。通过党的群众路线教育实践活动的扎实开展,广大委员和机关干部理想信念更加坚定、工作作风更加务实、履职成效更加突出。

二、发挥重要渠道作用,积极推进协商民主进程。注重发挥政协作为协商民主重要渠道作用,积极开展协商活动、不断丰富协商内容、多方搭建协商平台,在协商民主制度建设方面取得明显成效。一是精心组织会议协商议政。坚持把会议协商作为履行职能的重要形式,按照全委会议全面协商,常委会议专题协商,主席会议重点协商的原则，开展一系列协商议政活动。在市政协四届三次会议上，组织委员围绕政府工作报告及其他报告，进行协商讨论，坦诚发表意见。各民主党派、工商联、无党派人士联谊会和有关界别委员，精心准备16份建言材料，着眼促进商丘跨越发展、科学发展，重点就现代服务业发展、加强城市管理、促进义务教育均衡发展、加大环境整治力度等重要问题，提出意见建议。市委、市政府领导到会与委员面对面协商对话、互动交流，市委书记陶明伦充分肯定广大委员关心关注商丘改革发展的强烈使命感和责任感，对委员的建言质量和水平给予高度评价。市政协四届十二次、十三次常委会议分别围绕加快粮食核心区建设和加强生态文明建设进行专题协商，会前形成19篇调研报告，其中21名委员作重点发言，从不同侧面提出50余条意见建议，受到市委、市政府领导和相关部门的高度重视，一批建议在实际工作中得到采纳和落实。在市政协上报市委的《关于推动我市农业现代化加快发展的建议案》上，市委书记陶明伦批示：市政协所提建议切实可行，富有针对性，请市政府认真研处，针对现代农业发展中存在的突出问题制定针对性的解决方案。二是广泛开展对口协商交流。各专委会结合对口联系党政部门的重点工作，发挥界别委员的专长与特色，通过座谈会、情况通报会、小型专题视察等灵活多样的形式，组织委员先后就教育、医疗、就业、养老、住房、食品安全和社会保障等15个专题广泛开展对口协商，实地了解工作开展情况，积极提出合理化建议，促进相关部门改进工作。增加协商密度，提升协商成效。三是探索建立基层协商阵地。按照推进协商民主广泛、多层、制度化发展的要求，为有效解决政协委员在基层开展活动无组织、无机构、无场所的问题，使政协工作向基层乡镇、街道、社区延伸，为委员履职搭建更广阔的平台，4月市政协决定在全市政协系统开展创建“委员之家”活动。创建活动开展以来，市委、市政府领导高度重视，全市政协系统积极响应，广大委员踊跃参与，有力推动“委员之家”创建活动的开展。至年底，全市共建立“委员之家”43个，入驻省、市、县政协委员960余名，累计开展活动100余次，联系帮扶群众500余名。创建活动的开展，激发政协委员参政议政的热情，使委员履职更加制度化、常态化，为全方位开展基层协商民主活动奠定坚实的基础。

三、注重民主监督实效，推动相关工作深入开展。不断拓宽民主监督渠道，创新民主监督形式，提升民主监督实效，推进相关工作的扎实开展。一是注重发挥提案督办作用。市政协注重发挥提案办理在民主监督工作中的主渠道作用，着力构建重点突出、督办有力、落实到位的提案办理工作机制。继续实行主席、专委会、提案委“三级督办”和政府领导领办重点提案制度。2014年，市政协委员会确定25件重点提案，分别由市政府8位主管副市长领办和市政协主席、各位副主席督办。2013年审查立案的526件提案，已全部办结，委员满意率逐年提升，为全市经济社会发展发挥了重要作用。二是切实提高民主评议成效。民主评议是政协民主监督的一种有效形式。9月按照“肯定成绩、找准问题、提出建议、促进工作”的指导思想，组织驻市区80余名市政协委员对市教育局工作进行民主评议。这次民主评议活动，市政府领导高度重视，市政协认真组织，市教育局密切配合，达到预期目的，收到明显成效。市委副书记、代市长李公乐在《市政协关于民主评议市教育局工作情况的报告》上批示：市政协对市教育局的评议认真负责，问题找的准，建议提的实，请有关部门认真吸纳和落实，针对工作中存在的问题制定整改措施。三是高度重视反映社情民意工作。了解和反映社情民意是政协民主监督的一项重要内容。至年底，市政协收集社情民意信息70余条，及时转交有关部门参考和办理，并选择一些重要的信息编印《社情民意》12期，直接报送市委、市政府领导和省政协参阅，使一些重要社会情况和人民群众关注的热点难点问题得到及时反映和有效解决。比如针对当前产业集聚区发展中出现的新情况，上报省政协《关于产业集聚区建设存在的问题和建议》被省政协采纳，并转送省政府及有关部门，引起有关部门的高度重视。同时关于《尽快治理商丘步行街》《关于设立公众广告栏、解决公众乱贴小广告问题的建议》等社情民意信息上报后受到市政府领导的高度重视，认真吸纳委员建议，有力推动相关问题的妥善解决。四是大力支持监督员履职尽责。选派特邀监督员和委员代表参加政风行风评议活动，是政协民主监督的重要方面。工作中积极创造条件，大力支持特邀监督员和行风政风评议代表充分履行监督职责，增强民主监督实效，促进全市政风行风评议活动的深入开展。

四、围绕党政工作中心，主动服务改革发展大局。始终围绕市委、市政府中心工作，主动融入，积极作为，为党政科学决策当好参谋助手。一是积极开展专题调研活动。由主席、副主席带队，集中力量，集中时间，邀请有关委员、部门领导和专家学者，组成20余个调研组，重点围绕加强城市管理、推进现代都市农业发展、提升新型城镇化水平、加快内河治理、加快产业集聚区建设等事关全市经济和社会发展的一些重要问题，开展一系列专题调研活动，形成一批重要调研成果。编发《调查与建议》12期，刊登调研报告36篇，上报市委、市政府领导参阅，许多重要意见和建议引起市委、市政府领导的重视，批示有关部门参考落实。二是精心组织委员视察。组织委员视察，是有效解决人民群众关注热点难点问题的一种有效方式。围绕社会关注、人民群众关切的问题，多方面、多领域选择视察内容，组织委员对中心火车站建设、古城保护利用、市容卫生管理、食品安全、少数民族企业发展等开展20余项专题视察，较好地促进相关工作的深入开展。三是主动参与中心工作。市政协领导班子按照市委统一分工，积极参与全市中心工作，在产业集聚区建设、社会稳定、“六城”（国家园林城、中国优秀旅游城、全国双拥模范城、国家卫生城、全国文明城、国家森林城）创建等方面，较好地发挥组织协调作用。按照市委要求，抽调1名副主席和6名专委会正副主任参加教育实践活动督导工作,圆满完成各项督导任务,其中1人被省委评为“党的群众路线教育实践活动组织工作先进个人”。在商丘古城保护利用工作中,多次邀请专家学者、组织相关单位负责人召开座谈会,为古城保护利用和美丽商丘建设发挥积极作用。积极参与全市“六城”联创工作,号召全市各级政协组织、政协各参加单位和广大政协委员积极投身到“六城”联创之中,为全市创建工作作出应有的贡献。

五、牢牢把握两大主题,广泛凝聚社会各界力量。始终把握团结和民主两大主题,充分发扬民主、着力增进团结、有效促进社会和谐,注重发挥包容各界、联系广泛的优势,努力为商丘市经济社会跨越发展凝心聚力。一是大力营造多党合作共事氛围。注重与各民主党派、工商联、无党派人士联谊会的团结合作,主动邀请他们参加各类会议和专题调研视察、协商议政等活动,为其参政议政提供平台、畅通渠道,认真听取、反映并积极推动落实他们的意见建议,努力营造团结民主的良好氛围。至年底,妥善处理市各民主党派、工商联、无党派人士联谊会提案86件、信息56条,邀请他们参加调研视察120余人次,在全体会议、常委会议、工作研讨会上发言60余人次。二是努力维护社会安定团结。坚持以人为本,积极引导广大委员承担社会责任,开展扶贫救灾、捐资助学和送科技、文化、法律、卫生下乡等活动。鼓励政协委员开展向困难群众、弱势群体送温暖、献爱心活动。全年,各级政协委员通过不同方式向困难群众捐款捐物500余万元。积极反映少数民族和宗教界人士的意见和要求,协助党委、政府做好协调关系、化解矛盾、理顺情绪的工作,有力促进了民族团结、社会稳定。三是切实增强政协组织的整体合力。主动争取上级政协的指导,积极配合全国政协和省政协领导到商丘市就创新粮食主产区土地流转工作、和谐拆迁和中小型科技企业融资难等多项重要课题开展调研视察活动。切实加强对县(区)政协工作的联系和指导,共同开展专题调研、提案督办、经验交流等活动,先后召开全市政协系统创建“委员之家”、政协主席和秘书长工作会议,通过总结工作,交流经验,使商丘市的政协工作形成合力,整体优势得到较好发挥。四是认真做好文史资料工作。向全国政协学习和文史委员会按时上报抗日战争史料41篇;编辑出版《纪念毛泽东同志诞辰120周年书画作品集》;认真选编16万余字的《学习参考资料》;积极组织商丘市书画名家参加省政协组织的“人民政协成立65周年”书画展并有多人获奖,充分展示商丘委员的风采,受到社会各界的好评。

六、创新完善工作机制,着力夯实自身履职基础。着眼于提升政协工作科学化水平,不断加强自身建设,改进工作方法,创新工作机制,提高履职能力和水平,为发挥作用提供重要保障。一是注重提升委员履职成效。努力拓宽委员知情明政渠道,积极为委员履职创造条件。利用政协网站建立政协委员联络平台,提高对委员的服务质量,增强委员之间的相互交流。二是着力扩大政协自身影响。充分利用电视、报纸、网络等媒体和平台,宣传政协工作履职亮点和政协委员先进事迹。市政协机关全年在市级以上新闻媒体发表稿件86篇,其中国家级11篇,省级22篇。编辑出版《商丘政协》内刊4期,记录政协全年的工作实绩,展示优秀委员的履职成果,进一步树立政协的良好形象。三是切实增强机关服务水平。以开展教育实践活动为契机,围绕创建学习型、服务型、创新型政协机关,持续加强机关党组织建设和干部队伍建设,推动机关改进作风、增强活力、搞好服务,有力提升了机关同志的整体素质和服务群众的能力。

政协第四届商丘市委员会领导成员

主　　席:吴宏蔚(回)
副 主 席:朱明伦　郝　萍(女)
刘明亮　李德民　魏昭炜
孟　玮(女)　李　崇
宋崇江
秘 书 长:白克山
副秘书长:洪德兴　梁超杰

各委室负责人

办公室

主　　任:米从伟
副 主 任:仲　伟　韩建东　张建华
纪检组长:杨　森

调研室

主　任:乔敬伟
副主任:杨钦永

提案委员会

主　任:赵维臣
副主任:余洪立　窦建新

经济委员会

主　任:齐景云(11月离)
副主任:刘祖祥　孙建华

农业委员会

主　任:陈　伟
副主任:张景良
王宝明(11月离)

科教文卫体委员会

主　任:高继峰
副主任:李建璋(女)

社会和法制委员会

主　任:王秀德
副主任:王绍杰
陈　冰(女)

民族宗教和港澳台侨委员会

主　任:方文远
副主任:张登宇
姜海云(女,回)

学习和文史委员会

主　任:李建业
副主任:刘广泉　曾　勇

县(区)政协工作委员会

主　任:宋聚章
副主任:薛廉勤　邓　超

人口资源环境委员会

主　任:赵　杰
副主任:刘金玮

白克山

【市政协四届九次常委会议召开】 1月24日,市政协召开四届九次常委会议,市政协主席吴宏蔚,副主席朱明伦、刘明亮、李德民、魏昭炜、孟玮、李崇、宋崇江及秘书长白克山出席会议。市长余学友应邀参加会议并通报全市经济社会发展情况。会议审议通过本次常委会议议程;听取市长余学友关于2013年全市经济社会发展情况和2014年工作安排情况的通报;书面听取政协各专门委员会2013年工作总结报告;审议通过政协第四届商丘市委员会专门委员会副主任任免名单。

【市政协四届十次常委会议召开】 2月20日，市政协举行四届十次常委会议。市政协主席吴宏蔚，副主席朱明伦、郝萍、刘明亮、李德民、魏昭炜、孟玮、宋崇江，秘书长白克山出席会议。会议审议通过政协第四届商丘市委员会常务委员会第十次会议议程；审议通过关于召开政协第四届商丘市委员会第三次会议的决定；审议通过政协第四届商丘市委员会第三次会议议程（草案）和日程；审议通过政协第四届商丘市委员会常务委员会工作报告，政协第四届商丘市委员会常务委员会提案工作报告；审议通过政协第四届商丘市委员会委员调整名单，政协第四届商丘市委员会委员增补名单，政协第四届商丘市委员会第三次会议秘书长和副秘书长名单、委员分组办法、委员会召集人名单和特邀、列席人员名单及委员、列席人员分组名单；审议通过政协第四届商丘市委员会常务委员会2014年工作要点。

【政协第四届商丘市委员会第三次会议召开】 2月24日—27日，中国人民政治协商会议第四届商丘市委员会第三次会议在市体育馆召开。会议期间，委员们听取市委书记陶明伦代表中共商丘市委所作的重要讲话，审议通过政协第四届商丘市委员会第三次会议政治决议，审议通过政协第四届商丘市委员会第三次会议关于常务委员会工作报告的决议，审议通过政协第四届商丘市委员会第三次会议关于提案审查情况的报告，列席市四届人大四次会议，听取并讨论政府工作报告和其他有关报告。委员们围绕商丘市经济社会发展的重大问题畅所欲言、建言献策，提出许多有价值的意见和建议，充分体现强烈的大局意识、高度的社会责任感和较强的参政议政能力，展现政协委员的风采。吴宏蔚受政协第四届商丘市委员会常务委员会委托，向大会作工作报告；朱明伦向大会作提案工作报告。27日上午，市政协四届三次会议胜利闭幕。

【市政协党的群众路线教育实践活动动员会召开】 3月6日，市政协召开党的群众路线教育实践活动动员会。市政协主席、党组书记吴宏蔚，副主席朱明伦、刘明亮、李德民、魏昭炜、宋崇江、秘书长白克山以及市委第九督导组全体成员参加会议。会议由朱明伦主持。吴宏蔚就开展党的群众教育实践活动着重强调：一要充分认识开展教育实践活动的重大意义。二要科学把握开展教育实践活动的部署要求。三要着力解决"四风"问题。四要切实加强对教育实践活动的组织领导。市委第九督导组组长林效东对督导组的工作职责、主要步骤、总体要求作了详细说明，就开展好这次活动提出具体意见。

【市政协党的群众路线教育实践活动征求意见座谈会召开】 4月16日，市政协召开党的群众路线教育实践活动征求意见座谈会。市政协党组书记、主席吴宏蔚，副主席孟玮、副秘书长洪德兴、梁超杰以及各民主党派、工商联、无党派人士联谊会、部分省市政协委员及政协机关各委室负责人参加座谈会，市委第九督导组出席座谈会。座谈会由孟玮主持。参加座谈者发言踊跃，畅所欲言，直言不讳，对市政协党组及机关加强作风建设、提高履职水平提出中肯的意见和建议。吴宏蔚主席在讲话中对与会同志所提意见建议给予充分肯定。他希望大家要继续关注市政协工作，除座谈会的形式外，大家还可以通过书信、电子邮件、直接到市政协等方式向市政协提出意见建议，以利于市政协改进工作，提高效率，更好地履行职能。

【市政协机关组织缅怀革命先烈活动】 4月17日，在开展党的群众路线教育实践活动中，市政协党组书记、主席吴宏蔚，市政协副主席郝萍、宋崇江带领市政协机关党员干部，前往永城市陈官庄淮海战役纪念馆、夏邑县彭雪枫将军纪念馆，回顾红色历史，缅怀革命先烈，接受革命传统教育。大家怀着无比崇敬的心情，向革命先烈敬献花篮，面对党旗重温入党誓词。吴宏蔚要求市政协机关党员干部要学习革命先烈无私奉献的精神，每个党员干部都应当牢记党的宗旨，坚定共产主义理想，扎扎实实开展党的群众路线教育实践活动。

【吴宏蔚到党的群众路线教育实践活动联系点调研指导工作】 4月25日，按照市委开展党的群众路线教育实践活动安排，市政协党组书记、主席吴宏蔚到党的群众路线教育实践活动联系点宁陵县城关回族镇调研，对开展党的群众路线教育实践活动进行指导并听取党员干部群众的意见建议。在听取宁陵县城关回族镇负责人的教育实践活动情况汇报和基层干部群众的意见建议后，吴宏蔚对该镇教育实践活动开展情况给予充分肯定，并提出四点要求，一要抓好学习，切实把思想和行动统一到中央的精神和省委、市委的要求上来。二要坚持开门搞活动，充分调动群众的积极性。三要强化问题导向，着力解决好群众反映强烈的突出问题。四要注重统筹兼顾，确保活动工作两不误、两促进。

【市政协党的群众路线教育实践活动辅导报告会召开】 5月8日，市政协党组书记、主席吴宏蔚以《践行党的群众路线推动政协全面工作》为题作辅导报告。市政协副主席朱明伦、刘明亮、李德民、魏昭炜出席会议，市委第九督导组的同志参加报告会。报告会上，吴宏蔚结合自己的生活、工作经历，以及他对群众路线的学习和思考，从教育实践活动提出的时代背景；开展教育实践活动的现实和长远意义；践行党的群众路线，推动政协全面工作"三个方面，分析教育实践活动的实践性、针对性、制度性等特点。

【吴宏蔚察看"三夏"工作】 6月5日，市政协主席吴宏蔚到教育实践活动联系点柘城县老王集乡，深入田间地头察看"三夏"工作进展情况，走访慰问部分贫困户并给他们送去慰问金。吴宏蔚与正在田间收麦的农户们亲切交谈，详细了解小麦品种、粮食产量及是否增产增收等，询问他们在"三夏"生产过程中是否存在困难和问题；叮嘱随行的相关部门负责人,要尽快尽力解决农户在“三夏”生产中的用电、用水问题,满足群众需求,确保将秋粮及时种足种好。他指出,要组织好收割机械,做好收割机械的调度等工作,并为广大农机手提供好系列服务,确保丰产丰收。同时要从源头上杜绝秸秆焚烧,并强调,当前天气晴好、土壤墒情充足,要抓住有利时机,抢收抢种,确保颗粒归仓。

【市政协“委员之家”揭牌】 6月18日,市政协平原路“委员之家”成立,市政协主席吴宏蔚、副主席魏昭炜出席揭牌仪式。经过广泛的调查研究,学习借鉴先进经验和召开不同层次的座谈会,市政协决定在全市各级政协组织和广大政协委员中开展创建“委员之家”活动。创建活动的开展,对进一步发挥广大委员的主体作用,进一步提升政协组织和政协委员在人民群众心目中的形象,具有重要的现实意义。

【市政协四届十二次常委会议召开】 7月2日,市政协举行四届十二次常委会议。市政协主席吴宏蔚,副主席朱明伦、郝萍、刘明亮、李德民、魏昭炜、孟玮和秘书长白克山出席会议。副市长张弛列席会议。会议审议通过政协第四届商丘市委员会常务委员会第十二次会议议程;围绕加快粮食核心区建设、提升农业现代化水平进行大会发言;魏昭炜通报创建委员之家活动开展情况;委员们围绕加快粮食核心区建设、提升农业现代化水平进行了专题议政,并建言献策。吴宏蔚希望各位委员要立足实际,奉献才智,为巩固粮食生产核心区地位、确保国家粮食安全,为建设富裕、文明、美丽商丘作出新的更大贡献。

【市政协党组专题民主生活会召开】 7月4日,市政协党组召开党的群众路线教育实践活动专题民主生活会。省委第七督导组、省委巡视组成员到会指导。市政协党组书记、主席吴宏蔚,党组副书记朱明伦,党组成员魏昭炜、孟玮、李崇出席会议。吴宏蔚通报市政协党组专题民主生活会的筹备情况,代表市政协党组班子进行对照检查,并带头对照检查自己,带头查摆问题,带头开展自我批评。市政协党组成员认真对照检查自己,围绕“四风”方面存在的问题和具体表现,揭短亮丑,深挖根源,相互开展批评与自我批评,并提出今后的努力方向和改进措施。一整天的会议,见筋见骨、辣味十足,达到“团结—批评—团结”的目的。

【市政协经济界“委员之家”成立】 8月19日,市政协经济界“委员之家”成立。市政协副主席李德民、魏昭炜参加启动仪式。吴宏蔚要求,各县(区)政协要按照市政协“委员之家”建设的原则,加快创建进度,完善功能。委员们纷纷表示,今后要充分利用好“委员之家”这个新平台,积极发挥自身优势,力所能及地为人民群众办实事、办好事。“委员之家”既是凝聚委员力量、反映委员心声的重要载体,更是创新委员履职方式的新举措,也为展示政协工作和委员形象提供一个新窗口。

【省政协调研组莅商调研科技型企业发展】 10月23日,全国政协常委、省政协副主席高体健一行莅临商丘市,就科技型企业发展进行调研,并召开省政协十一届二次会议重点提案办理协商座谈会。市委书记陶明伦主持座谈会,省政协委员、省政协办公厅巡视员马建干,全国政协委员、农工党省委专职副主委花亚伟出席座谈会,市领导周树群、岳爱云、郝萍、魏昭炜陪同调研。高体健一行到商丘市亚太生物能源科技公司、东和专用设备有限公司、中分仪器股份有限公司、久超粮油机械公司等科技型中小企业视察调研。高体健对商丘市环保装备设备发展和农副产品食品工业产业集群发展给予充分肯定。座谈会上,省科技厅、省工业和信息化厅、省政府金融办分别对省政协常委岳爱云提出的《关于培育扶持我省科技型小企业发展的建议》提案办理情况进行汇报,驻商的部分省政协委员、市直有关部门负责人及部分中小企业代表分别发言。

【市政协四届十三次常委会议召开】 11月3日,市政协举行四届十三次常委会议。市政协主席吴宏蔚,副主席朱明伦、郝萍、刘明亮、李德民、魏昭炜、李崇、宋崇江和秘书长白克山出席会议。副市长王仲田列席会议。会议审议通过政协第四届商丘市委员会常务委员会第十三次会议议程;朱明伦传达十八届四中全会公报;委员们围绕促进商丘市生态文明建设进行大会发言、专题议政,并建言献策;会议审议通过有关人事事项。

【市政协视察提案办理情况】 11月20日~21日,市政协主席吴宏蔚,副主席朱明伦、郝萍、李德民、魏昭炜分别带领2个视察组40余名市政协委员,到市水利局、市林业局就市政协四届三次会议提案办理工作进行视察和座谈,了解与督查提案办理情况并对提案办理工作提出意见、建议。吴宏蔚、郝萍、魏昭炜带领委员先后到郑阁水库除险加固、民商虞干渠引黄灌区节水改造、吴屯水库、任庄水库清淤等工程现场察看,听取项目负责人的情况汇报。在市林业局负责人陪同下,朱明伦、李德民率领视察组来到三陵台古柏群、清凉寺古皂角、潘口农田林网和环城防护林带,对提案涉及的古树名木保护、城市防护林建设等事项现场视察。视察组认真听取市林业局提案办理工作汇报,委员们对提案办理情况表示满意。

【市政协委员视察环境卫生管理工作】 11月21日,市政协主席吴宏蔚、副主席魏昭炜带领市政协经济委员会部分委员,专题视察市区环境卫生管理工作。吴宏蔚一行先后到宇航路、民主路与步行街交叉口、凯四街与神火大道交叉口等路段,实地察看垃圾压缩车收集、公厕垃圾中转站管理、步行街环境管理、环保公厕运行和清运停车场现场作业情况,认真听取环卫作业流程介绍和相关负责人的情况汇报,并给环卫工人送去慰问品。在座谈会上,委员们对市区环境卫生管理工作所取得的成绩给予充分肯定,同时针对垃圾清运、公厕建设等方面提出意见和建议。

【“委员之家”工作会议召开】 12

月10日，全市政协系统创建“委员之家”工作会议召开。市政协主席吴宏蔚，副主席魏昭炜、宋崇江出席会议。全市共建立“委员之家”39个，开展活动200余次，联系帮扶群众800余人，入驻省、市、县级政协委员700余名。吴宏蔚一行会前到梁园区中共界产业集聚区委员之家、睢阳区天河社区委员之家、市政协经济界委员之家等处视察。吴宏蔚要求要把“委员之家”建成学习之家、协商之家、履职之家、温暖之家、联谊之家。要拉近政协组织和政协委员、广大群众的距离，为广大委员履行职责、承担社会责任、施展才华搭建良好平台。

【市政协民族宗教界和港澳台侨界“委员之家”成立】 12月19日，市政协民族宗教界和港澳台侨界“委员之家”成立。市政协主席吴宏蔚，副主席魏昭炜、孟玮、宋崇江出席启动仪式。吴宏蔚在座谈会上指出，市政协民族宗教界和港澳台侨界“委员之家”的成立，更有效促进界别委员履职的规范化、制度化、常态化，更能切实发挥界别委员的独特优势，更能充分体现界别委员的社会价值和作用，更有助于汇聚界别群众力量、形成整体合力。

商丘市政协荣获奖项

先进单位

河南省《协商论坛》宣传发行工作优秀组织奖

河南省政协提案工作先进单位

（冯海风）

为您服务

商丘车站旅客列车时刻表(一)

下行					
车次	区间	股道	到点	开点	方向
K1238/9	温州—郑州	7	10:22	10:26	南来
K125	长春—西安	3	10:33	10:39	北来
T369	大连—广州	3	11:01	11:07	北来
K134/1	深圳西—兰州	7	11:07	11:13	南来
K715	大连—郑州	5	11:14	11:20	北来
Z148/5	深圳东—郑州	I	11:35过		南来
D257	济南西—郑州	3	11:47	11:49	
D283	上海虹桥—郑州	3	11:57	11:59	
D273	杭州东—郑州	3	12:18	12:20	
K30/1	福州—洛阳	7	12:49	13:03	南来
D287	上海虹桥—郑州	3	12:55	12:57	
K15	济南—重庆北	7	13:40	13:45	
K744/1	厦门—郑州	7	14:13	14:18	南来
K1063	哈尔滨-重庆北	3	17:20	17:26	北来
K175	商丘-乌鲁木齐南	7	17:35始发		北来
K973	哈尔滨—襄阳	3	17:41	17:47	
K2503	商丘—银川	5	18:49始发		北来
1487	北京西—郑州	7	19:02	19:08	

为您服务

商丘车站旅客列车时刻表(二)

下行					
车次	区间	股道	到点	开点	方向
K291	上海—成都	3	19:18	19:23	
K377	上海—西宁	3	19:32	19:35	北来
K925	哈尔滨－郑州	7	19:36	19:42	
K361	上海—银川	3	19:56	19:59	
K245	扬州—成都	7	20:20	20:22	
K1159	烟台—广州	5	20:31	20:33	
K1351	连云港东－乌鲁木齐南	3	20:50	21:02	
T113	杭州—兰州	Ⅰ	20:55 过		
T205	上海—伊宁	5	21:03	21:11	
D293	上海虹桥—郑州	3	21:19	21:21	
K565/4	南通—太原	3	21:29	22:08	往北
1553	连云港东—太原	7	21:43	21:47	
1147	连云港东—宝鸡	5	21:53	21:56	
K1027	青岛－兰州	7	22:02	22:05	
K235	上海—石家庄	5	22:12	22:17	
1501/4	连云港东—北京	3	22:22	23:09	往北
K2187	上海—西宁	7	22:29	22:32	
Z273	青岛—西宁	Ⅰ	23:25 过		
Z167	青岛—广州东	Ⅰ	23:32 过		
T117	上海—兰州	7	23:40	23:43	
T139	上海—西安	3	23:49	23:51	
1154/1	杭州—西安	Ⅰ	0:08 过		南来
K911	青岛—西安	3	0:14	0:18	
K595	杭州—乌鲁木齐南	7	0:21	0:25	
K1103	上海—安阳	7	1:01	1:05	
K557	上海—延安	3	1:10	1:15	
K419	泰州—兰州	7	1:23	1:26	
Z87	杭州—西安	Ⅰ	1:37 过		
Z93	上海—西安	Ⅰ	1:44 过		
K735	上海—洛阳	7	1:59	2:01	

社会团体

工　会

刘　沛

【工会工作概况】 2014年，市总工会以党的十八大，十八届三中、四中全会和习近平总书记系列重要讲话精神为统领，坚定不移地走中国特色社会主义工会发展道路，全面深化建功“一二三”竞赛活动，充分发挥工人阶级主力军作用；努力构建和谐劳动关系，切实维护职工合法权益；大力推进新形势下职工群众工作，不断增强工会组织的吸引力和凝聚力；进一步加强工会自身建设，着力打造学习型、服务型、创新型工会，各方面工作均取得了新的进展。

商丘市总工会领导成员

党组书记、主席：刘　沛
党组副书记、常务副主席：张建坤
副主席：房宪刚　徐家修
经费审查委员会主任：曹保权
纪检组长：高　凌（女）
工委主任：周　玲（女）

【职工建功立业活动】 组织全市卫生、教育等行业开展近90个工种的职工职业技能竞赛。在全市在建重点项目中选择106项市管重点项目，开展“五比一创”劳动竞赛，选择13个省级重点项目参加全省重点工程项目建设“五比一创”劳动竞赛。选择80家重点企业参加全省重点企业节能减排竞赛。按照注重一线、公开公正的原则，严格程序和条件把关审核，高质量地完成48名河南省劳动模范（先进工作者）的评选推荐。全年评选表彰商丘市“五一”劳动奖状获得者17个，商丘市“五一”劳动奖章获得者85名，商丘市“工人先锋号”获得者70个。组织开展“双节”期间安全生产隐患排查治理、“安康杯”竞赛活动以及“安全生产月”活动。全市850余家企事业参加全国“安康杯”竞赛，覆盖职工近24万人。

【职工队伍建设】 全面推进企业开展工资集体协商，以产业集聚区、在商世界500强企业为重点，坚持把职工关心的热点、难点作为平等协商签订集体合同的重点，分类指导。以要约行动月为契机，推进企业依法协商，加大宣传培训力度，使企业工会干部和协商代表敢谈、会谈，确保工资集体协商的质量。行动月期间，印发宣传单2万余份，宣传条幅600余条，举办培训班20期、4500人次，共发出要约书1422份，签订工资集体协议1286份，覆盖企业5613家。全市签订工资集体协议1786份，覆盖企业8465家。加强职工队伍建设，建立职工代表档案和台账，制定《商丘市职工代表培训工作实施意见》，市总工会举办职工代表培训师资班1期，参训人员120人。全市各级工会全年培训职工代表6.53万人。推进职代会建制专项行动，大力推行区域（行业）性职代会制度，全市建立区域性职代会206个，行业性职代会32个，建制企业7872家。开展多种形式的普法教育和送法律进企业活动，与市依法治市领导组办公室联合开展职工法律知识竞赛，参赛职工1万余人。完善工会法律援助机制建设，市县两级工会全年共处理劳动争议案件48起，提供法律援助34起，为职工追讨经济损失143.7万元。市总工会共接待职工信访案件15起，办理职工法律援助案件11起，为职工追讨经济补偿15万元。

【困难职工帮扶】 全年全市双节送温暖活动共走访慰问困难企业536家，帮扶救助困难职工17941户，发放慰问金和物品886.3万元。市直130余个单位7153名党员干部与困难职工结成帮扶对子，到帮扶对象家中慰问。与市人力资源和社会保障局等4家单位举办“2014年商丘市民营企业招聘周活动”启动仪式，60余家用人单位提供1600余家就业岗位，涉及20余个工种。夏季送清凉活动共筹集慰问资金70.85万元，走访企业63家、走访工地16家、慰问职工21083人，其中农民工13560人，为职工提供健康体检1160人。全市各级工会共筹集助学资金436.07万元，资助1997名困难学子圆了大学梦或完成学业。全年职业技能培训13261人，其中培训下岗失业人员7896人、培训农民工5124人、培训家政服务人员241人。为210人提供小额借款178万元，带动创业1867人。对86名特困单亲女职工子女、农民工子女、留守儿童和因重大疾病致困女职工子女进行慰问，发放价值2.1万余元的慰问品。开展困难女职工“关爱行动”，为33名困难女职工发放医疗救助金9.5万元。

【工会组建工作】 2014年，市总工会加强行业性和区域性基层工会联合会和联合基层工会建设。全市新建工会组织242家，发展会员20156人；实有职工418947人，会员405716人，企业建会率99.59%，职工入会率96.84%。职工25人以上企业全部建立工会组织。全市8个产业集聚区全部建立工会联合会。根据行政隶属关系变化情况设立示范区工会办事处。至年底,全市产业集聚区入驻已开业生产企业903家,已建立工会组织企业791家,发展会员110486人。实现建会进度与企业增长相适应,发展会员与职工增长相协调。不断提高工会干部的能力素质,全市各级工会组织共举办培训班15期,培训工会干部1813人。

【职工素质提升工程】 2014年,举办"中国梦·劳动美"商丘市第三届职工文艺会演,节目均为职工自编、自导、自演。举办市工会三大以来工会工作成果展。组织职工书画展,展出作品150余幅。举办本市首届职工摄影展,共展出获奖作品65幅。与商丘日报社、商丘电视台联合举办万人相亲大会。举办"中国梦·劳动美·我与改革创新"主题演讲比赛决赛,20名优秀选手参加决赛,来自神火集团的选手陈磊经省总工会推荐参加全总决赛,并获全国优秀奖。积极参与2014年"欢乐中原·和谐商丘"夏季广场文化演出活动。结合省劳动模范(先进工作者)表彰大会的召开,继续开展"劳模宣传月"活动,在报纸、电视台开辟"劳模风采"专栏,大力宣传新时期劳动模范艰苦奋斗、勇于奉献,开拓进取、自强不息的高尚品格,在社会上掀起学习劳模、崇尚劳模、尊重劳模的良好社会氛围。抓好职工书屋规范建设,开展各类文化活动,全年新申报全国职工书屋示范点2家,省级职工书屋示范点4家。加强职工培训示范点建设,向省总工会推荐神火集团有限公司、虞城县供电公司两家省级职工培训示范点。各级工会在省级以上报刊发稿140余篇(条)。

商丘市工会系统荣获奖项

先进单位

全国工人先锋号

河南神火煤业公司新庄矿机六队

商丘饮之健食品有限公司果粉车间

河南省"五一"劳动奖状

夏邑县供电公司

河南省工人先锋号

市区邮政局文化路邮政所

商丘市"五一"劳动奖状

市烟草专卖局梁园区分公司

睢阳区财政局

夏邑县交通局公路工程质监站

虞城县审计局

柘城县胡襄镇中心小学

中国移动宁陵分公司

睢县住房和城乡规划建设管理局

河南冰熊制冷设备有限公司

商丘经济开发区管委会

睢阳区国家税务局

河南神火集团有限公司职工总医院

商丘华商农村商业银行股份有限公司

市地方税务局稽查局

商丘绅士服饰有限公司

河南宁丰木业有限公司

国网河南省电力公司商丘供电公司

河南神火集团有限公司薛湖煤矿

柘城县信质房地产开发有限公司

商丘市保障房投资开发有限公司

河南天元建设工程有限公司

河南民基建设工程有限公司

睢县房地产管理局

商丘市工人先锋号

商丘市百分食品有限公司动力车间

河南锐力体育用品公司生产中心事业部

梁园区建设街道高铁办公室

梁园区人力资源服务中心招工处

梁园区安全生产监督管理局执法监察大队

梁园区信访局秘书督办股

商丘市银河纺织有限公司后纺车间甲班

睢阳区城市管理局城管监察大队

睢阳区郊区供电公司城区配电运检中心

商丘绅士服饰有限公司生产管理部

华润雪花啤酒(商丘)有限公司包装部

河南双马工量具有限公司总经办

河南亿达电缆有限责任公司电力电缆生产班组

夏邑县住建局乡村规划监察大队

夏邑县人民医院检验科

夏邑县人民广播电台

夏邑县供电局业庙供电所

夏邑县孔祖中学化学组

虞城县恒鑫纺织品有限公司喷花车间

虞城县邮政局木兰投递班

商丘市鑫盛棉业有限公司生产车间丙班

商丘市汇丰棉业有限公司纺织车间细沙丙班一组

河南华盛坤包装有限公司成品库

河南乔治白服饰有限公司西服部男裤车间

河南省力量新材料有限公司合成三车间

柘城县行政服务中心财政局窗口

柘城县惠丰钻石科技有限公司破碎、筛分组

柘城县梁庄乡初级中学语文教研组

商丘烟草公司柘城县分公司起台烟叶工作站

柘城县供电有限责任公司大件供电所

中国网通宁陵分公司永乐路营业厅

宁陵县新华书店中心门市部

宁陵县交通局农村公路养护所

宁陵县民族医院内科病区

宁陵县供电局柳河供电所

中国移动睢县分公司网络部

睢县城管大队垃圾清运队

睢县交通运输局环卫办

河南睢县图书馆少儿借阅室

睢县中医院核磁共振室

商丘市鼎太木业有限公司生产丙班

河南省奥爱斯制冷设备有限公司制冷组装车间

民权县供电局县城分理处低压班

广州万宝集团民权电器有限公司冰熊车间箱体发泡工段
河南省香雪海家电科技有限公司总装四分厂
河南澳柯玛电器有限公司生产部箱体发泡班组
民权县锦雪制冷设备有限公司制冷工段
河南金迈科实业有限公司装配车间
河南天健车业有限公司技研中心
哈药集团世一堂百川医药商贸有限公司终端事业部
商丘银行股份有限公司长征支行
商丘市公路管理局设计院测量设计处
商丘市气象局气象台
商丘市交通运输集团恒昌汽车销售公司汽车修理二班
河南省烟草公司商丘市公司卷烟配送中心
河南神火煤业公司薛湖选煤厂洗水车间电工班
康达环保(商丘)水务有限公司设备科
中国联通商丘分公司事业部
商丘市公安局控申处
商丘市行政服务中心工商窗口
虞城县地方税务局办税服务厅
睢阳区地方税务局办税服务厅
商丘华商银行农村商业银行股份有限公司文金分理处
商丘市民主路第三小学低年级教研组
商丘市第四人民医院小儿科
柘城县供电公司市场营销部95598呼叫中心
虞城县公安局特警大队女子巡防队
永城铝厂电解二车间一大组
河南省双洋食品公司果蔬罐头生产加工车间
商丘市京陇铝业有限公司熔炼班
民权县产业集聚区公租房项目第一标段
睢县新景家园廉租房项目
夏邑县祥和小区廉租房项目
睢阳区富安小区廉租房项目

先进个人

河南省劳动模范和先进工作者

江正祥　王敬亭　孙红娟
王义忠　李清军　方　敏
曹振海　曹存良　李渊华
崔广宏　刘凤玲　程亚伟
王继云　关开平　王培增
李　磊　张留栓　卢振亭
王　杰　黄启凤　刘云中
宋烈风　王世超　梁圣尊
杜　华　王俊富　魏经仁
王秀霞　崔国栋　李聚红
张　立　季广州　王学超
肖彦卿　刘新伟　崔殿营
王　雷　李文前　王丰伟
姬红旗　韩传恩　苏　涛
陈云昌　乔志强　朱艳丽
张树仁　刘玉海　蔡　勇

商丘市“五一”劳动奖章

田红梅　王德俊　李保林
魏力生　张学红　范长青
马艳霞　张俊红　李　鹏
聂　智　刘亚楠　王勇军
朱景杰　丁明东　张艳军
姚　琦　周振海　卜二库
胡　娟　侯　磊　邵海明
朱洪才　芦栓稳　杜志华
张汝中　董红霞　宋明松
史海波　魏学田　田　聪
付建堂　王　峰　齐素静
张振中　任克林　李　震
王永刚　张胜涛　何　伟
贺　艳　潘小磊　白广西
范存军　谢亚峰　郭　伟
鲁晓英　张喜云　刘　琳
黄胜利　张战军　孟　祥
王纪峰　石海燕　刘西尧
王月英　王　磊　梁琳娜
王孟孟　殷传章　潘长岭
张怀明　李红锋　邵元新
付德报　吴继华　李玉强
陈俊健　王守政　卢　瑜
陈卓乐　杨继礼　孟庆华
刘明旭　余　协　于敬新
付汝雷　户相竹　刘凤侠
吉玉英　李春艳　杨秀芝
张　军　肖伟才　范保强
魏玉珠　李永超　程　伟
汤本智　孔迎彬

（王　博）

共青团

王景宇

【共青团工作概况】 2014年，全市各级团组织以“三位一体”思想引领为载体，求真务实，狠抓作风，不断提升共青团工作科学化水平，团结带领广大团员青年在实现商丘跨越发展科学发展务实发展和谐发展中发挥重要作用，团的各项事业实现新发展。

共青团商丘市委领导成员

书　　记：王景宇
副 书 记：李建领　黄丹丹（女）
纪检组长：张启辉

【新媒体中心组建】 落实团中央《全面深化改革进程中共青团工作五年发展纲要》提出的今后5年共青团7项重点工作之一——进军网络新媒体和团中央书记处第一书记秦宜智指出的“共青团要在网络空间弘扬主旋律传播正能量，各级团组织要立足团内、借助外力，主动融入党政领导的网上舆论引导工作格局”要求。团市委于7月正式组建商丘共青团新媒体中心。新媒体中心采取商丘师院、市联通公司和团市委三方战略合作的模式。主要载体是在现有共青团微信、微博、官网、门户网站的基础上，推出“青春商丘”手机客户端，涵盖学、做、看、说四大板块，倾力打造共青团的大课堂、大舞台、大荧幕、大喇叭，成为商丘共青团真正的自媒体。

【网络宣传员队伍建设】 加强团组织在青年中的网络舆论宣传引导作用。7月3日，团市委在全省团的组织中率先组建136人、覆盖全市各个层级的网络宣传员队伍。主要采取“六个依托建队”（依托体制内专职团干部建队，依托市县（区）直属单位公务员队伍建队,依托高校建队,依托非公企业建队,依托受表彰的优秀青年建队,依托特殊岗位上发挥突出作用的青年"大V""青微"中择优推选建队)。"六项机制管队"(分层负责机制、动态管理机制、定期培训机制、信息畅通机制、纪律约束机制)。宣传党的路线方针政策,占领主流舆论阵地,引导全市广大团员青年积极参与到商丘经济社会发展中来。同时加强与社会主流媒体合作,集中力量抓好先进典型、身边好人好事等内容的新闻宣传报道,营造良好的舆论氛围。

【"点赞商丘"活动】 进一步坚定全市广大团员青年理想信念,激发拥护改革、支持改革、投身改革的热情,培养时代新青年。团市委于7月初启动"点赞商丘"第一个系列活动——成立"青春点赞团",让青春为商丘点赞。9月下旬,团省委下发通知,要求各市团委成立"青春点赞团",推广商丘的做法。成立1000人的青春点赞团,包括各级团组织的专兼职团干部、优秀(杰出)青年代表,产业集聚区青工代表等,其中乡镇团委专职团干部实现全覆盖。以点"赞"团为单位,分批次走进市区或县(区)开展点赞活动,青春点赞团走进产业集聚区80余家企业,农村专业合作社、家庭农场10个,商务中心区、特色商业区等9个,集中开展点赞活动。10月初,启动"点赞商丘——青春共分享"活动,即成立青春分享团。市、县(区)两级团委共组建9支青春分享团。进一步扩大"点赞商丘"活动的覆盖面。全年9支青春分享团开展分享活动近100场,现场参与青年2万余人,通过新媒体覆盖青年10万余人。

【"十百行动"活动】 着力解决习近平总书记提出的"团的吸引力和凝聚力不够及有效覆盖面不足"两个突出问题,切实服务商丘承接产业转移示范市建设,在全市开展产业集聚区"十强促百强"团建行动,即建强10个产业集聚区管委会团工委,并以此促进每个产业集聚区至少建强10个非公企业团组织。按照预定方案,通过现场观摩、座谈交流等形式,不断推进"十百行动"动向纵深延展。至年底,全市10个产业聚集区全部建强了团工委,建立非公企业团组织110个。基本实现共青团在产业集聚区有阵地、有声音、有活力的目标。此项工作得到团省委充分肯定,并在全省推广。

【希望工程】 2014年,筹措资金近200万元,相继开展一系列公益活动。向全市100名产业集聚区农民工子女发放价值18万元的爱心家庭小书房,与商丘建业住宅有限公司联合举办"希望工程·百名学子圆梦行动"爱心竞拍会,共募集资金86万元,加上其他资金来源,圆梦行动共筹措资金101万元,帮助300名贫困大学生实现大学梦。留守儿童微心愿计划,面向全市1000名留守儿童广泛征集"微心愿",筹集资金10万元,为孩子们购买1000套与小学生学习生活相关的10余种物品,每套价值约100元。

商丘市团委系统荣获奖项

先进单位

河南省青年文明号
- 河南金迈科实业有限公司装配车间
- 永城市供电有限责任公司逗号服务队
- 中国移动商丘分公司文化路营业厅
- 中国石油商丘第54加油站
- 河南高速商丘分公司宁陵收费站
- 民权县人民法院交通法庭
- 市公安局治安和出入境管理支队出入境管理大队
- 市行政服务中心交通运管窗口
- 市第一人民医院消化内科
- 市行政服务中心国家税务局窗口
- 柘城县地税局办税服务厅

先进个人

河南省见义勇为好青年
- 黄圣涛

河南省杰出大学生村干部"创业之星"
- 王保威 虞城县界沟镇韩南村

河南省优秀大学生村干部"创业之星"
- 余艳栋 柘城县洪恩乡柿黄村
- 王慧雅(女) 柘城县牛城乡单桥村
- 刘雯霞(女) 梁园区刘口乡李堤口村
- 刘 博(女) 梁园区王楼乡厅堂楼村
- 周仁峰 虞城县木兰镇周庄村
- 梁兆强 睢县尤吉屯乡许堂村
- 王方彦 睢阳区冯桥镇安楼村
- 谢云龙 睢阳区郭村镇谢寨村

(余 洋)

妇 联

刘春霞

【妇联工作概况】 2014年,市妇联以学习习近平总书记系列重要讲话精神,学习贯彻书记陶明伦在与市妇联新一届领导班子集体谈话时的讲话精神,围绕工作大局,大力实施"五大工程"(巾帼创业培训、维权关爱服务、巾帼文明建设、女性素质提高、妇联组织强基固本),不断推进全市妇女事业与经济社会协调发展,各项工作取得新进展。

商丘市妇联领导成员

主　　席:刘春霞(女)
副 主 席:李素英(女)
纪检组长:张 慧(女)

【妇女创业就业】 实施"巾帼科技星火工程",大力开展农村妇女科技培训,充分发挥各类示范基地的辐射带动作用,定期组织农村妇女开展种植、养殖科技培训,为妇女提供就业岗位。全年培训新型女农民1.5万名,表彰10个市级"巾帼现代农业科技示范基地”，夏邑县鸿马种植养殖合作社负责人杨影丽被省妇联评为“河南省十大种粮女状元”。开展“春风送岗位”活动，深入产业集聚区、高校举办“返乡农民工现场招聘会”“女大学生就业洽谈会”等多项招聘活动，通过岗位推荐、技能培训、项目推介、维权服务等举措，帮助2.1万名妇女创业就业。持续抓好小额担保贷款，解决妇女创业资金难题，为2556名有创业能力的妇女协调小额担保财政贴息贷款1.4亿元。宁陵县妇联为申请小额担保贷款的妇女举办SYB创业培训班，提高她们创业致富能力。深化“巾帼建功”活动，在女性集中的行业和“窗口”单位组织岗位技能竞赛，开展“岗区联动·共建和谐新农村”活动。创新“巾帼文明岗”创评模式，实行动态管理，提升创建水平，98个巾帼文明岗分别获国家、省、市巾帼文明岗称号。开展家政服务培训，组织82名农村留守妇女和城镇下岗失业妇女参加省妇联举办的6期巾帼家政培训班。同时积极与商丘中青家政服务有限公司联合，依托商丘中青职业培训学校，举办全市巾帼家政服务培训班，培训家政服务员150余名，拓宽农村富余女劳动力、失业失地妇女等群体就业创业渠道。

【巾帼文明活动】　在深化“五好文明家庭”创建活动基础上，在全市开展寻找“最美家庭”活动，引导广大妇女树立家庭美德观念，传承优良文明家风，提升道德修养水平。建立10个家庭文明建设工作示范点，聘请100名家庭美德宣讲员，深入农村、社区、企业、机关、学校开展宣讲，引导妇女在参与中自觉接受道德教育、提升文明程度。开展畅谈家风、家训活动，共征集家风、家训200余条，组织各类宣讲活动3083场次。评选出商丘市“最美家庭”标兵户2户，“最美家庭”20户，“最美家庭”提名奖57户。其中睢县匡城乡夏庄村朱冬梅家庭当选全国“最美家庭”。在全市广大党员干部及家庭中开展以“兴廉洁家风　建文明家庭”为主题的“十个一”家庭助廉活动，让廉洁自律成为家庭美德的重要内涵和家庭成员的自觉追求，共同构筑家庭反腐防线。引导广大干部群众在参与中自觉增强廉洁意识，共同营造“廉荣贪耻”的良好社会氛围。“三夏”期间，全市各级妇联共组织152支巾帼科技服务队、312个妇女互助小组、27名种植女状元、养殖女能手、2724名巾帼志愿者开展帮扶活动。梁园区妇联将每月18日定为巾帼志愿者服务日，组织巾帼志愿者广泛开展普及文明礼仪、关爱空巢老人、关爱留守流动儿童、帮扶困难妇女家庭等服务活动；睢县妇联在基层农村组建12支全民巾帼健身队，掀起了妇女强身健体的热潮。

【妇女权益维护】　以“三八”国际劳动妇女节、法制宣传日等节日为契机，利用报刊、电台、电视台等新闻媒体，加大对男女平等基本国策和“两规划”的宣传，提高妇女儿童政策法规的知晓率。完成商丘市妇女儿童发展规划年度监测评估工作，推进各项目标任务的落实。发挥市、县、乡三级信访网络作用，完善信访首办负责制、重大信访报告制、案件排查调处制、考核责任制、信访统计分析制五项制度，在全市3887个行政村均建立妇女维权站。全年全市各级妇联共接待来信、来访、来电440起，结案率98%，为妇女群众提供便捷的法律咨询和服务。大力招募妇女信访代理员，依托基层妇女维权站、妇女之家，强化信访代理的阵地、队伍建设，构建市、县、乡、村四级妇女信访代理网络。至年底，共建立市级妇女信访代理机构1个，县级妇女信访代理机构8个，乡级妇女信访代理机构128个，村级妇女信访代理机构1484个。全市妇女信访代理机构由县、乡覆盖到村，各级妇女信访代理员1840名，参与调解矛盾1145件，有效将矛盾化解在最基层。

【关爱贫困妇女儿童】　推进女性进村“两委”工作，把实现村“两委”成员中至少有1名女性的参选参政目标写入了市委、市政府两办下发的《关于认真做好全市村级组织换届选举工作的实施意见》，把妇女委员专职专选操作办法列入村“两委”换届选举培训内容。至年底，全市女性当选委员4383人，女性当选村党组织书记108人，女性当选村委会主任70人。全市各级妇联组织妇女“两癌”免费检查宣传培训活动200余次，1.5万名妇女接受免费普查，为33名妇女申请救助专项基金33万元；发放“母亲邮包”700余个；申报妇女法律援助案件10件，发放项目款1.93万元，帮助贫困妇女挽回经济损失80.21万元。继续实施春蕾计划，全市各级妇联组织共募集爱心资金19.03万元，资助贫困女童446名，在睢阳区坞墙乡谢庄小学开办春蕾班1个。市妇联组织发起“传递书籍，传递爱心”关爱留守儿童行动，创建“爱心书屋”15所；虞城县妇联利用村妇女之家建立42个“假期留

5月8日，市妇联举办母亲邮包发放仪式

守儿童快乐家园”；睢阳区妇联开展“爱心接力，绿色传递”衣物捐赠活动；民权县妇联与多部门联合成立“三留守”人员服务救助工作站，切实解决留守儿童、留守妇女和留守老人的实际困难。大力实施儿童公益项目，开设“家庭教育空中课堂”，为4万个家庭提供个性化的育儿指导服务；实施营养改善项目，免费为柘城县4000名6个月~18个月龄婴幼儿每天提供1袋营养包，直至24个月龄；开展雀巢奶粉救助活动，为6家福利机构50名1岁以内的孤儿及病残儿，协调婴儿配方奶粉200箱，价值37.58万元，用于改善困难儿童的生活质量。

【妇女组织建设】 3月6日，商丘市妇女第三次代表大会召开，选举产生市妇联新一届领导机构。市委陶明伦书记同市妇联新一届领导班子集体谈话，强调要“扣中心、抓根本、强自身、做贡献”十二字寄语，对妇联工作提出殷切期望。全市各级妇联通过多种形式，组织广大妇女认真学习，切实把讲话精神融入各项工作之中。开展“妇女之家”星级管理工作，推进示范“妇女之家”创建，使妇女随时随地能找到妇联组织。全年全市建立“妇女之家”4188个，在产业集聚区、非公企业建立“妇女之家”97个，全市“妇女之家”开展各类宣讲活动3083场次，举办致富实用技术培训1312期，培训妇女20.8万人，扶持发展农村妇女专业合作组织92个，有效地带动广大妇女参与现代农业发展。

3月6日，商丘市妇女第三次代表大会召开

商丘市妇联系统荣获奖项

先进单位

商丘市“三八”红旗集体

商丘医专教务处
商丘市市政工程管理处女子清淤班
商丘市第一人民医院分院ICU
商丘市第一高级中学分校图书馆
商丘市第一实验小学
商丘市基础教育教学教研室
商丘市财政局妇委会
商丘市第一中学
商丘市委党史研究室
商丘市档案局
商丘市建设工程招标投标管理办公室
商丘市统计局
商丘市工业和信息化委员会办公室
商丘市公路管理局工会
商丘市直机关工会工作委员会
商丘中原银行商丘长征支行
商丘市国资委妇委会
商丘市地税局妇委会
商丘市地方史志办公室
夏邑县刘店乡核桃园村妇女之家
夏邑县妇女联合会
夏邑县广播电视局
夏邑县李集镇妇联
虞城县交通运输局
虞城县财政局妇委会
虞城县界沟镇民政所
虞城县大侯乡综治办
梁园区教育体育局妇女之家
梁园区交通运输局
梁园区卫生局
睢阳区民政局婚姻登记处
睢阳区总工会
睢阳区发改委
柘城县牛城乡妇联
柘城县财政局国库支付中心
柘城县陈青集镇妇联
柘城县胡襄镇妇女之家
宁陵县人民医院彩超室
宁陵县档案局
宁陵县张弓酒业包装车间
宁陵县司法局
睢县城管大队
睢县第一实验学校妇女之家
睢县潮庄镇人民政府
睢县董店乡人民政府
睢县供电公司工会女工部
民权县林七乡妇联
民权县人社局
民权县供电局妇女之家
民权县人和镇人民政府
平安街道妇联
中州街道财政所

先进个人

河南省“三八”红旗手

刘春霞 市妇联党组书记、主席
谢亚锋 市职业技术学院工会副主席
雷　燕 商丘供电公司女工主任
张红艳 市中医院超声科主任
杨秀丽 永城市国税局党组副书记、副局长
刘凤玲 商丘市方舟棉业有限公司车间主任
赵素贞 虞城县城关镇卫生院主治医师
杜志华 商丘银行柘城支行行长
吴海燕 睢县人民政府县长
周冬梅 民权县发改委党组书记、主任
史新艳 睢阳区委副书记

河南省“最美家庭”标兵户

朱冬梅家庭

孙成乐家庭

河南省“最美家庭”提名奖

侯银梅家庭　乔乃祉家庭

刘素青家庭　司贵占家庭

王立杰家庭　张　帆家庭

刘　红家庭　李　平家庭

朱顺敬家庭

商丘市“三八”红旗手

市　直

刘晓丽　柴明霞　任　幸
郭　瑾　郑晓芳　郭瑞萍
陈秀玲　许秀丽　杨海燕
许　华　杨　芸　张俊春
郭园红　孟庆玲　王晓梅
高晓扬　张　锦　吕　娴
贾美华　乔璐璐　夏海英
许慧芳　余松梅　王　芳
徐汴华　张红霞　陈彩霞
赵永丽　汤银萍　张　辉
孙亚琦　邢莹莹　马　萍
马晓慧　陈　力　范　宁
赵国红　陈秀霞　张　锋
郑美琳　黄慧敏　李文静
刘　昕　贾冬莹　李　丹
张　静　郭庆云　李　莉
王春雨　刘冬梅　刘　岚
菅舒静　张　欣　李红敏
王　芳　曹　嵘　张爱荣
苏　萍　刘　敏　袁　茜
蒯雪婷　刘　霞　贺　艳
鲁　莉　邵艳丽　张枫叶
严　平　闫　研　祝秀丽
王　岩　于河先　赵　静
王　霞　周清华　张自华
周曼曼　李淑品　李　寒
张　倩　杨晓华　宫艳丽
姚宝珠　孙玉梅　董　心
董巧真　李莉萍　高　红
陈　岚　刘　慧　汤建华
田秀婵　孙冬梅　李建新
杨　佳　杨斯涵　张瑞雨
李　颖　薛爱霞　鲁其彬
周瑜秀　李元琳　陈红梅
朱　青　杜　岩　高李营
张雨露　黄丹丹　温　芸
孙　凡　杨　青

夏邑县

任盈盈　王　敏　丁秀英
杨　静　张红娟　宗秀玲
刘亚楠　张彩霞　罗玉倩
赵　曼　朱晓梅　彭玉云
刘　莉　王大藏

虞城县

韩春玲　张红霞　杜丽娟
刘爱景　华军慧　周慧锋
匡爱景　赵　静　刘梅菊
韩素梅　王　彬　朱素梅
金爱云　马　莉

梁园区

王　淳　轩慧丽　宗　慧
王玉英　郭志萍　李海霞
李　莉　宗建红　黄　帅
陈冬梅　刘　瑜　祁亚丽

睢阳区

李艳艳　刘颖华　李　晓
王晓慧　叶齐慧　王凤芝
任秀梅　徐纪红　李慧俊
李爱玲　杨　雯　孟红云

柘城县

张侨霞　单明真　柴瑞雨
毛艳宇　张　慧　李秀花
张艳霞　韩明明　徐艳敏
张　珂　吴雪梅　王锦锦
张俊娥

宁陵县

赵　峰　郭礼霞　何红丽
李思谦　王海艳　郭继华
董莉萍　郑艳英　张桂兰
王文玲　王晓倩　孟　琴

睢　县

孙海艳　曹凌云　宋墨汁
刘奕含　李　金　祖少华
朱玉梅　陈　红　张晓梅
陈素芳　魏素杰　齐红梅
乔敏慧

民权县

金守华　张　瑜　程翠玲
赵文菁　郭　昕　肖雅芹
白　磊　高　英　江传英
方娜娜　张丹丹　丰　锦
王　凤　赵亚丽

城乡一体化示范区

孙红卫　蒋亚丽

商务中心区

黄晓灿

（汤　敏）

科　协

【科协工作概况】 2014 年，全市科协组织围绕全市工作大局和市科协“三服务一加强”（为广大科技工作者服务、为经济社会全面协调可持续发展服务、为提高公众科学文化素质服务，加强自身建设、提高服务能力）的工作定位，切实加强自身建设，努力完成各项工作任务，领导班子建设和科协系统干部职工的组织纪律性和工作主动性得到有效加强，领导班子思想建设、作风建设、组织建设、团结意识、服务意识、宗旨观念进一步加强，凝聚力、号召力和战斗力进一步提高。深入开展廉政风险防控及各项专项治理、教育活动，认真履行“一岗双责”、落实主体责任，促进反腐倡廉工作有序有效开展。

郑　玲

吕心阳

商丘市科协领导成员

党组书记：张建坤（1 月离）
　　　　　郑　玲（女，3 月任）
主　　席：吕心阳
副 主 席：张启东

【基层科普行动计划】 组织基层科普行动计划活动，全市集体 8 个、个人 2 名，受到中国科协、财政部的表彰，获奖补资金 170 万元；集体 4 个、个人 2 名，受到省科协、财政厅表彰，共获奖补资金 28 万元；同时，市科协、财政局联合对 3 个农技协进行表彰，发放奖补资金 9 万元。

【反邪教宣传】 市反邪教协会开展“反邪教宣传警示月”、“反邪教进家庭”、深化同“实际神”等邪教组织作斗争等专项活动，发放反邪教扑克牌等宣传品 1400 余份，寄送书信帮教受邪教影响家庭 20 余封，开展专题活动 4 场次。同时组织人员参与全省反邪教知识竞赛。

【科普大讲坛】 为提高公民科学素质,市科协积极开展4期科普大讲坛活动。分别邀请省内外有关专家学者围绕企业融资、知识产权等作主题报告,活动共发放资料5000余份,受益企业150余家,受益群众2000余人次。

【青少年科技教育】 组织"科普大篷车进校园""科技创新在我身边"和高校科学营活动。举办商丘市第十三届青少年科技创新大赛,共收到各类作品344项,获省级各类奖项56项。组织全市中、小学生积极参加河南省第八届青少年科普知识网上竞赛,商丘市十八中学荣获优秀组织奖。市物理学会组织参加全国中学生物理竞赛,共有13名学生获得省赛区二等奖,取得参加高校自主招生资格。市科协联合多家单位,开展"三乐·光华科普大讲堂走进商丘"公益活动,在市区及宁陵、虞城两县10所中小学校举办20场科普讲座,并分别给学校捐赠10万码洋科普图书。

【学会学术活动】 全市各级各类学会共开展学术交流活动126次,参加交流7.6万人次,交流学术论文3200篇。特邀国家、省、市知名专家学者79人次,举办学术报告会及专题讲座258场次。全市各级各类学会全年开展各种科普宣传活动332次,参加科技人员5300人次,发放各种科普宣传资料30万份。与市人社局联合开展第十七届自然科学优秀学术论文评选工作,评出获奖论文302篇,其中一等奖155篇,二等奖132篇,三等奖15篇。积极参加中西南学会研讨会和淮海经济区科普论坛活动,部分论文被评为优秀论文受到表彰。在全省科普成果奖评选中,商丘市共获得一等奖7个,二等奖8个,三等奖4个。

【参政议政】 市老科协共向各级党委、政府和有关部门呈报建言献策34份。在呈报市委、市政府的《关于商丘市培育新型农业经营主体的调查与建议》上,市委副书记周树群作出批示。呈报的《商丘市基础教育阶段的若干问题调研报告》,市委、市政府已作为参考纳入市政府2015年十件实事之一。市农机学会成立专家委员会,召开"现代农机新技术和土地集约化利用研讨会",同时推出《商丘农机化》学会专刊,指导开展农机化工作。

【科普宣传】 与新闻媒体合作办好"三个专栏",即在电台开办《科普热线》,在电视台开办《科普大篷车》,在商丘日报社开办《科普富民》3个专栏,深受广大群众欢迎。9月16日,中国流动科技馆河南巡展夏邑站暨商丘市全国科普日活动在夏邑县启动,省科协党组书记蔡永礼出席启动仪式。组织开展送科技下乡、全国科技周、全国科普日、食品安全周等集中性科普活动,共发放宣传资料9000余份,展出科普宣传展板1900余块,悬挂科普宣传标语、横幅554幅,受益群众达17.8万余人。其中市地震学会开展系列地震纪念活动,市气象学会开展"3·23"世界气象日活动,市环境学会举办"6·5"世界环境日活动,展出展板近1000块,受益群众近5000人。

【中国科协会员日活动】 市科协在全市开展"中国科协会员日"系列活动,在新闻媒体、科协网站刊发"致科技工作者的慰问信";走访慰问一线科技工作者,广泛听取意见建议,为3名基层科技工作者代表送上慰问信和3000元慰问金;表彰一批农村科普示范基地,划拨奖补资金9万元;组织开展科技工作者座谈会、科普讲座、学术交流等活动。

【科普活动】 积极参加中国科技咨询服务中心组织的专利信息检索系统应用推广项目。市科协河南省企业科技信息服务暨专利应用工程师(商丘站)培训会,80余家企业150余名工程技术人员、研发一线人员和知识产权管理人员参加会议。免费向参会人员发放容量130G外国专利数据库硬盘和有关教材。在市科协组织下,省机械工程学会、省机电专科学校和民权县政府达成共同开办省机电专科学校民权制冷专业分校的合作协议,为民权制冷企业解决高级技术人员和普通用工不足问题。市科协和柘城县人民政府共同协办全国超硬材料及制品高级研修班。

商丘市科协系统荣获奖项

先进单位

中国科普日活动优秀组织单位
商丘市科协
夏邑县科协
河南省农村科普宣传工作先进单位
商丘市科协
河南省第二十八届青少年科技创新大赛优秀组织奖
商丘市科协
河南省反邪教工作先进集体
商丘市科协
河南省基层科普服务能力提升计划先进县(区)
宁陵县
梁园区
河南省优秀科普示范暨公民科学素质建设先进县(市、区)
梁园区科协
宁陵县科协

(耿　聪)

社科联

陈剑江　　刘秀琴

【社科联工作概况】 2014年,商丘市社科联坚持以党的十八大、十八届三中、四中全会精神为指导,深入开展党的群众路线教育实践活动,认真履行党风廉政建设"一岗双责",在思想政治建设、学会管理服务、社科知识普及、社科项目规划、文明城市创建等方面,努力开创工作新局面,争创一流新业绩,较好地完成各项任务。

商丘市社科联领导成员

主　　席：陈剑江
党组书记：刘秀琴
纪检组长：张家玉
副 主 席：赵继彬

【学术研讨】 一是参与市里组织的落实省委书记郭庚茂"三忠"工作座谈会。二是召开全市社科界学习十八届四中全会精神理论研讨会。9月召开社科类学会工作座谈会。11月13日，市社科联召开全市社科界学习贯彻党的十八届四中全会精神理论研讨会，来自市政府研究室、市法学会的专家、学者及社科类学会代表30余人参会。与会专家结合实际工作，从不同角度、不同侧面，畅谈学习理解和体会，助推十八届四中全会精神的学习宣传和贯彻落实。

【社科普及】 一是大力开展社科知识普及工作。根据豫社科联字〔2014〕14号文件要求，市社科联发出关于开展"中原大讲堂·商丘讲堂"和"商丘市社科知识大篷车进基层"活动的通知。全年开展"中原大讲堂·商丘讲堂"和"商丘市社科知识大篷车进基层"活动，主场讲座6场，客场讲座51场。二是按照省社科联要求开展优秀社科普及作品评选活动。收到社科普及申报作品20篇，获各类奖项6篇。市社科联推荐的《商丘民间歌谣》一书，被评为全国优秀社会科学普及作品。配合省社科联完成河南省社科普及规划项目的申报及立项工作，商丘被评定立项课题12项。三是充分利用网站平台优势普及社科知识。明确专人负责，定期更新网站，使广大社科工作者及时了解上级政策和市委重要决策，以便捷的方式参与到社科工作中来，缩短交流的距离，密切社科工作者之间的联系。四是充分利用《商丘社科》杂志普及社科知识。全年出版《商丘社科》杂志4期。

【学会管理】 2014年，做好学会的管理与服务。一是督促指导学会搞好换届。社科联根据年初计划，督促指导社科类学会搞好换届。为7家活动正常的协会办理年检手续，配合市民政局依法撤销问题学会，规范对基层学会的管理。二是大力开展学会活动。全年市社科联所属各（学会、协会、研究会）举办各类讲座论坛80余场次，深入街道、社区、学校等举办各类宣讲活动50余场次，发放各类宣传资料8000余份。学会活动的开展助推和谐商丘、文明商丘等各项建设。

【社科规划】 一是组织开展2014年度社科规划课题的申报工作。拟定出116项课题，经组织动员，收到各高校及市委党校等申报课题234项。经专家评审205项课题获得立项。二是开展2013年度社科规划课题的结项评审工作。评出结项课题163项，获奖课题92项，其中，一等奖23项，二等奖35项，三等奖34项。三是积极推进社科成果转化。为发挥好思想库作用，市社科联从2013年度结项课题中挑选出优秀课题38篇结集出版，书名为《社科策论》。

【社科调研】 一是市社科联以习近平总书记系列讲话精神为指导，认真调研，形成《新形势下如何提高群众工作能力》的调研报告。二是坚持深入基层，掌握基层情况。为陈阁村争取到价值8000余元的篮球架1对，乒乓球台2台，运送到村文化广场，以实际行动为群众办实事，解难题。三是赴基层学会等进行专题调研、走访或致函听取意见和建议，帮其解决实际困难。

【信息调研宣传】 市社科联全年上报调研文章1篇；上报各类社科信息40条，其中被省社科联采用16条，《商丘日报》2条，市委宣传部12条，教育实践活动办公室6条，编发手机简报86期，信息150余期。

商丘市社科联系统荣获奖项

先进单位

全国优秀社会科学普及作品
　商丘市地方史志办公室
　　《商丘民间歌谣》
河南省社会科学普及工作先进单位
河南省社会科学普及基地
　商丘应天书院

先进个人

河南省社科联系统先进工作者
　张家玉　孙　萍　蔡圣立

（李国杰）

残　联

张凤良

【残联工作概况】 2014年，市残联认真贯彻学习党的十八大、十八届三中、四中全会精神，以科学发展观为统领，认真落实商丘市委、商丘市人民政府《关于加快残疾人事业发展的实施意见》和市残联第四次代表大会确定的总目标，坚持"重心下移，强基固本，努力创造残疾人幸福生活"的总体思路，开拓创新，务实奋进，年度残疾人工作取得新成绩，全市残疾人事业实现新发展。

商丘市残疾人联合会领导成员

执行理事会理事长：张凤良
执行理事会副理事长：张林卿
　赵鲁洪
纪检组长：刘　华

【组织建设】 2014年，残疾人基层组织建设进一步加强，"强基育人"工程进一步推进，逐步完善基层组织规范化建设，行政村、社区全部成立残协，乡村两级全部配齐残疾人专职委员，落实工作补贴，全年共培训残疾人专职委员1400名。加强助残志愿者规范管理，在册人数32690人，为22851名残疾人办理第二代残疾人证。

【民生工程】 2014年，继续贯彻落实省政府125号令和商丘市政府19号令，进一步推动按比例安排残疾人就业、0岁～6岁贫困残疾儿童抢救性康复和残疾人基础服务设施建设工作力度。全年全市共实名制培训残疾人9916人，完成全年任务的132%，实现就业创业8402人，完成全年任务的187%，残疾人就业保障

金征收1230万元,超额完成省下达任务,入库率为100%;加大实施重点康复工程,提升残疾人康复效果。全市完成592名0岁~6岁贫困残疾儿童抢救性康复救助工作,培训社区康复协调员240名,为552名低视力患者配戴助视器,培训220名低视力儿童家长,对480名盲人进行定向行走训练,对185名聋儿进行听力语言训练,对68名成人听力障碍者进行听力康复训练,为7566名精神病患者提供综合性防治康复任务,对760名肢体残疾人和脑瘫患者进行康复训练,为70名孤独症儿童提供康复训练,为残疾人供应辅助器具6700件;开工建设梁园区和宁陵县残疾人康复和托养基础服务设施。

【生活保障】　2014年,残疾人生活状况持续改善,全市共救助重度残疾人39094人,为6947名残疾人提供燃油补贴;完成贫困残疾人家庭无障碍改造100户;为1250名重度残疾人实施“阳光家园”居家托养服务;免费发放轮椅1710辆,拉夏贝儿爱心服饰1777件;对1600名残疾人开展农村实用技术培训;完成和规范盲人保健按摩机构40家;残疾人教育持续提升,为录取残疾大学生提供资助,全年资助残疾大学生19名,高中学生50名,残疾儿童学前教育130名。

【文体建设】　积极开展残疾人文体活动,丰富残疾人精神文化生活,不断提升残疾人文体活动质量。在全省残疾人好新闻评选中,获2个三等奖;在全省第八届残疾人艺术会演中,获得二等奖和优秀奖;在全省盲人象棋大赛中获得团体第二名。在河南省第六届残运会上,获自行车、飞镖和游泳3个单项总分第一名,在19个项目比赛中,共获金牌13枚、银牌6枚、铜牌2枚,创商丘市有史以来的最好成绩,金牌总数位居全省第八。全年培训残疾人健身指导员64名;协调建成市级残疾人“爱心书屋”56个。

商丘市残联荣获奖项

先进单位

河南省残疾人基础服务设施建设工程先进单位

河南省0岁~6岁贫困残疾儿童抢救性康复工程先进单位

河南省残疾人就业保障金征收工作先进单位

商丘市“五好五强”党支部

（杨继江）

文　联

【文联工作概况】　2014年,商丘市文学艺术界联合会在市委的正确领导下,围绕中心、服务大局,面向基层、服务群众,认真履行联络、协调、服务的基本职能,充分发挥组织、引导、服务和维权作用,团结和带领全市文艺工作者,积极深入生活,认真开展工作,努力繁荣商丘文艺事业,为商丘的文化建设作出贡献。全年市文联、各文艺家协会及各县(市、区)文联共同举办或与有关部门联办各类文艺活动121项,全年编辑出版《京九文学》6期,出版文艺专著9部,在省级以上发表、展出、演出、文艺作品107件。获省级以上奖项53件。全年发展各级文艺家协会会员国家级20人,省级95人,市级312人。

商丘市文联领导成员

主席、党组副书记:谢国启

党　组　书　记:张永乐

副　　主　　席:祁明杰

【文艺工作】　积极报送文艺作品参评省、市各项文艺奖项,组织各类文艺活动。按照市委宣传部统一部署,市文联及所属各文艺家协会开展一系列主题鲜明、有声势、有影响的大型文艺活动。全年,市文联、各文艺家协会和各县(市、区)文联共同举办或与有关单位联办各类文艺活动150项。1月,市音乐家协会承办商丘市“惠民大剧场”音乐舞蹈专场演出;市摄影家协会主办“商丘颂”摄影作品展,展出百余幅摄影佳作。同月,市摄影家协会组织本市著名摄影家走进全国长寿之乡夏邑县济阳镇刁楼村,送上新春的祝福;市舞蹈家协会组织成立国际标准交际舞对外交流学会。2月,市文联带领本市37位知名书法家分别到梁园区李庄乡、刘口乡和市区团结中路、市东郊高铁拆迁安置区为农民和市民义写春联,受到群众称赞。3月,由万济江编剧、祁明杰导演的微电影《警戒线上》制作完成。这是商丘市影视家协会参与拍摄的第一部影视作品。该片在商丘广播电视台和优酷网播出后,社会反响强烈,中国作家网、中国广播网、大河网、商丘日报等全国30余家媒体报道。4月上旬,市美协组织重点作者,举办全国十二届美展创作战备研讨会。邀请全国美展入展作者吴限博等作学术讲座。同月,市音乐家协会承办“群星奖”音乐舞蹈大赛。4月~5月,市摄影家协会举办2014“风吹麦浪”摄影大赛。全市数百名摄影家和摄影爱好者参加活动。全面展示商丘市优美的自然风光和深厚的人文风情，彰显商丘市农业文化魅力。5月，市音乐家协会承办“少儿艺术节”音乐舞蹈大赛并主办综合器乐专场音乐会。4月~6月，市文联组织书画家到梁园区、睢县、民权普及书画知识，开展“教你一招”活动，受益公众8[illegible]0余人。并为县（区）干部、职工奉献书画作品300余幅。5月，市舞蹈家协会组织承办商丘市首届群星奖音乐舞蹈大赛。同月，市民协设立‘应天书院”大讲堂，省民协主席夏挽群先生应邀首次授课。市民协与商丘电视台联合举办“商丘市民间传统艺术展示活动”。6月，市舞蹈家协会同商丘市日报社组织并承办商丘市“亿丰杯”首届广场舞蹈大赛；市音乐家协会古琴学会在商丘市应天书院和商丘市清凉寺举办两场古琴专业讲座。同月，市曲艺家协会组织社团组织年内均举办“教你一手进社区”活动、到敬老院进行慰问演出、“父亲节文艺会演暨京九晚报消夏演出”活动、到老年公寓公益演出、孤儿院义务演出，并进行文化道德方面的讲解和教育，收到锦旗数面。7月[illegible]日，为庆祝建党93周年，由市委宣传部、市文联主办，市盐务局、市书协承办的“学习焦裕禄精神，争做为民务实清廉好干部——商丘市党的群众路线教育领导干部书法展”先后在市委办公大厅和市盐务局展出，参展作品120余件并评出优秀作品奖。7月~8月，市舞蹈家协会组织商丘市夏韵商都夏季广场文化活动和惠民大剧场文艺晚会。8月，商丘市音协主办、爱乐琴行承办商丘市第二届“爱乐杯”钢琴大赛。10月，市音乐家协会古琴学会举办“古琴艺术进高校”活动，先后走进商丘职业技术学院、商丘工学院、商丘师范学院；作为华商节系列活动，市曲艺家协会积极促成和参与“全国河南坠子艺术学术研讨会暨河南坠子各路流派展演”在商丘举办。11月，2014·商丘国际华商节艺术展开幕，展出书法、美术、摄影作品468幅，受到各级领导一致好评。同月，市音乐家协会主办白俄罗斯著名钢琴教育家达吉亚娜·瑞士科维奇钢琴讲座，曲艺家协会在虞城信华城举办虞城县方言曲艺大赛，22名选手参加决赛，选出《好媳妇》《快乐商丘》等优秀曲目；组织开展“践行价值观、文明我先行”主题系列活动。12月，市音乐家协会流行音乐学会举办教学汇报演出并在商丘师院举办2014年新年合唱音乐会；同月，市影视家协会召开座谈会，组织全体会员学习习近平总书记文艺座谈会讲话精神。

【文艺作品】 曹永钦的诗歌集《心物四月歌》由作家出版社出版，李振亚的35集电视剧本《女生唐亮亮的快乐生活》由百花文艺出版社出版；刘玉生的文艺评论集《评文论艺》由重庆出版社出版；司玉笙的小小说集《未拆的家书》由河南文艺出版社出版；欧阳华的长篇叙事诗《焦裕禄》由河南人民出版社出版；张晓峰、张明师的电影剧本《古筝血泪》在《电影文学》第2期发表；王文博的书法作品入选《中流砥柱》全国书法小品展；汲旗的书法作品入选“长江杯”全国书法篆刻展；彭新兵的书法作品入选“四堂杯”全国书法作品展。谢国启、薛党军的书法作品入选河南省名家邀请展；谢国启的书法作品入展2014年上巳雅集作品展，并参与中央电视台书画频道现场节目录制。丁新举的长篇小说《底层官场》在《莽原》第3期发表；由梁东红导演、根据欧阳华的叙事诗《焦裕禄》改编的同名音诗画情景剧上演。市作协副主席司玉笙荣获全国小小说最高奖——第六届“金麻雀”奖，填补了商丘市文学创作的空白；张兴元的短篇小说《普通百姓》获中国小说学会主办的全国小说奖一等奖；李东阳、祁明杰、张振华、高超联合编剧的电影《油桃红了》获河南省“大河奖”二等奖，填补商丘市影视界的空白；祁明杰编剧，郝斌导演，吴限博制作的动画片《我是中国人》获华东六省一市微电影微视频评选二等奖；微电影《警戒线上》获华东六省一市微电影微视频评选三等奖和第七届河南省社会科学普及优秀作品评选二等奖；侯卫星编剧的动画片《中国梦》获第七届河南省社会科学普及优秀作品评选特等奖；司玉笙的小小说集《未拆的家书》和张景微创作的电视片《姐妹》分别获第七届河南省社会科学普及优秀作品评选二等奖；李海江编剧，八一电影制片厂、睢阳区委宣传部联合摄制的数字电影《我不是王毛》分别获河南省第十届“五个一工程”奖和浙江青年电影节最佳导演、最佳编剧、最佳影片三项奖；蒋修斌创作的歌曲《五谷香飘大中原》获河南省第十届“五个一工程”奖；鲍文组织学生参加商丘市第六届中等职业教育技能大赛，取得优异的成绩，共获一等奖4项、二等奖2项、三等奖1项；彭分田参加河南省科技星舞蹈专业大赛《天堂草原》《红色英雄》均获二等奖并选入全国第四届大学生文艺展演；马民获河南省第七届“英德杯”红梅奖大赛器乐组银奖，马蓓蓓，何瑜洁获演员组铜奖；剧协8名学生获河南省第十一届少儿戏曲小梅花大赛一等奖2名，二等奖2名，三等奖4名；由剧协副主席刘涉运导演，剧协主席任金义和睢阳区文明委主任蒋友亮创作的小戏《帮忙》以及柘城县作者李树峰创作的小戏《家庭面试》，由安徽省凤台县淮剧团排练，参加安徽省小戏小品大赛，获剧目银奖，参加全国“中华颂”小戏小品大赛，获优秀导演奖和优秀编剧奖；市戏剧家协会排练的新编历史剧《王昭君》在河南省第十二届戏剧大赛中，获文华大奖，剧协副主席陈新琴，剧协理事王效领获一等奖，剧协副主席闫玉龙、张燕获二等奖；全国漆画作品展中，商丘市美术家协会选送的作品共有6件入选，其中2件获优秀奖；河南省第七届版画展，商丘市入选、获奖作品共30件；市曲艺家协会选送的作品《文明礼仪伴我行》参加河南省第七届曲艺大赛，获全省金奖第一名等殊荣；市曲艺家协会组织参加“宝丰马街书会”，对口快板《天安门广场升国旗》、快板书《三打白骨精》和《猪八戒搬兵》，荣获最佳表演奖；朱云阁获曲艺最高奖牡丹奖并获优秀表演奖；市曲艺家协会获得第五届商丘市少儿文化艺术节组织工作奖。

（朱晓楠）

工商联

刘明亮

郭巍杰

【工商联工作概况】 2014年,市工商联以持续深入开展非公有制经济人士理想信念教育活动为动力,以贯彻落实中发16号、豫发13号和商发17号文件精神为主线,各项工作取得积极进展。

商丘市工商联领导成员

主　　席:刘明亮

党组书记:郭巍杰

副 主 席:赵劲松　冉　燃

【"情暖夕阳"活动】 "情暖夕阳——工商联会员结对帮扶敬老院"活动于2011年1月24日正式启动,历经4年,已转入常态化运行。截至9月,帮扶敬老院老人达1.82万人,参与企业694家,帮扶资金821.04万元。首创全国工商联系统规模化、系统化、常态化、全覆盖帮扶敬老院公益品牌。省委常委、统战部部长史济春多次提出表扬。5月8日,《中华工商时报》用整版刊登,《人民政协报》《人民日报》《中国统一战线》《商丘日报》等媒体及人民网、凤凰网和星岛环球网等多家网站给予报道。活动被评为"2014年度全国工商联工作十大创新"和"2014年度全省工商联十大亮点工作",是全省唯一获全国工商联两次表彰的地市级工商联单位。"情暖夕阳"活动成为商丘广大工商联会员回报社会、扶危济困的重要平台,是社会公认、群众满意、领导肯定、具有商丘特色的公益品牌和民心工程。

【社会调研】 围绕市委、市政府重要决策部署,完成民营企业参与光彩事业情况统计、上规模民营企业调研以及工商联执常委数据库统计等多项调研任务。推荐2名企业家参与"第四届全国非公有制经济人士优秀中国特色社会主义事业建设者"评比活动,获此殊荣1人(河南仅4人)。建立全国工商联小微企业监测点9个。年内共向上级部门提供典型案例5个,其中向中央统战部提供典型案例1个,向全国工商联提供典型案例1个,向省工商联提供转型升级典型案例3个,被工商联编入《河南省民营企业转型升级典型案例汇编》。市工商联撰写的2篇调研报告获全省优秀调研成果二、三等奖。积极参与市委办、市工信局联合开展的民营企业转型升级专题调研,调研报告为市委书记陶明伦批示。

【商会组织建设】 认真履行业务主管单位职责,持续做好会员发展和商会组建、完善工作。全年,新成立商丘市针织内衣业商会、商丘市家纺业商会、商丘市机械业商会、商丘市建筑节能商会、商丘市古玩字画市场商会、商丘市金银珠宝玉器业商会6家市级行业商会,市级行业商会达34家,增长率13.2%,异地商会10家,新发展会员1384名,年增长率达8%。加大商会工作宣传力度,《商丘日报》对新当选会长分别作专访,新任班子成员在《商丘日报》上作整版宣传。加强行业商会的培育发展和规范管理。制定《商丘市直属商会筹建与管理暂行办法》,对工商联直属商会的性质宗旨、筹备成立、组织管理等进行明确和规范。继续开展对直属商会的年度目标考核,树立先进商会典型,加强对商会开展活动的组织引导,组织商会之间相互交流学习,进一步提高商会服务会员、服务政府、服务社会的能力和水平。

【会员服务工作】 提升服务质量,做到服务平台前移,开展"文明经营服务年"和"六个一"(建立一个服务之家、联系一名商会会长、走访一家非公企业、帮助化解一个热点难点问题、举办一场丰富多彩的活动、撰写一篇调研报告)活动,帮助企业、商会解决难题。9月12日,市直统战系统"六个一"活动观摩现场会暨第一家"统战工作服务之家"挂牌仪式在商丘市汽车业商会举行。协调中行商会分行、邮政银行商会分行、省发行等多家银行共为76家企业发放贷款2.48亿元,为54家企业担保5.78亿元,召开郑州中信银行市区支行与商丘部分中小企业银企融资对接洽谈会,有效缓解中小企业融资难问题。为帮助会员企业解决用工难题,年内举办人才招聘会8期,为400余家会员企业招聘人才1500余人。编印《中小微企业政策法规汇编》《河南省民营企业转型升级典型案例汇编》5000册,免费发放给各县(区)工商联和市属商会会员。针对部分商会亟需建立产业园区的呼声,积极协调有关部门,促成商丘市汽车业商会投资兴建豫东汽车博览城、商丘市机械业商会投资兴建的机械工业园等一批重大项目落户睢阳产业集聚区。加大培训力度,先后举办企业家培训班、"企业家管理艺术"、"风险防范法律知识"等培训班,600余名企业家参加培训。联合市委统战部在市社会主义学院举办首期商会秘书长、商会会长学习十八届四中全会精神培训班。做好"商会快讯"短信服务平台日常维护工作,不断增强联系服务会员的深度、广度。继续做好常委以上民营企业家健康体检及生日祝福温情服务。

【行业展会】 4月18日~20日,协助市政府举办"2014中国·商丘针织童装产品展销会"。参展企业240家(生产企业180家、原辅材料企业50家、服装机械企业10家),到会客商3500余人,参会观众3万余人次;签订购销合同及协议403个,签约金额19.82亿元;商丘市参展企业现场收到订金1126万元,新发展经销商2116家,销售区域扩大到全国各省(自治区、直辖市)。充分发挥阿里巴巴(商丘)产业带网络营销优势,开创全新形式的线上线下联动O2O模式。5月9日~11日,2014中国·商丘电动三轮车、新能源汽车及零部件展览会在商丘举办。展会期间,共签订合同及协议15680份、39.2亿元(其中,整车购销合同3769份、10.6亿元;零部件购销合同5300份、5.3亿元;意向协议6611份、

23.3 亿元)。11 月 8 日 ~ 10 日，2014 中国·商丘食品博览会在商丘举行。参会群众达 16 万人次，参展企业 620 家，参展产品 13 大类、5000 余个品种，参会投资商、参展商、采购商、经销商 6600 余人，共签订购销合同 26.2 亿元，购销意向 27.9 亿元；阿里巴巴·商丘产业带销售 424 万元，网上买家 4055 个，新增买家 476 个，现场销售 1800 余万元。

【对外联络】 加强对外联络，为民营企业“走出去”搭建平台。10 月中旬，组织 50 余家企业赴重庆参加 2014 秋季全国糖酒商品交易会，现场商会交易签约合同 187 份、2.6 亿元，重点意向客户 600 余个。组织园林花卉商会领导班子及部分会员赴合肥、杭州、常州等地进行考察交流。组织部分会员企业赴安徽亳州参加淮海经济区 20 城市工商联第八次协作会。

【公益活动】 1 月 7 日，持续开展“千企帮千村”活动，市政协副主席、市工商联主席刘明亮率领会员企业——河南老君堂制药有限公司负责人，到睢阳区阎集乡耿楼村开展帮扶慰问活动，现场捐款 10 万元，用于改善该村基础设施建设。全年全市共有 290 家民营企业对口帮扶 380 个村，实施帮扶项目 697 个，投资 44.08 亿元。积极动员市工商联企业家副主席、副会长、市属商会、市工商联执常委参与捐资助学活动，重点对 2014 年被国家大专以上正式院校录取的贫困生进行资助，截至 9 月，全市非公经济人士共捐款 185.4 万元，帮助 856 名困难大学生圆了大学梦。引导民营企业履行社会责任，倡导企业家义利兼顾、降低就业门槛，吸纳新毕业大学生和家庭困难的员工就业，关爱善待员工，促进实现劳动者体面劳动和企业健康持续发展。

【商会组织建设】 1 月 23 日，商丘市针织内衣业商会成立，杜宏伟当选为商会第一届理事会会长。6 月 6 日，商丘市家纺业商会成立，李岩当选为商会第一届理事会会长。6 月 20 日，市机械业商会成立，李宏军当选为第一届理事会会长。8 月 5 日，商丘市建筑节能商会成立朱宇锋当选为第一届理事会会长。11 月 12 日，商丘市古玩字画市场商会成立，王静当选为商会第一届理事会会长。11 月 27 日，商丘市金银珠宝玉器业商会成立，盛公道当选为商会第一届理事会会长。

商丘市工商联荣获奖项

先进单位

全国工商联十大创新工作

河南省工商联目标考核先进单位一等奖

河南省工商联十大亮点工作

河南省工商联系统先进集体

河南省工商联系统宣传阵地建设先进单位第一名

河南省优秀调研成果二等奖

《努力做好“工”“商”“联”三篇文章》

河南省优秀调研成果三等奖

《关于对商丘民营企业转型升级情况与建议》

先进个人

河南省工商联系统先进工作者

张军勇

(冉　燃)

侨　联

王　月

白　超

【侨联工作概况】 2014 年，市侨联认真贯彻中央《关于加强和改进新形势下侨联工作的意见》，结合全市侨联工作实际，围绕中心、服务大局，发挥独特优势，打造工作品牌，拓展工作载体，加强自身建设，推动侨联工作创新发展，迈出新步伐。

商丘市归国华侨联合会领导成员

主　　席：王　月(女，满族)

党组书记：白　超

副 主 席：张超群　曹　辉　黄　伟　徐文连

秘 书 长：张超群(兼)

【海外联谊工作】 2014 年，加强与海外有实力的华人企业家、社团领袖人物的联系和交往，促进他们与商丘市在经济、文化等领域的交流与合作。结合“侨中有台、台中有侨”的特点，加强与台湾侨界的联系合作，以张巡文化为抓手，推动商台两地间的经贸文化交流，增进民族文化认同感；充分发挥地缘、人缘、血缘、亲缘纽带作用，加强与海外华裔新生代的交流联谊，增强其对祖(籍)国、对祖根地的心灵归属感。11 月，中华戴氏总商会成立大会暨第一届第一次会员大会在商丘举行。海内外数百位戴氏宗亲到三陵台祭拜戴氏始祖三公，举行项目发布和推介活动；12 月，在市侨联的指导下，商丘市陈氏历史文化研究会二届一次会员大会举行，来自海内外的陈氏宗亲代表 100 余人到商参会。共吸引海外侨胞及港澳同胞 400 余人次到商寻根谒祖和进行经贸洽谈。

【经贸文化活动】 11 月，在“2014 中国·商丘国际华商节”期间，市侨联邀请中国侨联副主席李卓彬出席开幕式并讲话，确立节会由中国侨联主办、省侨联承办的规格，实现市委、市政府高规格办会的意图。邀请中国侨商会副会长、美国安侨集团董事长安全忠等不同地域政治上有影响、经济上有实力的知名华商 33 人到商参会。协调和促成河南省人民政府、中国侨联战略合作框架协议在商丘签约，副省长李亚和中国侨联副主席李卓彬代表双方签约。顺应全市加快经济发展方式转变和承接东部产业转移步伐,积极"走出去、请进来",发挥优势,服务地方经济发展。中国侨联、省侨联与市侨联三级联动,组织海内外侨商参与2014中国·商丘国际华商节、侨商走进虞城等活动,以活动带动商务考察和项目对接,为合作发展创造条件。在华商节签约仪式上,共签约项目100个,总投资406亿元,项目涉及机械制造、纺织服装、农副产品深加工、物流、制鞋、新能源、新材料等领域。

【公益事业】 2014年,全市各级侨联组织建立困难归侨侨眷帮扶机制。开展重大节日慰问,日常生活关爱,把老归侨、侨界空巢老人、留守儿童和困难归侨侨眷作为重点关心对象,为侨界群众排忧解难、帮扶纾困。全市侨联系统年度走访慰问归侨侨眷60余户,发放慰问经费及物资4万余元;"台湾爱心第二春基金会"在市一高设立"珍珠班"的首届50名珍珠生全部升入重点大学;做好印尼总统大学在商丘招收免费生的相关工作;在柘城县张桥乡敬老院开展"温暖包裹"捐赠仪式。

商丘市归国华侨联合会荣获奖项

先进单位

河南省侨联系统先进集体

2014中国·商丘国际华商节先进单位

先进个人

河南省统战系统先进工作者

吕景龙

2014中国·商丘国际华商节先进工作者

周 毅

(吕景龙)

对台事务

卢成玉

【对台工作概况】 2014年,市台办深入贯彻落实党的十八大精神,按照中央关于对台工作的总体部署,结合商丘实际,突出和平发展主题,抢抓机遇,拼搏进取,发挥优势,寻求突破,强力推进各项工作再上新台阶。

商丘市台湾事务办公室领导成员

主 任:卢成玉

副主任:常 炜

【经贸合作】 根据市委经济工作会议要求,制定并细化招商方案,明确招商工作思路,配合各县(区)加大对台招商引资力度。一是扩大对外宣传,增强对外交流,建立招商阵地。把东莞、昆山等地作为招商引资基地,作为吸引台资的重点工作区域,通过与当地台办、台协联系,增强对台商密集地区情况了解,加强在台商密集地区宣传力度。二是利用"豫台经贸洽谈会""国际华商节"等节会活动平台,开展重点招商活动。通过国台办、全国台企联等协助,积极拓展与台湾百强企业联系,加强对其产业布局、投资趋向的跟踪研究,选择有投资意向的大企业、大集团进行重点联系、重点推介、重点跟踪。三是营造良好的服务环境。认真做好台资企业服务工作,为他们解决实际困难,维护台商合法权益。全年新增台资企业5家,合同利用资金2.35亿美元,实际利用资金8000万美元。

【对台交流】 2014年,选派28名商贸、文化等界别人士随省以上团组赴台开展交流考察活动,注重"请进来",积极邀请他们来商参访交流。全年共邀请接待台湾团组40余批1000余人次。华商节期间,积极邀请台湾丹尼斯百货集团董事长王任生莅临商丘参观考察,出席国际华商节拜祖大典和招商项目签约仪式。丹尼斯集团计划投资逾20亿元在睢阳区建设丹尼斯生活广场项目,项目运作推进顺利。

【宣传教育】 持续加强涉台教育。通过举办图片展览、书画展览、台海形势报告会、设立咨询台等形式,集中开展涉台教育"进机关、进学校、进社区、进企业"四进活动,不断增强涉台教育效果,提高社会各界对台工作的关注度、支持度、参与度。深化网络宣传。进一步提高网络宣传供稿质量和数量。全年共向"豫台视窗"等涉台宣传网站报送各类信息230余篇,被采用122篇,居全省第一。加强对台网络宣传建设,强化网页管理,及时增加信息更新和发布量,努力发展、建设和经营好市级自有宣传平台,始终努力保持各项指标处于全省市级网页前列,为打造商丘对台网络宣传大格局奠定良好基础。

商丘市台湾事务办公室荣获奖项

先进单位

河南省对台网络宣传工作先进单位

先进个人

河南省统战系统先进工作者

杜家振

(杜家振)

人民武装

商丘军分区

宋学庆

李小平

【商丘军分区概况】 2014 年，商丘军分区认真贯彻落实军委、总部和两级军区党委决策指示，围绕党在新形势下的强军目标，按照“三争四抓两确保”工作思路，转变作风、主动作为、敢于担当，创新实践，全分区部队和民兵预备役建设在接续奋斗中迈出新步伐、取得新成绩。

商丘军分区领导成员

司　令　员：宋学庆
政 治 委 员：李小平
副 司 令 员：徐卫东　少将
参　谋　长：柳世明
政治部主任：夏宗长
后勤部部长：郑向东

【思想政治建设】 坚持把学习贯彻十八届三中、四中全会和习近平主席系列讲话精神作为重大政治任务贯穿全年，采取课题牵引、互带联学等形式，认真组织党委机关理论学习，党员干部理论素养和思维层次明显提高。扎实开展“牢记强军目标、献身强军实践”主题教育、战斗力标准大讨论和拥护支持改革教育，官兵献身强军实践的内动力得到激励。军分区军人优抚“夏邑模式”受到军区肯定，涉军维权“商丘经验”在全军推广，“双拥工作向战斗力聚焦”做法被济南军区列为重大典型，新华社、解放军报、中央电视台和中央人民广播电台等新闻媒体相继做深度报道，新闻报道工作取得新的成绩。

【队伍建设】 扎实开展党的群众路线教育实践活动，军分区党委常委带头调整压缩办公室，带头封存常用乘坐车。对公寓房清理、公务接待等问题，严格按照上级要求办理。对民兵仓库工作、生活设施进行完善，提高基层官兵生活条件，以整风精神召开军分区和团级单位专题民主生活会，推广宁陵县人武部“六有”经验，省军区教育实践活动《情况反映》《工作交流》和政工网多次登载分区做法。高度重视人才队伍建设，广泛采取学习考核、机关带训和新调入干部培训等方法加强跟踪培养，干部队伍综合素质全面提高。干部转业安置、老干部服务管理、计划生育等工作有新进步，开展向史久秀同志学习活动，弘扬务军习武正能量。

【战备训练】 认真落实济南军区《战备工作规范》，在梁园区人武部召开战备建设现场观摩暨任务部署会，规范作战值班席位设立和“前卫－4 号”指挥系统训练，完善值班办公设施、安防设施和生活保障设施，战备建设得到加强。围绕基本理论、基本技能、基础体能等重点内容，深入开展“大考核、大比武、大排名”活动，实现干部训练常态化，永城市人武部取得分区大比武考核总分第一名。严密组织现役干部轻武器射击和夜间射击训练，官兵军事素质得到提升。突出“市建营、县建连、乡镇建排、村建班组”编建重点，拉动民兵应急分队 38 个、集结点验支援分队 18 个、电话核查储备分队 9 个，到点率达 95%，民兵整组质量得到提高。

【基层建设】 坚持把“四部五员”（军事建设的指挥部、党的政策的宣传部、党群关系的工作部、社会维稳的情报部；应急应战的指挥员、民兵训练的教练员、党的路线方针政策和国防动员的宣传员、密切联系群众的服务员、维持社会安全稳定的信息员）当纲要建、当日子过，着眼提升人武部地位、发挥人武部作用、树立人武部形象，始终坚持大事大抓，紧盯不放。围绕有效解决工作精力不够集中、四个秩序不够正规、组织生活落实不够到位、作用发挥不够明显等突出问题，研究制定《“四部五员”建设达标细则》，为全面深入推进“四部五员”建设找到抓手、趟出路子，做法被省军区转发。虞城县人武部大力加强战备设施和军营文化建设，睢县人武部结合新营区搬迁对基层武装部建设进行统一规范，干休所持续实施“敬老爱老四项工程”，受到省军区好评。广泛开展“尊重官兵主体地位、发挥官兵主人翁作用”和大谈心活动，基层建设发展内部环境进一步优化。

【安全管理工作】 明确提出老老实实按照上级指示要求去办事、按特点规律去办事、按规章制度去办事、按人文情理去办事，抓安全要求在抓常态、常态抓上下功夫。大力加强安全文化建设，深入开展“学法规、用法规、守法规”、安全隐患排查整治、涉密载体“清零”等专项整治整顿活动，对仓库等重要目标和营区重点部位安保系统进行升级改造，完成集中文印室建设和报废弹药调运任务。围绕季节性防范重点，常委带队组织检查排查，跟踪问效狠抓整改，安全文化氛围更加浓厚。

【后勤综合保障】 认真开展后勤动员潜力调查，及时更新后勤动员潜力数据，充实完善后勤战备预案方案，补充配备后勤战备设施器材，提高完成多样化军事任务后勤保障能力。修订接待费管理、财经管理、职工管理、车辆号牌管理及职工管理规定，认真开展财经整治、政府专项经费普查、福利补助费清理、全军基本建设项目和房地产资源普查工作。全面推行“阳光理财”制度，进一步压减行政消耗性开支。对分区和人武部超面积办公用房进行清理整治，接受军委巡视组巡视和两级军区财务专项检查。对住房情况逐套梳理，按政策进行清理，后勤保障效能得到进一步提升。

【军政军民关系】 2014年，市委书记陶明伦多次强调，“要把拥军工作作为一项永不竣工的政治工程、系统工程、重点工程常抓不懈”。转业到商丘任职满3年的正团干部，全部安排副处实职，进党组；副团以下随军无工作家属生活补贴每人每月1100元，在鲁豫两省最高。会同组织部、民政局、人社局等单位，协调出台安置转业干部、加大随军家属就业、军人子女就学等6项拥军优属新举措，深受部队欢迎。持续开展“热爱商丘、宣传商丘、建设商丘、增辉商丘”活动，商丘电视台在全省开办第一家军民双拥共建军事性栏目《国防在线》。广泛宣传商丘籍官兵先进事迹，组织“十佳”好军嫂评选，扎实开展走访慰问商丘籍官兵活动，受到地方党委政府和人民群众称赞。睢阳区人武部一次性协调安置3名随军家属，走在分区前列；民权县人武部政委李瑛关心关爱孤儿战士军营健康成长的事迹在《解放军报》重要位置刊发。

商丘军分区系统荣获奖项

先进单位

济南军区译电报务工作先进单位
　商丘军分区机要室
济南军区先进政治机关
　商丘军分区政治部
济南军区“兴武建功”先进单位
　商丘军分区
河南省军区先进人武部党委
　夏邑县人民武装部党委
　柘城县人民武装部党委
河南省军区安全工作先进单位
　商丘军分区
河南省军区军事训练先进师级单位
　商丘军分区
河南省军区军事训练先进团级单位
　柘城县人民武装部
　夏邑县人民武装部
河南省军区全民国防教育先进单位
　商丘市广播电视台
河南省军区新闻报道工作先进单位
　夏邑县人民武装部
　永城市人民武装部
河南省“兴武建功”先进单位
　永城市人民武装部
　柘城县人民武装部
河南省军区先进基层人民武装部
　永城市陈集镇人民武装部
　夏邑县何营乡人民武装部
　虞城县城关镇人民武装部
　梁园区平安街道人民武装部
　柘城县邵园乡人民武装部
　睢县河集乡人民武装部
　民权县城关镇人民武装部

先进个人

济南军区涉军维权工作先进个人
　郑　锐　虞城县司法局团支部书记
济南军区“兴武建功”和国防交通建设先进个人
　张爱东　商丘军用饮食供应站炊事技师
河南省军事年鉴编纂工作先进个人
　郭彬亚　商丘军分区司令部副营职参谋
河南省军区授于三等功
　徐晓军　柘城县人武部政治委员
河南省军区军事训练先进个人
　张宝云　商丘军分区司令部副团职参谋
　徐晓军　柘城县人武部政委
　刘元发　民权县人武部部长
河南省军区网络宣传工作先进个人
　赵金良　商丘军分区政治部干事
河南省军区全民国防教育先进个人
　王仲田　民权县委书记
　牛　超　商丘市一中校长
河南省军区新闻报道工作先进个人
　赵金良　商丘军分区政治部干事
　王道军　夏邑县人武部职工
河南省军区武器装备管理先进个人
　杜　江　商丘军分区民兵武器装备仓库主任
河南省军区“兴武建功”先进个人
　张晓红　商丘军分区司令部副团职参谋
　刘学军　睢县人民武装部部长
河南省军区优秀专武干部
　武　钦　永城市城关镇人武部部长
　曹文召　夏邑县孔庄乡人武部干事
　杨　巍　梁园白云街道人民武装部部长
　崔金传　睢阳区文化街道人民武装部部长
　尚　勇　睢县尤吉屯乡人民武装部部长
　陈　钊　宁陵县城郊乡人民武装部副部长
　黄胜利　民权县北关镇人民武装部部长
河南省军区优秀职工
　陈研春　商丘军分区后勤部职工

（张龙田）

武警商丘支队

【武警商丘支队概况】 2014年，支队党委团结带领各级党组织和广大官兵，坚持以习近平总书记系列讲话精神为指导，围绕党在新形势下的强

吴新防

赵卫民

军目标,按照总队、支队党委年度工作部署,积极进取、整体推进,部队建设呈现出稳中发展的态势。

武警商丘支队领导成员

支队长:吴新防(1月任)
第一政治委员:许大刚
政治委员:赵卫民
副支队长:葛庆伟(1月离)
戴富华(1月离)
尚鹏宇(1月任)
副政治委员:代增国(1月离)
尹红卫(1月任)
参谋长:胡成文
政治处主任:李小洲(1月任)
后勤处处长:方祖德

【思想政治建设】 深入抓好习近平总书记系列讲话、十八届四中全会和全军政治工作会议精神学习,扎实开展主题教育、战斗力标准大讨论,部队听党指挥的思想根基更加牢固。充分发挥“1·52”平台载体作用,上下联动、跟踪问效,基层政治工作落实质量稳步提升。严密组织法律、心理服务下基层活动,协调处理6起涉法上访问题,积极做好重点关注人员转化工作,严格新兵政治考核,清退不合格兵员7人,有效防范政治性问题发生。积极开展“中国梦、强军梦、我的梦”主题团日和“强军风采”系列文化活动,深入开展地域文化,激发官兵战斗精神。支队团委被评为武警部队“红旗团委”,一中队士官刘鹏参加总队“讲地域文化故事”比赛获二等奖。

【执行任务能力】 强化中心意识,严格制度落实,突出隐患治理,固定勤务实现连续21年安全无事故。圆满完成春运执勤、“2014中国·商丘国际华商节”安保、上海正信峰会、南京青奥会设卡堵截等临时性勤务120余起。投入15万元配发800兆集群电台,投入45万元全新建设支队勤务值班室和作战指挥中心,安装视频指挥系统,有效提升目标安全系数和指挥效能。永城市中队被总队被评为执勤标兵中队。作训股长王学勇被评为“全军优秀参谋人才”。参加总队船艇骨干集训取得第一名,参加“雄师-14”拉动演练遂行任务能力评估取得第二名。

【部队正规化建设】 认真贯彻依法从严治警集训精神,扎实开展“抓作风、促养成、树标准”教育活动,先后在梁园区中队、民权县中队进行试点规范,基层各类场所、库室标准统一、规范合理。坚持每月派出党委常委带队的突击巡察组,做到周查一片、月查一遍,建档立案、挂号督办,有效促进正规化建设。紧紧抓“人车枪弹酒、水火电毒密”等重点部位安全管控,促进部队内部安全稳定。

【日常管理工作】 依托蹲点帮建、季度考评、双向讲评等载体,坚持按纲建队,严格落实党委机关蹲点帮建制度,提高基层建设质量。抓住党支部建设这个重点,集中时间组织基层干部《纲要》培训,狠抓明白人培养,提高党支部自建能力。永城市中队连续14年被总队评为“基层建设标兵中队”。牢牢把握干部队伍建设这个关键,积极协调解决随军家属未就业补助、子女入学入托、干部转业安置,有效解决干部后顾之忧。

【综合保障】 积极探索“一组五队”应急保障模式,强化专业兵“一专多能”培训,提高后勤队伍素质能力。认真修订完善后勤工作规范,严格执行年度经费预算,全面推行公务卡结算,结合“先进食堂”评比,扎实开展“伙食交流指导月”活动,受到广大官兵一致好评。积极争取地方支持,稳步推进基础设施建设,不断提升后勤综合保障效益,投入75万元改建机关干部宿舍,彻底解决机关干部临时休息问题。

【遂行任务能力】 11月8日,商丘市支队出动官兵,协助豫东监狱圆满完成搬迁和押犯转监任务。支队党委高度重视这次搬迁任务,成立以吴新防支队长、赵卫民政委挂帅的领导小组,召开专题会议,对搬迁及转监任务研究部署。支队提前派出工作组,对新监狱执勤设施进行全面检查和鉴定,及时消除隐患。提前组织拟担负押解勤务的官兵进行专勤研判,掌握突发情况的处置方法,提高官兵在押解过程中遂行任务的能力;对押解路线多次实地勘查,反复研究,科学合理制定搬迁及转监方案;精心挑选思想可靠、军事精湛、作风过硬的官兵,严格组织政审,及时展开勤务教育,加强以防脱逃、防劫持、防暴力袭击、防暴乱骚乱等为主要内容的专勤专训,强化官兵执勤素质,为圆满完成任务打牢能力基础。

(张晓华)

人民防空

李传赢

【人民防空工作概况】 2014年,市人防办以深入学习贯彻党的十八大精神和习近平总书记的讲话精神为抓手,以党的群众路线教育实践活动为契机,围绕习近平总书记提出的“能打仗、打胜仗”的要求,认真履行职责,狠抓年度任务落实,圆满完成各项工作任务。

商丘市人民防空办公室领导成员

党组书记、主任:李传赢
副　主　任:杜传平　刘春明
张世连　张亚林
纪检组长:周　莹(女)
总工程师:孙文祥

【人防工程建设与管理】 2014年,全市新立项人防工程8.58万平方米,竣工人防工程10.05万平方米,比上年增加17%。县级竣工人防工程1.8万平方米,比上年增加11%,征收人防易地建设费4000余万元,实现人防工程易地建设费与人防工程建设双突破。认真贯彻落实《河南省人民防空工程管理办法》，提请市政府出台《关于进一步加强城市规划区防空地下室易地建设费征收管理工作的通知》，是全省18个省辖市人防办中唯一出台与《河南省人民防空工程管理办法》相配套文件的单位。市人防疏散基地占地3.81公顷，为全省唯一疏散基地。坚持人防建设与城市建设相融合，积极筹划商丘市商务中心区民安地下人防工程项目，工程建筑2.6万平方米，总投资1.04亿元。根据全省统一安排，成立以市政府和军分区牵头的领导组，全面推进普查工作。年内对73个人防工程项目和65个人防警报设置点使用情况进行摸底，采集人防工程信息41个(其中:二等人员掩蔽部32个，物资库8个，专业队工程1个，人防警报器正常使用65台)，对260个项目其他地下空间资料进行初步统计，整理装订人防工程档案400余册。

【人防建设】 一是组织街道防空袭方案编制修订工作。在上年编制全市防空袭方案的基础上，依据省人防办《关于印发2014年人民防空工作要点的通知》精神，指导各县(区)人防办编制《街道人民防空袭方案》，健全街道的组织指挥机构，完善应急指挥机制，为战时组织防空袭的指挥奠定坚实基础。二是调整人防指挥部的编成。结合实际，由市委办公室、市政府办公室、军分区司令部印发《商丘市人民防空指挥部人员编成表》，对人防指挥部人员进行调整，并结合人防指挥部建设实际，进一步规范人防指挥部指挥员和各处的工作职责。三是落实人防机动指挥通信系统应急保障训练。参加由省统一组织的人防机动指挥通信系统跨区训练。在演练中，参训人员完成机动指挥通信系统的开进、机动隐蔽和互联互通的训练，通过训练，提高参训人员在各种复杂条件下做好指挥信息保障的能力。四是组织防空警报器的安装和人防疏散与接收安置对接演练活动。全年安装5台警报器和2个室外多媒体多功能新型警报器系统，使全市警报器达65台，警报音响覆盖率达90%，并在“9·18”警报鸣放日统一组织警报鸣放，鸣响率达100%。“9·18”结合警报鸣放活动，在梁园区组织200余户家庭300余人参加的人防应急疏散与接收安置对接演练活动。省人防办郑金锋副主任、市政府王仲田副市长、军分区李小平政委参加演练活动。五是加强人防专业队伍建设。投资30余万元购置人防直属专业队所需的个人随行器材、野外帐篷、救生衣、行军床、携行具等，投入10.52万元购置350套人防专业队服装和200件人防志愿者马甲，统一人防专业队的装具。并于4月结合民兵整组，完成人防七类专业队伍和200人应急合成专业队的整组工作，组织市人防直属应急专业队防空袭野外训练。11月上旬又组织人防指挥部带人防直属应急专业队的实兵点验活动，市和县(区)人防系统干部职工187人参加训练。根据商丘的实际情况，成立86人组成的人防应急直属专业队，是全省唯一建有应急直属队的省辖市人防办。

11月14日，市长李公乐在人防工程现场听取主任李传赢人防工程建设汇报

【人防宣传工作】 一是开展人防宣传活动。“5·12”防灾减灾日和“9·18”警报鸣放日分别在市区神火大道商字广场和南京路“金世纪文化广场”、帝和广场、中心广场人防工程等处开展以积极防御空袭灾害，构筑安全和谐商丘为主题的宣传活动，采取陈列宣传展板、悬挂宣传条幅、发放宣传彩页等形式，使广大市民对防空防灾知识有更进一步了解。二是于12月举办2014年度中学人防老师培训班，来自各县(区)人防办分管宣传的副主任、学校任课教师26人参加培训，收到良好效果。三是依托商丘市人防疏散基地，创办商丘人民防空中等专业学校。该学校是河南省、也是全国唯一的一所人防中等专业学校。

【行政执法工作】 一是普法教育工作进一步落实。10月16日邀请商丘律师协会会长、京港律师事务所刘光勋律师为全体干部职工讲解《行政法》《人防法》;10月22日，邀请商丘中级人民法院行政庭何彬副庭长为全体干部职工作法律知识讲座。二是监督措施进一步深化。积极接受人大代表、政协委员监督、社会监督。聘请人大代表和政协委员以及服务对象作为监督员;邀请市人大、政协领导到人防办视察检查工作。三是依法行政工作进一步加强。加大行政执法的力度，强化执法检查，严格落实收费标准，扎实推进人防执法收费工作，确保人防易地建设费的足额征收，对违规建设行为及时清理和查处，增强建设单位和个人履行人防结建义务的自觉性。

商丘市人防办荣获奖项

先进单位

河南省人防建设责任目标先进单位

商丘市“六城”创联先进单位

(杜学亮)

政 法

李德才

【政法工作综述】 全市政法系统按照夯实"双基"、推进"双治"、实现"双安"的总要求，深入推进矛盾纠纷预防化解，全面深化平安商丘建设，有效遏制邪教违法犯罪活动，统筹提升政法队伍建设水平，全市社会政治大局持续稳定，群众安全感和满意度位居全省前列，为建设中原经济区承接产业转移示范市营造良好的社会环境。

一、以动态预防化解为重点，维护社会大局和谐稳定

（一）强化动态预防化解。在载体建设上，健全县乡村三级矛盾纠纷预防化解网络，建立由村干部和"五老"人员组成的村级调解员队伍，建立健全市县乡村四级矛盾纠纷动态排查化解台账，按照动态排查、分级调处、归口办理的流程，逐项明确包案领导、责任单位、解决措施和办结时限，按照管理层级归口分级化解。在督导考核上，建立完善动态排查率、动态化解率、交办信访案件办结率、信访群众回访满意率、基层信访吸附率等"五率"指标考核体系，实行日清单、月通报、季讲评制度，对排查化解情况定期排队通报，做到可量化、可衡量。建立健全源头预防、动态排查、动态研判、包案化解、专项治理、应急处置六项机制，引导群众通过三调联动、行政复议、司法诉讼等多种渠道化解矛盾纠纷。全市组建乡级矛盾排查调处中心 153 个、村级矛盾排查调处工作站 4058 个，选配村级调解员 12157 人。全市共排查矛盾纠纷 1.17 万起，化解 1.1 万起，化解率达 94%。

（二）畅通诉求表达渠道。开通接待群众的 6 条绿色通道，每月 25 日县（区）委书记大接访，每月 15 日乡（镇、办）党委书记集中接访，市县两级信访部门全天候接访，党政干部带案下访、重点约访、督查回访，行风热线、民意快线、12345 市长热线、网上信访时时在线，市内信访邮件免费投递，进一步畅通群众反映诉求渠道，密集宣传信访制度改革的政策措施，进一步规范信访事项受理办理程序，引导来访人依法逐级走访，有效化解一大批信访案件。同时，深入开展"三访三解一满意"（大接访、大回访、大走访，化解矛盾纠纷、了解民情民意、破解信访难题，致力群众满意）活动，组织市县乡三级干部走访联系群众，通过"民情民意恳谈会""群众说事日"等形式，面对面听取群众诉求，就地就近解决问题。全市信访稳定工作呈现出"四下降一好转"（赴京上访下降、赴京非访下降、赴京非访重访下降、赴省个访重访下降，信访秩序好转）的良好局面，全国"两会"、中央巡视组巡视河南、十八届四中全会、APEC 会议等重要节点专项稳定工作均受到省委政法委、省联席办通报表扬。

（三）创新处访治访方式。对涉及面广、时间跨度大、易升级激化的疑难复杂问题，落实领导包案责任制，做到"四定"（定牵头领导、定责任单位、定责任人、定办结时限），"三包"（包调处、包跟踪、包反馈），提高调处化解水平。全年市级领导分包的 296 起信访案件已全部办结。深入开展"三无"乡镇（街道）创建活动，加大信访基层责任考核力度，真正将大量信访问题吸附在基层。全市动态保持无来市、无赴省、无进京上访的"三无"乡镇（街道）达 50 个，占全市乡镇（街道）总数的 30.7%。完善社会稳定风险评估机制，从源头上减少矛盾纠纷。全市开展社会稳定风险评估 15 件，评估率 100%。健全进京非访治理长效机制，充实驻京工作力量，完善接待、劝解、稳控、调度等多项机制，有效避免信访倒流和重复非访的现象。APEC 会议期间全市实现进京非访"零登记"，为全省 3 个"零登记"的省辖市之一，省委政法委予以通报表扬。同时应急处置化解一大批拆迁补偿、居住环境、基层管理、涉法涉诉等环节激烈集访案事件，保持了和谐稳定的良好局面。

二、以平安建设为抓手，保障人民群众安居乐业

（一）夯实基层基础。认真落实省委书记郭庚茂关于加强"双基"工作要求，将 2014 年确定为全市政法综治工作"基层基础建设提升年"，出台《关于深化平安商丘建设的实施意见》《商丘市平安村（社区）平安单位命名办法》，组织开展"两建两创"县乡两级综合服务管理中心建设，平安村（社区）、平安单位创建活动，进一步提升"双基"工作水平。在虞城县召开全市平安建设"双基"工作现场会 2 次，交流经验，就推进"两建两创"活动作出具体部署。在全市推行"六位一体"平安家园创建新模式，构建严密的社会治安防控网络。县乡两级综合服务管理中心建设已全面铺开，全市已有 2380 个村（社区）达到平安村（社区）创建标准，达标率为 62.8%；平安单位创建标准达 55.6%。

（二）完善技防体系。以"视频监控建设管理年"为载体，强力推进视频监控建设，报请市委将视频监控建设纳入督查考核内容，提请市政府将视频监控建设纳入 2014 年十件实

事,出台《关于开展“视频监控建设管理年”活动的意见》和《商丘市视频监控体系建设工作方案》,进一步明确技防体系建设标准,加大经费投入,推进视频监控设施升级改造、联网运行和综合应用,技防建设服务实战的效能显著提升。全市升级改造市级平台1个,县级平台8个,乡级平台120个,新装高清探头24964个。市县两级党政机关所在地的重要路口和路段,城乡主要街道、高速公路出入口、市县主要出入口等公共区域的视频监控覆盖率达100%。

(三)强化打防管控。加强群防群治队伍建设,健全等级布警机制,提高街面见警率,实现案件高发区的有效防控。坚持严打方针不动摇,出台《2014年全市社会治安打防管控工作方案》《全市2014年打盗抢反暴恐工作方案》,开展“打盗抢、反暴恐”、打黑除恶等多个专项行动,严厉打击各类违法犯罪活动。进一步加强分析研判、巡逻防控、社会面管控、应急处置等四项重点工作,确保关键时刻冲得上、打得赢。举行“反暴恐、保稳定”联合拉动演练,出动警力650余人,出动特警、武警装甲车等车辆60余辆,全面提高应对暴力恐怖活动的能力和水平。

三、以法治建设为保障,服务经济社会发展大局

(一)助力企业发展。政法部门充分发挥职能作用,深入企业开展“护航服务”专项行动,优化企业发展环境。全市政法系统先后走访企业3000余家,为企业解决实际困难和问题4000余件。法院系统在各县(区)产业集聚区设立巡回法庭,成立“服务企业法官宣讲团”,定期集中宣讲法律,解读案例,推动企业学法用法,促进企业依法经营。公安、检察机关重点打击危害产业集聚区发展的刑事犯罪,严肃查办和积极预防产业集聚区建设重点领域和环节的职务犯罪。司法行政机关成立7个律师专业法律服务团,定期到企业开展“法律体检”活动,参与企业债权债务纠纷和诉讼。全市律师担任企业法律顾问695家,为企业出具法律风险提示函307件、法律意见书805件,办理合同纠纷案件3421件。

(二)依法惩治犯罪。依法打击破坏市场经济秩序等妨害经济发展的刑事犯罪,依法立案侦查项目审批、土地征用、规划设计等领域和环节发生的职务犯罪,加强对影响经济发展案件的诉讼监督,维护规范有序的市场环境。深化重点领域专项治理工作,加强对民生工程、基础设施等重大工程建设和项目资金使用的法律监督,积极参与工程建设领域突出问题专项治理工作,推进治理商业贿赂工作。

(三)服务民生大局。针对群众反映强烈的“地沟油”“毒豆芽”等问题,公、检、法机关密切配合,开展打击危害食品安全专项活动。开展“拖欠农民工工资案件集中办理”、服务“三留守人员”等活动,解决涉及群众切身利益的实际问题。公安机关开通并完善“网上公安”服务平台,在户政、车驾管、消防、派出所、出入境等窗口单位全面推行评价器,由群众当场评价打分。全市法院系统办结拖欠农民工工资案件333件,审结涉及“三留守人员”案件1632件。基层检察院全部设立“流动检察室”,开展“进机关、进乡村、进社区、进学校、进企业、进单位”的“法律六进”活动,走进百姓身边,解决服务群众最后一公里问题。

四、以执法司法公开为突破口,深化司法体制机制改革

(一)推进执法司法公开。深化审务、检务、警务、狱务公开,构建开放动态透明便民的阳光执法司法机制。法院系统加强审判流程公开、裁判文书公开、执行信息公开,上网公布裁判文书9748份,直播庭审2609次;司法网拍走在全省前列,上传拍品212件,成交113件,成交率62.74%。检察机关完善“商丘阳光检务网”,开通官方微博“正义商丘”和官方微信“商丘检察”,推行检察环节部分终结性法律文书上网;公安机关对车驾管、户政、治安、出入境等窗口推行公开承诺制服务;司法行政机关推行监狱长接待日制度,设立狱务公开公示栏、举报信箱。

(二)推进涉法涉诉信访改革。制定《商丘市涉法涉诉信访工作改革实施方案》《商丘市涉法涉诉信访工作改革实施细则》,制作涉法涉诉信访流程图,对“入口”“处理”“退出”三个环节进行细化,对考核奖惩、教育稳控等作明确规定。针对存在严重分歧、长期难以推动的涉法涉诉信访案件,组织联席会议,由政法部门轮流牵头,定期研究、沟通、商计,坚持诉访分离,推动信访案件逐步回归法治轨道。

(三)推行新型合议庭制度。扎实开展新型合议庭制度试点工作,出台《主审法官负责制实施方案》《新型合议庭人员选任办法》《规范新型合议庭工作若干规定》等相关制度规定。通过个人报名、组织把关、群众推荐、党组研究等程序,严把主审法官选任关,选拔精通业务、具有5年以上审判工作经历的主审法官22名,组成22个新型合议庭。审理案件6677起,法定审限内结案率99.6%;调撤率较上年同期上升7%,当庭裁判率上升35%,服判息诉率上升19%,改判发回重审率下降3%。

五、以巡视整改落实为平台,解决影响社会和谐稳定问题

(一)明确责任分工。对照中央巡视组、省委巡视组反馈意见整改事项,市委政法委制定巡视反馈意见整改落实方案,成立专项整改领导小组,建立整改落实情况工作台账,逐个分解落实责任,对配合单位“做什么”“如何做”“什么时候完成”等问题作出具体规定,便于操作、检查和考核。整改事项涉及的相关单位对工作任务进行排队梳理,逐项拉出问题清单,逐条分解落实责任,逐一明确时限要求、工作标准,制定针对性、操作性强的具体整改方案,把解决问题的责任具体到人,具体到事,具体到部门。

(二)加强调度督导。为全面掌握整改落实工作进展情况,整改落实领导小组采取定期调度、随机抽查、明察暗访等方式,督促整改落实,协调解决问题;对个别重点难点问题,随时开展专项调度,有针对性地提出解决问题的办法和措施。对于工作台账列出的整改任务,对案、对事、对人、对档,点对点、面对面督导督办。坚持日常督导和集中督导相结合,严格执行整改落实台账和反馈制度,一周一汇总、一周一对账,并及时通报工作进展情况和存在问题。

（三）推动问题解决。围绕巡视组交办案件，综合运用法律、行政、救助等多种措施，集中人员、时间、精力，逐环节推进，逐难点破解，全力推动问题解决，问题不解决、坚决不销账。全年中央巡视组交办利益诉求类信访案件335件，已办结335件，息诉299件，息诉率89.2%；交办涉法涉诉类信访案件144件，已办结144件，息诉126件，息诉率87.5%。省委巡视组交办利益诉求类信访案件202件，甄别后实有196件，已办结196件，息诉151件，息诉率77%；交办涉法涉诉类信访案件71件，甄别后实有64件，已办结64件，息诉59件，息诉率92.2%。

中共商丘市委政法委员会领导成员

书　　记：李德才
常务副书记：杜志强
副 书 记：王志中　段鹤修　张艳丽（女）　王芳成
政治部主任：蔡　丽（女）

商丘市社会管理综合治理委员会办公室领导成员

主　任：殷鹤修
副主任：彭　黎（女）　李　军　王亚东

商丘市委防范和处理邪教问题办公室领导成员

副主任：黄红军　赵友刚

中共商丘市委维护稳定办公室领导成员

副主任：王　寒

中共商丘市政法纪律检查工作委员会

书　记：张艳丽（女）
副书记：付　正

商丘市政法系统专项奖项

先进单位

河南省平安建设工作先进省辖市
河南省信访稳定工作先进省辖市

（李玉峰）

公　安

【公安工作概况】　2014年，全市公安机关牢固树立“三个第一”（群众第一、基层第一、民警第一）理念，以党的群众路线教育实践活动为主线，以加强公安队伍建设为根本，统筹兼顾，真抓实干，锐意创新，各项公安工作呈现稳步推进、全面发展的良好局面，有效确保商丘社会政治稳定和治安大局持续平稳，有力服务和促进全市经济社会又好又快发展。据省委政法委通报，商丘群众安全感达91.64%，位居全省第五，群众对公安民警执法工作满意度达88.64%，位居全省第三。

许大刚

商丘市公安局领导成员

副市长、党委书记、局长：许大刚
党委副书记、常务副局长：许方军
党委副书记、副局长：郭　刚
党委副书记：汪东升
副　局　长：张保成　李明星　赵友刚　李志峰
纪 委 书 记：宋东晓
政治部主任：范剑英

【维稳工作】　一是维护社会稳定能力进一步提升。坚持“下好先手棋、打好主动仗”，及时掌握大量深层次、内幕性、预警性、行动性信息，严密防范、严厉打击邪教组织和各种敌对势力的捣乱破坏活动。全年全市共破获各类邪教案件25起，摧毁邪教窝点26处，抓获各类邪教违法犯罪人员35人。全市无发生重大影响的邪教组织活动，无发生危害国家安全和社会政治稳定的案事件。全市公安机关及时预警和有效化解各类群体到市、赴省、进京集访活动120余起3500余人次，确保全市社会大局持续平稳。二是公安信访工作持续领先全省。全市公安机关扎实推进涉法涉诉信访改革，建立健全涉法涉诉信访工作机制，按照“谁接访、谁负责，谁交办、谁督办”的原则，初访一次性办结率、息诉率不断提升；强力推进集中清理化解信访案件专项行动，实现办结、审结率2个100%，率先在全省完成清理化解任务，并始终动态保持全省第一。全年全市公安机关共接待信访群众1036次996人，受理信访事项852起，已办结803起，办结率为94.25%，停访息诉738起，停访息诉率为86.62%。三是圆满完成全国和省市“两会”，春节、上海亚信峰会、南京青奥会、国庆节、党的十八届四中全会、国际华商节、APEC会议等45次重大安全保卫任务，北京、郑州无来自商丘的干扰。尤其是在华商节安保工作中，市公安局研究制定华商节各类安保方案16个，投入警力3500余人次，实现“确保安全、万无一失”的工作目标。

【打击刑事犯罪】　全年全市公安机关共侦破各类刑事案件3341起，抓获违法犯罪嫌疑人4217人，起诉犯罪嫌疑人2696人。一是命案侦防持续保持良好势头。全年全市共发命案36起、破35起。新发在侦命案1起。命案防范成效显著，现行命案发案数保持近年来较低水平。二是打黑除恶战果显著。全市共破获涉恶类刑事案件100起，打掉恶势力团伙40个，一审判决172人，立案侦办涉黑案件3起，终审判决1起，黑恶犯罪线索查结率达100%，综合成绩全省领先。三是“两抢一盗”（抢劫、抢夺，盗窃）案件得到有效遏制。全市公安机关建立打击“双抢”犯罪工作机制及运行办法，持续向“双抢”（抢劫、抢夺）犯罪发起凌厉攻势。全市共破获“两抢一盗”等侵财类案件2894起，抓获犯罪嫌疑人1179人。四是禁毒、经侦工作战果突出。全市共查办涉毒刑事案件19起，抓获涉毒人员181名，其中刑事拘留31人，逮捕22人，起诉35人，行政拘留150人，强制戒毒42人。经侦部门不断提升打击经济犯罪能力，着力建立常态化打击模式。全市共立案163起，破案132起，挽回损失7000余万元。对投资担保类金融公司开展为期50天的拉网式排查，对一批涉嫌非法集资的中介信用类机构法人代表进行监管和约谈，注销从事非法经营行为的公司96家，立案查处非法集资案件38起，打击处理违法犯罪嫌疑人员90人；严厉打击侵犯知识产权和制售假冒伪劣商品犯罪，成功发起并收网全国性集群战役2起，公安部长郭声琨签发嘉奖令予以嘉奖。

【平安建设】 一是快速反应能力显著提升。坚持深化扁平化指挥体系建设,按照"网格布警、人车定位、两级平台、三方响应、扁平指挥、科学调度"的要求,实行"屯警街面、动中备勤"武装巡逻工作机制,实现"核心区域1分钟,重点区域3分钟"处置工作目标。全年市(区)接报"双抢"警情同比下降26.2%,市(区)主要街道291天实现"双抢"零发案,零发案日同比上年提升10.7%。二是城市技防建设扎实推进。建成109处智能卡口(超额省公安厅下达任务的81.67%)。拨款3000万元用于城区视频监控系统建设,梁园区、睢阳区、开发区、示范区、商务中心区5个监控中心完成阶段性建设任务,夏邑、虞城、宁陵、民权、睢县、柘城6个县局完成共享平台建设。全市1583路监控图像已实现实时上传省公安厅,基本实现省公安厅、市公安局、县公安局、派出所四级图像可视化调用、分发、管理,基本达到人过留影、车过留牌、轨迹可查、可看、可控的工作目标。三是区域警务协作成效显著。巩固深化周边公安机关警务协作机制,治安联防协作机制得到完善和拓展,平安边界建设成效显著,边界区域治安、刑事案件持续下降,群众安全感和满意度进一步提升,商丘与周边地市交界区域社会治安大局持续保持稳定。

【公安管理】 一是治安管理水平全面提升。深入推进户口登记管理专项清理整顿,扎实推进以公民身份证为唯一代码的人口信息管理。全年共清理和迁出户口40.3万人;基层基础建设全面加强,启动38个房屋老化派出所、11个危房派出所新建改扩建工程;全市新建警务工作站1631个,新增警务室15个。其中,在全市二级以上医院建立警务室25个。组织开展打击食品药品违法犯罪活动,先后配合食品药品监督管理局、质监局、环保局等职能部门开展专项检查112次,检查商(市)场1086家次、餐饮店810家次,小作坊601家次,发现整改食药类安全隐患123处,从中摸排违法犯罪线索26条,收集群众举报线索79条,侦办治安类刑事案件89起。建立肇事肇祸精神病人、刑释解教等特殊人群管理帮教措施;全市共列管重点人口19295人,录入肇事肇祸精神病人1681人,全部落实救治管控措施;深入开展缉枪治爆活动,共立案查处涉枪刑事案件1起,治安案件3起,刑事拘留1人、治安拘留3人。查处涉爆治安案件4起,治安拘留4人。全年共收缴各种枪支60支、各类子弹6660发,黑火药烟火剂126公斤、雷管9枚、仿真枪3961支、管制刀具3704把,全市无发生群死群伤的治安灾害事故。二是道路交通畅通有序。全市交警部门精心组织"道路交通安全三年综合整治",严厉查处超员超速超载、疲劳驾驶、酒后驾驶、农用车载人等交通违法行为。全年共查处各类交通违法行为101万余起,其中,处理重大交通事故118起,侦破逃逸事故138起;有力打击和震慑各类交通违法行为的发生。交通事故"四项指数"(事故起数、死亡人数、受伤人数、财产损失数)稳中有降,全市未发生重特大交通事故。共接处警7000余起,办理简易程序3000余起,刑事拘留268人,逮捕83人,起诉218人,行政拘留132人,解决信访积案16起。三是消防管理全面加强。严格落实消防安全责任制,积极推进政府领导责任、部门监管责任、企业主体责任落实,全面落实省政府"消防安全基础建设年"工作要求,扎实开展重大火灾隐患集中整治专项行动,扑救火灾513次,抢险救援1221次,发现整改火灾隐患6492处,全市未发生较大以上火灾事故,火灾形势持续平稳,被省政府评为"全省消防工作先进市"。成功处置2014"6·15"105国道客车侧翻事故和2014"7·31"2014"11·24"在建民房坍塌事故等急难险重的灭火救援任务,圆满完成2014"7·10"安徽亳州跨区域灭火增援任务,受到党委政府和人民群众高度评价。四是监所管理工作成效显著。全力推进看守所"五化"(勤务模式科学化、执法行为规范化、管理工作精细化、管理手段信息化、设施保障标准化)建设等重点工作,全市公安监管场所整体工作领先全省。全年共排查、整治安全隐患406起,确保全市监所的安全稳定;积极开辟第二战场,深入开展"狱内攻势",全年共挖出线索1229条,破获刑事案件318起,破获命案3起,查获网上逃犯368人,有力推动公安中心工作,提升打击违法犯罪效能。五是服务水平全面提升。在落实好省公安厅22条便民利民措施和八项承诺基础上,研究推出十六项便民措施,实施电动车免费打码登记等一批"民心项目""满意工程",开通并完善"网上公安"服务平台,在户政、车驾管、消防、派出所、出入境等窗口单位全面推行延时服务、预约服务、上门服务,警务工作实现"民警围着群众转",群众安全感和满意度持续提升。2014年,商丘110接处警满意率动态保持全省第一,公众对公安工作的评价全省第一,民警被信访率、群众举报投诉率全省最低。

商丘市公安系统荣获奖项

先进单位

全国"十大见义勇为英雄司机"城市奖
　商丘市
河南省人民满意的政法单位
　夏邑县公安局曹集派出所
　河南省青年文明号
　商丘市公安局治安和出入境管理支队出入境管理大队
河南省公安工作先进省辖市公安局
　商丘市公安局
河南省公安工作先进县市公安局
　虞城县公安局
　民权县公安局
河南省公安机关优秀基层单位
　商丘市公安局新城派出所(分局)治安管理大队
　商丘市公安局高速交警大队
　夏邑县公安局网监大队
　柘城县看守所
　宁陵县公安局阳驿派出所
河南省公安工作先进省辖市公安局直属派出所
　商丘市新城派出所
　商丘市古宋派出所
　商丘市建设派出所
集体一等功
　民权县公安局2013"5·24"专案组

先进个人

全国公安系统优秀教师

柳 恒

河南省先进工作者

乔志强

河南省人民满意的政法干警

王新疆 程 峰 朱家安

史保瑞 杨 涛

河南省青年岗位能手

方志国

个人二等功

徐宁波 张满堂

河南省优秀人民警察

李春峰 李家强 郭文锋

邢明雷 杨文江 吴卫亚

王彦起 杜伟杰 刘 辉

吕松涛 刘名扬 李江涛

赵会杰 黄献良 焦海征

靳济忠 张中亚 袁昌建

丁英杰 路统志 秦信怀

柳天义 任建军 万云国

吴远航 梁松波 曹艳立

朱家安 许方勇 范红敏

张显峰 张志强 蒋光辉

王友建 常存民 段海洋

孟庆功 南志河 石旺立

王向东

（张兆东）

检 察

曹忠良

【检察工作概况】 2014年，全市检察机关在人大有力监督和政府、政协及社会各界的大力支持下，以服务承接产业转移示范市建设为统揽，进一步强化法律监督、强化自身监督、强化队伍建设，各项检察工作取得新进展。

商丘市人民检察院领导成员

检察长、党组书记：曹忠良

副检察长：徐 枫 郭建国 宣保安 袁克海 王兴亚

纪检组长：吴 阳

政治部主任：闫富强

【刑事检察】 一是依法打击危害群众安全的严重刑事犯罪。认真履行审查逮捕、审查起诉职能，共批准逮捕各类刑事犯罪嫌疑人2622人，提起公诉3959人。突出打击重点，与公安、法院密切配合，依法从重从快打击危害群众生命财产安全的犯罪，共批准逮捕严重暴力犯罪、黑恶势力犯罪、多发性侵财犯罪嫌疑人1278人，提起公诉1467人，增强群众安全感。依法批捕起诉夏邑县王某某性侵多名“空巢老人”案，山东蓝翔技工学校多人“跨省打人”故意伤害案，涉案达1.55亿元的虞城县杨某某等21人特大销售假药、非法经营案。二是加大未成年人司法保护力度。全面推行分案起诉、合适成年人到场、犯罪记录封存等办理未成年人犯罪案件机制，加强对涉罪未成年人权益的特殊保护。共对轻微刑事犯罪的76名未成年人作出不批捕决定，对18人作出不起诉决定，对29人作出附条件不起诉决定，对87人实施犯罪档案封存。协调关工委、教育局、学校等方面共同建立帮教网络；成立“送法进校园”法制宣讲团，到全市40余所学校宣讲，受教育人数达10万余人次，并根据省检察院指派，到全省6个地市开展巡回宣讲。梁园区检察院探索的涉罪未成年人“阳光帮教基地”做法，入选最高人民检察院集中宣传报道活动。三是严防冤假错案发生。坚持打击犯罪与保障人权并重，对不构成犯罪或事实不清、证据不足的，依法决定不批捕935人，不起诉368人。严把案件事实关、证据关、程序关和法律适用关，恪守罪刑法定、非法证据排除、疑罪从无等原则，依法对11人因证据不足、事实不清，作出存疑不起诉决定。健全检察环节错案发现、纠正、防范机制，实行瑕疵案件通报、评查制度，推行办案质量终身负责制，坚守防止冤假错案底线。

【查办和预防职务犯罪】 一是保持惩治腐败高压态势。坚持有腐必惩、有贪必肃，严查贪污贿赂、渎职侵权职务犯罪案件。共立案侦查职务犯罪169件310人，其中涉嫌贪污贿赂犯罪117件196人，同比分别上升11.4%和33.3%，贪污贿赂5万元以上、挪用公款10万元以上大案111件，内有厅级干部1人，县处级干部5人；涉嫌渎职侵权犯罪52件114人，同比分别上升15.6%和28.1%，重特大案件39件，县处级干部1人。通过办案为国家挽回直接经济损失5000余万元。根据省检察院指定管辖，市检察院立案查处河南省人大常委会财经委员会原主任委员刘某某（正厅级）受贿1700余万元案，河南省电力公司安全监察部主任程某某（正处级）受贿90余万元案、招标处处长宋某伙同他人共同受贿2800余万元案；直接立案查处永城市私营车主服药自杀事件中7名公路执法人员滥用职权案、给国家造成2000余万元损失的商丘市商郑公司刘某某等3人徇私舞弊低价出售国有资产案。二是注重办案质量和效果。开展专项查案行动，在全市检察机关开展查办房地产税费征管等领域贪污贿赂犯罪专项行动，共立案查处以上犯罪65人。开展查办行贿犯罪专项行动和追逃追赃专项行动，立案侦查涉嫌行贿犯罪14人，抓获潜逃职务犯罪嫌疑人7人。加强侦查信息化和装备现代化建设，发挥侦捕诉技警举一体化办案机制作用，增强发现犯罪、取证固证、侦破案件能力，减少干扰阻力，提高办案质量和效率。市检察院办理的开封市原市长周某某重大受贿案被最高人民检察院评为精品案件。三是推进职务犯罪预防工作。对郑徐高铁商丘段、商丘古城棚户区改造、市商务中心区等41个重点工程项目开展专项预防139次；抓住突出问题开展预防调查42次，结合所办案件提出预防建议71件，提供行贿犯罪档案查询8400余次，建议取消16个污点单位的市场准入资格。组建预防职务犯罪宣讲团到党政机关、企事业单位举办专题法制讲座30余场；制作的预防职务犯罪微电影《挣扎》，被最高人民检察院评为优秀奖；2个预防调查报告被评为全省检察机关“十佳预防调查报告”，《年度惩治和预防职务犯罪情况综合报告》被市四家班子主要领导作出批示并给予充分肯定；探索预防约谈新机制的做法在全国检察机关预防职务犯罪研讨会上作经验介绍。与市纪委联合建成新预防职务犯罪警示教育基地,组织全市1109名副处级以上领导干部到基地接受廉政警示教育,有力促进反腐倡廉惩防一体化建设。

【诉讼监督】 一是依法加强刑事诉讼监督。强化刑事立案监督,对应当立案而未立案的监督公安机关立案16件,对不应当立案而立案的监督撤案19件;注重行政执法与刑事司法衔接工作,监督行政执法机关移送涉嫌犯罪67件。强化侦查活动监督,追加逮捕犯罪嫌疑人49人,追加起诉被告人150人。强化刑事审判监督,对认为确有错误的刑事裁判,依法提出抗诉19件,法院已改判12件,发回重审2件。由睢县检察院提起抗诉、市检察院支持抗诉的司某某抢劫一案,被告人刑期由一审判处有期徒刑10年被二审依法改判为有期徒刑1年6个月。二是依法加强民事行政诉讼监督。加强和规范对民事诉讼、行政诉讼活动的法律监督,对认为确有错误的生效民事行政裁判依法提出抗诉14件,对认为裁判正确的,依法作出不支持监督申请决定69件,维护司法权威;对民事审判执行活动中的违法情形提出检察建议53件。对虚假诉讼案件加大监督力度,依法对8件非法转让国有资产虚假调解案件提出抗诉,法院已改判6件,裁定再审2件。三是依法加强刑罚执行和监管活动监督。针对群众反映强烈的有权人、有钱人被判刑后减刑快、假释和暂予监外执行比例高、实际服刑期限短等问题,开展专项监督,依法监督纠正减刑、假释、暂予监外执行不当32件,依法监督重新收监执行3人。注重保障被羁押人员合法权益,监督纠正刑罚执行和监管活动中的违法情形79件。加强社区矫正法律监督,纠正脱管、漏管116件,促进社区服刑人员教育转化,保障刑罚依法正确执行。

【控告申诉检察】 依法妥处涉检信访,有效化解涉检信访案件122件,检察日报头版头条对该做法进行报道,市检察院在全省检察长会议上作经验介绍。在全市9个基层检察院设立"流动检察室",深入乡村、集市和偏僻边远地区,开展法制宣传,化解社会矛盾,参与社会治理,实现服务群众"零距离"。全年全市"流动检察室"先后走访行政村240个,接访群众659人次,受理群众控告申诉举报62件,排查化解矛盾纠纷31件,帮教缓刑、假释、暂予监外执行人员1258人次。商丘设立"流动检察室"的做法被省委办公厅进行转发,《河南法制报》《商丘日报》头版头条进行报道,省委常委、政法委书记刘满仓称赞此举是"建在老百姓家门口的检察院"。

【服务民生】 一是着力促进经济平稳较快发展。突出打击严重破坏市场经济秩序犯罪,依法批准逮捕涉嫌金融诈骗、非法经营、强迫交易等犯罪113件175人,提起公诉278件379人。深入推进治理商业贿赂工作,查办涉嫌商业贿赂犯罪国家工作人员60人。加大对侵吞国家专项资金、危害惠民政策案件的查处力度,开展查办淘汰落后产能专项资金领域和农业政策性保险领域渎职犯罪专项行动,查处以上犯罪30人,确保政府投资安全。二是把服务产业集聚区建设作为服务经济发展的着力点,不断明确服务思路,完善服务措施。在宁陵县产业集聚区召开全市检察机关服务产业集聚区发展座谈会,探索在产业集聚区建立检察工作站、在重点企业设立服务联络员制度,实行领导干部联系帮扶企业、"一对一"检企联系人制度,开展"送法进企业"活动,为企业提供及时有效的法律服务。依法打击危害产业集聚区发展的刑事犯罪,共批准逮捕此类刑事犯罪61人、提起公诉55人,查办涉企职务犯罪28人,办理投资纠纷中的民事行政申诉案件11件。三是着力保障民生。围绕舌尖上的安全,加大对危害食品药品安全类犯罪打击力度,共批准逮捕销售"病死肉""地沟油""假药品"等犯罪187人,提起公诉286人。对社会高度关注的商丘市"5·24"特大病死肉案12名犯罪嫌疑人依法快捕快诉,两名犯罪嫌疑人被判处无期徒刑。保障民生民利,依法打击集资诈骗、非法吸收公众存款等涉众型犯罪,批捕57人,起诉12人。积极查办发生在群众身边、损害群众利益的职务犯罪案件,在全市开展查处医药购销领域贪污贿赂犯罪专项行动,立案查处56人。查处的某人民医院骨科10余名医生共同受贿窝案串案,涉案金200余万元。

商丘市检察系统荣获奖项

先进单位

全国文明单位
　商丘市检察院
全国检察机关文明接待室
　商丘市检察院
全国检察机关反贪部门精品案件
　商丘市检察院反贪局
河南省查办职务犯罪工作先进基层检察院
　民权县检察院
　夏邑县检察院
　梁园区检察院
河南省"五一"劳动奖状
　商丘市检察院反渎局
第七届河南省"青少年维权岗"
　商丘市检察院未检处
商丘市委理论学习"红旗中心组"
　商丘市检察院
商丘市"三八"红旗集体
　商丘市检察院未检处
河南省检察宣传工作先进单位
　永城市检察院
　夏邑县检察院
　梁园区检察院
　睢阳区检察院

先进个人

河南省检察机关文明检察官
　王凡志
河南省"人民满意的政法干警"
　张亚茹　张　翔　王凡志
河南省民事行政检察业务能手
　荣　超
河南省民事行政检察优秀办案人
　樊丽利
河南省检察财务报表编报工作先进个人
　王　祥
河南省刑事申诉业务标兵
　赵　东
河南省刑事申诉业务能手
　张国杰
河南省检察机关预防素能比武银牌标兵
　郭超亭
河南省检察机关预防素能比武优

秀标兵

毛志勇 张光亭 李云军

商丘市最美政法干警

袁广业 孔令钱

沈艳丽 李 静

商丘市优秀党务工作者

王家飞

商丘市青年五四奖章

张 宇

商丘市杰出青年卫士

范 飞

商丘市"巾帼建功"标兵

贺洪丽

个人二等功

汪守哲

（曹 珏 王纪军）

审 判

孙同占

【法院工作概况】 2014年，全市法院围绕全市工作大局，始终坚持"瞄准一个目标、突出三项工作、打造五型法院"（瞄准争创全国一流法院工作目标、突出审判管理、改进作风、提升能力三项工作，打造服务型、规范型、廉洁型、务实型、学习型法院"三五"总体思路。）工作思路，坚持司法为民、公正司法，各项工作取得新进展。全年审、执结各类案件38833件，同比增长15.9%。其中，中院审、执结5120件，同比增长8.3%。

商丘市中级人民法院领导成员

党组书记、院长：孙同占

党组副书记、常务副院长：杜建华

副　院　长：赵新民　栾立学

崔海林

党组副书记：袁功景

政治部主任：王养庆

机关党委书记：张孝勇

审判委员会专职委员：彭灵爽（女）

纪检组长：林运升

执行局局长：曹秋丽（女）

【社会服务】 一是全力维护社会稳定。审结各类刑事案件5216件。依法维护社会治安秩序，审结杀人、抢劫等严重暴力犯罪和盗窃、抢夺等多发性侵财犯罪案件1916件，判处2302人；审结贪污、受贿、挪用公款等职务犯罪案件209件，判处363人；积极规范市场经济秩序，审结非法集资、合同诈骗等破坏市场经济秩序犯罪案件147件，涉案金额11.8亿元，判处189人；严厉打击危害食品、药品安全犯罪，审结案件497件，判处614人；保持对"醉驾"犯罪的打击力度，审结案件457件，判处457人。规范减刑、假释、暂予监外执行案件办理，严把程序关、实体关，对不符合法定条件的66名罪犯裁定不予减刑、假释，15名暂予监外执行的罪犯重新收监。二是积极促进经济发展。依法平等保护当事人合法权益，审结各类民事案件26750件。审结婚姻家庭、损害赔偿等传统民事案件13636件，促进和谐稳定；审结买卖合同、房地产开发等案件2358件，推动公平交易；审结各类金融案件561件，标的5.47亿元，维护金融秩序。依法解决行政争议，审结各类行政案件612件，对县级以上人民政府为被告的案件，实行异地管辖，推动依法行政。全力护航高铁建设，制定服务郑徐高铁商丘段建设工作方案，成立领导小组，抽调业务骨干组成合议庭，依法、快速、妥善处理高铁建设中土地征收、劳动争议等民事、行政争议，审结相关案件198件，保障工程顺利推进。三是强力破解执行难题。强化执行指挥中心建设，建立"四统一"管理模式，中院对全市法院执行工作统一标准、统一措施、统一协调、统一指挥，提高执行到位率，执结各类案件6255件，标的6.2亿元；强化执行信息化建设，会同住建、国土、工商、金融等部门建立网络执行查控机制，网上查询被执行人信息1.6万余条、5.7亿元；强化对失信被执行人惩戒力度，26人被限制出境，322人被司法拘留，122人被移送公安机关立案侦查，18人被追究刑事责任。756名"老赖"纳入失信"黑名单"。强化网络司法拍卖工作，以电子竞价方式取代传统拍卖，实现阳光拍卖、零佣金拍卖，拍卖成交8241万元，为当事人节约佣金412万元。民权县法院网上成功拍卖492只小尾寒羊，填补全省鲜活农产品网拍空白，入选河南司法网络拍卖十大经典案例。

【司法便民】 一是全力抓好民生案件审判。开展拖欠农民工工资案件集中办理活动，深入建筑工地、厂矿企业，提供法律咨询1300余人次，发放维权手册、便民联系卡1.5万余份，办结拖欠农民工工资案件1204件，为2336名农民工追回劳动报酬3631.5万元；开展保护"三留守"人员合法权益活动，组建19个"三留守"人员维权合议庭，开辟绿色通道，审、执结相关案件3398件；开展"关爱留守儿童，城乡孩子手拉手"活动，联合市教体局、团市委等八家单位，倡议全市2000余个城镇家庭与农村留守儿童家庭结对，让留守儿童感受到温暖关爱；开展"送法进军营"活动，组建涉军合议庭10个，化解涉军纠纷108件，维护军人军属合法权益。二是全面落实司法便民举措。两级法院全部建成集立案信访、诉讼引导、查询咨询等多功能于一体的诉讼服务中心，开展文明执法活动，按照市委政法委的统一部署，公开12项服务承诺，回应群众关切，解决群众诉求；开展"让当事人把话说完"活动，让当事人充分陈述事实、表达观点，尊重和维护当事人的诉讼权利；努力降低当事人的诉讼成本，在保证案件质量前提下，依法适用简易和小额诉讼程序审理案件12542件，让诉讼更快捷、更经济；加大司法帮扶力度，向特困刑事被害人、执行申请人发放司法救助金177万元，为368名特困当事人缓、减、免诉讼费384.5万元；对全市50个基层人民法庭持续进行"两评查"，打造便捷高效服务平台，宁陵县法院张弓人民法庭"四级调解"模式、虞城县法院"五小"法庭建设经验被省高院推广。三是认真解决涉诉信访问题。贯彻"六个认真"（认真接访、认真走访、认真排查、认真化解、认真稳控、认真追责）工作要求，接待来访群众2713人次；推进涉诉信访机制改革，依法规范信访秩序，引导当事人尊法、守法，妥善处理各类信访案件

1月6日,农民工工资执行款集中发放现场

1129件;强化"领导包案、领导负责、领导问责"责任制,两级法院党组成员带头化解疑难信访案件168件;在全市法院开展集中清理涉诉信访积案活动,对2013年以来的182件进京、赴省访案件集中办理,有效遏制涉诉信访高发势头,涉诉信访同比下降10.3%。中院涉诉信访工作在全省法院绩效考核中名列第一。

【司法审判】 一是强化案件管理。以提升审判质量、效率为目标,实行"全员、全程、全面"的精细化管理。狠抓源头治理,严格落实电脑随机分案,严防法官挑选案件、当事人挑选法官;强化质效评估,坚持重点数据每天提醒,办案情况每月通报,案件质效季度分析,实现对所有办案环节的动态、实时监控;加强审限管理,对卷宗移送、鉴定评估、中止审理等环节的隐性超审限案件进行专项整治,案件平均审理周期同比缩短25天;强化案件评查,开展"重点案件和重点人员办理案件"集中评查活动,针对评查出的问题,制定规范量刑、涉案款物管理、简易程序适用等规章制度,倒逼法官规范司法行为,提升审判质效。二是深化司法公开。推进审判流程公开、裁判文书公开、执行信息公开三大平台建设,构建开放、动态、透明、便民的阳光司法机制;实施"三同步、两公开"庭审方式,对重大、疑难案件庭审,同步录音录像、同步记录、同步显示庭审笔录,公开展示证据、公开展示法律法规,网络视频直播案件3246件;深入推行裁判文书上网,除法律规定不宜公开的,全部上网公布,接受群众评判,公开裁判文书13431份;打造微博、微信、微视"三微一体"平台,让沟通更顺畅,让监督更便捷。至年底,三微平台粉丝达26万人,总访问量突破716万人次。三是规范绩效考核。完善两级法院绩效考核办法,取消不合理考核指标,对两级法院队伍建设、审判管理、司法政务工作情况,对每名法官作风纪律、案件质效等重点指标,月分析、季讲评、年终全员述职,工作作风虚实、司法能力高低、审判质效好坏,均由考核数据说话。审判流程有效引导,质效评估防错纠偏,绩效考核奖优罚劣,开创全市法院办案效率、服判息诉率、结案均衡度大幅提高,案件申诉率、再审率、改判发回率显著下降的新局面。在省高院通报的16项审判质效考核指标中,中院有13项位居全省第一。

商丘市法院系统荣获奖项

先进单位

全国法院司法行政工作先进集体
　商丘中院司法行政装备管理处
全国法院少年法庭工作先进集体
　商丘中院少年庭
全国法院党政机关执行人民法院生效裁判专项积案清理工作先进集体
　商丘市中院执行局
全国法院人民法庭工作先进集体
　梁园区法院双八人民法庭
河南省法院绩效考核优秀中院
　商丘中院
河南省法院党风廉政建设先进中院
　商丘中院
河南省法院网络司法拍卖工作成效好中院
　商丘市中院
河南省法院拖欠农民工工资案件办理工作成效突出中院
　商丘市中院
河南省法院减刑假释工作先进中院
　商丘市中院
河南省优秀基层法院
　民权县法院
　虞城县法院
　柘城县法院
河南省法院主要工作成绩良好基层法院
　宁陵县法院
　睢阳区法院
　睢县法院
河南省法院审判质效优秀基层法院
　民权县法院
　虞城县法院
河南省法院"保护农村留守妇女儿童老人合法权益"专项活动先进集体
　民权县法院
河南省法院社会法庭工作先进单位
　民权县法院
河南省法院优秀人民法庭
　宁陵县法院张弓人民法庭
河南省法院人民法庭先进集体
　梁园区法院双八人民法庭
　虞城县法院利民人民法庭
河南省法院通联工作突出基层法院
　睢县法院
　宁陵县法院
河南省五好基层关工委
　商丘中院老干部处
河南省法院调研工作突出基层法院
　宁陵县法院
　睢县法院
河南省法院案例工作先进中级法院
　商丘中院
河南省法院案例工作先进基层法院
　睢县法院

夏邑县法院
宁陵县法院
河南省法院网络阅评工作成绩突出先进单位
商丘中院宣传教育处
河南省法院网络阅评工作先进基层法院
睢阳区法院
宁陵县法院
夏邑县法院
河南省法院党风廉政建设先进基层法院
睢阳区法院
夏邑县法院
河南省“法官送法进军营”活动先进单位
梁园区法院
河南省法院行政审判工作先进集体
商丘中院
梁园区法院
永城市法院
睢县法院
河南省人民满意的政法单位
梁园区法院
河南省信息工作突出中级法院
商丘市中院
河南省信息工作突出基层法院
梁园区法院
睢阳区法院
永城市法院
夏邑县法院
虞城县法院
柘城县法院
民权县法院
睢县法院
宁陵县法院
中院民一庭
中院立案二庭
中院审监庭
中院民二庭

先进个人

全国优秀法官
张　倩
河南省人民满意政法干警
张晓华　张　涛　梁锦学
河南省模范军转干部
董红军
河南省法院人民法庭先进个人
田　蕾　张　涛
河南省“法官送法进军营”活动先进个人
文志林
河南省法院行政审判工作先进个人
朱利民　苏永昌　李宏伟
河南省法院“保护农村留守妇女儿童老人合法权益”专项活动先进个人
周克风　冀　辉
河南省法院优秀社会法官
尚延信
河南省法院通联工作优秀个人
梁锦学　苗合理
河南省法院调研工作突出个人
许玉霞　梁锦学
河南省法院案例工作突出个人
许玉霞　梁锦学　苗合理
河南省法院网络阅评工作突出贡献个人
李　森
河南省法院网络阅评工作先进个人
彭媛媛　王红艳
苗合理　李若源
河南省法院信息工作先进个人
苗　萌　孙卫华　苗合理
张玉钦　贾成宇　张付于
个人三等功
张学朋　王　锋　刘德慧
王　智　闫文超　耿孝军
孟秋兰　丁　旭　石风勤
李安生　潘　磊　张　培
赵婧琦　刘　波　韩　磊
彭秋丽　李献民　牛艳辉
杨　勇　党　英　王一丁
胡　鹏　皇永超　贺德威
李　涛　徐书磊　付　艳
李志军　朱　萍　焦文彦

（闫文超）

司法行政

翟允民

【司法行政工作概况】　2014年，市司法局围绕全市大局和中心工作，扎实开展群众路线教育实践活动，全面履行各项工作职责，为建设中原经济区承接产业转移示范市作出积极贡献。

商丘市司法局领导成员

党组书记、局长：翟允民
党组副书记、副局长：薛晓欣
副　局　长：户念语　余　锐（女）
王龄厂　刘家勋
纪 检 组 长：刘全兴
政治部主任：丁欲晓（女）

【监狱劳教工作】　2014年，市监狱严格落实监管制度，及时修缮更新监管设施，查处整改安全隐患，有效堵塞监管漏洞；深入推进狱务公开，认真开展刑罚执行专项整治活动，促进执法公正；着力强化武装看守，做到站岗一分钟、警惕六十秒；开展罪犯职业技能教育和监区文化建设，调动罪犯改造积极性。7月，全省市属监狱长现场观摩会在商丘举行。原市劳教所积极应对转型，在强制隔离戒毒项目及时上报的基础上，配齐监管工作需要的各项设施，为收治戒毒人员创造条件；组织开展体能、队列和擒敌等多种培训，增强干警的身体素质和专业技能。

【普法依法治理工作】　2014年，市司法局大力宣传与经济社会发展、维护社会和谐稳定、保障改善民生密切相关的法律法规。重点开展青少年法治教育巡展、“12·4”国家宪法日系列宣传等大型主题宣传活动。组织刷写农村法治宣传标语2000余条，通过“送法下乡”等活动发放农村法治宣传资料1万余份，提高广大农民学法用法自觉性和主动性。组织全市3万余名干部职工参加法律知识竞赛、市直200余名普法骨干参加普法骨干培训、全市1万余名领导干部、公务员、企事业人员参加无纸化考试，提高领导干部和国家工作人员利用法治思维和法治方式思考问题、解决问题的意识和能力。开展法治阵地建设，建成法治文化公园、广场、街区、长廊等24处，法治宣传栏3500余个，营造全民尊法学法守法用法的良好氛围。针对社会热点难点问题和社会管理薄弱环节，认真履行法定职责，积极回应社会关切，组织开展安全生产、公共卫生、环境保护、食品药品安全、征地拆迁、信访、

5月,与市委组织部联合举办普法骨干培训班

土地资源管理、金融安全、社会治安、知识产权保护、妇女儿童权益保护、道路交通安全、校车安全等专项依法治理活动。

【律师管理工作】 2014年,市司法局以加强律师党建为抓手,积极组织律师开展专项法律服务,促进政府依法决策,服务产业集聚区建设,引导企业依法管理、经营、维权。在原有7个律师专项服务团的基础上成立市教育维权顾问团,为教育事业发展和师生合法权益保驾护航。全年律师担任企业法律顾问718家;为企业出具法律风险提示函307件、法律意见书805件,办理合同纠纷案件3421件。通过开展自查、考核、评定,对全市36个律师事务所落实执业方向、执业诚信、内部管理和履行会员义务情况进行严格考核,推进律师事务所规范化建设。强化律师教育培训。成立商丘市律师讲师团,对全市执业律师进行核心价值观、执业纪律、执业道德和业务技能培训。全年培训10期、900余人次。按照中国律协相关规程,通过建立题库,严格材料申报、实地考察、集中面试和网上公示程序,全程录音录像,认真组织执业人员实习考核,严把律师队伍入口关,受到省司法厅表扬。

【公证管理工作】 2014年,开展"让人民群众能感知的公信力"主体实践活动,全市公证机构全面推行六项措施服务民生。全市免费办理救灾公证86件,残疾人公证118件,老年人公证69件;上门服务68次,预约服务42件。新华网河南频道、法制网、河南政府网、《商丘日报》等多家媒体予以报道。全年组织各公证处开展2次自查,保证全市公证事业的持续健康发展。

【法律援助工作】 2014年,市司法局落实市政府十件实事,全力推进法律援助"应援尽援"工作。法律援助提质增效实现新突破,全市入选全省十大精品案件1件、优秀案件1件,军人军属精品案件3件。着力提升办案数量,优化案件结构。全市共受理法律援助案件5135件,增长率7.9%,居全省第三;办理刑事法律援助案件1018件,增长率94.3%,位居全省第一。打造商丘特色涉军法援服务体系,维护驻商部队军人军属合法权益,得到济南军区好评。规范化接待室建设,大力进行基层基础建设,夏邑县法律援助接待室受到省厅表扬。商丘市在全省法律援助工作会作典型经验发言。

【司法鉴定工作】 2014年,市司法局推进司法鉴定机构规范化建设,加强司法鉴定队伍、行风、机构、制度、科技、质量、诚信建设和执业监管,实现"零"投诉。全年共办理司法鉴定事项1600余起。

【法制仲裁工作】 认真做好年度干警执法考核备案工作,规范行政执法主体资格;开展全市司法行政执法人员业务培训,不断提升执法能力;做好人大代表建议、政协委员提案的办理。大力宣传仲裁制度,依照法定程序办理仲裁案件。全年受理各类经济纠纷仲裁案90起,办结62起。

【基层基础工作】 人民调解工作。学习推广"枫桥经验",组织矛盾纠纷大排查。全年全市共调解纠纷42453起,调解成功41874起,调成

9月4日,法律援助工作者为驻商官兵讲解法律援助制度

率达98.6%。开展人民调解组织整顿巩固和规范化建设，健全、完善乡镇（街道）、村（居）人民调解组织，积极稳妥推进行业性、专业性人民调解组织建设。全市调委会4348个，其中专业性行业性调解组织54个。社区矫正工作。严格执行社区矫正各项规章，升级社区矫正管理系统，扩大手机定位在监管中的应用，强化对社区服刑人员的监管。规范执法文书和各类工作表格及台账，提高工作效率，推进规范化建设。至年底，全市在册社区服刑人员3435人，接收社区服刑人员6289人，解除社区矫正2854人，再犯罪4人，再犯罪率0.06%，低于全省0.12%、全国0.2%的平均水平。司法所建设工作。开展业务技能提升活动，在全省率先编印《社区矫正业务知识汇编》，方便司法所日常学习使用。全市有9家司法所被命名为"河南省规范化司法所"，其中路河司法所为全省十佳规范化司法所。

【司法考试工作】 围绕试卷安全保密和严肃考风考纪，协调公安、保密等部门，重点打击替考和高科技作弊，积极为考生提供热情周到服务。通过合格分数线人数比上年增加64人，合格率为15%，受到司法部、省厅充分肯定。

【宪法日宣传活动】 组织开展"12·4"国家宪法日暨全国法治宣传日系列宣传活动。采取多种形式进行法治宣传教育。睢阳区举办"弘扬宪法精神，迎接首个国家宪法日万人签名"和"十八届四中全会巡回宣讲"活动，睢阳区老年义务普法宣传队与司法局艺术团联合开展巡回普法义演；柘城县举办首届法治书画展；夏邑县组织县老年普法协会艺术团开展巡回普法义演；睢县组织县四家领导，各乡镇、县直各部门负责人在县委、县政府大院举办宪法宣誓仪式，开展"宪法进校园"等活动，扩大法治的覆盖面和影响力。组织市直76家单位开展"弘扬宪法精神、建设法治中国"为主题的国家宪法日集中宣传活动，通过展出法治宣传展板、提供法律咨询等形式向群众普及宪法法律知识，引导群众学法用法，知法守法。采取法律知识有奖问答、猜法律谜语等方式与群众进行互动，提升宣传活动效果，增强宣传活动感染力。活动当天共展出法治宣传展板320块，设立法律咨询台108个，悬挂宣传气球、条幅110个，发放宣传资料2万余份，接待群众法律咨询2000余人次。

商丘市司法行政系统荣获奖项

先进单位

全国人民调解宣传工作先进集体
　商丘市司法局
全国模范人民调解委员会
　睢阳区古宋街道常路口村人民调解委员会
河南省廉政文化进机关示范单位
　商丘市司法局
河南省人民满意政法单位
　商丘市监狱
河南省监狱工作先进单位
　商丘市监狱
河南省指导人民调解工作先进集体
　梁园区司法局建设司法所
　睢阳区司法局勒马司法所
　夏邑县司法局
河南省优秀人民调解委员会
　梁园区东风街道人民调解委员会
　民权县城关镇人民调解委员会
　民权县王桥乡人民调解委员会
　宁陵县乔楼乡人民调解委员会
　商丘市开发区平安街道人民调解委员会
　睢县蓼堤镇龙王店社区人民调解委员会
　睢阳区古宋街道常路口人民调解委员会
　夏邑县曹集乡人民调解委员会
　夏邑县会亭镇人民调解委员会
　虞城县刘集乡人民调解委员会
　柘城县老王集乡人民调解委员会
商丘市政风行风建设先进单位
　商丘市司法局
商丘市信访维稳工作先进单位
　商丘市司法局

先进个人

全国模范人民调解员
　刘振轩　梁园区水池铺乡人民调解委员会主任
　李　军　柘城县张桥乡人民调解委员会主任
河南省最美司法所长
　马俊杰　睢县司法局尤吉屯司法所长
河南省优秀司法所长
　孙红丽　梁园区司法局观堂司法所长
河南省指导人民调解工作先进个人
　周广胜　民权县司法局基层股股长
　朱林诗　梁园区司法局李庄司法所所长
　崔　颖　睢阳区司法局文化司法所所长
　张海斌　柘城县司法局李原司法所所长
　马伟华　宁陵县司法局城关回族司法所所长
河南省优秀人民调解员
　沈明杰　秦海远　潘明利
　陈　彬　马俊杰　王自强
　马步青　刘文卿　张　涛
　陈　兵　刘殿勤

（王冰洁）

为您服务

商丘车站旅客列车时刻表(三)

下行					
车次	区间	股道	到点	开点	方向
K907/6	杭州—太原	3	2:28	2:58	往北
Z165	上海—拉萨	I	2:16 过		
K2667	苏州—临汾	7	2:47	2:51	
Z105	济南—乌鲁木齐	I	3:08 过		
Z41	上海—乌鲁木齐	I	3:15 过		
K205	青岛—成都	3	3:42	3:46	
K62/59	扬州—西安	7	3:53	4:07	南来
Z217	上海—兰州	I	4:03 过		
K329	天津—洛阳	7	4:23	4:32	北来
D307	上海—西安北	I	4:28 过		
T326/7	宁波—郑州	3	4:38	4:41	南来
K2045	沈阳北—西安	7	4:46	4:52	北来
1565	青岛—郑州	3	4:52	5:00	
K153	上海—郑州	7	4:58	5:08	
2276/7	杭州—郑州	I	5:24 过		南来
2595	杭州—郑州	7	6:01	6:07	
K1131	烟台—西安	3	6:14	6:20	
K2907/6	温州—西安	7	6:26	6:33	南来
K283	上海－成都	3	6:50	6:53	
1303	北京西—郑州	7	6:51	6:59	北来

国策实施

人口和计划生育

马同和

【人口和计划生育工作概况】 2014年，市人口计生委按照年初制定的"保稳定、强基础、求突破、创特色、争一流"工作思路，坚持以人为本，狠抓工作落实，人口和计划生育工作继续呈现良好发展态势。

商丘市人口和计划生育委员会领导成员

党组书记、主任：马同和

副 主 任：陈 文 徐怀昆 刘建华 杨云廷

纪检组长：付翠霞(女)

【稳定低生育】 2014年，做好全年人口形势预测预警分析，科学制定全市及各县(区)人口和计划生育工作目标。开展以治理党员、干部和社会公众人物违法生育、生育多孩等为重点的城镇居民、落后乡村、流动人口违法生育专项治理活动，确保全年人口工作目标顺利完成。全年全市出生人口9.88万人，人口出生率10.92‰，完成省定目标。严把领导干部执行计划生育政策情况审核关，进一步规范计划生育审核工作的程序、内容、方法、步骤，实现计划生育审核工作规范化、制度化。全市各级共审核拟提拔干部596人(次)，不合格11人；先进单位1505个，不符合条件48个；先进个人2781人(次)，不合格58人。

【优生健康检查】 全市各级均成立免费孕前优生健康检查项目工作领导小组，加强协作，落实职责，确保项目的顺利实施；各项目县(区)计生部门主要负责人担任第一责任人，形成"政府主导、部门合作、技术支撑、群众参与"的有效运行机制。市人口计生委采取多种措施，加大工作力度，加大经费投入，加强质量监控，不断扩大目标人群覆盖率，努力提高服务质量，为全市降低出生缺陷风险发生，提高出生人口素质奠定基础。全市共对40452对夫妇进行免费孕前优生健康检查，完成全年任务的89.3%，超省定目标9.3个百分点。早孕随访45550人，妊娠结局随访19852人，筛查并指导治疗有生育缺陷风险育龄群众9000余人，其中高风险人员近4000例，培训育龄群众15万余人次，跟踪随访服务率达98%。

【出生人口性别比治理】 年初，市人口计生领导小组表彰一批出生人口性别比治理先进单位，对后进单位通报批评。在计生信息平台建立住院分娩出生实名登记信息系统，逐步实现出生人口性别实时监测、统计分析和预警，探索建立跨部门出生人口信息共享平台。开展专项治理活动，集中整治B超市场、人工终止妊娠技术服务机构、终止妊娠药品市场，严厉打击"两非"行为。全面推广使用全国"两非"案件信息管理系统，实现"两非"案件的网络移缴、协办、督办、统计、查询和考核评估，以信息化手段推动"两非"案件查处区域协作，提高办案质量和效率。全年共查处性别比案件236起，其中"两非"案件66起。深入开展关爱女孩行动，充分发挥地方优势和部门优势，与国家惠民政策衔接，制定有利于计划生育家庭的奖励优待优惠政策137项，重点向农村计生女孩家庭倾斜。充分利用报纸、电视台、网站等宣传出生人口性别比失衡危害性。

【流动人口服务管理】 全力推进产业集聚区计划生育工作，各产业集聚区成立计划生育办公室，配备兼职计生工作人员，积极提供宣传、技术、优惠政策等服务，所有产业集聚区均新配备避孕药具自动发放机构。加强区域协作，及时沟通联络，解决流动人口在婚育证明办理，政策外怀孕、生育查处等方面问题。年内，市县两级签订协议书90份，两地协作案件211起。省卫计委每月对流动人口信息进行通报，商丘市成绩均位列前茅。

【计生惠民政策】 把构建针对性强、覆盖面广、含金量高的利益导向政策体系，作为人口计生工作的治本之策，全面落实计划生育惠民政策。严格按照"资格确认、资金管理、资金发放、社会监督"的程序，严把各类奖励对象资格确认关，采取"直通车"形式，及时足额发放奖励金，确保奖金兑现达100%。全市为农村46周岁～59周岁计生女孩家庭6185人落实扶助资金123.7万元；为18周岁以下独生子女父母238018人落实奖励费5712万元；为计划生育家庭118544人落实新农合补贴711.2万元；为60岁以上奖励扶助对象16977人落实扶助资金2037.2万元；为特扶对象705人落实扶助资金534.9万元；为城乡计划生育家庭26653人落实养老保险优先补贴资金594.6万元；为计划生育家庭1456

2014 年商丘市各县(市、区)总人口

单位:万人

县(市、区)	总人口	按性别分		按城乡分	
		男	女	城镇人口	乡村人口
商丘市	904.70	454.95	449.75	330.13	574.57
梁园区	81.12	41.48	39.64	40.52	40.60
睢阳区	84.79	43.97	40.82	35.42	49.37
民权县	91.13	46.42	44.71	28.22	62.91
睢　县	87.15	42.85	44.30	27.57	59.58
宁陵县	65.12	32.28	32.84	19.07	46.05
柘城县	102.36	50.01	52.35	31.64	70.72
虞城县	118.38	59.16	59.22	38.17	80.21
夏邑县	120.59	60.98	59.61	40.76	79.83
永城市	154.06	77.47	76.59	62.87	91.19

注:此表数据为 2014 年人口与城镇化抽样调查年底数据

人落实中招加分政策;为 65 户政策内双女绝育家庭落实奖励金 7.4 万元等。

【单独两孩生育证办理】 多途径开展政策宣传、政策解读和舆论引导,让单独两孩政策家喻户晓。市人口计生委与电视台制作两期专题节目在电视和市区繁华街区 LED 显示大屏滚动播放。各县(区)利用电台、电视台、门户网站等媒体广泛宣传的同时,突出重点目标人群宣传,对单独家庭摸底调查中有明确生育意向家庭,采取入户或电话告知等方式,让群众早了解、早准备、早申报,避免跑空趟。大力推行生育证办理首接负责制、承诺责任制、一次性书面告知制、全程代理代办制、网上办理等便民措施。各村(居)设代理代办点,村(居)计生专干为代办员,将申请审批表下发至村(居),群众在申请领表时,由计生专干指导填写相关内容后,根据群众需要全程代办有关事项。对特殊情况或者困难群众实行特事特办、按需服务,预约领证或送证上门。对办证过程中不作为、乱作为、乱收费、乱罚款等侵害群众利益的行为实行"零容忍",确保群众享受到优质服务。全年全市单独两孩再生育申请584 个,办证 541 个。

【人口数据质量提高】 重点开展全员人口基本信息核查和单独夫妇信息核查。抓住人口基本信息、重复人口信息处理、人口覆盖、流动人口与常住人口系统基本信息一致等重点工作,全面开展核查。按照"统一规范、归口管理、全程监控、层级督促、分级负责"原则,采用"市县监测指导、乡村核查变更"的方法,利用入户采集、服务采集和共享采集 3 种渠道,分准备自查、核查变更、总结验收三个阶段有序进行。通过核查,全市纳入管理人口个案数 7144496 人,基本信息完整准确个案 7094471 个,完整准确率 99.3%。开展单独夫妇信息核查,核查对象为女方 18 周岁 ~ 49 周岁且户籍在本乡(镇、街道)的已婚夫妇信息。全年全市需核查人数 1251467 人,录入是否独生子女项目 1223618 人,核查完成率 97.77%。

【行政执法建设】 2014 年,制定《推进服务型人口计生行政执法建设方案》,对构建服务型人口计生行政执法模式作出具体规定。深入开展基层文明执法和信访工作专项督查活动,做好信访稳定工作,市访总量同期相比下降 8.7%,县乡信访总量同期相比下降 10.8%。进一步规范计划生育审核工作的程序、内容、方法、步骤,实现计划生育审核工作规范化、制度化。

商丘市人口和计划生育委员会荣获奖项

先进单位

商丘市民主评议政风行风先进单位

商丘市先进职工之家

(吴　坤)

计生协

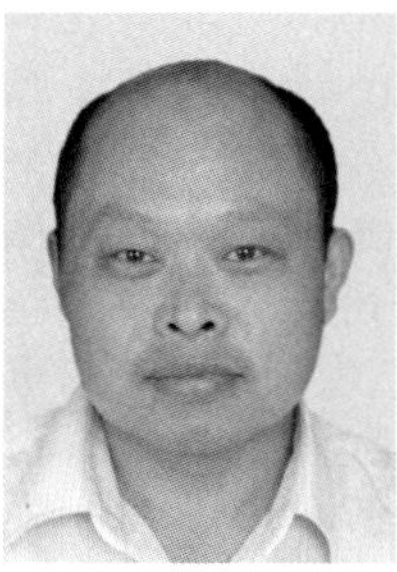

王玉栋

【计生协工作概况】 2014 年,市计生协在省计生协的指导下,在市计生委等有关部门的大力支持下,以加强基层计生协组织建设、阵地建设、项目建设、作风建设为载体,以服务基层计生群众为根本,圆满完成年度工作任务。

商丘市计生协领导成员

党组书记、会长:王玉栋

副　会　长:王　岩(女)

纪检组长：卢亚平（女）

【组织建设】 2014 年，在全市村级班子换届工作中，市委、市政府要求村级组织健全计生协班子，发挥计生协会作用。全市共有村级计生协组织 3887 个，会员小组 63210 个，志愿者队伍 9396 支，会员 78 万余人，其中规范化建设合格村（居）3275 个，占总数的 84%。梁园区、柘城县计生协设立协会党组，6 个县（区）组织、人事部门下文明确各乡级计生协专职副会长或秘书长，重点解决乡、村计生协待遇问题，保证乡、村计生协工作有专人负责。全市 176 个乡（镇、街道）配齐计生协专职人员。8 月 19 日，市人口计生委、计生协联合召开全市计划生育工作暨民权县产业集聚区计生服务现场会，市委常委、副市长李思杰与会作重要讲话。各县（区）计生协积极与产业集聚区对接，扎实推进全市的产业集聚区计生协建设。

【生育关怀】 6 月 27 日，与市统计局联合开展庆“七一”关爱留守儿童活动。为市计生协关爱留守儿童基地——开发区星林小学捐赠台式电脑 6 部、笔记本电脑 4 部、电脑桌 6 张、液晶电视 1 台、乒乓球桌 2 张和 300 余套图书。年内，市计生协先后为该校留守儿童爱心捐款 1.21 万元，发放 5600 余元的爱心书包、文具等学习用品；与市社科联一起为梁园区张阁镇敬老院老人带去 3000 余元慰问品，邀请商丘圣立医院的专家和医护人员免费为老人量血压、测血糖、做心电图等服务。依托“幸福家庭”创建，扩大“生育关怀”服务面。先后在商丘师大・小剑桥、星林小学建立 2 个示范点，关爱困难留守儿童 56 名。倡导各县（区）结合本地实际特点，开展各具特色的关爱儿童活动。至年底，全市已建立关爱留守儿童示范点 17 个，建立关爱留守儿童档案 1261 个，663 名困难留守儿童得到生活关爱，490 名得到学习和心理帮助。2 月初，国家卫计委下设的中国人口福利基金会开展“幸福微笑”婴幼儿营养补充项目，经市计生协积极争取，在全省仅有 3 县获批情况下，商丘的宁陵县、夏邑县获此项目。市计生协在村级计生协申报，县、乡计生调查摸底，市计生协审核的基础上，最终确认两县符合救助条件的贫困计生协家庭 1234 户，共免费向其发放营养奶粉 2101 箱，价值 251 万元，受益 5000 余人。商丘首家省计生协“生育关怀”示范基地在宁陵县逻岗镇铁林村建成后，市计生协在全市各县（区）推广。睢县计生协在董店乡闫庄村建立金银花种植基地，占地 133.33 公顷；尚屯镇付庄村成立专业养牛基地，集中养牛 300 余头，分散养殖 200 余头。至年底，全市已开展“生育关怀”活动 96 次，筹措生育关怀资金 385 万余元，发放“生育关怀”抚慰金 10.8 万元，参与计生保险 20.89 万元，创建“生育关怀”基地 24 个（含 17 个关爱留守儿童示范点），“生育关怀”行动受益 10 万余人。

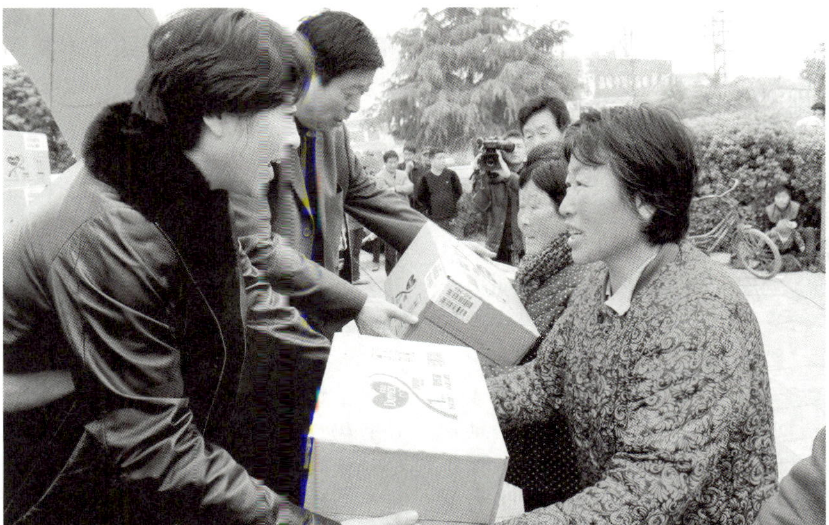

3 月 25 日，商丘市计生协党组纪检书记卢亚平为夏邑县计划生育家庭发放奶粉

【宣传服务】 一是与商丘日报社联合开展专题宣传。“5・29”宣传活动月，市计生协在《商丘日报》头版进行专题报道。展示计生协组织建设、阵地建设、为民服务、“生育关怀”项目建设、节日慰问等 7 项工作，在市、县（区）产生强有力的社会影响。二是充分发挥各自优势，不断丰富宣传形式。各县（区）计生协利用重大节日、宣传活动月、经常性服务活动等时机，采取文艺演出、有奖知识问答、联欢会、咨询台、发放宣传单等形式，举行丰富多彩的宣传活动。梁园区广源社区计生协在中秋节举行“花好月圆”中秋联欢会；柘城县、梁园区计生协分别组织戏曲文艺宣传队演出 20 余场次，发放生殖健康和疾病预防宣传册 2 万余册。夏邑县计生协举办“5・29”大型文艺宣传活动，召开“关爱女孩，慰问独生子女家庭”座谈会，为独生子女家庭，免费发放大米、食用油等生活用品。三是组织志愿者利用“三夏”帮扶宣传。“三夏”期间，市计生协到梁园区刘口乡刘灿村进行帮扶，解决会员困难，落实有关计生奖扶政策。睢县计生协组织各乡镇计生协志愿者开展“一对一”帮扶，采取分片、包村等形式，有 24 支志愿者队伍活跃在田间地头，帮扶计生家庭 1348 户。

【群众自治】 一是落实全国基层群众自治郑州现场会精神，完善群众自治机制，要求各县（区）成立群众自治领导小组，加强这项工作的落实，保障这项工作顺利开展。把虞城县定为群众自治示范试点县，采取试点先行、调研评估、全面推进的形式抓好落实。二是倡导基层会员积极参与群众自治，提高会员监督意识。村级计生协开展群众自治工作，提高会员和群众参与的积极性和主动性。睢阳区宋城街道许楼村作为拆迁村，会员群众发挥较好的监督作用，让独生子女户多分一人份安置房，使落实

4 月 14 日,观摩团在睢阳区宋城办事处许楼村查看群众自治示范点

计生政策的家庭得实惠。三是发挥村级计生协会作用,提高群众参与自治能力。民权县计生协在开展群众自治工作中,注重实际,在村级计生协开展评选表彰"十佳优秀会员、十佳勤劳致富能手,十佳好媳妇、十佳好公婆"活动,调解民事纠纷 20 余起,在社会上产生强烈反响。

商丘市计生协系统荣获奖项

先进单位

全国人口计生基层群众自治示范村(居)

夏邑县郭店乡针庙村

虞城县利民镇三里井村

梁园区白云街道清江社区

睢阳区坞墙镇牛庄村

宁陵县逻岗镇刘赵庄村

柘城县申桥乡袁东村

睢县白庙乡后杨村

民权县野岗乡孟庄村

开发区平安街道曹庄村

河南省计划生育协会宣传工作先进单位

商丘市计生协

商丘市级文明单位

商丘市计生协

(汪　建)

国土资源

梁成斌

【国土资源概况】 2014 年,全市国土资源系统按照"保发展、保红线、保权益"的总体要求,坚持"放权、增效,规范、提升、务实、创新"的工作理念,积极主动服务、严格规范管理、深化改革创新,各项工作取得积极进展,任务圆满完成。

商丘市国土资源局领导成员

党组书记、局长:梁成斌

党组副书记:聂世建

副局长:张永建　张明勇　孟祥才　冯业茂

纪检组长:韩保仓

【耕地保护】 一是严格落实耕地保护责任目标制。逐级签订耕地保护责任目标书,完成全市耕地保有量 58.24 万公顷与基本农田保护 44.99 万公顷任务。二是认真落实耕地占补平衡管理制度。全年全市共批准新增建设用地占用耕地 390.83 公顷,实际补充耕地 390.83 公顷,实现占补平衡。三是加强补充耕地项目建设,增加补充耕地储备指标。全年新上补充耕地项目 2 个,建设规模 140.54 公顷,投资 947.25 万元,拟新增耕地 136.84 公顷。验收补充耕地项目 2 个,新增耕地 108.3 公顷,产生 107.98 公顷占补平衡指标。四是认真推进高标准基本农田项目建设,提高耕地质量。全年全市安排高标准基本农田项目建设项目 10 个,建设规模达 3.48 万公顷,投资 62674.47 万元。其中,郑州航空经济综合试验区基本农田异地补划项目 4 个,规模为 3451 公顷,投资 7201.04 万元;新增费项目 6 个,规模为 3.13 万公顷,投资 55473.43 万元。全年新立项高标准基本农田项目 2 个,建设规模 9477 公顷,计划投资 18030.17 万元。

【用地保障】 全年全市经省人民政府批准征收土地 59 批次(宗)、2307.24 公顷,其中农用地 1330.99 公顷(耕地 1152.95 公顷);上报省政府征收土地 56 批次(宗)、1851.44 公顷,其中农用地 1415.321 公顷(耕地 1190.21 公顷)。保障新建郑民高速、西气东输商丘段、新奥燃气天然气门站扩建,全市产业集聚区、民生、基础设施等一批国家、省(市)重点工程和招商引资项目用地需求。全年征地率为 63%。严格执行征地区片综合地价补偿标准。要求各县(区)按照省人民政府《关于调整河南省征地区片综合地价的通知》精神要求,确保征地补偿费用在征地补偿安置方案批准之日起 3 个月内及时足额支付到位,维护被征地农民合法权益。要求各县(区)在征地报件上报市局之前,预先将征地补偿款和社会保障费用足额存入当地财政部门的征地补偿专户,做到专款专用。加强征地实施过程监管和批后核查力度。要求各县(区)在征地报批前认真做好征地告知、确认、听证和社会稳定风险评估工作,充分听取被征地群众意见,严格落实"两公告一登记"制度,征地程序进一步规范。

【土地资源】 根据上年土地变更调查数据汇总结果,商丘市(不含永城市）土地868302.15公顷，其中耕地569893.77公顷，占65.63%；园地12329.82公顷（其中可调整园地6299.7公顷），占1.42%；林地66707.93公顷（其中可调整林地12198.70公顷），占7.68%；草地16.03公顷，占0.02%；城镇村及工矿用地154075.17公顷，占17.74%；交通运输用地27723.75公顷，占3.19%；水域及水利设施用地36676.64公顷（其中可调整坑塘水面3.68公顷），占4.22%；其他土地879.04公顷，占0.1%。

【地籍管理】 一是农村集体土地确权登记发证工作取得有效成果。全面完成农村集体土地所有权确权登记发证工作，全市（不包括永城市）共完成158个乡镇、394[illegible]个行政村、21389个村民小组、69264宗地所有权地籍调查，土地802457.51公顷，完成符合土地登记条件67231宗地（774074.38公顷）所有权登记发证；农村集体土地使用权确权登记发证工作全面开展，全市完成农村宅基地地籍调查49248宗，调查2371.69公顷，完成集体建设用地地籍调查416宗，调查228.18公顷。二是按照质量与进度两手抓的要求，完成第二次土地调查成果，于4月通过省级验收。三是精心谋划，全面布置，按时完成全市上年土地变更调查工作。实现耕地占补平衡，更新土地利用数据库和基本农田数据库，确保耕地保有量和基本农田保有量稳中有增。四是认真做好日常土地登记发证工作。按照有关法律、法规、规章和规范性文件的规定，严把土地登记关口，规范土地登记程序，依法进行土地确权登记。完成市辖区土地登记482宗，其中土地证登记99宗，抵押登记87宗；注销土地登记187宗，注销抵押登记99宗，完成土地确权10宗。同时，按照省国土资源厅统一部署和方案要求，认真开展耕地后备资源调查评价工作。

【土地利用管理】 2014年，对全市国有建设用地出让组织领导、出让评估、规则制度进行探索和统一规范，形成符合商丘实际的土地价格评定机制。严把供地审核关，按照“区别对待、有保有压”原则，科学安排用地计划，切实保障民生、公共基础设施、重点工程和工业项目用地等各类项目用地需求。全年全市供应各类建设用地299宗、1361.14公顷，成交38.36亿元。其中工业用地142宗、851.78公顷，成交7.79亿元；商服用地34宗、133.1公顷，成交12.65亿元；住宅用地92宗、197公顷，成交17.92亿元，公共管理与服务31宗、179.26公顷。完善国有建设用地价格确定机制，建立市辖区国有建设用地土地评估机构库，坚持国有土地使用权“网上招拍挂”制度，完成全市辖区土地级别与基准地价更新调整及梁园区谢集镇、睢阳区宋集镇等7个建制镇的基准地价调整。

【土地收购储备】 一是年初根据土地利用总体规划、城市总体规划、土地利用年度计划，联合市财政局、中国人民银行商丘中心分行共同编制《商丘市2014年度土地储备计划》。积极协调、配合各部门完成46.63公顷土地报批工作，组织报批《商丘市第六批次城市建设用地》67.27公顷集体土地。二是对市“三改”办批准的“三改”项目采取提前介入的方式，认真做好权属调查，配合市征收办和市财政局对宋大庄、常路口、王楼、小李庄、恒信国际、盛世龙城、市供销社、温馨家园、侯庙、万能达机械厂等13个“三改”项目进行房屋信息采集。上报市政府批准收回范庄城中村项目、金泰棚户区项目的国有土地使用权。三是积极盘活存量土地，依据《土地管理法》《土地储备管理办法》等相关法律法规，报请市政府收回商丘银行17.96公顷、商丘市豫福商贸有限公司15.92公顷、商丘市富达工贸有限公司2.77公顷3宗22.32公顷国有建设用地使用权。

【矿产资源监督管理】 年内完成矿业权清理核查和商丘市引黄灌溉日月湖调蓄工程、新增国道G343（原S324）虞城至商丘一级公路改建工程、商丘民权110千伏工业园输变电工程等建设项目压覆矿产资源的审查工作；开展探矿权年检和矿产资源勘查开采安全隐患排查活动，全市持证勘查开采率、年检率、违法案件查处率均达100%。

【地质灾害防治】 年内开展地质灾害隐患排查和睢县后台乡邓庄村地裂缝应急调查。汛期期间，共发布地质灾害气象风险预警预报6次，编发手机短信200余条，全年无因地质灾害造成人员伤亡和重大经济损失。

【土地整理】 一是全年组织3次规模整治项目开工培训，并将项目开工培训作为常态化的业务培训。实施夏邑县桑堌等2个乡土地整治项目，总投资8513.13万元，建设总规模9068.74公顷。二是实施虞城县闻集乡等3个乡镇土地整治项目，第一年度资金7652.95万元，建设总规模为4460.32公顷。实施睢县蓼堤镇等2个乡镇土地整治项目，建设规模为4460.32公顷，投资7652.95万元。实施民权县、宁陵县和柘城县上年3个规模整治项目，总投资18921.84万元，建设总规模10531.43公顷，项目进入招投标阶段。三是开展郑州航空港异地补划基本农田项目7个，项目区1800余公顷，涉及资金23925万元。对全市补充耕地后备资源进行调查，全市补充耕地后备资源共5748.19公顷，其中未利用地2035.79公顷，水工建筑79.76公顷，农村集体建设用地3632.64公顷。各县（区）后备资源情况为：夏邑县764.75公顷、虞城县365.65公顷、睢阳区1833.99公顷、梁园区237.7公顷、柘城县52.64公顷、宁陵县220.39公顷、民权县1414.89公顷、睢县826.34公顷。四是进一步完善专家库信息，积极争取专家进入省级专家库。土地整理中心与财政部门共同在原有专家的基础上，积极吸收全市农田水利、道路桥涵、电力工程等专家，争取推向省级专家库。定期对全市土地整治项目进行督查，整理中心对全市各类项目现场督查、抽检80余次。

【土地执法监察】 开展异地交叉执法巡查。全市共有效制止违法案件37起，查处2起，挂牌督办10余起，挽回直接经济损失200余万元，并以市土地矿产卫片执法检查领导组办公室名义向县（区）政府和国土资源局下发整改通知,并对有关人员进行责任追究。扎实开展土地矿产卫片执法监督检查工作。按照国土资源部和省政府关于土地矿产卫片执法监督检查工作部署和要求,全市查处违法用地710宗,涉及土地168.9公顷,拆除建筑物45.86万平方米,复耕土地37.3公顷,落实党政纪处分11人,追究刑事责任2人。认真受理12336份国土资源违法举报工作。将各类国土资源违法行为发现在初始、解决在萌芽,局建立和完善16项12336规章和制度,规范12336违法线索的接听、登记、受理、缴办、核查、反馈、归档等程序。全年市局共受理12336违法线索226件,其中部、省交办78件,市局接听受理举报线索149件,全部及时反馈核查结果,及时制止和查处一批违法用地行为,化解社会矛盾。

【土地规划】 一是规划管理及调整。按照《河南省土地利用总体规划实施管理办法》要求,对宁陵县城郊乡、睢阳区古城安置区、睢阳区产业集聚区等土地利用总体规划局部调整进行上报。对古城安置用地、高铁安置用地、市集中供热、商丘植物园等民生工程、商丘市宋城路拟选址用地进行规划审查。二是用地预审。全年共对商丘市中心城区生态水系综合治理万堤河、蔡河、康林河河段项目、第六污水处理厂、第八污水处理厂等用地进行预审;对商丘——柘城天然气管道项目初审。三是建设用地征收审查工作。全年共计审查建设项目用地征收报件67批次,其中城乡挂钩试点项目征收土地审批报件27批次,报省政府批准分批次城市及乡镇建设用地报件32批次,单独选址项目7批次。四是增减挂钩申报工作。全年共上报睢县、梁园区、夏邑县、民权县、虞城县、柘城县等上报增减挂钩立项申报报件12个批次,申报建新区330.5公顷。五是新增建设用地计划指标管理工作。全年省国土资源厅共下达(含追加)商丘新增建设用地计划指标658.7公顷(其中农用地502.2公顷,农用地中耕地567.5公顷)。全年共配置新增建设用地计划23个批次,共配置计划指标664.7公顷,其中城市批次17个、乡镇批次5个、单独选址项目1个。

【土地综合整治】 一是对230个综合整治项目认真清查,按照豫土综治办〔2014〕4号文件规定对不符合文件要求和未开工建设项目,予以撤销,对规划建新面积过大,建新面积小的项目进行变更瘦身,其中已备案66个项目中59个项目,未备案140个项目,市政府全部批准的226个项目8559.66公顷,已备案项目批准占地3302.06公顷,拟瘦身后建新区895.59公顷,未备案项目批准占地5257.6公顷,拟瘦身后建新区2823.93公顷。二是完成对2012年9个省财政补助项目资金共计4272万元调整,按照省国土资源厅豫国土资发〔2014〕21号文件进行调整,其中3249.75万元调整使用于试点项目旧村拆迁补偿和旧村复垦,1022.25万元保留使用于社区基础设施建设。三是对档案进行归纳,整理,修改完善,并制定年度台账。

商丘市国土资源局荣获奖项

先进单位

河南省级文明单位

河南省国土资源系统执法监察工作先进集体

河南省国土资源系统十佳优质服务窗口

河南省测绘地理信息工作绩效特色工作创新单位

商丘市推进服务型行政执法建设先进单位

(徐 冬)

环境保护

步兴亮

【环境保护工作概况】 2014年,市环境保护局全力推进生态文明建设,不断深化改革创新,有力促进全市经济社会持续健康较快发展,较好完成各项任务,积极推进环保工作的持续、稳步发展,在保障经济发展的同时,保持全市环境质量总体平稳。

商丘市环境保护局领导成员

党组书记、局长:步兴亮

党组副书记、总工程师:吴 亚

纪检组长:刘敏军

副局长:马 凯 汪望军 苗 利

副局长、市环境监察支队支队长:曾庆国

市环境监测站站长:陈宏伟

【环境质量】 2014年,全市河流出境断面水质继续保持在较高水平,综合达标率85%。其中惠济河柘城砖桥断面、浍河夏邑业庙断面达标率100%,包河永城马桥断面和大沙河睢阳区包公庙断面达标率分别为90.9%、75%均高于省定目标值。城市集中式饮用水源地取水水质连续8年达标率100%。城区空气优良天数为280天,优良率为76.7%,居全省第二名。

【污染减排】 全年全市四项主要污染物减排量分别为:化学需氧量8000吨、氨氮800吨、氮氧化物9000吨、二氧化硫提前完成"十二五"减排5.5%的总任务。一是实施预支增量网上核准备案。全年通过网上核定新建项目639个,化学需氧量582吨、氨氮60吨、二氧化硫170吨、氮氧化物199吨,所有建设项目主要污染物排放量均按时通过网上核准备案,预支增量没有突破指标值。二是提高重点企业设施运营率。全市已建成的9家城市污水处理厂共18个基站,化学需氧量、氨氮平均达标率均为100%。三是开展机动车检测和环保标志发放。在全省率先成立机动车污染减排支队和机动车污染监控中心2个机构,开展机动车检测和环保标志发放工作,并通过环保部机动车环保检验合格标志核发系统认可。全年发放机动车环保检测标志22.42万辆,新车注册和转入核发环保标志6.2万辆,标志核发率98%。四是健全污染减排监测体系。建立污染源自动监控数据传输系统,全市13家国、省控重点企业自动监

控数据传输有效率达95%以上，企业自行监测结果公布率达99.06%以上；监督性监测结果公布率达100%。

【蓝天工程】 一是建立健全工作机制。建立由市委常委、常务副市长史根治为总召集人的大气污染防治联席会议制度；组织召开成员单位大气污染联席会议；制定《商丘市大气重污染应急预案》《商丘市蓝天工程行动计划》及实施方案、重点工作部门分工方案、考核办法等相关文件。二是淘汰黄标车老旧车。印发《商丘市淘汰黄标车老旧车工作方案》。淘汰黄标车2.92万辆，超额完成省定2.15万辆目标值，建成机动车检测线16条。三是强化重点工程建设。国电民权发电有限公司总投资3.2亿元的2台60万千瓦燃煤机组锅炉烟尘提标改造、脱硫增容和烟气脱硝治理工程通过省环保厅验收。四是推进油气治理回收工作。制定《商丘市油气回收综合治理工作方案》。首批51座城区加油站和1座油库油气回收改造工程基本完成。五是加大锅炉拆改工作。市政府划定高污染燃料禁行区。完成省定15台建成区集中供热、供气覆盖范围内10蒸吨/小时及以下燃煤锅炉拆除或清洁能源改造工作。六是强化餐饮油烟治理工作。市(区)39家单位15台茶炉和145个灶口中，有27家单位5台茶炉和114个灶口完成清洁能源改造，完成率78.6%。

【碧水工程】 一是印发《2014年度商丘市碧水工程工作计划》《商丘市集中式饮用水源地突发污染事件应急预案》。二是狠抓污水处理厂减排工程。建成夏邑县第二污水处理厂日处理2万吨、梁园区产业集聚区污水处理厂日处理2万吨、虞城县污水处理厂日处理3万吨扩建工程。完成民权县第一污水处理厂脱氮除磷、宁陵县污水处理厂提标改造项目；虞城县污水处理厂升级改造工程正在建设。完成宁陵县兴农养殖小区污染综合防治项目，关闭民权县碧天养殖小区。三是涉重金属污染防治。全市消减重金属总铬1.2吨，消减率38.21%，超额完成省定10%目标。

【乡村清洁工程】 2014年，印发《商丘市整洁村镇·美丽商丘实施方案》，采取“以奖促治”和“以奖代补”政策，不断深化农村环境连片综合整治。开展以农村生活污水、生活垃圾、畜禽养殖粪便等农村面源污染治理为重点的环境综合整治工作，指导各县(区)落实示范整治项目。完成流域内5个水污染畜禽养殖治理项目。按照集中筛选、逐一验收、重点命名的方式，加强对创建工作的指导，全年创建3个省级生态乡(镇)、12个省级生态村，落实生态创建“以奖代补”资金102万元，编制5个生态县环境规划，8个生态乡镇环境规划通过省厅专家评审。

【环境执法】 2014年，按照“责任到人、一企一档”管理模式，完成辖区内主体网格、单元网格的划分和责任目标确定工作，做到日常监管不留盲区、隐患排查不留死角。全年累计出动环境执法人员1073人次，检查企业786家次，查处纠正环境违法行为241起，实施挂牌督办企业1家，下发监察通知173起，关停取缔企业61家。

【环境安全】 一是全年未发生环境污染事故。妥善处置“2·22”扬州宁达贵金属有限公司非法倾倒电镀污泥事件，4月29日通过环保厅验收，未造成土壤、地表水、地下水污染，周边群众生产生活秩序正常；集中安全处置医疗废物2319吨。审批办理转移联单63份，安全转移处置危险废物2152.52吨，有效消除环境安全隐患。二是全年未发生因环保问题引起群体性信访事件。全年共办理群众来信来访及污染举报投诉案件1123件，全部按时办结。积极开展平安创建活动，严格执行决策事项稳定风险评估制度，积极化解各类矛盾，有效维护社会稳定。三是实现辐射事故零发生率。全市19家涉源单位93枚放射源安全防护与运行正常。对虞城三力钢带制品有限公司、商丘振华医院等12家涉源单位存在问题进行整改，消除事故隐患。河南亚东量具有限公司等5家单位申请转入放射源21枚，已转入18枚进行备案。夏邑县中医院产生1枚废旧钴－60(Ⅰ类)放射源，由成都中核高通同位素股份有限公司收储，全市废源安全收贮率100%，无私自转移转让放射源违法行为。完成6个核技术应用项目、6个110千伏输变电工程项目审批，4个110千伏输变电工程项目竣工环保验收工作；协助省厅完成6个220千伏输变电工程项目、中国联通商丘分公司和中国移动商丘分公司1409座移动基站建设项目环境影响评价报告书审查和1197座基站竣工环保验收工作。

商丘市环境保护局荣获奖项

先进单位

河南省政府环保责任目标考核优秀单位

河南省环保系统责任目标考核优秀单位

河南省蓝天工程行动计划考核优秀单位

(常海兵)

为您服务

商丘车站旅客列车时刻表(四)

上行					
车次	区间	股道	到点	开点	方向
T370	广州—大连	4	8:09	8:15	往北
K126	西安—长春	6	8:18	8:24	往北
K1160	广州—烟台	4	8:26	8:33	
1554	太原—连云港东	4	8:43	8:52	
T206	伊宁—上海	Ⅱ	8:48 过		
K132/3	兰州—深圳西	6	9:05	9:09	往南
K16	重庆北—济南	4	9:13	9:17	
1304	郑州—北京西	6	10:01	10:29	往北
D294	郑州—上海虹桥	4	10:32	10:34	
K1240/37	郑州—温州	6	14:55	14:58	往南
K742/3	郑州—厦门	Ⅱ	15:14 过		往南
D274	郑州—杭州东	4	15:27	15:29	
K8002	洛阳—商丘	3	15:47 终到		
D284	郑州—上海虹桥	4	15:53	15:55	
K1352	乌鲁木齐南—连云港东	6	16:23	16:27	
D288	郑州—上海虹桥	4	16:38	16:40	
K7958	新乡—商丘	5	17:18 终到		
1503/2	北京—连云港东	3	17:56	18:20	北来
K926	郑州—哈尔滨	6	18:06	18:12	往北
K716	郑州—大连	4	18:17	18:32	往北
K32/29	洛阳—福州	Ⅱ	18:27 过		往南
Z274	西宁－青岛	6	18:45	18:50	
D258	郑州—济南西	4	18:59	19:01	
Z168	广州东—青岛	4	19:09	19:12	
K905/8	太原—杭州	6	19:22	19:42	北来
K378	西宁—上海	6	19:56	20:00	
K292	成都—上海	4	20:02	20:06	
K362	银川—上海	4	20:21	20:26	

经济管理

【经济管理综述】 2014年，全市认真落实中央、省一系列稳增长、调结构、促改革、惠民生的政策措施，坚持做好产业集聚区、新型城镇化、招商引资、项目建设等重点工作，不断强化经济运行监测协调，着力破解经济发展瓶颈制约，经济保持平稳增长，社会保持和谐稳定。全市生产总值1697.6亿元，比上年增长9.2%。规模以上工业增加值增长11.6%，固定资产投资增长19.5%，社会消费品零售总额增长13.6%，一般公共预算收入增长17.4%，进出口总额增长35.3%，人口自然增长率、城镇登记失业率、节能减排等完成预定目标。

一、产业结构不断优化。针对产业结构突出问题，重点在稳固农业的基础上，大力发展工业和现代服务业，提高经济发展的质量和效益。三次产业结构为22.1∶43.3∶34.6，第三产业比重较上年提高0.6个百分点。重点实施一大批工业结构调整项目、高技术产业发展项目，通过加快承接产业转移全力打造千亿级产业集群。食品工业形成以科迪为龙头，乳品、速冻食品、面制品生产达100万吨的工业生产基地，规模以上企业150余家，年营业收入600亿元以上；纺织服装业形成了集纺纱、织布、服装为一体的产业链，规模以上企业达170余家，年营业收入550亿元；机械装备制造业形成了制冷家电、电动车、超硬材料、环保设备、工量具等数个方阵，规模以上企业发展到160余家，年营业收入400亿元。研究出台了支持快递服务业、电子商务、社会办医、推进信息化和促进信息消费等专项扶持政策。金融、物流、信息等服务业发展迅速，商丘银行参与组建的中原银行挂牌营业，郑州银行、浦发银行落户商丘，中铁快运、南航快运、中通、申通等物流企业相继在全市设立分支机构，阿里巴巴·商丘产业带开通后运营良好。全市粮食总产量535.13万吨（不含永城市），较上年增长2%，连续11年实现增产，商丘市和夏邑县、虞城县、民权县、柘城县被评为全国粮食生产先进单位。全市肉类、禽蛋、奶类总产量分别为48.1万吨、23.2万吨、28.6万吨（不含永城市）。科迪乳业、诚实人面业等8个集群被省政府认定为河南省农业产业化集群，市级及市级以上农业产业化龙头企业达252家。

二、发展后劲不断夯实。强力推进产业集聚区、重点项目、招商引资等重点工作，为经济发展奠定坚实基础。全年全市10个产业集聚区固定资产投资1081.2亿元，比上年增长31.7%；规模以上工业主营业务收入1325.5亿元，增长29.9%；利润总额85.3亿元，增长28.4%；规模以上工业增加值286.5亿元，同比增长21.6%。245个市管重点项目投资905亿元，占年度投资计划的121%，较上年增长28%，其中省管重点项目投资146.4亿元，占年度投资计划的138.6%，完成进度全省第三位；富士康实训工厂二期、顿汉格力电器配件、史丹利新型缓释复合肥、河南厚德金刚石制品等80个项目竣工。成功举办2014中国·商丘国际华商节、食品博览会等，组织参加第八届中国（河南）国际投洽会、第115届广交会、第十二届中国国际农产品交易会等招商活动，引进一大批知名企业和项目。全年实际利用省外资金496.1亿元、外资3.1亿美元，完成进出口3.41亿美元。

三、城镇化水平持续提高。认真落实国家、省城镇化会议精神，着力完善举措，加强规划引导，加强基础设施建设，提高城镇化发展水平。市城乡一体化示范区郑庄互通式立交桥主体工程基本完工，平台互通式立交桥、长江路东延工程等项目正在建设。市商务中心区宋城路、中州路、睢阳路第一合同段、安置房一期工程、展示中心主展馆等工程基本完工。高铁站区凯旋路、归德路上跨和向阳路、前进街下穿通道等配套工程已进场施工，站前广场地上地下工程正在推进。商丘古城保护性开发正在拆迁和安置房建设。神火大道、归德路、金桥路等正在升级改造，对康林河、忠民河等6条城市内河进行综合治理，建设一批绿化、亮化、美化设施，市政基础设施功能进一步完善。开展市容环境综合整治，依法拆除各类违法违章建筑40余万平方米。各县（区）围绕商务中心区或特色商业区建设，加快完善城市综合服务功能，全市商务“两区”投资135.25亿元，建成区7.89平方公里，一批特色商业街、现代专业市场、城市综合体建成运营。开展“美丽商丘·整洁村镇”活动，乡镇、农村环境得到进一步改善。

四、重点领域改革深入推进。全面推进市委确定的第一批改革事项。推进政府机构改革，整合组建市卫生和计划生育委员会、教育体育局、食品药品监督管理局等部门，市政府组成部门由34个精简为32个。推进行政审批制度改革，积极承接国家、省下放到市县的审批事项，取消、下放市级行政审批项目45项，加快推进政府职能转变。推进财税体制改革，完善财政预算制度，清理规范税收优惠政策，从严控制一般性支出，确保“三公经费”只减不增。推进工商登记制度改革，放宽企业注册登记条件，各类市场主体达20.7万户，增长18.7%。推进国有企业改革，稳步推进商电铝业集团依法破产，帮助河南路桥集团脱困发展。继续深化医药卫生体制改革，启动了社会信用体系建设。

五、惠民政策落实较好。认真落实省定十项民生工程和市定十件实事，全面发展教育、文化、卫生、体育等社会事业，让人民享受更多发展成果。全市城镇居民人均可支配收入增长10.2%，农民人均纯收入增长11.2%，均高于生产总值增长水平。城镇新增就业7.8万；下岗失业人员再就业2.9万，其中就业困难人员再就业1.03万；农村劳动力转移就业7.2万；全市登记失业率为3.96%。企业职工养老保险待遇每月提高196元，失业金标准提高到每月每人1000元，最低工资标准提高到市区每月每人1250元、县1100元，社会保障水平进一步提高。商丘幼师新校区、睢县一中新校区等一批社会事业项目竣工投入使用。开工各类保障性住房项目65个8.3万套。居民消费价格上涨1.7%，控制在目标范围以内，社会救助和保障标准与物价上涨挂钩联动机制进一步完善。

存在困难和问题：一是受经济大环境影响，全市经济增速放缓，规模以上工业增加值、固定资产投资增速回落。二是部分行业生产经营形势困难，电解铝、化工等产品市场价格仍处于低谷。三是投资拉动经济增长的能力有待巩固，消费、进出口拉动经济增长的能力需要进一步增强。四是随着生态环境建设的加强，土地、环境容量等生产要素对发展的制约进一步加大，金融领域存在的风险不容忽视。

发展改革

【发展和改革工作概况】 2014年，全市发展改革系统主动适应形势变化，大力开展市场价格监督检查和专项收费检查，积极创新思路方法，奋发有为、攻坚克难、扎实工作，集中力量献良策抓大事谋发展，为全市经济社会发展作出积极贡献。着力稳增长，抓好经济运行调节。坚持把稳增长放在更加突出的位置，突出扩投资、稳工业、破瓶颈、扶企业等关键环节，促进经济平稳健康发展。认真落实国务院2013年下半年以来出台的各项政策措施，重点做好涉及发改委系统的18大类33项工作，并将落实情况及时报送督查、审计等部门。工业发展方面，重点落实先进制造业大省行动计划，建设一批工业结构调整和高技术产业发展项目。通过加快承接产业转移，全力打造千亿级产业集群，食品工业形成以科迪为龙头，乳品、速冻食品、面品生产达100万吨的工业生产基地，规模以上企业150余家，年营业收入600亿元；纺织服装业形成了集纺纱、织布、印染、服装为一体的完整产业链，规模以上企业达170余家，年营业收入550亿元；机械装备制造业形成了制冷家电、超硬材料、环保设、电动车、工量具等数个方阵，规模以上企业发展到160余家，年营业收入400亿元。服务业发展方面，认真落实全省服务业大会精神，研究支持全市服务业发展的具体举措，出台商务中心区和特色商业区年度工作方案、专项考核评价办法。全市商务"两区"固定资产投资135.25亿元，其中产业项目投资102.36亿元，建成区达6.2平方公里，一批特色商业街、现代专业市场、城市综合体建成运营。农业发展方面，加快实施2014年度新增千亿斤粮食项目，总投资1.95亿元，至年底投资4956.7万元，完成新打及维修机井870口、疏浚沟渠98公里、桥涵闸建筑物95座，对18家养殖场进行标准化改造。

付元学

商丘市发展和改革委员会领导成员

主任、党组书记：付元学

副主任、市政府重点项目办公室主任（正处级）：朱向东

副主任、市产业集聚区办公室主任（正处级）、市能源局局长：刘金昌

副　主　任：聂参军　刘建军　陈传锋　马登军

市口岸办主任：赵云霞(女)

纪 检 组 长：陈五洲

【产业集聚区建设】 强力推进基础设施建设、产业项目引进、科技创新、公共服务等工作，产业集聚区发展水平进一步提升。全年全市10个产业集聚区固定资产投资1081.2亿元，比上年增长31.7%，占全市投资的比重达87.6%；规模以上工业主营业务收入1325.5亿元，增长29.9%；利润85.3亿元，增长28.4%；规模以上工业增加值286.5亿元，同比增长21.6%，占全市规模以上工业的比重达74.8%，对全市工业增长贡献率达70%以上。各集聚区形成了特色鲜明的主导产业，民权县制冷家电、夏邑县纺织服装、豫东综合物流等产业集群已突破百亿元规模。拥有省级以上各类研发中心47家、高新技术企业64家、国家级科技企业孵化器2个、院士工作站2家，科技创新能力进一步增强。从业人员达42万人，比上年增加6万人，产业集聚区建成区达98平方公里。民权县产业集聚区被确定为全省产业集群区域品牌建设试点，梁园区产业集聚区被确定为第二批省产城联动发展示范集聚区。

【重点项目建设】 深入开展"项目服务年"活动，切实加强重点项目管理，以项目建设带动投资快速增长。全年全市245个市管重点项目投资905亿元，占年度投资计划的121%，较上年增长28%，其中省管重点项目投资146.4亿元，占年度投资计划的138.6%。富士康实训工厂二期、顿汉格力电器配件、史丹利新型缓释复合肥、河南厚德金刚石制品等80个项目竣工。郑徐铁路客运专线、连霍高速公路商丘至兰考段改扩建、商登高速公路、商丘高铁核心区市政配套一期工程等项目加速推进。商合杭客专商丘段可行性研究报告已经国家发改委组织评审，正在编制项目初步设计。商丘机场地质勘探、总规、初步设计、施工图设计已委托空军设计研究局编制。联审联批制度进一步完善，完成省、市联审联批事项745项，完成两类任务100%。争取中央预算内资金和省补助资金32.1亿元，涉及产业结构调整、基础设施配套等8大领域1676个项目。

【改革发展】 改革方面，在统筹推进全市经济体制改革的基础上，重点推进发改委系统牵头实施的改革事项。深化行政审批制度改革，承接8项省发改委下放的行政审批事项，将备案项目复核权限下放到县级发改委和产业集聚区，对保留的行政审批事项进行规范清理。推进资源性产品价格改革，配合省发改委进一步理顺水、电、气等资源型产品价格形成机制，支持电厂享受脱硝、除尘优惠电价政策。深化医药卫生体制改革，城镇居民、职工、新农合医保在全市所有统筹地区实现即时结算，基层医疗卫生机构实现基本药物制度全覆盖，县级公立医院改革已启动。推进社会信用体系建设，成立市级领导组和办公室。开放方面，重点加强开放平台建设，积极推进商丘综合保税区、国家一类铁路口岸申报工作，申报建设益达保税物流中心。参加第五届淮海经济区核心区城市市长会议、淮海经济区第二十届市长联席会议、陇海兰新第十四届年会，积极推进构建淮河生态经济带。

【资源环境建设】 积极淘汰造纸、电解铝、制革、酒精等领域落后产能，关停2家违规钢铁企业，提前一年完成省政府下达的“十二五”淘汰落后产能任务。实施节能重点工程，以制革、造纸等高耗能高排放行业为重点，支持中牛公司、虞城盈兵纸业、花仙子粮油等企业进行节能、节水、废弃油泥综合利用改造。严把项目节能评估审查关，对72个项目进行节能评估审查。对20家重点用能单位进行节能监察，国电民权电厂能耗在线监测系统通过国家验收。会同财政部门出台年度高效照明产品推广工作方案，完成节能灯推广6.3万只，年节约用电365万度。加快治污排污设施建设，支持城区内河综合治理，争取省保障性住房基础设施配套项目96个、资金14.7亿元，专项用于供排水、污水、垃圾处理。推进本市应对气候变化工作，委托河南省冶金研究所编制全市应对气候变化规划和温室气体排放清单。

【规划编制工作】 按照国家发改委和省政府电视电话会议精神，于8月召开全市“十三五”规划编制工作会议，明确规划编制的重点任务、时间节点，正式启动商丘市规划编制工作。启动重大课题研究，提出产业集群、扩大消费、科技创新等30项课题，交由市直有关单位进行研究。至年底，大部分单位已拿出研究成果。开展“十三五”规划思路研究，初步提出了商丘市今后五年的发展定位、目标、任务及措施，并上报省发改委。编制市“十三五”口岸发展规划并上报省政府口岸办。

【价格管理】 一是继续做好粮、油、肉、禽、蛋、奶主要副食品及蔬菜等居民生活必需品和煤炭、柴油、石油液化气、化肥等主要生活资料价格的日常监测和跟踪分析工作。准确把握市场价格走势，发现市场价格异常及时报告，建议采取相应措施平抑物价并加强元旦、春节等重大节假日期间价格监管。二是积极实施重要商品和服务价格临时干预措施，严格控制不合理涨价，充分维护广大消费者利益。加强和改善宏观调控，努力保持价格总水平基本稳定，努力保障全市经济持续、健康、稳定发展。

【收费管理工作】 严格按照上级有关规定，进一步规范全市行政事业性和经营服务性收费管理，切实减轻企业和群众负担。完善收费许可制度，对实施收费单位的执收资格、执行范围、收费项目和收费标准进行认真审核，全年共发放收费许可证29套。

【价格成本调查】 2014年，开展农产品、饲养业成本调查、成本监审和学生住宿费、医院床位费、建筑垃圾清运成本、经济适用房销售成本、供热成本、普通高级中学教育成本、幼儿保育教育成本等方面的成本监审工作，核减金额7320.48万元。及时上报省价格成本调查监审局和政府有关部门，并形成有分析、有预测、有建议的调查报告。

【价格认证鉴定】 2014年，共办理各类认证案件1739件，鉴定金额63423万元，其中刑事案件719件，鉴定金额2455万元；民事案件49件，鉴定金额1568万元；行政案件966件，金额49445万元；服务政府案件64件，金额57060万元；价格纠纷2件，金额8万元；应税物16件，金额1820万元；车损847起，金额669万元。受理价格重新鉴定案件5起，纠正5起。

商丘市发展和改革委员会荣获奖项先进单位

商丘市政风行风建设先进单位

商丘市支持老区建设工作先进单位

商丘市文明单位标兵

（王荣鑫）

1月6日，全市发展和改革工作会议召开

财　政

陈书英

【财政收支概况】 2014年，市财政局围绕四项重点工作和承接产业转移示范市建设，充分发挥财政调控职能，促进经济发展方式转变，深入开展增收节支，着力深化财税体制改革，财政保障能力持续提升，财政预算执行情况良好。全市一般公共预算收入100.7亿元，为预算的103.1%，比上年增长17.4%；一般公共预算支出352.1亿元，为调整预算的96.7%，比上年增长12%，其中市级一般公共预算收入20.8亿元，为预算的95.9%，比上年增长7.9%；市级一般公共预算支出47.7亿元，为调整预算的85.4%，比上年增长8.4%。

商丘市财政局领导成员

局长、党组书记：陈书英

党组副书记、市发展投资有限公司

监 事 长：李瑞领

副 局 长：任宏华(女)　戚征伦

赵　涛　史则俊

纪检组长：范兴玉

总会计师：张晓芹(女)

市发展投资有限公司总经理：孔令伟

财政干部教育中心主任：吕福祥

投资评审办公室主任：韩忠涛

【服务经济发展】 一是积极争取上级支持。认真研究上级政策和资金分配因素，积极反映商丘的实际困难，全年上级下达商丘市各项补助258.3亿元，比上年增长10.9%。二是推动重点项目建设。市财政筹集资金3.6亿元，支持市老干部活动中心、市博物馆、市第一人民医院全科医生培训基地、市一中教学楼、大型灌区续建配套和节水改造、310及105国道升级改造、病险水库除险加固、中小河流治理等重点项目建设。三是服务科学发展载体建设。拨付资金2.5亿元，落实产业集聚区增值税、企业所得税、营业税省集中增量返还、先进产业集聚区奖补及梁园、睢阳产业集聚区土地收益全部用于其基础设施建设等财政激励政策，提高产业集聚区承载能力。落实资金1.3亿元，支持城乡一体化示范区、商务中心区基础设施建设、产业协同发展、生态网络建设等。四是支持招商引资。足额安排招商引资经费，支持项目的衔接等，保障2014中国·商丘国际华商节、食品博览会、针织童装产品展销会、电动车展览会等重点经贸活动顺利开展，扩大承接产业转移成效。五是扶持企业发展。扩大“营改增”试点行业范围和小微企业所得税优惠政策实施范围，落实促进小微企业发展的增值税和营业税政策，停征、取消部分行政事业性收费和政府性基金，进一步减轻企业负担。筹措资金2.1亿元，促进节能减排、工业结构调整升级及企业自主创新，支持先进制造业和高成长服务业发展。落实资金0.5亿元，对支持经济发展力度大、效果好的金融机构进行奖补。筹集资金1.2亿元，扩充政策性担保机构资本金，进一步增强担保能力，优化中小微企业融资环境。六是推进新型城镇化。市财政落实资金6.9亿元，重点支持市政道路、市容环卫、园林绿化、城区内河水系治理及城镇公共基础设施建设等。通过融资和争取补助等方式筹措资金22.3亿元，推进中心城区建设，支持郑徐高铁商丘站区配套设施、商丘古城保护区、商务中心区建设。七是支持科技创新。落实财政支持政策，加大重大科技和自主创新专项扶持力度。筹措资金0.5亿元，用于重点科技攻关、科技成果转化、工程技术研究中心项目等，促进科技创新发展。八是促进节能环保。筹措资金1.7亿元，支持实施蓝天碧水、乡村清洁工程，加大对大气、重金属污染防治和水生态保护的支持力度。扩大政府采购节能环保产品范围，提高节能环保产品采购比例。

2014年，市财政投入6.9亿元支持公共基础设施建设

2014年商丘市各县(市、区)财政公共预算收入

单位:万元

项　　目	商丘市	市　直	梁园区	睢阳区	虞城县	民权县
本年收入合计	**1007474**	**156304**	**77859**	**78561**	**70443**	**64327**
一、税收收入	727452	99402	60192	59053	50090	50028
增值税	103034	9452	6974	5592	7204	5393
营业税	269586	36822	27799	28783	20352	21769
企业所得税	54694	9701	5361	6840	3657	4328
个人所得税	17718	4720	1842	770	637	477
资源税	8207			59	148	291
城市维护建设税	37900	6498	3151	2934	1407	1749
房产税	12619	1857	1600	729	615	811
印花税	12252	765	899	518	377	620
城镇土地使用税	34688	2444	3823	3688	420	1273
土地增值税	54361	7676	4003	6290	4149	4488
车船税	11020	1655	2549	1491	297	506
耕地占用税	49278	2197	2191	826	5314	2869
契税	60526	15615		287	5092	5454
烟叶税	1569			246	421	
二、非税收入	280022	56902	17667	19508	20353	14299
专项收入	28486	4170	1736	1506	1419	1662
行政事业性收费收入	86597	22280	3333	4577	7153	3267
罚没收入	54640	11399	2331	4165	10910	7336
国有资源(资产)有偿使用收入	96592	7125	9549	9260	871	1797
其他收入	13707	11928	718			237

续表

单位:万元

项　　目	宁陵县	睢　县	夏邑县	柘城县	永城市	开发区	商务中心区
本年收入合计	**31089**	**48396**	**55598**	**55189**	**317696**	**43676**	**8336**
一、税收收入	21257	39841	42260	41226	222192	33779	8132
增值税	2802	3985	5054	3726	50106	2710	36
营业税	10313	16518	16889	15427	59909	10511	4494
企业所得税	1655	2526	2825	1683	13097	2835	186
个人所得税	314	452	543	452	7231	280	
资源税	7	196	54	6	7444	2	
城市维护建设税	942	1004	1312	1055	16243	1287	318
房产税	213	278	326	326	4557	1291	16
印花税	226	304	374	224	7507	392	46
城镇土地使用税	1097	545	738	3458	11740	5330	132
土地增值税	1527	3925	5890	2641	7913	3336	2523
车船税	264	395	1160	428	2273	2	
耕地占用税	365	3717	2546	4645	21872	2691	45
契税	1532	5508	4433	6857	12300	3112	336
烟叶税		488	116	298			
二、非税收入	9832	8555	13338	13963	95504	9897	204
专项收入	709	962	980	1130	13523	553	136
行政事业性收费收入	7257	2836	9392	6178	19416	908	
罚没收入	503	2943	644	6279	7910	220	
国有资源(资产)有偿使用收入	1327	1354	2322	209	54536	8209	33
其他收入	36	460		167	119	7	35

2014年商丘市各县(市、区)财政公共预算支出

单位:万元

项　　目	商丘市	市　直	梁园区	睢阳区	虞城县	民权县
本年支出合计	**3520995**	**391512**	**351398**	**300800**	**356471**	**294369**
一、一般公共服务	359269	25607	20101	36484	56871	33397
二、国防	3488	2522	35		10	5
三、公共安全	149049	47651	6343	4827	12092	13928
四、教育	798039	48179	60711	74263	88470	69543
五、科学技术	22843	2859	1920	2743	1156	586
六、文化体育与传媒	29429	4433	1431	4338	1354	2329
七、社会保障和就业	452656	30788	41869	43654	50314	41492
八、医疗卫生	437994	22419	33257	40788	50187	42687
九、节能环保	35225	6262	475	1149	2856	3768
十、城乡社区事务	96291	29191	9228	6485	2169	6809
十一、农林水事务	473785	20176	29071	36831	51617	49575
十二、交通运输	168968	42085	8808	5210	8958	15484
十三、资源勘探电力信息等事务	23174	4121	488	330	1308	2907
十四、商业服务业等事务	13548	3490	519	2251	983	387
十五、金融监管等事务支出	4714	1029	647	317	964	428
十六、国土资源气象等事务	36123	4291	133	129	3274	1682
十七、住房保障支出	349758	59689	133611	40392	21739	7826
十八、粮油物资储备事务支出	8019	351	488	609	1386	851
十九、国债还本付息支出	2756	704	474			317
二十、其他支出	55867	35665	1789		763	368

续表

单位:万元

项　目	宁陵县	睢　县	夏邑县	柘城县	永城市	开发区	商务中心区
本年支出合计	**210639**	**271299**	**352699**	**318303**	**587714**	**64797**	**20994**
一、一般公共服务	15348	22368	27216	36145	76708	7844	1180
二、国防	4	5	17	131	759		
三、公共安全	8473	9622	11455	10681	22071	1906	
四、教育	61040	72626	92918	70283	149136	10736	134
五、科学技术	3717	1470	875	4462	2154	901	
六、文化体育与传媒	2971	1767	4045	2823	3560	378	
七、社会保障和就业	31607	35188	53756	45759	72053	6176	
八、医疗卫生	33156	39427	53716	51561	66583	4213	
九、节能环保	1467	2877	5573	3193	6363	242	1000
十、城乡社区事务	3885	5068	5138	2502	6305	16417	3094
十一、农林水事务	34146	42073	61178	63286	81232	4140	460
十二、交通运输	8061	7135	10796	10014	50992	1425	
十三、资源勘探电力信息等事务	423	517	1770	730	6058	4522	
十四、商业服务业等事务	388	1123	1752	761	637	607	650
十五、金融监管等事务支出	19	87	363	52	808		
十六、国土资源气象等事务	1045	599	2398	908	21474	190	
十七、住房保障支出	3684	27921	16671	13747	14870	4582	5026
十八、粮油物资储备事务支出	570	650	1037	782	1294	1	
十九、国债还本付息支出		313	363	403		182	
二十、其他支出	635	463	1662	80	4657	335	9450

【服务“三农”】 2014年，市财政局立足三化协调，认真落实强农惠农富农政策，促进粮食生产核心区战略实施。全市财政农林水支出47.4亿元。一是提高农业综合生产能力。筹措资金6.4亿元，用于农田水利、新增千亿斤粮食田间工程项目等高标准粮田建设和土地整治，促进粮食生产再获丰收。落实资金0.9亿元，支持实施小麦“一喷三防”（通过将杀虫剂、杀菌剂、植物生长调节剂或微肥等混配喷雾，达到防病虫、防早衰、防干热风，提高千粒重的目的）防汛抗旱岁修、农作物高产创建、测土配方施肥及土壤有机质提升，提高农业生产能力。兑现粮食直补、良种补贴等惠农补贴资金1[illegible].3亿元，促进农民持续增收、农业持续增效。二是推动现代农业加快发展。筹措资金1.7亿元，支持农业产业化发展、现代农业服务体系建设及新型生产经营主体发展。落实资金0.3亿元。三是改善农民生产生活条件。落实资金3亿元，支持实施村级公益事业“一事一议”财政奖补项目和美丽乡村建设。筹措资金9.2亿元，支持农村安全饮水、农村公路、农村沼气、林业生态提升等项目建设，改善农村生产生活条件。投入资金2.4亿元，实施整村推进、到户增收、科技扶贫等项目，支持扶贫开发。

【保障民生】 积极推进民生领域的体制机制改革，让全市人民充分享受改革发展成果。全市财政民生支出284.8亿元，比上年增长14.2%，占一般公共预算支出的比重为80.8%。一是完善就业和社会保障体系。全市财政社会保障与就业支出45亿元。拨付资金[illegible].6亿元，用于推进全民技能振兴工程、实施高校毕业生就业促进计划和创业引领计划及小额担保贷款财政贴息。及时拨付资金，确保企业退休人员和城乡居民基本养老金足额发放，并且企业退休人员基本养老金人均月增加196元。落实资金8亿元，保障43万城乡低保对象、3.8万农村五保供养对象和0.4万孤儿基本生活。二是保障教育事业发展。全市财政教育支出79.9亿元。农村义务教育小学、初中公用经费基准定额分别提高到生均600元、800元，免除93.6万学生学杂费和教科书费用，资助4.8万家庭经济困难寄宿生。筹措资金6.1亿元，支持实施学前教育三年行动计划和学前教育推进工程、中小学校舍维修、薄弱学校改造，落实家庭经济困难学生资助政策。三是深化医药卫生体制改革。全市财政医疗卫生与计划生育支出45.5亿元。城乡居民医保财政补贴标准从每人每年280元提高到320元；基本公共卫生项目人均经费标准由30元提高到35元。支持巩固完善基本药物制度和基层运行新机制。启动新农合大病保险工作。四是加强保障性住房建设。全市财政住房保障支出35.6亿元，并向国家开发银行融资20.7亿元，支持全市保障性安居工程建设，进一步改善中低收入家庭住房条件。五是促进文化事业发展。全市财政文化体育与传媒支出2.9亿元。支持“舞台艺术送农民”、农村文化设施维护、公益性文化设施免费开放和农村特色文化体育活动开展，促进了文化事业发展。六是支持平安商丘建设。全市财政公共安全支出14.7亿元。积极推进政法经费保障体制改革，改善基层政法机关执法办案条件，加强弱势群体法律援助，支持安全生产、食品药品安全和社会治安综合治理。

【财政管理】 市财政局狠抓各项改革任务落实，深化财税改革取得新进展，财政管理监督进一步加强。一是深化财政管理制度改革。部门预算改革不断深化，编制程序进一步完善，提高了预算编制的科学性、完整性和透明度。国库集中支付和公务卡制度改革范围进一步扩大，实现市县乡三级全覆盖。加强政府采购制度建设，全市政府采购83.6亿元，节约资金12亿元，节支率12.5%。加大财政投资评审力度，送审投资额125亿元，审减资金17.9亿元，审减率14.3%。认真做好政府性债务清理甄别工作，为政府债务纳入全口径预算管理和核定举债空间奠定基础，控制和防范政府债务风险。二是推进“营改增”（营业税改征增值税）改革。按照国家统一部署，将邮政、电信纳入改革范围。三是完善公务支出制度体系。建立以会议费、差旅费、培训费等6个管理办法为支撑的市级公务支出管理制度体系。为认真落实中央八项规定，严肃财经纪律，在全市开展“三公”经费专项检查，进行“小金库”专项治理。全市“三公”经费支出下降11.1%。四是推进财政科学化规范化管理。深入开展财政专项资金、会计信息质量等一系列专项检查，及时整改存在的问题，消除隐患，建立健全规范管理的长效机制。出台市级专项资金管理办法，建立财政资金扶持项目库，有效避免了套取资金和重复扶持等违规违纪现象的发生，确保财政专项资金安全规范高效使用。推动财政预决算和“三公”经费公开，提高预决算透明度。健全完善行政事业单位资产管理体系。认真办理人大代表建议和政协提案，按时办结人大代表建议和政协提案196件。

商丘市财政系统荣获奖项

先进单位

河南省“文明河南·欢乐中原”群众文化活动先进单位

河南省老促会工作先进单位

2014中国·商丘国际华商节先进单位

商丘市文明单位结对帮扶工作先进单位

（吴进丰　张　超）

【发展投资有限公司融资概况】 2014年，公司围绕全市招商引资、产业集聚区建设、重点项目建设和城镇建设四项重点工作，积极向开发银行及其他金融机构融资，及时拨付项目建设资金，保障项目建设顺利进行。全年共拨付项目资金34444万元，其中拨付宋城、新城、平台街道各类拆迁安置及附属物补偿款24749万元；拨付道路工程款及监理费等7540万元；拨付4号、5号安置房各类前期设计、拆迁补偿费等2155万元。按时偿还开行贷款本金24152万元，贷款利息

孔令伟

7839万元。全年实得中原银行分红1155万元。12月17日,争取到位“金融业发展债券专项奖补资金”100万元。

商丘市发展投资有限公司领导成员
副董事长、总经理:孔令伟
副总经理:蒋红政　刘允敬
总工程师:张　锋
总会计师:韩文生

【资金贷款】 全年共争取到位省豫资公司、百瑞信托、中信银行、商丘银行等金融机构项目资金20.183亿元,其中土地储备贷款资金到位2.993亿元(1月到位1亿元,3月到位1亿元,6月到位9930万元);以引黄调蓄日月湖项目向国家开发银行申请的4.7亿元湖体贷款,已争取到位1亿元;争取到位中信银行贷款7000万元,中原银行贷款3000万元,华商农村商业银行贷款3000万元;以商务中心区4号、5号安置小区为载体,向国家开发银行和省豫资公司贷款13.9亿元,已到位资金1亿元;古城棚户区改造项目到位4.2亿元;争取到位国务院支持商丘古城棚户区改造无偿资金2.69亿元;12月,发投公司以日月新城投资公司为借款主体向百瑞信托贷款7亿元用于支持商务中心区4号、5号安置房项目,7亿元资金已于12月5日全部到位。

【商务中心区日月新城投资开发公司融资工作】 2014年,日月新城投资公司在建重点项目为商务中心区4号、5号安置房小区项目。4号城中村安置小区,占地约77820平方米,建设规模约22.5万平方米,总投资约6亿元,已完成现场拆迁、三通一平,4号安置房A区、B区桩基和监理招标工作。5号城中村安置小区,占地约10.53万平方米,建设规模约30.2万平方米,总投资约8.1亿元,招标前置手续准备齐全,已完成现场拆迁,5号安置房B区桩基和监理招标工作。

【商丘古城棚户区改造项目融资】 古城公司抓住古城保护建设及棚户区改造不放松,克难攻坚,扎实推进,

9月1日,市长李公乐视察保障房建设

取得显著成效。一是规划基本成型。公司委托同济大学、中国建筑设计院分别编制《商丘古城旅游区归德府城修建性详细规划》和《商丘古城文化旅游产业园区概念规划》。6月9日,市规划专家委员会对《商丘古城旅游区归德府城修建性详细规划》进行论证;9月20日,省住建厅在郑州召开该规划论证会,给予较高评价,并提出有针对性意见建议。年底,规划编制单位正在根据专家意见建议对规划进行修改完善。二是征收工作稳步推进。从棚户区改造入手,坚持“先易后难、以人为本、先公后私、两手并重”原则,努力破解“资金、土地”难题,分期分批进行房屋征收,取得阶段性成果。古城砖城内、中山南大街和居民安置区房屋征收顺利完成,征收房屋4817户(古城砖城内3544户、中山南大街560户、安置区713户)、83万平方米(古城砖城内43万平方米、中山南大街20万平方米、安置区20平方米)。古城东关城湖拓宽和西关汉梁文化主题公园建设区域房屋信息采集工作顺利完成,采集信息3200户、60余万平方米。三是居民安置房开工。一期安置工程总投资16.8亿元,占地43.2公顷,建筑128万平方米,可安置居民8000余户。一期安置工程已全面启动,5个地块分期建设,其中5号安置地块已开工建设,工程造价约3.78亿元,建筑24.5万元平方米。1号~4号安置地块图纸设计已完成,正在进行招投标前期准备工作。经科学论证,完成城郭内居民安置和教育、医疗机构等公共配套设施约需土地386.67公顷,省国土资源厅已同意给予古城棚户区改造安置200公顷土地利用年度计划,市国土资源局已为安置工程配置了35公顷土地占补平衡指标。年底,古城棚户区改造安置用地申请已向市政府行文报告。

【保障性住房建设】 2014年,保障房公司在建平安花园、长城新苑、长安家园3个公共租赁住房项目。一是平安花园公租房项目。项目位于睢阳区华商大道以北,张巡路北侧、火神路南侧、中南一路两侧、九州路西侧,总用地102567平方米,净地85813.733平方米,建筑17.5万平方米,其中公租房12万平方米、2260套;项目配建商品房和商业用房3万平方米,商品住宅264套。二是长城新苑公租房项目。项目位于市区黄河路(310国道)以北,柿园路以东,清新路以南,新建路以西,总用地68364.341平方米,净地56315.364平方米,总建筑约10万平方米,其中公共租赁住房建筑49723.9平方米、1320套,项目配建一定比例的商品住房,配建5%商业用房4223.6平方米,公共服务用房960平方米。年底该项目大部分正在进行主体施工,部分正在基础施工。三是长安家园公租房项目。项目位于市区侯恂路南

北两侧,银河路东西两侧,巴比伦商品房项目东侧,总用地45632.9平方米,净地36113.35平方米,总建筑105903.4平方米,其中公共租赁住房建筑61505.4平方米,1034套,单套建筑59.5平方米,配建41.64%,商品住房44098平方米,公共服务用房300平方米。该项目已办理环评批复,建设用地报批,用地规划许可证手续。完成地勘工作,规划总图设计和户型设计,规划总图方案已报规划局设计院审核,正在审核施工图。

（王东辉）

4月,党组书记、局长刘义峰走进央视法律讲堂,讲述《税事春秋》

国家税务

刘义峰

【国家税务概况】 2014年,市国税局围绕为国聚财、为民收税的工作宗旨,服从服务于商丘经济发展大局,把握重点,统筹兼顾,凝心尽力,务实创新,国税事业在攻坚克难中实现稳步前进。特别是面对宏观经济形势下滑,龙头税源减收严重的经济税收形势,准确研判,早计划、早部署,千方百计挖潜力,多措并举强征管,确保了国税收入稳中有升。全年全市国税系统入库各项税收57.65亿元,同比增长3.01%,增收[illegible].[illegible]8亿元,其中省以下地方级入库15.[illegible]3亿元,同比增长14.28%,增收1.89亿元;市本级入库1.73亿元,同比增长32.87%,增收4288万元,增幅居全省第一位。

商丘市国家税务局领导成员

局　　长:刘义峰
副 局 长:王文杰　陈继锋
　　　　　叶　艳(女,[illegible]月离)
　　　　　张永新　陈受习
纪检组长:张黎保
总经济师:谢启峰
总会计师:王宽富
稽查局局长:吴信永

【税收征管】 扎实有效推进税源管理专业化改革,机构设置、职责调整、人员配备、税源整合全部及时到位,全市成立重点税源管理分局4个,风险管理办公室11个,纳税评估科11个。以深度分析引领税收风险管理,按照"分析所指,工作所向"要求,通过风险管理共稽查、评估纳税人218户次,查补税款1.2亿元,审增所得额冲减亏损1511万元。风险成效增幅和应对成效指标位居全省前列。加强税种管理,落实消费税调整政策,入库消费税3.24亿元,同比增长11.06%;深化车购税征管改革,入库车辆购置税8.84亿元,同比增长13.04%;推行企业所得税分类管理,入库企业所得税12.03亿元,同比增长12.71%,企业所得税汇缴低零负申报率全省最低,汇算清缴入库税款增幅全省最高;加强跨境税源风险管理,组织入库非居民税收2057.78万元,位居全省第八位,查账征收企业关联往来申报率100%,全省并列第一。加强大企业税收管理,三级定点联系成员企业入库税收30.33亿元,占收入总额的57.81%。加强税务稽查,检查纳税人266户,入库税收、罚款及滞纳金1.1亿元。稽查查补率、选案准确率、整体处罚率在全省位居前列。

【税收政策落实】 稳步推进"营改增"工作。至年底,全市"营改增"试点纳税人户数5555户,较年初增加4089户,累计入库增值税2.35亿元,占全部增值税收入的8.52%,为全市纳税人减轻税收负担1.35亿元。积极争取和落实税收优惠政策。主动争取,使商丘成为木材、棉花加工核定扣除试点,将66户谷物磨制和38户棉花初加工企业纳入农产品进项税额核定扣除试点;办理出口退免税2.2亿元,同比增长38.7%;办理增值税退税4500万元,为个体工商户减免增值税6400万元,为2277户小微企业减免税款590万元;所得税汇算清缴中,减免税款2.24亿元。

【纳税服务】 深入开展"便民办税春风行动",落实便民办税措施。公开税务审批事项73项,实行免填单、签单、电子填单140种,减少办税环节106个,压缩办税时限967个工作日,减少纳税人报送资料20种。认真落实《全国县级税务机关纳税服务规范》,各基层单位纳税服务标准实现统一。开设税法大讲堂,举办53期,直接辅导纳税人2300余人次。确保"两条热线"畅通,参加"行风热线"6期,受理咨询、投诉71件全部及时回复;通过12366热线和网络咨询,受理各类咨询、举报5862件全部及时答复,转办、答复质量位居全省第一。扩大税收宣传效应。在税收宣传月活动中,承担总局、省局和中央电视台合作的《税事春秋》栏目,首次代表税务系统走进央视法律讲堂,圆满完成全国税收宣传的重头戏,引起良好社会反响。表彰50户A级纳税信用纳税人。为各级党政领导订阅《中国税务报》200余份,为纳税人开通《税讯手机报》2000余份。纳税人满意度提升,全市纳税服务投诉同比下降11.2%,4个单位实现零投诉。

商丘市国税局荣获奖项

先进单位

全国文明单位

河南省廉政文化'六进'活动优秀示范点

河南省"服务小微企业最佳机构"

商丘市"六城"联创先进单位

商丘市职工职业道德建设先进单位

商丘市学雷锋活动先进单位

商丘市爱国卫生工作先进单位

商丘市文明单位结对帮扶工作先进单位

商丘市政府通令嘉奖单位

（芮纪伟）

地方税务

朱荣民

【地方税务概况】 2014年,全市各级地税部门围绕市委、市政府工作部署,坚持组织收入原则,加强税源征收管理,强化税收分析预测,地税收入实现稳定较快增长。全年组织入库税收收入49.59亿元,同比增长13.9%,增收6.03亿元;地方级税收入库43.07亿元,占年计划的101.6%,同比增长14.3%,增收5.38亿元,先后实现半年收入过半、三季度超75%、提前完成全年收入任务,较好地发挥了税收对政府财力的保障和支撑作用。

商丘市地方税务局领导成员

局　　长:朱荣民

副 局 长:沈钦廷　孔令民　司喜庆

纪检组长:曹德军

总经济师:张保印

总会计师:王浩波

稽查局局长:罗　武

【税收改革】 年内稳步推进政策落实,继续深化"营改增"(营业税改征增值税)改革,规范减免税审批,认真落实国家扶持产业企业发展的税收优惠措施。深化纳税评估,成立市、县两级风险监控和纳税评估中心,制定工作流程,开展重点行业纳税评估,通过对低零申报纳税人进行纳税评估,补缴税款85.3万元。按照省地税局规定的时间节点,认真做好基础准备工作,顺利完成"金税三期"应对任务。年底金税三期正式上线运行,各项系统指标运行平稳。

【税收征管】 强化税源管理,开展税收清查,年内清理出漏征漏管纳税人859户,调整纳税人税收定额158户,月均调增税额9.78万元。出台《商丘市地方税务局关于明确注销税务登记有关问题的通知》,推行房地产建筑项目台账式管理。认真开展企业所得税汇算清缴和年所得12万元以上个人所得税申报工作,继续做好"一费一金"(工会经费和残疾人就业保障金)代征工作。全市共入库工会经费1840万元,残疾人保障金974万元。提请市政府出台《商丘市人民政府关于进一步做好耕地占用税征收管理工作的通知》和《商丘市人民政府关于解决房屋权属登记历史遗留问题的通知》,规范了税收管理。推进信息化建设进程,研发上线电子税源地图,准确标记一般税源、重点税源、房地产企业等各类信息,使税源地图信息与征管系统数据信息有效串联印证,实现对房地产税源管理工作的过程控制。

7月22日,局长朱荣民与基层人员探讨简并纳税人涉税文书问题

【税收法制】 2014年继续深化依法行政示范单位创建工作。有2个基层单位成功创建"全省地税系统依法行政示范单位",实现了基层单位全覆盖。深入开展税法宣传"六进"活动,重点加强对领导干部、公务员、青少年、企业经营管理人员和农民的税收法制宣传教育。积极开展形式多样、喜闻乐见的税收宣传活动,取得良好社会效果。认真落实《商丘市地方税务局税收新闻发布制度》,定期向主要新闻媒体通报地税工作情况,全年参加"政风行风热线"10期,通过热线回答听众咨询89人次。

【纳税服务】 2014年开展"便民办税春风行动",简化税务登记资料,其中单位纳税人税务登记提交资料由10项简化到6项,个体纳税人税务登记提交资料由6项简化到4项。深入开展企业专题调研,累计走访企业284户，税收政策培训575人次，直接帮助重点企业解决各类涉税问题53个。制定《商丘市地方税务局进一步做好减轻企业负担工作实施方案》和《商丘市地方税务局关于进一步深化大企业个性化服务工作的通知》，按季度汇总定点联系企业的生产经营数据，帮助企业防范涉税风险。建立大企业税收风险特征库，共梳理建筑业各类税收风险点187条，涉及地税13个税种。开展12366热线"优质服务年"活动，开办"商丘地税网上纳税人学校"，严格执行一站式服务和首问负责制。

【服务经济】 认真落实国家扶持产业企业发展的税收优惠措施，积极促进经济结构转型升级。全年共受理企业所得税优惠备案14户，其中国家重点扶持的高新技术企业3户，开发新产品研究开发费用加计扣除3户，安置残疾人员支付工资加计扣除5户，农产品初加工减免企业所得税优惠备案3户，共计减免企业所得税4000万元。认真落实小微企业优惠政策，受理困难性减免税申请5户，申请减免房产税232万元，减免城镇土地使用税312.5万元。

商丘市地税系统荣获奖项

先进单位

全国文明单位

全国"六五"普法中期先进集体

全国模范职工之家

全国助残先进集体

夏邑县局

河南省示范基层党校

河南省廉政文化进机关示范点

河南省档案工作信息化示范单位

河南省志愿服务工作先进单位

河南省地税系统目标管理优秀单位

商丘市民主评议政风行风第一名

商丘市推进服务型行政执法先进单位

商丘市社会治安综合治理先进单位

商丘市文明单位结对帮扶工作先进单位

商丘市思想政治工作先进单位

（张 嘉）

工商行政管理

陈晓峰

【工商行政管理概况】 2014年，市工商局积极践行党的群众路线，依法履职，开拓创新，为商丘经济社会发展营造良好的市场环境，各项工作都取得新进展。全市新注册登记内资企业313户，注册资本19.5亿元；新注册登记私营企业7253户，注册资本296亿元；新注册登记个体工商户3.4万户，资金26亿元。全系统共立案查处各类经济违法违规案件2613起。

商丘市工商行政管理局领导成员

局长、党组书记：陈晓峰

副 局 长：陈书成 郝 奕

宋孝兴

纪检组长：路英才

【注册登记制度改革】 2014年是工商登记制度改革的开局之年，市工商局围绕改革工商登记制度、推进工商注册制度便利化这条主线，主动作为，勇于创新，推动改革各项措施落实到位。3月1日改革实施以来成效明显，实现"两个显著增长"。一是市场主体总量显著增长。至年底，全市市场主体总户数20.69万户，居全省第四位，居黄淮四市第一位，同比增长18.08%，其中企业2.97万户，同比增长33.56%；个体工商户17.32万户，同比增长15.40%；农民专业合作社4064户，同比增长38.28%；二是注册资本显著增长。至年底，全市实有各类市场主体注册资本1318.88亿元，同比增长55.83%，其中企业注册资本1134.21亿元，同比增长56.80%；个体工商户资金87.49亿元，同比增长34.84%；农民专业合作社出资97.18亿元，同比增长67.2%。

【企业信息公示】 落实《企业信息公示暂行条例》及配套规章，采取"宣传+服务+规范"三项措施积极推进企业信息公示工作。至年底，全市有各类市场主体37561户进行年报公示，其中内资企业7683户、外资企业438户、个体工商户29440户，企业年报公示率居全省第五位。一是广深宣传。通过网站、电视台等媒体宣传及张贴公示和上门宣传相结合的方式，宣传企业信用信息公示的优势，引导企业主动、及时进行网上年度报告和信息公示；举办企业、个体工商户年度报告培训班，讲解需要重点掌握的条款和申请年报的流程，指导掌握年报信息公示的方法，促进企业诚信自律，公平竞争。二是创新服务。在政务大厅工商窗口和各工商所注册窗口设立咨询台、开通服务热线，及时解答办事群众在信息公示过程中存在的相关问题和疑惑，全程指导、协助企业完成企业信息填报公示。三是规范行为。以企业信息公示工作为契机，把服务与监管有机结合起来，强化对市场主体的监管规范，重点加强对安全生产监管以及消费安全、食品安全等涉及前置许可企业的日常监管。严格落实政策要求，对未在规定期限内履行公示义务或是申报中弄虚作假情节严重的企业，将依法载入经营异常名录，并向社会公示，强化依法依规履行职责的能力。

【商标战略实施】 认真贯彻落实《河南省人民政府关于实施商标战略的意见》，代市政府起草《商丘市人民政府关于实施商标战略的意见》，结合全市实际，制定《商丘市工商行政管理局关于明确商标培育工作目标的通知》，细化、量化各县（区）商标战略的具体任务、工作重点和方法步骤。自4月起用6个月对全市商标战略实施情况进行调研，起草《实施商标战略促进区域经济"调变转改"》调研报告，呈报市政府，为领导决策提供参考。全市建成4个省级集群品牌培育基地，1个省级产业集群品牌示范基地，1个市级产业集群品牌示范基地。帮扶"百事得""长领""赛璐雅""哈森""步步先"商标争创驰名商标，培育"宁陵酥梨”“虞城莲藕”申报地理标志商标。至年底，全市共有注册商标8655件，总量居全省第五位，黄淮四市第一位，其中中国驰名商标2件，河南省著名商标136件，商丘市知名商标37件。

【窗口建设】 将各级工商窗口作为践行群众路线，联系群众、服务群众的前沿阵地，进一步健全完善规范、便民、高效、快捷的管理机制，营造公平透明、快捷有序的准入环境，着力打造服务品牌，全面提升窗口服务效能。对全系统各级注册登记窗口和基层工商所办事大厅实行音视频监控，对系统所有行政审批服务事项进行电脑监控，实施红黄牌警示制度，不定期抽查窗口单位的工作情况，最大限度防止重点岗位失职、渎职，损害群众利益的情况发生。全年全系统完成各类行政审批服务事项4.8万件，按时办结率99.99%，提前办结率99.6%。市行政服务中心窗口连续12年被评为全省优质服务窗口。

【行政指导】 将行政指导作为执法与服务的契合点和落脚点，创新执法监管方式，提升服务效能，在执法监管中引入行政提示、行政告诫、行政约谈、行政建议、行政调解和行政回访等多项行政指导制度。制定《商丘市工商行政管理机关即时行政指导工作规则》《商丘市工商行政管理机关行政指导评估暂行办法》《商丘市工商行政管理机关行政指导程序规定》《在注册登记等业务领域加强行政指导的实施意见》等规范性文件，在注册登记、商标广告监管、企业监管、竞争执法、市场合同监管、消费维权、经济执法检查7项主要业务领域全面实行行政指导。全年全市工商系统共开展重大行政指导25件，一般行政指导128件，即时行政指导1.54万件。

【专项执法】 坚持把市场监管作为首要职责，不断创新监管执法机制，先后开展中原红盾整治流通领域假冒伪劣商品集中行动、红盾网剑专项行动、农村食品市场“四打击四规范”专项整治行动、红盾护农行动等一系列专项执法行动。全年全市工商系统查处经济违法违规案件2613件，其中中原红盾整治流通领域假冒伪劣商品集中行动查办案件863起，万元以上案件78起，案值198.2万元；红盾护农行动立案查处农资案件663起，案值202.02万元，为农民挽回经济损失147.7万元；查处流通环节食品案件499起，案件总值93.37万元；查处不正当竞争案件427起，案值247.51万元；查处无照经营案件1009起，取缔无照经营1214户，引导办照3549户；立案查办传销案件11起，违规直销案件1起，端掉传销窝点5个，教育、遣散传销人员85名，解救受骗大学生16人。

【文明经营活动】 主动履行“文明经营”活动牵头责任，会同市发改委等9部门充分发挥组织领导、协调各方的作用，狠抓落实，文明经营活动成效突出。全省“文明经营”活动经验交流会于11月26日在商丘市召开，省文明办、省工商局，各省辖市（直管县）90余人参会。在公示的2012年～2013年度“守合同重信用”企业中，全市19家企业榜上有名，其中国家级5家、省级14家。

【网络监管】 一是夯实基础，探索网络监管长效机制。进一步理顺业务工作关系，开展工商所网络交易监管规范化建设，将网络监管工作关口前移深入基层，做到监管全覆盖，服务无缝隙。开展“红盾网剑”专项行动，严厉查处利用互联网从事不正当竞争行为，遏制网络交易违法行为的多发势头。全年检查网站网店739个，实地检查网站经营者586人，删除违法商品信息12条，责令整改网站11个，关闭网站3个，办理消费者经营者投诉举报46件，立案查处违法案件10起。二是强化网络维权，切实保障消费者合法权益。引导经营者完善内部管理制度，督促全市网络经营者通过建立身份认证、交易者信用等级管理、“七天无理由退货”、消费者权益保证金等制度，将消费者权益保护各项规定落实到位。“双十一”前夕约谈了京港商城、神火团、面团网、抱抱团、火球团5家本地大型购物网站，要求其正视存在问题及时开展自查自纠，规范网络促销行为。三是优化服务，扶持各类网络主体发展。鼓励帮扶大学生毕业生开办便宜点、品优团购等网络购物平台开展电子商务，以网络创业解决他们的就业难问题。多举措促进阿里巴巴商丘产业带，促进实体企业“触网”。引导抱抱团、神火团、911汽车网等5家网络经营平台网站申请注册商标。

【消费维权】 以新《消法》的实施为契机，结合本地流通领域商品市场具体情况，重点突出家用电子电器、服装鞋帽、装饰装修材料等重点商品和服务，深入开展重点领域市场监管和消费维权行动，加大商品质量监测力度，切实提高流通领域重点商品质量状况，取得明显成效。全年共抽检重点商品700组，合格率为96%，对不合格产品进行严厉查处；查处侵害消费者权益案件896起，案值393.07万元。全年全市12315热线和消费者协会，共受理消费者咨询申诉举报1.6万件，为消费者挽回经济损失527.4万元，切实维护消费者的合法权益。

商丘市工商系统荣获奖项

先进单位

河南省人民满意公务员示范单位

河南省打击传销先进单位

河南工商系统三型党组织

　市局机关支部

　睢阳分局党总支

商丘市年度完成责任目标优秀单位

商丘市平安建设先进单位

商丘市服务工业经济发展先进单位

商丘市政风行风建设先进单位

（董慧波）

统　计

【统计工作概况】 2014年，全市统计系统以党的十八大和十八届四中

路　标

全会精神为指引，深入贯彻落实科学发展观，围绕全市转方式调结构工作大局，解放思想，求真务实，开拓进取，积极主动为全市经济社会发展提供优质统计服务，各项统计工作取得新发展。

商丘市统计局领导成员

局长、党组书记：路　标
副局长、党组副书记：窦乃学
副　局　长：杨文升　贾发强
纪 检 组 长：王清忠
总 统 计 师：刘晓亭
地调队队长：王爱菊（女
农调队队长：付红旗

【统计调查】　2014年，全市生产总值1697.58亿元，比上年增长9.2%，增速高于全省平均水平（8.9%）0.3个百分点，其中第一产业增长4.4%，居全省第三位；第二产业增长10.6%，居全省第七位；第三产业增长10.6%，居全省第一位。顺利推进农业、工业、建筑业、批零住餐业、房地产业、服务业等国民经济行业以及固定资产投资、人口就业、城乡居民生活、市场物价、社会科技文化、收入消费、能源资源环境等领域常规统计调查任务。圆满完成农民工收入调查、大型零售商业消费趋势等多项调查任务。

【统计服务】　围绕市委、市政府“持续求进、好中求快”的总基调，深入开展经济形势分析研究，提出建设性意见建议，针对经济生活中出现的热点难点，深入开展专题调研，快速反应、快出成果，及时反映农民工收入、土地流转、市场物价、产业聚集区发展等方面新动向。加大统计信息公开力度，灵活多样地利用《政风热线》《纠风在线》、统计网站、手机报等信息平台，及时向社会发布国民经济和社会发展情况。优化统计信息网栏目及功能设置，做到适度数据信息及时加载公布；加强统计宣传，建立与市级主要媒体联系机制，认真做好统计开放日活动，引导社会公众正确认识统计工作和运用统计信息。着力加强对经济运行的监测预警，利用“五报”（经济运行监测报告、统计专报、统计报告、统计内参、统计快讯手机报）、“一表”（GDP动态监测表）、“一资料”（黄淮四市、周边地市统计资料）等纸介质和电子媒体，及时向市四家领导发送最新统计数据和分析资料。

【统计监测】　统计监测坚持做到“五个一”，即“一本小册子”，每季度编印资料翔实、内容丰富的统计月报手册供领导参考；“一个调研题目”，班子成员、业务科室每月进行专题调研，提出经济运行中的问题；“一次评估会”，对每月主要数据进行汇总评估，找出增长或下降的原因，做到反映商丘经济运行的实际情况；“一月一份分析报告”，每月数据出来后，召集专业人员，解读各自专业的特点，撰写月度分析报告，供市领导参考；“一季度一次联席会议”，坚持按季召集全市国民经济核算联席会议，与相关部门研究分析全市经济运行状况和存在的问题，提出加快经济发展的对策建议，做到经济发展的事前预警。

【统计数据质量】　2014年出台《商丘市统计基础建设工作实施方案》，推进统计基层基础工作规范化向乡镇、企业延伸；市局各专业、各县（区）统计局和乡（镇）基层基础工作规范化示范率达100%，乡级统计人员持证上岗率达100%。以“统计开放日”为契机进行普法宣传，在“商”字广场举行统计法律法规宣传咨询活动，收到很好的宣传效果，营造了依法统计的良好社会氛围。进一步提高政府统计公信力和统计数据质量，确保统计资料的真实性、准确性、完整性和及时性。组织统计相关知识专题讲座，通过培训加强重点企业统计人员业务知识的学习。

【第三次经济普查】　在全省召开的经济普查宣传工作电视电话会议上，商丘市作《多层次覆盖，多载体互动，商丘精心构建经普宣传大格局》的典型发言，在省政府召开的全省第三次经济普查单位核查工作会议上，商丘市撰写的《强基固本求突破，抢抓机遇上台阶》经验材料，在大会上交流。《中国信息报》《河南日报》《大河报》，河南电视台、河南人民广播电台5家媒体也对商丘第三次经济普查开展以来的好经验、好做法，在经济普查工作中的新思路、新举措，涌现出来的先进典型和先进事迹进行集中报道；省局领导多次莅临商丘检查指导第三次经济普查工作，认为商丘市的经济普查组织周密、工作扎实，登记认真、数据可信。

商丘市统计局荣获奖项

先进单位

全国第三次经济普查先进集体
河南省统计系统政风行风建设先进单位
河南省统计系统能源竞赛一等奖
河南省“三八”红旗先进集体
河南省精神文明复查先进单位
河南省统计局新闻宣传工作优秀单位
河南省统计局统计网站信息工作优秀单位
河南省统计局人口和就业统计工作优秀单位
河南省统计局建设领域统计工作良好单位
河南省统计局财会工作良好单位
河南省统计局综合统计工作良好单位
河南省统计局社会科技和文化产业统计工作良好单位
商丘市纠风“面对面”评议第二名
商丘市平安建设工作先进单位
商丘市目标管理工作先进单位
商丘市四项重点项目建设工作先进单位
商丘市责任目标完成优秀单位
商丘市政风行风建设先进单位
商丘市人口和计划生育工作先进单位
商丘市“三八”红旗集体

先进个人

全国最美普查员
王金焕　睢阳区新城街道

（杨梅锦　宋　静）

【国调队工作概况】　2014年，商丘国调队积极服务经济发展，圆满完成

姚新建

粮食产量、畜禽监测、生猪调查大县监测、规模以下工业、限额以下贸易、规模以下服务业、城乡住户一体化、农户固定资产投资、农民工、居民消费价格、城镇低收入、采购经理、贫困监测、固定资产投资、工业生产者价格等基本调查任务，其中10项业务工作在河南调查总队评比中位居先进；积极服务社会民生，完成第三次全国经济普查个体抽样调查、新设立小微企业和个体经营户跟踪调查，以及涉及党风廉政、群众安全感、农村医疗卫生服务体系建设等多项专题调查。

国家统计局商丘调查队领导成员

党组书记、队长：姚新建
纪 检 组 长：张宝华
副 队 长：徐剑虹

【三经普个体抽样调查】 2014年在三经普个体抽样调查工作中采取全员上阵，全程参与的工作模式。一是认真学习调查方案；二是做好“两员”选聘和培训；三是全力做好实地调查，全体调查人员严格执行调查方案，现场调查严守“三条红线”，克难攻坚，圆满完成15个普查区、4896个个体经营户的数据现场采集工作；四是做好后续核查工作。

【常规调查】 农业调查专业采取积极措施，加强领导，加强调研，深入督导，建立小麦苗情管理及灾害发生情况的应急制度，在夏、秋粮生长的不同阶段分别对作物长势进行调研，确保夏粮、秋粮调查结果的客观真实。畜禽监测调查专业进一步规范调查工作流程，强化数据质量的控制管理，制定《商丘市主要畜禽监测实施办法》，对县乡村三级辅调员开展轮训，加大对源头数据的检查、审核和控制力度，确保数据质量。一体化住户调查专业重点加强辅调员、记账户的培训，坚持每季度开展一次集中基础工作自查，每年开展全市住户工作基础工作交叉检查，精心组织样本轮换，数据审核评估从严。工业调查专业通过“立基础、促保障、显成效、通实情”等，紧抓调查工作“四要素”，不断破解规下调查工作难题。消费价格调查专业积极实践、充分利用CPI手持数据采价器及管理系统各项功能为主线，动态维护管理调查网点，科学评估调查规格品代表性，细化基层价格调查工作流程标准，高质量完成各项报表任务。

【专项调查】 严格落实各专项调查工作要求，组织开展产业集聚区、专业园区调查，农村医疗卫生服务体系建设调查、千村调查、国有企业反腐倡廉民意调查，新设立小微企业和个体经营户跟踪调查、构筑廉洁商丘民意调查、平安建设公众满意度调查等重大社情民意专项调查。通过扎实组织开展重大社情民意专项调查，切实提高了调查能力，提高了调查数据质量。

【调查服务】 修订《国家统计局商丘调查系统信息管理办法》，规范信息发布流程，就信息的撰写、审核、会签、发布、报送等具体事项进行统一规范和要求。积极采编、印制《调查与分析》9期，发送至市委、市政府相关部门。全年商丘调查系统共撰写政务信息472篇，经济分析92篇，在国家统计局局发布政务信息14篇，经济信息6篇。积极承接招标课题，共中标河南调查总队招标课题3项，商丘市政府政研室课题5项。

商丘国调队荣获奖项

先进单位

商丘市“五好五强”党支部

（姬红亮）

4月11日，商丘国调队第三次全国经济普查个体经营户抽样调查

审 计

姚文生

【审计工作概况】 2014年，全市审计机关认真履行审计监督职能，以全市中心工作为主线，按照业务质量求精、审计执法求严、具体工作求实、方式方法求新的思路，采取有效措施，健全完善各项规章制度，进一步提高了审计机关的规范化管理水平。市审计局共完成审计项目52个，管理不规范资金3.2亿元，审计促进归还原渠道资金0.4亿元，为市财政增收节支0.6亿元。提出审计建议219条，促进被审计单位完善制度17项。

商丘市审计局领导成员

局 长：姚文生

副局长：吕义军　刘艳芳（女）
陈广银
副局长兼总审计师：朱彦强
纪检组长：谢　颖（女）
经济责任审计局局长：刘振营

【财政审计】　市本级开展预算执行审计项目10个，企业资产负债损益审计项目1个，共查出预算未足额批复3.6亿元，入库各种税费0.6亿元，增加财政收入1.6亿元，促进制度完善8项。完成对梁园区和睢县财政决算审计，增加县（区）级财政收入1352万元，促使财政资金规范管理1.88亿元。

【专项审计调查】　一是开展对2011年~2013年全市涉企财政资金的审计调查。审计涉及资金达12.6亿元，共抽查申领财政资金的企业118个，占总数20%，为财政增收节支0.6亿元。二是配合省审计厅完成财政存量资金情况的专项审计调查。清查全市财政存量资金，促进存量盘活和结构优化，提高财政资金的使用效益。三是完成5个省厅统一组织外资审计项目。四是开展稳增长、促改革、调结构、惠民生政策措施落实情况跟踪审计。五是对宁陵县、民权县、柘城县农村义务教育阶段学生营养改善计划实施情况开展审计调查，涉及资金6.2亿元，对违规违纪问题进行移送，并得到处理。六是开展对柘城县财政支农资金的审计。针对农田水利建设项目存在的问题，提出了3条合理化建议，促进该县农田机井使用“最后一公里”问题得以解决。七是完成睢县农信社2013年资产、负债、损益审计。共审计资金89.2亿元，其中查出违纪违规资金1.4亿元，提出合理性建议20余条。

【投资审计】　一是对全市2013年城镇保障性安居工程跟踪审计。根据审计结果，已取消143户家庭的保障房资格，促进规范资金管理7135万元，完善制度7项。二是组织对市中医院综合病房楼工程项目竣工决算情况进行审计，审计涉及资金总量3755万元，审减工程造价409万元。

【经济责任审计】　年内认真抓好领导干部经济责任审计，加大从源头上治理腐败力度，围绕强化对权力运行的监督和制约，加强对领导干部和企业领导经济责任审计。一是按照省纪委、省审计厅等7部门联合印发的《关于贯彻落实〈党政主要领导干部和国有企业领导人员经济责任审计规定实施细则〉的意见》要求，经市委、市政府主要领导批准，成立商丘市经济责任审计工作领导小组和办公室。二是定期召开领导小组会议，重点讨论《商丘市领导干部经济责任审计对象分类管理办法》和《商丘市经济责任审计工作领导小组成员会议制度》，研究2015年度市本级经济责任审计计划。三是上年市审计局最后一次接受市“双审办”委托，共完成10个经济责任审计项目，审计发现违规违纪资金约1060万元，管理不规范金额约1900万元，损失浪费金额700万元。

【土地出让金审计】　8月19日，按照审计署统一部署，商丘市审计局抽调全市审计系统业务骨干120余人，组织对平顶山市市本级土地出让收支和耕地保护情况的审计工作。审计前首先组织参审人员收看审计署8月12日~13日举办的全国土地出让金收支和耕地保护情况审计视频培训，认真组织学习土地管理和土地出让收支方面的政策法规、《全国土地出让收支和耕地保护情况审计工作方案》和《土地审计案例选编》等资料，为取得工作成果奠定坚实基础。市本级12人参审，审计资金87亿元，查处违规资金18亿元，土地违规4000余公顷，上报审计署案件线索2起。

商丘市审计系统荣获奖项

先进单位

全国审计项目
　市公路局经济责任审计项目
全国审计系统通联宣传工作先进单位
河南省审计系统业务质量考核先进单位
河南省审计机关信息宣传工作先进单位
河南省审计系统AO应用实例征集活动优秀组织单位
河南省审计科研工作优秀组织奖
河南省优秀审计项目
　市公路局经济责任审计
商丘市“五好五强”党总支
商丘市“六城”联创工作先进单位
商丘市企业服务先进单位
商丘市计划生育工作先进单位

（薛　源）

质量技术监督

高中友

【质量技术监督工作概况】　2014年，市质量技术监督局围绕市委、市政府中心工作，以“建设质量强市、打造质监强局”为目标，坚持科学发展观，抓质量、保安全、促发展、强质监，促进了全市质量水平的整体提升和经济社会又好又快发展。

商丘市质量技术监督局领导成员

局长、党组书记：高中友
副　　局　　长：刘　伟　尚延礼
张士运
纪　检　组　长：曹大领

【市县质监机构改革】　4月，省政府办公厅《关于调整省级以下工商、质监行政管理体制的通知》要求，将现行工商、质监省级以下垂直管理调整为市、县级政府分级管理，业务接受上级工商、质监部门的指导和监督，领导干部实行双重管理、以地方管理为主。调整后，市、县级工商、质监部门为同级政府工作部门。

【质量立市战略】　2014年，全市质量立市战略扎实推进，各级政府建立健全质量责任体系取得新进展。市质量兴市领导小组办公室和市政府办公室分别下发《商丘市2014年建设质量强市工作要点》《关于贯彻实施质量发展纲要2014年行动计划实施方案的通知》《关于印发商丘市质量工作考核实施方案的通知》文件，将质量发展和质量安全目标纳入全市国民经济社会发展规划。年初,市质监局会同市工信、农业等10余个部门,完成《商丘市2013年质量立市战略工作自查工作报告》。市质监局组织9家企业,成功申报“河南省质量诚信工业企业”;推荐本市42项QC成果参加省质量管理小组成果评审。本市《河南省知名品牌创建示范区》创建实现新突破。国家质检总局确认民权县产业集聚区为“国家制冷机电产品质量安全示范区”“国家级出口食品、农产品质量安全示范区”。

【质量认证认可管理】 本局下发《2014年全市认证认可工作要点》,年内明确实施22项工作措施,完成“河南省认证认可动态监管”“国家认监委检验检测系统”2个系统的数据上报工作。在规定时限内完成实验室动态监管数据统计录入,完成数据录入审核的企业有67家,其中通过审核企业64家;国家认监委检验检测直报系统实现数据录入,全市审核实验室64家,为国家、省、市、县4级动态监管及所有参与录入的实验室数据查询、修改创造了公共平台。9月~10月,对全市强制性认证企业全面清查后建立企业诚信档案,逐个开展认证检查,对强制性认证产品加强监管。按照省质监局《2014年实验室资质认定专项监督检查工作方案》《2014年实验室能力验证计划》通知要求,市质监局对20余家实验室随机抽查监督,认真开展对全市食品、建材、热轧带筋钢筋、复混肥料、农资检验检测实验室的能力验证。

【服务发展】 围绕市委、市政府建设中原经济区承接产业转移示范市部署,印发《商丘市质监局服务一谷三城六基地五中心构建商丘现代产业体系实施方案》《商丘市质监系统2014年企业服务行动计划》,对制冷、食品、纺织服装、石油化工、煤化工、环保专用设备等10个产业,推行全程式服务,开展产品质量提升活动。市质监局在全市主流媒体开办质量立市专栏,持续宣传质量法律法规及政策,宣传质量创新驱动的典型、产业集聚区发展态势、公共技术检测平台的前沿性创新成果,奏响以质取胜的主旋律。全力服务产业集聚区建设。在全市10个产业集聚区全部建立质量服务站,充分发挥国家级、省级质检中心的技术创新支撑作用,为全市特色产业集聚发展转型升级服务。在全国肥料产业整体滑坡的态势下,全市肥料产业年生产能力提升到800万吨,实产规模220万吨,产品质量合格率达99.1%。民权县制冷设备产业集聚区以国家(民权)冷冻冷藏设备产品质检中心为依托,已成为全国著名的制冷产业基地,年产值突破150亿元规模。全市服装产业全年销售额达110亿元,针织产品年销售额100余亿元。

【食品质量安全监管】 严格实施食品生产许可制度。全年国家、省级监督检查商丘市的小麦粉、肉制品、乳制品、食用植物油、饮料、糕点、蔬菜制品、炒货、水产加工品和咖啡等20类食品、272家企业、426批次产品,检验合格415批次,合格率为97.4%。省质监局为本市审批发证142家食品生产企业、166个证书,向1家生产企业发放不予许可决定书,注销16家逾期未换证生产企业的食品生产许可证。市级监督检查全市食品生产企业41家、50个批次产品,合格45批次,合格率为90%。全市审查备案食品委托加工申请20家生产企业。至年底,全市食品加工企业共有640家,获得食品生产许可证企业480家、取证561张,涉及28大类食品生产。全市小麦粉生产企业取证60家,日加工规模1000吨以上企业4家,日加工规模500吨~1000吨企业7家,日加工规模300吨~500吨企业17家,日加工规模300吨以下企业32家,全市(不含永城)小麦年加工设计规模突破1000万吨。

【产品质量监督】 认真贯彻落实《中华人民共和国工业产品生产许可证管理条例实施办法》,举办获证企业负责人培训班,宣传贯彻新《办法》重点调整的申请生产许可主体资格规定,取消委托加工备案的规定,工业产品生产许可终止、退出的规定及相关法律责任。一是严格产品质量监督检查。全年全市生产日用消费品、工业生产资料产品,省级监督检查166家企业、227批次产品,合格221批次,合格率为97.36%;市级监督检查577家企业、653批次产品,合格639批次,合格率为97.86%。二是开展车辆及零部件质量专项整治。排查全市车辆及零部件企业44家,检查机动车生产企业16家,检查机动车安全技术检验机构10家。民权制冷设备生产企业有9家向国家质检总局申请生产许可,年内4家获证、4家待审查。

【计量标准体系】 市县质监部门加速推进计量标准体系建设,完成建标可行性分析,上报建标项目清单,全市计划新建40项社会公用计量标准,每县均达10个以上计量标准。指导企业加强计量管理体系建设。夏邑县雪枫粉业公司取得了河南省A级计量合格确认。夏邑县汉梁王酒厂等2家企业通过定量包装生产企业计量保证能力评价。民生计量专项监督维护公平正义。市质监局计量监督检测人员持续对夏粮收购衡器、加油站计量器具开展检定工作。质监、环保部门联合发文,共同对重点监控单位污水流量计登记备案实施强制检定。质监部门对全市人民反映强烈的面粉、食用油、酒、水泥、化肥等定量包装商品,持续实施计量监督检查174批次,提升了全市计量诚信水平。

【特种设备安全保障】 制定《商丘市油气输送管道等特种设备专项排查整治工作实施方案》,明确整治责任。全年排查长输管道32公里、公用管道361公里、工业管道42公里,查处事故隐患31处。对违法安装、超期未检的项目责令整改,对存在重大事故隐患的燃气管道,以文件报告政府应急处理。市质监局联合市住建局、市安全监察局组成3个督导组,对各县(区)电梯安全专项整治工作现场督查,向16部无证使用、超期未检的电梯使用单位发出安全监察指令,关停16部有严重安全隐患的电梯。《中华人民共和国安全法》从2014年1月1日起施行。市质监局组织《特种设备安全法》宣传并举办安全人员培训班，培训800余人。全市新注册特种设备7498个，考核发证特种设备作业人员1560人，办培训班22期，培训960人，排查处理事故隐患322个。

【代码工作】 按照省质监局要求，从3月起取消组织机构代码年检（审验），改为实行组织机构代码基本信息年度报告制度。全年此项基本信息年度报告共受理3000余家；办理新申请、换证、变更、注销等业务3000余件；累计扫描纸质档案2.3万余页，在省代码中心每月随机抽查数据质量公布中，合格率均为100%。全年共办理即办件200余件，占全年办件量的10%。

【依法行政】 持续推进依法行政、建设法治质监成效卓著。本局在网站公开信息537条，在媒体公开信息246条，提高了涉及食品安全、特种设备安全监察、行政执法职能的透明度。制定《商丘市质监局2014年度依法行政工作计划》，认真梳理行政执法依据、自由裁量权标准，理清行政执法清单，上报市法制办备案。全年本局组织审理的行政处罚案件39件，无一起引起行政复议和诉讼，收到职业举报人对质量问题的行政复议件也全部办结。

【执法打假保障安全】 在春秋两季，按照国家、省质监系统部署，市质监局集中开展农资打假，检查生产企业36家，抽检样品32批次，查处违法案件3起。对全市钢筋加工，使用单位及人造板生产企业开展专项执法检查，查冷拔钢丝加工企业（点）19个、建筑工地14个、抽查样品15批次，检查人造板生产企业8家，对违法行为立案查处。检查气瓶充装单位17家，对违规操作行为限期整改，查处违法违规充装案件6起。按照国家质检总局及市政府部署，对全市5家半挂车生产单位开展超限超载执法检查，对未经强制性产品认证、擅自出厂、销售半挂车的违法生产单位立案查处。全年共检查食品生产企业40余家次，对违法事实确凿的企业立案调查，受理群众和职业举报人对食品质量问题的申诉举报80余起，责令相关企业及时整改。

【质量检验检测公共技术平台建设】 市检测中心持续加大非食品检测的设备投入和项目建设力度，先后投资300余万元，购置50余台各类设备，并且立项建设了河南省肥料检验检测中心。该中心已经具有食品、日用消费品、建筑和装饰装修材料、农业生产资料、工业生产资料等5大类523种产品、827个参数的检测能力。民权县质监局筹建的河南省葡萄酒质量监督检验中心，于9月3日顺利通过省质监局组织的专家现场技术评审。9月23日～25日，国家认可委（CNAS）、国家认监委（CNCA）委派专家组到虞城县现场评审，国家钢卷尺及五金工具产品质量监督检验中心（河南）顺利通过现场严格考核。全年该中心完成食品及农产品检验7500批次，其中国家质检总局下达监督抽查产品457批次，同比增长35.6%。

【纤维检验检测服务】 商丘市纤维检验所，利用与国际标准接轨的“中国棉花仪器化公证检验商丘实验室”，引导全市30家棉纺企业完成技术改造，并加入国家免费仪器化公证检验，跨入全省纤检系统先进序列。一是该所通过国家认可委（CNAS）组织的“三合一”检验资质复评审，授权对纱线、纺织品、絮用纤维制品、服装4大类45种产品的40余项技术参数的检验检测资质。二是该所对全市棉花加工企业实施质量信用分类评定，评定13家企业为A类、34家企业为B类、9家企业为C类。三是该所认真履行纤检执法稽查区域监管职责，核查11家企业的2.1万吨大包型成包硬件皮棉，确保了国家收储棉花的质量。四是2014年圆满完成国家储备棉入库检验5.84万吨任务。按照中纤局新的棉花颜色级标准，完成仪器化检验棉花9个加工企业、1.3万吨产品任务。五是该所组织商丘市制式校服（DB41/T855—2013）运动式校服，河南省地方标准（DB41/T857—2013）的制定工作，已于2014年8月生效实施。

12月5日，市质监局举办依法行政工作培训会

商丘市质量技术监督系统
荣获奖项

先进单位

河南省质监系统综合业务工作先进单位

河南省推进服务型行政执法建设先进单位

第三届市长质量奖

柘城县惠丰钻石科技有限公司

商丘市迈科新能源有限公司

商丘市金源机械设备有限公司

（白月亮　刘　陶）

食品药品监督管理

【食品药品监督管理工作概况】 2014年，市食品药品监督管理局认

张树仁

真贯彻落实十八届四中全会精神和市委、市政府工作部署，不断探索监管新路子，创新模式，实现新突破，推动新跨越，促进新发展，切实保障人民群众饮食用药安全。

商丘市食品药品监督管理局领导成员
局长、党组书记：张树仁
副局长：王洪如　王建成
刘须杰
稽查支队支队长：薛晓军

【监管体制】　根据《商丘市人民政府关于市县食品药品监管体制改革和调整工商质监行政管理体制的通知》，食品药品监管由省级以下垂直管理改为市、县政府分级管理，市、县食品药品监管部门为同级政府工作部门，市辖区食品药品监管部门维持现有设立分局的管理体制，作为市局的派出机构。根据《商丘市机构编制委员会办公室关于划转市县食品药品监管部门人员编制及有关问题的通知》，市食品药品监管系统县级人员及人事档案于2014年12月移交完毕。

【餐饮监管】　为强化餐饮监管先后开展食品安全宣传周、食品检验机构公众开放日、学校食堂开放日等系列主题活动，举办食品药品安全知识竞赛。开展肉及肉制品、夏秋季食品安全、农村食品市场"四打击四规范"（严厉打击无证无照行为，规范食品生产经营者的主体资格；严厉打击销售、使用无合法来源食品和原料违法行为，规范食品生产经营者的采购活动；严厉打击生产经营侵权仿冒和"五无"食品违法行为，规范食品包装标签标识管理，严厉打击生产经营"两超一非"等伪劣食品行为，规范食品生产经营过程）等专项整治活动。继续实施"四大放心工程"（放心奶、放心肉、放心菜、放心豆制品）和"放心主食、放心粮油"工程。分级分类开展学校食堂专项整治，降低学校餐饮食品安全风险，保障了"中、高考""两会"等重大节会期间餐饮服务食品安全，全市未发生餐饮食品安全事故。对全市65家示范街、示范店进行评审验收，办理餐饮服务许可证1139家，完成3777家餐饮服务持证单位量化分级等级评定。对302家餐饮单位和167家学校食堂开展"透明厨房开放日"活动。

【药品医疗器械监管】　药品生产监管。对全市12家药品生产企业分类管理。对生产企业和医疗机构负责人约谈。开展药品生产、无菌制剂生产车间、胶囊剂品种、胶剂生产等专项检查和GMP（药品生产质量管理规范）跟踪检查。推进新版GMP实施，全市6家企业16个车间通过新版药品GMP认证，3家企业获药品GMP证书有效期延续批件。强化药品注册核查，开展基药特药监管。对哈森药业新增82个品种申报再注册资料进行审核，完成龙兴公司许可增加25个药用辅料现场检查。对3家企业64个基本药物品种进行抽验。全年特药经营企业未发生质量安全事故和流弊现象。上报ADR（药物不良反应监测）病例报告5857份，报告数量和质量居省内前列。药品流通监管。组织新版GSP认证工作，深入企业一线调研，了解企业的需要和诉求，帮助企业解决实施新版GSP认证、换证过程中存在的疑惑和困难，为企业申报认证做好资料初审。一次性通过省局GSP认证批发企业14家；办理药品经营行政许可433件，其中药品零售企业GSP认证190家。加强流通环节专项检查，重点对药品批发企业购销渠道、储存养护、冷链管理等重点环节，对疫苗、生物制品、易制毒化学品等重点品种进行监督检查。加大对高风险类药品、禁限购药品和含麻黄碱复方制剂药物的监管。开展中药材、中药饮片及含麻醉药品和曲马多口服复方制剂专项检查。医疗器械监管。开展医疗器械档案建设工作，医疗器械生产、经营档案进一步规范。开展整治医疗器械虚假注册申报、违规生产、非法经营、夸大宣传、使用无证产品的"五整治"专项行动。开展高风险医疗器械专项检查、定制式义齿专项检查。组织对医疗器械生产、经营及使用单位的监督检查，共检查生产企业36家次，医疗器械专营店86家次、兼营店308家次，医疗机构6398家（其中县级医疗机构61家，乡镇卫生院161家，个体诊所和村卫生室6176家）。办理第Ⅱ、Ⅲ类医疗器械经营许可92件，监测上报MDR（医疗器械不良事件）报告1603例。

【案件办理】　市食品药品监督管理局全年办理一般程序案件782件，结案735件，罚没款入库108万余元；办理大要案件27件，刑拘151人，批捕17人。破获了一批在全国、全省有影响的大案要案，如制售假藏药案，涉案金额500万元；利用网络销售偏瘫复原胶囊等42个品种假药案，涉案金额134余万元；利用网络销售减肥产品假药案，涉案金额100万元；生产销售福润宝胶囊假药案，涉案金额1200万元等大要案件；餐饮服务环节监督检查立案1086起，罚没款收入310万元；移交公安机关案件84起，追究刑事责任4人；办理保健食品和化妆品案件12起，移交公安机关1起。

【检验检测】　市食品药品监督管理局全年完成药品检验1083批，其中基本药物检验174批，日常监督检验634批，省基层常用药品检验85批，医疗机构制剂专项监督检验25批，中药材、中药饮片专项监督检验33批，稽查案件检品检验96批，其他36批。完成食品检验420批，其中各县（市）食监所委托检验127批；国家食品安全风险评估和监督抽验小麦粉260批，其他33批。

【依法行政】　继续严格规范执法程序，推进监督检查"痕迹化"，合理使用行政处罚自由裁量权。完善法制审核制度，对案卷进行严格审核，提高案卷审核效率。加强重大事项合法性审查和评估预判，从源头上防范法律风险。开展行政执法案卷、行政许可案卷合法性审查，行政处罚案件备案登记129件，法制审查234件次；行政许可备案登记391件，法制审查427件次；处罚案卷和许可案卷法制审查661件次，提出整改建议

327条,解答法律咨询1.6人次;抽查执法案卷55件,提出整改意见27条,征求监管相对人意见30余条。

【培训工作】 餐饮执法及从业人员培训。举办多期全市执法人员法律法规培训班,就新版食品行政处罚文书和办理危害食品安全刑事案件方法等相关知识进行培训。全市餐饮执法人员实现培训规范化、考试常态化。市食监所组队参加本市食品安全知识大奖赛,荣获第一名。梁园、睢阳分局分别举办培训班,对执法人员和餐饮服务从业人员进行集中培训。药品执法及从业人员培训。开展新版GSP学习培训,举办新版药品GSP培训班8期,举办全市GSP认证检查员培训班,邀请省局药品GSP专家讲课,发放《新修订药品经营质量管理规范(GSP)培训资料汇编》。强化对县局ADR/MDR报告人员的培训,印制培训教材2500余本,全年参训4000余人次。法制、财务培训及网络学习。开展医药大讲堂活动,举办专家辅导讲座8期。分批对县局、分局和局机关执法人员进行法制培训。开展全市系统会计人员培训,对调查软件操作进行培训。全市系统开展公务员网络学习活动,平均学分516分,13人完成网络学习总分797.5分的全部课程。

【诚信体系建设】 全年围绕建设"诚信河南",营造"守信褒奖、失信惩戒、诚信自律"的行业氛围,对药品生产企业原辅料实施网络化管理,确保购进渠道合法、使用流向清晰。开展药品生产企业分级分类管理,评定信用等级。严格实验室比对试验,规范企业自检行为。建立药品、医疗器械诚信管理体系,对药品、医疗器械生产企业的重点品种实行投料监督,提升诚信意识,促进产品质量。利用药品、医疗器械电子监管平台,对企业生产、经营活动实行视频监控。通过市、县两级ADR/MDR监测网络开展监测和上报工作,对收集的药物滥用监测报告进行评估分析。加强药品广告监管,建立广告监测预警机制。把多次发布严重违法药品广告的企业列入"黑名单",对全市886家药品、医疗器械经营、使用单位进行评定,结果为守信868家、警示16家、失信2家。把受警示和失信企业列入重点监控企业,给予警示和警告,促其自查整改;对长期守法诚信经营企业大力宣传,树立诚信经营典型。

【文化建设】 录制《敬业和谐守善 赤诚守护饮食用药安全——商丘市食品药品监督管理局6年工作巡礼》专题片,在商丘广播电视台开辟《食品药品安全播报》栏目,均取得良好社会效益。编纂《商丘市医药志》,填补了全国医药行业志书编纂的空白。启动编纂《商丘美食宝典》,集商丘名吃、名产及食品安全知识为一体,开举全国先河。编纂《机关文化集萃》,展示文明机关新风貌。

【招商引资】 2014年,有多家企业通过市食药局招商引资落户商丘。一是柏斯医疗器械有限公司,计划5年投资10亿元,在梁园产业园区建立柏斯生物科技园。二是泉森玻璃制品有限公司,计划年产玻管5万吨、安瓿50亿支,总投资3亿元,在睢阳区产业集聚区破土开建。三是宁波市中药饮片(商丘)寿全斋有限公司计划投资1.5亿元,11月开工建设。同时,上海惠仁(夏邑)制药有限公司、河南华商药业有限公司、双鹤药业(商丘)有限责任公司等具有一定实力或高端产品的药品、医疗器械企业也通过招商引资落户商丘,为全市医药工业注入新活力。

商丘市食品药品监督管理局荣获奖项

先进单位

2012年~2014年商丘市推进服务型行政执法建设先进单位

商丘市服务工业经济发展先进单位

先进个人

河南省先进工作者

张树仁

(温允魁)

食品安全

【食品安全工作概况】 2014年,全市各级食品监管部门围绕食品安全中心工作,着力强化食品安全监管队伍建设,大力提升食品安全监管水平,精心组织食品安全宣传教育活动,积极开展食品安全专项整治工作,扎实推进食品安全日常监管,切实提高食品安全监管能力和水平,不断完善食品安全监管长效机制,全市食品生产经营秩序进一步好转,未发生重大食品安全事故,有效保障了人民群众饮食安全。

陈常亮

商丘市人民政府食品安全委员会办公室领导成员

主　任:陈常亮

副主任:张言军　孟锦涛　李　伟

【食品市场整治】 按照省政府食品安全办等六部门关于印发《河南省2014年食品市场整治"夏日行动"方案的通知》《商丘市2014年食品市场整治"夏日行动"方案》的要求,6月26日至9月30日,在全市开展食品市场整治"夏日行动"。相关监管部门结合各自职责分工,分别制定各自监管领域行动方案并成立相应领导小组,采取得力措施,加大监管力度,保持高压监管态势,重拳打击违法犯罪行为。专项整治期间,出动执法车辆350台次,执法人员1123人次,检查企业商户1266家次,查扣违法生猪肉品432公斤,涉案金额0.86万元。

【食用盐专项检查】 为切实加强学校食堂食用盐监督管理,保障广大师生饮食安全,根据河南省《关于开展学校食堂食用盐检查工作的通知》要求,组织执法力量对学校食堂进行拉网式排查,充分利用快速检验手段,严防工业盐和其他来历不明劣质盐流入学校食堂。专项检查共出动执法人员1053人次,车辆248台次,检查学校食堂596家次,下发监督意见书268份,开展食用盐安全宣传进校园活动13次。

【农村食品市场专项整治】 根据国务院和省统一部署，自9月开始，在全市集中时间、集中力量，开展为期3个月的农村食品市场“四打击四规范”（严厉打击无证无照行为，规范食品生产经营者的主体资格；严厉打击销售、使用无合法来源食品和原料违法行为，规范食品生产经营者的采购活动；严厉打击生产经营侵权防冒和“五无”食品违法行为，规范食品包装标签标识管理；严厉打击生产经营“两超一非”等伪劣食品，规范食品生产经营过程）专项整治行动。一是通过有效形式向社会发布启动专项活动信息，广泛宣传，营造氛围；二是集中组织力量对农村小作坊、小餐饮、食杂店、小超市、区域性食品批发市场、乡镇集贸市场等重点单位和重点场所进行监督检查。全市排查无证生产单位3060家（个），检查农村食品企业及小作坊740家次，立案13起，取缔无证生产企业1家，捣毁窝点2个；检查食品经营户12560户次，检查批发市场、集贸市场等各类市场59个次，取缔无照经营12户，没收“五无”等不合格食品130余公斤，对6户建立台账不规范的经营户下达责令整改通知书；依法立案查处食品标签标识案件13件，案值4.72万元；监督检查餐饮单位3558家次，监督抽检59批次，立案39起，查扣假冒伪劣食品120公斤，罚没款9.9万元。

【馒头加工小作坊专项整治】 针对中央电视台《焦点访谈》曝光河南、山东等地部分商户在加工馒头、包子等食品过程中使用塑料编织袋和塑料薄膜当屉布的情况，根据《关于谢伏瞻等省政府领导对央视〈焦点访谈〉报道“笼屉里的隐忧”问题应对处置情况重要批示的通报》和《市政府食安办关于进一步整顿规范馒头类食品生产经营活动的通知》的要求，在上年专项整治的基础上，又专门进行“回头看”，对馒头加工小作坊进行一次全面的摸底排查，建立馒头加工小作坊台账。全市共出动执法人员4260人次，检查商场、超市、集贸市场内馒头类食品加工经营场所7569户次，取缔无证经营户4家。

【儿童食品市场专项整治】 为切实加强儿童食品监管，消除食品安全隐患，确保少年儿童食品安全和身体健康，市食安委下发《关于进一步加强儿童食品市场监管工作的紧急通知》，对儿童食品市场专项整治。全市共出动执法人员2884人次，检查儿童食品经营户1360户，下达行政指导文书85份，检查学校和托幼机构食堂463家次，学校周边餐饮服务单位1839家。

【保卫餐桌安全专项行动】 市政府食品安全办协调相关部门与公安机关密切配合，把“打击食品犯罪保卫餐桌安全”专项行动作为长效机制。以非法添加、“地沟油”、“瘦肉精”、病死畜禽、注水肉、滥用违禁农兽药等为重点，全面排查各类涉嫌食品犯罪的案件线索，严厉打击各类食品安全犯罪活动，消除食品安全隐患，有力打击食品安全违法犯罪分子。共查处违法餐饮单位1220家，涉案物品11.26万元，罚款321.3万元，移交司法机关84起，刑事处罚4人。

【食品安全培训和宣传教育活动】 一是开办《关注食品安全》《食品安全播报》等广播电视栏目，宣传食品安全法律法规和生活常识，受理群众投诉，接受社会监督，使社会各界和广大群众更加了解、关注和支持食品监管工作，形成人人关心食品安全、人人参与食品安全的良好社会氛围。二是重点开展宣传周活动。6月10日，商丘市食品安全宣传周活动举行启动仪式，市领导、市食安委成员单位、企业代表及食品安全志愿者1200余人参加。现场展出宣传板面93个，发放宣传手册1.85万余册，发放宣传单6.5万余份，接受群众现场咨询1000余人次。宣传周期间全市发放《尚德守法提升食品安全治理能力》知识彩页8000余套，《安全饮食健康生活》6000余本，《食品安全常识》5万余册，《食品安全消费手册》6000余本，发放宣传页14.1万余份。全市出动宣传人员8600余人次，出动宣传车辆210余台（次），接受群众咨询8800余人次。受理咨询投诉31起，现场办结16起。充分发挥媒体的全覆盖作用，在全市举办“高老庄杯”食品安全知识电视竞赛活动，在《商丘日报》刊登“食品安全知识竞赛试题”，开辟食品生产企业诚信经营承诺专刊，制作食品安全公益广告，在市政府网站上设立商丘食品安全宣传窗口，逐步营造人人关心、人人参与食品安全的社会共治格局。三是抓好各级各类人员的培训教育。全年共培训基层执法人员及食品企业经营户1.8万人次。11月11日～15日，市政府食品安全办对9个县（区）及市政府食安委成员单位和有关生产经营企业160余名从业人员进行法律法规及业务知识脱产培训。

【食品安全信息】 市食品安全办高度重视食品安全信息收集、整理、上报工作，对每次的食品安全会议、文件的下发、专项整治活动、宣传活动、重点工作开展情况等都有专门记录、信息和图片，并及时上报。全年共编发食品安全工作简报39期，上报信息75条。 （孙多麦 蒋军生）

出入境检验检疫

邓 敏

【出入境检验检疫工作概况】 2014年，商丘出入境检验检疫局按照“围绕中心，服务大局，全面提升，打造强局”的工作思路，以“五大强局工程”（基本建设、机构布局、业务改革、事业保障、民生顺心）建设为导向，努力践行“四大服务工程”（建设大口岸、实施大通关、打造大平台，培育大品牌）的实施，立足本职，主动融入，务实重干，开拓创新，为商丘外向型经济转型发展作出较好成绩。全年全市检验检疫出入境货物2456批，货值18343万美元，批次同比减少17%，货值增加4.5%，其中出境货物2090批，货值12890万美元，批次和货值同比分别减少25%和5%；入境货物366批，货值5453万美元，批次和货值同比分别增加111.6%和37%；签发原产地证1253份、7882万美元，同期分别增长53.5%和58.6%。签发一般产地证481份、3771万美元；签发普惠制原产地证559份、2509万美元；签发区域性优惠产地证223份、1602万美元。

商丘出入境检验检疫局领导成员

局长、党组书记：邓　敏（女）
副　局　长：李建生（兼民权办事处主任）
　　李一新　何纪海
纪检组长：李建生（兼）

【出口业务】　围绕“农”字做文章，继续落实市政府和省局签订的食品农产品出口合作备忘录，认真研究国外标准，帮企业扩大业务范围，助企业产品升级，提升附加值，行业带动作用明显增强。采取服务前移、主动介入的方式积极帮助企业完善质量管理体系，建立食品安全风险分析制度，取得出口食品生产企业卫生备案资质。全市出口食品国内备案企业43家，国外注册企业10家，居全省第二位。全年出口食品农产品1818批、11611万美元，上年同期出口食品农产品1649批、9102万美元，同比分别增长10.25%和27.6%。一是出口罐头大幅增长，行业带动作用明显增强。全年出口罐头食品827批、货值3464.1万美元，比上年同期分别增长18.3%和36.4%。全市现有出口罐头企业10家，以食用菌为主的果蔬罐头带动夏邑县、睢阳区等源头种植业的发展。二是帮助开拓出口冻肉市场。市检疫局多次按照出口标准指导河南贵友实业集团有限公司整改完善，顺利迎接吉尔吉斯斯坦官方兽医对贵友公司的审核检查。全年向吉尔吉斯斯坦出口冻肉24批，货值1456.1万美元。该企业经过完善体系、整改提高，年底已通过国家认监委对申请俄罗斯猪肉企业的专家评审。

【进出口业务关】　全年共检验检疫不合格118批、1845万美元，同比批次和货值分别增长57倍和165倍，其中不合格出境货物63批、317万美元，涉及产品有肠衣、肉制品罐头、水果罐头、蘑菇罐头、脱水蔬菜、冷冻果蔬、打火机等；不合格入境货物55批，货值1528万美元，涉及产品有绵羊皮、棉花、调味酒、设备等。

【检验检测能力建设】　为提升人员素质能力，加大培训力度，年内全局人员参加国家质检总局网络学院的检验检疫业务知识培训。已派实验室人员9人次外出参加由检科院、中检河南公司、标准研究院组织的检测标准与技术培训。年底完成检测2806项次，同比增长28%。年内已申报2项科研攻关项目（“脱水蔬菜二氧化硫的快速检测”和“商丘出口农产品基地土壤－植物体系重金属迁移分析”）被批准为商丘市科技攻关计划项目。

【出口质量安全示范区建设】　出口质量安全示范区建设是国家带动出口，确保产品质量，促进企业转型升级重要基础性工作，其级别为省级、国家级。商丘市5家出口工业品质量安全示范区和出口农产品质量安全示范区建设均进展顺利。一是着力创建2家国家级出口质量安全示范区。首先是民权国家级制冷机电设备出口质量安全示范区。成立推进组织，召开动员大会，形成政府牵头、检验检疫指导、制冷企业参与的联动机制，通过国家质检总局专家组审核，并在国家质检总局2015年第10号公告发布。其次是民权国家级出口果蔬质量安全示范区建设。为将民权果蔬产品优势转化为出口优势，商丘局民权办事处成立促进食品农产品出口领导小组，加大对出口示范区土壤、水源的监测管理，帮助种植户规范农药、化肥等农业化学品的投入使用。9月16日，该安全示范区已顺利通过国家质检总局专家审核组的现场考核，总局123号公告已发布。二是着力创建3家省级出口食品农产品质量安全示范区。分别是河南省福润食品有限公司出口速冻蔬菜质量安全示范区、商丘市广益食品有限公司出口双孢菇质量安全示范区、民权县科农食品贸易有限公司出口速冻蔬菜质量安全示范区，均已创建并进行发布。

商丘出入境检验检疫局荣获奖项先进单位

全国“标准化窗口”

（吴文彬）

安全生产

闫昭敏

【安全生产监督管理工作概况】　2014年，全市安全生产工作牢固树立“底线”思维和“红线”意识，以推进党政同责、一岗双责、齐抓共管的安全生产机制为重点，围绕“强基层打基础，严执法重实效，广宣传造氛围，除隐患防事故，保安全促和谐”的工作思路，真抓实干，努力工作，圆满完成了各项安全生产工作任务。全年全市共发生各类伤亡事故471起（不含消防火灾事故），死亡96人（不含消防火灾事故），事故起数同比下降1.2%，死亡人数同比下降10.2%，其中道路交通发生事故464起（无生产经营性道路交通事故），死亡82人，事故起数同比下降1.9%；死亡人数同比下降20.4%；自建房事故3起，死亡9人；工矿商贸企业发生事故4起，死亡5人；危险化学品、烟花爆竹企业、煤矿和农机没有发生死亡事故；消防火灾事故553起，死亡10人。

商丘市安全生产监督管理局领导成员

局　　长：闫昭敏
副　局　长：任　磊　徐新华
　　李祥水
纪工委书记：刘杰修
总工程师：程　政
煤矿安全监察办公室主任：丁世随

【安全专项整治】　一是认真落实国办发〔2013〕99号文件精神，组织煤矿企业中层以上领导，并按照要求开展专项检查，对存在的问题逐项整改。认真落实煤矿安全规定，加强监督检查，坚持领导带班制度，督促煤矿企业建立安全风险预控体系，严格现场管控，杜绝违法违章生产行为。

大力推广井下打钻视频监控和语音广播系统。年底,神火集团4对主体矿井已全部安装使用,全面提高矿井安全保障水平。市安全监管局联合河南煤矿安全监察局豫东分局,制定煤矿安全专项检查方案,对神火集团4对主体矿井开展全方位检查,进一步排除隐患,落实制度。二是建筑施工安全专项整治。市政府安全生产委员会牵头,组织公安、住建、安监、规划、城管等部门,针对施工资质、安全防护措施、安全教育培训等问题,开展督查检查,查处非法建设和非法承包转包行为26家,查处无证或证照不全从事建设行为6起,发现违章作业32处。全部依法依规进行整改和处理。针对夏季高温等极端天气,要求各在建工地落实防暑降温措施,避开高温时段作业。三是道路交通安全专项整治。强化车辆、驾驶人员等源头治理,加快事故多发点、段改造,严格重点时段、路段管控,严厉打击非法挂靠、非法营运等重大交通违法行为。全面排查整治病险路桥和事故多发点段,强化对高速公路、国道、省道主干线的监控和执勤,严肃查处客运车辆超员、机动车超速、货车违法载人、酒后驾驶、疲劳驾驶、无证驾驶、遮挡号牌等违法行为,从严查处客车、危险化学品运输车辆违规行驶行为。加强校车、客车、危险品运输车等特殊车辆监管;高度重视城市公交、水上运输等交通安全监管,严格场站内部管理,严格上车安全检查,确保安全运营。

【危险化学品和烟花爆竹监管】 危险化学品和烟花爆竹注重抓好生产、经营、储存、运输以及打击非法生产经营行为等各个环节的工作,确保危险化学品和烟花爆竹安全。一是大力推进化工园区风险评估和安全容量分析工作,全市大多数县(区)已完成评价,并报省安监局进行备案。二是强化执法检查,对涉及"两重点一重大"(重点危险工艺、重点监管危化品和重大危险源)的危险化学品企业,加大检查频次,对违反《化工(危险化学品)企业保障生产安全十条规定》的企业,依法进行严厉处罚。三是危险化学品重大危险源全部通过检测检验并进行备案,危险源管控工作步入正轨。四是推动烟花爆竹企业整顿、关闭和转型升级,坚决淘汰工艺落后、安全条件差的企业。五是以防爆、防火、防静电设施为重点,全面进行烟花爆竹企业基础设施改造提升。六是建立烟花爆竹安全监管联席会议制度,加强"打非治违"力度,严厉打击非法生产经营行为。

【安全专项治理】 人员密集场所消防安全专项治理。一是对大型商场、超市、露天市场、公园、医院、学校等人员密集场所开展消防专项检查,开展"九小"场所专项治理,完善消防设施设备,疏通紧急疏散通道,强化安全防范措施。二是督促相关部门严格监管,对网吧、洗浴中心、KTV等人员密集场所,采取联合执法的形式,全面排查整改隐患,对一时不能整改的,一律停业整顿,坚决杜绝群死群伤事件。三是督促各有关部门认真做好应急预案,加强应急演练,一旦发生事故,确保能及时有效地开展救援行动,最大限度地减少人员伤亡和财产损失。油气输送管道和城市燃气专项治理。以贯彻落实《国务院安委会关于开展油气输送管线等安全专项排查整治的紧急通知》和《河南省油气输送等管线专项排查整治工作实施方案》要求为重点,深入开展油气输送管线等安全专项排查整治工作,制定《商丘市油气输送管线安全专项排查整治工作方案》,成立由发改委、公安局、城管局、质监局、气象局、安监局等部门组成的领导小组,对油气管线行政许可、日常监管、应急管理情况开展专项排查整治,对查出的问题和隐患建档立案,实行闭环管理、全面整改,并将查出的问题隐患及整改情况通报周边相关单位。专项活动共排查出各类事故隐患105起,能当场整改的及时进行整改,不能当场整改的全部实行挂牌督办。职业卫生工作专项治理。2014年,以职业卫生培训为抓手,以监督执法为手段,督促用人单位做好职业卫生工作,履行职业卫生主体责任,全年全市没有发现职业病新增病例。一是加强职业卫生宣传培训。委托商丘市职业安全健康协会举办7期职业卫生及涉粉尘企业安全教育培训班,用人单位的主要负责人和职业安全健康管理人员1200余人参加培训。通过培训提高用人单位对此项工作的认识,明白做好本单位此项工作的方法思路,为此项工作的开展奠定基础。认真组织全市4000余人参加国家安全监管总局举办的全国职业病防治知识竞赛活动,进一步宣传《职业病防治法》。二是认真开展职业卫生专项执法检查活动。按照国家安全监管总局的统一部署,积极开展职业卫生监督执法年活动。检查企业16家,发现问题82项,当场下达责令限期整改指令书16份,对检查发现的问题,责令限期整改完毕。同时执法与服务相结合,指导企业如何规范整改,提高了职业卫生管理水平。三是开展职业卫生基本情况摸底调查活动。通过开展工矿领域职业病危害普查摸底,全市937家存在职业危害企业,接触职业危害职工8673人,接触粉尘7049人,接触化学毒物1205人,接触物理有害因素5122人,接触生物有害因素50人。在摸底调查的基础上,动员全市126家用人单位进行职业病危害申报、检测、评价、备案。

【"安全生产月"活动】 2014年6月是全国第13个"安全生产月",活动主题是"强化红线意识、促进安全发展"。为开展好这次"安全生产月"活动,一是制定详细实施方案,建立领导小组,专门召开会议进行周密的动员部署,做到思想重视,准备充分,领导坚强,组织得力。二是加强与主流媒体、重要网站的联系沟通,加强正面宣传,力求形式更加丰富,内容更加贴近百姓、贴近生活,普及安全知识,提升安全意识,努力营造安全生产氛围。三是副市长江文玉在《商丘日报》发表署名文章,进一步为安全生产月活动造势,扩大安全生产的影响力。四是开展宣传咨询日活动,邀请市人大、市政府、市政协领导及市安委会有关成员单位负责人出席,展出宣传展板300余块,设置28个"安全生产宣传咨询点"发放宣传资料,悬挂宣传画册,在宣传大屏幕滚动播放安全影视教育光盘。五是开展好"安全生产事故警示教育周"、"安全生产应急预案演练周"、安全生产知识竞赛、“百名安全专家下基层”、安全生产有奖征文等活动。六是强力实施企业全员安全培训工程，突出抓好“三项岗位人员”、班组长培训和新工人、转岗工人、农民工技能培训。加快安全文化建设，积极探索政府监管、企业管理和社会监督安全文化建设模式，培育一批安全文化建设示范单位。

商丘市安全生产监督管理局荣获奖项

先进单位

2012年～2014年河南省推进服务型行政执法先进单位

商丘市文明单位标兵

先进个人

全国安全生产先进个人

闫昭敏　董亚军

河南省安全生产工作先进个人

赵　群　董　杰

（高运步）

市场发展管理

路　光

【市场发展管理概况】 2014年，商丘市市场发展服务中心以广泛开展党的群众路线教育实践活动为契机，以加大市场建设、繁荣市场发展、规范市场管理、提升市场服务水平为目的，大力建设、繁荣有辐射带动作用的特色专业市场，扶持培育专业市场品牌，积极推进现代商品交易市场体系建设，努力打造承东启西的市场支撑点，取得显著成绩。全年全市开工新建市场18个，升级改造市场12个，规范管理市场17个，总投资15.5亿元（同比增长23%），招商引资到位资金4000余万元，市场项目协议资金约65亿元（同比增长32%），各类市场商品交易额612.7亿元（同比增长12.3%，其中商丘农产品中心批发市场交易额已突破200亿元，中原车城交易额已突破150亿元），市场经营户20.7万户，位居全省第三，圆满完成各项任务。

商丘市市场发展服务中心领导成员

主任、党组书记：路　光

副主任、党组副书记：杜远璋

副主任：侯　军

【市场建设】 2014年，市场发展部门围绕“豫鲁苏皖四省接合部区域性商贸物流中心城市”这一城市功能定位，加大市场建设力度，市场建设取得新突破，市场品牌效应显著增强。一是大型专业市场建设数量明显增加。中心城区开工建设和升级改造市场5个，县（区）8个，其中超亿元的5个，协议总投资40余亿元。大型专业市场建设明显加快，尤其是围绕特色产业和区位优势建设的市场明显增加。在中心城区重点抓好红星美凯龙、丹尼斯二期、大商新玛特二期、大润发、中豪国际广场、白云世贸商城、亿丰国际博览城等项目的督促检查工作，分析研判项目建设的困难和问题，加快推进项目建设力度。至年底，红星美凯龙项目六栋楼房主体已封顶；大商新玛特二期主体基本完工，投资3.3亿元；亿丰国际博览城一期项目主体全部完工，投资3.8亿元；睢阳区豫东农资物流配送中心项目一期工程已完成。其他县如夏邑县新建了中原国际商贸港和农副产品批发市场，虞城县新建了豫东商业广场，宁陵县新建了豫东家居建材大市场，睢县新建了汽车农机物流市场等，以大型市场项目的建设，提升全市市场建设水平，促进商丘商贸物流业的发展。二是大型专业市场品牌效应和辐射力显著增强。为叫响商丘市场品牌，争夺市场话语权，2014年重点加大对中原车城、光彩市场、中意建材等专业市场的培育，增强了品牌意识，提升了市场辐射能力，使中原车城成为全市第二家贸易额超过百亿的市场。以商丘农产品批发市场、中意建材、光彩大市场等为龙头，带动相关产业的市场功能机制已逐步体现，充分发挥着专业市场在商品展销和集中商流、物流、资金流、信息流方面的巨大作用。尤其是商丘农产品批发市场连续6年交易额超百亿（2014年达到了228亿元），已经成为全国农产品综合批发十强市场，“商丘价格”成为全国农产品价格的风向标，产品辐射全国。三是农贸市场规范化建设持续加快，农产品市场体系逐步完善。全年全市共有农产品市场186个，其中城区农贸市场56个（含专业农贸市场市场15个），农村集贸市场130个。2014年中央1号文件提出“加快推进以城市标准化菜市场、生鲜超市、城乡集贸市场为主体的农产品零售市场建设和加强以大型农产品批发市场为骨干、覆盖全国的市场流通网络建设，开展公益性农产品批发市场建设试点”的要求，市委市政府在

4月29日，主任路光、副主任侯军及睢阳区正县级干部范景生、市场局局长刘庆恩检查新建农贸市场

《关于全面深化农村改革加快推进农业现代化的实施意见》中明确提出:“建立以310农产品批发市场为龙头,城区农贸市场(或农产品批发市场)为骨干,一乡一业或一村一品特色市场为基础,社区农贸和周末直销摊点为补充的覆盖全市市场流通的现代化农产品市场体系”。为抓好落实,市市场发展服务中心积极制定工作方案,持续做好农贸市场(集贸市场)的新建和升级改造工作,引导农贸市场因地制宜采取整体改造、农加超、农改超等模式提升自身水平,逐步完善农产品市场交易体系。各县(区)政府高度重视农贸市场规范化建设工作,出台工作方案,成立领导组,积极推动农贸市场规范化建设工作,如夏邑县不仅成立县市场建设领导组,而且还成立建设指挥部。县(区)市场局积极主动,如民权县、睢阳区采取在原址升级改造、搬迁异地重建,与新型农村社区建设或集镇商业街开发相结合的等多种措施,加快农贸市场规范化建设。尤其是夏邑县市场局在县农产品市场建设指挥部指挥下,在县城管局、规划局、住建局、土地局等相关单位配合下,用40天时间全面完成了旧市场的拆迁和新市场的设计、建设、搬迁等任务。该农贸市场总投资1000余万元、占地5万平方米、经营板房357个、拱形大棚5座,实现了县政府对居民在春节前夕投入使用的承诺。

【市场管理】 2014年,全市各级市场发展管理部门积极探索市场管理模式,在管理对象多元化、市场交易日益信息化的大背景下,由传统的强制式管理,转变到以服务为主的管理新模式。全年规范管理市场17个,大型专业市场管理制度进一步健全,管理水平逐步提升,市场经营秩序明显改善,市场规范化管理水平和能力得到实质性提高。一是市场管理水平明显提高。睢县、虞城县、睢阳区等市场局着重从完善各类市场管理制度着手,规范管理行为;梁园区等市场局着重从队伍整体形象着手,统一服装,提升管理人员精神面貌。同时特邀人大代表和政协委员作为监督员,进一步加大对各专业市场管理的力度。在各大专业市场设立服务台,配备医疗箱、气筒等常用药品和工具,方便商户和顾客应急使用,及时帮助商户解决经营和生活中的困难,促进市场和谐稳定发展。全年全市没有出现经营者上诉市场管理人员的行为。二是市场管理能力不断提升。以党的群众路线教育实践活动为契机,在全市市场发展管理系统强化作风建设,教育干部职工抛弃庸、懒、散、浮恶习,沉下身子下基层、下市场,真干事、干实事,问民意、察民情、解民难,进一步密切了党群、干群关系,强化了全市市场发展管理系统干部队伍的公仆意识、服务意识和责任意识,精神状态有明显改观,服务市场、商户的观念有明显增强,纪律作风有明显转变,工作效率和能力有明显提高。三是市场管理逐步规范化。按照《商丘市人民政府办公室关于进一步加强市场建设和规范化管理工作的意见》和《商丘市人民政府办公室关于转发市市场发展服务中心关于加强市场建设和发展工作实施意见的通知》要求,加强对各县(区)市场管理工作的指导和督导,强化市场日常监管,规范市场经营秩序。为使县(区)市场局干部队伍“干有责任、做有目标”,推行目标管理,强化经营管理,公开工作流程和服务承诺,规范工作程序。县(区)市场局班子成员与所长、所长与工作人员、工作人员与商户,层层签订责任书,逐级量化、细化管理目标,做到一级抓一级,层层抓落实,使市场管理更加规范化、制度化。

【市场服务】 2014年,围绕市场服务重点在强职责、创方法等方面做工作,市场服务方式和服务质量有新突破。一是深化银政企合作服务好市场。市市场发展中心主动协调,与建行商丘分行签订全面战略合作协议,为尽快推动合作的深入开展,呈报的《关于加大支持市场建设提高服务质量推动市场繁荣发展的意见》被市政府以商政办〔2014〕51号文件印发。为了使此文件快速得到落实,市市场发展服务中心与建行商丘分行于7月4日举行加大支持市场建设提高服务质量推动市场繁荣发展工作推进会,成立了联合办公室,制定了实施方案和考核办法,使金融服务和市场服务窗口前移至一线,共同为各类市场主体、商户、行业协会提供优先优惠服务和信贷支持。各县(区)市场局积极主动,成立了与建行合作的专门组织,在部分专业市场召开培训会和推介会,与建行工作人员一起发放宣传页、办理建行卡等,为银、政、企长远合作打下基础。通过双方合作,将逐步形成建行和市场、商户之间的合作机制。建行河南省分行对此次合作给予充分肯定和大力支持,派专人到商丘学习,发出《关于学习商丘分行经验积极主动融入地方发展的通知》并转发商政办〔2014〕51号文件,要求全省各支行要认真学习商丘的经验,并让商丘的做法在全国建设银行会议上进行经验交流,提升了商丘的整体形象,赢得了良好的经济效益和社会效益。2014年仅3个月的时间,共发放宣传单2万余份,在城区各大专业市场设置便民服务台60个,布放电话支付620台、发卡5100张,电话支付及结算通卡日均存款143万元,发放个人助业贷款4200万元,激发了市场发展的活力,推动了商丘市场的快速发展。二是搞好市场宣传服务。为扩大全市市场宣传力度,提升市场管理水平,市市场发展服务中心组织专门人员编印《商丘市场》画册,画册汇集了近几年全市市场建设和市场发展的成果,是树立商丘市场品牌、扩大对外招商引资宣传的有效载体,也是展示商丘城市形象的窗口。三是积极培育文明诚信市场。结合全市“践行价值观,文明我先行”活动,积极开展文明诚信经营活动,联合市工商局、市文明办在全市开展创建文明诚信市场活动,争创一批商丘市、河南省重点市场。对2014年度5个(310农贸市场、中意建材市场、睢阳区豫东农药大市场、梁园区创世钢材大市场、柘城县全友生活广场)市级文明诚信市场进行检查验收,积极引导市场举办者、市场管理者和市场经营者,形成讲文明、比诚信的市场经营环境,树立商丘市场品牌,提高现有市场的辐射力和带动力。四是做好市场的可行性报告论证。围绕花卉产业发展进行认真调研,形成建设花卉生态产业园区可行性报告;围绕中心城区早夜市和农贸市场现状,广泛开展专题调研,形成早夜市整治和农贸市场整治专题建议;围绕城区7

个农贸市场选址进行可行性论证，并对开发区管委会建设珠江路农贸市场进行可行性报告论证，形成专项论证意见上报市政府等，以避免市场重复建设、低水平建设和建后不繁荣。

【市场经营秩序整治】 积极承担市委市政府和市“六城”联创中的工作任务，牵头对所管的各类市场进行集中整治，尤其是所管的农贸市场和早夜市，在2013年整治基础上进行调查摸底。中心城区确立16个需要保留的农贸市场，并列出计划取缔的12个农贸市场，现已取缔3个，正在取缔的马路市场3个；分别对梁园区提出新规划农贸市场5个选址、睢阳区提出新规划农贸市场2个选址和商丘市城乡一体化示范区提出新规划农贸市场1个选址进行现场查看，对规划的合理性及可行性进行研究，提出意见和建议。2014年升级改造或新建中心城区农贸市场3个，规范管理市场12个，投资2000余万元。同时按照《商丘市人民政府办公室关于进一步加强市场建设和规范化管理工作的意见》和《商丘市人民政府办公室关于转发市市场发展服务中心关于加强市场建设和发展工作实施意见的通知》要求，加强对各县（区）市场管理工作的督导，强化市场日常监管，规范市场经营秩序。年底，城区大型专业市场管理制度进一步健全，管理水平逐步提升，市场经营秩序明显改善。

商丘市市场发展中心荣获奖项

先进单位

商丘市“六城”联创工作先进单位

先进个人

商丘市“三八”红旗手

许慧芳

商丘市“六城”联创工作先进工作者

郭　林

（杨景伟）

国资监管

【国资监管工作概况】 2014年，全市国有企业认真贯彻市委、市政府决策部署，全力以赴稳运行、攻坚克难促改革，在需求不足、产能过剩的严峻形势下，保持了企业生产经营总体稳定和持续发展。2014年纳入财务统计的市属国有企业主营业务收入为283.45亿元，资产总额774.7亿元，所有者权益117.53亿元，比上年增长2.05%。由于煤价同比下滑，加之电解铝项目巨额亏损，主要经济指标降幅较大。重点企业通过采取管理层降薪及大幅压缩管理费用等措施，努力减少亏损额度。在这种艰难形势下，上缴税金14.12亿元，比上年同期增长7.66%。

冯华亭

商丘市政府国资委领导成员

主任、党委书记：冯华亭

副　主　任：赵新社　傅亚峰

刘北京　王义民

纪工委书记：陈龙杰

【国有企业改革】 一是认真起草深化改革意见。为了贯彻党的十八届三中全会关于全面深化改革若干重大问题的决定以及市委全面深化改革领导组专项改革的有关要求，市国资委按照坚持与中央全面深化改革若干重大问题的决定相一致，与《企业国有资产法》《公司法》相一致的原则，结合全市实际，3月起草《关于深化国资监管国企改革的实施意见》。在起草过程中认真学习习近平总书记系列重要讲话精神，充分吸收全省深化国有企业改革的成果，多次深入企业调研；根据《中共河南省委河南省人民政府关于进一步深化国有企业改革的意见》的有关要求，与省国资委进行充分沟通并多次征求市法制办等相关部门的意见，得到充分肯定。该《意见》出台后，对于营造鼓励改革创新的良好环境，强化市场对资源配置的决定作用，推进现代企业制度和资产管理体制建设，加强企业国有资产监管具有重要的指导意义。二是与央企合作工作成效显著。认真贯彻落实省政府2014年与央企合作工作电视电话会议精神和市委经济工作会议精神，按照构筑中原经济区东部战略支撑和加快构建“一个载体、三个体系”（以产业集聚区为载体，现代产业体系、现代城镇体系、自主创新体系）的要求，结合全市实际制定《商丘市2014年与中央企业、省管企业合作专项工作方案》，同时督促指导各县（区）政府和市属企业创造性地开展工作，明确工作目标，调整充实商丘市与中央企业、省管企业合作联席会议成员，建立工作组织网络，加强经费保障，搭建央企合作工作平台。2014年全国“两会”期间，市领导会见中国机械设备工程股份有限公司（以下简称“中设公司”）总裁一行，双方就改性沥青裂解项目深入洽谈，并与中设公司签订战略合作框架协议。市政府领导多次带队赴北京拜会国家发改委、国务院国资委及中国铁路总公司等国家部委领导，就中石油商丘炼化项目、设立商丘高铁动车检验所项目进行广泛沟通与洽谈，争取他们对商丘市与央企合作工作的支持。各县（区）政府及时调整充实了与央企合作工作机构，充分利用各种渠道，采取不同形式积极与央企对接。市央企办各成员单位密切配合，及时研究解决与央企对接合作中的问题，全力支持央企、省企在商投资兴业。“央企河南行集中活动”中成功签约项目2个，分别是睢阳区与中国航天长峰科技股份有限公司合作年产100套城市垃圾综合处理项目，总投资5亿元；虞城县与中粮集团东海粮油有限公司合作年产10万吨谷维多稻米油项目，总投资10亿元。通过实施与央企对接合作，进一步促进市属企业转型升级，提高企业核心竞争力，实现了与央企的大融合、大发展，新增投资60余亿元。三是加大对市属国有企业深化改革的支持力度。实行领导分包，明确责任，强化协调。委领导多次下企业调研，积极帮助企业解决困难和问题，有力地支持市属国有企业的改革与发展。神火集团积极应对危机，实现保增长、保民生、保稳定。全年生产煤炭860万吨，同比增长21.05%；生产电解铝91万吨，同比增长29.73%；自供电88亿度，同比增长84.91%。全年重点项目投资29.51亿元，新疆80万吨铝合金项目、配套4×350兆瓦自备发电机组及40万吨碳素项目竣工投产。帮助和指导路桥集团加强企业内部管控，千方百计寻找工程建设项目，路桥集团呈现出较好的发展前景。先后完成市政工程投标任务,成功中标长江东路工程项目、高铁立交桥项目并顺利完成成本核算工作。自主投标并开工建设省内外项目共计9.1亿元。依法依规、认真完成商电铝业集团破产的前期准备工作。经市委四届第89次常委会和市政府第34次常务会研究,同意商电铝业集团依法实施破产,睢阳区法院于10月9日下达商电铝业相关企业的破产清算受理裁定。年底,5个专项工作组已进驻商电铝业集团展开工作,破产各项工作正在进行。继续推进老国有企业的破产改制工作。为做好这些企业的稳定工作,国资委全体干部勇于担当,不断深化"大排查、大调处、大防范"活动,发现不稳定问题及时排查化解。由于依法依规办事,急困难职工所急,想为困难职工所想,做好耐心细致的思想工作,未出现过赴省进京上访事件,为全市信访稳定工作作出积极贡献。

【国资监管工作】 一是完成对7家国有企业2013年度财务审计工作。通过审计,真实掌握了企业经营和财务状况,为制定企业经营目标、对企业领导人员经营业绩进行评价提供了参考依据。二是规范国有产权交易行为,促进国有产权有序流转。编制政策文件汇编,转发落实《企业国有资产监督管理暂行条例》等规范性文件。提升了豫东产权交易中心硬件建设水平,通过进场交易,公开披露转让信息,广泛征集受让方,进行公开竞价交易,能有效防止国有资产流失。三是不断拓宽国资监管范围。完成国资委拟监管的第三批企业过滤筛选工作,形成文字材料待上报市政府批准。巩固和完善市直单位所属企业脱钩改制成果,指导和参与人社局下属的河南实达国际人力资源合作有限公司、公安局下属的保安公司、市财政局汽修厂等企业的改制工作。建立与县(区)国资监管机构的通联机制,为实现国资监管全覆盖奠定了基础。

【信访稳定工作】 坚持"调防结合,以防为主"的方针,抓小、抓早、抓苗头、抓信息,重排查调处,尽力做好信访工作,全年办结省、市交办的信访案件26起,其中省巡视组交办信访案件7起,市信访局交办信访件19起,办结率100%。一是重视做好重大敏感时期的稳定工作。在党的十八届四中全会、APEC会议等重要敏感时期,超前谋划,防患未然,确保关键时期没有发生来自市管企业的干扰。二是建立健全信访维稳工作机制和领导干部矛盾排查化解联系点制度,明确工作职责,解决重访、集访等问题。三是进一步修订完善群众信访工作督查督办制度、群众信访渠道畅通与公开制度、群众信访档案建立制度、信访事项交办制度,推动信访工作规范化建设。四是加强企业重大决策事项社会稳定风险评估工作,切实从源头上预防和减少信访稳定问题的发生。

商丘市政府国资委荣获奖项

先进单位

河南省国资监管工作先进单位

商丘市信访稳定工作先进单位

先进个人

河南省国资监管工作先进个人
陈龙杰

商丘市信访稳定工作先进个人
袁爱敏

商丘市节能减排工作先进个人
李　琳

商丘市安全生产工作先进个人
黄天华　路　洋

(李　琳)

人民生活

城镇居民生活

【城镇居民生活概况】 2014年,本市经济平稳增长,城镇居民收入稳步提高,消费能力进一步增强。全市城镇居民人均可支配收入为22274元,比上年增长10.2%。城镇居民人均消费性支出13739元,比上年增长9%,收支均同步增长。

【工资性收入】 本市城镇居民家庭年人均工资性收入17483元,比上年增长11.3%,占可支配收入的78.5%,对可支配收入增长的贡献率为86.7%,拉动可支配收入增长8.8个百分点,是城镇常住居民收入的主体和增收主要因素。

【经营净收入】 为减轻中小企业的负担,降低企业运行成本,商丘市积极支持小微企业发展,切实帮助企业克服困难,不断加大企业帮扶力度,出台一系列创业扶持、结构性减税政策等,推动全市城镇居民经营净收入快速增长。全年全市城镇居民人均经营净收入为2900元,比上年增长7.4%。

【财产性收入】 本市城镇居民家庭年人均财产性收入531元,比上年同期增长20.9%,涨幅居四大项收入之首。财产性收入增长的主要原因是房屋租赁市场的活跃,在当前的房地产调控政策下,许多购房者处于观望期,选择租房进行过度,部分投资者也将房源由售转租。受居民家庭房租出租面积和出租房屋价格的双重影响,城镇居民人均出租房屋收入339元,增长29.6%,在财产性收入中占比达63.8%。

【转移性收入】 全年全市城镇居民家庭收入中转移性收入保持平稳增长,人均1874元,同比增长4.2%,其中养老金或离退休金人均收入1109元,赡养收入人均为417元。因养老金或离退休金占转移性收入比重高达59.2%,成为拉动转移净收入较快增长的主要因素。

【人均消费支出】 全年全市城镇居民人均消费性支出13739元,比上年增加1135元,增长9%。从消费构成看,八大类消费支出全面增长。

【食品消费】 全年全市城镇居民家庭人均食品支出4308元,比上年增长5%。在“反对铺张浪费”的大形势下,在外饮食支出得到理性控制,食品支出的增长主要由肉禽蛋水产品类、糖烟酒饮料、奶及奶制品等消费快速增长所带动。前三季度,人均肉禽蛋水产品类、糖烟酒饮料类、奶及奶制品支出分别为974元、781元、178元,比上年增长20.4%、35.9%和23.1%。

【居住消费】 随着收入的增加,城镇居民家庭居住条件得到改善,生活品位不断提升,装潢档次不断提升,相关支出不断增加。2014年,商丘市城镇居民人均居住支出1355元,比上年增长13.8%,其中住房装潢人均支出479元,增长19.9%,成为居住类支出增长的主要原因。

【医疗保健消费】 城镇居民对医疗保健的重视程度日益提高,在衣食住行得到满足后,更加注重自身养生保健,对自身保健的投入也越来越多,由以往单一的有病寻医消费逐步向以医疗、保健和锻炼身体等多种形式并存的健康消费模式转变。全年全市城镇居民人均医疗保健支出667元,同比增长5.2%。

【家庭设备用品及服务消费】 2014年,城镇居民家庭中传统的家庭设备用品基本饱和,但原有的家用电器不断更新换代,城镇居民的消费热点转向于购买科技含量高、款式新颖、功能多样化的享受型耐用消费品,消费格局呈现升级换代加快的特点。全年全市城镇居民人均家庭设备用品及服务支出1112元,比上年增长18.4%,增幅居各类支出之首。

【交通和通信消费】 全年全市城镇居民交通和通信支出人均2289元,比上年增长16.4%。城镇居民交通和通信支出较快增长主要原因有二:一是随着居民收入不断提高,私家车迅速进入普通百姓家,交通费用支出明显增长。二是随着通信工具的普及,手机拥有量以及手机上网用户数量不断攀升,居民上网获取信息及电话、短信联系增加,城镇居民用于购买通信工具费用增加。

【教育文化娱乐消费】 物质需求得到满足后,人们把更多的收入投入在追求精神文化生活之中,教育文化娱乐支出应势上扬。全市城镇居民人均教育文化娱乐服务支出1414元,比上年增长6.5%。文化娱乐服务消费中,团体旅游支出人均311元,比上年增长121.7%。

【其他商品和服务消费】 全年全市城镇居民人均其他商品和服务支出518元,比上年增长11.3%。随着居民家庭收入的不断增加,消费水平日益提高,人们越来越关注自身的形

象,在美容、装饰品等享受型消费方面的支出显著增加,成为居民家庭消费的热点。(刁　磊)

农民生活

【农民生活概况】 2014年市委、市政府出台一系列惠农政策,广大农民从事农业生产积极性向好,务工形势持续好转,农业生产喜获丰收,促进农民收支较快增长。全年全市农民人均纯收入8025元,比上年增加808元,增长11.2%;人均生活消费支出5262元,同比增加490元,增长10.3%。

【工资性收入和家庭收入】 全市农民年人均工资性收入4182元,比上年增加490元,增长13.3%;工资性收入对农民收入增长的贡献率达60.6%,拉动农民人均纯收入上涨6.8个百分点。农民人均家庭经营收入3328元,比上年增加208元,增长6.7%;家庭经营收入对农民收入增长的贡献率达25.7%,拉动农民人均纯收入上涨2.9个百分点。

【转移性收入】 2014年,商丘加大对农民转移支付力度,特别是新出台多项强农惠农政策、继续提高粮食直补和农资综合补贴,促进全市农民转移性收入大幅度增长。全年全市农民人均转移性收入407元,比上年增加76元,增长22.8%。转移性收入对农民收入增长的贡献率达9.4%,拉动农民人均纯收入上涨1个百分点。

【财产性收入】 全市农民年人均财产性收入108元,比上年增加35元。财产性收入对农民收入增长的贡献率达4.3%,拉动农民人均纯收入上涨0.5个百分点。全年全市农民人均生活消费支出5262元,同比增加490元,增长10.3%。尽管"一吃、二穿、三住"的三项生活基本消费仍占较大比重,但消费支出结构已悄然发生变化。

【食品消费支出】 全年全市农民人均食品消费支出1970元,同比增加125元,增长6.8%,其中肉、禽、蛋、奶及制品消费由上年的480元增加到517元,增长7.8%;在外饮食费用为219元,同比增加15元,增长7.2%,反映出本市农民注重营养的食品消费观念逐步增强,副食品消费比重快速增长。

【家庭设备用品支出】 中低档耐用消费品普及,高档耐用消费品已开始涌入农民家庭。用于家庭设备购置的费用支出不断增加,给农村居民家庭带来浓厚的现代化生活气息。全年全市农民家庭设备消费支出人均425元,较上年增长13.5%,其中购买家庭设备用品人均支出413元,较上年增长2.2%;日用品支出增长42.2%,机电设备支出人均增长9.7%,床上用品支出增长10.1%。

【通信消费支出】 随着科技的发展,农民的生活也进入信息化阶段,通信正是当前农民消费的热点。如今的在校学生、打工人员、家庭妇女,下到学龄前儿童、上到耄耋老翁都对手机应用自如,甚至捡垃圾、收废品者也用手机联系业务。全年全市通信工具消费支出增长6.2%。

【文化教育娱乐消费支出】 在物质生活改善的同时,农民的精神生活也日益充实。全年全市农村居民文化、体育、娱乐服务消费支出同比增长17.2%。农民在满足"吃、穿、用、住、行"物质消费需求的同时,对精神消费需求也不断提高,消费面不断拓宽。其表现一是农民娱乐消遣的形式日趋多样化,活动内容更加丰富多彩,原来是城里人乐为的养鱼、种花、看电视听音乐、欣赏VCD、唱卡拉OK等活动,越来越受到农民的欢迎。二是对自身素质的提高和下一代教育的培养费用明显增加。科学发展意识在农民头脑中逐渐深化,他们愈加渴求用科技知识来指导种田,增加收入。人才需求越发市场化,使农民越发感受到科学文化重要,农民在孩子的教育智力方面宁愿倾其所有。

【医疗保健消费支出】 由于全市大多数农民都加入了合作医疗保险,不同程度的减轻了农民的负担,"小病拖,大病抗","救护车一响,一头牛白养"的现象几乎不再发生,农民越来越注重保健身体,定期到医院检查。关注生命、享受生活,已成为农民生活发展的主流。全年全市农民医疗保健人均支出497元,同比增长16.8%。

(高云峰)

基础设施建设

铁　路

聂红卫

王立新

【商丘火车站概况】 商丘火车站位于商丘市境内，京九、陇海两大铁路干线的交会处，中心里程（客场）为陇海线下行正线369km+376m，是郑州铁路局的东大门。陇海线向东与上海铁路局衔接，京九线南与上海铁路局、北与济南铁路局衔接，管辖3个局界口：梁堤头站、张阁庄站和木兰站。车站管内陇海线双线双方向四显示自动闭塞，采用CTC设备；京九线为双线双方向四显示自动闭塞，采用微机连锁设备。下辖2个一等站：商丘车站、商丘北站；1个三等中间站：商丘南站；5个四等中间站：张阁庄、北东闸、梁堤头、刘尹、木兰；1个线路所：南疏解线路所。车站管内有7个场：商丘北上行场、商丘北下行场、商丘北编组场、商丘客场、商丘运转场、商丘直通场、商丘货场。12个信号楼（行车室），其中多方向站5个：商丘客场、商北下行场、南疏解线路所、商丘南、北东闸。车站按技术性质为区段站，按业务性质为客、货运站，车站等级为一等站。

商丘火车站领导成员

站　　长：聂红卫
党委书记：王祖明（7月离）
　　　　　王立新（7月任）
副 站 长：袁　杰　吴鹏飞
　　　　　徐　辉
　　　　　邵运江（7月离）
　　　　　王忠林
党委副书记、纪委书记：
　　　　　姬宏超（7月离）
　　　　　杨　军（10月任）
工会主席：王京广

【机构设置】 2014年，商丘火车站行政下设行政办公室、财务科、劳动人事科、职工教育科、安全科、技术信息科、业务科、货运营销科8个科室；客运、货运、运转、商丘南站、商丘北站、装卸6个车间；117个班组；1个专业公司（劳动服务公司）；1个客票代售管理中心。党群组织有党委、纪委、工会、团委，下设党群工作室。党委下属党总支5个、独立党支部7个、班组党支部30个、党小组37个。工会下属工支会11个、工会小组58个。团委下属团支部7个。

【职工队伍】 2014年，商丘火车站年末职工总数1747人，其中，女职工361人，干部151人，共产党员827人，在岗党员667人，离退休党员160人，共青团员45人。文化程度：研究生7人，本科124人，大专300人，中专110人，高中660人，初中383人。干部专业技术职务：高级8人，中级32人，初级74人。工人技术等级：高级技师1人，高级工372人，中级工625人，初级工288人，未取得资格142人。行车主要工种637人。

【技术设备建设】 2014年，客场正线2条，到发线6条，存车线2条，机待线2条，救援线1条，牵出线1条，道岔58组，站台4座，风雨棚3座，地道2座，候车室4座、3000平方米，行包房1座、800平方米。货场线路6条，道岔14组，站台5座，仓库7座、10840平方米，装卸机械3台。运转场正线3条，到发线10条，编发线2条，编组线6条，牵出线2条，禁溜线、迂回线、推峰线、站修线各1条，减速顶3302个。车站专用线8条，半自动化驼峰1座，灯桥2架，灯塔4座。直通场正线2条，到发线4条，道岔16组。商北上行场、下行场、编尾场线路37条，其中正线2条，到发线12条，下行编发线2条，编组线10条，牵出线3条，联络线4条（驼峰、编尾区各2条）、禁溜线1条，迂回线1条，整倒装线2条，道岔145组，站台2座，半自动化驼峰1座，灯桥3架，减速顶2712个。汽车26辆。

【运输生产任务】 2014年，商丘火车站继续挖掘客货运潜力，抓住春运、暑运、小长假、棉农运输等重点时期的客流组织，通过改善客运组织环境，提升服务质量，加强售票组织与考核等手段，最大限度实现客运增收。同时结合商丘地区经济特点，充分发挥货运组织改革的优势，结合中原货物快运业务的推出，深入分析货源吸引区形势和货运增长点，制定实现增运创收的具体措施，充分利用现有运力提升运输效益。全年车站装车完成12296车，比年计划欠4129车，比上年同期少装4393车，同比下降26.3%。发送吨72万吨，比年计划少发送23万吨，比上年同期少发送24.9万吨，同比下降25.7%。全年卸41110车，比年计划欠19115车，同比少卸16180车，同比下降28.2%。中时完成3.2小时，比年计

4月19日凌晨,T373次列车准点驶入商丘火车站,车上下来一名将要临盆的孕妇。在商丘火车站工作人员和商丘市中心医院医护人员在站台上围起的临时产房内,孕妇顺利产下了一名男婴

划延长0.2小时。停时完成31.8小时,比年计划延长0.8小时。客正完成100%,超计划1%;货正完成97.3%,超计划2.3%。发送788.7万人,比年计划多发送7.7万人,为年计划的101%,同比多发送53.7万人,同比增长7.3%。全年办理车414.1万辆,同比多办理0.8万辆,超年计划12.6万辆,其中日均办理11345辆,增长率为0.2%。全年运输收入85424.7万元,欠年度计划5955.3万元,同比增收3277.5万元,增长率4%。其中客运车间收入61789.2万元,欠年计划3012.8万元;商南综合车间收入7455.1万元,超年计划628.1万元;货运车间(含装卸)收入1亿388万元,欠年计划4137万元;商北货装车间收入5260.2万元,超年计划的634.2万元;行包收入532.2万元,欠年计划的67.8万元。至年底,商丘火车站实现连续安全生产2537天,实现无责任职工死亡事故2537天,无责任职工重伤事故11143天,无责任职工轻伤事故21514天。

【**中原货物快运开行**】 一是做好布置安排。成立货物快运领导小组,按照路局开行方案,研究建立安全、高效、合理的站车作业办法,做好工作对接;建立符合零散白货市场和客户需求的接取送达队伍,从接取送达、装卸组织、奖惩考核三方面入手,完善作业组织和营销激励措施,调动营销积极性,积极组织货源。二是加强运输组织。根据货物快运列车编组,明确快运列车的停车股道、站台及停车位置,保证准确对位。同时,与调度、货运车长保持沟通,密切关注站车作业情况,确保快运列车安全正点开出。三是严格货物装卸。提前将货物放入托盘、集装笼内,固定摆放在站台规定作业区,列车到达后,采取车上、车下紧密配合的方式,优先利用本站叉车进行装卸作业,作业量大时,车上、车下叉车同时作业,尽可能压缩快运列车在站作业时间。四是强化货运营销。加强零散货物市场调研,对接货物快运目标市场,掌握区域内小商品批发市场、零散货物集散站、商家、厂家的产品流量去向、生产销售及运输需求,承揽第一手货源。同时,按照路局要求,全面放开办理限制,敞开受理所有不同体积、不同重量的货物,最大限度发挥货物快运优势。

【**"7·1"和"12·10"调图**】 火车站成立由站党政正职任组长的调图实施工作领导小组,召开专题会议,超前预想过渡期间风险点,制定新旧图交替方案和推进计划,明确责任分工和安全卡控重点,做好干部值班、检查和盯岗人员安排,完善应急预案,确保调图平稳过渡。提前组织培训。将调图内容和路局相关文电作为培训重点,分批组织全员开展有侧重、有针对性地轮训,确保干部职工掌握新旧图交替方案、时间安排和安全卡控重点,熟悉车次变化、列车运行时刻、停点及径路调整,并通过考试、抽查等方式检验掌握情况,保证培训质量。三是强化安全保障。明确要求各级干部加强对新旧图过渡期间的列车接发、乘降组织、劳动纪律等方面检查盯控,重点加强新增开、列车等级变化、运行时刻调整的列车盯控,充分预想恶劣天气等情况带来的新变化,强化协作沟通和重点工作布置,确保新图实施安全有序。四是做好营销宣传。利用车站微博微信和地方媒体平台,向社会广泛宣传"动车组开行范围扩大、普速列车开行品质提升、城市列车运行时间压缩、货运服务进一

8月18日,"金秋助学"活动启动仪式

步改善”的新图优势，并将现有客货运产品和新增、变化车次编印成宣传图册，免费向公众发放，方便了解掌握，为上量增收提供保障。

【新老兵运输工作】　为做好新老兵运输工作而采取有效措施。一是成立由站党政正职任组长、主管客运副站长任副组长的新老兵运输工作领导小组，设立老兵运输办公室，提前组织客运、行包、客票代售、安服等相关人员进行新老兵运输适应性培训，确保掌握相关要求。二是与驻地部队和军代处联系，提前掌握新老兵返程去向、数量、起程日期等相关信息，针对性优化购票、进站、候车、乘车方案，按计划调整票额，做好临时性票额的预留分配，优先选用直达列车，减少中转次数，确保新老兵乘车有票、上车有座。三是抽调50名机关干部充实到客运岗位，配合做好新老兵乘降组织，紧盯进路安排、候车、进站、乘降和停车位置等关键环节，强化秩序引导和重点部位防控，重点车次由主管站长亲自组织接发，确保新老兵运输“一列不晚，一人不漏，一人不伤，一事不出”。四是提升服务质量。严格落实“五部一局”制度，通过开辟军人售票专口、候车专区、专用进站通道、张贴引导标识、悬挂宣传横幅等方式，为新老兵乘降提供方便，把购票、候车、进站、行李托运“四优先”措施落到实处。同时加强列车上水组织，严把食品卫生质量关，强化基本需求保障。全年商丘火车站安全发送新老兵3590人。

【普速车站基础工作专项整治】　明确整治重点。成立由站党政正职任组长的普速车站基础工作专项整治领导小组，按照路局活动安排，重点对站区环境卫生、安全管理、服务质量、设施设备、应急处置等工作开展自查，针对发现问题进行专项整治，明确目标措施，提高车站基础工作水平。集中整治环境。细化站房、环境卫生整治标准，认真清理候车室、售票厅、行包房和卫生间、垃圾堆放点等处所做到无死角、无异味、无污渍，并注重卫生保持，加强日常站区环境卫生的不定时抽查，对问题反复出现的，加强考核追责，确保站区环境持续优化。全面维修设备。严格落实客运设备设施维护管理办法，排查售票系统、自动取票机、消防、照明、监控和站房、雨棚、地道等设备设施状态，发现问题及时组织修复、更新，确保正常使用；结合车站作业实际，重新规划、张贴全站动静态标识、揭示揭挂，确保设置规范、指向清晰、作用良好。强化安全保障。按照整治工作总体要求，结合当前安全工作特点，以反恐防爆、实名制验票、安检查危、通道管理等环节为重点，集中整治岗位人员配备、开包检查、作业门管理、进出站车辆等方面存在问题，切实加强乘降安全和站区综治管理。落实服务标准。组织行车、客运等岗位人员开展以岗位应知应会、必知必会和客运服务质量规范、客运规章为主要内容的专题学习培训，严格考核，持证上岗；强化路风教育，规范收费服务，严禁乱收费、乱加价和只收费不服务等行为，对违反各项路风规定的个人和部门，一律从严从重处罚，杜绝发生路风不良反应。

【客运窗口形象提升】　2014年，针对冬运任务和春运临近的情况，制定《商丘车站环境卫生清扫管理办法》《商丘车站客运系统重点卫生区干部包保考核办法》《商丘车站保洁队管理办法》，明确车站环境卫生的干部包保方案和卫生考核标准，在全面清理的基础上，划分为5个保洁区域，为每区配备2名专职卫生检查员，组织保洁人员定人定区全天候清扫，保持站区环境卫生。规范网点经营。对站区商业网点进行全面检查整治，按照“规范化、品牌化”思路和“形象有提升、管理更到位、收入不降低”的整治要求，重点检查各网点的经营项目、品牌形象、装修风格、服务品质、配套设施、安全保障等内容，采取整合资源、下发整改通知书、优化对外整体外包等方式，加大治理力度，确保规范经营、形象良好。优化服务措施。组织职工开展仪容仪表、文明用语、服务标准培训，引导职工“说标准话、干标准活”，并全力扩展“火凤凰服务岗”品牌内涵，将9号售票窗口设置为办理车票挂失、受理旅客投诉、提供特殊服务的“火凤凰服务窗口”，在进站口、东西候车室服务台设置“火凤凰服务导乘台”“火凤凰服务工作台”，开通“火凤凰服务流动车”，全心全意为旅客提供进站引导、问询解答、困难帮扶等服务，营造温馨出行环境。　（赵炳莉）

公　路

张一民

【交通运输工作概况】　2014年，全市交通运输部门围绕年初确立的目标任务，坚持“稳中求进，改中求进，好中求快”工作思路，主动作为，持续求进，在推进全市交通运输发展上取得了良好成效。至年底，全市公路通车总里程达1.98万公里，其中高速公路通车里程317公里（不含永城），干线公路通车里程1180余公里，农村公路通车里程1.83万余公里。

商丘市交通运输局领导成员

党委书记、局长：关保安（8月离）
　　张一民（8月任）
党委副书记：王爱民　杨无军
副　局　长：王爱民　杨无军
　　梁清民　任河亮
　　林士强　陈　宝
纪工委书记：梁彦生（8月离）
总 工 程 师：郭金收

【基础设施建设】　全年全市交通基础设施建设投资32.18亿元，为年度计划30亿元的107.27%。高速公路建设投资19.79亿元，为年度计划19.57亿元的102.86%，其中连霍高速商丘段改扩建工程投资5.4亿元，商登高速商丘段投资12.3亿元，郑民高速二期工程投资2.07亿元。干线公路建设投资3.36亿元，为年度计划3.6亿元的93.38%,其中国道建设投资2.39亿元,省道建设投资9719万元。G310一级公路建成通车,全市一级公路里程达200公里以上。农村公路建设投资5.5亿元,为年度计划2亿元的275%。完成路面基层591公里、路面面层463公里;桥梁已开工建设36座2667.5延米,完工10座689延米。对全市农村公路普查,建立完善全市农村公路"三年行动计划"乡村通畅工程项目数据库。运输场站建设投资1.45亿元,为年度计划1亿元的145%。柘城、宁陵、睢县等县级汽车站于12月底完工。商丘客运北站、夏邑县汽车客运站、商运集团开发区物流中心甩挂场站建设扎实推进。完成淮海汽车站、汽车南站建设项目的前期工作和商丘高速物流中心项目的设计、规划、环评等工作。沱浍河航运夏邑段工程投资312万元。夏邑段航道工程施工图设计已完成,通过省厅评审及审批,港口工程已上报省交通运输厅、省发改委待批;3座桥梁施工图设计已报省交通运输厅评审。商丘机场项目工程可行性研究报告批复所需要的前置性文件全部完成,国家民航局已出具行业意见,待国家发改委工程可行性研究报告批复后即可开工建设。邢商永地方铁路项目与河南中州铁路控股有限公司、河南新商铁路有限责任公司签订加快推进新密至商丘铁路项目意向书。

【运输生产】 年末全市长途营运车辆发展到76227辆,其中客车3485辆、货车72742辆,中高级客车占长途车比重达70.5%,全市建制村通客车率99%,中型以上物流企业达30余家。全年公路客运量为8818万人、旅客周转量83.2亿人公里、货运量1.17亿吨、货物周转量327.39亿吨公里,运输生产四项指标均保持较快增长态势。完成水上货运量143.5万吨、货物周转量5.15亿吨公里。

【客货运输保障】 整合城际客运和城乡客运资源,积极推进城际客运公司化改造;加快城乡客运一体化建设,实行股份制经营和集约化运作,在试点县夏邑县、宁陵县推行"一县一网一公司"模式,对现有线路和拟开通的客运班线合理规划、调整,延伸通达广度和深度;整合旅游客运市场,在商丘南站建立旅游客运集散服务中心。科学预测春运及"五一""十一"等节假日期间客流量,合理调配运力,确保假日期间道路运输安全、畅通、有序。推进传统货运向现代物流业转型,大力发展集运输、仓储、包装、加工、配送为一体的综合物流企业;积极培育发展农村物流市场,拓展农村物流覆盖范围,柘城东鸿物流、虞城兴安物流、梁园区广兴源物流3家物流试点单位已连通全市74个乡镇。

【城市公共交通服务】 市交通部门加强信息化、智能化、科技化公交建设,公交车全部安装3G视频监控系统,实现公交车辆GPS全覆盖和全程智能语音报站。1路、3路、9路、16路、88路等5条公交线路投入20辆空调公交车试运行,投资1000万元购置的25台新能源公交车辆于12月投入营运。强化出租汽车行业管理,深入开展"最美出租车司机"活动,评选出最美出租车司机31名。以拥军车队、党员示范车队、巾帼文明车队为主的1000余辆出租汽车免费接送考生近2300名,免费4万余元。2014中国·商丘华商节期间,投入资金120余万元,为出租车免费安装坐套6000余套;在城区建立服务中心,对出租车实行免费清洗座套和洗车服务,保持车容车貌清洁,出租行业服务水平和质量明显提升。

【运输市场专项治理】 强化驾培市场管理和达标整顿,查处违法经营点7处,责令存在严重问题的10个驾培机构停业整顿,对培训不规范8个驾培机构下达整改令。开展维修市场治理,打击维修市场无证经营、占道经营、越级维修等行为,净化了维修市场环境。联合市创建办、市公安局等单位制定打击运输行业"黑车"等非法经营专项治理方案,对非法经营的假牌、套牌车进行严厉打击,维护了乘客和合法经营者的利益。

【交通运输行业管理】 公路养护管理水平明显提高。干线公路养护投资1.63亿元(大中修投资7035万元、小修保养投资7268万元、危桥改造投资1065万元、安保工程投资910万元),干线公路的"畅、安、舒、美"水平进一步提高。以全省农村公路"好路杯"竞赛为契机,深入开展"文明示范路"创建活动,养护投资4150万元,整修路肩376公里,管养覆盖率达65%以上;创建"文明示范路"26条247.3公里,通过省验收21条210.1公里,农村公路抗灾、通行能力得到增强。超限超载治理工作积极推进。认真吸取永城"11·14"、民权"11·24"事件教训,深入开展"查纠改"集中整治活动,局班子成员分包各县(区)督导检查,进一步

12月30日,25台能源公交车辆投入运营

规范执法行为。完善联合治超工作机制，加强与监察、纠风、专政、公安、工商、质检等部门的协调配合，强化源头管理，强化路面执法，共查处超限超载车辆5840辆，信息抄告1211辆，卸货1.37万余吨，超限超载车辆治理取得良好成效。高速公路路政工作有序开展。积极与省高发商丘分公司对接协调，进一步理顺高速公路路政执法关系。强化日常巡查工作，投入高速公路巡查人力1040余人次，路政巡查车辆200余台次，巡逻里程2万余公里，发放宣传单3400余份，查处违法案件20余起。认真做好高速公路重点入口和省界进入河南省超限超载车辆的阻截、劝返工作，引导超限车辆下站200余辆，劝返超限超载车辆500余辆，保障了高速公路的正常通行。交通企业发展活力增强。引导交通企业建立现代企业制度，强化管理，提质增效。市交通运输集团公司年经营总收入3.89亿元，上缴利税1327.2万元；河南路桥集团公司新承接工程量16.6亿元，施工总产值7.6亿元，被省住房和城乡建设厅评为“河南省建筑业骨干企业”；市公交公司年客运量8100万人次、营运里程7400万公里，年经营收入7760万元；淮海驾校完成驾驶人招生10889人、营运资格证培训7695人、危险品从业培训961人、增驾培训210人，取得良好的经济效益和社会效益，被省道路运输局、《河南日报》联合评为全省十佳驾校、河南省诚信驾校。

【交通运输安全生产】 坚持红线意识和底线思维，强化安全监管，尤其是突出抓好重点时段、重点部位的安全监管，取得良好成效。严格督促安全生产企业落实主体责任，积极推进企业安全生产标准化建设，认真履行客运“三不进站、六不出站”的源头管理方式。深入开展“道路客运安全年”、危险品运输专项整治等活动，对全市70家“两客一危”（旅游包车、三类以上班线客车，危险品运输专用车辆）交通运输企业考评，责令未达标企业限期整改。认真开展安全生产大检查，排查、整改安全隐患126起，做到排查、整改“双到位”。积极开展水上交通“六进”宣传、“安全生产月”和“打非治违”活动，发放各种宣传资料3800余份，张贴标语120余条，受教人员8700余人。严格渡口、库区管理，进一步完善全市游览区、库区水上安全管理长效机制。

【邮政物流管理】 全市邮政管理系统坚持规范与发展并举，服务与安全并重，持续优化行业发展环境，邮政业营改增工作顺利实施。提高快递服务能力，积极推进“快递下乡”工程；认真履行政府监管职责，依法开展邮政普遍服务监督执法，全市邮政业实现了稳中有进、稳中有升、稳中有为的预期目标。全年邮政行业业务总量达7.15亿元，同比增长15.68%；业务收入8.54亿元，同比增长7.15%，其中快递业务量1249.58万件，同比增长84.62%；业务收入1.43亿元，同比增长53.82%。邮政普遍服务和快递服务满意度稳步提升。（唐夫振）

【公路管理工作概况】 2014年，市公路局抓住部、省推进集中连片特困地区公路升级改造、城市组团快速通道建设的优惠政策，积极推进国省道路网升级改造。始终坚持“建管并重”养护管理方针，全市国省干线公路养护管理水平稳中有升，圆满完成年度工作任务。公路建设投资3.36亿元。G105南北两段一级公路改建项目基本完工。养护工程投资1.39亿元，国省道干线公路优良路率达87%。依法保护路产路权，路政案件查处率达100%。完善车辆超限超载治理机制，加强路政执法监管，治超人员依法治路意识明显增强。

张一民

葛胜先

商丘市公路管理局领导成员

局　　长：张一民
党委书记：葛胜先
副 局 长：吕道杰（4月离）
　　　　　李廷先　户相玉
　　　　　杨传海　郑凤玺
纪委书记：张士力
工会主席：余　良
总会计师：张小平
总工程师：华学礼

【公路建设】 在项目建设中继续落实一个项目、一个领导、一套班子、一抓到底的“四个一”工作机制。加强质量和项目节点计划控制，定期开展工程联合检查督导。所有在建工程抽检合格率达100%，优良率达90%以上。全年公路建设投资3.36亿元。G310一级公路改建项目安保工程、G105线豫鲁交界至S325交叉口段改建工程、G105线（S325线交叉口至豫皖交界段）公路改建工程基本完工，全市一级公路里程达220公里以上。S211线（S324至G310段）公路改建工程路面工程全部完工。S206线柘城绕城段改建工程完成计划投资93%。金桥路（民主路至平原南路交叉口）改建工程完成计划投资的20%。同时，新增S316线（原县道X029夏芒路）永夏交界至夏邑县城段改建工程、S213线（原S211线）睢县县城至睢太交界改造工程、S208线（原S203线）虞城绕城段公路改建工程等项目前期工作进展顺利。

【公路养护】 认真贯彻落实“畅通主导、安全至上、服务为本、创新引领”的养护工作方针，加大养护资金投入力度，科学安排养护大中修项目和安保工程项目，全市公路养护水平和服务质量进一步提高。养护工程投资1.39亿元，大中修里程48.8公里，灌缝69万延米，坑槽挖补14690平方米，先后对S203线王桥、张关庙桥、S211线黄河故道南桥、S325线商周运河桥、S211线民权陇海铁路立交桥等9座桥梁进行加固改造。按照“三基”道班建设标准，对民权县储庙道班、宁陵县石桥道班等4个道班进行标准化建设。

【路政管理】 继续开展公路交通环境综合治理活动，重点加强对过村镇路段特别是乡镇所在地集贸市场、占道经营的综合治理。依照《公路法》和《公路安全保护条例》,加强涉路行政许可事项审批。全年共查处路政案件253起,拆除临时性建筑物133余处,清理各种路障、堆放物1.2万余处,清理非公路广告牌和店名牌2400余块,查处盗伐路林39起,查处擅自增设平交道口16处,经济索赔68万元,公路路产路权得到有效保护。

【超限超载治理】 坚持"政府牵头、部门联动",综合利用固定治超、流动治超、联合治超、科技治超等措施,不断加大超限超载车辆治理力度。深入开展"查、纠、改"专项整顿活动,通过自查自纠,对发现的问题认真整改。实行市局领导班子成员包县、包站责任制,具体督促指导各超限站、各县(区)治超工作。加大治超科技投入,为11个超限检测站各配备12台执法记录仪和1个信息采集工作台,8个县(区)公路局的流动治超大队也按要求配备一定数量的执法记录仪,保障了规范执法、文明执法、公正执法。开展超限超载闯站车辆专项治理活动,先后行政拘留闯站司机26人,1人网上追逃,形成了一定的震慑,闯站车辆有所减少。全年市管固定超限检测站共查处超限超载车辆5840辆,信息抄告1211辆,卸货13680吨。

商丘市公路局荣获奖项

先进单位

商丘市思想政治工作先进单位

商丘市信访维稳工作先进单位

先进个人

河南省优秀勘察设计院长

华学礼

(许 涛 赵万里)

邮 政

【邮政工作概况】 2014年,市邮政公司认真贯彻落实市委、市政府各项工作部署,始终坚持发展为第一要务,以领导方式转变推动发展方式转变,不断提升企业管理水平,探索创新业务发展模式,强力推进基础能力建设,着力打造综合服务平台,持续推进幸福邮政创建,各项工作均取得新成绩,商丘邮政保持了好的趋势、好的态势、好的气势。全年市邮政公司业务收入6.45亿元,较上年增长7.8%,其中函件、集邮完成预算目标、增幅均居全省第一位。

刘军亚

商丘市邮政公司领导成员

党委书记、总经理:张战军(9月离)
刘军亚(9月任)

副总经理、工会主席:秦 剑

副总经理:申瑞华 徐 健

【河南省邮政公司商丘市分公司挂牌】 3月6日,按照省邮政公司统一部署,河南省邮政公司商丘市分公司挂牌成立。原"商丘市邮政局"变更为"河南省邮政公司商丘市分公司",原"邮政局党委"变更为"中国共产党河南省邮政公司商丘市分公司委员会"。商丘市分公司领导职务名称由局长、副局长变更为总经理、副总经理。内设机构负责人职务名称维持不变。

【"三保证三关爱六落实"活动】 市邮政公司通过建立"三保证三关爱六落实"企业帮扶救助长效机制,确保困难职工家庭、患重大疾病职工、特殊工种职工得到及时补助,受益职工920人次,兑付补助款102.0978万元,累计兑付448.529万元,受益职工达5274人次。

【基础建设】 全年新建改造农村支局网点44处,建设改造面积4万余平方米,购置城市网点3处,完成综合生产楼建设3处,物流仓储开工建设3处,对44个网点的外部形象进行改造,新增金融网点自助设备端口57处,邮政空白乡镇补建6处。

商丘市邮政系统荣获奖项

先进单位

全国邮政系统先进集体

市邮政公司

河南省级文明单位

城市邮政局

宁陵县邮政局

河南省模范职工小家

夏邑济阳支局

河南省总工会"工人先锋号"

市区局文化路营业所

河南省青年文明号

永城雪枫路支局

河南省群众满意基层站所

民权人民路邮政所

郊区平台镇邮政所

河南省内部审计先进集体

市邮政公司

先进个人

全国邮政系统先进个人

张恒飞

全国最美邮递员(入围奖)

乔金涛

全国邮政系统"优秀营销员"

李 艳

河南省内部审计先进工作者

汤银萍

商丘市"五一"劳动奖章获得者获得者

张战军 王 磊 宋明松

李玉强 李 震 刘亚楠

(范梦龙 邓 蕾)

刘冠军

【中国移动通信集团河南有限公司商丘分公司概况】 2014年,商丘移动通信公司(以下简称商丘移动)立足于全市的经济社会发展大局,围绕市委、市政府提出的"构筑中原经济区东部战略支撑"战略目标,全力加快4G网络建设和应用,助力"智慧商丘"城市建设,提升服务水平,较好地完成市委、市政府下达的工作任务,为全市的经济发展和社会进步作出积极贡献。全年电信业务总量增长25.3%,建设开通4G基站2000余个,实现9个县(市、区)、170余个乡镇的全覆盖,客户服务满意度在河南移动服务评比中连续8年为第一。

中国移动通信集团河南有限公司商丘分公司领导成员

党委书记、总经理：刘冠军
副总经理：朱云鹏（5月离）
贾艳玲（女，5月离）
曲登锋（5月离）
石　维（5月离）
陆军旗（3月任）
白　钰（5月任）
费　嘉（5月任）

【4G网络建设】 2014年，商丘移动认真落实市委、市政府关于"推动4G技术规模商用"的工作要求，提出"4G网络建设'一年超3G，两年超2G'的'双超越'策略"。4G建设方面，总投资6亿元，建设完成基站2000余个，实现主市（区）、一般城区、县城区域的连续覆盖，重要景区、重点集团单位、主要机关单位的深度覆盖，全区170余个乡镇和4000余个行政村的4G信号覆盖，完成商丘境内连霍、济广高速4G网络全覆盖，覆盖水平超过3G网络，率先在全市通信行业实现4G商用。

【信息化建设】 深入落实"宽带中国"工程。至年底，已完成宽带8.2万线建设任务，超额完成全年建设目标。在电子政务信息化建设方面，完成商丘市政府电子政务顶层设计及外网一期工程方案；配合机要局完成院内30家直管单位加密机申请方案报送工作。在企业信息化建设方面，配合搭建省级车辆管理平台（车务通），深入开展营运车辆定位业务，并完成驾校车辆监管定位项目，接入800余辆。在行业信息化建设方面，完成区域卫生平台300余条乡镇专线建设，依托区域卫生信息平台，实现商丘各级卫生机构专网接入。开发、引入医患沟通、预约挂号、宝贝成长计划、健康大管家等，助力各类医患信息的整合。优化司法社区矫正系统应用，完成从本地系统割接至全省统一司法社区矫正系统工作，实现信息采集系统和定位监控系统独立运行，提高系统运行的稳定性和安全性，通过系统实现实时获知社区矫正对象位置信息和行为轨迹，有效提升了监管的实效性和准确性。

【优质服务】 顺利完成春节、清明节、端午节等节假日网络保障工作，先后为2014中国·商丘针织童装产品展销会、2014中国·商丘电动三轮车、新能源汽车及零部件展览会、武林风·决战永城四国拳王争霸赛、2014年亚欧美洲际男篮争霸赛、第二届中国汉字听写大会河南商丘赛区选拔赛、2014中国·商丘国际华商节、2014中国·商丘食品博览会等大型活动提供网络通信保障；全年按照目标要求确保了汛期、大风暴雨等极端天气情况下的正常的无线网络通信保障。

中国移动通信集团河南有限公司商丘分公司系统荣获项

先进单位

河南省优秀志愿服务项目
河南省"五四"红旗团委
河南省青年文明号
　市（区）文化路营业厅
　永城中原路营业厅
商丘市"五好"团支部
　夏邑县分公司团支部
商丘市十大青年文明号标兵
　新师院动感地带校园店
商丘市青年文明号
　柘城分公司客户中心
　夏邑分公司营销部
　民权分公司客户中心
　宁陵分公司营销部

先进个人

商丘市青年"五四"奖章
　韩红军　民权分公司
　孟庆慧　综合部
商丘市模范团干部
　崔苏华　永城分公司
　焦　楠　夏邑分公司
　刘远磊　党群工作部
商丘市青年岗位能手
　韩红军　民权分公司
　李　丽　柘城分公司
　郑　伟　宁陵分公司
　王瑞鑫　夏邑分公司
　宋冬梅　市场部
商丘市优秀共青团员
　袁冯请　市（区）分公司
　蔺新欢　综合部

（孟庆慧）

高　军

【中国联合网络通信有限公司商丘市分公司概况】 2014年，商丘联通坚持份额攻坚，综合业务快速持续发展。全年坚持把移动宽带作为发展龙头，实施"业务突破"，以3G/4G一体化为契机，推进移网业务发展重心由3G、2G向4G转移。以光改为契机，强化有线宽带品质+服务经营，优化光纤宽带产品体系，集中开展提速营销，宽带发展平稳回升。实施"区域突破"提升33个乡镇突破发展。实施"渠道突破"，深化自营厅专业化运营，上线"沃易购"平台，多方驱动移动宽带业务快速增长，4G运营实现良好起步。至年底，移网收入6.3亿元，增长18.04%。

中国联合网络通信有限公司商丘市分公司领导成员

党委书记、总经理：安占恒（3月离）
高　军（3月任）
党委副书记、纪委书记、副总经理：
王军体
副总经理、工会主席：
李　伟（6月离）
王学亮（6月任）
副总经理：雷忠明　杜昕光

【市场营销】 2014年，商丘联通市场经营着力实施三项突破，提升市场份额。区域突破。锁定目标，深度营销。全区优选33个"种子"乡镇，其中17个列为移网突破区域，16个列为宽带突破乡镇。通过"宣传支撑、卡号支撑、终端支撑、培训支撑、政策支撑、网络支撑"六大支撑，抢占份额。渠道突破。通过"定目标、定责任、定进度、定考核""四定"原则，按目标及区域责任到最小网格责任人，激发社会渠道活力。在服务支撑上，及时了解对手政策、店面动态，为公司政策调整提供有效信息支撑。在积分应用上，人岗匹配改革与积分管理协同，使渠道经理与渠道形成利益共同体，提高渠道经理的主观能动性。在能力提升上，通过巡店、诊疗、炒店等手段，帮扶渠道提升能力。通过“六定”措施,整合政策支撑、积分应用、能力提升等举措激发活力。业务突破。移网方面,落实培训、周对标、月考核机制。组织常态化“千人街区行”前后台联动,划分五战区域,宣传无死角,营销全覆盖。固网方面,一是实行源头拦截,大带宽封堵。二是量质并重,整村推进、渠道建设和返乡市场相结合加快农村区域光改进度。三是推行 480 服务承诺,强化无条件受理,提高宽带续签率。

【集团业务】 2014 年,商丘集团客户收入较上年同比增幅达 44.9%,增幅排名全省第一位,收入占比达 30.4%,占比排名全省第八位,增长贡献率达 56.7%,贡献率排名全省第三位,其中大客户、商企客户收入同比增幅均全省排名第一位,增量贡献排名均在全省前列,对整体集团客户的收入拉动贡献较大。移动宽带年净增用户较 2013 年底增长 46.6%,增幅排名全省第一位,其中 4G 发展占公司整体发展的 4.9%,占比排名全省第十二位。集团客户市场能保持较快发展,得益于一些重点领域取得积极成效。一是借势智慧商丘,依托行业应用推动大客户规模发展。智慧商丘聚焦 10 大应用领域、重点推进 50 项应用工程建设,为联通行业应用产品推广营造了良好的社会环境。二是借重电商服务,依托产业带促动中小企业快速发展。商丘公司以互联网思维创新集团客户营销和服务模式,针对企业信息化需求,整合政府资源、阿里平台优势,打造阿里巴巴(商丘)产业带。以企业最关注的“产品销售”为切入点,探索中小企业作业新模式,创造政府满意,企业获利,联通受益的多赢格局,实现了社会效益和经济效益的双提升。三是借力优学通,依托英语天天练拉动基础教育持续发展。针对客户密集领域的基础教育市场,开展“英语天天练 + 优学通”产品专项营销活动,以差异化行业应用打开市场突破口。四是借助高校 E 通,依托一卡通平台带动高校市场突破发展。三大高校市场坚持常态化营销,推进全 4G 运营,发展态势进一步向好。经营商丘学院、商丘医专、商丘幼师 3 所高校,高校市场用户份额达 60%。

【企业改革】 全面深化改革,企业运营体系持续完善。按照《河南联通关于全面深化改革的指导意见》,商丘联通完成商丘市、县分公司岗位价值评估与人员匹配改革,全面按积分管理的前台岗位人员占比达 61.81%,提高 8.5 个百分点,后台岗位人员中,18.33% 晋升职级、1.44% 保留职级,18.04% 职级持平,7 人进入再培训中心,基本实现有身份管理向岗位管理的转变。开展员工岗位技能培训和学历教育,本科及以上人员占比达 25.47%,提高 2.6 个百分点。与此同时实施农村市场专业化营销改革,取消乡镇层级管理职责,完成营、维分离和装、维外包,在县级分公司推行“一部五中心”标准架构,为 3 个县分公司调配 3 名副职,4 名后备干部,充实到县级公司,纵向到底的专业化营销体系基本形成。推行前台岗位积分管理,有效推进了激发基层责任单元活力的改革。

【网络建设】 注重科学规划,网络支撑能力持续加强。推行科学规划指导下的投资建设项目制管理,建立项目承诺、评价和问责制度,加大能力类项目授权力度,根据市场情况及时滚动调整项目,投资管理水平明显提升。移动网方面,4GFDD 市(区)基本实现连续覆盖;3GWCDMA 基本实现高速、道路、乡镇区域全覆盖,行政村 3G 共 2G 站全部开通,行政村覆盖率达 92%。宽带网方面,新建端口 39.44 万,较上年提高 34.6 个百分点。至年底,农村光改已迁转完成 9.5 万户,位居全省第一。城区光改已经全部启动。传送网方面,综合业务接入点建成率达 94.2%,较上年提高 22.6%。分组覆盖率平均 79.7%,较上年提高 17%。

【运行维护】 以提升网络效能为支撑,突出业务发展保障为基础,围绕市场经营发展,加强网络维护,强化专业管理,以客户感知引领网络质量,为赢得竞争中的有利地位树立了良好的网络口碑,为商丘联通各项业务快速发展提供了坚实的网络保障。主要体现在:一是继续改善 3G 覆盖质量。以市县城区、校园、乡镇和重点交通干线深度覆盖为主,有效开展 3G 基站和室分站点建设。优先保障投诉热点区域和大客户拓展项目,应急建设及时率达 100%。二是实施宽带网络建设和改造。三是增强客户感知,加强网络优化和维护。强化宽带退单管控、预约服务监督和用户回访工作,保障装移修数据准确率,切实推进“480”服务流程及规范落地。普及手机工单,完善无资源区域的建设响应流程,提高装机率和支撑效率。

【企业基础管理】 商丘联通注重深化基础工作,管理品质实现持续提升。出台《责任制考核办法》,推行责任制考核,加强问题追溯与督查督办通报,提升后台对前台支撑度,强化市县乡关联密切性。建立公众客户专业化维系体系,制定标准化工作流程,维系工作转型迈出新步伐。宽带 480 服务稳中有进,以即时服务承诺为抓手,大服务体系常态化运转。至年底,升级投诉率 9.41 件/万户,下降 10.68 件,工信部申诉率 16.83 件/百万户。完成集团公司管控目标值。客户综合满意度排名全省前三位,被评为“2014 年通信行业用户满意企业”“全国实施用户满意工程先进单位”。统筹实施销售费用压降,压缩与发展紧密型不强的成本,保障渠道佣金等发展必要支出,营销模式转型积极稳妥推进。主动适应营改增税制改革,主营业务收入销项税率由 6 月的 8.43% 略有下降。强化采购内部商城应用,12 月底上架商品 1697 种,交易额达 5120 万元。强化安全生产达标,落实“3411”安全检查制度,确保安全生产。健全网络与信息安全组织和制度体系,应急处置等工作力度不断加大。

【节能减排】 年内对所有机房实施温度控制管理,完成节能 5 套节能智能空调安装,2 套端局新风安装,完成 62 基站新风安装,10 套热管设备安装,42 智能新风分区设备安装,40 处基站远供电设备安装等工作,安装 763 个智能电表有效降低了基站能耗。同时,加强网络能耗预算,根据实际挂表情况和往年能耗情况,年初在能耗预算时精细化至每个站点。每月对能耗超标杆网点和基站进行分析,并将5种类型TOP10进行通报,并将TOP10整改情况隔月分析。加强转供电改造,完成基站转供电12处。至年底,能耗同比下降211.37万元,降幅6.01%,基站单载频能耗109.27元,全省排名第一位。

【“智慧城市”建设】 牢牢把握宽带中国战略,狠抓智慧商丘建设,多层面提升信息消费水平,全面保障商丘市党政军企信息化建设。通过全面整合3G技术、4G技术、宽带应用技术等网络资源,推陈出新,不断升级网络技术和服务应用。网络覆盖水平和服务质量实现质的飞跃。至年底,先后建成智慧校园、智慧城管、智慧政务、智慧安防、智慧产业、智慧农业、智慧交通、智慧教育、智慧医疗、智慧环保、智慧食品安全等工程项目,为全市120余家单位提供电子政务服务,为600余家中小企业提供宽带商务服务。特别是以阿里巴巴(商丘)产业带为平台,为全市467家中小微企业提供信息化支撑和代运营服务,不仅开辟豫东中小企业电子商务新时代,而且为通信运营商实现经营模式转型提供了有益尝试和探索,为中小微企业提供技术、人才以及电子商务技能培训,以信息化服务快速推进中小微企业的管理运营、销售模式尤其是管理理念的孵化升级。进一步拉动有效需求,刺激信息消费,推动地方经济转型升级,为实现工业化、信息化、城镇化、农业现代化同步发展提供信息化服务保障。至年底,上线商品5000余种,涉及9大行业,总交易突破2亿元。带动全市中小企业在“四化”同步中快速健康发展。

【服务质量提升】 倡导全员牢固树立“客户满意度就是工作努力方向”的服务理念,以创新和开发推广“全员自助问题管理平台”为契机,发动公司员工营造“众口一声抓服务、千方百计找问题”的浓厚氛围,建立限时解决、完善流程的评价制度。一是坚持“总经理营业厅值班制度”和月度服务质量分析会制度。每月营业厅客流高峰期,由公司领导带班、各

4月15日,市委书记陶明伦视察商丘联通服务中小企业阿里巴巴产业带

职能部门、业务管理部门领导到旗舰营业厅投诉室值班一天,接待处理客户投诉,听取客户建议。根据客户意见或建议每月召开由前后台部门参加的联席会,细化问题,明确措施,限时解决。二是创新服务方式。变坐等被动式服务为主动上门式服务,每季度推出“客户俱乐部”服务活动,参与客户达2.8万余人次。三是提供营业时间延伸服务,开设24小时缴费服务平台,方便群众随时缴费,保障通信畅通。四是开展“标杆营业厅”建设评比活动,规范营业渠道服务质量,提升窗口服务水平和形象。五是健全规章制度,建立完善《商丘市联通公司大服务体系考核评价办法》《问题追溯考核管理办法》,实现闭环管理。六是接受社会监督,建立“行风热线”新闻监督与群众监督相结合的社会监督制度。每月6日参加行风热线节目,受众人群80万余人次。七是整合新媒体资源,搭建客户与公司沟通的桥梁。不断整合移动互联网(微信)等新媒体,与6万余粉丝实现实时线上沟通、交流。八是走出去,学习借鉴。

(马爱玲)

水 利

【水利工作概况】 2014年,全市共投入水利建设资金15亿元,新增和改善有效灌溉35.33千公顷,除涝43.33千公顷,新增旱涝保收田11.33千公顷,节水灌溉12千公顷,改善引黄灌区配套面积14千公顷,进一步改善了群众生产生活水平和生态环境,为全市经济社会持续健康快速发展和粮食稳产高产实现“十一连增”提供了有力保障。

王玉明

商丘市水利局领导成员

党组书记、局长:王玉明

副 局 长:冯保健 张 军

张 锋 高广军

纪检组长:刘福连

引黄灌区管理处处长:徐效超

工会主席:杜亚光

【水利项目工作】 2014年,在认真组织治涝规划编制工作、正式启动水利发展“十三五”规划编制工作的同时,一批重点工程陆续获得批复。马楼水库除险加固工程已下达投资3750万元,中小河流治理项目——虬龙沟、沱河、小堤河3条河流4个项目段初步设计已批复,总投资9967万元;引黄灌区续建配套与节

水改造下达投资4143万元;小农水重点县、中央财政统筹、农业水价综合改革试点县等资金项目3.23亿元。

【防汛抗旱工作】 全面落实以行政首长负责制为核心的防汛抗旱责任制,加强汛前检查,认真修订完善和落实防汛抗旱工作方案、应急预案,扎实做好防汛物资储备、防汛队伍组建和水毁工程修复,加强防汛值班,加强专业技术指导和督查,确保了安全度汛。同时坚持防汛抗旱并举,密切关注旱情,6月~7月,全区遭遇严重夏旱,降水量比多年同期均值偏少6成~7成。面对旱情,全市水利系统及时部署,科学调配抗旱水源,快速启动灌溉设施,全力组织抗旱。共引入黄河水3亿立方米,全市日最大投入劳动力18.7万人,开动机电井5.3万眼、泵站3处、机动抗旱设备3.2万台套,累计灌溉373.33千公顷次,确保在受旱之年再夺丰收。

【重点水利项目建设】 郑阁、王安庄水库除险加固主体工程投资1.1亿元,完成土方163万立方米,混凝土4万立方米;任庄水库除险加固工程已开工建设;小(2)型水库除险加固工程——夏邑县栗城水库和睢阳区西南门水库已完工;虞城县利民东关、西关、南关、北关4座水库开工建设;杨河、东沙河、下清水河、太平沟等4个中小河流治理工程投资7620万元,疏浚河道92公里,修建桥涵闸82座;引黄灌区续建配套和节水改造2013年度工程投资4090万元,修建桥涵闸67座,整修、衬砌渠道11公里。

【农村水利】 完成小农水重点县第四批(涉及民权县、睢县、柘城县)2013年度、2014年度工程和第五批(涉及睢阳区)2013年度工程,共投资2.11亿元,新打配机井1260眼,铺设管道1430公里,疏浚沟渠200公里,新建桥涵闸490座,地埋低压电缆线1250公里。在第四批工程绩效考评中,柘城县、民权县、睢县被评为优秀县。实施了中央财政统筹从土地出让收益中计提的农田水利建设2013年度工程(涉及夏邑县、梁园区、民权县、虞城县、宁陵县、柘城县),共投资3600万元,新增和恢复灌溉2.46千公顷,新增节水灌溉0.84千公顷。在全市持续开展"红旗渠精神杯"竞赛活动,组织广大干群充分利用冬春农闲时节,围绕解决农田水利"最后一公里"问题,大力开展农田水利基本建设。

【农村饮水安全】 2014年,国家和省安排商丘市解决87.56万农村居民和16.88万农村学校师生饮水安全问题。全市水利系统把农村饮水安全工程建设作为重要政治任务,强化领导、强化责任、强化督导,全力以赴加快建设,按期完成全部建设任务。共投资4.88亿元,新建供水工程69处,新打水源井67眼,建管理房31处,铺设管道1217万米。

【水政水资源管理】 为合理开发利用和有效节约保护地下水资源,在加大水利法律法规宣传力度的同时,不断加强业务培训,扎实开展水利监察工作规范化建设活动。市政府颁布最严格水资源管理制度的实施意见和考核办法,市水利局、市发改委等11部门联合印发《实行最严格水资源管理制度考核工作实施方案》,核定"三条红线"控制指标,并分解到各县(区),全面建立"四项制度",并下发配套文件34个。进一步规范取水许可、水资源论证工作和计量收费工作,建立取用水户台账456户,配合省水利厅安装运程监控用水户31个,全年征收水资源费1300万元。依法严厉打击擅自建设取水工程、擅自取水和河道非法采砂等水事违法行为,全市共立案查处122起,其中非法采砂案件76起,有效维护了水事秩序、遏制了河道非法采砂。

【水利工程管理和移民扶持工作】 一是严格规范河道管理范围内建设项目的审批,并申请中央、省两级财政资金958万元进行水利工程运行维修养护、重点岁修和堤防整治。二是全面加强水利工程建设管理、资金管理和质量管理,继续在全市水利重点工程建设项目中开展劳动竞赛活动,不断提升建管水平。三是小型水利工程管理体制改革试点先行、稳步推进,市水利局与财政局联合制定实施细则,国家试点睢阳区和省试点夏邑县积极探索和尝试,不断优化管护模式和完善管护制度,基本完成改革任务,睢阳区已顺利通过省水利厅验收。四是扎实开展农业水价综合改革试点工作,民权县农业水价综合改革的典型做法入选水利部"2014年度基层治水十大经验"。五是严格落实安全生产责任制,加强安全监管,防范伤亡事故发生。六是落实国家和省水库移民后期扶持政策,实施"强村富民"战略,共为全市2.32万移民按时发放直补1381万元,争取并下达移民扶持项目1636万元和库区基金166万元。

【行业自身建设】 全市水利系统扎实开展党的群众路线教育实践活动。按照统一部署,高标准高质量完成实践活动各个环节任务,取得了显著成效。狠抓党风廉政建设和反腐败工作,从严落实党风廉政建设"两个责任",实行党政主要领导"一岗双责",大力推进惩治和预防腐败体系建设,持续开展民主评议行风政风工作,在民主评议行风中排名第18位,被评为先进单位。按照"内强素质、外树形象"要求,不断加强领导班子和干部队伍建设,通过举办各种水利业务培训班和竞赛活动,狠抓水利人才培养和干部教育培训。精神文明创建活动蓬勃开展,干部职工文化生活日益丰富。成功举办全市水利系统"中国梦·劳动美·我与改革创新"主题演讲比赛、"践行群众路线暨廉政文化建设"书画展和干部职工子女庆"六一"趣味运动会等,参加全省水利乒乓球比赛、职工书法展、演讲比赛和市直工委庆"十一"摄影展,并取得好成绩。开展"十佳职工"评选、困难职工救济以及"金秋助学"活动。

商丘市水利局荣获奖项

先进单位

河南省水利重点建设工程劳动竞赛活动优秀组织单位

河南省水利系统工会工作目标考核先进单位

河南省"六五"普法工作先进单位

商丘市招商引资工作先进单位

商丘市人口和计划生育工作先进单位

（吴晓丽　王紫煜　刘长征）

电　力

刘跃新

夏绍锋

【电力概况】 2014年，商丘供电公司全面贯彻省公司和市委、市政府工作部署，扎实推进各项工作，保持了良好的发展态势。全年投资6.05亿元；售电量159.44亿千瓦时，同比增长1.5%；售电均价480.31元/千瓦时；线损率3.64%；全员劳动生产率304.9万元/人年；电费回收率100%。商丘电网经受了290.62万千瓦历史最高用电负荷考验，确保了电力可靠有序供应。至年底，公司实现连续安全生产4037天。

商丘供电公司领导成员

总 经 理：张道乾（11月离
　　　　　刘跃新（11月任

党委书记：夏绍锋

副总经理：杨亚民　沙建峰
　　　　　李孟超

工会主席兼纪检书记：肖伟才

总工程师：郑新才

总会计师：孟令波

【电网建设】 市电力公司深化网市战略合作，坚持规划先行，实现电网规划与城市发展规划对接，初步编制完成商丘供电区“十三五”电网发展规划及2030年展望。500千伏庄周变扩建等15个110千伏及以上输变电工程项目通过核准，220千伏泉水变电站等5项工程列入省重点工程，部分受阻项目纳入全市重点督查督办项目，受阻长达5年的书院变工程已开工建设。建成投产220千伏柘城变等9项输变电工程，新增变电容量166万千伏安，线路241公里。完成城区及县域配网5批次499项工程的建设任务，投资1.97亿元。加快实施农网改造升级工程，总投资1.06亿元的农网改造升级工程全部完工。

【安全生产管理】 始终坚持安全生产“先于一切，高于一切，重于一切”的理念，认真开展安全知识培训和事故警示教育。围绕三个安全百日、安全生产4000天开展系列反思活动，促进全员安全意识提升。深化安全管理，持续开展安全管理提升活动，坚持安全月度例会及违章上台说清楚制度，全年开展现场反违章纠察120次，在公司网站曝光台通报违章27起。狠抓设备安全隐患排查治理，消除各类缺陷325处。完成220千伏崔楼、健康等多个变电站综自改造，变电站集控率达100%，真正实现了调控一体化、地县一体化。投入资金4000万元，完成大修技改项目55个，开展线夹及防污闪治理等工作。圆满完成华商节等重大活动、重要节日的保电任务。

【优质服务工作】 坚持“一口对外，内转外不转”，减少报装手续，优化业扩流程，开通微信服务平台，绑定电力微信客户2.8万户。在郑徐高铁配套电力设施建设中，广大职工发挥“三千”（千言万语、千方百计、千辛万苦）精神，圆满完成低压用户迁改和高压线路迁建工作。全年完成业扩报装1.82万户，新增用电容量32.6万千伏安，同比增长20.97%。完成营配高压数据贯通和95598全业务集中上收工作，推广智能电表13.23万只。完成高压专线71条、转变2491户、3340台变压器的基础数据台账整理。建立健全电费回收三级责任制和预警机制，电费回收率100%。积极服务新能源，完成电能替代电量4.05亿千瓦时。扎实开展营业大普查，共查处违章窃电案件144起，追补电费及违约金108.3万元。认真吸取淇县停电事件教训，深入开展供电服务明察暗访工作，查处优质服务问题135件。

【经营管理】 积极开展纳税筹划，全年降低税收成本700余万元。开展配网工程建设管理专项审计，相关审计成果被评为省公司2014年优秀审计项目。开展国家电网公司通用制度和技术标准宣贯工作。初步建立绩效考核体系，积极推进劳动用工规范治理。物资规范管控持续提升，市县一体化运作机制全面建成。完成运营监测体系综合验收和成效评估。积极开展科技创新，公司荣获省公司科技进步一等奖1项、专利奖2项，取得发明专利授权6项；荣获省公司管理创新成果二等奖和河南省企业管理现代化创新成果二等奖。在省公司指导下，完成天宇酒店、商厦143名员工的安置，集体企业队伍保持基本稳定。

【党建工作】 年内深入开展党的群众路线教育实践活动，先后开展调查研究40余次，征集各类意见建议340余条。制定公司“两方案一计划”，启动7项专项行动，制定38条工作措施，90余项整改任务全部整改完毕。深化“两带三保”（一名党员带一名群众、一名政工干部带一个班组；确保安全稳定，确保优质服务，确保完成全年任务）活动，累计评选“季度之星”20名。全年组织道德讲堂4期，微信讲堂20期。举办10个工种的技能考试和普考，输电线路带电作业竞赛获省公司三等奖，认真落实“暖心防险工程”，创建“廉洁百家”。扎实开展正风肃纪专项行动，下发专项检查通报2期，限期整改问题35个。严肃查处信访举报案件14件，20人受到严厉追责。

商丘供电公司系统荣获奖项

先进单位

全国“安康杯”竞赛六连冠

全国厂务公开民主管理工作先进单位

国家电网公司县供电企业管理提升工程综合先进单位

国家电网公司队伍建设标杆单位
　夏邑县太平供电所

国家电网公司“优质工程”
　110千伏滨河输变电工程
　木兰输变电工作工程

河南省公司“项目管理”流动红旗

220 千伏晴岚变送出工程
河南省公司财务管理标杆
公司财务集约化管理

（王思印　郭　强）

住房和城乡建设

王金启

【住房和城乡建设工作概况】 市住建局成立于 2009 年 12 月，内设 18 个行政科室、12 个正科级事业单位和 2 个副处级事业单位。主要担负着促进全市城镇化发展、保障性住房建设、推进住房制度改革、规范住房和城乡建设秩序、规范房地产市场秩序、监督管理建筑市场、城市园林绿化管理、城市房屋征收管理等重要职责。2014 年，市住房和城乡建设局围绕城市建设和住房民生，立足本职，各项工作取得明显成效。至年底，全市城镇化率达 36.49%，首次超过全省平均水平；争取各类补助 30 亿元，开工各类保障性住房 82854 套，建设规模位居全省第二；争取农村危房改造 1.3 亿元、1.9 万户，位列全省第一；启动“三改”（旧城、棚户区、城中村改造）项目 112 个，开工建设 440 万平方米；“两园、六路、一线、一带”园林绿化项目快速推进；房地产开发投资 52 亿元，保持健康稳定的发展态势；建筑市场首次被评为国家级——3A 级安全文明标准化工程；执法支队从“三星级”跃升为“五星级”，在全省推广执法经验；扎实开展党的群众路线教育实践活动，被评为全市“一学双争”先进单位。

商丘市住房和城乡建设局领导成员

局　长、党 组 书 记：王金启
副局长、党组副书记：蔡　勇
副　　局　　长：柳　刚　王宝梁　何成武　王玉伟　卢中洲　王志勇　王世伟
纪　检　组　长：尹守才
市园林局局长：刘占臣
市房地产交易管理处处长：蔡英绍
工　会　主　席：刘　杰
总　会　计　师：张志勇
总　工　程　师：张新中

【新型城镇化建设】 2014 年，市住建局认真贯彻落实中央、省、市新型城镇化工作会议精神，完成《统筹城乡发展加快新型城镇化进程》《关于务工农民住房情况的调查》《商丘市重点镇建设情况》等多篇调研材料，理清新型城镇化发展的基本思路。在此基础上，精心筹备市委新型城镇化工作会议，并以市政府名义出台《科学推进新型城镇化工作的意见》和《商丘市新型城镇化三年行动计划》。扎实推进农村危房改造工作。全年共争取农村危房改造 1.3 亿元、1.9 万户，位居全省第一。积极申报国家级重点镇，梁园区谢集镇、睢阳区坞墙镇、虞城县杜集镇等 13 个乡镇位列其中。全年全市城镇人口达 340.5 万人（不含永城市），城镇化率达 45.2%，中心城区 120 平方公里，人口达 120 万人。

【保障性住房建设】 坚持把保障性安居工程作为一项民生工程和政治任务来对待，通过不懈努力，超额完成省政府下达任务。新开工各类保障性住房项目 64 个、82854 套，建成各类保障性住房 21182 套；争取国家、省各类保障性安居工程建设补助 29 亿元，位居全省第二。一是及时把任务分解到各县（区）政府，明确时间节点、部门职责以及相关负责人责任。二是召开多次座谈会、现场会、促进会，了解情况，解决问题。建立 2014 年新开工项目台账和计划竣工项目台账，并将其作为检查、督查和考核的重要依据。三是认真落实保障房配建政策，共配建各类保障性住房 2090 套、12.4 万平方米。四是坚持每月对全市保障性安居工程进度、政策落实、建设质量、安全生产等进行全面督查，督促解决问题，形成了良好的长效机制。五是提前谋划。全市 2015 年棚户区改造项目第一批申报工作已经完成，共申报棚户区改造项目 22 个、20077 套。

【“三改”工作】 “三改”工作既是民生工作，也是市政府重点工作。全年全市共启动“三改”项目 112 个，完成拆迁 368 万平方米，开工建设 440 万平方米。为进一步规范程序、加快改造步伐，组织人员先后赴全国棚改先进的成都市、重庆市以及安徽的滁州市学习、考察，撰写了调研报告。针对“三改”工作中发现的问题，提出“理顺体制、区别对待、划段监管、统筹推进”的基本思路，为下一步“三改”项目的有序开展奠定了基础。

【园林绿化工作】 2014 年，是全市园林绿化工作的“提高年”。市住建局围绕“抓项目、严管理、促提高”，力促园林绿化水平再上新台阶。一是“两园”建设顺利推进。华夏游乐园完成人工湖开挖 4 万余平方米，已初具雏形；汉梁文化公园完成信息采集并完成部分房屋拆迁工作。二是“六路”改造全面启动。神火大道、归德路南段、睢阳大道、平原路、宋城路、金桥路等道路绿化设计基本完成。三是“一带”包河景观工程快速实施。一期工程顺利通过竣工验收，进入养护阶段；二期工程的招标、土地测绘、房屋征收工作基本完成。9 月 2 日，省住建厅在《关于国家园林城市省级复查情况的报告》中，正式认定商丘市为复查合格城市。

【房地产市场管理】 以落实调控政策、加强行业监管、创新工作思路、维护市场稳定为重点，科学引导房地产投资和消费，保持了房地产市场稳定健康的发展局面。一是房地产开发各项指标稳中有升。全年全市房地产开发投资 52 亿元，同比增长 12%；施工房屋 560 万平方米，同比增长 8.6%；新开工房屋 185.7 万平方米，同比增长 10.8%；竣工房屋 151.7 万平方米，同比增长 1.4%。二是房地产交易有所下滑。全市新建商品房 30174 套，同比下降 12.2%；二手房 4424 套，同比下降 38%。其主要原因是受不动产登记和金融政策的影响，“库存高、房价跌、观望浓”成为新常态，影响了购房的积极性，给开发企业造成不小的压力。三是房地产市场秩序显著改善。做到了"三监管一分析"，即开发资质的监管、商品房预销售的监管、商品房预售资金和项目资本金的监管以及房地产市场形势分析。在预售资金和项目资本金上，增加了监管银行网点，方便企业缴存和使用；对房地产市场一季度一分析，为领导决策提供翔实的依据。

【建筑市场管理】 本着"监管有力、执法有序、不留隐患、不留死角"的原则，严格建筑市场监管。一是闭合监管显成效。出台《关于规范对建设项目检查行为的意见》，变单项执法为综合执法，一揽子解决施工中的问题；对一些难点、焦点问题，集体研究、集体决策，有力地推动了工作开展；监察支队从三星级执法支队跃升为全省最高级五星级执法支队。二是企业发展迈大步。培育二家特级建筑企业、4家一级建筑企业和2家甲级监理企业，提升了整个建筑市场的竞争力。三是质量安全上台阶。质量方面，创省"中原金杯奖"2项、市优质结构18项，省保障性工程质量"安居奖"1项；安全方面，创建省级安全文明工地14个，市级安全文明标兵工地35个，信华大酒店被评为国家级——3A级安全文明标准化工程，在商丘市史无前例。四是清欠工作求实效。做到了有诉必接、有案必销。全年共受理农民工投诉案件412起，解决清欠资金1.56亿元。

【房屋征收工作】 积极服务新区、商务中心区、高铁区、古城区等重点项目建设，完成房屋征收项目19个、306平方米，涉及17416户；开展信息采集的项目18个、262万平方米，18250户。一是商务中心区项目。对富达工贸等企业进行现场信息核对，对4条次干道红线内附属物进行信息采集，完成殷庄、江店、三教堂3个自然村778户、23万平方米的房屋征收任务。二是商丘市新型食品工业园区项目。参与食品工业园区范围内五条道路红线内附属物信息采集3300余户。三是睢阳区古城修复项目。对古城东关进行房屋信息采集3300余户，60余万平方米；对古城城郭内6.7平方公里拟征收范围进行实地考察，拟定征收工作方案。四是郑徐高铁商丘段建设。签订征收补偿协议5367户，房屋50.63万平方米。五是梁园产业集聚区项目。完成房屋征收2086户，50万平方米。

商丘市住房和城乡建设局荣获奖项

先进单位

- 全国文明单位
- 河南省"五一"劳动奖状
- 河南省住房和城乡建设系统优秀委局
- 河南省保障性安居工程工作先进单位
- 河南省住房和城乡建设系统五星级执法监察支队
- 河南省社会扶贫先进集体
- 河南省住宅工程质量知识电视竞赛优秀组织奖
- 商丘市信访维稳先进单位
- 商丘市"五四"红旗团委
- 商丘市精神文明建设工作先进单位
- 商丘市"六城"联创工作先进单位

（潘舒亚）

蔡 勇

【住房公积金工作概况】 2014年，商丘市住房公积金管理内设7个职能科（室），8个县（区）管理部，2个行业分中心，管理部和分中心均为市住房公积金管理中心的办事机构，非独立法人。中心现有在职职工42名。至年底，全市住房公积金归集达64.74亿元，归集余额为44.81亿元，住房公积金缴存单位达2647个，缴存职工逾25万名，归集覆盖率达74.76%，累计发放住房公积金贷款18.54亿元。

商丘市住房公积金管理中心领导成员

主任、党组书记：蔡 勇
副 主 任：王 磊 付 伟 卢渊亭
工会主席：张巧玲（女）
永煤分中心主任：孟智永
纪检组长：杨新永

【归集工作】 住房公积金归集工作是住房公积金制度的命脉，中心党组对此高度重视，积极向市领导汇报并与相关部门协调，从2014年起市直单位住房公积金缴存比例由原来的职工上年度月平均工资的8%调整到10%，县区职工缴存比例为5%。全年全市归集住房公积金14.1亿元，同比增长35.13%，新增住房公积金缴存单位113个，新增缴存职工17628名。

【贷款工作】 为帮助广大职工利用住房公积金贷款改善住房条件，充分发挥住房公积金贷款低息优势，以人为本，丰富贷款业务。一是开展住房公积金按揭贷款业务。二是开展商业贷款转住房公积金贷款业务。三是开展住房公积金异地贷款业务。全年发放住房公积金贷款4.94亿元，同比增长87.78%。

【财务工作】 加强资金核算，提高住房公积金增值收益率是财务核算的主要任务。一是做到日常网上监督与季度会计档案审查相结合，确保各级各类财务的及时、规范、合规处理。二是实行印章分部门保管，网上银行资金划拨制单与复合分离，复合岗设三级复合。全年提取和放贷8.73亿元，无一处放款差错和资金流失；三是及时转存沉淀资金，资金核算力求最优资金存款档期组合，最大限度地提高中心的增值收益率，全年实现增值收益7562万元，增幅81.22%。

商丘市住房公积金管理中心系统荣获奖项

先进单位

- 河南省住房公积金管理工作先进单位
- 河南省住房公积金服务工作先进单位
- 商丘市住房公积金管理中心永煤分中心
- 商丘市文明单位

先进个人

- 河南省先进工作者
  蔡 勇

河南省住房公积金工作先进个人
张巧玲　卢渊亭
李　欣　李长军
户丹丹
商丘市“五一”巾帼标兵
郭姝君
商丘市“三八”红旗手
张　锋
商丘市节能减排先进个人
杨　洋

（杨　洋）

曹月坤

【城乡规划工作概况】 2014年,市城乡规划局深入贯彻落实中央城镇化工作会议精神,按照省住建厅工作要求,围绕市委、市政府的中心工作,加快推进规划编制,完善改进审批办法,全面深化规划服务功能,加大对违法建设行为的打击力度,狠抓队伍建设,改进工作作风,提高工作效率,干部队伍建设和业务中心工作实现双丰收,推进全市新型城镇化快速发展。

商丘市城乡规划局领导成员

局长、党组书记:曹月坤
副局长、党组副书记:曾祥志
副　局　长:张建军　牛　瑜
总规划师:柳永忠
总工程师:武向东

【总体规划修编工作】 商丘城市总体规划修编是2014年市政府重要工作之一。市领导高度重视,成立高规格总体规划编制工作领导组,主要领导挂帅,规划、国土、发改、财政、住建和各县(区)领导及专家参加。市规划局承担总体规划修编工作的组织实施,为此成立领导小组,组建领导小组办公室,抽调技术人员全力配合上海同济大学专家到各县(市、区)、各有关单位调研和基础资料的收集。同时对全市文化名镇名村进行实地踏勘,并向社会各阶层发放调查问卷1000余份,为科学编制规划夯实基础。商丘市城市总体规划(2005～2020)实施情况评估报告已经省住建厅组审通过,7月18日省政府正式批复同意商丘市总体规划的修编。

【控规覆盖率】 完成《商丘火车站核心区控制性详细规划》审查及9项近期建设区域小片区的控制性详细规划的编制、审查和报批。加强对产业集聚区规划编制的督导,完成《睢阳产业集聚区空间发展规划和控制性详细规划》的审查工作。配合市城市管理局做好《城市道路(停车场)系统规划》等8项市政专项规划的编制工作。依据《商务中心区控制性详细规划》,完成太商时空广场规划设计、CBD核心区1平方公里的修建性详细规划。与清华设计院、市人防部门完成设计对接,加快推进豫东大剧院的建筑方案设计。2014年,市区控规覆盖率达90%。

【规划设计和测绘工作】 一是完成梁园区特色商业区控规的成果设计及上报工作,顺利通过省建设厅技术评审。二是完成睢阳、梁园两区集镇区控制性详细规划编制工作和梁园区田园社区控制性详细规划编制工作,通过市规划专家技术评审。三是完成平原路、归德路等10余条道路市政管线路规划设计和金桥路、平原路、归德路、香君路升级改造规划方案设计以及帝喾路论证分析报告及调整方案设计。四是完成润世丰等项目论证分析报告及控规调整20余起,豫威商贸等项目日照分析40余项。五是完成黄河古道区域(2平方公里)、田园社区(3平方公里)、华商大道南侧区域(7.5平方公里)、商都公园区域(1平方公里)总计13.5平方公里1 ∶ 1000地形图测绘工作。六是完成商都公园、蔡河等公园及河道规划方案设计。七是完成豫东综合物流集聚区重点项目亿丰国际商业博览城的相关测量定位、高铁安置区域的部分建筑物的放验线测量、商务中心区规划道路及安置地块的定位测量工作。八是完成商务中心区安置小区、四季花城等地质勘察项目20余项。九是完成宋都花园、文正置业办公楼等建设项目的建筑方案及施工图设计。

【规划审批】 市城乡规划局为提高办事效率和依法行政水平,进一步简化办事程序,优化办事流程,全力推进规划提速。至年底,审批核发规划条件220份,选址15份,建设用地规划许可证70份,总用地约400公顷,建设工程规划许可证56份,总建筑336万平方米。全年共召开规委会6次,审议项目100余个,召开业务审批会39次。持续推行电子监察、行政问责等工作制度。对所有行政许可事项,全部纳入市行政服务中心电子监察系统,做到接件及时上网,并对网上审批进行全程监控。提高规划技术咨询和服务水平,切实提高技术论证的质量。年内,为建设单位提供卫星影像图等技术资料279份,出具规划要点47份，规划用地许可证附图63份，审查建筑设计方案86个，召开规划技术论证会39次，论证建设项目182项次，接待规划技术咨询服务1000余人次。

【批后管理】 持续加强批后建设项目监管，创新管理模式，提升工作效率。一是通过恳谈、约谈等方式，不断加强与建设单位的沟通对接，全面掌握建设动态。做好事前告知、事中指导、事后回访。修改完善《建设项目批后管理事前提示》承诺书，制作批后管理项目放线情况登记表、批后管理项目回访卡，对批后项目一户一档。二是按照“项目到队、环节到人、分级督查、责任连带”的监管机制，从项目的基槽、正负零、首层、标准层、顶层、总高度以及外墙装饰等关键环节进行全程跟踪监管。三是发现违规行为，及时通过下达停工整改通知书、约谈、函告、暂扣施工工具等多种措施，督促建设单位自行整改到位。四是定期召开服务企业座谈会，广泛征求意见建议，及时解决项目在建设过程中存在的难点问题，推进批后管理工作开展。年内市规划局对151个批后建设项目进行日常跟踪管理，确保规划有效实施。

【村镇规划】 加强对各村镇规划的指导力度，深入调研，全力服务于项目建设。全市128个总体规划已经全部编制完成，完成率为100%。128个中心镇区控制性详细规划已完成90个，完成率为70%。全市591个社区，已开工建设250个，占全市规划保留社区的42%。

【“六城”联创】 全市“六城”联创十个专项行动开展后，市城乡规划局印发“关于对市‘六城’联创指挥部《开展清除商丘市城区违法搭建专项行动工作方案》任务进行分解的通知”，成立这项工作的领导小组，对16条市管道路及其他辖区内道路两侧占压“五线”的违法搭建项目清除工作任务进行明确分工，局领导班子成员分包道路，责任到人。同时，电视、广播、网站等同步宣传，营造浓厚的宣传氛围，共张贴《致广大市民的一封公开信》1.5万余份，出动宣传车1600余辆次，发放宣传通知单2万余份，报纸、电视、广播、规划网站专题宣传80余次，下达《拆除通知书》1.3万余份，清除电话亭、售货亭270余个，拆除占压道路围墙7000余米，拆除违法建筑1.2万处，拆违约40万平方米。累计清除小广告1200余处；清除沉积垃圾约30万立方米；清理花坛内杂物3600余处；纠正乱停乱放机动车辆220余起；清理占道经营110处。“六城”联创工作取得阶段性成果。

商丘市城乡规划系统荣获奖项

先进单位

河南省人民满意公务员示范单位

河南省住房和城乡建设系统优秀委局

河南省建设“五一”劳动奖状

河南省住房和城乡建设系统“四星级执法监察队伍”

　市城乡规划监察支队

河南省住房和城乡建设系统行政执法先进单位

　市城乡规划监察支队

商丘市政风行风评议先进单位

商丘市艾滋病防治先进工作队

商丘市先进职工之家

商丘市信访维稳工作先进单位

商丘市“六城”联创工作先进单位

商丘市四项重点工作服务重点项目建设工作先进单位

商丘市先进基层党组织

商丘市城乡规划局机关党支部

商丘市“五四”红旗团委

商丘市城乡规划局团委

商丘市文明单位

　示范区分局

商丘市青年文明号

　示范区分局

商丘市直青年文明号

商丘市城乡规划监察支队

　梁园分局

商丘市先进团支部

商丘市城乡规划监察支队

商丘市“五四”红旗团支部

　梁园分局

商丘市“巾帼”文明岗

　梁园分局

（李　振）

城市管理

焦明太

【城市管理工作概况】 2014年，市城市管理系统广大干部职工认真学习贯彻党的十八大、十八届三中、四中全会精神和习近平总书记系列重要讲话精神，认真开展党的群众路线教育实践活动，以重点解决事关群众切身利益的民生问题为目标，以城市精细化管理为手段，以“六城”联创为抓手，振奋精神，开拓创新，团结拼搏，与时俱进，圆满完成了各项工作任务，城市功能不断完善，城市管理水平不断提升。

商丘市城市管理局领导成员

党组书记、局长：焦明太

党组副书记、副局长：余洪波　宋　勇

副　局　长：轩敬杰　丁效东　冯先宏　闫东坡　张更生

纪检组长：贺广银

市环境卫生管理处处长：宋新胜

总工程师：张　军

工会主席：赵显雨

【基础设施建设】 为进一步完善城市道路功能，最大限度地方便市民出行，投资1.15亿元，完成平原路（铁三局—310国道）、中州路（民主路—文化路）大修改造工程，实施了长江西路（凯旋路—平原路）和文化西路（振华玻璃厂—金桥路）续建、神火大道（火车站广场—北海路、北海路—华商大道）、睢阳路（民主路—北海路）、长江东路（归德路—中州路）改造及九州路运河桥新建工程。同时督促指导梁园区、睢阳区投资4991万元实施并完成了11条区管道路整修工程。为综合治理城区内河水系，全年投资1.2亿元，完成康林河、忠民河闸坝工程河口以下工程

和南京路污水提升泵站建设工程。同时完成包河、运河、蔡河、万堤河拦水坝施工图纸设计工作;实施康林河、忠民河、万堤河、包河、蔡河、运河6条河道部分段综合治理工程。内河治理启动以后,完成53公里的污水管网铺设,内河治理取得了阶段性成效。以"六城"联创为契机,加大资金投入和协调力度,水冲公厕、垃圾中转站建设和果皮箱设置等环卫基础设施布局日趋合理。投资2500万元,完成25座垂直压缩式垃圾中转站新建和改造,取消露天垃圾收集点,解决垃圾落地、污染环境等问题;投资224余万元建设8座一类水冲公厕和3座环保公厕;投资1200万元购置洒水车、洗扫车15部,市区主干道已基本实现机械化洗扫,降低了环卫工人的劳动强度。投资850万元,完成光复街、青年路、宇航路等13条道路的路灯新建改造工程,共安装路灯1.1万余盏,敷设电缆2.3万余米,安装控制柜27台。同时采取"大故障现场及时处理、主次干道及时检修、背街小巷整体维修"的措施,加大路灯设施维修力度,共排除各种故障630处,维修路灯1.5万余盏次,更换光源6350只,更换镇流器、触发器等小型电器4623只,更换灯罩2850只,维修控制柜480台次,维修控制开关420只,更换交流接触器568台,检修线路8500米。通过路灯新建改造和维修,确保了路灯亮化率和设施完好率双达标。为优化整合城市管理资源,全面提升管理效率和水平,市数字化城管平台建设一期工程6月19日试运行以来,管理中心共受理各类城管案件7.3万余件,立案47146件,派遣4.3万余件,各相关责任单位共处置3.3万余件。

【市政公用事业】 一是狠抓供水管理,规范收费制度。全年供水3347万吨、售水2301万吨,销售收入4867余万元;提高公共供水管网覆盖率,发展新用户7410户;强化水质监管,严格实行三级化验制度,加大检测频率,出厂水质合格率达92.94%,管网水质综合合格率达96.29%;加强"跑冒滴漏"管理,共维修管网漏点1824处,维修、更换闸门725个,更换闸门盖板147块,平均漏失率为30.14%。开发区供水公司全年售水592万立方米,供水总量650万立方米,水费收入1186万元,新增用户6152户,漏失率为9%。2家供水企业共投资3452万元新建改造供水管网40余公里、新开凿水源井6眼,城市供水范围进一步扩大,特别是中州路供水管网打通工程,解决了长期困扰北海路以南区域水压偏低问题。二是城市天然气安全稳定运行。加快用户发展力度,提升服务质量,加强安全检查,销售气量6350万方、完成民用户户内安检2万余户,工商户安检做到每月1次,安检率100%;与商丘银行30余个营业网点开通"银行代收燃气费"系统,方便用户缴费。同时投资3447万元铺设燃气管道54.7公里,提高了管网覆盖率。三是加强城市集中供热管理工作。恒源热力公司加大设备检修及管网建设工作,完成供热主管网、二级网、阀门井及200余座热力站的检修维护,对丰源电厂首站3号和4号机组进行拆卸大修,站内阀门全部拆卸返厂维修,确保供热设备正常运行;投资6600万元,完成老旧管网改造部分预埋供热管道工程和宋城路新建管网工程,供热总体效果较往年明显提升。

【市容市貌管理】 一是规范户外广告设置管理。严格审批程序,加强安全监管,加大综合整治力度,户外广告设置逐步规范有序,累计拆除未经审批设置的广告牌156块、破旧且存在安全隐患的户外广告牌400余块。二是开展门店牌匾专项治理。严格按照《市区户外广告门店牌匾标识设置技术规范》引导门店业主严格按标准装饰门头,做到"管住、控死",督促指导达标设置门店牌匾186块。对神火大道等5条样板路3631块门店牌匾摸底调查、登记造册,责成55处不符合设置标准的门店牌匾整改。三是开展城市"牛皮癣"整治。组织有关部门开展"城市牛皮癣"清除专项行动,共清除各类"城市牛皮癣"9万余处、粉刷遮盖违章墙体广告1万余平方米、收缴非法广告宣传单4.2万余张、协调有关部门严厉打击非法张贴、散发、喷绘小广告行为28.5万余处、手机非法小广告电话号码290余个。四是开展城市"蜘蛛网"规范整治。实施架空弱电线路规范绑扎工作,组织移动、联通、电信、广电、铁通等架空弱电权属单位对全市16条主干道及区管20条道路规范整治,共整治架空线路110公里。五是加强市容市貌监察管理。进一步完善"巡视—管理—督查"为一体的三级管理模式,采取宣传教育、提前介入管理、蹲点整治等措施,基本实现道路设施平坦无障碍、排水畅通无漫溢、设施完好无空缺的管理目标。严格执法管理,采取"疏堵"结合、集中整治等措施,共清理占道经营、流动商贩1800余次,规范出店经营1000余处,清理违章设置报刊亭36座,查处各种建材占道120余处、违章破路50余处、违章乱搭乱建60余家、规范施工围挡30余处,做到"管理到位、处置及时",营造了良好的道路通行环境。

【市政道路养护和城市防汛工作】 加大对市管道路养护维修力度,投资220万元,沥青补坑槽2.2万平方米。加强排水设施清淤。对易出现排水堵塞和积水路段实施清掏和改造,对市(区)道路逐条拉网式清淤,共清掏检查井、雨水井8000余座,清理出水口11个,更换维修各类检查井盖板610块,清运淤积物1.2万余方。同时对7座立交泵站清淤和维修,确保城区排水设施畅通。扎实做好城市防汛。成立城市防汛领导组,制定应急预案和应急抢险预案,建立抗洪抢险突击队并配备防汛专用车、落实防汛物资等,保障了城区安全度汛。

【污水管网和泵站维修】 加大泵站设备的保养和检修,完成5座泵站电气设备的检测、调试、除尘、养护和2台格栅、1台螺旋输送机和2台软启动器的大修及其他附属设备的保养工作,更新香君路泵站2台污水泵、2台格栅;强化管网巡视、维修及清淤,完成周商运河北岸主干管网及4条导虹管、8座导虹井、3座转弯井和万堤河段25条导虹管、50座导虹井及包河(文化路至北海路)检查井清淤疏通工作,共清除垃圾150余立方米,疏通管网长度9825米、累计巡视污水管网长度约2.6万余公里，更换检查井盖板130余块、井圈43个、复位190余次，确保了全线管网的畅通运行。

【“两费”征收工作】 采取清查两路并进、财政代扣、加强收费管理、明确专人定点催缴等措施，并对过去难以催缴的自备井用户做耐心细致地工作。全市共征收污水处理费5599万元（市直1151万元、三区3180万元、六县1268万元）。加强生活垃圾处理费征收工作，设立咨询台、编发60万条手机短信，营造了良好的征收氛围，同时采取市征收办直接征收、委托三区城管部门征收和水费代征等措施，城区共征收生活垃圾处理费423万元。

商丘市城市管理系统荣获奖项

先进单位

河南省城镇污水处理运营管理先进单位

康达环保（商丘）水务有限公司

河南省住建系统女职工工作先进单位

河南省机关党的建设研究会优秀奖

河南省工会“安康杯”竞赛优胜单位

市正源水务有限公司

市市政工程管理处

市路灯管理所

商丘新奥燃气有限公司

河南省城市市容环境卫生工作先进集体

市环境卫生管理处

河南省环卫业协会先进集体

市环境卫生管理处

河南省三星级执法监察队伍

商丘市城市管理监察支队

河南省污水处理设施运营管理优秀单位

康达环保（商丘）水务有限公司

河南省建设工会“安康杯”竞赛优胜单位

康达环保（商丘）水务有限公司

河南省优胜班组

北海路加气站班组

商丘市“六城”联创先进集体

先进个人

河南省住房和城乡建设系统工会工作优秀工作者

赵显雨

河南省住房和城乡建设系统“安康杯”竞赛优秀组织者

程传政

河南省环卫业先进工作者

刘洪杰

河南省住房和城乡建设系统先进女职工工作者

石红梅　郑瑞华

河南省住房和城乡建设系统先进女职工

张妍华

2014中国·商丘国际华商节先进工作者

张新杰　刘　丹

尹　娜　李洪涛

（张新杰）

为您服务

商丘车站旅客列车时刻表（五）

上行					
车次	区间	股道	到点	开点	方向
K1028	兰州—青岛	6	20:30	20:35	
K154	郑州—上海	4	20:44	20:51	
K236	石家庄—上海	6	20:53	20:59	
T328/5	郑州—宁波	Ⅱ	21:07过		往南
K1064	重庆北—哈尔滨西	6	21:20	21:26	往北
K206	成都—青岛	4	21:29	21:31	
K330	洛阳—天津	6	21:38	21:45	往北
K284	成都—上海	4	21:47	22:02	
Z146/7	郑州—深圳东	Ⅱ	21:53过		往南
K246	成都—扬州	4	22:10	22:13	

为您服务

商丘车站旅客列车时刻表(六)

上行					
车次	区间	股道	到点	开点	方向
K1104	安阳—上海	6	22:22	22:28	
K912	西安—青岛	4	22:36	22:44	
K1132	西安—烟台	6	22:46	22:52	
2596	郑州—杭州	4	23:10	23:16	
1152/3	西安—杭州	6	23:34	23:38	往南
1566	郑州—青岛	4	23:54	23:59	
1488	郑州—北京西	6	0:01	0:14	往北
K736	洛阳—上海	4	0:14	0:17	
Z94	西安—上海	Ⅱ	0:38 过		
K563/6	太原—南通	4	0:44	1:15	北来
K2908/5	西安—温州	6	0:56	0:59	往南
D308	西安北—上海	Ⅱ	1:11 过		
2278/5	郑州—杭州	6	2:27	2:35	往南
K558	延安—上海	4	2:33	2:41	
K2668	临汾—苏州	6	2:45	2:52	
K2046	西安—沈阳北	4	2:58	3:19	往北
Z88	西安—杭州	Ⅱ	3:04 过		
1148	宝鸡—连云港东	4	3:52	4:02	
T140	西安—上海	Ⅱ	3:57 过		
K420	兰州—泰州	4	4:14	4:32	
Z106	乌鲁木齐-济南	Ⅱ	4:19 过		
Z166	拉萨—上海	Ⅱ	4:28 过		
Z42	乌鲁木齐—上海	4	4:42	4:44	
T118	兰州—上海	4	5:04	5:07	
K974	襄阳—哈尔滨	6	5:17	5:23	往北
K596	乌鲁木齐南—杭州	6	6:41	6:48	
Z218	兰州—上海	4	6:55	7:01	
K60/1	西安—扬州	6	7:31	7:36	往南
K2188	西宁—上海	4	7:39	7:43	
T114	兰州—杭州	Ⅱ	7:55 过		

农 业

【农业综述】 2014年，全市农业农村工作按照稳定政策、改革创新、持续发展的总要求，经过全市上下的共同努力，实现了粮食稳定增产，农业持续增效，农民持续增收、农村繁荣发展的良好局面。

一、农村经济快速发展。全年全市农林牧渔业增加值315.94亿元（不含永城市）。全市一产增加值227.74亿元，增长4.4%，增幅位居全省第三，黄淮四市第一。农民人均纯收入8025元，增长11.2%，增幅超过城镇居民收入。

二、粮食生产再创新高。全年粮食产量在高起点、高基数的情况下，再创历史新高，粮食总产535.13万吨，比上年增长2%，实现了"十一连增"，总产连续9年稳定在100亿斤以上，连续3年荣获全国粮食生产先进市称号，夏邑县、虞城县、柘城县、民权县又被评为全国产粮大县。

三、农业发展步伐加快。市级以上农村产业化重点龙头企业发展到253家，省级龙头企业数量居全省第一位。全市销售收入在亿元以上的企业88家，农产品加工总额达1166亿元，带动农户100余万户。全市在工商部门注册农民专业合作社4064家，家庭农场发展到694家。

四、农业结构不断优化。2014年，全市蔬菜、油料、瓜果、水产、食用菌等产品保持稳定增长，累计认证绿色食品企业10家，产品15个；无公害农产品产地178个，农产品173个。发展一村一品专业村镇500个，其中专业乡镇25个，专业村475个；宁陵县石桥镇和虞城县店集乡惠楼村、张集镇林堂村、郑集乡褚庄村被命名为国家级一村一品示范村镇。畜牧业发展良好，肉蛋奶产量分别达到48.14万吨、23.15万吨、23.62万吨。商丘市成为河南省重要的优质畜产品生产加工基地。

五、农业基础得到加强。一是积极推进高标准粮田"百千万"工程。全市新建高标准粮田5.93万公顷，累计建成17.72万公顷。二是进一步加强农田水利基本建设。全市共投入水利建设资金15亿元，新增和改善有效灌溉3.53万公顷，新增旱涝保收田1.13万公顷，新增和改善除涝面积4.33万公顷，改善引黄灌区配套1.4万公顷，新增节水灌溉1.2公顷，是全市水利发展全面提速、人民群众受益最多、行业能力提升最快的一年。三是农机装备能力进一步提升。全市农机总动力达1012.6万千瓦（不含永城市），拖拉机保有量达20万台，联合收割机保有量达2.2万台，农作物综合机械化水平达83.5%，均位居全省前列。四是国家森林城市创建规划获得国家林业局批准，造林0.67万公顷，为年度任务（0.58万公顷）的124%。五是气象、供销服务"三农"能力得到进一步提升。

六、强农支农职能加大。全年共落实粮食直补、农资综合补贴、良种补贴资金约10亿元。落实农机购置补贴资金7887万元，补贴各类农机器具4781台。粮食部门累计收入小麦15万公顷，占省定任务的109%，其中最低价收入小麦9万公顷，居河南省第三位，104万农村人口饮水安全问题得到解决；实施贫困村整村推进104个，农村脱贫13.5万人。

七、农村改革引向深入。一是加快推进农村土地承包经营权流转，全市"小块并大块"48.67万公顷，规模化流转耕地12万公顷。二是扎实做好农村集体土地所有权确权登记工作。全市9个县（区）共完成69271宗、8024.68平方公里集体土地所有权地籍调查，登记申请、审核、公告，县级成果已通过验收。三是稳妥推进农村土地承包经营权确权登记颁证试点工作。全市已有63个乡镇的87个行政村开展工作，其中26个行政村完成权属调查，5个行政村完成审核公示，2个行政村完成颁证。四是公益性农技推广体系基本建成。全市新建71个乡镇农技推广区域服务站。

八、农村环境整治初现成效。2014年，全市全面启动"美丽商丘·整洁村镇"活动，3168个的行政村完成"三无一规范"（无垃圾、无污水、无杂物，实现物品摆放有序）和"一眼净"（一眼看去整洁卫生）整治任务，占全部行政村82%以上，共清理垃圾49万方，清除堆积杂物7.7万处，拆除残墙断壁1.7万处。商丘市作为河南省改善农村人居环境试点市，3个村庄入选全国"美丽乡村"创建试点，22个村镇纳入全省"美丽乡村"试点。

孟 伟

【农办工作概况】 2014年，市委农办围绕综合协调、调查研究、督查指导和制定政策等职能，积极做好重大农事的组织协调，牵头研究全市农业农村全面深化改革工作重点，做好新农村建设工作和"美丽商丘·整洁村镇"活动，圆满完成各项工作任务。积极筹备召开2014年市委农村工作会议、"美丽商丘·整洁村镇"现场会和推进会、全市观摩点评活动和市委全面深化改革农村改革专项小组会议，先后下发《中共商丘市委商丘市人民政府关于全面深化农村改革加快推进农业现代化的实施意见》《市委办公室、市政府办公室关于印发〔2014〕3号文件有关政策措施责

2009 年~2014 年商丘市主要农产品产量

单位:吨

指　　标	2009 年	2010 年	2011 年	2012 年	2013 年	2014 年(不含永城)
粮食	5945800	5986800	6081894	6296541	6441629	5351253
1. 夏粮	3858000	3882300	3931251	3979718	4045213	3418805
2. 秋粮	2087800	2104500	2150643	2316823	2396416	1932448
(一)谷物	5661966	5700606	5786636	6008669	6191626	5196940
#小麦	3844193	3869512	3916386	3972190	4039424	3406283
玉米	1800994	1816541	1853771	2028964	2145206	1782033
其他谷物	11673	11239	13223	6435	5365	4747
(二)豆类	193034	194894	204586	192811	154516	76941
#大豆	184165	181545	188743	178029	141614	66054
杂豆	8869	11238	11782	12209	12902	10887
(三)红薯(折粮)	90800	91300	90672	95061	95487	77372
棉花	99696	87100	78219	47212	30713	24051
油料	360042	370672	373252	412245	421479	375262
#花生	298697	319007	321480	358006	368475	341390
油菜籽	53544	43764	44806	47497	47931	31420
芝麻	7801	7901	6966	6742	5073	2452
麻类	137	147	134	166		
#黄红麻	137	147	134	166		
#蔬菜(含菜用瓜)	8536028	8798053	8978351	9359814	9640863	8067215
瓜类(果用瓜)	2683263	2901495	2941013	3200577	3239383	2593428

2009年~2014年商丘市主要农产品单位面积产量

单位:公斤/亩

指 标	2009年	2010年	2011年	2012年	2013年	2014年(不含永城)
粮食	430	431	432.2	440.0	437.8	442.3
1. 夏粮	460	462	464.3	467.6	469.4	478.6
2. 秋粮	384	383	383.6	394.0	393.2	390.0
(一)谷物	455	455	455.5	459.5	457.7	455.9
#小麦	460	462	463.9	467.6	469.5	477.3
玉米	446	441	438.4	444.3	437.1	419.5
其他谷物	362	404	502.6	521.9	505.2	771.9
(二)豆类	179	183	190.4	190.4	177.7	188.7
#大豆	180	180	184.9	188.4	174.3	180.1
杂豆	155	214	218.0	220.1	227.5	264.9
(三)红薯(折粮)	286	296	307.0	312.8	302.4	264.7
棉花	66	69	71.5	69.1	66.1	63.7
油料	280	287	278.7	305.1	309.3	294.7
#花生	307	322	304.8	332.4	330.7	307.7
油菜籽	221	203	213.3	223.4	232.9	238.0
芝麻	108	93	93.1	109.6	115.7	80.9
麻类	304	306	388.4	409.9		
#黄红麻	304	306	388.4	409.9		
#蔬菜(含菜用瓜)	2817	2762	2772.3	2865.0	2917.8	2935.5
瓜类(果用瓜)	3636	3691	3584.4	3840.9	3831.6	3638.4

任分工方案》《省委〔2014〕2号文件和市委〔2014〕3号文件督查工作方案》《市委〔2014〕3号文件工作台账》,会同市委督查室、市政府督查室开展督促检查,确保“三农”各项工作落到实处;积极参与《市政府工作报告》《商丘市“三农”工作总体情况》《商丘市经济社会发展情况》《中共商丘市委关于贯彻党的十八届三中全会和省委九届七次全会精神全面深化改革的实施意见》《市委全面深化改革领导小组专项小组及专题小组设置方案》等综合材料涉农部分的起草,完成市人大代表、市政协委员所提的43项涉农综合建议及提案的回复,满意率100%。按照市委关于深化农村改革的工作要求,对济源市开展农村产权交易情况进行调研,完成《济源市农村产权交易中心建设考察报告》,并结合商丘实际,完成《小块并大块多块变一块探索农村土地规模化经营新模式》《商丘市农村人口向城镇转移情况调查》《商丘市促进农村人口向城镇转移政策情况调查》《商丘市农村改革对基层党组织建设提出的新任务和新要求情况调研》《新形势下加快发展农村集体经济的调查与建议》《商丘市农业经营体制机制改革与创新》等调研课题,为领导决策提供参考依据。抓好“美丽商丘·整洁村镇”活动。在全市所有村庄和公路开展“三无一规范”和“一眼净”集中整治工作,取得阶段性成效。全市3851个行政村完成“三无一规范”集中清理整治任务的有3153个,占行政村总数的81.9%,商丘市被列为河南省改善农村人居环境试点市,3个村庄入选全国“美丽乡村”创建试点,22个村镇列为全省“美丽乡村”试点。

中共商丘市委农村工作办公室领导成员

主　　任:李思杰(兼)
常务副主任:孟　伟
副 主 任:闫海国

【美丽商丘·整洁村镇活动】 2014年,全市农村开展“三无一规范”和“一眼净”为重点的“美丽商丘·整洁村镇”环境整治活动,农村环境“脏、乱、差”状况得到初步扭转,农村面貌焕然一新。一是加强组织领导。市领导高度重视“美丽商丘·整洁村镇”工作,先后召开农村环境整治工作会议,“美丽商丘·整洁村镇”活动现场会和推进会、座谈会,纳入县乡年度目标考评,组织开展“美丽商丘·整洁村镇”观摩点评活动等,推进了工作开展;尤其是在夏收、秋收和春节期间开展集中整治,对全市所有村庄、集镇、道路垃圾污水进行拉网式清理,规范了村庄、路边杂物堆放,规范了集贸市场,国道、省道、县道干净整洁,农村整体环境卫生明显改观。二是加强统筹协调。市委办公室、市政府办公室联合下发《关于开展“美丽商丘·整洁村镇”活动的意见》,制定“市里统筹协调、县里组织领导、乡镇实施主体”工作机制和各级党委农办具体负责、有关部门配合的协调推进机制。三是突出整治重点。每个县(区)选择1个~2个乡镇整乡推进,重点抓好100个市级示范点村镇,发挥好示范带动作用;突出抓好连霍、商周等高速公路、铁路、国道、省道、县道两侧村庄及沿线环境的集中整治,使整治后的村庄和道路沿线形成焕然一新的视觉景观效果;突出抓好乡镇政府所在地、旅游景区、有条件村庄的环境整治,有效改善乡镇政府所在地和旅游景区村庄的环境秩序;在市城乡一体化示范区、睢阳区、梁园区营造“美丽商丘·整洁村镇”示范圈;各县(区)着力打造一批精品示范点,通过点、线、圈、片组合,构建“美丽商丘·整洁村镇”示范区。至年底,共清理垃圾97万立方米,清除堆积杂物17万处,拆除残墙断壁3.1万处,墙体外立面美化559.2万平方米,建立公厕1749个,村庄绿化175.6万平方米,安装路灯4.3万盏。四是完善工作机制。建立投入机制,探索建立财政投入、整合项目资金集中投入为主,村级公益事业建设一事一议财政奖补和社会资本投入为辅的资金投入机制,市、县(区)两级财政分别每年列支2000万元以上,主要用于基础设施、公共服务设施和农村生活垃圾、污水处理设施建设。建立公共财政投入与村民适当缴费相结合的经费保障制度,保障保洁员工资和保洁设备投入。至年底,全市有2354个行政村建立了保洁员队伍,保洁员10831人,平均月工资600余元。建立合力推进机制,各县(区)结合实际,开展领导包村镇,部门帮扶工作,积极整合部门力量,整合项目资金,实行对口“捆绑式帮扶”、“一对一”帮扶等,取得明显成效。建立宣传引导机制,充分发挥报纸、电台、电视台和网络等新闻媒体作用,采取多种形式广泛宣传,营造浓厚氛围,在省市县新闻媒体发表各类稿件400余篇。五是加强督查考核。将“美丽商丘·整洁村镇”活动纳入县(区)、乡(镇)年度责任目标考评,建立“以奖促治”资金激励机制。采取月巡查排序、季度观摩、年终总评的考核奖惩办法推动工作落实。至年底,全市3153个行政村完成“三无一规范”整治任务,占行政村总数的81.9%,所有国道、省道、县道按照“一眼净”标准集中清理,农村变得干净整洁、路面平整、村庄绿化。商丘市被列为河南省改善农村人居环境示范市,3个村庄入选全国“美丽乡村”创建试点,22个村镇列为全省“美丽乡村”试点。梁园区、夏邑县,睢县、睢阳区被评为省先进县(区)、进步县(区)。

【农民合作组织】 按照市委、市政府的统一部署和省委农办的要求,市委农办把农民合作社发展作为推进新型农业经营体系的一项重要措施来抓,积极协调农业、农机、畜牧、供销、工商、税务等部门,结合各自职能,共同推进农民合作社的发展。全市已在工商部门注册农民专业合作社3821(不含永城市)个,较2013年底新增900个,注册资金总额达87.63亿元,同比增长65.36%。

商丘市委农村工作办公室荣获奖项

先进单位

商丘市“六城”联创工作先进单位

(贾冬莹)

扶贫开发

【扶贫开发工作概况】 2014年,市

高　旗

扶贫办通过做好整村推进、建档立卡、“雨露计划”培训、科技和产业化扶贫、外资扶贫和社会扶贫，改善了贫困地区农民生产生活环境，增加农民收入，提高贫困地区和贫困人口的自我发展能力。全年全市共投入扶贫资金1.81亿元，完成13.51万贫困人口稳定脱贫，对104个贫困村实施整村推进，完成“雨露计划”培训19478人。

商丘市扶贫开发办公室领导成员

主任、党组书记：高　旗

副 主 任：刘彦华　朱　玲（女）

纪检组长：张秀英（女）

【整村推进建设】　2014年，商丘市对104个贫困村实施整村推进，共投入23340.7万元（其中省财政投资7280万元），为贫困村新建村内道路269.57公里，新建文化广场（站）66个，环境治理贫困村66个，实施农村饮水、农村沼气、垃圾污水处理、连锁超市、农村电力、村庄绿化、农田水利等项目。通过整村推进，贫困村的基础设施有明显改善，村容村貌焕然一新，优势主导产业进一步发展，农民收入水平和自我发展能力有较大提高，部分整村推进村成为当地新农村建设的“示范村”。

【“雨露计划”培训】　全年全市共完成“雨露计划”培训任务19478人，其中贫困家庭新生劳动力职业教育助学工程6505人、贫困户家庭劳动力短期技能培训工程1110人、贫困村产业发展实用技术培训工程9063人，动员和组织社会力量开展企业就近就地培训就业工程2800人。认定市级培训基地7家，县级培训基地10家。通过培训，有效地提高了全市贫困人口素质，增强其就业和创业能力，农民收入明显增加。

【建档立卡】　2014年，全市扶贫开发工作自全省扶贫开发建档立卡工作开展以来，多次召开专题会议和培训会议，认真分析研究，周密部署，出台具体的工作方案，按照“县为单位、规模控制、分级负责、精准识别、动态管理”的原则，对贫困户、贫困村进行识别并建档立卡。全市建档立卡系统书面信息采集工作已经结束，各县（区）正进行网上录入工作，所有贫困户信息已上报省办审核。全年全市共识别贫困村842个，贫困人口71.06万人。

【科技和产业化扶贫】　全年全市争取科技扶贫资金640万元，安排科技扶贫项目11个，通过项目实施使项目区劳动者素质普遍提高，科技意识明显增强，取得良好的经济效益和社会效益。根据贫困户和扶贫龙头企业需求积极争取扶贫贴息资金，共争取贴息资金1560万元。其中小额信贷贴息资金300万元，扶贫龙头企业贷款贴息资金1260万元，扶持企业34家，这些资金的投入，缓解农户发展生产资金短缺的问题，拓宽农户增收渠道，增强企业的带贫能力。全市互助资金投入450万元，涉及5个县24个乡镇，27个贫困村。

【世行五期扶贫项目】　2014年，世行五期项目计划总投资1410.06万元，涉及柘城、夏邑2个项目县、47个项目村。社区基础设施和公共服务分项目（CDD）投资577.36万元，新修村内及胡同道路25公里，新建文化广场2处，村容村貌整治1处，新安装广播设施4套、监控设施2套，安装路灯320个，新建桥梁1座；社区发展资金项目（CDF）投资644.9万元，实施CDF项目的33个项目村均已完成在民政部门的注册；培训7335人次；学习考察80人次；参与式规划22个；重新进行47个村社区宣传发动，刷写固定标语92条，固定宣传栏22个，横幅105条，印刷宣传资料5000余份。

10月17日，全国首个“扶贫日”宣传

【首个“扶贫日”活动】　经国务院批准，自2014年起，将每年10月17日设立为“扶贫日”。市扶贫办按照依法合规、公开透明、节俭务实、注重实效的原则，向各县（区）主要领导发信函；在商丘主流媒体进行全方位宣传报道；制发扶贫公益广告、信息；在繁华地带设立扶贫政策咨询台，宣传扶贫开发政策和成效；与组织部联合开展走访调研贫困村、贫困户活动；组织扶贫公募活动，收集整理求助信息贫困村174个，贫困农户437户。

（魏友良）

种植业

【种植业概况】　2014年，全市农业

宋广德

系统坚决贯彻执行中央省市关于全面深化农村改革、加快推进农业现代化的各项部署和要求，坚持"调中求进、变中取胜、转中促好、改中激活"，以全面深化改革为动力，集中力量推进高标准粮田、产业化集群、精品农业"三大工程"建设，全市农业农村经济在高起点上实现稳中有进、稳中提质、稳中增效，粮食生产实现"十一连增"，农民增收实现"十一连快"，主要"菜篮子"产品生产稳定，现代农业加快发展，农村改革扎实推进，为新常态下"稳增长、调结构、促改革、惠民生"提供有力支撑，为稳定全市经济社会发展打下坚实基础。

粮食生产再夺丰收。2014 年，我市粮食总产量继续保持在 100 亿斤以上(自 2006 年突破 100 亿斤，已连续 9 年稳定在 100 亿斤以上)，达到 535.13 万吨(不含永城市)，增加 4.5 亿斤，增长 2%，实现"十一连增"。

农业综合效益和功能不断提升。2014 年，全市农业产业化经营组织达 4992 家，其中市级以上农业产业化重点龙头企业达 253 家(国家级 3 家、省级 53 家、市级 197 家)，超亿元龙头企业 80 家，其中有 2 个全国农产品工业示范企业、1 个示范基地，8 个农业产业化集群被省政府认定为省级农业产业化集群，科迪集团和诚实人 2 个龙头企业被评为 2014 年全省现代农业产业化集群发展优秀企业。同时，按照通过建设规模化、专业化和集约化原料生产基地，壮大龙头企业、培育知名品牌的要求，发展蔬菜复种 20 万公顷，总产量达 806.7 万吨，产值 100 亿元(其中各类温棚 20 余万座、面积 2.67 万公顷、产量 150 万吨，产值 30 余亿元)，油料总产量 37.5 万吨(花生 34.1 万吨)，水果产量 156.24 万吨，水产品 6.8 万吨，棉花 2.41 万吨。

新型农业经营主体加速扩张。全年全市农民专业合作社发展到 4064 家，与上年相比增长 1281 家，增幅达 42.8%，入社农户占全市农户总数的 20%。在工商部门登记注册的家庭农场 491 家，比上年增加 390 家。规模化流转土地 12.67 万公顷，发展"一村一品、一乡一业"专业村 500 余个，专业乡镇 25 个。

惠农民生工程持续加强。全年全市共落实粮食直补、农资综合补贴、良种补贴资金近 10.2 亿元，新建高标准粮田 4.67 万公顷，累计建成 17.73 万公顷，柘城县、夏邑县高标准粮田建设工作被评为"全省先进单位"。新建大中型沼气工程 4 座，新增农村户用沼气 1800 户，新增农村沼气服务网点 30 处。培育新型职业农民 4095 人，落实 4500 余万元农技推广补助项目资金，建成 71 个基层农技推广区域服务站，并配备农业科技服务车。

农产品质量安全稳中有升。全年全市累计认证绿色食品企业 10 家，产品 16 个；无公害农产品产地 178 个，产品 173 个。2014 年，在省农业厅对商丘市农产品质量安全 4 次例行监督抽检中，农残检测合格率均达 98% 以上。

商丘市农业局领导成员

局　　长：宋广德

副 局 长：贾长安　蔡振海　刘　建

纪检组长：谢　震

总农艺师：高尊诗

市国营民权农场党委书记：孙景权

市经作中心主任：金新富

市农广校校长：王建设

【粮食生产】 2014 年，粮食产量在高起点、高基数的情况下，再创历史新高。全市粮食种植 80.66 万公顷，比上年增加 1.55 万公顷，增长 1.96%；平均亩产 442.3 公斤，比上年增加 0.1 公斤，增长 0.2%；总产 535.13 万吨，比上年增加 11 万吨，增长 2%，其中夏粮种植 47.62 万公顷，比上年增加 0.45 万公顷，增长 1.1%；平均亩产 478.6 公斤，比上年增加 9.2 公斤，增长 1.9%；产量 341.88 万吨，比上年增加 10.13 万吨，增长 3.1%，实现"十一连增"；秋粮种植 33.03 万公顷，比上年增加 1.1 万公顷，比上年增长 0.2%；平均亩产 390 公斤，比上年减少 12.3 公斤，下降 3%；总产 193.24 万吨，比上年增加 0.31 万吨，增长 0.2%。

【高产创建】 2014 年，根据农业部和省农业厅部署，在全市共建立 77 个粮棉油高产创建示范片，高产创建示范方落实 6.62 万公顷，涉及 87 个乡镇、566 个行政村，农户 21 万，其中小麦万亩高产创建示范片 27 个(含整建制示范方 8 个)2.69 万公顷；秋季粮棉油万亩高产创建示范方 50 个，其中玉米示范方 38 个(含整建制示范方 8 个)，面积 3.1 万公顷；大豆示范方 4 个，面积 0.27 万公顷；花生 2 个，面积 0.16 万公顷；棉花 6 个，面积 0.4 万公顷。据各县(区)对粮棉油高产创建示范方严格测产验收，19 个小麦高产创建示范方实收测产 621.1 公斤/亩，比上年平均亩产 615 公斤增加 6.1 公斤，比全市大田平均单产 529 公斤/亩增产 92.1 公斤，增幅 17.4%。8 个整建制示范方实收测产 565.8 公斤/亩，比全市大田平均单产 529 公斤/亩增产 36.8 公斤。玉米万亩高产创建示范方 38 个(其中整乡推进万亩方 8 个)，平均亩产 674 公斤，比全市平均亩产 536.5 公斤增加 137.5 公斤，比上年玉米高产创建示范方平均亩产 671 公斤增加 3 公斤。大豆万亩高产创建示范方 3 个，平均亩产 226 公斤，比全市平均亩产 192.8 公斤增加 33.2 公斤，比上年大豆高产创建示范方平均亩产 219 公斤增加 7 公斤。花生万亩高产创建示范方 2 个，平均亩产 355.8 公斤，比全市平均亩产 323.5 公斤增加 32.3 公斤，与上年花生高产创建示范方平均亩产增加 0.8 公斤。棉花万亩高产创建示范方 6 个，平均亩产 105 公斤，比全市平均亩产增加 5 公斤，与上年棉花高产创建示范方平均亩产基本持平。高产创建示范方发挥了示范带动作用，极大地带动了区域间均衡增产，助推全市粮棉油生产。

【高标准粮田建设工程】 全年全市建成万亩方 34 个，千亩方 15 个，百亩方 4 个，面积 4.68 万公顷。高标准粮田夏粮实收测产 572.54 公斤/亩，比全市大田平均单产 524.68 公

4 月 22 日，省委书记郭庚茂调研麦田管理情况

斤/亩增产 47.86 公斤，增幅 [illegible].1%。高标准粮田秋粮平均亩产 593.18 公斤，比全市平均亩产 541.1 公斤增加 52.08 公斤。高标准粮田“百千万”建设工程，为提升全市粮食综合生产能力提供了强大支撑。

【产业化集群培育工程】 至年底全市农业产业化集群雏形的集群有 24 个，被省政府认定的集群有 8 个（科迪乳业产业化集群、商丘诚实人面业产业化集群、睢县丰太饮品产业化集群、商丘百分产业化集群、民权宏伟饮品产品化集群、商丘奥神面业产业化集群、永城华星面业产业化集群等），其中销售收入 30 亿元以上的集群 1 个、销售收入 20 亿元以上的集群 1 个、销售收入 10 亿元以上的集群 6 个。市农业局为 8 个省级农业产业化集群申报 6 亿元贴贷款项目，包括 8 个流动资金贷款项目、1 个新增生产线项目、1 个新建基地项目和 1 个中国驰名商标奖励项目。通过优惠政策支持和财政扶持，3 个集群产值达 130.32 亿元，吸纳当地农民就业 263681 人，带动当地农户 313915 户。

【新型农业经营主体】 全年全市累计发展农业产业化经营组织 4919 家，市级以上农业产业化重点龙头企业 253 家（国家级 3 家、省级 53 家、市级 197 家），农民专业合作社 4064 个，比 2013 年增加 1218 个，增长 42.8%。在工商部门登记注册的家庭农场有 491 家，比 2013 年底增加 390 家；规模化流转耕地 12 万公顷，发展流转面积在 6.67 公顷以上的流转大户 900 余个，66.67 公顷以上的流转大户 130 余个。

【农村土地承包纠纷仲裁】 年内全市成立县级农村土地承包纠纷仲裁委员会和土地流转服务机构 8 个，乡级土地流转服务站 145 个，调处农村土地承包纠纷 556 起，其中乡村调解 413 起，仲裁机构调处 143 起，签订家庭承包合同 153.1 万份，颁发土地承包经营权证书 153.1 万册，到户率达 97.3%，纠正和查处侵害农民土地承包经营权、损害农民土地承包合法权益的行为，有效化解农村土地信访问题。

【农民负担监管】 为认真落实重点监控制度，巩固减负成果，市农监委下发《关于认真做好 2014 年度农民负担重点监控工作的通知》，督促纠正存在的有关加重农民负担问题。为确保其各项减轻农民负担政策落到实处，发放 165 万份农民负担监督卡，审核取消文件 23 个，清理项目 10 个，取消项目 7 个。在全市范围内开展 2 次以落实惠农政策为重点的农民负担大检查，对 8 个县（区）和经济开发区的 35 个乡镇、121 个行政村的减轻农民负担工作开展情况进行了随机抽查和暗访，立案查处加重农民负担案 14 起，查结 14 起，给予党纪政纪处分 17 人，退还农民违纪资金 11.6 万元。同时，稳步推进“一事一议”筹资筹劳和财政奖补工作，有 500 个行政村筹资筹劳通过县级农监部门审核批复，涉及人口 84.47 万，项目总数 450 个，筹资 1337.35 万元，筹劳 88.69 万个工日，筹资筹劳总额 3111.13 万元，申请财政奖补资金 7340.9 万元。

【农业科技教育】 根据《河南省 2014 年万名科技人员包万村科技服务行动实施方案》等文件精神，市农

9 月 29 日，市农业局到虞城县利民镇开展科技下乡活动

2014年商丘市各县(区)主要农产品产量

单位:吨

县(区)	粮食	夏收粮食	#小麦	秋收粮食	#玉米	#大豆	#红薯
商丘市	5351253	341805	3406283	1932448	1782033	66051	77372
梁园区	500615	297008	297008	203607	201067	1158	1333
睢阳区	519118	342263	333362	176855	162031	10359	10213
民权县	657602	483847	480196	173755	154700	5994	11205
睢　县	623800	412900	412479	210900	189205	6423	12457
宁陵县	453169	306109	306109	147060	134980	5327	6123
柘城县	686730	450670	449526	236060	229080	1870	4827
虞城县	906522	555017	554405	351505	314051	17698	19056
夏邑县	1024001	573600	573198	450401	417223	17222	12158
开发区	16600	9900	9900	6700	6700		

续表

单位:吨

县(区)	棉花	油料	#花生	#油菜籽	#芝麻	蔬菜	瓜类
商丘市	24051	375262	341390	31420	2452	8067215	2593428
梁园区	400	4721	4544	172	5	591166	27882
睢阳区	5391	26581	24134	2439	8	1232159	731336
民权县	5742	92303	83953	7841	509	920010	169050
睢　县	4800	60688	59715	604	369	1435644	500015
宁陵县	383	102532	99063	3465	4	662294	88618
柘城县	1385	10010	6245	3509	256	963108	109456
虞城县	5400	55339	51577	2790	972	1379980	726681
夏邑县	950	23088	12159	10600	329	875011	240390
开发区						7843	

2007年~2014年商丘市农林牧渔业总产值指数

（以上年为100）

单位:%

年　份	农林牧渔业总产值	农　业	林　业	牧　业	渔　业	农林牧渔服务业
2007年	1[illegible]7.5	118.2	122.5	115.8	114.0	113.9
2008年	105.7	105.0	108.0	107.5	110.0	105.0
2009年	104.2	103.4	106.0	105.5	108.5	106.0
2010年	104.5	104.2	105.6	105.1	105.6	105.0
2011年	104.0	103.6	105.6	104.5	107.0	105.0
2012年	104.7	104.6	105.6	104.8	106.0	105.0
2013年	104.5	104.3	106.0	104.8	106.5	105.0
2014年	104.4	104.1	106.0	105.0	108.0	105.0

2014年商丘市各县(区)农业总产值

单位:万元

县(区)	农林牧渔业总产值	农　业	林　业	牧　业	渔　业	农林牧渔服务业
商丘市	5[illegible]18766	3681904	74863	1611629	85258	165112
梁园区	[illegible]3[illegible]746	239789	15836	156809	5693	12619
睢阳区	[illegible]7[illegible]470	487279	7827	157034	5381	21949
民权县	[illegible]01159	473630	25951	248358	19570	33650
睢　县	[illegible]50924	540405	7698	186388	5857	10576
宁陵县	[illegible]50010	315090	8091	117013	3754	6062
柘城县	[illegible]78[illegible]609	507502	13775	216840	5175	41317
虞城县	[illegible]53752	581013	9820	222821	8512	31586
夏邑县	[illegible]5[illegible]638	565759	6340	244276	8956	21952

2014 年商丘市各县(区)农业总产值指数

(以上年为100)

单位:%

县(区)	农林牧渔业总产值	农业	林业	牧业	渔业	农林牧渔服务业
商丘市	104.4	104.1	106.0	105.0	108.0	105.0
梁园区	104.6	104.6	104.5	104.6	104.8	104.7
睢阳区	104.3	104.2	104.4	105.0	102.3	102.0
民权县	104.1	103.4	106.5	105.1	108.5	104.0
睢　县	104.4	104.2	102.7	105.0	107.3	105.1
宁陵县	104.2	103.9	107.1	105.1	103.4	104.0
柘城县	104.4	104.4	108.0	104.4	108.0	103.0
虞城县	104.3	104.3	107.0	104.2	108.2	103.0
夏邑县	104.5	104.2	106.0	105.0	107.1	105.0

2014 年商丘市各县(区)农业总产值增加值

单位:万元

县(区)	农林牧渔业增加值	农业	林业	牧业	渔业	农林牧渔服务业
商丘市	3159431	2277397	58156	717408	61600	44870
梁园区	242434	143067	12669	78719	4585	3394
睢阳区	381410	292553	6027	72393	4160	6277
民权县	450995	293064	17128	116728	12190	12373
睢　县	422019	324142	5079	86111	3514	3173
宁陵县	253421	187159	6011	55738	2817	1696
柘城县	440950	306111	10194	108420	3830	12395
虞城县	479473	344631	8397	109515	7014	9916
夏邑县	480430	344447	12197	111788	6950	5048

2014 年商丘市各县(区)主要农作物播种面积

单位:千公顷

县(区)	粮 食	夏收粮食	#小麦	秋收粮食	#玉米	#大豆	#红薯
商丘市	806.5[illegible]	476.22	475.88	330.33	283.20	24.05	19.49
梁园区	74.2[illegible]	39.65	39.64	34.61	34.39	0.15	0.05
睢阳区	78.09	48.24	48.07	29.85	23.00	4.21	2.36
民权县	98.27	68.34	67.99	29.93	25.44	1.65	2.21
睢 县	96.2[illegible]	58.28	58.21	38.00	30.73	3.80	2.47
宁陵县	68.3[illegible]	43.05	43.05	25.33	21.66	1.67	1.69
柘城县	101.00	62.33	62.18	38.67	37.17	0.58	0.82
虞城县	138.[illegible]1	77.25	77.16	60.87	48.80	5.93	5.94
夏邑县	154.[illegible]4	80.00	79.91	74.14	63.64	6.04	3.94
开发区	2.6[illegible]	1.42	1.42	1.23	1.23	0.00	0.00

续表

单位:千公顷

县(区)	棉 花	油 料	#花生	#油菜籽	#芝麻	蔬 菜	瓜 类
商丘市	25.[illegible]8	84.87	73.96	8.80	2.11	183.21	47.52
梁园区	0.20	0.92	0.79	0.11		8.29	0.51
睢阳区	5.97	6.58	5.74	0.83	0.01	35.12	11.96
民权县	6.15	22.72	20.41	2.12	0.29	24.70	3.41
睢 县	4.54	12.39	11.91	0.26	0.23	27.18	7.78
宁陵县	0.39	20.77	19.48	1.29	0.07	13.44	2.04
柘城县	1.51	3.43	1.98	0.80	0.21	26.33	2.10
虞城县	5.93	12.48	10.49	0.89	1.11	31.25	15.85
夏邑县	0.68	5.58	3.16	2.50	0.19	17.80	3.87
开发区	0.03					4.11	

业局下发《商丘市农业局关于印发商丘市2014年千名科技人员包千村科技服务行动实施方案的通知》,积极组织市农科院、科技局、职业技术学院1000名市、县、乡农业科技人员,其中市级45人,县(市、区)、乡(镇)955人,分包4122个行政村,下乡巡回宣传2万余车次,市级技术骨干入户指导3155人次,直接指导农民39768户;市级技术骨干下乡培训县乡两级科技人员820次,直接培训人员2.52万人次;县乡两级科技人员入户指导17692人次,直接指导培训36.7万户;市县两级培训农民168.3万、发放技术明白纸119.3万张、印发简报131期;编发《农作物高效栽培技术培训材料》《春季小麦技术管理规程》《玉米技术管理规程》等各种技术资料280余万份,确保农户户均一册,为全市粮食稳定增产,提高粮食生产科技含量,提供有力科技服务支撑。

【农业行政执法】 为保障农业生产和农产品质量安全,维护农民合法权益,根据全国农资打假专项治理行动电视电话会议和河南省农业厅《2014年全省农资打假专项治理行动实施方案》精神,制定了2014年全市农资打假工作方案和夏秋"百日行动"工作方案,积极开展春季和夏秋农资打假专项行动,市、县种子、农药、肥料管理站与公安、工商等部门合作,出动执法人员7500人次,已查处假劣农资案件168起,查获假劣农资20余万公斤,其中种子1.7万公斤,肥料182吨,农药2.7吨。

【农业宣传】 全年市农业局累计向市委、市政府和省农业厅报送各类信息300余条(含综合类调研信息6篇),被市委采用120余条(其中被省委办信息处采用16条),累计积分296分,位列市直单位第一;被市政府信息科采用90余条,累计积分102分,完成年度目标60条的150%。同时积极做好政务公开工作,加大宣传力度,在《农民日报》《经济日报》《河南日报》《商丘日报》《京九晚报》,商丘广播电台、商丘电视台等新闻媒体发稿100余篇,如《关于高效农业做大做强的探索与思考》被《中国"三农"工作研究》录编,《我市农村土地流转与规模化生产经营现状问题及对策》被市委政策研究室《建设中原经济区承接产业转移示范市——实践与思考》录编,《商丘市粮食生产成就与对策》被《河南省党史界学术年会论文集》录编。

商丘市农业系统荣获奖项

先进单位

全国粮食生产先进单位

全国产粮大县

夏邑县

虞城县

柘城县

民权县

全国一村一品示范村镇

虞城县店集乡惠楼村

虞城县张集镇林堂村

宁陵县石桥镇

河南省文明单位

商丘市国标管理先进单位

商丘市政府通令嘉奖单位

(刘卫华 张 伟)

畜牧业

海继增

【畜牧业概况】 2014年,市畜牧局围绕农民增收这一中心,以服务型法制政府转型为目标,坚持发展与防控并举、监管与服务并重的方针,以发展、保护、安全为重点,强力推进畜牧业规模化、标准化、产业化,实现全市畜牧业又好又快发展,圆满完成各项工作任务。至年底,全市肉类总产量48.14万吨,同比增长3.2%;禽蛋产量23.15万吨,同比增长4.1%;奶类产量28.62万吨,同比增长8.6%。生猪存栏290.02万头,出栏427.7万头;牛存栏65.32万头,出栏53.1万头;羊存栏225.25万只,出栏252.6万只;家禽存栏4710.08万只,出栏6006.96万只。畜牧业多项生产指标位居全省前列,羊存出栏、羊肉产量居全省第一位,肉牛存出栏、牛肉产量居全省第三位,生猪、家禽存出栏居全省第四位,商丘市成为河南省重要的优质畜产品生产加工基地。

商丘市畜牧局领导成员

局长、党组书记:海继增

副局长、党组副书记:魏书润

副 局 长:王西城 杨 斌

纪检组长:邓宏智

总畜牧师:李振强

【规模养殖】 一是强力推进标准化规模养殖。全市认真开展畜禽养殖标准化示范创建活动。通过实施各类畜牧项目,充分利用生猪、奶牛标准化规模养殖场(小区)建设项目、千万吨奶业工程项目、标准化生态养殖项目等资金,加大对规模养殖场(小区)的扶持力度,积极实施养殖场(小区)的标准化改造,大力推行标准化生产。全年争取畜牧项目资金2000余万元,新建、改造标准化养殖场162家。全市有12个养殖场被农业部命名为畜禽养殖标准化示范单位,4个养殖场被省畜牧局命名为畜禽养殖标准化示范单位,3个猪场被省政府认定为放心肉示范场,2个奶牛场、生鲜乳收购站被省政府认定为放心奶示范场(站)。全年全市共完成玉米秸秆青贮306万吨,麦秸氨化微贮84万吨,人工种草2246.67公顷,其中200公顷以上集中连片苜蓿种植0.13万公顷,圆满完成省定任务。济通牧业、鑫发牧业、汇通家庭农场被省饲草饲料站列为项目扶持后备企业,饲料产品质量整体稳中向好,饲料产品抽检合格率达97%,居全省前列,现有获证饲料生产企业23家。标准化规模养殖场建设和畜牧技术的推广,提升了全市畜牧业生产水平。二是培育壮大畜牧产业化集群。全市重点培育了科迪集团奶业产业化集群,商丘贵友生猪产业化集群、双联集团肉鸭产业化集群等9个畜牧产业化集群,其中科迪奶业、贵友生猪产业化集群被省政府首批认定为省级农业产业化集群。科迪集团新建年产80万吨液态奶一期工程项目和万头奶牛现代牧场建设项

2014 年商丘市各县(区)畜牧饲养情况

县(区)	大牲畜年底头数(头)	牛(头)	马(头)	驴(头)
商丘市	662620	653285	5472	3763
梁园区	46887	39841	4362	2684
睢阳区	70350	70143	50	157
民权县	109988	109988		
睢　县	44300	44300		
宁陵县	40808	40752		56
柘城县	90250	90250		
虞城县	157400	155600	1000	700
夏邑县	102541	102315	60	166
开发区	96	96		

续表　　　　单位:头、万头、万只

县(区)	骡(头)	猪年末存栏头数(万头)	羊年末存栏只数(万只)	家禽年末存栏(万只)	兔年末存栏(万只)
商丘市	100	290.1	225.3	4710.1	69.7
梁园区		10.7	11.0	473.8	3.3
睢阳区		55.8	24.2	718.6	5.8
民权县		26.9	49.8	696.2	2.7
睢　县		34.5	28.7	763.1	17.9
宁陵县		27.8	24.1	316.6	0.6
柘城县		38.7	22.8	494.7	32.0
虞城县	100	22.5	35.7	500.6	4.6
夏邑县		73	29.0	744.6	2.8
开发区				1.9	

目基本完工,总投资8.4亿元。夏邑县双联肉食加工有限公司是一家集种鸭培育、鸭苗孵化、饲料加工、集约养殖、肉食加工为一体企业集团,共发展合同鸭养殖户1800余户,年可加工生产肉鸭2000余万只,销售收入1.8亿元,利润1700万元。畜牧产业化集群发展已经成为现代畜牧业转型升级的重要引擎。至年底,全市拥有国家级畜牧产业化龙头企业1家,省级产业化龙头企业10家,市级龙头企业53家。

【动物防疫防控】 全年全市猪、牛、羊、禽的各项免疫密度均达100%,免疫抗体合格率保持在90%以上。全市9个兽医实验室均通过农业部兽医实验室考核验收,其中睢县实验室通过农业部示范性实验室考核验收。一是狠抓小反刍疫病防控。面对严峻形势,全市积极采取措施,加大排查力度,紧急调拨小反刍兽疫疫苗,在做好集中防疫工作的基础上,及时组织对种羊、大型养殖场开展普防免疫,对边界地区及辖区内种羊、大型羊场进行免疫,关闭活羊交易市场,坚决阻止疫情扩散。全年全市无一例小反刍兽疫疫病发生。二是积极开展春秋季集中免疫工作。针对散养,组织防疫员采用拉网式集中作战,步步为营;针对规模场,组织包场人员采用蹲点式现场监管,跟踪指导。切实做到户主、防疫人员、免疫对象"三对照",免疫密度、免疫耳标、免疫档案"三到位",确保防疫密度和质量。三是重大动物疫病防控考核验收实行"两个一票否决"。发现疫苗管理混乱,账目不符,乱丢乱弃,不按规定温度要求保存疫苗等现象的不能评先;考核验收时,在抽检的口蹄疫、高致病性禽流感等4种强制免疫病种抗体监测中,发现任一病种的免疫抗体合格率低于70%的不能评先。通过此项制度的实施,全市重大动物疫病防控工作取得明显成效。四是积极推进育肥猪保险机制创新。市畜牧局、市财政局、市政府金融办联合下发《关于进一步做好财政补贴的育肥猪保险工作的通知》。《通知》规定育肥猪每头保额500元,每头保费30元,中央、省、市、县财政分别承担50%、15%、5%、10%,个人承担20%,降低了养殖风险、提高了养殖户的积极性。

【项目管理】 世行贷款生态畜牧业项目涉及梁园区、睢阳区、虞城县、宁陵县、睢县、民权县6县(区),计划总投资2.83亿元,其中利用世行贷款1.44亿元,申请世行回补资金9800万元。为加快项目建设进度,商丘市多次召开专题会议。至年底,全市158个项目场,全部完成土建和货物招标工作,其中全部完工并通过竣工验收100%报账厂家95个。

【畜产品质量安全】 加大畜产品的整治力度,确保投放无违禁,养殖源无隐患,畜产品质量安全有保障。一是专项整治行动成效显著。建立健全日常监督与专项整治、集中督查与暗访相结合的监管机制。年初,商丘市制定畜产品专项整治方案,分别召开动员会,积极开展"瘦肉精"、生鲜乳、饲料、兽药、肉及肉制品、鸡蛋质量安全、无公害畜产品标志使用等专项整治行动,没有发现生产经营使用"瘦肉精"等违禁物质的违法行为。二是企业主体责任意识明显增强。通过召开全市企业主体责任工作会,加强对企业法人代表和质管人员培训,市县两级建立短信提醒平台,及时编发短信宣传法律法规,提醒相关企业遵纪守法。三是检测检验支撑更加有力。积极争取财政资金,加强畜产品监测实验室建设,购置仪器设备,强化实验室改造,增强监测检验能力。全年对全市的畜牧产业共抽取样品542个批次,其中瘦肉精监测80个批次,兽药70个批次,生鲜乳监测75个批次,畜产品风险监测106个批次,疯牛病防范违禁药物监测167个批次,饲料中霉菌毒素44个批次,均圆满完成上级下达的各项监督抽检任务。

【服务型法制政府】 一是畜牧兽医综合执法扎实推进。派驻乡镇畜牧兽医执法中队51个,监督分所106个,实现乡镇全覆盖。二是执法人员素质明显提高。市、县(区)都制定适合本地的培训方案,开展执法人员培训。市局举办全市执法骨干法制培训班、市支队举办信息化建设培训班,睢阳区、睢县、夏邑县、虞城县分别开展形式多样的培训。三是开展案卷评查工作。市畜牧局要求先进行自评自查,写出自评总结;再组织各县(区)执法骨干进行互查互评,聘请专家集中评查;最后召开由各县(区)执法大队长和执法骨干参加的通报会,对各类案件制作课件进行现场讲评,有效促进了全市执法工作的开展。加强省境公路动物卫生监督检查站的建设和管理,严格履行职责。全年全市畜牧系统没有发生公路"三乱"事件。强化对畜牧龙头企业监督巡查,通过培训、狠抓纪律,文明执法,树立了畜牧部门的良好执法形象。全年全市共检疫动物2308万头(只)、检疫动物产品24万吨,查处各类违法案件270起,动物、动物产品检疫受理申报率达100%,病害畜禽及其产品无害化处理率100%,为全市动物产品安全和公共卫生安全提供了有效保障。 (张振红)

林 业

关明忠

【林业工作概况】 2014年,市林业局围绕国家森林城市创建和林业生态建设确定的目标任务,抓住关键、突出重点,扎实工作,较好地完成了各项工作。全年共完成造林任务0.67万公顷,为年任务(0.58万公顷)的124%。

商丘市林业局领导成员

局长、党组书记:关明忠
副局长、党组副书记:徐建华
市民权林场场长:王 伟
副 局 长:刘 红(女) 聂慧民
纪检组长:李政品
总工程师:张胜全
市森林公安局局长:白 石
市森林公安局政委:李付廷

【森林城市创建】 市林业局围绕建

设"商火文化发源地,林茂粮丰森林城"的目标,积极落实《商丘市国家森林城市建设总体规划》,扎实推进创森工作,取得明显成效。一是森林城市创建规划在2014年初获得国家林业局批准,制定2014年度创建工作责任目标,签订目标责任书,森林城市建设各项任务得到落实。二是开展创建国家森林城市青年志愿者启动仪式、一亩以上城区片林营造活动和市县乡三级春季义务植树活动。全市参加义务植树人数达425.65万,义务植树1506.3万株,形成全市动员,全民动手,全社会参与的浓厚创建氛围。三是加大各县(区)森林景观工程建设,突出农田防护林、名优经济林、特色花卉基地、城市建成区绿化以及森林公园、湿地公园建设。四是开展多种形式的学习交流活动。组织各县(区)林业局局长,赴漯河、平顶山、三门峡、济源、鹤壁、焦作等市学习考察创森工作。邀请省林科院研究员、国家森林城市检查验收组专家樊巍等到商丘市就创建国家森林城市作专题报告,开展创森知识培训。五是举办创建国家森林城市书画展、征文比赛和摄影比赛等专项宣传活动。在市行政中心举办创建国家森林城市书画展,有1000件宣传森林城市创建和林业生态建设的书画作品参加展览评比。

【林业生态建设】 全市各级林业部门结合森林城市创建目标,继续加强林业生态提升工程建设,实施生态廊道、农田防护林、城镇社区绿化美化、森林抚育和改造、林业产业等重点提升工程,超额完成省政府下达的造林抚育任务,任务完成率位居全省前列。

【林业产业】 2014年,全市以良好发展环境,激发林业企业、合作组织、造林大户等各类主体投资林业建设的积极性,加快林业产业发展。一是按照国家、省、市发展林业产业的相关政策,积极培育市场营销组织,成立行业协会,加快农民林业专业合作社的发展。全年全市新增林业合作组织220家,超额完成省下达年度任务,其中宁陵县益农酥梨专业合作社和夏邑县永震园林专业合作社获首批国家级"农民合作社示范社"称号。新申报省级龙头企业6家。夏邑县金展木业有限责任公司获首批国家级林业重点龙头企业称号,为全市唯一,全省5家之一。二是加快林业产业化集群建设。全年全市培育建成5亿元以上的林业产业化集群2个,分别是夏邑县林板加工产业化集群和虞城县豫东花卉产业化集群,带动区域特色林业产业发展。三是加快国家战略储备林建设,新增国家战略储备林666.67公顷,新建国家战略储备林项目造林400公顷,抚育改造200公顷。民权林场战略储备林项目作为全国战略储备林划定工作座谈会唯一现场考察点接受了全国与会代表的考察参观。四是实施品牌战略,扩展商丘林产加工企业知名度。南海松本(商丘)木业有限公司生产的桐木工艺品、民权九鼎葡萄酒业有限公司生产的"民权"牌葡萄酒等产品在"第二届中国义乌·国际林产品博览会"上获金奖,虞城县龙特农业发展有限公司的"冰糖黄金梨"在第"十一届中国菏泽林产品交易会"上获金奖,宁陵金顶谢花酥梨和白蜡编织工艺产品等多次在林产品博览会上荣获优质产品奖。南海松本(商丘)木业有限公司成功加入"中国林业产业诚信联盟",为扩大商丘市企业知名度,树立品牌新形象迈出新步伐。

【资源保护】 一是加强林木采伐审批管理,严格执行林地征占用审批制度,林地征占用全部按照规定程序审核使用。全年采伐量没有突破省政府下达的采伐限额。二是加强国有林场管护用房建设。组织各国有林场对全市林场管护用房认真规划建设,新建102个,翻新改造10个。三是加强国家级公益林管护,做好生态效益补偿资金的使用和监管,落实公益林补偿基金9.5万元。四是加强湿地保护,抓好国家级湿地公园的申报和建设。2014年新申报的柘城县容湖、睢县北湖和虞城县周商永运河3个湿地公园已通过国家林业局组织的评审,正在建设。五是加强野生动物保护和疫源疫病监测防控。在市人民公园动物园设立"商丘市野生动物临时收容救护点",全年救助野生动物和鸟类几十只,包括猫头鹰、白琵鹭、大麻鸻(jiān)等国家重点保护野生动物。利用爱鸟周和野生动物保护宣传月等时机开展鸟类保护和疫源疫病防控监测宣传,提高广大民众保护野生动物和鸟类的意识。

【林木病虫害防治】 全年完成防治面积4.28万公顷,防治率达94.87%,其中飞机防治1.19万公顷。无公害防治率达93.98%,超出省定目标7.98个百分点;测报准确率95.6%,高于省定目标7.6个百分点;种苗产地检疫率97.3%,高于省定目标1.3个百分点;林木病虫害成灾率0.26‰,低于省定目标3.24个千分点,圆满完成省定任务。同时完成美国白蛾等重大林业有害生物防控任务,全市无美国白蛾疫情发生。

【森林公安建设】 一是组织全市森林公安机关开展"春季行动""禁种铲毒""天网行动""利剑行动"以及野生动物保护等专项行动,严厉打击破坏森林及野生动物资源违法犯罪行为。全市共办理涉林案件832起,其中刑事案件立58起,破54起,移送起诉63人(含直诉51人),行政案件查处774起(含治安案件43起),收缴野生动物3万余只(头),铲除毒品原植物850株。二是围绕"执法质量提升年"活动,开展执法检查"回头看"以及队伍管理和执法突出问题专项督查活动,建立规范民警执法档案,落实案件主办人制度,完善执法质量考评机制,推进省级执法示范单位的创建,使全市森林公安民警的执法水平和案件办理质量有显著提升。三是加快警务保障和基础设施建设。民权县、宁陵县森林公安业务用房建设均已完工并投入使用,虞城县业务用房已获批,睢县业务用房选址已完成。购置了执法车辆,对信息采集室原有的硬件设备、摄像照相器材及监控设备进行升级改造,警用装备保障能力进一步提高。

【森林防火防控】 加强森林防火宣传与监测,继续实行森林防火行政首长负责制。在春节、清明、秋收等时期,针对森林防火的不同时段,市护林防火指挥部和林业主管部门采取不同形式加大防火宣传,加强森林防火工作部署,定期督导,排除森林火灾隐患,维护森林资源安全及林区社会稳定,确保全市不发生重大森林火情。

【林业育苗】 全年完成林业育苗0.26万公顷。其中主要造林树种育苗0.14万公顷,园林绿化树种及花卉0.12万公顷,超额完成省、市下达的林业育苗任务。引进用材林、经济林、园林绿化树种6个,推广千头椿、箭杆刺槐、速生刺槐、红豆杉、美国红枫等丰产栽培技术7项。

【科技推广】 做好科技示范园区建设。在睢阳区建设红豆杉林业科技示范园43.33公顷。中国林业科学研究院杨树研究所在柘城县安平镇建立"中国林科院杨树新品种示范基地"26.67公顷,繁育杨树优良品种8个,其中"慧杨Ⅰ号"正在申请国家林木新品种保护和良种审定。在虞城县大侯乡新建"黄金梨"示范推广基地20公顷,完成了《苦楝育苗技术规程》等地方标准的制定。加强林业科技普及推广活动,邀请林业专家为林农提供技术咨询服务。举办培训班和技术讲座6次,培训林业职工120人,培训林农660人;举办现场技术咨询6次,发放技术资料5600份,发布林业科技信息50余条,受益林农4600人次。

商丘市林业局荣获奖项

先进单位

全国禁种铲毒工作先进单位
河南省林业目标管理先进单位
河南省森林公安工作先进单位
河南省森防年度目标考核先进单位
河南省森林病虫害防治工作先进单位
河南省湿地公园建设先进单位
商丘市"六城"联创工作先进单位
商丘市招商引资工作先进单位

(吕存峰)

农林科学研究

谢一鸣

【农林科学研究概况】 2014年,商丘市农林科学院坚持以党的十八大精神为指引,以科技创新为中心,以成果转化为重点,以服务"三农"为主线,以促进粮食增产、农业增效、农民增收为目标,突出特色,强化责任,不断提升农业科研水平,积极发挥科技创新驱动发展的支撑作用。全年共主持承担各级各类科研项目58项,审(鉴)定植物新品种3个,获得市级以上科技奖6项,2项省级技术规程通过评审,获得农业部植物新品种保护权授权1个,参编著作3部,在国家、省级以上学术刊物上发表科技论文52篇,举办学术交流活动10场次,与国内科研院校广泛开展项目合作,科研取得显著成效。

商丘市农林科学院领导成员

党委书记、院长:谢一鸣
副 院 长:杨爱梅(女) 吕昌华 付汝洪 李朝林
纪工委书记:任春杰
总 农 艺 师:刘利民

【科研创新】 花生新品种商研9658于3月获农业部植物新品种保护权授权;甘薯新品种商薯9号、花生新品种商花6号于8月通过全国农业技术推广服务中心鉴定;甘薯新品种商薯11号于9月通过河南省农作物品种鉴定委员会鉴定。选育出一批农作物新品系参加国家、省级区域试验。新品系大豆商豆1201,甘薯商Y10-1、商徐30Z-1,花生商花511,高粱商粱11号参加国家区试;新品系甘薯商13-4、商13-2,大豆商豆1201、商豆137、商豆1310,芝麻商芝1305、商芝1306参加省级区试;新品系甘薯商13-4、花生商花511参加省级生产试验;新品系大豆商豆0812、商豆066,花生商花11、商花12,棉花商棉998、商杂棉181参加省级预试,商花13、商花15参加省级夏播花生预试;小麦新品系商麦156进入省级小麦生产试验,盛农1号参加省级小麦品比试验。

【科研项目建设】 广泛开展科研立项,主持承担各级各类科研项目58项,其中国家级项目16项(国家产业技术体系小麦、甘薯、大豆、苹果综合试验站项目,"中央补助地方基础条件改善项目""国鉴甘蓝新品种商甘蓝1号产业化研究与示范"等),省级项目21项(河南省产业技术体系玉米、棉花综合试验站项目及花生遗传育种岗位专项资金项目,"花生新品种商研9938配套技术集成与示范""优质高产高抗甘薯新品种商薯9号高效栽培技术集成与推广示范"等),市级项目21项("花生新品种商研9837配套技术集成与示范"等)。

【科技示范】 以高产创建为载体,着力加强示范引领。全年全市建设小麦高产示范区6个,6月3日~6日,经过省专家实产验收2个,其中永城双桥徐庄亩产达711.49公斤/亩,双八镇中村724.1公斤/亩;市科技局组织验收的民权王庄寨冉楼695.4公斤/亩。利用"三膜一苦"栽培技术在梁园区刘口乡进行马铃薯高产示范13.33公顷。5月5日,经专家现场测定亩产3101.5公斤,刷新本市马铃薯单产纪录。在宁陵县逻岗镇李坡楼村建立的商研9938麦套花生示范田75.73公顷,经市科技局组织专家测产验收,平均亩产达454.72公斤。为推广玉米全程机械化生产综合配套技术,在夏邑县会亭镇崔楼村实施桥玉8号玉米全程机械化生产百亩示范方项目。9月26日,经市科技局组织专家测产验收,实产达806.3公斤/亩。10月24日,国家甘薯产业技术体系执行专家组对该院在睢阳区诚信种植合作社实施的商薯1.27公顷产薯干超吨项目百亩高产方进行测产,亩产鲜薯达5057公斤,产量再创新高。全年全市共建立科技成果转化示范基地12个,在全市及周边建立小麦、玉米、花生、甘薯、大豆、高粱、苹果、蔬菜等作物示范基地63个，示范面积0.17万公顷，科技示范辐射带动5.13余万公顷。

【科技创新平台建设】 2014年，市农科院与省农科院作物学创新团队黄冰艳、鲁晓民2位博士合作研发，对接"玉米种质资源改良与创新和新品种的选育""高油酸花生种质创新及新品种选育"2项博士后研发基地项目，签订研发项目协议书。甘薯新品种商薯19参加2014年国家甘薯产业技术体系举办的第四届"天豫杯"全国甘薯高产竞赛，亩产薯干1698公斤，荣获特等奖。本院的甘薯研究室被省科技厅确定为河南省甘薯野生资源利用及新品种选育创新型科技团队，在市属科研单位、高等院校属第一家；小麦综合试验站在永城市、夏邑县、梁园区、睢阳区、睢县和民权县6个县（市、区）进行小麦新品种示范，各示范方（百、千、万亩）加权平均产量633.4公斤/亩，较各示范县全县加权平均产量增加115.1公斤/亩，增产22.2%，达到了示范引领作用；花生科技创新团队商研9938、商研9807及其配套技术示范方9月3日通过市科技局组织的测产验收。在宁陵县罗岗镇李坡楼村的75.73公顷商研9938麦套花生示范方，经专家组测产验收，平均种植密度22220株，平均亩产454.72公斤。在宁陵县罗岗镇北刘村的19公顷商研9807麦套花生示范方，平均种植密度19553株，平均亩产406.39公斤，其中4公顷高产攻关田，亩产达472.69公斤，在大旱之年获得丰收。

【技术服务】 年内，加大技术扶持，着力发展高效农业。先后与民权县王庄寨镇玉岭蔬菜种植专业合作社、柘城县兆丰种植专业合作社、柘城县李原乡金土地种植合作社、瑞金农民种植专业合作社、春海辣椒食品有限公司、夏邑县车站镇蓝天食用菌有限公司、华城食品有限公司、虞城县富硒红富士专业合作社、秋乐种植专业合作社、兴龙种植专业合作社、梁园区种植大户闫世领、河南天豫薯业股份有限公司、睢县种植大户付翠丽、夏邑县种植大户刘俊华、民权县种植大户黄忠奇、睢阳区高辛镇王学中、虞城稍岗乡范集村委会等23家新型农业经济体分别签订合作协议，有力地推进了农业规模化发展，促进了新成果新技术的示范和推广。全年共组织农业专家开展33次送科技下乡活动，科技下乡服务218次，举办各种专题培训班200余场次，培训农业种植大户、农民专业合作社、科技示范户、农民科技骨干4000余人次，免费发放技术资料6.5万余份。选派16名专家分赴虞城、柘城、宁陵等县，积极参与省"三区"人才支持计划；选派28名专家参与市电台"豫东田园"、12316"三农"服务热线"农情快递"栏目的农业技术服务工作，接受农业咨询4700余人次，实现了电视有像、广播有声、报上有字、手机上有信息的全方位服务格局，有效解决了农民生产生活中遇到的问题，受到农民的普遍欢迎。

商丘市农林科学院荣获奖项先进单位

河南省农业科研系统先进单位
河南省优秀博士后研发基地
商丘市文明单位
河南省农业科研系统科技成果一等奖
　高产大果早熟花生新品种商研9938选育与应用
河南省科学技术普及成果奖一等奖
　蔬菜日光温室栽培技术集成研究及产业化示范
商丘市科学技术进步一等奖
　商丘小麦气候变化特征及应变高产高效栽培技术研究与应用
　高产早熟大果花生新品种商研9807的选育与应用
　优质多抗高淀粉甘薯新品种商薯9号的选育与应用
　商豆14号的选育与应用

（王艳敏）

农机管理

【农机管理概况】 2014年，全市农机部门认真贯彻市委、市政府"三化"协调、粮为基础的总体要求，以深入开展党的群众路线教育实践活动为契机，以促进全市粮食生产丰收为目标，

刘润民

创新农机服务机制，狠抓各项措施落实，努力提高农机装备水平和作业水平，圆满完成了全年各项任务。一是农机装备结构持续优化。全市农机总动力达1012.6万千瓦，较2013年增加14.8万千瓦；大中型拖拉机达2.36万台，比上年增加1100台；小麦联合收割机达1.72万台，新增1200台；玉米联合收割机保有量达4890台，新增1100台。动力机械及其配套机械比例更加优化，花生收获、红薯收获、畜牧、渔业及农产品初加工机械均有较大幅度增长。二是农机作业水平持续提高。全年全市共完成机耕59.1万公顷、机播99万公顷、机收84.67万公顷，农作物综合机械化水平达83.5%，较上年提高1.4个百分点。小麦生产保持全程机械化，玉米机播率达97%、机收率达80%，玉米秸秆机械化还田率达97%。三是农机科技推广步伐加快。保护性耕作技术应用稳步推进，推广示范达4.67万公顷；完成机械深耕深松18万公顷，花生机收率达31.5%。四是农机社会化服务水平取得新进展。全市农机化经营总收入达25.3亿元，各类农机作业服务组织达437个，其中农机专业合作社达428个。五是农机公共服务能力进一步提升。继续实施基层农机服务体系改革与建设项目，积极开展农机化培训教育大行动，农机推广系统基础设施得到有效改善，进一步促进农机公共服务能力的提升。

商丘市农业机械管理局领导成员

局长、党委书记：刘润民
副局长、党委副书记：董敷兴
党委委员：张旭涛
副局长：王位东　余景河
总工程师：娄世忠
纪工委书记：李可义

2014年商丘市各县(区)农业机械和农产品加工机械拥有量

县(区)	农用机械总动力(万千瓦)	柴油发动机动力(万千瓦)	汽油发动机动力(万千瓦)	电动机动力(万千瓦)	大中型拖拉机		小型拖拉机		大中型配套农具	小型配套农具	农用排灌动力机械	
					(万台)	(万千瓦)	(万台)	(万千瓦)	(万部)	(万部)	(万台)	(万千瓦)
商丘市	1012.57	930.79	6.42	75.35	2.36	118.54	18.10	220.17	5.36	28.95	17.62	110.90
梁园区	81.20	74.91	2.48	3.81	0.31	14.45	1.87	25.00	0.92	3.00	1.30	4.47
睢阳区	119.10	106.76	0.59	11.75	0.27	14.36	2.80	36.12	0.50	3.38	2.59	13.08
民权县	124.24	112.79	1.43	10.02	0.45	18.67	2.25	22.43	0.94	3.21	2.19	16.81
睢　县	118.31	102.88	0.17	15.27	0.26	12.23	1.49	17.83	0.58	2.91	2.68	17.56
宁陵县	98.68	90.16	0.46	8.06	0.20	11.53	1.64	19.35	0.44	3.03	2.14	10.28
柘城县	120.13	112.98	0.37	6.78	0.28	16.78	2.25	26.58	0.65	2.47	1.76	13.03
虞城县	176.60	163.56	0.48	12.57	0.31	16.28	3.16	41.87	0.70	5.48	3.23	23.11
夏邑县	174.31	166.77	0.45	7.10	0.28	14.23	2.64	30.99	0.64	5.47	1.73	12.55

续表

县(区)	联合收割机(万台)	其中:小麦收割机	其中:玉米收割机	秸秆还田机	农产品加工动力机械		粮食加工机械	棉花加工机械	油料加工机械	畜牧业机械	农业机械原值	农业机械净值
		(万台)	(万台)	(万台)	(万台)	(万千瓦)	(万台)	(万台)	(万台)	(万台)	(亿元)	(亿元)
商丘市	2.22	1.73	0.49	1.76	2.68	27.49	2.75	0.34	0.93	1.80	61.33	47.48
梁园区	0.15	0.10	0.05	0.12	0.29	1.62	0.04	0.06	0.21	0.14	5.31	4.53
睢阳区	0.28	0.22	0.06	0.17	0.28	3.01	0.28	0.03	0.13	0.22	5.86	4.63
民权县	0.36	0.29	0.07	0.25	0.52	2.56	0.23	0.03	0.11	0.21	8.37	6.75
睢　县	0.27	0.21	0.06	0.24	0.37	4.18	0.51	0.04	0.15	0.37	6.37	4.79
宁陵县	0.21	0.15	0.06	0.23	0.18	2.68	0.22	0.04	0.07	0.12	6.42	4.81
柘城县	0.31	0.24	0.07	0.21	0.35	4.18	0.38	0.00	0.02	0.07	10.14	8.26
虞城县	0.37	0.29	0.07	0.31	0.46	6.89	0.64	0.08	0.14	0.31	8.52	6.13
夏邑县	0.27	0.21	0.06	0.23	0.23	2.36	0.46	0.05	0.10	0.37	10.35	7.59

【机械化生产】 为全面搞好重要农时机械化生产，全市农机部门及早制定工作方案和应急预案，同时加强与有关部门的协调配合，为广大农机手提供技术指导、机具维修保养、油料供应、作业价格、作业进度等全方位的服务。一是"三夏"机收会战从5月30日至6月8日，历时10天，是全市历史上投入联合收割机数量最多、小麦收获进度最快、收获质量最高、效果最好的一年。全市共投入各类农业机械60万台，其中联合收割机2.1万台，机收小麦50.23万公顷，占小麦种植的99.3%；机播玉米40.25万公顷，机播水平达97.3%；完成小麦跨区机收26.67万公顷，创作业收入2.2亿元。在总结经验的基础上，市农机局继续把小麦联合收割机加装秸秆粉碎装置作为"三夏"农机工作的重点，采取大力宣传推广、加强技术指导、补贴资金倾斜、实行奖惩等措施，使小麦秸秆粉碎装置加装率较上年提高15个百分点，促进秸秆机械还田面积大幅增加，有效预防了秸秆焚烧现象发生。二是"三秋"期间，市、县农机部门把提高玉米机收水平、推广土地深松整地技术作为"三秋"工作的重点来抓，全市共投入各类农业机械41万台，其中大型拖拉机2.6万台、玉米联合收割机8335台，完成玉米机收33.3万公顷，机收率达80%，基本实现机械化；完成玉米秸秆机械还田39.88万公顷，还田率达95.6%；完成小麦机播50.1万公顷，占小麦播种面积的99.8%。大部分县（区）政府对深松整地工作高度重视，民权县、宁陵县、睢县、柘城县政府分别拿出专项资金对深松作业累加补贴，梁园区拨出专门工作经费。在机播工作中，市农机局积极创新工作方法，持续做好作业质量检查、作业面积核实工作。全市共61个乡镇、59个农机合作社参与土地深松工作，圆满完成机械深松作业任务。

【农机购置补贴】 2014年，本市全面实行"全价购机，定额补贴，县级结算，直补到卡（折）"的实施程序，取得更高效，更便民的实施结果。市农机局指导各县（区）农机局严格按照程序规范操作，全面公开政策信息，积极开展事中检查、事后核查，确保10845万元补贴资金不折不扣落实。全年共补贴各类农机具10987台（套），其中小麦联合收获机1190台、玉米收获机1093台、拖拉机1228台、秸秆还田机347台、深松机152台、压捆机20台、烘干机3台、农用航空器1台、其他机械6496台（套），受益农民4282户，直接带动农民投资3.5亿元。特别是小麦秸秆粉碎装置补贴带动效果显著，全市补贴457台，带动农机手自行购置2500台，为小麦秸秆禁烧提供了坚实的物质装备基础。

【农机服务组织建设】 继续把培育发展农机专业合作社作为提高农机社会化服务水平的重要手段，加大政策扶持力度，加强服务指导，开展规范化建设，合作社发展数量和质量都得到提高。积极争取省级农机专业合作社资金40万元，对全市4个农机专业合作社进行扶持。"三夏""三秋"期间，本市农机合作社充分发挥自身技术先进和集团作业的优势，积极开展订单作业、土地承包作业和耕种收管"一条龙"作业，服务质量、经济效益实现双提升。

【农机化新技术推广应用】 围绕巩固提高粮食作物生产机械化，推进经济作物生产机械化，积极开展保护性耕作、棉花机械移栽和粮食机械烘干技术实验推广，进一步促进了农机农艺融合。宁陵县承担农业部保护性耕作示范项目，睢县承担省级保护性耕作示范项目，全市为此项目共投入资金60万元，完成保护性耕作面积4.67万公顷。民权县继续承担农业部棉花生产农机农艺融合项目，在孙六镇建设棉花机械化移栽示范区，辐射带动应用面积666.67公顷。花生机收面积进一步扩大，机收率达31.5%。以农机专业合作社和种粮大户为依托，开展了粮食烘干技术推广试点。全市新增粮食烘干机械3台、新增农用航空器1台。市农机推广站与有关单位合作研制的花生免耕施肥播种机和"五铧旋耕犁"两项农机产品，顺利通过省科技厅组织的鉴定，认为其技术性能达到国内先进水平。

【农机化教育培训】 2014年继续开展农机化技术培训大行动，通过电视、广播、网络、报刊等多种媒体，广泛宣传农机化技术培训的作用和成效，提高影响力和认知度，营造有利于推动农机化技术培训工作的良好社会氛围，全年培训各类农机人员4.7万人。重点组织了拖拉机、联合收割机驾驶培训；继续把新购机农民技术培训作为为农民办实事的重要内容，联合农机生产和销售企业，免费举办操作技术现场培训；开展"三秋"季节专项培训活动，适时举办保护性耕作、玉米机械化收获、秸秆回收综合利用、花生机械化收获等现场会，有效推动了全市农机化技术培训大行动的开展。

【农机安全生产】 按照"谁监管、谁负责，谁审批、谁负责"的原则，进一步明确安全生产职责，认真落实农机安全生产责任制。市农机局与各县（区）农机局签订农机安全生产责任书8305份。全市农机监理部门突出"治理隐患、防范事故"主题，采取多种形式，大力宣传农机安全生产法律法规和安全生产知识，有力地提高了广大农民机手的安全生产意识。全年全市共开展现场农机安全宣传活动1200次，发放农机安全生产倡议书等宣传资料5.6万份，培训农机驾驶员7450人次。为提高农机安全监管"三率"（注册登记率、检验率、驾驶人持证率）水平，全市各级农机部门以源头管理为重点，采取执法检查与上门服务相结合、牌证管理与落实农机购置补贴政策相结合、部门指导与政府推动相结合等措施，加大工作力度，规范做好农业机械的挂牌入户、安全技术检验和驾驶操作人员的考试发证工作。全年全市共检验拖拉机、联合收割机9.12万台，新增拖拉机、联合收割机注册登记2707台，新办农业机械驾驶证2474个，新增拖拉机、联合收割机注册登记率、检验率和驾驶人持证率均达95%以上，农机"三率"水平较上年有新的提升。

商丘市农机系统获奖情况

先进单位

河南省农机推广工作先进集体

市农机推广鉴定站

先进个人

河南省农机推广工作先进个人

张盛恩

河南省农机安全生产工作先进个人

李超华

（马智勇）

气　象

李柯星

【气象工作概况】 2014年，商丘市气象局坚持公共气象发展方向，以强基固本、提质增效为主线，全面深化气象改革，各项工作成效明显。全年农业气象观测基数3401.0，操作和数据传输基数2156.6分，无错情。

商丘市气象局领导成员

局长、党组书记：李柯星

副局长、纪检组长：李俊忠

副局长：李百祥(6月离)

王安俊

【气象服务】 全市气象部门强化服务意识，尽心尽责把为党政领导的决策服务和有关部门指挥生产、重大活动的服务放在首位，各级领导和业务骨干全力以赴、密切注视天气演变情况，积极主动地搞好服务。认真履行灾害监测、预报预警信息发布职责，全年重大天气过程无一漏报。商丘国际华商节、春运、汛期、“三夏”“三秋”等决策服务保障及时到位。年内共发布重要天气预报和重要气象信息各10次，突发气象灾害预警62次，农用天气预报197期，农业气象周报52期，节日服务信息16期，预报短信2亿人次。2013年~2014年冬春连旱，全市气象部门做好人工增雨雪作业，为粮食总产“十一连增”作出积极贡献，得到市委、市政府主要领导的充分肯定。防雷工作从服务质量、技术含量、社会满意度等方面提升技术服务水平。

【气象现代化建设】 气象现代化建设环境不断优化，7月，市政府印发《商丘市人民政府气象现代化实施意见》；8月，市财政、发改委等五局委联合制定《2014年气象现代化行动方案》，有力推动商丘气象现代化建设。结合商丘实际，市气象局适时出台《商丘市气象局深化气象改革和加快推进气象现代化工作方案(2014年~2017年)》。9月，省政府督导组莅临商丘对气象现代化工作进行专项督导。一流台站建设取得新进展，市气象局大院随路北移新增土地2000平方米，新建附属用房360平方米，新增绿化1400平方米，新建、改造大理石地面1200平方米，完成局机关大院的绿化、美化工作。完成雷达塔楼一楼科普展厅一期建设。商丘气象站完成新址观测场、值班室、围墙等基础设施建设，按时实现业务切换并顺利启用。完成市—县通信链路的升级改造。虞城县局建设和改造业务用房1550平方米，综合业务平台建设基本完成。夏邑县局2公顷一流台站建设用地已划拨到位，睢县局新增土地0.27公顷。全市购置19套数字化人影火箭系统，基本完成作业装备的更新换代。睢阳区局建成1个人影标准化固定作业炮站，实现了商丘市零的突破。市局本级规划、设计并启动业务平面、公共服务平面、影视演播厅、人影指挥中心建设。

7月15日，省气象局纪检组长王世涛到气象局调研

【气象改革】 进一步落实双重计划财务管理体制，事业经费部分列入2015年财政预算。县(区)局全部成立党组，基本完成事业法人登记，撤销合并自设机构。调整充实预报、雷达、技术保障等关键岗位。调整加强防雷技术队伍。加强部门编制和社会聘用人员的遴选和管理工作，统筹用好部门内外人才资源。气象业务服务体系建设得到加强。气象服务“三农”平台网站框架已完成初步设计。研发防雷技术服务管理平台。引进并二次开发雷电灾害风险评估系统，缩短评估报告周期，提高技术含量。能见度、称重式降水实现了自动观测。完成新型雨量站升级换型任务，达到区域气象站乡镇全覆盖。完成市—县2兆提升至8兆网络宽带升级。强化集合预报技术的应用研究、发展和应用客观化的预测技术，精细化预报水平进一步提高，天气预报准确率全省领先。建立气象灾害预警多部门应急联动机制，开展高速公路雾霾多发地段团雾预报预警和大气重污染预警应急应对工作，提高了雾霾防范能力。

【依法行政工作】 年内市气象局制定《商丘市气象局行政执法责任制》《商丘市气象局行政执法监督检查

制度》等6种制度，为气象行政许可和案件查处提供制度保障。行政处罚案件开展对照“十看”活动，加强行政处罚案件的法治审核。开展依法行政满意度调查，完善执法监督。执法、许可、管理、服务、宣传、合作“六位一体”整体推进的气象依法行政格局成效初显。与法院、纪监、安监、规划、住建等部门的合作有效推进了气象法治。通过加入规委会、划定探测环境保护区、成立探测环境保护领导组、在8个台站保护区树桩立界、开展台站周边超高树木专项整治等，强化探测环境保护工作。综合管理信息系统全面推广，督查督办、出差管理、县局服务材料等栏目得到加强。开展了财务专项检查，加强了财务内部管控。

【人工影响天气工作】 市政府和所辖县（区）均成立以政府分管领导为组长的人工影响天气领导小组，市、县两级人影经费纳入本级政府财政预算。全年全市人工影响天气专项经费到账449万元，为历年来最多。组织开展3次人影培训，为9人办理新上岗证，为109人办理上岗证年度审核，完成10个资质单位2014年度人工影响天气作业组织资质年审任务。对全市27部BL型火箭及30门高炮设备全部进行年检，年检率100%，增置19部WR－98自动化火箭发射系统。抓好标准化炮站建设，在永城市裴桥、酂城，睢阳区闫集，梁园区阎庄新村新建4个多功能标准化炮站。强化人影作业安全管理，人影指挥和高炮（火箭）作业持证上岗率100%。积极推广应用全国、全省人影综合业务技术系统，基本实现作业指挥的科学化、自动化、直观化和流程化。积极有效科学组织实施增雨作业。全年成功组织实施人工增雨作业12次，其中2月4日～7日人工增雪作业，全市普降大－暴雪，平均降水量为17.1毫米，最大站点达19.3毫米。4月18日～19日，全市适时实施人工增雨作业，全市普降中雨，全市农田旱情得到有效缓解。8月6日～7日，全市适时实施人工增雨作业，普降小到中雨，局部大到暴雨，大部分农田旱情得到有效缓解或解除。

【基础业务】 2014年基本气象业务质量稳定，天气预报准确率居全省第五位。地面气象观测没有出现缺报、漏报、迟报等重大责任性事故，测报质量符合省局目标要求，自动站月报表全年出门无错。全年农业气象观测基数3401.0分，操作和数据传输基数2156.6分，全年无错情；报送报表29份，全部出门合格；按时报送季度及年度气候评价。强化基础测报工作，全市共申报百班43个，验收通过9个250班。加强综合气象业务能力建设。年内举办2次全市深化改革与县级综合气象业务培训班，不断加强督导检查，全力推进业务一体化、功能集约化、岗位多责化的县级综合气象业务，完善基层业务运行机制，提升气象业务、服务保障能力。加强岗位练兵和技能竞赛。9月4日，举办县级综合气象业务岗位技能竞赛，提高了县级综合气象业务人员的防灾减灾与公共气象服务、气象预警预报、气象观测和技术保障等县级综合业务能力。9月2日，开展气象灾害应急响应、应急观测与数据传输、应急气象服务等项目的演练，提高了重大灾害性天气应急处置能力，确保气象应急工作能够迅速、高效、有序开展。

8月，中国气象局观网司核查商丘国家基准气候站新址建设情况

商丘市气象局荣获奖项

先进单位

河南省气象部门岗位技能竞赛行政执法团体第三名

河南省气象部门政务管理团体第四名

河南省气象部门岗位技能竞赛行政执法个人全能第四名

（丁　超　张艳玲　顾杰图）

【民权林场概况】 2014年，民权林场领导班子认真贯彻落实中央、省、市的决策部署，重点开展生态公益林建设，国家木材战略储备等重大项目，不断推进林业发展，全面完成省、

王　伟　　　　刘　博

市下达的各项任务。2014年新造林133.73公顷，育苗333.33公顷，植树20万株（主要树种为杨树、刺槐、楝树、椿树、法桐、白蜡等），经造林核查验收组7月逐项检查验收，成活率及保存率均在85%以上，部分地块达99%。

民权林场领导成员

场　　长：王　伟

党委书记：刘　博

副 书 记：吴思崴

副 场 长:李钦良 石立忠 翟鲁民
工会主席:何志明
纪委书记:杨保进
总工程师:徐兰成

【森林有害生物防治】 2014年,民权林场生产科森防人员根据对森林虫害的发生发展的预测,及时组织财力人力、机器药械,申请调度直升机,对初期食叶害虫杨尺蠖实施飞机防治。4月10日~11日两天飞行16架次,防治666.67公顷;7月9日~10日,进行第二次飞防,防治杨小舟蛾22架次,飞防0.1万公顷,其他人工器械喷药、迷雾防治食叶害虫0.12公顷,防治效率达99%。

【林木抚育】 根据森林经营方案,在不同的季节,民权林场组织实施对中幼林的修枝抚育,购买云梯和刀锯20套件,出动护林人员200余人,完成抚育33.33公顷;此外又租用大型拖拉机2台,对幼林进行地下机耕抚育200公顷,掩埋落叶枯草,消除了火灾隐患。

【林业科研】 民权林场是国家林科院、省林科院、大专院校科学实验基地,与中国林科院、河南省林科院、河南农大、山东农大等科研院校合作实施"杜仲育种群体建立与综合利用技术研究""李亚科远缘杂交育种群体建立与新品种创新技术研究""刺槐无性系丰产林集约经营配套技术研究"等6大科研项目,通过定期观测、统计和分析,阶段性成果显著。

【林区基础设施建设】 林区基础设施配套建设是林业生态建设基本保障,根据2014年造林生产需要,在资金紧缺的情况下,积极筹措资金落实林区基础设施配套建设,新打机井21眼,整修引排水沟渠800余米,林区道路建设2公里,解决500户饮水安全和饮水困难,架设电线2公里,为林区的综合发展奠定基础。

【招商引资】 2014年林场与民权县合作引进苏南电气项目,已通过市招商局审核认可。该项目占地3.33公顷,总投资8000万元,其中林场占12.5%,顺利完成市招商任务;此外北河分场引进林下养殖项目4个;西河分场引进林下养殖项目3个正在顺利实施。

【生态文明共建】 2014年,民权林场在市政府和市林业局主要领导全力支持下,多次与民权县政府对接、沟通、协商,达成关于生态文明建设合作协议。协议约定,作为生态主体的"申甘林带"日益发挥着巨大的生态效益和社会效益,加强对"申甘林带"的资源保护和管理是县、林场共同的义务和责任。县政府自2014年起每年给民权林场拨付260万元生态补贴资金,用于民权生态文明建设,并将生态补贴资金纳入县年度财政预算每年予以拨付。

民权林场荣获奖项

先进单位

全国先进单位战略储备林示范林场

商丘市林场管理工作先进单位

(栗争鸣 邓广军)

工 业

刘明亮

【工业综述】 2014年,全市工信系统坚定发展信心,攻坚发展难题,全力推进工业稳增长调结构促转型,促进工业化和信息化有效融合,全市工业经济保持平稳健康发展态势。

一、工业总量保持平稳增长。全年全市规模以上工业企业工业增加值383.4亿元,同比增长11.5%,增速高于全国平均水平3.3个百分点,高于全省平均水平0.4个百分点。

二、经济效益持续提升。全年全市规模以上工业企业主营业务收入1791亿元,同比增长19.7%,增速居全省第一位;利润108亿元,同比增长18.7%,增速居全省第二位。

三、新兴产业高位运行。全年全市68家高技术企业工业增加值42.4亿元,同比增长71%,增速高于全市规模以上工业平均水平59.4个百分点,占全市规模以上工业增加值的比重提升至11.1%。全市高技术企业已成为带动工业经济快速增长的重要力量。

四、产业结构持续优化。全年全市轻工业工业增加值231.5亿元,占全市规模以上工业的比重为60.4%,其中食品、纺织服装及制鞋两大主导产业占全市规模以上工业的比重为49.1%。重工业增加值151.9亿元,占比39.6%,其中化工、电解铝、建材、钢铁、电力等高耗能产业工业增加值91.3亿元,占全部工业增加值比重下降23.8%。

五、主导产业集群规模不断壮大。围绕市级打造千亿级产业集群、县(区)培育百亿级产业集群目标,实施产业集群培育工程,统筹调整布局各地主导产业,各主导产业规模不断壮大,集聚效应进一步显现。全年全市食品产业集群主营业务收入超过600亿元、纺织服装及制鞋产业集群超过500亿元、装备制造产业集群超过400亿元;民权县制冷家电产业集群超150亿元、夏邑县纺织服装产业集群超100亿元。

商丘市工业和信息化局领导成员

局　　长:刘明亮

党组书记、副局长:张红星

副 局 长:刘河山　李长东

纪检组长:刘俊杰

市中小企业服务局局长:汤宏伟

离退休干部工作处处长:

刘　霞(女)

总经济师:王　瑞(女)

【运行监测预警和调节】 做好对省工业经济运行监测平台上报工作。省筛选确定全市58家重点企业,作为全省工业经济运行监测预测平台的监测对象。指导各县(区)深入研究工业经济面临的新形势,认真梳理近年来新的工业增长点,科学预测各月度规模以上工业增加值增速、工业用电量、固定资产投资、主导产业发展质量等主要经济指标完成情况,并绘制运行曲线。进一步创新丰富监测手段,完善监测预警体系,把工业用电量、工业品价格等先行指标作为工业运行趋势预警预测的重点,把重点行业、重点企业、重点产品作为日常动态分析监测的重点,筛选调整60家重点监控企业,坚持旬监测、月分析、季报告制度。市县两级未雨绸缪,加强调控,积极稳定和引导工业增长预期,切实增强经济运行工作的主动性和超前性,形成市级重点抓宏观、抓统筹,县级重点抓产业、抓企业的运行监测预警调节工作体系。

【产业转移承接】 抢抓中原经济区承接产业转移示范市建设历史机遇,加大招商引资力度,以优势产业为依托,以各类产业集聚区为载体,积极构筑平台,着力承接龙头型、基地型大项目,富士康实训工厂、顿汉格力、361运动鞋、赛琪服饰、拉多美复合肥、英泰冷藏车等项目相继投产;王老吉凉茶、舒华体育、鼎烜钻石、美兰生物、田岛精密仪器、恒鑫纺织、阿诗丹顿电器等产业转移项目成功落地,为工业经济持续快速增长奠定坚实基础。10月底,精心组织参加中国(郑州)2014产业转移系列对接活动。

【企业服务】 按照"政府主导、专业运营、市场化发展"的总体运作模式,举办首届中国·商丘针织童装产品展销会、第二届中国·商丘电动三轮车新能源汽车及零部件展览会和首届中国·商丘食品博览会。三大展会汇聚了国内针织童装、电动车、食品行业的新品、精品、名品和重量级企业,为参展企业和参会客商搭建了产品展示、信息交流、务实合作、推广宣传、共赢发展的平台。市企业服务活动办公室代政府起草《商丘市2014年企业服务工作实施方案》,明确企业服务工作任务、工作重点,建立责任人联系制度、问题办理情况通报制度、督导考核制度等,以制度建设的完善和强化为企业服务工作提供坚强保障。深入贯彻落实全省工业稳增长调结构促发展暨减轻企业负担工作电视电话会议精神,代市政府制定《商丘市加强涉企收费管理进一步做好减轻企业负担工作实施方案》,着力抓好编制涉企收费目录、加强涉企收费管理、规范行政审批前置服务项目三项重点工作,建立月度报告制度、月度协调会制度、督导服务制度、举报制度。

2014年商丘市各县(区)全部工业总产值

单位:万元

县(区)	全部工业合计		规模以上		规模以下		个体经营	
	总量	指数(%)	总量	指数(%)	总量	指数(%)	总量	指数(%)
合　计	21836651	115.3	18602285	116.7	2225083	108.2	1009282	107.6
梁园区	2071079	112.6	1828146	113.4	149713	107.4	93220	106.7
睢阳区	3502637	110.1	3183332	110.5	195638	106.2	123667	107.4
民权县	3105910	110.2	2640169	110.5	327603	108.3	138138	107.6
睢　县	2012416	123.7	1631037	127.6	253872	109.5	127507	109.1
宁陵县	1699555	120.5	1458148	122.5	184691	110.1	56715	108.6
柘城县	2283747	123.8	1886006	127.1	269085	110.6	128657	109.6
虞城县	3599602	115.7	3068053	117.2	370891	108.0	160658	106.8
夏邑县	2796939	114.5	2184673	116.4	438599	108.6	173667	107.6
开发区	764765	118.1	722721	118.7	34991	108.2	7053	107.5

2014年商丘市各县(区)全部工业增加值

单位:万元

县(区)	全部工业合计		规模以上		规模以下		个体经营	
	总量	指数(%)	总量	指数(%)	总量	指数(%)	总量	指数(%)
合　计	4568147	110.2	3833946	111.6	505094	103.5	229107	102.9
梁园区	423203	110.4	368057	111.5	33985	103.8	21161	103.0
睢阳区	679792	111.0	607310	112.0	44410	103.4	28072	102.7
民权县	595374	110.0	489651	111.6	74366	103.6	31357	102.9
睢　县	458389	110.4	371816	112.2	57629	103.3	28944	103.2
宁陵县	349818	110.2	295019	111.6	41925	103.4	12874	103.1
柘城县	512041	110.2	421754	111.8	61082	103.5	29205	102.7
虞城县	780307	110.3	659645	111.7	84192	103.3	36469	102.6
夏邑县	606124	109.2	467141	111.0	99562	103.9	39422	102.9
开发区	163099	110.1	153555	110.6	7943	103.3	1601	102.8

2014 年商丘市工业企业单位数、总产值及指数

项　目	2008 年	2009 年	2010 年	2011 年	2012 年	2013 年	2014 年
企业单位数(个)	55088	53173	56636	56297	56490	45095	42489
规模以上工业	530	696	810	769	855	979	933
其中:大中型企业	52	75	75	172	199	242	287
工业总产值(万元)	11593488	12881733	17123270	20105885	22366161	26017796	21836650
规模以上工业	8168968	9058248	13594361	16756788	19022739	22577915	18602285
其中:大中型企业	5402219	5779137	7496351	9845536	13370849	15467854	11879932
工业总产值指数(上年为100)	115.4	111.5	117.4	120.9	117.6	115.8	115.3
规模以上工业	119.0	114.2	121.5	124.4	120.5	117.7	116.7
其中:大中型企业	117.5	117.2	109.9	123.1	117.7	114.6	115.9

注:2014 年数据不含永城市数据。

2014 年商丘市全部工业总产出、总产值及增加值

项　目	企业单位数(个)	从业人数(人)	工业总产出(万元)	工业总产值(万元)	工业总产值指数(%)	工业增加值(万元)	工业增加值指数(%)
一、全部工业总计	42489	546813	22289439	21836650	115.3	4568147	110.2
二、国有及限额以上工业总计	933	283005	19055074	18602285	116.7	3833946	111.6
#轻工业	578	194706	11116122	10845660	114.9	2315217	105.1
重工业	355	88299	7938952	7756626	119.3	1518729	122.3
#国有控股企业	24	13656	1822076	1773608	102.0	289371	101.7
#集体企业	7	1166	106567	105125	105.8	21098	87.7
私营企业	493	138098	10202700	9968327	118.4	2086320	112.0
外商及港澳台投资企业	18	19244	633932	617580	228.4	153662	229.2
#大型企业	26	67099	4340842	4230215	118.5	834813	115.9
中型企业	261	133056	7888289	7649717	114.3	1581540	107.2
小微型企业	645	82850	6825945	6722354	118.4	1417593	114.6
三、限额以下工业总计	6059	146002	2225083	2225083	108.2	505094	103.5
四、城乡个体工业	35497	117806	1009282	1009282	107.6	229107	102.9

2014年商丘市各县(区)规模以上工业总产值

单位:万元

项目	商丘市	梁园区	睢阳区	民权县	睢县
总计	18602285	1828146	3183332	2640169	1631037
在总计中:1.本级以上属	897262	296048	694702	182241	20320
2.本级及以下属	17705024	1532098	2488631	2457929	1610717
在总计中:1.轻工业	10845660	1280847	1952625	1409545	997991
2.重工业	7756626	547299	1230708	1230624	633046
在总计中:1.国有控股企业	1773608	387153	833596	280650	50290
2.集体控股企业	528200	136490	63110		83996
3.私人控股企业	15593540	1228963	2056478	2314628	1283513
4.港澳台控股企业	164070		9912		104677
5.外商控股企业	109381	40064	33029		
6.其他控股企业	433487	35477	187208	44891	108560
在总计中:1.国有企业	1111624	128163	792898	43312	50290
2.集体企业	102425	15447			79134
3.股份合作企业	11692				
4.股份制企业	14417099	1548921	1335787	2375174	878547
5.外商和港澳台商投资企业	617580	41055	54565		433847
6.其他	2341866	94560	1000082	221683	189219
在总计中:1.公有制	2301807	523643	896706	280650	134286
2.非公有制	16300478	1304503	2286626	2359519	1496751
在总计中:1.大型企业	4230215	460840	1161548	318985	624683
2.中型企业	7649717	237774	388504	1406281	638651
3.小型企业	6689169	1111936	1630676	914903	363508
4.微型企业	33185	17597	2605		4195
在总计中:大中型企业	11879932	698613	1550051	1725267	1263334
其中:国有控股企业	1748652	381844	833596	274180	43890
在总计中:中小型企业	14338886	1349710	2019180	2321184	1002159
在总计中:小微型企业	6722354	1129533	1633281	914903	367703
在总计中:高技术产业	1683395	232405	145662	8414	378451
在总计中:内资企业	17984705	1787091	3128767	2640169	1197190
港、澳、台商投资企业	544371	39049	9912		433847
外商投资企业	73209	2006	44653		

续表 1　　　　　　　　　　　　　　　　　　　　单位：万元

项　目	宁陵县	柘城县	虞城县	夏邑县	开发区
总　　计	1458148	1886006	3068053	2184673	722721
在总计中：1. 本级以上属		31500			28351
2. 本级及以下属	1458148	1854505	3068053	2184673	694371
在总计中：1. 轻工业	776957	1004248	2287887	1364767	388605
2. 重工业	681191	881758	780166	819906	334116
在总计中：1. 国有控股企业	47033	38276	69856	53059	13695
2. 集体控股企业		236759			7845
3. 私人控股企业	1405055	1563742	2975634	2131614	633913
4. 港澳台控股企业			20322		29159
5. 外商控股企业			2241		34048
6. 其他控股企业	6061	47228			4062
在总计中：1. 国有企业	43901			53059	
2. 集体企业					7845
3. 股份合作企业				11692	
4. 股份制企业	1139799	1786603	2968555	1722304	661408
5. 外商和港澳台商投资企业			34645		53468
6. 其他	274449	99402	64852	397618	
在总计中：1. 公有制	47033	275036	69856	53059	21539
2. 非公有制	1411116	1610970	2998197	2131614	701182
在总计中：1. 大型企业	267681		1059434	337044	
2. 中型企业	867975	1226387	1385720	990137	508287
3. 小型企业	322492	650830	622899	857492	214434
4. 微型企业		8788			
在总计中：大中型企业	1135657	1226387	2445154	1327181	508287
其中：国有控股企业	47033	31500	69856	53059	13695
在总计中：中小型企业	1190467	1877218	2008619	1847629	722721
在总计中：小微型企业	322492	659618	622899	857492	214434
在总计中：高技术产业	6269	176556	599510	75266	60862
在总计中：内资企业	1458148	1886006	3033408	2184673	669253
港、澳、台商投资企业			32404		29159
外商投资企业			2241		24309

续表2

单位:万元

行业	商丘市	梁园区	睢阳区	民权县	睢县
总计	18602285	1828146	3183332	2640169	1631037
农副食品加工业	2249595	437035	111399	383623	102777
食品制造业	1555383	134461	95428	45011	92180
酒、饮料和精制茶制造业	714076	34501	144145	129263	105118
纺织业	1662881	59886	337781		
纺织服装、服饰业	1828160	54414	913834	94655	127193
皮革、毛皮、羽毛及其制品和制鞋业	854110	175304	107220	16549	199430
木材加工和木、竹、藤、棕、草制品业	469959	13781	66712	46152	96579
家具制造业	38101	2630			9219
造纸和纸制品业	180255	8634	8255	5807	143349
印刷和记录媒介复制业	189701	13643	8985	19361	
文教、工美、体育和娱乐用品制造业	381608	74010	18336		195251
石油加工、炼焦和核燃料加工业	23441	7868			
化学原料和化学制品制造业	731699	68733	165945	106721	37607
医药制造业	616894	232405	100446		11739
化学纤维制造业	21973	6434	2605		
橡胶和塑料制品业	337167	13352	51123	79799	44014
非金属矿物制品业	1309670	83325	135709	110789	17117
黑色金属冶炼和压延加工业	843862	27655		207940	21461
有色金属冶炼和压延加工业	331936	304027	4815		
金属制品业	187623	24935	8706	42123	17402
通用设备制造业	443465	9897	3589	406162	
专用设备制造业	103942	30841		34938	
汽车制造业	403244	4055	24643	274734	
铁路、船舶、航空航天和其他运输设备制	119253	1775	49132		
电气机械和器材制造业	777125		10884	409048	24682
计算机、通信和其他电子设备制造业	384377		4345	8414	342030
仪器仪表制造业	573730		40871		
其他制造业	29433				
废弃资源综合利用业	4789		4789		
电力、热力生产和供应业	1224926		763638	219082	43890
水的生产和供应业	9908	4548			

续表3　　　　　　　　　　　　　　　　　　　　　　　　　　单位：万元

行　业	宁陵县	柘城县	虞城县	夏邑县	开发区
总　　计	1458148	1886006	3068053	2184673	722721
农副食品加工业	183804	241506	328563	392981	67907
食品制造业	181767	21396	880618	56642	47880
酒、饮料和精制茶制造业	152439	34305	57109	57197	
纺织业	143382	32937	668710	420185	
纺织服装、服饰业	19336	167773	213731	205904	31321
皮革、毛皮、羽毛及其制品和制鞋业	4204	302735	32638	16030	
木材加工和木、竹、藤、棕、草制品业	50613	38864	22483	129504	5272
家具制造业	22929		3324		
造纸和纸制品业	3581		10628		
印刷和记录媒介复制业	13162	4651	52654	31214	46032
文教、工美、体育和娱乐用品制造业	34509			59502	
石油加工、炼焦和核燃料加工业			15573		
化学原料和化学制品制造业	148532	33448	26148	106737	37829
医药制造业		171277	25761	75266	
化学纤维制造业				12934	
橡胶和塑料制品业	37971	26809		12969	71131
非金属矿物制品业	147538	679079	22654	36071	77389
黑色金属冶炼和压延加工业	253565		45099	288142	
有色金属冶炼和压延加工业				4555	18540
金属制品业		11646	21463	41757	19592
通用设备制造业	6061	17756			
专用设备制造业	10855				27309
汽车制造业		11170		58755	29887
铁路、船舶、航空航天和其他运输设备制					68346
电气机械和器材制造业		53876	74735	95837	108064
计算机、通信和其他电子设备制造业		5279			24309
仪器仪表制造业			496306		36553
其他制造业				29433	
废弃资源综合利用业					
电力、热力生产和供应业	43901	31500	69856	53059	
水的生产和供应业					5360

2014年商丘市各县(区)主要工业产品产量

产品名称	单位	商丘市	梁园区	睢阳区	民权县
小麦粉	吨	4734938	565580	294376	825979
饲料	吨	626737	23696	61448	68623
其中:配合饲料	吨	547012	17559	61448	68623
混合饲料	吨	8007			
精制食用植物油	吨	39726	10030		23275
鲜、冷藏肉	吨	314351	166657		24339
畜肉制品 *	吨	61635	551		
淀粉及淀粉制品 *	吨	25316	9450		
糕点 *	吨	13715	3881		4023
饼干 *	吨	28823	23942		
速冻食品	吨	676110			
其中:速冻米面食品	吨	600719			
方便面	吨	423949	80700		
乳制品	吨	428236			
液体乳	吨	428236			
罐头	吨	108466	10300	8682	
酱油	吨	48949	37002		
冷冻饮品	吨	41344			41344
食用盐	吨	16187			
食品添加剂	吨	13882			
发酵酒精(折96度,商品量)	千升	60992			
饮料酒	千升	560159		293081	43157
其中:白酒(折65度,商品量)	千升	64124		10614	
啤酒	千升	429854		282467	
葡萄酒	千升	63999			43157
软饮料	吨	601479	394674	12102	11199
包装饮用水	吨	394674	394674		
果汁和蔬菜汁类饮料	吨	206805		12102	11199
精制茶	吨	61			
纱	吨	583382	17439	92435	
棉纱	吨	565087	17439	92435	
化学纤维纱	吨	18295			
毛机织物(呢绒)	万米	611	611		

续表1

产品名称	单位	睢　县	宁陵县	柘城县	虞城县	夏邑县	开发区
小麦粉	吨	163056	623378	209417	1055719	997433	
饲料	吨	96256	11910	126457	238347		
其中:配合饲料	吨	96256		64779	238347		
混合饲料	吨			8007			
精制食用植物油	吨	1642			4779		
鲜、冷藏肉	吨	15041			2454	92728	13132
畜肉制品 *	吨	2103		29380			29601
淀粉及淀粉制品 *	吨		6294			9572	
糕点 *	吨		5811				
饼干 *	吨	4881					
速冻食品	吨		199767		476343		
其中:速冻米面食品	吨		124376		476343		
方便面	吨		21316		236523		85410
乳制品	吨	14659	90989		322588		
液体乳	吨	14659	90989		322588		
罐头	吨				29109	60375	
酱油	吨	464		11483			
冷冻饮品	吨						
食用盐	吨		16187				
食品添加剂	吨	13882					
发酵酒精(折96度,商品量	千升	60992					
饮料酒	千升	22761	31947	15391	423	153399	
其中:白酒(折65度,商品量)	千升	1919	29765	15391	423	6012	
啤酒	千升					147387	
葡萄酒	千升	20842					
软饮料	吨		98963	12466	72075		
包装饮用水	吨						
果汁和蔬菜汁类饮料	吨		98963	12466	72075		
精制茶	吨						61
纱	吨		60305		264333	148870	
棉纱	吨		60305		264333	130575	
化学纤维纱	吨					18295	
毛机织物(呢绒)	万米						

续表2

产品名称	单位	商丘市	梁园区	睢阳区	民权县
服装	万件	39480	223	30385	876
梭织服装	万件	11005	223	2650	876
其中:羽绒服装	万件	519	158	68	
西服套装	万件	1695			
衬衫	万件	16			
针织服装	万件	28476		27735	
轻革	平方米	1400937	622095		
衣箱、提箱及类似容器	万个	373			
鞣制毛皮(折羊毛皮)*	张	3210800			
鞋	万双	1013	298		97
皮革鞋靴	万双	1004	298		88
人造板	立方米	2352012	20456	50895	37545
其中:胶合板	立方米	1425253	20456		
纤维板	立方米	119498		50895	
刨花板	立方米	181425			8501
实木木地板	平方米	36471		36471	
家具	件	334595	26722		
其中:木质家具	件	273253	26722		
金属家具	件	41542			
机制纸及纸板(外购原纸加工除外)	吨	163069			
涂布类印刷用纸	吨	93722			
纸制品	吨	428878		2757	
其中:瓦楞纸箱	吨	352540		2757	
工艺美术制品*	千元	1319280			
精甲醇	吨	18756	18756		
农用氮、磷、钾化学肥料(折纯)	吨	3749		3749	
磷肥(折五氧化二磷100%)	吨	3749		3749	
磷酸一铵(实物量)	吨	24306			
涂料	吨	39819	25360		
初级形态塑料	吨	3602			3602
化学试剂	吨	60880			45870
塑料助剂*	吨	3010	3010		
印染助剂*	吨	10218	10218		
表面活性剂*	吨	807			

续表 3

产品名称	单位	睢 县	宁陵县	柘城县	虞城县	夏邑县	开发区
服装	万件	2131	225	729	457	3715	739
梭织服装	万件	1727	225	729	457	3644	474
其中:羽绒服装	万件				47	247	
西服套装	万件	1144			410	128	13
衬衫	万件						16
针织服装	万件	404				71	265
轻革	平方米		264803	514039			
衣箱、提箱及类似容器	万个			373			
鞣制毛皮(折羊毛皮)*	张			3210800			
鞋	万双	452			166		
皮革鞋靴	万双	452			166		
人造板	立方米	265322	258086	495035	68603	1156070	
其中:胶合板	立方米	92398	162698	17879		1131822	
纤维板	立方米				68603		
刨花板	立方米	172924					
实木木地板	立方米						
家具	件	216476	49855		41542		
其中:木质家具	件	216476	30055				
金属家具	件				41542		
机制纸及纸板(外购原纸加工除外)	吨	163069					
涂布类印刷用纸	吨	93722					
纸制品	吨	47132	39061		89098		250830
其中:瓦楞纸箱	吨		9855		89098		250830
工艺美术制品*	千元		1294761			24519	
精甲醇	吨						
农用氮、磷、钾化学肥料(折纯)	吨						
磷肥(折五氧化二磷 100%)	吨						
磷酸一铵(实物量)	吨			24306			
涂料	吨				9705	4754	
初级形态塑料	吨						
化学试剂	吨						15010
塑料助剂*	吨						
印染助剂*	吨						
表面活性剂*	吨						807

续表 4

产品名称	单位	商丘市	梁园区	睢阳区	民权县
合成洗涤剂	吨	13518		13518	
化学药品原药	吨	10186	1780		
中成药	吨	40			
兽用药品	吨	408			
化学纤维	吨	15794	4882		
合成纤维	吨	15794	4882		
丙纶纤维	吨	15794	4882		
橡胶轮胎外胎	条	244178			
塑料制品	吨	87161			
水泥	吨	5322346	1383802	408341	373905
其中:强度等级 42.5 水泥(含 R 型)	吨	2345123			
商品混凝土	立方米	2888690	597925	806365	386125
预应力混凝土桩	米	236076	236076		
砖	万块	66237			57949
瓦	万片	1715			1715
平板玻璃	重量箱	6625871		6625871	
钢化玻璃	平方米	646921		646921	
日用玻璃制品	吨	46094			46094
玻璃包装容器	吨	86482			86482
石棉制品 *	吨	52119			
耐火材料制品	吨	73933			
石墨及碳素制品	吨	73			
磨具 *	吨	1225			
人造金刚石 *	克拉	33			
铸铁件	吨	330810	1872		
钢材	吨	1025752	53371		487982
钢筋	吨	65412			
线材(盘条)	吨	487982			487982
中厚宽钢带	吨	65934			
冷轧窄钢带	吨	36408	36408		
无缝钢管	吨	87531			
焊接钢管	吨	16963	16963		
其他钢材	吨	265522			
十种有色金属	吨	7099	7099		

续表5

产品名称	单位	睢　县	宁陵县	柘城县	虞城县	夏邑县	开发区
合成洗涤剂	吨						
化学药品原药	吨	2950		377		5079	
中成药	吨			40			
兽用药品	吨				408		
化学纤维	吨					10912	
合成纤维	吨					10912	
丙纶纤维	吨					10912	
橡胶轮胎外胎	条	244178					
塑料制品	吨		49750			19925	17486
水泥	吨		2345123				811175
其中:强度等级 42.5 水泥(含 R 型)	吨		2345123				
商品混凝土	立方米		113686		628780	196957	158852
预应力混凝土桩	米						
砖	万块	8288					
瓦	万片						
平板玻璃	重量箱						
钢化玻璃	平方米						
日用玻璃制品	吨						
玻璃包装容器	吨						
石棉制品*	吨					52119	
耐火材料制品	吨		66795				7138
石墨及碳素制品	吨						73
磨具*	吨			1225			
人造金刚石*	克拉			33			
铸铁件	吨					328938	
钢材	吨	65412	353053		65934		
钢筋	吨	65412					
线材(盘条)	吨						
中厚宽钢带	吨				65934		
冷轧窄钢带	吨						
无缝钢管	吨		87531				
焊接钢管	吨						
其他钢材	吨		265522				
十种有色金属	吨						

续表6

产品名称	单位	商丘市	梁园区	睢阳区	民权县
氧化铝	吨	14989			
原铝(电解铝)	吨	7099	7099		
铝材	吨	127283	125463	1820	
钢结构	吨	19515			
钢丝	吨	16825			16825
日用精铝制品*	吨	11111	10217		
铸造机械	台	4454			
起重机	吨	11536			11536
滚动轴承	万套	3080			1439
工商用制冷、空调设备	台(套)	2413212			2413212
冷藏加工设备*	台(套、座)	61762	3460		58302
矿山专用设备	台	4889			
工矿配件*	吨	15301	15301		
环境污染防治专用设备	台(套)	2880	2754		
固体废弃物处理设备	台(套)	2880	2754		
改装汽车	辆	9207			5971
汽车配件*	件	208373			
摩托车整车	辆	30233		9822	
电动自行车	辆	308459	6654		
电力电缆	千米	18530			
蓄电池	千伏安时	15485			
其中:锂离子电池	只(自然只)	24267			
家用电冰箱(家用冷冻冷藏箱)	台	1146200			601280
家用冷柜(家用冷冻箱)	台	471362			471362
家用洗衣机	台	544899			544899
家用电热取暖器具	台	580			
电光源	万只	13354		13354	
荧光灯	万只	13354		13354	
半导体存储器播放器(含 MP3、MP4)	个	1041925			
半导体分立器件	万只	205			
电子元件	万只	12654		2995	
工业自动调节仪表与控制系统	台(套)	18671		18671	
量具*	件	6354432		9955	
分析仪器及装置	台(套)	858			
自来水生产量	万立方米	2420	2420		

续表 7

产品名称	单位	睢 县	宁陵县	柘城县	虞城县	夏邑县	开发区
氧化铝	吨					14989	
原铝(电解铝)	吨						
铝材	吨						
钢结构	吨				19515		
钢丝	吨						
日用精铝制品 *	吨			894			
铸造机械	台		4454				
起重机	吨						
滚动轴承	万套			1641			
工商用制冷、空调设备	台(套)						
冷藏加工设备 *	台(套、座)						
矿山专用设备	台		4889				
工矿配件 *	吨						
环境污染防治专用设备	台(套)						126
固体废弃物处理设备	台(套)						126
改装汽车	辆						3236
汽车配件 *	件					208373	
摩托车整车	辆						20411
电动自行车	辆						301805
电力电缆	千米					18530	
蓄电池	千伏安时						15485
其中:锂离子电池	只(自然只)						24267
家用电冰箱(家用冷冻冷藏箱)	台						544920
家用冷柜(家用冷冻箱)	台						
家用洗衣机	台						
家用电热取暖器具	台			580			
电光源	万只						
荧光灯	万只						
半导体存储器播放器(含 MP3、MP4)	个				1041925		
半导体分立器件	万只				205		
电子元件	万只	4607		24			5028
工业自动调节仪表与控制系统	台(套)						
量具 *	件				6202815		141662
分析仪器及装置	台(套)						858
自来水生产量	万立方米						

【信息化工作】 按照“坚持科学发展,推进经济转型”和建设“无线城市”、“智慧商丘”的工作目标,加快推进信息化建设。市出台《商丘市人民政府关于印发商丘市推进信息化和促进信息消费实施方案的通知》《商丘市人民政府关于印发“宽带商丘”实施方案的通知》等文件,召开全市信息化工作会议。基础设施不断完善。全市城域网出口带宽320G,全市光缆长度达61558皮长公里,光缆覆盖10704平方公里,行政村宽带覆盖率达99%以上,固定宽带端口平均速率6.5Mbps,城市宽带接入能力达到每秒20兆比特(Mbps)。3G网络已经覆盖市县城区、产业集聚区、重要景区、重要路段、全部乡镇和大部分行政村,4G网络已经覆盖到乡镇以上区域。阿里巴巴(商丘)产业带成绩斐然。至年底,阿里巴巴(商丘)产业带已入驻企业617家,涵盖针织童装、食品、五金量具、电动车、制冷设备等9大产业,6000余种产品,线上交易4亿元。以产业带为平台,采用“O2O”(线上线下同步举办展会)模式,成功举办三大展会大型线上展销活动。“两化”深度融合推进取得明显成效。按照“协同推进、营造环境,重点突破、行业带动,企业主体、分类引导”的原则,着力从区域、行业、企业3个层面加快推进信息化与工业化深度融合。全市经常性应用信息化手段开展业务的中小企业达到72%以上,制造业生产设备的数字化、智能化、网络化水平进一步提升。

【2014中国·商丘针织童装产品展销会】 4月18日,由市政府主办,市工业和信息化局、睢阳区人民政府承办的2014中国·商丘针织童装产品展销会在市体育馆开幕。中国针织工业协会副会长赵洪,中国针织工业协会副秘书长蔡剑华,河南省工信厅副厅长聂春山,河南省服装行业协会常务会长褚立勋,副市长江文玉等领导和嘉宾参加开幕仪式。开幕当天,240家针织童装企业到会参展,参会观众3万人次,其中市内针织童装生产企业50家、市外企业80家,共有403个投资及供销项目达成合作共识,签约19.82亿元。

【2014中国·商丘电动三轮车、新能源汽车及零部件展览会】 5月9日~11日,由中国自行车协会、河南省工业和信息化厅、商丘市人民政府主办,商丘市工业和信息化局、商丘经济开发区管委会承办的2014中国·商丘电动三轮车、新能源汽车及零部件展览会在商丘市博大化工有限公司举办。中国自行车协会理事长马小超,民进河南省委主委、河南省工信厅副厅长张震宇,副市长张弛,市政协副主席刘明亮等领导和嘉宾参加展会开幕仪式。展会为期3天,首日参观人数达3力人次,签约24.36亿元。

【2014中国·商丘食品博览会】 11月8日~10日,2014中国·商丘食品博览会在商丘市体育馆举办,全国人大常委会财经委原主任委员、中国食品工业协会会长石秀诗,省十届人大常委会副主任、省食品工业协会会长张以祥,市委书记陶明伦等出席开幕式。该会展是商丘市举办的首届食品博览会,为期3天,由市政府主办,市工信局、市食品工业协会承办,以“帮助企业开拓市场”为主题,为企业搭建起信息交流、务实合作、推广宣传、加快发展的平台。展区1.5万平方米,分为特装区、糖酒副食区、休闲食品区、面粉及面制品加工区、速冻食品区、食品配料和调味品区、食品包装及加工机械区等,来自河南、安徽、山东等地代表团及全国各地600余家食品生产商、供应经销商、网络销售商、投资商等参展。

商丘市工业和信息化局荣获奖项先进单位

河南省社会扶贫先进集体

河南省工业经济运行监测预测平台信息报送工作先进单位

河南省工业和信息化系统政务信息工作先进单位

商丘市四项重点工作产业集聚区建设先进单位

商丘市政风行风建设先进单位

商丘市安全生产工作先进单位

(吕目知)

神火集团

李 崇

【神火集团概况】 2014年,集团公司上下齐心协力、积极应对、主动作为,在调结构、降成本、减消耗、优分配、控开支等方面取得明显成效。一是生产经营平稳运行。全年集团公司营业收入260亿元,同比下降4.76%;上缴各类税费16亿元,同比增长22.63%;初步核算未经审计,亏损近6亿元。煤炭产业:原煤产量和效益煤产量均创历史新高。全年生产煤炭887万吨,同比增长21.05%,其中精煤及块煤587万吨,同比增长16.22%。梁北煤矿及选煤厂、泉店煤矿及选煤厂、刘河煤矿及选煤厂等均刷新投产以来的产销纪录;生产成本大幅下降,吨煤完全成本477.28元,同比下降80.73元,降幅14.46%,在售价同比下降134元/吨的情况下,盈利3.95亿元,吨煤利润46元。铝电产业:调整生产布局,在河南区域继续实施限产减亏,新疆区域产能建设加快投运步伐,铝产品及配套供电、碳素生产实物量同比大幅增长,生产电解铝产品91万吨,同比增长29.73%,配套自备机组供电量88亿度,同比增长84.91%,配套碳素产量58万吨,同比增长61.65%。铝加工产业:对铝材公司与上海铝箔公司实施合并管理,实现铝加工产品上下游对接,生产冷轧卷4.76万吨,同比增长17.53%,生产铝箔2.76万吨,同比略有增长。铝材公司通过调整产品结构、减员提效、创新挖潜等措施,同比减亏3507万元,其中商丘阳光铝材实现了不亏现金流;上海铝箔公司全年盈利236万元。铝加工系统总体减亏效果显著,并呈现出较好的发展势头,成为集团公司进入铝加工产业以来经营业绩最好的年份。氧化铝产业:全年生产氧化铝77.5万吨,同比下降6.96%,生产氢氧化铝4.7

万吨，同比下降42.89%。有色汇源公司通过优化采购渠道，降低采购成本，优化工艺指标，降低单耗等措施，同比减亏2543万元，其中鲁山厂区盈利2079万元，汝州厂区从下半年开始为控亏全部停产，同比减亏464万元。房地产业：开发房屋34.66万平方米，投资2.5亿元；销售房屋3.21万平方米，合同销售收入1.4亿元，预估利润2200万元。多种经营：受集团业务量下降的影响，虽然多种经营业绩整体同比下滑，但各单位都实现了盈利，其中建安公司盈利1500万元，新利达公司盈利953万元。在内部市场萎缩的形势下，积极开拓外部市场，其中建安公司外部业务量超过60%，新利达公司尝试对外合作开发新产品，并取得初步成效。永新公司进一步完善内部服务，积极拓展锅炉、车辆等维修业务。职工总医院门诊量和入住院病员均同比大幅增加，全年外诊创收3624万元。二是重点项目有序推进。在资金紧张的情况下，按照“有保有压”的原则，积极优化项目设计和推进实施顺序，全力保障重点项目建设。全年重点建设项目投资29.51亿元。一批重点项目建成投运：新疆80万吨铝合金项目、配套的4×350兆瓦自备发电机组及配套40万吨碳素项目抢赶进度，于11月底全部建成投产，顺利实现产业西移目标，为扭转铝电经营被动局面奠定基础。泉店煤矿铁路专用线顺利建成，并于上年12月17日通车，有效缓解了泉店矿煤炭汽车外运外销压力，降低销售成本，增加效益；刘河煤矿通风系统改造完成并投入使用；职工总医院综合大楼项目已进入装修尾期。一批重点项目积极稳妥推进：梁北煤矿改扩及大磨岭煤矿、和成煤矿续建等项目积极组织推进；薛湖铁路专用线土地征迁工作实现突破，工程进度加快。一批短、平、快项目投产见效：新利达公司泡沫模型生产车间项目、许昌机械加工，建安公司综合加工等短、平、快项目全部按计划完工并投产见效。

神火集团领导成员

董事长、党委副书记：李　崇
党委书记：李　炜
总 经 理：崔建友
副董事长：李孟臻
监事会主席、纪委书记：孙公平
副总经理：齐明胜（常务）　程乐团
王西科　张　伟
孙自学　刘　君
王洪涛　李宏伟
总会计师：石洪新
工会主席：李爱启

【营销管理】　针对市场形势剧烈震荡，产品售价大幅下滑等不利因素，销售部门科学研判市场，坚持“适当让利不让市场”，积极强化市场维护和开发。煤炭销售采取阶段性激励措施，实施量价挂钩政策，稳定大客户，巩固老用户，努力拓展新市场，优化客户结构和运输结构，节约了运输费用。铝产品销售积极与直供客户建立合作关系，加大直供客户销量；适时调整液铝销售策略，增加液铝销量与效益；通过及时调整铝品储运销售结构，在增收节支上取得明显成效。铝加工产品结构调整收效明显，品牌形象稳步提升，铝板带已经进入韩国及国内的中基、鼎胜、华北铝等知名企业，铝箔外销市场在巩固中扩大。氧化铝产品主动适应市场，调整品种结构，拓宽销售渠道，并开发出非冶金级氧化铝产品供应市场，全年平均售价比冶金级、中营网均价高出35元/吨。物资采购方面持续优化供应商结构，多部门联合比价招标，采取进口配件国产化、设备配件分项洽谈、与设备厂家签订配件代储协议、寻求替代产品、减少中间环节等措施，努力降低采购价格，全年通过招标压价，物资采购价格同比综合降低6.7%，节支8000余万元；减少不合理计划1847项，节约资金1491万元；消耗积压库存、站间物资调剂，节约资金900万元。

【优化指标提升】　煤炭产业开展“创水平、保接替、促单进”活动，确保单产单进水平再提高，工效水平再提升。梁北煤矿11071采面原煤最高月单产创公司单面单月生产最高纪录；泉店矿综放工作面月产平均13万吨，较上年最高水平再提升30%。刘河矿炮采连续2个月产量达到4.7万吨，刷新该矿炮采单产新纪录。薛湖煤矿及时改进西翼大巷开拓工艺，有力提高单进水平；同时，新庄煤矿、薛湖煤矿推广沿空留巷技术，大幅减少回采巷道的掘进进尺，全年减少掘进进尺约7000米，可多回收煤炭资源9.5万吨，该项技术获省科技进步二等奖；加大采掘装备升级力度，推广一次采全高、大采高支架和薄煤层综采设备，大大提高了工效水平。铝业电力公司、新疆公司、有色汇源公司、铝材公司、上海铝箔公司强化现场管理，持续推进工艺技术指标优化，各项生产单耗指标较年初均有较大幅度下降。永城铝厂保持全液铝生产；永城电厂通过争取每月向商丘铝厂转供1000万度电等优惠政策，提高了自供电比例；通过优化魏梁供电线路，节约了费用支出。同时，永城碳素厂、新疆神火碳素公司强化现场管理和工艺质量控制，实现良好效益。产品结构调整成效明显，双零铝箔坯料产销比例连创新高，下半年高附加值产品占比超过80%。机械加工产业研制的“全自动托辊轴生产钻床”，填补了省内托辊轴自动化生产的空白，提升工效约60%。

【挖潜增效推进】　为应对严峻的外部市场竞争，集团公司果断采取措施，深入开展挖潜增效活动，推出切实奖励措施，激发各方面挖潜增效的积极性。各单位出台挖潜增效实施方案及考核细则，重点在增产增收、成本费用控制、减员提效、压缩设备及物料购置和材料领用、修旧利废、避峰调谷等方面大做文章。煤业公司在增产增效活动中，效益煤特别是块煤增产成效明显，第四季度块煤率由8.4%提高到10.3%。铝业电力公司劣质煤掺烧实验实现新突破，600兆瓦机组7月首次尝试后掺烧量逐月增加，年底入炉煤发热量由5300大卡/千克降至4700大卡/千克，全年累计掺烧68万吨，节约8000余万元，创历史最好成绩。国贸公司通过战略采购、创新发运模式等途径，降低了物料采购费用。新疆公司优化500KA系列设计，新增电解槽16台，增加产能2.1万吨/年，同时通过优化变压器参数减少了电费支出。上海铝箔公司、铝材公司采取委托加工方式贴牌销售，创效

1000余万元。新利达公司开发的发动机缸体、减速机壳体及汽车飞轮等铸件新产品实现批量生产,永新公司在管道维护、锅炉大修、车辆维修与保养等方面积极探索,能自主实施的不外委,其他单位结合各自实际开展全覆盖、大力度有针对性地挖潜增效工作。

【成本费用严控】 进一步完善项目审批制度,实现月度集中会审,从源头上严把各类基建项目立项、零星工程开工和投资控制,大幅压缩各类维修、维简、技改、零星工程等费用支出。全年累计审核867个项目,核减金额30156万元。落实成本费用控制措施,主要产品生产成本均有不同程度下降,尤其是煤业公司在地质构造复杂、支护费用攀高的情况下,材料消耗显著下降,综合生产成本同比下降幅度超过15%。铝业电力公司、新疆公司、铝材公司生产成本同比下降幅度超过8%。严控非生产性费用支出。建立各级领导班子成员公务消费情况统计上报制度,大幅压缩办公费、差旅费、会议费、业务招待费、公务用车费等非生产费用支出。绝大部分单位完成年初确定的同比下降50%目标。

【改革创新】 通过进一步深化改革,转换经营机制,增强企业活力。一是深化整合小煤矿管理,拓展发展思路,积极推进整合小煤矿转变经营机制及投入管理模式,压缩各类费用支出,禹州和郑州区域公司全年费用支出比上年减少6000余万元。二是对铝加工产业实施统一管理,实现产品上下游对接,市场及技术资源共享,丰富产品,提升质量,经营效果取得突破性的好转。三是在光明房产公司探索实行项目经理负责制,制定新的管理办法,纳入上市公司内控规范运作,严格项目的成本预算、控制和考核,进一步规范项目开发建设管理流程,提升神火房地产品牌形象。四是依托内部市场,完成物流业务整合,新设立新疆物流公司,迈出物流大发展第一步。

【减员提效】 按照"以人为本,稳妥推进,精简高效"的原则,不断优化劳动组织,减少管理层级。煤炭产业现在册人员19583人,与年初定员相比减少1047人,部分井下变电所、泵房、主运输皮带等实行集中控制,实现无人值守。葛店煤矿由于资源枯竭,该矿及选煤厂职工分流到新庄、薛湖、刘河煤矿及选煤厂740余人。铝业电力公司与新疆公司主动对接整合分流,精减人员1683名,清理解除或终止劳动合同716人,分流赴疆工作人员219人,从岗位上剥离离岗748人。铝材公司推行扁平化管理,优化整合减员41人,人均工效同比提高26.96吨/人。有色汇源公司因汝州厂区停产,与鲁山厂区整合分流,较年初减员322人。新利达公司合并减少岗位42个。永新公司减员分流36人,将司炉工与锅炉水质化验员岗位合并,班队长岗位压缩职数15%。其他各单位也不同程度推进减员分流工作的开展。与此同时,通过优化工资结构,工资分配进一步向一线生产单位倾斜、向关键岗位和核心骨干倾斜、向创收创效的有功人员倾斜,从而保持了生产一线职工和骨干管理队伍的稳定。

【资金管理】 2014年,严峻的经济形势使企业融资难且成本高的问题突出。特别是银行等金融机构对煤炭、冶金等行业融资规模大幅压减,债券市场融资困难等诸多不利因素,集团各公司财务部门一方面提前筹划,及时置换,以收定支,科学调度,加快周转。另一方面加强资金筹措,以上市公司为平台,与各金融机构积极协调,通过发行开立票据业务、信用证业务、发行债券、融资租赁等各种形式,拓宽融资渠道。在内部各单位相互支持配合下,全年累计置换到期融资260亿元,其中发行债券融资30亿元,保证了新疆项目、煤炭技改续建项目等重点项目建设及生产经营的顺利进行。

神火集团荣获奖项

先进单位

全国文明单位

(王永岐)

商贸服务业

商务(招商)

薛 涛

【商务(招商)概况】 2014年,全市实际利用省外资金496.1亿元,同比增长16.4%,占省定任务的101.2%,到位资金规模居全省第四位,增幅居全省第七位。进出口完成34053万美元,同比增长35%,占省定任务的145.3%,其中出口28433万美元,同比增长34.5%,占省定任务的134.5%,增幅居全省第四位;进口5621万美元,同比增长39.4%,增幅居全省第二位。实际利用外资30897万美元,同比增长10%,占省定任务的100%。共外派劳务人员2764人次;对外承包工程及劳务合作营业额645.6万美元;对外投资中方协议投资额1970万美元,同比增长20.5%,占省定任务的164%。社会消费品零售总额719.18亿元,同比增长13.6%,高于全省平均增幅0.9个百分点,连续10个月增幅居全省第一位。

商丘市商务(招商)局领导成员

党组书记、局长:薛 涛

党组副书记、副局长:刘继民 郝秋昊

副 局 长:孟 钰 李合仨 黄锦志 秦西佩 王景义

纪 检 组 长:赵福领

贸促会会长:李新民

【招商引资】 全年落地亿元以上项目240个(含房地产),其中10亿元以上项目30个,5亿元~10亿元项目61个,3亿元~5亿元项目48个,主要项目有:总投资80亿元的中原佳海商贸城项目、总投资30亿元的锦荣服装工业园项目、总投资26亿元的黄河故道森林公园综合开发项目、总投资21亿元的中联玻璃生产项目、总投资20亿元的义乌国际商贸城项目、总投资20亿元的王集国际酒业生产项目、总投资20亿元的丹尼斯生活广场项目等。参加第八届中国(河南)国际投资贸易洽谈会,商丘市展区以"商"字造型为主体,9个县(区)以9个鼎为造型,与商丘城市精神遥相呼应,与特色产业相得益彰,本届投洽会成功签约项目10个,总投资61.2亿元。举办2014年"5+2"经济合作活动,邀请35家商协会,284人参加活动,原省委书记徐光春应邀出席并讲话。投洽会上商丘市9个县(区)分别与对应河南商协会签署战略合作协议,19个招商引资项目成功签约,总投资87亿元。精心筹备商丘国际华商节招商系列活动,签约项目100个,总投资406亿元。全年重大招商活动签约项目134个,总投资571.1亿元。按照主导产业集聚发展,特色产业错位发展原则,以产业集聚为招商引资的主要平台,在全市打造10个风格特异、特色鲜明的产业集聚区,一批项目投资额度大、科技含量高的招商引资项目落户产业集聚区。民权县产业集聚区重点打造"中国冷谷",柘城县产业集聚区重点打造"金刚石之都",夏邑县产业集聚区重点打造"世界第一缝纫线",睢县产业集聚区重点打造"中原鞋都",虞城县产业集聚区重点打造"中国钢卷尺城",宁陵县产业集聚区重点打造"中原肥都",开发区产业集聚区重点打造"中国电动车生产基地",睢阳区产业集聚区重点打造"中国针织内衣城",梁园区产业集聚区重点打造"国药产业园",豫东综合物流园区重点打造"现代物流园区"。全市年产钢卷尺10亿只,国内市场占有率80%;年产金刚石微粉48亿克拉,国内市场占有率70%;年产冰箱冷柜1200万台,冷藏车国内市场占有率40%;年纺纱370万锭,年产儿童针织内衣2亿余件,国内市场占有率60%。加大外资项目包装、论证、推介力度,利用各类平台开展项目洽谈。全年合同利用外资3.52亿美元,同比增长20.4%,增幅居全省第四位。

【对外贸易】 2014年,全市对外贸易实现快速发展,贸易总量大幅提高,主要出口商品增速加快,机电产品和高新技术产品出口规模进一步扩大。加大供货转自营出口,钢卷尺、纺织服装、环保设备、食品等主要出口商品增加自营出口所占比重,钢卷尺出口4048万美元,同比增长11%;纺织服装出口6516万美元,同比增长114.1%;食品出口2889万美元,同比增长103.6%;环保设备出口2701万美元,同比增长40.2%,以上四类商品出口比重由2013年的47.4%提升至2014年的56.8%。继续实施科技兴贸、以质取胜战略,支持企业科技研发和技术改造,增强自主创新能力,加大机电产品和高新技术产品出口规模,以上两类产品全年

出口总额11375万美元,同比增长25.7%。为进一步增强外贸企业软实力,确保企业用好用足国家优惠政策,11月26日,联合有关部门举办"商丘市进出口业务宣讲会",参会企业150余家,参会者200余人,为全面掌握全市外贸发展状况促进对外贸易发展起到积极作用。组织企业参加世贸处组织的产业安全培训,14家企业被商务部确定为产业安全监测企业,组织上报监测数据,使企业能有效规避国外贸易壁垒,减少损失。优良的发展环境促进了外贸企业增加,全年新增进出口企业87家,有进出口实绩的企业达173家。鼓励企业利用高交会、东盟博览会、广交会等各类经贸洽谈会开展对外贸易,重点组织企业参加第115和116届广交会,分别有24家和23家企业参展,分别申请到展位45个,展位和参展企业数均创商丘市历史之最。鼓励企业在海外设立批发展示中心、商品市场、专卖店、"海外仓"等各类国际营销网络。年底全市已有3家企业在2个国家设立批发展示中心或专卖店。

【对外经济合作】 积极帮助企业应对国外投资市场变化和动荡局势,努力克服不利因素,加快全市企业走出去步伐,稳步提升对外投资规模和质量。组织外经企业赴郑州参加全省外经工作暨丝路经济带合作推介会、匈牙利投资推介会等,促进外经企业对外合作交流;帮助亚鹰钢构、贵友集团、福润食品、春合实业等企业申报境外投资项目,召集全市外经企业召开专题座谈会,解答"走出去"有关政策和问题,促进企业对外开展投资与合作;积极开展对外劳务合作企业资格证书年审工作,认真核实各企业对外劳务合作风险处置备用金情况,对存在问题的外派劳务企业下达责令整改通知;因利比亚局势动荡,积极帮助协调利比亚商丘钢厂76名中国籍务工人员回国事宜。

【商贸流通】 努力开拓城乡两级消费市场,通过开展"消费促进月""购物节"等促销活动,深入挖掘消费潜力,进一步繁荣商贸流通,确保社会消费品零售总额持续较快增长。重点推进批发市场、农村专业合作社、鲜活农产品直营超市等升级改造,3个项目获省财政支持440万元,壮大了农产品流通企业。及时发布商务预报信息2000余条,点击率超过12万次,原创市场监测分析信息被商务部主站采用200余条。加强夏冬两季农产品网上购销信息发布,建立信息发布平台2704个,采集发布大宗农副产品供求信息3503条,促成网上交易额1.78亿元,信息发布量和交易额居全省前列。出台《商丘市人民政府关于加快电子商务发展的实施意见》,对电商发展进行详细规划,登记备案电商企业近百家,52家电商企业进入商务部"电子商务信息管理分析系统",指导成立商丘市电子商务行业协会。为扶持本地电商企业做大做强,获批省级电子商务示范企业2家,市级电子商务示范企业6家。按照"践行价值观,文明我先行"活动的要求,联合市直工委、教育局、卫生局等单位在全市开展以"节约用餐、文明消费"为主题的文明餐桌活动,发放文明餐桌活动倡议书800份,促进餐饮行业文明。加大重要节日期间酒类、肉类食品安全监管力度。以成品油执法、屠宰执法、酒类执法为工作重点,加大监督和巡查力度,保证老百姓用上"放心油",吃上"放心肉",喝上"放心酒"。开展打击侵犯知识产权和制售假冒伪劣商品工作、打击非法融资整顿金融市场工作。加强典当、拍卖、二手车、再生资源、美容美发、散装水泥等行业的监管,确保市场秩序健康有序。

商丘市商务(招商)局荣获奖项先进单位

河南省商务工作优秀单位

河南省市场监测工作突出贡献单位

河南省散装水泥工作先进单位

商丘市"践行价值观文明我先行"主题活动组织工作先进单位

商丘市招商引资工作先进单位

商丘市服务重点项目建设先进单位

(李志标)

盐业管理

侯兴海

【盐业管理概况】 2014年,全市购进各类盐产品46633吨,占全年计划46230吨的100.87%,其中小包装食盐购进19860吨,占全年计划1.65万吨的120.36%;销售各类盐产品46580吨,占全年计划46230吨的100.76%,其中小包装食盐销售18530吨,占全年计划1.65万吨的112.30%。

商丘市盐业管理局领导成员

党委书记、局长:侯兴海

副书记、副局长:杨克勤

副 局 长:李卓亚

工会主席:冯广林

【食盐供销】 一是严格管理促销售。年初制定《2014年度行业责任目标考核实施办法》,进行目标量化,百分考核。为加大落实力度,实行月汇报、季通报,严格考核,及时奖惩,进一步提高县局工作人员的积极性和主动性。二是强化服务挖潜力。工作人员深入食盐零售点调研,对其库存、销量进行统计,有计划地调进,积极开展电话预约和送盐上门服务。同时,各县局、各单位按照市局部署,对用盐企业实行"一企一码"台账式管理,严防大包装食盐流入食盐市场。三是加大督导重落实。局领导带领机关科室工作人员对市场明察暗访,实地查看宣传墙标刷写、高档食盐铺货情况、定点商场普通食盐上架情况,对存在的问题和不足及时通报,要求限期整改,及时纠偏。同时按照加碘盐和无碘盐分区供应原则,加大对加碘盐和无碘盐供应的监管,确保群众用盐安全。四是调整结构满需求。为丰富食盐品种,满足不同

7月1日，市委副书记周树群到局指导工作

群体的消费需求，市盐业局及时引进并上市低钠盐等高档食盐，并为大型超市培训和配备一名盐业导购员，引导群众选择适合自身食用的盐产品。

【盐政稽查】 为提高食盐市场管理效率，为稽查人员配备车辆、服装、对讲机、摄像机、执法仪、电脑等必要的市场稽查和案卷制作器具。开展执法培训，进一步提高盐政人员执法办案能力，规范执法程序。全年全市查获私盐案件338起，移交公安机关处理19起，重大私盐案件5起，查获私盐266.7吨，端私盐窝点11个，刑事拘留7人批捕17人、判刑17人。

【法规宣传】 一是借助媒体纵深宣传。在《京九晚报》民生版开辟专栏，每天刊载一篇盐故事、盐信息；与市广播电视台合作，每天向听众和观众送上一条盐信息；与移动公司合作，编发手机短信251.6万条。在“3·15”消费者权益保护日、“5·15”消除碘缺乏病防治日、食品安全宣传活动周，设置咨询台、摆放食盐品种，言传身教，提高群众用盐安全用盐意识。通过宣传，提高群众参与打击私盐的自觉性和主动性，震慑了私盐贩子，减少了执法阻力，优化了专营环境。二是深入基层实地宣传。在“3·15”“5·15”法定宣传日及食品安全周活动期间，盐业职工走上街头，设置宣传台，拉过街横幅，散发宣传单，言传身授食盐知识、私盐危害、真假小包装食盐辨别方法；工作人员深入居民家中，查看百姓盐罐子、检测食盐质量、宣传盐知识。

商丘市盐业管理局荣获奖项

先进单位

河南省食盐专营工作综合排名第二位

（张庆雷）

供销合作

张红旗

【供销合作概况】 2014年，全市供销社系统商品购销531.9亿元，同比增长19.61%；利税2.14亿元，其中利润8642万元，同比增长26.72%；增幅均高于全省供销系统平均水平。网络建设、农民合作社等其他各项指标圆满完成。

商丘市供销社领导成员

党委书记、理事会主任：张红旗
党委副书记、监事会主任：丁凡华
纪委书记：刘永静
理事会副主任：许光华
监事会副主任：苏　强

【基层社改革与发展】 按照省社《关于加强基层合作社改革发展的意见》，进一步加大基层社工作的推动力度。全年全系统领办创办农民专业合作社33个，总数达326个；发展综合服务社157个，总数达4570个；发展社团组织4个，总数达96个；建立商品基地2个，总数达24个，这些经济组织帮助农民实现收入2.2亿元。围绕农民生产生活，开展社会化、系列化、全程化服务。年内，全市供销社积极参与全市高标准粮田“百千万”建设工程，持续开展“农资无假货，服务零距离，满意在供销”活动，利用4000余个“新网工程”网点，适时组织应季农资商品，共组织采购供应化肥83.4万吨，销售农药4505吨，销售农膜1356吨；开展测土配方施肥约0.13万公顷，为农民社员提供种子种苗服务1200万元，实现良种覆盖率、测土配方施肥率、病虫害统防统治率100%；参与土地流转0.27万公顷；较好地服务全市粮食核心区建设。全市2个基层社、5个农民专业合作社入选全国总社基层社标杆社、农民合作社示范社。

【联合社改革与发展】 着力在建立农资、日用消费品、农副产品、再生资源四大配送中心和四大经营服务网络上下功夫。全年全系统社会消费品零售24亿元，同比增长23.6%。市社控股的海飞商贸公司新建的1.3万平方米烟花爆竹配送中心仓库，辐射商丘周边10余个县（区）。各级供销社主动适应农业现代化、城乡一体化发展的新形势，积极培育各类新型经营服务主体。全系统新建农村合作经济联合会1个，总数达9个；领办创办农民专业合作社联合社2个；培育农业产业化龙头企业2家，总数达11家。在引领合作经济组织发展、搭建为农服务平台方面发挥重要作用。组织人员外出考察学习，稳妥开展农村经济互助服务。目前夏邑、民权启动了农村合作经济互助服务。打破地区界限，采取相互参股、兼并重组、联合投资等方式，实现社有企业资源有效整合。以市农资公司旧办公楼为依托,由社会力量参股改造的2000平方米归德府酒店,成为全市系统引资创办的餐饮业典范。此外,依托市社安全统筹管理平台,联合保险公司,共同推进全系统开展安全统筹业务,统筹收入超额完成省社任务。积极发挥监事会的监督职能,认真开展"三项监督",市供销社出台《供销社资金管理办法》《社有资产管理办法》,制定社有资产出租、出让、合作的规范性合同;建立更加规范的社有资产租赁管理制度;收回出租门店30间重租;对全系统房屋、土地进行全面清理,建立社有资产管理电子台账,确保社有资产管理规范化。

【社有企业改革与发展】 全年全系统社有企业销售收入99亿元,同比增长8.8%;利税6031万元。全年全系统通过多渠道招商,引资4.7亿元,新建改造超市、连锁店300个。按照市政府商政办〔2013〕26号文件要求,立足商丘实际,狠抓招商引资和项目建设。争取中央和省级新农村现代流通服务网络工程专项补助400万元;农民专业合作组织专项扶持资金220万元。完成以宁陵县石桥镇益农酥梨专业合作社新建200公顷金顶谢花酥梨种植示范基地为代表的8个重点建设项目,总投资5500万元。加大项目库建设力度,全市各级供销社入库项目56个。按照投资主体多元化要求,积极推进社有企业股份制改革,吸纳社会资本入社,实行企业经营者和员工持股。

【供销社机关改革与发展】 一是持续加强作风建设。按照中央、省委和市委统一部署,扎实开展党的群众路线教育实践活动,工作作风明显改善,服务意识显著增强。市供销社被评为"商丘市文明单位"。二是深入推进反腐倡廉建设。全市各级供销社强化"一岗双责",认真落实"两个责任",充分发挥纪检监察、监事会、审计等部门作用,全程参与企业民主管理工作;坚持民主集中制和集体领导分工负责制,重大事项实行集体研究,做到公开透明;大力倡导"扁担精神"。三是为职工办实事,办好事,解难事。市社机关抽调专人负责,现场办公,集中解决货场路旧家属院改造项目问题,380余户顺利签订搬迁协议;为驻村困难农户送去生产用肥2吨,解决其生产难题;通过上级工会申请帮扶救助10.2万元,走访慰问大病特困职工23人,帮扶下岗困难职工252名,资助13名困难职工子女圆了大学梦。

商丘市供销社系统荣获奖项

先进单位

河南省供销社系统先进集体

市供销社

河南省供销社系统综合业绩考核一等奖

河南省20强

夏邑县供销社

宁陵县供销社

河南省综合实力十大进步奖

柘城县供销社

商丘市文明单位

市供销社

(李经成)

物资流通

张守奎

聂长军

【物流管理概况】 2014年,市物流中心党委认真贯彻十八大和十八届三中、四中全会精神,以党的群众路线教育实践活动为动力,以加快物流业发展为突破口,破解发展难题,增创发展优势,各项工作扎实推进,圆满完成全年主要任务。全面开展党的群众路线教育实践活动和党风廉政建设;积极开展物流调研,进行物流考察;制定物流业发展优惠政策;支持物流重点项目建设;促进系统和谐稳定,关注职工群众利益。至年底,全市共有物流企业343家,其中快递物流企业96家。

商丘市物流中心领导成员

主　　任:张守奎

党委书记:聂长军

副 主 任:李献武　赵书华

【物流调研和物流考察】 为全面掌握全市物流业发展现状,从机关抽调8人编为两组,对6县3区物流现状进行为期4天的调研。撰写《我市县级物流业发展现状调研报告》。3月26日~27日,组织物流中心和物流集聚区有关人员对山东临沂市物流发展情况进行为期2天的考察。撰写《临沂市物流发展情况考察报告》。从调研和考察情况看,全市物流业与临沂市物流业发展情况差距很大,他们的发展经验很值得借鉴。一是注重顶层设计和体制机制创新。二是政策专项支持。临沂市政府出台一系列物流政策,将最好的土地用于物流基础设施建设;市级财政设立物流业发展引导资金,数额为上年度全市生产总值的0.8/万。三是物流园区模式创新。四是突出第三方物流。五是打造电子交易及构建物流信息平台。通过调研和考察,全面掌握全市物流业发展现状及存在问题,进一步明确加快物流产业发展的基本思路、总体目标以及应有的主要举措、保障措施等。

【物流业发展优惠政策】 在全面调研的基础上,市物流中心制定《关于加快推进现代物流业发展的实施意见》。在物流项目用地保障政策、物流企业税费优惠政策、建立快速审批机制、整顿规范市场秩序、设立促进物流业发展资金等方面制定具体优惠政策,同时提出,在支持物流集聚区建设方面加大资源整合的力度,在物流集聚区内建设全市统一的物流公共信息平台,将散乱小型物流公司统一向物流集聚区有效聚集等。该

12 月 26 日，在三杉宾馆召开《加快推进物流产业发展实施意见》讨论稿征求意见暨专家论证座谈会

文草案先后与发改委、交通局、财政局等十几个职能部门沟通，并多次召开重点物流企业负责人、物流专家参加的座谈会征求意见。本《实施意见》得到广大物流企业和市政府领导的认同，已正式呈报市政府办公室。

【物流重点项目建设】 围绕提升现代物流、支持物流重点项目建设、发展第三方物流等重点工作制定工作措施。一是积极完成招商引资目标任务，与豫东物流聚集区共同引进商丘中原佳海商贸城项目，实际到位资金 1.2 亿元。二是大力支持物流集聚区建设。重点培育集聚区发展商贸物流、冷链物流、快递集散中心、电子商务、传化公路港等现代物流产业。物流集聚区强力推进白云世贸商城项目一、二期工程和商丘亿丰国际商业博览城一期工程，2 个项目主体工程完工。豫东国际食品园、才华物流仓储部分仓储已经建成并投入使用。签约招商项目 3 个，分别是投资 2.6 亿元的华商电器仓储项目、投资 1.5 亿元的宇辉仓储物流项目、投资 14 亿元的转化公路港项目。三是把培育发展骨干物流企业作为重要抓手。市神火、科迪等集团内部物流公司加快生产制造和物流企业的业务分离和外包，拓展业务领域，逐步发展壮大。同时还布置全市物流企业 A 级综合评估及信用评价工作。

【维稳工作与帮扶活动】 建立应急预案及快速反应机制，定期排查，抓住主要矛盾，妥善处理突出问题。建立台账和排查梳理工作机制。全年对群众来信来访受理率 100%，办结率 90% 以上，没有出现进京赴省集体上访情况。严格落实安全生产责任制，对系统内安全隐患进行大排查，健全完善安全生产长效机制。对所属国有企业全面清产核资，澄清家底。积极开展“做人民群众的贴心人”实践活动。按照市委部署，“贴心人”活动小组在睢县匡城乡纸坊村，积极主动地对该村进行全面帮扶。调研活动 4 次，两节慰问困难户 45 人次，发放慰问钱物 1.8 万元。协调资金 548 万元用于修建村中的安全饮水工程和 1.8 公里道路。

（邢玉花）

粮食流通

张银亭

【粮食流通概况】 2014 年，全市粮食系统围绕全市经济工作重心，立足全市“三农”工作大局，坚持抓收购、保供给、稳粮价，全面完成年度工作任务，有力推进粮食生产与流通协调发展，为确保商丘粮食安全和保护种粮农民利益作出积极贡献。

商丘市粮食局领导成员

局长、党组书记：张银亭

副 局 长：孟庆亚　魏　冰　张洪伟

纪检组长：陈丕魁

经贸学校校长：陈　昆（10 月任）

【粮食流通】 2014 年，各级粮食部门认真组织政策性粮食收购，会同中储粮、农发行共同做好最低收购价粮食的收购、验收、保管等工作。同时，积极引导多元主体开展市场化收购。全年全市收购小麦 225.2 万吨，占省定全年任务 205.1 万吨的 109%，其中收购最低收购价小麦 135.6 万吨，收购市场小麦 89.5 万吨，在全省 18 个地市中列第三位，有效促进种粮农民丰产增收。全年全市组织粮食销售 450 万吨，保证了市场有效供给。夏邑县、梁园区、柘城县及商丘国家粮食储备库夏粮收购量大、效益比较明显。柘城县、睢县、民权县认真执行统计制度，在粮食统计方面取得良好成效。

【仓储基础设施】 一是加快危仓老库维修改造。26 家企业完成维修改造，中央财政共拨付补助 1340 万元，企业自筹 374.3 万元，大修仓容 1.35 亿公斤，一般维修仓容 1.3 亿公斤。睢阳区、梁园区粮食局加强项目管理，程序规范，完成任务较好。柘城县粮食局引进河南粮食物流有限公司和如意面业共同投资 5000 万元的金如意面业仓储项目，总仓容 1 亿公斤的仓房已投入使用。虞城县粮食局引进河南豫东粮食物流园建设项目投资 3.6 亿元，总仓容约 2 亿公斤。该项目建成后，将极大提高粮食中转能力，形成以县城中心为节点，以基层粮食企业为支撑，辐射周边地区的粮食流通新格局，带动粮食现代物流和粮食生产的发展。二是切实加强储粮管理。全市“一符四无”（库存粮油账面数量与实物数量相符；无虫害、无鼠雀、无事故、无霉变）粮油率达 95% 上，储备粮实现“一符、三专、四落实”（账实相符，要求做到会算账、实物账(卡)必须相符,所存储粮油(料)是否做到"专人、专账、专包"管理;"品种、地点、数量、质量"是否确保落实)100%的目标。认真做好各项代储资格企业管理,严格控制国有粮食流通基础设施的处理,确保了粮食仓储设施的性能完好和正常运行。三是成功争取2015年仓容维修项目。争取2015年维修改造企业64家,配套补助资金3570万元,维修仓房326栋,仓容6.8亿公斤,原址改造6000万公斤,将极大改善全市仓容状况。

【主食产业化】 一是加快实施主食产业化发展。全年支持主食产业化和粮油深加工贴息项目4个,柘城县如意面业有限公司、商丘双龙粉业有限公司、商丘市金亮粉业有限公司、夏邑县金利面粉有限公司争取省财政补助贴息资金326万元。全市主食产业化率达26%,全市粮油加工转化率达78%。梁园区主食产业化示范作用突出。二是抓好放心粮油企业认定。围绕保障和服务民生的宗旨,开展放心主食示范企业认定活动,河南诚实人实业集团有限责任公司被评为"河南省食品安全放心主食工程示范企业"。

【行政执法】 一是认真落实粮食收购资格核查制度,2014年,全市粮食收购资格经营者共765家,其中国有企业81家,国有控股企业161家,私营企业165家,个体355家,进一步规范粮食收购市场秩序。各县(区)都能严格市场准入,强化资格审验,规范审核办理粮食收购资格许可证。二是及时开展夏粮收购专项检查、军粮供应专项检查,加强对政策性粮食销售出库监督检查,圆满完成全省粮食库存检查和粮食仓库清查,进一步加大涉粮案件查办力度,全年共查处各类案件62例,其中责令改正31例,警告22例,罚款2例,移交其他部门处理7例,确保了国家各项惠民政策落到实处,维护了正常的粮食流通秩序。睢县粮食局坚持与工商、物价、质监等部门联合执法,程序规范,案卷完备,成效显著。夏邑县粮食局、梁园区粮食局不断强化对全社会粮食流通的日常监管,特别是在夏粮入库期间,组织专业人员深入粮食收购企业和个体工商户,对所属区域的粮食收购资格、粮食流通统计制度和粮食收购政策执行情况等进行专项检查,确保粮食收购工作有序开展。

【粮食检验监测】 一是以对人民健康负责的态度,妥善做好上年全市问题玉米处置工作。发现玉米黄曲霉毒素超标疫情后,主动向上级领导汇报,认真抓好问题玉米收购、质量检测、过程监管等重点环节,有效防止了疫情的扩大和蔓延,杜绝了问题玉米进入口粮和饲料粮市场,最大限度地降低问题玉米给广大消费者带来的危害和损失。二是完成国家粮食检验检测能力建设。中央投资资金230万元,年内完成所购置仪器设备的安装调试工作,粮食质检监测能力得到全面提升。三是全面完成全市收获粮食质量调查、品质测报和安全监测工作,采集、检验样品367份,及时向市人民政府上报《关于2014年新产小麦(玉米)质量调查情况的报告》和《小麦品质测报和原粮卫生综合评价报告》,有效指导全市种植结构调整、促进种粮农民丰产增收。

【军粮供应】 一是加强军粮供应管理。严格按照《河南省军粮供应管理暂行规定》,认真坚持军粮"五统一"(统一采购、统一加工、统一包装、统一配送、统一结算)、军粮分品种专库储存、军粮仓库达到"一符四无"(账实相符,无虫、无霉、无鼠雀、无事故)、军粮出入库登记等制度,合理安排调运省级统筹军供粮源,做好全市各军供网点的监督、管理、协调和服务工作。二是坚持开展慰问活动。每年"八一"和传统双节期间到驻商部队慰问,召开不同形式的座谈会,探讨军供服务新模式。12月中旬,在得知驻商防空旅野外拉练回到外训驻地后,购置猪肉、粉条、水果、方便面等食品及时到部队驻地慰问,受到部队官兵的高度赞扬。商丘市军供站副业经营成效明显,受到省局充分肯定。

商丘市粮食局荣获奖项

先进单位

河南省粮食系统工作责任目标完成先进单位

(王本洲)

烟草专卖

陈保军

【烟草专卖概况】 2014年,全市烟草专卖系统认真贯彻党的十八大和十八届三中、四中全会精神,深入学习贯彻习近平总书记系列重要讲话精神,全面落实"两上两深化"总体要求,奋发进取,扎实工作,保持了稳中有进、稳中提质、稳中向好的良好态势。全年税利12.29亿元,增长14.32%,税利总额居全省行业第三位;上缴财政总额10.39亿元,增长9.34%,为国家和地方财政增收作出新贡献。

商丘市烟草专卖局(公司)领导成员

局长(经理)、党组书记:

左东升(8月离)

陈保军(8月任)

副 局 长: 高学彦

副 经 理: 高新军

纪检组长: 史彩霞(女)

工会主席: 苏 展

【卷烟销售】 全年销售卷烟24.58万箱、同比增长1.99%,单箱销售收入25197元、同比增长1757元;销售重点品牌卷烟18.11万箱、同比增长3.9%;一、二类烟销售比重27.9%、居全省第二位,其中二类烟比重11.82%、居全省第一位。

【网络建设】 全年全市新建基层服务站9个,新增商户2698户,发展现代零售终端客户3179户,开展事件营销活动8000余起;网上订货率92.4%、电子结算率93.51%,"四网合一"(网上订货、网上配货、网上结算、网上营销)水平进一步提高。物流多元化运作试点进展顺利,卷烟包装箱循环利用工作超额完成省局下达的年度任务，循环利用率列全省第一，物流建设取得明显进步，有力支撑了卷烟经营工作。全市零售客户满意度继续保持全省优秀位次，送货服务满意度位居全省第一。

【烟叶生产经营】 扎实开展“烟叶质量信誉提升年”活动，着力稳控规模、优化结构、提高质量、增加效益，基本解决了烟叶套种、劣杂品种和混部、混级、混色等多年难题。经省局抽查，全市烟叶收购合格率82.43%、工商交接合格率72.3%，受到检查组和工业公司的好评，全面落实标准化烟叶生产，扎实推进基础设施建设，新建密集烤房140座，烘烤设备维修更换50座，购买烟草农用机械14台(套)，不断减工、降本、增效。烟农户均收入21.3万元、同比提高1.7万元，位居全省第一。

【烟草市场治理】 深入开展“雷霆”系列、“今冬明春”等专项治理行动，打假工作取得显著成绩。全年查处涉烟案件2472起，查获各类违法违规卷烟1285.12万支；捣毁制假窝点1个，收缴制假烟机设备2台；依法拘留38人，逮捕25人，判刑10人；侦办国标网络案件4起、省标4起，超额完成省局下达的打假破网任务。其中“3·27”制售假网络案被公安部列入集群战役案件并成功告破，受到国家局、公安部通报表彰。建立由市委政法委牵头的全市涉烟案件联席会议制度、以各级政府为主导的多部门联合打假机制、毗邻省份及省内重点地区打假联动机制，形成联合作战、狠打深打的工作局面。坚持联防联控、分类监管、量化考评、长效治理，强力推进公安烟草所级打假协作，健全各项制度，细分监管类型，完善保障体系，构建了市县、乡村、队所立体式卷烟打假新格局。

【企业经营管理】 制定《全面深入推进法治烟草建设实施方案》，加大对招投标、经济合同、专卖执法的监督审查力度，有效防范法律风险。制定“四项费用”管理规定，规范财务开支管理，推进定期和协议存款优化组合，全年三项费用率同比下降0.99个百分点，自我挖潜增加货币资金利息净收益424万元、同比增长63%。开展审计项目84项，促进整改38项，促进增收节支117万元。严格落实《烟草企业采购管理规定》，规范工程招标和物资采购，审议项目98个，确保“应招尽招”“真招实招”。筹建全市系统生产指挥监控中心，加强信息化资产、运行维护、网络安全管理，推动信息化工作与生产经营深度融合。全面开展创新工作，在研项目10个，获科技成果2项，省局科技三等奖2项，授权专利4件。严格落实安全生产和信访稳定工作责任制，狠抓安全管理标准化、信息化和安全文化建设，加大安全稳定隐患排查整改力度，安全形势继续平稳，行业大局和谐稳定。

【企业文化建设】 探索建立“感恩比争、感恩善行、感恩播报”文化建设长效机制，把感恩文化融入岗位练兵、志愿者服务、教育培训等工作之中，感恩文化宣贯和服务品牌建设力度加大，基层文化设施建设得到加强，睢县、睢阳区、永城市文化展厅陆续建成。深入开展“四个三”教育，创办《感恩播报》文化期刊，与市委宣传部、市文学艺术界联合会、商丘日报报业集团联合举办“感恩杯”“中国梦·百姓情”文艺作品征集活动，出版《文艺作品获奖征文集》。制定《员工工作绩效档案管理办法(暂行)》，深化“岗位练兵、岗位竞赛、岗位创新”活动，组建内训师队伍，评选年度标兵24人、季度标兵184人次、创新标兵12人次，员工综合素质全面提高。

【公益活动】 2014年，市烟草专卖局积极开展扶贫救灾、助学等公益活动。10月，参加商丘市冬令救灾捐款活动，向冬季受灾群众捐款4420元。11月，参加“金秋助学”活动，向5名贫困大学生捐款1万元。

商丘市烟草专卖局(公司)系统荣获奖项

先进单位

国家局集群战役单位

河南省卷烟销售超额完成目标一等奖

河南省烟叶质量信誉年活动先进单位

河南省烟草系统安全生产先进单位

河南省烟草系统依法行政优秀单位

河南省烟草系统“感恩怀”摄影大赛组织奖

河南省安全文化建设示范企业

河南省先进基层党校

河南省内部审计先进集体

先进个人

河南省技术能手

栾慧芳　民权县局客户经理

河南省烟草专卖系统技术能手

王玉东　虞城县局界沟烟站站长

刘保飞　夏邑县局烟叶科内勤

(王海港)

药品经营

李美玲

【医药行业管理概况】 2014年，市医药经济发展中心进一步推进和完善国有医药企业的产权制度改革，竭力维护医药行业大局稳定，积极开展群众路线教育实践活动，认真按照中央、省委巡视组反馈意见整改，全面落实党风廉政建设责任制和廉洁自律的各项规定，圆满完成全年各项工作任务。

商丘市医药经济发展中心领导成员

主任、党委书记：李美玲(女)

副主任、党委副书记：王同福

副　主　任：许祥华

纪委书记：杜冬梅(女)

【医药行业维护】 原国有医药企业多是老企业，企业改制后历史遗留问题多，热点、难点多，不稳定因素多，职工集体上访持续不断。维护医药行业大局稳定是各项工作的重中之重。通过加强对企业离、退休人员、军转干部及下岗职工的服务与管理,认真落实稳定工作责任制,积极为职工排忧解难,努力把矛盾化解在基层。全年劝阻和制止军转干部和国企职工赴京、赴省集体上访10余批次,赴市大规模上访20余批次,确保了医药行业大局的基本稳定。

【医药行业管理】 市医药经济发展中心结合全市医药行业实际,积极探索新形势下医药行业管理的新办法、新路子,认真履行市政府赋予的各项职能,加强行业自律,规范经营秩序,切实有效地发挥行业管理作用,努力促进全市医药经济又好又快发展。多数医药企业运行态势良好,部分企业已接近全国百强医药商业标准,商丘市医药经济发展已走在全省前列。同时进一步加强机关内部管理,转变工作作风,建立健全各项规章制度,提高工作效率,为企业服务的层次和质量有明显提高,真正实现"小机关、大服务",有效促进企业的改革发展和稳定,受到医药企业的好评。

(李东振)

旅 游

马索义

【旅游工作概况】 2014年,商丘旅游工作以党的十八大精神为指引,全力贯彻落实科学发展观,按照市委经济工作会议和政府工作报告中对旅游工作提出的要求,坚持"改革创新、务实发展"的总体思路,转变发展方式,强化标准化管理,完善景区基础设施,创新宣传促销手段,丰富旅游文化内涵,重点围绕把商丘打造成国际知名、国内一流的旅游集散地和旅游目的地的工作目标,全力培育商丘古城旅游产业龙头和打造黄河故道生态旅游绿道经济带两个产业重点,努力推动旅游产业高效快速发展。全年全市接待国内外游客962.95万人次,同比增长11.2%;旅游总收入19.55亿元,同比增长12.4%,超额完成市政府下达的任务。

商丘市旅游局领导成员

局　　长:马索义
副 局 长:路　通　程向前
　　　　　刘　冬
纪检组长:安秀生

【旅游项目建设】 全年全市在建旅游项目21个,其中10亿元以上项目2个,5亿元~9亿元项目2个;1亿元~4亿元项目7个;5000万元~9000万元项目9个;1000万元~4000万元项目1个。计划总投资149.49亿元,完成投资31.75亿元。全年投资20.77亿元,其中招商引资旅游项目10个,计划总投资117.7亿元,完成投资14.54亿元。全年完成投资9.32亿元。商丘古文化旅游区古城保护建设项目,计划投资100亿元,在市政府工作报告中把古城建设列入"金三角"发展项目之一;投资6.5亿元,完成古城拆迁,启动商丘古城墙修缮工程;睢县北湖旅游区投资2.1亿元,按照国家4A级景区标准,打造"中原水城·中国休闲旅游度假区";西汉梁园清凉寺旅游区项目计划总投资0.8亿元,已投资0.29亿元;西汉梁园观音寺旅游区项目计划投资0.9亿元,已投资0.596亿元;西汉古梁园旅游区三陵台项目计划投资0.9亿元,已投资0.18亿元;商丘黄河生态旅游区项目计划总投资8亿元,已投资4500万元;张弓老酒工业游项目计划投资10亿元,已投资6亿元;夏邑长寿文化景区计划投资0.7亿元,已投资0.59亿元;河南科迪商丘现代牧场生态园项目计划总投资5.1亿元,已投资3.4亿元;民权黄河故道国家湿地公园计划投资1.75亿元,已投资1200万元;虞城褚庄生态园基地计划投资0.5亿元,已投资0.18亿元;宁陵万顷梨园项目计划投资0.5亿元,已投资0.19亿元;睢阳区鑫光家庭农场投资1500万元;华景国际大酒店项目计划总投资2.5亿元,已投资2.0亿元;奥斯曼国际酒店项目计划投资4亿元,已投资1亿元;夏邑县孔祖大酒店项目计划投资2.8亿元,已投资1.9亿元;按照四星级标准建设、投资1.5亿元的睢州国际大酒店已竣工投入使用。

【乡村旅游】 按照"以旅促农、以旅富农、农旅互动"的要求,对全市乡村旅游开展情况调查摸底,根据全市乡村旅游发展现状和发展需求,起草加快乡村旅游发展的意见讨论稿,向省局上报民权、睢县、宁陵、虞城、夏邑等县(区)71家开展乡村旅游工作比较好的村,争取上级部门政策和资金扶持,国家旅游局已审批白云寺村

7月,副省长张广智调研旅游工作

等5个村作为首批重点扶持扶贫村，并组织5个村的负责人赴秦皇岛参加首批扶贫村培训活动。与市农业部门合作，在全市积极遴选比较成熟的特色村和乡村旅游示范点，遴选出王公庄画虎村正在申报全国乡村旅游示范点。在调查摸底之后对各县（区）重点乡村旅游点调研并积极引导，积极打造乡村旅游示范点，分别对虞城褚庄生态园基地、睢阳区鑫光农场、睢县匡城乡、城乡一体化示范区等乡村旅游示范乡镇实地查看并经常指导，培育全市乡村旅游示范单位，通过示范引领带动全市乡村旅游发展。

【旅游商品】 4月24日～27日省旅游局组织的2014中原旅游商品博览会暨旅游商品设计大赛在洛阳举办，为确保参会效果，按照省旅游局要求，积极做好筹备工作：一是制定工作方案，明确责任、目标。二是认真筛选参展和参赛旅游商品，确保参会质量。三是有条不紊落实各项参会事宜。精心组织全市26家企业参会，得到组委会较高评价和省旅游局的肯定，参赛旅游商品获1银1铜。

【旅游培训】 2月28日，市旅游局组织“智慧旅游”专题培训班，来自县（区）旅游局、重点景区和酒店的网络建设有关负责人参加培训。会议邀请中国旅游报河南记者站站长张明灿、郑州旅游网络技术有限公司经理杨博等，就电子商务网站建设及运营，自媒体平台的开发与合作，自媒体与传统媒体整合营销策略与方法等几个方面专题授课，列举部分知名景区的成功案例与大家分享讨论；4月17日，市旅游局与商丘职业技术学院联合在该院举办全市旅行社在职导游员技能培训班，来自全市30余家旅行社的75名导游员参加。此次培训聘请商丘职业技术学院旅游专业资深教师讲解导游业务知识、导游带团技巧。

【旅游行业管理】 3月14日，在“商”字广场开展以“文明出游、理性消费”为主题的文明旅游宣传活动；6月13日，本局员工结合“践行价值观、文明我先行”主题系列活动关于文明出游的有关要求，参加以“强化红线意识、促进安全发展”为主题的安全生产月宣传咨询日活动；7月12日～20日，开展全市重点旅游景区经营秩序专项大检查。重点对景区管理服务人员文明服务接待、景区指示标示和警示牌、环境卫生、安全制度落实及应急措施等情况进行检查；8月10日～20日，联合市工商局为强化旅行社诚信经营、守规经营理念，对全市旅行社旅游广告刊登和规范性宣传情况开展专项检查；9月17日，在维景国际大酒店举办商丘市旅游饭店服务技能大赛；依据《河南省全面推进旅游标准化试点工作实施办法》及《河南省旅游标准化试点单位评估表》确定的主要任务和工作目标及时间安排开展旅行社标准化创建工作。指导申请上报瑞华维景国际大酒店为河南省第二批旅游标准化试点企业；同时启动旅行社标准化试点工作，并对各试点单位工作进展情况及时跟踪指导，帮助试点单位解决标准化工作推进过程中遇到的困难和存在的问题，现各试点单位管理更加规范、标准意识、服务意识进一步增强，有力地推动全市旅游标准化工作。

商丘市旅游局荣获奖项

先进单位

中部旅游创意大赛营销类“先锋奖”

中部地区最具影响力旅游单位

河南省旅游推广工作先进单位

商丘市“践行价值观文明我先行”主题活动组织工作先进单位

商丘市“五好五强”党支部

（韩佳伟）

金融保险

李高建

【金融工作综述】 2014年，中国人民银行商丘市中心支行以争创分行目标管理先进单位为目标，以教育实践活动为总抓手，以改革创新为统领，以作风建设为核心，突出业绩导向，进一步深化“筑牢基础强管理、转变作风树形象”工作主线，不断提升履职效能，各项工作取得新成绩。

一、精准发力有作为，支持实体取得新突破。一是信贷投放稳步增长。围绕转方式、调结构、惠民生，主动作为，精准发力，先后2次下发信贷指导文件，召开5次金融形势分析会，引导全市银行业金融机构正确处理落实稳健货币政策和支持地方经济发展之间的关系，较好地满足了实体经济的合理资金需求。全年全市各项贷款余额1007.2亿元，较年初增加173.8亿元，增长20.9%，增幅、增量分别居全省第六位、第七位，信贷投放达到历史最高水平，先后7次获市委书记、市长批示表扬。二是信贷结构持续优化。灵活运用政策工具，持续加大对“三农”、中小微企业支持力度。累计投放支农、支小再贷款16.7亿元，办理再贴现2亿元，通过对辖内2家地方性金融机构定向降准释放资金1.2亿元。全年全市涉农贷款、中小微企业贷款分别为673.3亿元、379.9亿元，较年初增长22.3%、28.5%，明显高于各项贷款平均增速。三是金融创新快速发展。大力推进“小额信贷推广年”和金融扶贫“百千万”活动，搭建银企平台，引导金融机构大力开办小额担保贷款，向24家龙头企业，154家劳动密集型企业和1200余农户投放贷款37.39亿元。引导支持新型农村经营主体发展，发放贷款17.6亿元，支持种养大户813家，家庭农场225家，农民合作社347家，农业产业化龙头企业109家。下发推进农村金融产品和服务方式创新指导意见，推广金融产品10余种，支持农户6.8万户、企业1172家。

二、底线思维定边界，金融管理展现新作为。一是强化监测分析。牢牢守住不发生系统性、区域性金融风险底线，开展重点领域风险监测和排查，完成《商丘市金融稳定报告（2014）》和《商丘市银行、证券、保险风险分析报告》，制定金融稳定工作安排意见，拟定与证券、保险行业沟通协调方案，对13家法人金融机构定期监测分析。二是提升风险应对能力。修订《金融风险突发事件应对处置预案》,组织多方参与的风险应对演练,明确处置责任和应对要求。三是"两管理两综合一保护"工作持续深化。受理新设金融机构开业申请5家,组织开业辅导9次;修订完善《综合评价管理办法》,下发通报2件,督促整改问题56条;对辖内金融机构开展执法检查6次,发现问题62条,罚款5万元;对26家金融机构开展金融消费权益保护评估,开通12363咨询投诉电话,并在所有银行网点公布,受理咨询投诉31起,解决消费纠纷6起,办结率100%。

三、以人为本抓创新,民生金融呈现新亮点。持续加强人民币回笼机制建设,深化人民币社会化清分工作,做法被总行领导金琦批示。搭建"金桥银路",建立"六小商户"小面额人民币兑换长效机制,经验被全省推广。推动国债到期直接转存业务,建议被中国银行总行采纳并开发相应程序。构建财、税、库、关季度要情制度,国库统计分析成果有效转化,做法被市政府主要领导批示表扬。成功上线ACS和二代支付系统,支付清算能力大幅提升。积极试点在大型社区、中心村等设立自助支付终端,构筑"物理网点、自助终端、助农取款POS机"三位一体的助农支付模式,实现助农支付全覆盖。充实征信窗口服务人员,普及网上查询平台,服务满意度大幅提升。开展外汇业务"现场模拟咨询"活动,提升银行外汇业务熟练水平,落实外汇便企便民措施。搭建微信、短信、广播电视、广场大屏幕等全方位宣传平台,组织参加"行风热线"栏目6次,利用"3·15"、金融知识普及月、"华商文化节"等时机,集中宣传9次,金融知识普及取得良好效果。

四、业绩导向促活力,内部管理形成新格局。一是激发员工活力。建立目标任务、督促检查、考核奖惩"三位一体"的业绩导向机制,择优聘任中师20人,对55名员工技术职务晋级。二是创新人才培养机制。选派4名业务骨干赴金融机构交流锻炼,举办"微课堂"讲座10期,受训人员200余人次。三是构筑大安全格局。开展履职审计、专项审计6次,发现整改问题35个,问责27人次;积极探索新业务事后监督模式,"TCBS国库会计数据集中系统模式探讨"获省调研课题一等奖;开展全面风险大排查6次,发现整改风险隐患21个;组织保卫人员练兵2次,开展反恐、消防、业务系统故障等应急演练5次,确保全年安全无事故。四是大力培育和践行社会主义核心价值观。坚持宣传教育、示范引领、实践养成,推动核心价值观落地生根,做法被《金融时报》刊载。五是深入推进文明创建和央行文化建设。整合资源,扩大志愿服务覆盖面,组织志愿服务活动270人次。不断丰富职工文体活动,先后举行职工棋牌比赛、秋季趣味运动会、全市金融系统篮球比赛等3次。积极参加上级行文体比赛,荣获总行书法美术摄影作品展一等奖2个、三等奖2个,2名职工分别夺得总行桥牌比赛第六名和全省人民银行系统羽毛球比赛女子单打亚军。

五、特色引领谋发展,县支行履职站在新起点。优化县支行领导班子结构,先后对7个县支行班子调整。改进县支行考核工作,制定《县(市)支行年度目标管理综合考核评价办法》,突出对德的考核、工作实绩和作风考核。继续深化"特色立行、一行一策"活动,坚持上下联动,成立县支行帮扶工作组7个。工作组通过参加县支行中心组学习、专题民主生活会、现场业务技术指导、面对面谈心交流、联合调研等方式开展帮扶活动53次。各县支行结合实际,持续深化特色立行项目,小而有为县支行建设成效明显。其中,民权县支行在辖区率先推出国库直接拨付业务,发放农机补助420万元;搭建银企、银农平台,签约金额11.6亿元。永城市支行积极推动银企政合作,制定支持金融业发展指导意见和奖惩措施,推动对中小企业授信5.1亿元。睢县支行大力开展快乐阅读活动,丰富职工精神生活。柘城县支行被评为省改善农村支付服务环境先进集体。宁陵县积极推动订单农业贷款业务,累计发放贷款2.6亿元。虞城县支行持续推动深化中小企业融资担保贷款,贷款发放突破40亿元。夏邑县支行着力深化人民币收付业务管理,辖区人民币流通整洁度大幅提升。

中国人民银行商丘市中心支行领导成员

行　　长:李高建
副 行 长:杨南龙　蒋龙兴
　　　　　楚俊杰
工会主任:张民生
纪委书记:侯文生

(汤文东)

工商信贷

王海峰

【工商信贷概况】 2014年,中国工商银行商丘分行围绕商丘市经济发展大局,进一步改进金融服务,持续扩大贷款投放,取得了较大成效。全年投放各项贷款120亿元,余额较年初新增20亿元,有效支持了重点项目、大中型骨干企业和众多小微企业及个人融资需求,促进了商丘经济社会发展。

中国工商银行股份有限公司商丘分行领导成员

党委书记、行长:王海峰
副行长:周效才　崔晓波

【项目贷款业务】 依照国家信贷政策,加强对重点项目的关注和调查力度,整合资源优势,在保持信贷总量合理均衡增长、保障地区经济平稳协调较快发展的基础上,加大信贷结构调整力度,通过信贷杠杆推动了经济发展方式转变和经济结构调整。全年工行商丘分行向大中型公司贷款投放70余亿元,余额较上年增加7.6亿元,对关系国计民生的电力、交通、采矿业、制造业、基础设施建设、民生等领域给予重点支持,持续加大信贷投入,更好地服务于市委、市政府中心工作。

【小企业融资业务】 按照国家和总

省行支持实体经济发展的有关要求，从解决小微企业融资难的现实出发，依托区域经济大提升带来的有利时机，采取多种措施，不断加大对小企业的融资力度。根据企业融资需求，推出符合小企业不同需求的贷款品种，重点推广商品融资、买方融资、订单融资、网贷通等产品，深受众多小企业欢迎。全年发放小企业贷款30亿余元，较大程度地解决了部分小企业融资难的问题。至年底，小企业贷款余额达14亿元，比上年底净增1亿元。

【个人贷款业务】 积极发展个人消费类、经营类贷款业务。与181家房地产开发公司签订贷款支持协议，与47家汽车经销商、27家挂靠汽车运输公司、2家批发市场建立合作关系。至年底，工行商丘分行个人贷款35.8亿元，较年初增加10.5亿元；投放个人贷款20亿元。个人贷款存量、增量同业排名均在第一位。

【表外融资业务】 运用"表内＋表外""商行＋投行""间接融资＋直接融资""本币＋外币"的多元化、综合化融资方式，扩大贷款投放，为广大客户提供全方位金融服务，拓宽企业融资渠道，促进全市产业结构调整和产业竞争力不断提升。全年办理企业私募债、保函、信用证等表外融资业务18.3亿元，办理票据贴现业务33.4亿元，票据贴现量在全省工行系统排名第四位。

【信贷质量管理】 不断加强新发放贷款质量把控、违约贷款催收、存量贷款风险监测预警和不良贷款清收处置，效果显著，资产质量保持较高水平。至年底，不良贷款11131万元，较上年初下降49万元、1.02%，较上年初降低0.25个百分点，实现"余额""占比"双下降的目标。

【电子银行业务】 利用工商银行互联网金融强大的品牌和技术优势，加强安全、便捷、费率低等特色宣传，积极向广大市民推介电子银行业务，使广大民众尽享电子银行业务办理的便利。全年手机银行客户较年初净增9.5万户，全省系统排名第六位；工银E支付客户净增8.9万户，全省系统排名第六位；个人网银证书版客户净增7.3万户，系统排名第五位；企业网银客户净增886户，全省系统排名第八位。在全省工行系统互联网金融百日营销竞赛活动中，商丘分行取得全省第六名好成绩，受到省行通报表扬。

【银行卡业务】 加快转型发展这条主线，持续拓展银行卡发卡市场，围绕银行卡业务进行精耕细作，有效推动银行卡业务稳步增长，为广大客户提供便捷的结算和消费方式。全年新发借记卡23万张、信用卡2.1万张，其中信用卡全年消费33亿元。

【节能减排】 按照国家及总、省行有关推进公共机构节能降耗、打造低碳经济的要求，扎实推进在日常节约、公务车辆节能等方面的节能减排工作，对卫生间用水器具使用节水型水阀，对配电室进行更新改造，全部公文通过公文审批系统处理，大力推行无纸化办公。通过多措并举，切实提高能源利用效率，全行年能耗得到有效下降。

商丘分行本部能耗统计

项　目	2014	2013	2012
办公耗电量(千瓦时)度	2467065	2792510	2873161
办公耗水量(吨)	59421	60196	61229
办公用纸数量(张)	1381000	1426000	1593000
公务车耗油量(升)	40100	41000	45600

商丘分行(含各支行)能耗统计

项　目	2014	2013	2012
办公耗电量(千瓦时)度	3117325	3496000	3856870
办公耗水量(吨)	80506	86600	89120
办公用纸数量(张)	3212000	3341000	3733000
公务车耗油量(升)	44650	49400	55140

【社会公益活动】 积极组织各类捐款救助活动。全年组织员工各类捐款、救助10余次、30余万元。按照商丘市委、市政府要求,工行商丘分行选派2名高素质干部,进驻虞城县郑集乡张楼村进行扶贫。为普及金融知识,增强公众维护自身利益的本领,工行商丘分行先后开展"普及金融知识"、反假币、防范打击非法集资、征信知识宣传等活动。组织或参与开展各类环保活动。全年参加植树、清理街面小广告等环保公益活动10余次,200余人次参加。

【金融服务】 以开展"人民满意银行建设年"活动为契机,以改进窗口服务为重点,拓展服务渠道,优化业务流程,完善管理办法,着力打牢服务工作基础,全面提高服务质量。全行实现全年零投诉,客户平均排队时间控制在8.8分钟以内,低于省行规定上限1.2分钟,客户满意度始终稳定在99.6%以上。为了给社会公众提供更加便捷的金融服务,商丘分行全年搬迁改造物理网点2家,新建自助银行19家,全辖32个网点,其中19家设置无障碍通道,为所有网点配备轮椅、老花镜、婴儿车、雨伞等便民物品。

中国工商银行股份有限公司
商丘分行系统荣获奖项

先进单位

河南省工行系统群众满意基层站所
　新建路支行
河南省银行业文明规范服务示范单位
　市分行营业部
河南省银行业金融服务标杆银行
　新建路支行
商丘市工行系统群众满意基层站所
　宁陵支行
　柘城未来路支行
　睢阳支行
　南京路支行

(左　冲)

商业金融

【中原银行商丘分行概况】 2014年,中原银行商丘分行围绕"守住风险底线,改革与发展同步推进"这条主线,坚定信心,扎实工作,积极进取,奋力推进发展转型,努力提升发展质量。主要经营指标优异,盈利能力持续提升,资产质量持续稳定,在全力配合中原银行组建工作的同时,实现各项业务再上新台阶。至年底,中原银行商丘分行总资产规模达184亿元,较年初增加13.66亿元,增幅为8.02%;各项存款余额158.96亿元,较年初增加9.45亿元,增幅为6.32%;各项贷款余额92.36亿元,较年初增加10亿元,增幅为12.09%;存贷比为58.1%;全行年总收入12.86亿元,同比增加0.04亿元;税前利润为3.63亿元。

霍振峰

中原银行商丘分行领导成员

行　长:霍振峰(12月任)
副行长:杨进乐　方助军

【中原银行组建】 12月23日,中原银行由开封、安阳、鹤壁、新乡、濮阳、许昌、漯河、三门峡、南阳、商丘、信阳、周口、驻马店13家城市商行以新设合并方式组建而成,是河南省唯一一家省级法人银行,公司实收资本154.2亿元,位列全国城市商业银行之首。中原银行构建了现代企业制度和"三会一层"的公司治理结构模式,实施"一级法人、统一领导、分级经营、授权管理",下设22个职能部门,共有428家营业网点,员工10836人。总行(部)位于郑州市郑东新区CBD商务外环路23号中科金座大厦。未来中原银行将努力打造成为一家特色鲜明、富有活力,以创新领跑中原的现代股份制商业银行。原商丘银行于12月26日正式挂牌更名为中原银行股份有限公司商丘分行。

【贷款结构调整】 全年坚持科学把控信贷投放节奏,消费信贷、小微企业信贷比重不断提高,信贷结构更趋优化,期限配比更趋合理。至年底,全行不良贷款率为0.12%,较年初下降0.58个百分点;不良贷款余额1122万元,较年初下降4646万元,实现不良贷款双降。分行不断加大对不良资产的清收和盘活力度。全年共处置资产55457万元,有效降低非生息资产占比,提升资产质量。

【投资理财】 注重积极调整资产结构,拓宽收入渠道,大力发展资金交易业务,显著提升投资理财等在生息资产中的比重。全年办理投资理财类业务56.7亿元,银行承兑汇票贴现、转贴现34.8亿元、买入返售业务0.9亿元,实际到账利息收入3.04亿元。

【IC卡行业应用】 2014年,中原银行商丘分行拥有居民健康卡、福寿卡、公交卡、银医卡等多个品种,争取发行社会保障卡,同时完成金融IC卡降级交易工作。至年底,全行发卡达82万张(持卡量80.55万张),卡内余额达37.23亿元,较年初上升7.98亿元(其中,发行金融IC卡31.23万张,较年初增加19.82万张,卡内余额达5.47亿元;发行公务卡10210张,公务卡签约单位达740家),有效扩大了银行卡市场份额。

【电子化服务】 2014年,本行新增网银代收暖气费和交费查询功能,优化网银转账交易、大额预约功能,客户体验更优越,全行自助设备总数达153台,较年初新增29台,其中网银体验机36个,多功能自助终端33个,CRS47个,ATM42个,有效提升了自助服务水平和24小时服务能力。至年底,本行个人网银客户达2.18万户,较年初新增8090户;企业网银客户达2064户,较年初新增695户;全年网银交易总金额达1378.08亿元。电话银行客户达5.04万户,较年初新增2.03万户,全年办理交易达11966万元。无卡支付客户达3.55万户,较年初新增1.56万户,全年交易笔数达11.83万笔,交易达7309万元。

【优质服务】 持续坚持"以客户为中心",通过多种措施进一步提高服务水平。积极落实市银监局开展的以"比学赶超"为主题的金融服务提升活动和银行业协会开展"普及金融知识万里行"活动要求，结合自身定位，走出网点主动营销，深入社区、市场、企事业单位、产业集聚区、学校等开展送金融服务和金融知识上门活动，组织银政企对接会6次，签订银企合作意向书20余个，签约金额达6亿元，履约率达100%；实现对全市11个产业集聚区的信贷支持覆盖面达100%和企业走访率达100%的"双百"目标。

【信贷服务】　注重进一步改善和提升对小微企业和"三农"的金融服务。至年底，全行小微企业户数为4690余户，小微贷款余额66.78亿元，较年初增加6.74亿元；涉农贷款余额10.36亿元，较年初增加0.31亿元。本着"为政府排忧、为群众服务"的宗旨，几年来已累计发放下岗再就业贷款近6亿元。至年底，该项贷款余额为6365万元，帮助数万人次实现就业、创业；大力支持市教育事业发展。至6月底，教育类贷款余额达7.35亿元，约占全部贷款余额的8%，为市一高、市一中、商丘学院、职业技术学院等院校的校舍建设和教育条件的改善提供了有力的资金支持。

【公益活动】　先后组织志愿服务队到特殊教育学校、敬老院、孤儿院等献爱心活动10余次，开展"金秋助学"活动，捐助财物总价值达数10万元；高考期间，分行在全市设立9个爱心高考助考站，为考生和家长提供志愿服务。积极参与由人行郑州中心支行组织的金融IC卡"爱心捐助"活动，选取16个网点布放"爱心捐助"活动专用POS并发放礼品。至10月26日，共捐款2390笔，全省位列第四，城商行第一。

（张振东）

农村金融

【农村金融概况】　2014年，中国农业银行股份有限公司商丘分行（以下简称农行商丘分行）围绕全市中心工作，坚持面向"三农"，深入探索服务"三农"新模式；坚持结构调整，全力服务地方经济发展；坚持群众路线，持续提升金融服务水平。至年底，全行各项存款余额242.96亿元，较年初净增13.72亿元，存量四大行占比35.86%，位居第一；各项贷款余额100.08亿元，较年初净增16.44亿元，存量四大行占比27.02%，居第三位；中间业务收入1.65亿元，四大行占比29.62%，居第一位；拨备后利润3.97亿元，位居四大行第一。

王皓东

中国农业银行股份有限公司
商丘分行领导成员

党委书记、行长：王皓东

党委副书记、副行长：

陈虹池（10月离）

副行长：李传民

贺新君（3月任）

副行长、纪委书记：任　远

【经济发展】　注重积极向省分行汇报商丘本地优质信贷项目，争取规模配置，全力支持地方经济发展。一是优先保证全市重点企业、重点项目的贷款投放，重点支持神火煤电、永煤集团、国电民权、科迪集团、嘉施利化肥、中国中铁等大型项目。全年投放各类法人客户贷款30.28亿元。二是以产业集聚区、物流园区、专业市场、商户集群为重点，支持中小微企业转型升级和发展壮大，投放中小微企业贷款3.85亿元。三是以优质市场经营户、小微企业主、个人购房户、优势行业的中高端客户为对象，推广个人消费贷款、助业贷款，全年投放个人贷款17.52亿元。至年底，全行贷款100.84亿元，在省分行系统内列第三位，仅次于郑州、洛阳经济发达地区。全年投放各类贷款45.38亿元，较年初净增16.44亿元，同比增加5.93亿元。年末存贷较上年增加4.9%，当年新增存贷119.83%，同比提升84.51%。

【"三农"服务】　积极发挥农村金融骨干作用，以县域中高端市场为切入点，加大对国家级龙头企业、骨干企业、城镇化建设项目和产业集聚区的信贷支持力度，有力助推了县域优势行业、中小企业集群化、板块化的发展；依托产业链带动，坚持集中连片，整体推进，构建完善"公司＋农户""龙头企业＋农户""合作社＋农户"的农户贷款集约化经营模式。在有限的信贷规模下，优先保证"三农"信贷供给，全年投放县域法人贷款27.32亿元，投放农户贷款4.7亿元；持续增强物理网点服务能力和辐射范围的同时，积极推进金穗"惠农通"工程，逐步建立起以惠农卡为载体、以服务店为依托、流动服务为补充的电子金融新渠道，打通农行服务通往边远农村地区的"最后一公里"，使广大农民足不出村就可以享受到和城里人一样的金融服务。至年底，在全辖布放"惠农通"机具5827部，设立银行卡助农取款点1884个，惠农卡持卡量55.68万张，全面代理睢县、民权县社会保障卡发行工作。

【内控管理】　以风险防控为生命线，扎实开展信贷、案件、员工行为排查，狠抓内部检查发现问题整改，基础管理水平和风险防控能力持续提升，全行无新发案件、无重大违规问题和安全事故，实现安全运行。连续4年保持全省内控评价A类行。农户不良贷款及信用卡透支不良压降取得显著成绩，永城市、睢县、夏邑县、梁园区支行实现农户贷款"零"不良。

中国农业银行股份有限公司
商丘分行荣获奖项

先进单位

全国"五一"劳动奖状

河南省农行系统改善农村支付环境先进单位

河南省农行系统综合绩效考核先进单位

河南省农行系统零售业务先进条线

河南省农行系统对公业务先进条线

河南省农行系统业务技术比赛团体第一名

商丘市金融促进经济发展贡献奖

（祁洪洲）

对外金融

李自玉

【对外金融概况】 2014年,中国银行商丘分行以商丘市战略部署为工作导向,以"担当社会责任,做最好的银行"为奋斗目标,大力改革绩效考核管理体系,自觉将各项工作纳入商丘市经济社会发展的全局之中,全力支持地方经济发展,圆满完成省行和市政府下达的各项任务。年度绩效考核取得重点行序列第二名的好成绩。进入重点行序列以来,绩效考核已连续3年居全省前列。

中国银行商丘分行领导成员

党委书记、行长:李自玉

副 行 长:刘 琇

陈 清(9月离)

孙 超 李 勇

李国领(11月任)

纪委书记:李本锋

【存款业务】 坚持依靠特色产品分层分类开展营销,并不断提升网点服务水平等措施,促进存款全年稳步增长。至年底,存款余额147.21亿元,较年初增加14.01亿元,增幅10.52%。新增额为17家地市行第二位,增速第三位;存款增速和市场份额在本地四大国有商业银行居第三位,公司存款新增和余额保持四大国有商业银行第一位。

【贷款业务】 积极对接市重点项目建设,支持地方经济发展,不断调整授信结构,提升资产业务对利润的带动作用;寻求创新发展途径,将投资银行业务作为增收的利器。投资银行业务实现"三大突破"(中业收入总量重大突破、存款带动重大突破、龙头项目重大突破)。为河南省重点行业龙头客户叙做投融通业务4.5亿元,从外部引入资金11.3亿元。至年底,贷款余额113.23亿元(含卡透支、卡分期),较年初新增12.67亿元,增幅12.6%。贷款新增额在17家地市行排第四位,余额继续保持四大国有商业银行第一位。外币贷款余额为6972万美元,较年初增加5532万美元。余额市场占比54.67%,居四大国有商业银行第一位。

【中小企业服务】 积极利用"政银助业通""互助通宝""面粉通宝"等产品支持虞城县、永城市产业集聚区续作"互助通宝"项目3批,授信审批40余户,批量批复3.64亿元。在商丘地区准入担保公司9家,批复合作额度为13.2亿元,并全部纳入"再保通",由省担保集团提供连带责任再担保,为中小企业客户提供保证担保162户,贷款余额8.352亿元。进一步优化行业结构,支持地区特色产业的发展,如面粉加工行业、钢卷尺行业、学校医院等重点领域的授信支持力度。续作全省第一笔教育行业贷款,至年底,共续作教育行业贷款3笔、4400万元;续作第一笔医院类贷款1笔、500万元。

【进出口企业服务】 坚持大力拓展进出口业务客户,夯实客户基础,上下联动加大对重点客户的营销力度,有效提升国际结算市场份额,巩固国际结算业务的优势地位。国际贸易结算业务量3.16亿美元,市场份额85.38%,当地同业中排名第一,17家地市行排名第一。共办理跨境业务17675万元,跨境市场份额97.52%,当地同业排名一,全省排名第二。本行充分发挥海内外联动优势,大力发展创新业务,有效拓宽净收入增长渠道。5月13日,利用海外行资金较为低廉的优势,成功续做全省首笔新型福费廷转卖业务。利用海外代付、远期结售汇、跨境人民币等一系列产品为汇丰棉业和辰龙纺织等企业量身定制设计产品服务方案,为企业节省近30万元融资费用,充分满足企业需求,增加客户黏度,加深客户对分行的忠诚度。

【个人金融服务】 继续大力推广优势产品,努力提升客户贡献度,满足民众多方位的金融需求。一是发挥结算产品的费用优惠政策,在全行制定下发"扫街行动",利用薪享卡、汇款套餐、短信通等,加大优惠产品的宣传和营销,吸引新客户主动办理。二是依托重点产品带动存款提升,开展各类营销活动,向分行中高端客户及以客荐客带动的客户,宣传分行重点产品及跨境产品等业务优势,带动业务量快速增长。三是落实市行党委战略性决策,推动助农业务发展。至年底,全辖助农服务点开业203家,开卡50211张。四是重大项目营销取得突破,校园卡项目突破商丘零发展,归德支行与联通公司合作,成功营销商丘幼儿师范学校校园卡项目,带动发卡8000余张,存款3000余万元;代收费项目突破商丘零发展,广场支行与商丘恒源热力代收费项目在信科部门的通力合作下,系统研发并代收成功。五是加强与优质大型房地产企业的合作,投放住房按揭贷款2.9亿元;在做好住房贷款的基础上,扩大非住房贷款占比,投放小微企业性质(含个人投资经营贷款)贷款7亿元,实现汽车分期刷卡2.5亿元。全年个人贷款新增4.44亿元,贷款总量达25.05亿元。

【风险防范】 在业务高速发展的同时,本行坚持发展与风险防控并重,通过健全内控管理机制、加强合规教育、开展风险排查等手段,营造稳定的发展环境。一是建立全面风险防控体系,对消费贷款、中小企业贷款、银行卡分期等业务加强窗口指导和贷后管理,严防资产质量下迁,有效化解几起新增不良贷款。二是通过多种形式,深入开展防范打击非法集资宣传教育活动,加强内控管理,防止员工参与非法集资和民间借贷;落实案件访查工作,提高业务经理履职能力,减少操作风险,开展全行性排查8次,整改问题26笔,全年没有发生重大案件。

【企业文化】 认真开展党的群众路线教育实践活动,着力解决"四风"问题。全年共召开基层网点座谈会36场次,落实整改"四风"问题52条,使党员干部作风进一步转变、清新向上的文化氛围进一步显现。深入开展客户服务年活动，积极改进机关工作作风，实行限时服务，承诺为基层办实事，同时改善网点硬件服务设施，加强岗位技能练兵，一级能手人数较上年提升225%，四星级以上柜员数量较上年增加4.5倍；开展行务公开活动，落实职工代表提案。开展生日送祝福、职工健康体检、职工小厨房建设和金秋助学等活动，有效提升内部员工满意度。积极开展文体活动，丰富职工业余文化生活。依次开展“播种绿色希望共建美丽商丘”义务植树活动、职工趣味运动会、“迎五四・展风采”青年员工业务知识竞赛活动、“合规护航健康成长”案防合规主题文艺演出，并在各县行巡演、“百团PK”冬日主走团活动、“青春畅享筑梦中行”青年员工座谈会。并发挥青年员工智库作用，积极探讨业务发展，小组成员撰写《关于银行小企业授信风险控制的研究》《银行同业资金业务调研报告》论文上报省行。

中国银行商丘分行系统荣获奖项

先进单位

河南省群众满意基层站所
　永城支行
河南省“比拼同业勇争第一”竞赛活动先进单位
　商丘分行
河南省分行存款低效网点提升先进单位
　商丘分行
河南省直管县公司金融业务拓展先进单位
　永城支行
河南省行青年文明号
　虞城支行
　北海路支行
河南省行存款提升先进基层网点
　睢县支行
商丘市级群众满意基层站所
　夏邑支行
　睢县支行
　凯旋路支行
商丘市金融促进经济发展优秀奖
　商丘分行
商丘市政风行风建设先进单位
　商丘分行

先进个人

河南省卓越公司公司部主任
　韩祥玉
河南省风险管理条线先进个人
　朱　楠
河南省存款营销先进个人
　谢　颖　张　磊　闫中华
河南省一季度中型和小型企业融资服务先进个人
　韩祥玉　曹玉坤
河南省“双千工程”活动“钻石级客户经理”
　曹玉坤
河南省一季度对公中间业务拓展先进个人
　胡　鹏　叶正涛

（韩　鑫）

农业政策性金融

施庆亮

【农业政策性金融概况】 2014年，农发行商丘市分行把握“稳中求进、创新发展”工作总基调，稳稳抓住“抓两基促发展、严管理控风险”工作总要求，创新创效，扎实工作，在确保完成年度绩效考核目标任务的同时，实现了重点工作推进有力、管理举措推陈出新、工作亮点精彩纷呈的良好局面。至年底，各项贷款余额142亿元，较年初增加31.28亿元；累放贷款113.79亿元，同比多投放40.31亿元；各项存款余额11.76亿元，较年初增加2.16亿元。存款日均余额11.23亿元，完成全年任务的107.88%；实现中间业务收入527.05万元，完成全年任务396万元的128.45%；全年各项收入7.57亿元。账面利润2.71亿元，人均利润102万元。全辖9个支行实现盈余。3.8亿元政策性挂账贷款核销入账，继续保持全辖贷款零不良。

中国农业发展银行商丘市分行领导成员

党委书记、行长：施庆亮
副行长、纪委书记、高级业务经理：
　王卫东
副行长：司凤营　张学杰

【夏季粮油收购资金供应与管理】 积极推行四项措施，提高办贷效率，力促夏粮收购顺利进行。夏粮收购期间，累计发放收购贷款68.21亿元，同比多发放38.76亿元，支持收购小麦56.25亿斤。贷款累放额及企业累收小麦量均居全省第一位。一是发放企业促贷通知单。提前做好收购企业资格认定、评级授信及收购量和贷款量测算工作。在《商丘日报》公布收购贷款资格企业61家，并授予“农发行收购资格企业”匾牌。同时审批政策指令性收购资金贷款额度53亿元，市场化收购贷款额度24亿元，安排夏粮收购资金计划50亿元，做到了“钱等粮”。二是落实部门管理责任。下发《关于做好夏粮收购供应和管理工作的通知》，进一步明确收购资金供应和管理政策。建立行长包片、部室包支行的工作督导机制。行长、副行长靠前指挥，加强工作调研和督导检查，依靠政府加强工作协调，营造良好收购环境。建立职能部门分工协作机制，客户部门全力以赴做好贷款的发放与管理，加强收购进度监测上报工作；资金计划部门做好资金计划安排，加强资金调度，确保资金供应不断档；财务会计部门做好现金支付等结算服务，强化对资金支付的柜台监督。三是开辟贷款绿色通道。对托市粮收购贷款核定、审批实行随报随批随放，采取一次申报审批、分次发放使用的办法，简化办贷环节，保证全额资金需求。贷款行每天与承贷企业沟通，合理测算资金需求，加强与人行汇划系统工作日和现金代理行的沟通衔接，保证售粮农民随时售粮，即时取现。四是切实改进信贷服务。收购旺季，适当延长工作时间，把握好贷款发放节奏，保证节假日和双休日收购资金的正常供应。节假日期间，坚持主要岗位人员照常营业或值班制度。加强与贷款企业、人民银行等相关部门的沟通，加强信息交流，严防资金供应脱节。

【秋季粮棉油收购贷款供应与管理】 全年全市秋粮种植51.46万公顷，

其中玉米48万公顷,同比增加0.67万公顷;大豆2.67万公顷,红薯种植0.79万公顷。预计产量:玉米360万吨、同比增加5万吨,商品量240万吨,同比增加10万吨;大豆6.4万吨和红薯23.8万吨,秋粮总产300.2万吨,比上年增加9.98%。油料种植7.33万公顷,花生6万公顷、芝麻约1.33万公顷等,预计总产31.5万吨;棉花种植约1.33万公顷,产量32万担。预计玉米商品量48亿斤,预计收购玉米1.81亿斤,需农发行贷款1.74亿元;预计收购棉花12万担,需农发行贷款0.7亿元。全市参与贷款资格认定企业22家(全部收购玉米),其中中央储备直属企业6家,国有购销企业5家,非国有购销企业4家,产业化龙头企业7家,与上年同期持平。核定秋季粮油收购贷款最高额度14.9亿元,其中,政策指令性收购贷款最高额度13亿元;政策指导性玉米收购贷款最高额度1.9亿元。确定棉花贷款资格企业8家,其中战略性客户4家。贷款企业收购点基本覆盖辖内各个棉区,针对辖内5个县未认定收购贷款资格企业情况,制定收购工作应急预案,责成就近县(区)的收购企业延伸收购网点,做到收购无"空白点"。核定棉花收购贷款最高累放额1.65亿元,核定棉花收购贷款最高余额1.65亿元。

【中长期项目贷款业务发展】 累计发放政策性中长期贷款1.85亿元,贷款余额达26496万元,包括24896万元农民集中住房建设中长期贷款,1600万元农村基础设施建设中长期贷款。一是柘城县发展投资有限公司"柘城县学苑路道路建设工程项目"贷款1600万元。二是永城市金城发展投资有限公司"永城市产业集聚区荷花小区拆迁安置建设项目"6396万元农民集中住房建设中长期贷款。该笔贷款于2013年6月发放,项目已建成,已进入还款期。三是宁陵县锦绣花园安置社区项目1亿元、柘城县西门村社区城中村改造安置项目8500万元两笔农民集中住房建设中长期贷款。

【客户营销和维护工作】 2014年营销新企业5家。至年底,经营企业达113家(85家产业化龙头加工企业、6家中储粮直属库、6家地储粮直属库、22家国有和民营粮食购销企业),比年初增加5家。本行支持的、有贷款余额的产业化龙头加工企业已达85家(其中:粮油产业化龙头企业53家,棉纺企业10家,棉花初加工企业10家,非粮棉油产业化龙头企业2家,农业小企业6家,新农村建设贷款客户4家),贷款余额达53.27亿元。为满足企业资金需求,搞好资金维护,市、县行和前、后台及各位贷审会委员通力合作,高效办贷。1月~11月共提缴贷款、承兑汇票和信用证等申报材料351笔,金额44.81亿元。省、市分行共研究批复、发放贷款265笔,金额37.57亿元;开立信用证36笔,金额4217万美元,折合26144万元;签发银行承兑汇票50笔,金额4.63亿元。

【不良贷款管控工作】 全年召开龙头加工企业定期监测分析会11次。会上,由支行主管行长对所辖企业生产经营情况逐一进行分析、评价,针对存在问题,分析成因,制定措施。以期各行相互交流,诊断风险,控制风险,取长补短,有效促进企业的健康持续发展。针对棉纺行业受困和畜禽行业因禽流感影响处于低迷状态情况,召开棉纺行业和畜禽企业专题分析座谈会3次,分析研判形势,搞好贷款续贷,帮助企业渡过难关。支持的棉纺行业"闯关"成功,生产经营正常,实现微利经营;畜禽企业扭亏增盈,企业生产经营正常。向支持的永城市9家面粉企业和1家白酒生产企业联手成立的"贷款联保协会"发放联保信用贷款1.89亿元,协会自愿存入保证金1800万元,并签订业务合作框架协议,9家企业实行贷款联保,对违约贷款负连带责任。对符合条件的面粉加工企业发放的收购贷款形成的粮食库存,推行第三方动产质押监管模式,实行24小时人、机不间断监管,并实行粮食出入库随时报告制度,确保粮食库存的真实和安全。贷后监管系统实施以来,实现对企业运营情况的全流程监管、监控,做到对企业贷款风险点早发现、早分析、早处置、早覆盖。

【运营管理工作】 继续实行全员营销公众存款责任制管理办法。按照职级级别分配年日均存款任务,市分行行长年日均不低于600万元,副行长不低于500万元;县支行行长年日均不低于400万元,副行长不低于300万元;市分行机关副科级(业务副经理级)以上人员年日均20万元,一般员工年日均10万元。将存款任务完成情况与年终奖金分配挂钩。落实存款工作强化考核管理办法。强化激励机制,提高存款指标在绩效考评中的权重,将存款指标增加到50分,占整个绩效考评一半的分值。加大存款增长与专项费用挂钩分配力度,年底拿出200万元费用指标,占全行考核专项基金的50%,专项奖励存款任务完成较好的单位和个人。实施企业回笼归行资金管理办法。凡企业资金归行率达不到规定要求的,坚决实施必要的信贷制裁。对资金归行率长期偏低的企业,对其贷款申请要坚持做到"前台不接、后台不审、资金计划不报批",并在全市进行考核通报;对其管户经理实施问责。着力加强资金计划管理。各项贷款控制在省分行核批的计划内,无超计划放款现象。对粮棉油购销储、农业基础设施和商业贷款计划在年度预测基础上,分月申报,按旬监测。信贷计划执行准确率98%以上。

【财会管理】 年初制定《中国农业发展银行商丘市分行机关财务管理办法》和《中国农业发展银行商丘市分行经营绩效与目标任务考评办法》(2014年修订)。对县支行实行等级行管理,大幅提高存款考核指标权重,进一步加大考评挂钩力度,激励和引导各行提升经营效益和管理水平。加大表外欠息清收力度,重点清收省以下财政补贴欠息。与各行行长签订目标责任书,按季考核通报。收回省以下财政补贴欠息405万元,完成任务的115%。加强财政补贴收息工作。财政补贴资金收息33435万元,占全行收息总额的51.4%。严格营运费用管理。重点是严控会议费、油料费、公务接待费等,明确开支范围和标准,严格报销审核,加强报账制监督和检查监督管理，对于触犯“五条红线”者严肃问责处罚。全年三项费用合计减少125万元。固定资产基础管理。进一步完善集中采购管理。继续实行重要固定资产监测管理台账，有计划地对重点固定资产进行更新改造和维修，使全市大宗资产性支出纳入统一监管。进一步提升结算服务水平。省分行和人行考核大、小支付系统运行情况未出现差错，查询查复率100%，支付报表的编报工作在省分行的考核中未出现差错。积极推进银行卡、网银合作业务和收购资金非现金结算工作。

【信息科技建设】 一是筑牢内部管理为基础、IT监控是手段、外部技术服务作补充的三层防控体系，进一步完善信息安全应急处理机制，加大对中心机房各系统监控的密度、广度与深度，将系统风险关口前移，真正实现故障事前预警、事前处理、隐患及时排除，全面提升网络和机房监控系统预警水平。二是积极推动信息科技风险“三道防线”建设。不断强化内外网管理，保证内外网物理隔离，加大对内网无线外联和违规连接网络现象的检查、处罚力度。三是做好系统推广运维的技术支撑。制定2014年度重要信息系统突发事件应急预案。对办公、业务网防病毒服务器进行全新升级安装。举办SEP防病毒系统升级培训班。全辖各机构均已按要求完成接入局域网计算机的SEP客户端的升级安装工作，共安装计算机近200台。四是研发应用银企贷后监管系统。为解决基层行贷后监管人手短缺、力量薄弱、技术乏力、粗放管理的现状，市分行立足现有资源，成功研发贷后监管系统。该系统是利用网络技术，借助企业现有内部管理系统和监控设备，依托互联网实现对企业24小时的全流程、全方位实时监管，具有数据监管、分析监测、立体监控和履职监督四大功能。系统经过上线试运行，监管效果明显提升，工作效率大大提高，达到“三位一体”的信贷监管功能。该系统得到总行和省分行的充分肯定，在全国农发行做经验介绍和演示，全省农发行推广应用该系统。

【案防安保工作】 一是认真落实安全保卫工作责任制。坚持“谁主管、谁负责”的原则，市分行行长与各支行签订“2014年度(四无)目标责任书”，并与领导任期目标和年终评先及经济利益挂钩。二是加强设施建设，提高防范能力。按照总行“因地制宜，结构合理、安全可靠，方便经营，美观实用”的原则和公安部2004年颁布的《银行营业场所风险等级和防护级别的规定》的要求，营业室防弹玻璃安装、“110”报警、催泪瓦斯安装率100%，电视监控安装率100%，连锁互动装置、营业区与出纳区隔离达100%，营业室设置卫生间达100%，9个营业室达到二级以上风险防范标准。三是强化安全防范教育。坚持每季度一次安全保卫知识考试。采取多种形式开展法制教育，职业道德教育。四是加强安全监督检查。全年组织安保检查5次，针对检查中发现的问题，提出整改意见，下发整改通知，从而堵塞漏洞，消除安全隐患。

【市政协“委员之家”委员视察农发行信贷支农工作】 10月14日，市政协主席吴宏蔚、副主席李德民、魏昭炜带领市政协部分经济界“委员之家”委员，到农发行商丘分行及其支持的虞城县部分棉纺企业，视察农发行信贷支农工作。座谈会上，委员们发言中对农发行商丘分行信贷支农工作给予肯定，并提出中肯的意见和建议。吴宏蔚要求，要认真学习，紧跟党委、政府中心工作，多深入开展调查研究，增强中心工作的责任感和紧迫感，主动作为，积极投身于各项工作，力所能及地做好服务，为商丘市经济社会发展建真言、献良策。

中国农业发展银行商丘市分行系统荣获奖项

先进单位

中国农发行系统文明单位
　虞城县支行
河南省农发行系统“银牌县支行”
　虞城县支行
河南省农发行系统先进单位
　虞城县支行
　商丘市分行人力资源部
河南省农发行系统文明单位
　民权县支行
县农发行系统信贷基础管理年活动先进单位
　商丘市分行信贷与风险管理部
　永城市支行
河南省农发行系统“四无”创建活动达标单位
河南省农发行系统合规示范单位
　柘城县支行
河南省审计厅内部审计工作先进单位
河南省农发行系统宣传思想工作先进单位
河南省农发行“金农发行杯”粮油信贷业务技能知识竞赛团体三等奖
河南省农发行贷款使用情况检查第三名
河南省农发行核打码单第四名
河南省农发行CM2006系统查询第四名
河南省农发行库存检查第五名
河南省农发行现场知识竞赛第六名
河南省农发行乒乓球比赛团体第一名
商丘市工会工作先进单位

先进个人

河南省农发行先进工作者
　司凤营　路振宇
河南省农发行信贷基础管理年活动先进个人
　曹梦君　吴冬梅
　王振祥　林士嘉
河南省农发行合规模范员工
　王诗玉
商丘市“五一”劳动奖章
　姚　琦
河南省农发行先进工作者
　鲁宇宁
河南省农发行优秀通讯员
　张宜功
河南省农发行“我与农发行”征文三等奖
　陈　燕
河南省农发行书画摄影展览书法优秀奖
　蒋晓华
河南省农发行书画摄影展览摄影

二等奖

蒋晓华

河南省农发行书画摄影展览摄影三等奖

葛占明　韩智辉

河南省农发行书画摄影展览摄影优秀奖

葛占明　付　楠　蒋晓华

(鲁宇宁)

基建信贷

郭永亮

【基建信贷概况】　2014年，建行商丘分行各项贷款余额101.05亿元，比年初新增19.38亿元，实现贷款突破百亿元目标。其中公司类非贴现贷款66.1亿元，较年初新增10.2亿元；小企业贷款余额9.04亿元，较年初新增2.65亿元；个人贷款余额34.47亿元，较年初新增8.77亿元，有力支持了全市经济建设和社会发展。

中国建设银行股份有限公司
商丘分行领导成员

行长、党委书记：郭永亮

副行长、党委副书记：

翟东风(2月离)

副　行　长：张保平(6月任)

纪委书记、副行长：

刘苏波(4月任纪委书记，6月任副行长)

工会主任：郭俊典

【负债业务】　狠抓存款增长不放松，提份额，稳日均，抓批量，挖存量，实现个人存款和对公存款的协调快速发展。一般性存款余额达148.32亿元，余额市场占比21.85%，同行业第二位；较年初新增17.56亿元，同业第一位。一是抢抓一季度旺季营销的有利时机，强化目标拉动，推行产品拉动、转型带动，跳出存款吸存款。二是大力开展业务营销活动，狠抓代发工资，紧盯大项目进展情况，及时跟进营销。三是推行理财服务，将理财产品作为吸存稳存的重要手段，抓好关键时点理财产品销售，重点销售临界点客户。四是抓商贸客户，提高结算资金量和沉淀量。紧盯"大市场"，密切关注客户资金变化和市场流动性情况，实行名单制营销。依托供应链融资、上门收付款、现金管理等产品，增加存款沉淀；以电话支付、结算通、各类POS、自助设备和电子银行为触角，全面深入支付结算市场，提高商贸客户的资金沉淀量。五是加强公私联动，"产品—客户—存款"营销链条，深挖对公客户中系统类、机构类、重点企业类客户的个人客户存款。六是强力做好100%保证金银行承兑业务、商品房预收款资金监管账户、资金托管、保本理财业务以及保险类存款的增长。

【经营效益】　增强效益意识，多措并举拓展中间业务收入，在重点业务上增份额、升位次，在重点产品上增优势、树品牌。全年账面利润3.07亿元，同比增加0.46亿元。全年中间业务净收入11870万元，对公、对私条线收入结构渐趋合理。一是巩固传统重点产品。强化基金、保险、黄金、理财等高弹产品的销售与服务，做好单位结算卡、支付密码器、代收代付、保函、贸易融资等对公产品的营销，努力挖潜增收。二是拓展新兴产品。大力拓展国内保理、信用证、内保外贷、担保承诺、国际结算等业务。加大融智型业务创新，积极拓展造价咨询、新型财务顾问等业务，改变过于依赖融资型业务的格局。三是加强产品交叉组合销售，为客户提供一揽子金融产品服务，促进中间业务收入快速增长。四是继续加大业务创新。着力在资产收益权转让、融资租赁、私募债、票据理财等创新性产品上下功夫，拓展收入新渠道。

【产品营销】　电子银行业务发展提速。电子银行账务性交易量占比达65.43%，同比提升3.14个百分点；全年电子银行业务收入832万元；手机银行活跃客户净增11383户；短信收费客户新增109162户，计划完成率181.93%，全省第一位。全年国际结算量8560万美元、结售汇7810万美元，中收230万元；办理汽车分期2.75亿元，计划完成率164.8%，居全省第三位；投行业务信贷资产入池5亿元，融资租赁6亿元。至年底，对公有效客户1872户，新增304户，增幅18.89%。对公结算账户总量、新增，基本户总量、新增四个指标均居同业第一位，个人有效客户16.81万户，新增3.57万户，增幅23.43%，创历史最高水平。

【风险防控】　坚持严格信贷风险管理，连续7年新发放贷款实现"零"不良，不良率0.03%，资产质量保持同业最优；严控操作风险，稽核差错率逐年下降；加强案件防控和综合治理，实现安全运营无事故。一是保持资产质量稳定。做实预警预控，加大对关注类贷款以及负债率高企、现金流紧张客户的跟踪监测力度，确保信贷资产质量。二是强化检查职责，增强合规检查的自觉性。继续落实基层顶岗检查制度，综合运用分析诊断、远程监控等手段规范操作行为。三是保持案件治理高压态势。深入开展案件专项治理活动，集中力量"挖雷"排险；将信贷业务真实性管理、员工违规代客交易、违规办理业务作为重点，严防操作风险。四是加大维稳、安保工作力度，确保安全运营。高度重视由协解人员聚集上访带来的维稳问题，把苗头消除在萌芽状态。加大对重点关键部位风险排查，开展针对性的综合整治。强化安全生产意识，落实责任制，确保全年安全无事故。抓好危机事件处置，有效应对声誉风险，消除不利因素对商丘分行的影响。五是加大违规问题积分管理和考核，从严问责；强化内外部检查发现问题的整改，增强问题整改的彻底性、持续性和系统性。

【渠道建设】　一是集全行之力发展电子银行，充分发挥电子银行主渠道作用。增强对这项业务发展的统筹领导、组织协调，促进电子银行与全行各业务条线的深度融合。加强电子渠道新功能、新模式在客户中的纵深应用，重点推广网银跨行资金归集、电子渠道跨境支付、电子商务和新型网络理财等产品。做大做强"善融商务"，积极拓展移动金融、移动支付新领域，大力推广"微信银行"微金融服务。二是加快建设以客户经理为主的综合化经营团队。加强大堂经理队伍建设，使产品经理与客户经理配置比例尽快合理，推进产品经理岗位责任制建设，充分发挥大厅营销组织管理和客户分流作用。三是加强物理网点建设。搬迁网点二处（虞城支行、虞城人民路分理处），购置网点一处（民中支行），完成民权支行回迁购置的二报申请，完成柘城支行改扩建，商丘分行自有率达73.33%，全省名列前茅。四是加快拓展自助渠道。新增离行式自助银行6个（其中迁址3个：夏邑县、民权县、虞城县各1个）、新增自助设备47个，离行式自助银行27个、自助设备总量178台。自助设备账务性交易723.93万笔，是物理网点的2.98倍，电子银行交易490.83万笔，电子银行分流率为65.43%，相当于57个物理网点的业务量，为市场竞争和长效发展打下坚实基础。

【经营管理】 一是规范基层机构及职能部门职责和流程。按照省分行统一部署，适时组织推进本部和分支机构职能部门设置、岗位设置、人员配置优化调整工作。二是深入推进经营管理精细化"六步法"，即通过"经营通报、分析诊断、远程监控、观摩督导、合规促进、信息发布"六种方式，上下联动，深入基层帮扶指导。三是创新营销策略系列活动，通过编制营销策略书，开营销策略会，举办营销策略大赛和营销策略大比武，促进全行经营能力和工作效率的持续提升。四是整合人力资源，激发活力。建立跨层级、跨部门的常态化人员交流机制，探索实施员工跨机构、跨岗位短期交流机制，健全下延职等员工岗位管理，打通定向招聘员工岗位流动和职级晋升通道，拓宽员工职业发展空间。五是实施县域、城区分类管理，加快县域支行转型。4个县行被评为省"十佳"。六是切实提升精细执行能力。加强调查研究，强化联系点制度的落实，强化对基层的督导和帮扶，提高各项决策的落实效果。加强督查督办工作力度，明确对重要落实事项的督导部门，发挥OA系统督办功能，加强全过程督导，切实提高督办工作的有效性。

【优质服务】 一是深入推进网点综合化建设，效果日益明显，服务能力全面提升。"三综合"建设经验在全省信息发布会上交流。重塑大厅制胜的理念，加大大堂经理的管理和引导；营业网点设置"立等柜"，有效解决了客户排队严重、服务效率低的难题，服务质效迈上新台阶。服务效率全省1月~8月通报，客户平均等待时间5.47秒，业务平均处理时间3.59秒，均居全省第四位。二是坚持远程监控和现场观摩相结合，加强柜面服务督导，加强网点服务检查评比，强化对服务投诉及效率的考核，细化奖罚标准，使服务的责任体现到前台每一名员工，提高柜面服务的规范性。三是以客户需求为驱动，深化私人银行客户拓展维护及AUM提升保有工作。充分发挥VIP窗口、理财室的功能，提升高端客户的服务感受。把握客户核心需求，从资产整体配置、财富保障、传承与规划等切入点，及时提供针对性强、专业化程度高的服务。四是聚合全行服务资源，打破部门分割、条线分割、机构分割，为客户提供综合化的金融服务方案，实现客户服务由单一部门、提供单一产品的单体分散性营销服务向跨界紧密型团队化服务的转变。五是在全行推广复制营业部大额存取款流程，为大额存取款客户开设绿色通道，以高效率赢取客户。

中国建设银行股份有限公司
商丘分行系统荣获奖项

先进单位

河南省分行思想政治先进单位
　商丘分行
河南省分行级文明单位
　睢县支行
河南省分行级青年文明号
　宁陵支行
　民权东区分理处
河南省分行十佳优秀合规团队
　南京路支行
河南省分行"先锋团组织"
　商丘分行团委
河南省分行案件防控工作先进单位
　商丘分行
河南省分行基层机构案件防控工作先进单位
　分行营业部
　南京路支行
　柘城支行
河南省分行二级分行本部部门案件防控工作先进单位
　纪检监察部
　财会部
河南省分行十佳贡献最大县支行
　民权支行
河南省分行十佳进步最大县支行
　柘城支行
　虞城支行
河南省分行十佳特色县支行
　永城支行
河南省分行电子先锋"协作共赢"活动先进单位
　青年路支行
　睢县支行
河南省分行党员主题实践活动先进集体
　永城支行
河南省分行房改金融业务突出单位贡献奖
　商丘分行
河南省分行房改金融业务先进机构网点
　永城支行
河南省分行十佳柜面服务团队
　睢阳支行
河南省分行女职工文明示范岗
　南京路支行分行营业部
商丘市服务重点项目建设先进单位
　商丘分行
商丘市金融系统支持地方经济发展一等奖
　商丘分行
商丘市政风行风建设先进单位
　商丘分行
商丘市完成责任目标先进单位
　商丘分行

先进个人

河南省分行第二届"十大杰出青年"
　刘　兵
河南省分行优秀思想政治工作者
　刘东亚
河南省分行"青年先锋岗"
　苗秀青
河南省分行合规明星员工
　蒋　伟

河南省分行青年岗位能手
冯一帆　王柯香　赵　申
河南省分行十佳纪检监察特派员
吕友谊
河南省分行巾帼建功标兵
苗　蓓
河南省分行资金结算业务先进个人
周玉英
河南省分行电子先锋“协作共赢”活动先进个人
曹增峰　李　岩
河南省分行电话支付业务先进个人
李红波　徐蒙蒙
河南省分行个人业务“明星员工”
张　凯
河南省分行党员主题实践活动先进个人
邸先利　张　建　王允峰
河南省分行房改金融业务营销能手
杜建春
河南省分行十佳营业主管
轩敏强
河南省分行十佳网点客户经理
王　剑
河南省分行十佳产品销售经理
庞　丽
河南省分行十佳营业主办
曹红颖
河南省分行十佳柜员
蔡晨星

（娄渊礼）

证券市场

李　允

【证券市场概况】 2014年，分公司坚持以“目标+机制”为核心动力源，以“利润统揽全局”，以香港上市为契机，以转型业务为抓手，克服网点新设和互联网金融发展等影响，重点围绕公司“五大亮点”业务落实结果导向，强化过程管理，紧扣服务转型，注重团队建设，经营业绩整体较为平稳，发展态势良好。全年交易量456.17亿元；同比增张61.01%；市场份额0.29‰，完成计划0.346‰的95.21%，同比下降1.36%；营业收入5632.94万元，利润总额3850.89万元，考核净利润3597万元，完成计划3767万元的95.49%；净利润2884.64万元，同比增张49.32%；资本中介业务收入522.63万元，完成计划486万元的107.54%。

中原证券商丘分公司领导成员
总　经　理：李　允
副总经理：张运朋（2月离）
苏文峰（2月任）

【融资融券业务】 2014年按照公司统一部署，结合实际，持续宣讲、积极引导，加大员工和目标客户培训力度，细化并完善考核办法，加大督导和业绩奖惩力度，既要提升目标客户转化率和参与率，同时通过学习、培训、交流会、投资学院、股市沙龙、模拟和实盘竞赛等形式，引导员工向以财富管理为核心的持续服务、专业化服务上转变，努力实现双赢。全年开立信用账户1786户（当年900户），融资融券3.697亿元；信用交易59.58亿元，占分公司市场份额的13.06%；两融利息+佣金收入2394.57万元，占营业部总收入的42.51%。约定购回业务：已申请交易权限客户24户，初始交易2634.79万元，待购回余额184.03万元。IB期货业务：开户30户，手续费收入11.32万元。

【客户服务】 注重通过一对多服务关系建立，不断实现对核心客户的服务覆盖，提高服务层次和水准。应对新的市场竞争环境，以服务为前提，做好客户转销户管理和佣金议价工作。根据客户资产及原有佣金标准分阶段、分层次、一对一调整。统筹财富中原系列产品营销。通过任务分解、全员营销、日日督导、经验共享，推进标准化服务体系建设。金卡级别以上客户的客户经理服务覆盖率达目标客户的93%；通过严格落实周督导、评价制度，CRM平台登陆与使用，与员工日常工作实现较好结合：全年分公司客户服务记录累计填写6902条、工作日志填写2680人次、CRM平台登陆13983人次；宝典管家签约4819户，签约率（目标客户12221户）39.43%，是公司第一家超额完成年度计划的分支机构。开展大河投资理财拉力赛活动。先后有56名合格投资者参与实盘竞赛，其中2名选手取得第二季公开赛第四、第十名。一客户进入大师赛。着力做好个股期权业务推广准备。引入激励机制，宣导个股期权知识，组织10场员工培训，举办首期员工知识竞赛，按时完成业务专员、讲师上缴所水平测试。组织、引导客户和员工进行仿真交易，搞好客户调查问卷回访。客户期权水平测试合计通过62人，第一个提前超额完成目标计划。累计开通客户仿真账户244户，模拟交易份额0.38%，综合业务活跃度居公司第三名。抓好投资者教育，通过引入奖惩机制，将讲师、课件和邀约客户责任落实到周、到人。投资学院举办率完成200%。开展港股通业务推广活动。全年合格投资者培育218户（居公司第一名），累计签约开通客户317户，交易15户。“控规模、促效率、提水平”团队建设。现有业务部8个，员工30人，共新增客户945户，新增资产8389.78万元，交易额9.43亿元，佣金收入83.69万元；同时加快构建支持培训体系，提升专业素养和运作效率，共组织各类培训41场。

【营销活动】 全年营业部依次开展“策马飞扬再续辉煌”春季营销活动、融资融券“红五月”重点营销活动、证券金融服务季营销与服务活动、“夯实基础，提质增效”四季度营销活动。通过筛选客户、明确目标、奖惩考核等给予组织保障；利用客户交流、投资学院活动、短信、电话等多种手段进行业务宣传、拓展；实行数据日公布、周小结、月总评。开展客户专项培训5次，员工知识测试3次。在公司融资融券金牌讲师和客户征文评选活动中，一客户征文获二等奖；在开展股票期权模拟比赛活动中，一客户总收益率位列公司第一名，一员工总收益率居公司第四名，分公司活动总成绩居公司第二名，并荣获优秀组织奖。

中原证券商丘营业部荣获奖项

先进单位

中国证券投资者调查合作营业部

财富中原品牌推广优秀营业部

反洗钱工作最优 A 级

（张世皓）

财产保险

李栋森

【人保财险商丘分公司概况】 2014 年，人保财险商丘分公司以深入开展党的群众路线教育实践活动为动力，以“基层建设年”为抓手，提升服务经济发展、服务和谐社会建设能力。至年底，业务经营总承保 6073052.96 万元。实收保费 39383 万元，其中车辆险实收保费 36888.35 万元，非车非农险实收保费 1982.05 万元，农险实收保费 512.6 万元。支付赔款 34703.69 万元，同比增加 8129.69 万元。综合赔付率 91.87%，理赔结案率达 100%，服务水平及客户满意度得到新的提升。年度缴纳营业税等地方税 2322.38 万元，履行社会义务结合车辆承保代收车船税（地税）1726.99 万元，2 项 4049.37 万元，为政府财政增收作出新贡献。经过总公司服务效能考评和神秘人测评验收，人保财险商丘市分公司营业厅被评为“金牌服务示范窗口”；市分公司连续 3 个“双年度”被商丘市国税局、地税局授予“A 级纳税信用等级企业”。

人保财产险商丘市分公司领导成员

党委书记、总经理：李栋森（12 月离）

党委副书记、副总经理、纪委书记、兼工会主任：赵　国（12 月任）

副总经理：赵新华

副总经理：李文革（5 月任）

宋振远（5 月任）

【县域平安家园保险】 2014 年，人保财险商丘市分公司积极参与并独家承保虞城县委、县政府旨在深化平安建设、惠及千家万户民生工程保险——虞城县“六位一体”平安家园保险。平安家园保险特点是“政府出资、群众受益、政策引导、市场运作”。该险种是以村民的羊、猪、牛、电动车和粮食及经济作物为保险标的，以乡镇为单位集中投保，保险费由各乡镇及县财政支付，保险期限 1 年。人保财险公司积极协助政府做好宣传推动估值，并按照赔付工作流程，为出险农户及时提供理赔服务。自 8 月 1 日至 12 月底，分公司已处理赔案 180 起，支付赔款 31.09 万元，受到村民及政府一致好评。

【保险服务】 注重围绕“以客户为中心”转型，着力提高服务品质与水平。教育引导机关人员牢固树立“一切服务基层”意识，打造服务型、节约型、效率型、廉洁型“四型机关”，切实转变机关作风。针对基层公司反映较为普遍的问题和建议，组织机关部门制定“改进作风、服务基层”具体举措 70 余项，以文件形式下发向基层公司承诺，接受基层公司监督，市公司机关服务意识、服务效率得到显著提高。商丘分公司承保出单速度在省公司系统继续保持在前列。在省公司 3 个季度客户服务通报中，商丘市分公司 2 次被评为优秀、1 次良好。在商丘市委宣传部、市文明办、市发改委、市工商局、市商务局等七大单位上半年联合开展的全市十佳“文明诚信经营单位”评比中，商丘人保财险分公司榜上有名，为商丘保险行业唯一获此荣誉的保险机构。

【企业文化】 坚持以企业文化建设增强公司软实力，激发干部员工干事创业的正能量。采取多种方式，发动广大员工对公司业务发展、经营管理以及开展群众路线教育实践活动等建言献策，征求到各种意见建议 100 余条。市分公司党委、总经理室在工作决策中对合理的意见建议吸收采纳，增强了员工参与企业民主管理的主人翁意识。落实生日送蛋糕祝贺、生病看望、健康体检、金秋助学、特困帮扶等关爱员工制度，使员工感受人保公司大家庭的温暖，提高员工幸福指数。市分公司举办庆祝“五一”劳动节、“五四”青年节机关趣味竞赛运动会，举办以“春色满园”为主题的员工手机摄影展。各基层展业机构也从实际出发开展文体活动，分公司员工参加文体活动 300 余人次。

【重大理赔案件】 人保财险商丘市分公司以财产综合险承保的商丘市一家科技公司，共收取保险费 6.01 万元。该公司于 5 月 30 日发生火灾。市分公司高度重视，在省分公司理赔部门的指导协助下，经细致查勘定损，并与出险企业充分协商达成共识，于 12 月 31 日赔付 1250 万元结案。该案被评为河南省保险业“财产险公司十大赔案”之一。

人保财产险商丘市分公司荣获奖项

先进单位

中国人保财险公司系统“金牌服务示范窗口”

河南省人保财险分公司系统“服务标杆形象店”

（庞在礼）

人寿保险

邓群柱

【人寿保险商丘分公司概况】 2014 年，商丘分公司系统共实现总保费 10.82 亿元，市场份额 29.36%，稳居市场第一位，其中，长期险首年标准保费 7180 万元，同比增长 10.17%；新单保费 6.11 亿元，同比增长 1.15%；首年期缴 1.69 亿元，同比增长 39.67%；10 年期以上 7907 万元，同比增长 9.94%；短险 5087 万元，同比增长 16.99%。全年支付满期给付及各类赔款 7.39 亿元，纳税上千万元。系统综合考核得分 105.5 分，实现公司类别档升级。

中国人寿保险股份有限公司商丘分公司领导成员

总 经 理:邓群柱
副总经理:陈桂莲(女,6月离)
　　　　陈　勇　李冰川
　　　　朱红社(6月任)

【发展策略】 一是坚持协调均衡可持续发展方针,以提升价值为先导,进一步优化结构,转型增效;在发展中掌控节奏,序时推进,全年以企划方案为纲,统一政策宣导,加强督导,有序推进,从而保证全年主要预算指标的顺利达成。二是坚持夯实队伍根基的发展目标,以基本法考核为抓手,科学搭建发展平台,全面推广高质量增员,提高主管履职意识;强化制度经营,强化制式培训与非制式培训相结合的全方位、多层次培训机制。三是坚持实施创新驱动发展战略,全方位多角度开发新的业务增长点;加大经营管理各个环节的信息化应用力度,开通微信服务平台、国寿E家、E门店等;推行银行转账、失效保单复效、保单信息清理等服务项目,有效推动服务手段的不断创新。

【风险管控】 一是认真落实案件防范目标责任,认真开展"诚信我为先14'爱传递"主题活动和进职场讲诚信活动,推动依法合规教育和风险预警管理工作,不断规范经营行为。二是开展全市风险大排查工作,提高全员合规经营意识;开展内控穿行测试,对19个流程进行评估测试;全年数据核查24个批次2.09万余条,确保没有重大风险的发生。三是高度重视满期给付工作,建立应急工作机制,制定应急预案,上下联动;同时优化给付流程,规范柜面服务,全员参与,快速响应,切实降低风险发生率。

【基础建设】 一是强化制度经营,以基本法为抓手,严格考核,提高主管履职意识;创新工作方法,多措并举,抓好队伍有效扩张,实施"两个代表"项目运作等。二是深入实施"双创工程",打造精英荣誉体系,积极推进城区创标和农网创星工作,不断优化队伍品质,推动销售队伍素质的提高。全年达成标准化责任团队和星级网点77个。三是完善教育培训管理体系,强化制式培训与非制式培训相结合的全方位、多层次培训机制,组建商丘分公司讲师团,推进管理干部和营销主管的讲师化进程。四是加强员工队伍建设,致力于提高员工工资福利,注重对基层干部和年轻干部的培养和使用。全年调整提拔经理助理以上24人,储备后备干部队伍18人,招录大学生10人。

【文化建设】 积极组织健康知识大讲堂、演讲比赛、诚信知识考试、爱国主义教育等,开展"奔腾·2014"劳动竞赛活动、防癌险专销、财富鑫升级等活动。组织向员工送生日蛋糕活动、节假日慰问一线员工活动;对贫困员工帮扶救助;重阳节慰问离退休老干部;组织员工健康体检等。加大经营管理各个环节的信息化利用力度,提高服务效率和服务质量,在商丘市政风行风"面对面"评议中,市公司荣获服务行业第一名;在基层站所行风评议中,睢县客服部被评为省级"群众满意基层站所",民权县、宁陵县、南京路等客服部被评为市级"群众满意基层站所"。积极参加市委"四下乡"活动,履行职能送保险下乡,被评为"商丘市四下乡活动先进单位";热心公益,向省六届残运会商丘代表队赠送保险,被市残工委评为"热心公益扶残助残"先进单位;弘扬主旋律,举办"文明河南欢乐商丘"夏季文化广场活动,开展"九九重阳爱无疆"爱老敬老活动,和金秋助学活动,响应市政府救灾办号召,向困难群众捐款,有力地提升了公司美誉度和社会形象。

中国人寿保险商丘分公司系统荣获奖项

先进单位

河南省公司业务发展先进单位
河南省公司先进基层单位
　睢阳区支公司
　虞城支公司
河南省级"群众满意基层站所"
　睢县客服部
商丘市"四下乡"活动先进单位
商丘市金融系统篮球邀请赛组织奖
商丘市级"群众满意基层站所"
　民权客服部
　宁陵客服部
　南京路客服部

先进个人

总公司"百朵金花"奖
　王　磊
河南省公司理赔服务先进个人
　程晗光
河南省公司先进个人奖
　周　稳　张天宝
　胡　举　洪　枫
商丘市"四下乡"活动先进个人
　胥泽宇

(胥泽宇)

精神文明创建

刘银波

【精神文明建设概况】 2014年,商丘市精神文明建设以开展党的群众路线教育实践活动为契机,以广泛开展社会主义核心价值体系建设和中国梦学习教育为根本,以推进文明河南建设、创建省级文明城市为重点,开拓创新、扎实工作、务求实效,各项工作有序推进,主题活动亮点纷呈,为商丘经济发展和社会进步提供了强大的精神动力和道德支撑。

商丘市文明委领导成员

主　任:周树群

副主任:贾瑞琴(女)　杨继民

王仲田　魏昭炜

夏宗长

商丘市文明委办公室领导成员

主　任:刘银波

副主任:耿云峰　许　琳

【道德模范和身边好人活动】 2014年,印发《关于深入开展学习宣传道德模范和身边好人活动的实施方案》。在全市组建10支道德模范巡讲报告团,举行商丘市道德模范基层巡讲活动启动仪式暨首场报告会。报告团深入社区、村镇、企业、学校等基层单位开展巡讲活动40余场,受教育2.8万人;印发《关于开展"道德模范故事汇"节目会演和基层巡演的通知》,以全市道德模范和身边好人事迹为原型进行艺术创作,安排专业演员精心排练,聘请专家审核把关,举办商丘市道德模范故事会演暨基层巡演活动启动仪式,在各县(区)组织巡演21场,受教育8000余人;组织"文明河南——2014河南好人中原行《商丘篇》"现场采访活动,节目在河南卫视新农村频道播放50分钟,收到良好宣传效果。

【"道德讲堂"活动】 印发《关于进一步推进道德讲堂建设工作的实施方案》,明确任务分工和责任单位,进一步规范道德讲堂的内容和仪式流程,全市各县(区)建设高标准示范性道德讲堂140个,各级文明单位、村镇、社区、学校开展道德讲堂活动3100余场次,受教育50余万人。

【"商丘好人"品牌】 认真落实《"商丘好人"推选、宣传、帮扶长效机制方案》,印发《关于进一步做好"中国好人榜"候选人推荐评选工作的通知》,建立商丘市"我推荐、我评议身边好人"基层组织网络,认真收集整理"身边好人"事迹材料,并积极向省文明办、中央文明办推荐,每月在《商丘日报》《京九晚报》刊发"中国好人榜"候选人事迹广泛宣传。全年共入选中国好人榜候选人27人,荣登"中国好人榜"4人。开展"最美孝心子女"评选活动,在全市评选出10名"最美孝心子女"。各县(区)组织道德典型评选表彰活动,宁陵县开展"十佳道德模范"评选活动并举行颁奖晚会,夏邑县组织第四届"夏邑孝子""夏邑孝媳"评选活动,民权县组织"民权好人"评选活动,梁园区开展"道德模范""身边好人"评选活动,柘城县建立"柘城好人"库,入库1033人。

【文明礼仪教育】 2014年,扎实开展"践行价值观、文明我先行"活动,按行业分别开展文明公务员、文明服务员、文明医生、文明警察、文明教师、文明学生等评选表彰活动。印发《商丘市文明市民标兵评选表彰实施办法》和《第六届商丘市文明市民标兵评选活动实施方案》,评选出100名文明市民标兵,推荐6名为河南省文明市民候选人。印发《关于利用道德讲堂开展文明礼仪教育的通知》,以《商丘文明市民生活手册》《商丘市民文明素质教育读本》为教材,广泛普及文明礼仪知识。以华商节为契机,举办"迎华商盛会、做文明市民"文明礼仪知识竞赛,在《商丘日报》《京九晚报》刊发"迎华商盛会、做文明市民"倡议书,向市民免费发放《商丘市民文明素质教育读本》5000册。在全市中小学校开展"争做文明使者"活动,让广大青少年从小养成文明有礼好习惯。

【帮扶活动】 组织开展"爱心接力"商丘好人道德模范帮扶活动,结成帮扶对子30对。春节期间,市文明办拨出经费2万元慰问道德模范,在全社会倡导好人好报的价值导向。

【文明城市创建】 一是周密部署,创城工作全面推进。印发《商丘市创建省级文明城市2014年工作计划及任务分解》,征求相关单位意见,把创建任务逐一分解到各工作组、各责任单位、各职能部门和三区。呈送市"六城"联创指挥部《关于进一步加快"五馆一中心"建设的报告》,市委书记陶明伦、市长李公乐作出重要批示,有力地促进全市"五馆一中心"建设,商丘博物馆已向市民开放。召开2014年文明城市创建工作会议,按照《文明城市测评体系》和创建工作计划及任务分解内容,修订《市"六城"联创目标任务责任书》,由市委、市政府与各责任单位签署,促进创建工作深入持续开展。从12月开始,在市(区)内全面开展车窗抛物集中治理活动。市文明办以商丘市"六城"联创指挥部名义拟定《关于在市区开展车窗抛物集中治理活动的实施方案》《关于对车窗抛物等不文明行为实行举报奖励的实施办法》,各市属媒体展开全面宣传并设立曝光台,对不文明行为进行曝光,取得初步成效。按照“六城联创、市县(区)联动”的工作思路,以全国“三个一批”创建为契机,指导柘城县成功创建省级文明县城。柘城县在县城建成公共自行车系统,投资660万元,免费为市民出行提供公共自行车,有效解决了乱停乱放,成为一道靓丽的风景线。二是做好“讲文明树新风”公益广告宣传,营造浓厚创建氛围。印发《文明河南社会宣传工作执行方案》《关于进一步做好“讲文明树新风”公益广告宣传的实施意见》,运用多种媒介不间断刊播“文明河南”“讲文明树新风”“图说我们的价值观”等公益广告。由市委宣传部、市文明办牵头,拟定20余条文明河南建设宣传口号,利用全市各高速出口LED屏、市(区)各大型LED屏、广告塔(牌)、流动显示屏等电子显示屏滚动播放,市(区)各主次干道两侧建筑围挡、墙体等设施都覆盖了文明河南建设的宣传板面,引导群众参与主题活动。全市主要报纸刊载公益广告153个整版,电视播发10833分钟,广播播出10563分钟,各门户网站公益广告点击120万余次,建筑工地围挡展示1.58万平方米,户外公益广告5.9万平方米。印发《关于开展“做文明人、办文明事”公益广告大赛作品征集活动的通知》,共征集各类作品182条,在市级媒体刊播,取得良好社会宣传效果。在省委宣传部、省文明办、省工商行政管理局联合举办的“做文明人、办文明事”公益广告大赛中,市文明办荣获优秀组织奖,由市文明办征集选送的《你我共处一个空间中、让文明走进你我心田》《低碳是一种幸福》《传播文明、从我做起》《请不要随意丢弃垃圾锐物》《拒绝餐桌浪费》5件作品分别评被为同类作品二等奖、三等奖。

【文明河南建设】 一是发布《商丘市民文明公约》。市文明办采取广泛征集、初选、专家讨论、征求意见等方式,重新修订《商丘市民文明公约》。在《商丘日报》《京九晚报》上发布征稿启事,共征集稿件1628篇。市文明办筛选出稿件372篇,邀请市委党校、商丘师范学院等专家学者认真研讨后,报请市文明委领导审定通过,而后在市主要媒体上发布。印发《关于学习宣传践行〈商丘市民文明公约〉的通知》,要求各机关单位、文明单位、文明社区、学校要先学一步,并把学习宣传公约活动与“六文明”行动相互融合促进,营造了浓厚的学习宣传氛围。二是积极开展法治教育活动。市文明办、市司法局在商都广场开展法律宣传活动,充分利用报纸、广播、电视、互联网等载体,开展群众性的法治教育,在主要街道悬挂宣传标语、布设宣传展板、散发法律宣传单,开展法律咨询活动,举行广播电视讲座,并出动法律宣传车20余辆,散发2万余份法律宣传册,接待群众咨询800余人次。市文明办组织各级文明单位开展法制宣传教育活动,并纳入文明单位测评体系,组织干部职工学法用法,取得良好效果。三是诚信建设制度化工作有序推进。召开全市推进诚信建设制度化工作座谈会,制定《商丘市推进诚信建设制度化实施方案》和《商丘市诚信建设“红黑榜”发布制度》。建立失信被执行人名单、AAA级信用企业名录等,在全市集中开展整治制假售假、服务质量差等失信、失礼行为。与市委宣传部、市工商局联合开展“文明诚信企业商户”评选活动;与市工商局和市市场发展服务中心联合开展“文明诚信市场”评选活动。积极发挥舆论监督作用,新闻媒体及时发布诚信企业、个人“红名单”和失信企业、个人“黑名单”,让诚信者得到好处、让失信者付出代价。对失信企业、售假商户通过《京九晚报》等媒体、职能部门官方网站曝光,对查获的90余种400余件案值30余万元的假冒伪劣商品公开销毁,有力震慑了不法分子,初步构建了奖励诚信、约束失信工作的机制。四是开展服务型机关建设。召开文明服务推进会,开展文明服务进机关、进行业、进窗口、进校园“四进”活动,在机关、行业、窗口、学校分别培育文明服务示范点,以点带面,加强活动辐射。组织新闻媒体对党政机关“门难进、脸难看、话难听、事难办”的衙门作风曝光,起到警示震慑作用。开展“文明河南做表率”活动,举办“点赞河南人”征文活动,在机关和企事业单位营造文明、和谐、向上的良好道德环境。五是大力开展文明交通活动。印发《关于深入开展文明交通行动的实施方案》,利用全市交通引导屏广泛刊播文明交通公益广告,举办“安全文明交通日”活动,开展“文明的士之星”评选表彰活动,市属媒体进行广泛宣传报道。节庆期间,组织各级文明单位文明交通志愿小分队,佩戴文明交通小红帽、绶带、手旗等,在全市主干道、路口,劝阻行人和车辆的不文明交通行为,协助交警维护交通秩序,宣传文明交通、文明乘车公约。根据全市《关于开展“文明乘车、从我做起”集中宣传引导活动的实施方案》要求,市文明办制定《文明乘车公约》,并于11月24日在《商丘日报》《京九晚报》公开发布,引导广大市民从我做起、从现在做起,自觉践行《文明乘车公约》,营造文明乘车的浓厚氛围。六是开展勤俭节约、文明餐桌行动。印发《全市“践行价值观文明我先行”文明餐桌活动实施方案》,发布文明餐桌活动倡议书,号召全市餐厅张贴宣传画,摆放“不剩饭、不剩菜”提示牌,要求餐饮经营单位提供小份、拼盘和退单、预约等经营服务,利用环保袋免费打包,组织餐饮协会和新闻媒体开展监督检查,在全社会大力弘扬节俭惜福的文明风尚。市文明办把文明餐桌行动纳入文明单位考评体系,在年度文明单位复查考评中督导检查,在全社会树立文明餐桌示范形象。七是深入推进文明旅游活动。印发《商丘市“文明与旅游同行”活动工作方案》《商丘市“践行价值观文明我先行”主题系列活动文明出游活动实施方案》,举办文明出游“张弓杯”导游员大赛,开展文明旅游进校园、进企业、进社区“三进”活动,组织志愿者开展文明旅游进社区宣传活动;开展旅游市场秩序专项整治工作,进行旅游安全大排查,对旅游景区的乱刻乱画、乱扔垃圾,出境游中的不拘小节、不守礼仪进行查处和劝导,有力地推动了文明旅游活动开展。

【文明单位建设与管理】 为进一步提高文明单位创建工作质量和水平，市文明委出台《关于进一步加强文明单位评选与管理工作的意见》，对管理、升级、复查、奖励等进行规范。印发《关于推荐文明单位培养对象的通知》，指导各县(区)做好文明单位培养工作。召开全市文明单位创建与管理工作会议，分析全市创建工作形势，学习创建工作新内容，部署创建工作重点任务。

【文明单位复查考评】 配合省文明办对省级文明单位同创单位复核检查，全部符合要求。集中力量、抽调人员分别对省、市级文明单位进行年度复查和考评。对考评中发现问题的单位通报处理，并限期整改，对排名靠后的单位末位淘汰，确保文明单位创建质量。召开市文明委全体会议，审议通过市级文明单位38个、市级文明单位标兵30个、市级文明村镇4个、市级文明社区1个，12月市委、市政府予以命名表彰。

【"星级文明户"创评工作】 召开全市"践行价值观、文明我先行"主题活动暨"星级文明户"创评工作电视电话会议和"星级文明户"创评工作座谈会，部署"星级文明户"创评活动。组织对各县(区)"星级文明户"创评活动督查，印发督查通报。各县(区)及时召开动员会议，认真抓好落实，统一制作"十星级文明户"荣誉牌，各示范乡(镇)、村都设置"星级文明户"墙体标语、宣传栏等，营造了浓厚的宣传氛围。全市共评出"星级文明户"8万户。夏邑县在组织工作中做到"四到户三上墙"，确保创评选活动公正、透明，收到良好社会效果。睢县组织有关乡镇到新乡辉县市参观学习"星级文明户"创评活动经验，给"星级文明户"一定物质奖励和政策倾斜，调动了群众的积极性。

【文明单位结对帮扶活动】 印发《2014年度文明单位结对帮扶工作任务的通知》，并把结对帮扶工作纳入文明单位测评体系，在年度复查和考评中督导检查。各级文明单位结合自身实际确定帮扶村、帮扶对象，制定帮扶工作方案，广泛开展结对帮扶和志愿服务活动，帮助农村开展精神文明创评活动、清洁家园行动、文化惠民行动，组织志愿者关爱空巢老人、留守儿童、弱困群体，解决他们的生活学习困难。全市各级文明单位结对基层村镇组建文体娱乐队伍，赞助文化活动器材，聘请辅导老师，开展适合群众口味、群众乐于参与的文体活动。夏邑县举办第二届鞭陀文化节和第三届中国鞭陀大赛，民权县、宁陵县、睢县举办全民运动会，睢阳区、睢县建设多功能文化站和农家书屋，开展丰富多彩的文化惠民活动，满足农民精神文化需求，树立文明单位的良好社会形象。

【志愿服务工作】 印发《关于深入开展志愿服务活动实施方案》，召开全市志愿服务站建设现场推进会，对清江社区、市地税局等志愿服务站现场观摩。紧贴群众需要，建设"文明使者志愿服务站"127个，统一设立"文明使者"志愿服务站醒目标识，普遍配备饮水机、打气筒、手机充电设备等器材设施，设立与之对应的服务项目，各志愿服务站功能完善，能充分发挥作用。按照中央、省文明委推进志愿服务制度化视讯会议精神，召开全市志愿服务制度化工作视讯会议，制定《关于推进全市志愿服务制度化的实施意见》。组织各县(区)文明办赴濮阳市学习志愿服务信息平台建设的先进经验，市志愿服务信息平台已建成并开始运行；在全省率先推出《商丘市文明使者志愿服务站管理办法》，建立工作台账，对在志愿服务工作中表现突出的，年终给予表彰奖励。在省文明办举办的"文明河南、与爱同行"志愿服务演讲比赛中，商丘市荣获优秀奖；商丘市地税局、华商文化广场、商丘移动志愿服务队等站点、团队，市地税局孙晓艳等5名志愿者受到省文明办表彰。确立"跟我来"志愿服务微信群、水上义务救援队、民权"爱心家园"等志愿服务项目；春节、元旦期间，在市两报发《讲文明树新风文明过节》倡议书，联合团市委、市妇联印发《关于在元旦、春节期间开展志愿服务活动的通知》，组织文明单位志愿者在火车站、汽车站开展"关爱农民工、温暖回家路"志愿服务活动，为旅客提供出行服务，此举被中央文明网和市级媒体上集中报道；3月5日，发布《商丘市"学习雷锋精神建设文明商丘"志愿服务活动倡议书》，在商都广场全面启动志愿服务活动，举行千人签名活动，来自社会各界的5000余名学雷锋志愿者组成的50余支志愿服务队参加集中活动。开展文明交通、"爱心顺风车"、咨询义诊、家电维修、助残助困等志愿服务活动；华商节期间，组织文明单位志愿者分队开展志愿服务活动，展示文明单位志愿者的良好形象。配合省主要媒体对全市"文明河南志愿服务在行动"进行报道。柘城县组织23家单位、165辆汽车开展"2014年爱心送考"志愿服务活动，深受社会欢迎。

【未成年人思想道德建设】 一是开展"争做文明使者、争当美德少年"活动。印发《关于在全市未成年人中组织开展"争做文明使者、争当美德少年"活动的通知》，全市各中小学校、社区、村镇积极组织广大未成年人参与，开展认星争优、文明小使者志愿服务等道德实践活动，涌现出一大批美德少年。全年全市共推荐河南省和商丘市美德少年候选人597名，向省文明办推荐候选人8名，陈星等3人入选河南省美德少年。评选出第六届商丘市美德少年50名，召开大会进行表彰。夏邑县、睢县也开展了美德少年评选活动。二是开展"我的中国梦"主题教育实践活动。印发《关于运用重要时间节点深化"我的中国梦"主题教育实践活动的实施方案》《关于组织开展"纪念先烈、报效祖国、圆梦中华"活动的通知》《关于开展优秀童谣征集推广活动的通知》和《关于开展"童心向党"歌咏活动的通知》等文件，组织未成年人开展网上祭英烈、学习和争做美德少年、童心向党歌咏活动、优秀童谣创作传唱活动等道德实践活动。全市评出优秀童谣558首，向省里推荐5首，《少年宫、少年梦》获省一等奖，《文明河南人》获省三等奖；"七一"前夕，全市各中小学广泛开展"童心向党"歌咏活动，在市实验小学演播厅举行集中会演，向省文明办上报“童心向党”歌咏活动光盘作品2份，参与全国全省“童心向党”歌咏活动网上展播。组织“社会主义核心价值观征文活动”，全市中小学生广泛参与，收到优秀作文1093篇，评出150篇获奖作文进行奖励。宁陵县在各中小学校举行感恩报告会，通过感恩祖国、感恩老师、感恩父母和励志图强等4个板块净化孩子的心灵。三是开展经典诵读活动。印发《商丘市开展“中华经典诵读”活动的实施方案》，组织“经典照亮人生”诵读大赛和知识竞赛，全市49个代表队参加比赛。为集中展示经典诵读成果，在市实验小学举行观摩活动。在全省经典诵读评比中，市民三小学《少年梦、中国梦》荣获二等奖。市民三小学、市实验小学被评为“河南省经典诵读示范学校”。四是认真做好乡村学校少年宫建设管理工作。争取中央、省彩票公益金615万元，新建25所乡村学校少年宫，自建学校少年宫30所，通过市财政对学校少年宫发放经费补贴115万元。举办全市乡村学校少年宫项目建设工作推进会暨骨干人员培训班，实地观摩睢县周堂一中少年宫，进行典型经验交流。积极开展“五进”少年宫活动，印发活动方案，将此项活动纳入考评标准，使此项活动在各少年宫全面落实，取得实效。开展学校少年宫建设与管理工作自查和年度测评，印发《关于做好学校少年宫建设与管理情况考核评估工作的通知》，突出“五进”要求，明确35项标准要求，进行全面考核。全市学校少年宫普遍管理规范，开展丰富多彩的教育实践活动，能充分发挥作用。配合省文明办、省财政厅对全市乡村学校少年宫的检查指导，全面推进学校少年宫建设。举办未成年人心理健康教育技能培训，提升辅导老师的工作能力。五是认真做好净化暑期社会文化环境工作。印发《关于暑假期间在全市开展文化市场集中整治行动的通知》，召开专题会议，部署全市集中整治工作。开展网吧整治、网络手机信息整治、荧屏声频信息整治、少儿出版物市场整治等重点整治行动。组织“闪电”系列行动5次，出动执法人员523人次，查处违规经营网吧和图书音像经营户44家，进一步规范了文化市场经营秩序和社会文化环境；聘请“五老”人员、学生家长、大学生志愿者为网吧义务监督员，加强网吧的日常巡查；开展文明上网、文明办网宣传教育，整治“网吧”等互联网上网服务营业场所中出现的危害国家安全、煽动民族分裂、传播谣言不良信息等行为；印发《致网吧经营业主的公开信》《致中小学生家长的公开信》，发动社会各界共同维护网吧市场正常经营秩序；积极组织文化、工商、公安等职能部门定期召开联席会议，研究解决整治中遇到的问题，维护文化市场正常秩序。

【精神文明建设宣传工作】 印发《关于全面推进县(区)文明网建设的通知》，明确各县(区)、市直文明网建设任务，各县(区)文明网建设全面启动。全面提高商丘文明网质量。至年底，商丘文明网共上传要闻195篇，图片新闻134篇，头条107篇，播报137篇，其他栏目文章近500篇，中国文明网采用信息73篇，河南文明网采用信息140篇。办好“文明商丘”官方微博，编发博文、转发评论2000余条，其中原创博文900余条；印发《关于进一步加强精神文明建设信息工作的通知》，共编发商丘市精神文明建设简报41期共142篇，省精神文明建设简报采用信息11篇。荣获河南省精神文明建设信息工作三等奖。

【网络文明传播行动】 成立商丘市网络文明传播志愿者支队，在各县(区)、市直成立10个网络文明传播志愿者大队，举办全市网络文明传播志愿者培训班。这些志愿者积极发布有社会引导作用的正面信息，开展网上主题活动，引导网民文明上网、文明评论，有效传播社会正能量。在中央文明办、中国文明网联合进行的2014年第三季度网络文明传播工作考评中，商丘市被中央文明办、中国文明网联合通报表彰，排名第四位。

商丘市文明系统荣获奖项

先进单位

河南省未成年人思想道德建设工作先进单位
- 商丘市民主路第三小学
- 虞城县杜集镇中心学校
- 夏邑县会亭一中
- 柘城县实验小学

河南省优秀“文明使者志愿服务站”
- 梁园区清江社区志愿服务站
- 梁园区合欢社区志愿服务站
- 睢阳区应天社区志愿服务站

河南省“优秀童谣”征集评选和传唱活动

一等奖
- 《少年宫、少年梦》

三等奖
- 《文明河南人》

河南省经典诵读示范学校
- 商丘市实验小学
- 商丘市民三小学

河南省“文明河南·与爱同行”志愿服务演讲比赛组织奖
- 商丘市文明办

河南省“做文明人、办文明事”公益广告大赛优秀组织奖
- 商丘市文明办

河南省“做文明人、办文明事”公益广告大赛获奖作品
- 《你我共处一个空间中，让文明走进你我心田》(手机类二等奖)
- 《低碳是一种幸福》(手机类三等奖)
- 《传播文明、从我做起》(影视类三等奖)
- 《请不要随意丢弃垃圾锐物》(广播类三等奖)
- 《拒绝餐桌浪费》(广播类三等奖)

河南省精神文明建设信息工作三等奖
- 商丘市文明办

省级文明单位(44个)
- 河南省商丘市地方税务局稽查局
- 商丘市卫生局
- 商丘高级技工学校
- 商丘市道路运输管理处
- 商丘市公安局(机关)
- 商丘市教育局
- 商丘市气象局

商丘市人民政府外事侨务办公室(同创单位:商丘市人民对外友好协会)
商丘市实验幼儿园
中共商丘市委党校
中共商丘市委老干部局(同创单位:市关心下一代工作委员会办公室、市老干部大学办公室)
中共商丘市委组织部
商丘市梁园区国家税务局
商丘市国土资源局梁园分局(同创单位:梁园国土资源监察队)
商丘市梁园区人民法院
中国共产党商丘市梁园区委员会办公室
河南省商丘市睢阳区地方税务局
商丘市睢阳区人口和计划生育委员会
商丘市睢阳区人民法院
河南商丘经济开发区管理委员会
商丘市经济开发区地方税务局
虞城县财政局
虞城县审计局
虞城县水务局
中共虞城县委党校
夏邑县供电局
夏邑县粮食局
夏邑县烟草专卖局
夏邑县质量技术监督局
睢县食品药品监督管理局
睢县人民法院
睢县人民政府办公室
睢县烟草专卖局
河南省宁陵县国家税务局
宁陵县统计局
宁陵县邮政局
中国共产党宁陵县纪律检查委员会
河南省柘城县国家税务局
柘城县工商行政管理局
柘城县交通运输局
河南省民权县国家税务局
民权县财政局
民权县人民法院
中共民权县委办公室

省级文明社区(4个)
梁园区白云街道大陈社区
梁园区白云街道清江社区
睢阳区东方街道电业新村社区
睢阳区新城街道北海社区

市级文明单位标兵(30个)
商丘市发展和改革委员会
商丘市体育局
商丘市旅游局(同创单位:商丘市旅游质量管理所、商丘市旅游监察支队、商丘市旅游培训中心、商丘市旅游宣传推介信息中心)
商丘市安全生产监督管理局(商丘市安全生产执法监察支队)
商丘市人民公园
商丘市接待办公室
商丘市地方史志办公室
梁园区卫生局
梁园区长征街道
商丘市特殊教育中心
梁园区市容环境卫生管理处
商丘市第十三中学
梁园区双八一中
睢阳区质量技术监督局
商丘市郊区邮政局
虞城县公安局
虞城县实验幼儿园
夏邑县林业局(同创单位:夏邑县森林公安局)
夏邑县水利局
睢县县委编制委员会办公室
睢县教育体育局
共青团睢县委员会
宁陵县工业和信息化科技局
宁陵县农村信用合作联社
中国移动通信集团河南有限公司商丘市宁陵分公司
柘城县人民法院
柘城县文化局
柘城县邮政局
柘城县高级中学
民权县文化广电旅游局

市级文明单位(38个)
商丘市农业机械化管理局(同创单位:商丘市农机监理所、商丘市农业机械化技术推广鉴定站)
商丘市科学技术协会(同创单位:商丘市科技开发研究所、商丘市青少年科技活动中心)
商丘市广播电视台
商丘市文学艺术界联合会
商丘市供销合作联合社
商丘市农林科学院
商丘市住房公积金管理中心
河南省商丘水文水资源勘测局
商丘华商农村商业银行股份有限公司
梁园区人大常委会办公室
梁园区统计局
梁园区水利局
梁园区基础教育教学研究室
商丘市第十六中学
商丘市民主路第一小学
商丘市国土资源局梁园分局八八国土资源所
豫东综合物流产业集聚区管委会
商丘市城乡规划局商丘市城乡一体化示范区分局
虞城县农村信用合作联社
虞城县市容环卫处
夏邑县公安交警大队
夏邑县妇幼保健院
夏邑县城市管理监察局
夏邑县路政管理所
睢县县委群众工作部(睢县人民政府信访局)
睢县产业集聚区管理委员会
睢县农村信用合作联社
河南中原高速公路股份有限公司商杞分公司
睢县总工会
宁陵县政府办公室
宁陵县气象局
宁陵县教师进修学校
中共柘城县委统战部
柘城县卫生局(同创单位:柘城县卫生监督所)
民权县高新技术产业开发区管委会
民权县环保局
民权县国土资源局

民权县妇女联合会

市级文明村镇(4个)

夏邑县歧河乡

宁陵县乔楼乡

民权县野岗乡

柘城县牛城乡草帽村

市级文明社区(小区)(1个)

白云街道广源社区

第六届商丘市文明市民标兵(100名)

黄　伟　商丘市水上义务救援队队长

李东亮　商丘市义工联合会会长

张承庆　商丘市实验小学教师

王玉华(女)　商丘市实验幼儿园教师

张志远　商丘市第一高级中学教师

张凤梅(女)　商丘市回民中学教师

张新慧(女)　商丘市第一人民医院眼科护士长

韩雪迎(女)　商丘市第一人民医院急诊科护士长

张晓华　商丘市中级人民法院审判员

苏　蕊(女)　商丘联通公司市场部职工

孙晓艳(女)　商丘市地方税务局干部

曹艳玲(女)　商丘市农水技术指导站助理工程师

冯　慧(女)　商丘市统计局干部

张建昆　商丘市气象局干部

周晓明　商丘市公安局交通警察支队高速大队干部

李永春　河南高速公路发展有限责任公司商丘分公司商丘北站收费站站长

刘　鹏　商丘市计划生育委员会宣传教育科科长

黄修起　商丘市烟草专卖局(公司)总会计师

窦晓梅(女)　商丘市住建局干部

姜克印　商丘市第八中学教师

王　飞　商丘市第七中学教师

刘　方(女)　梁园区白云街道清江社区党总支书记

王红梅(女)　梁园区芙蓉街9号工行家属院居民

邹瑞莲(女)　梁园区海亚春天小区业委会副主任

黄玉春(女)　梁园区公用事业局园林绿化管理处职工

肖德章　梁园区建设街道肖庄村宣传委员

李洪亮　梁园区中州街道解放村村委会主任

杨庆华　梁园区王楼乡杨油坊村党支部书记

王千里　梁园区卫生局办公室科员

赵　颖(女)　梁园区白云社区卫生服务中心主任

梁　冰(女)　睢阳区文化中心校校长

戚昌安　睢阳区临河店乡秦楼小学教师

李良刚　睢阳区新城街道东乔楼村村民

于桂芝(女)　睢阳区光明小区居民

秦　鹏　睢阳区卫生局干部

孟红云(女)　睢阳区财政局副局长

张仁华　睢阳区人民法院政治处副主任

侯　杰　睢阳区工业和信息化局干部

王付丽(女)　商丘市公安局宋城分局民警

张　晴(女)　睢阳区国家税务局干部

秦均文　夏邑县普法协会会长

周丽敏(女)　夏邑县业庙一中教师

陈中锋　夏邑县人民医院神经内科主任

张彦军　夏邑县车站镇沈庄村村民

潘明明、郇小青夫妻夏邑县韩道口镇潘马楼村村民

刁先伦　夏邑县济阳镇刁楼村村民

随庆敏　夏邑县歧河乡随沟涯村党支部书记

徐德好　夏邑县歧河乡后随楼村党支部书记

李　博　夏邑县财政局干部

黄秀真(女)　虞城县田庙乡石庄村村民

高美丽(女)　商丘市汇丰棉业有限公司业务培训主管

丁　林　虞城县公安局民警

杨献恩　虞城县委党校办公室主任

郭卫兵　虞城县审计局办公室主任

蔡　威　虞城县人民法院法官

张　伟　宁陵县黄岗镇魏营小学教师

王香浦(女)　宁陵县高级中学学生

窦修丽(女)　宁陵县妇幼保健院临产室护士长

丁二兰(女)　宁陵县公用事业发展管理中心环卫工人

顾丽英(女)　宁陵县孔集乡八卜村村民

白智超　宁陵县程楼乡沟厢

村村民
郑文梅(女) 宁陵县华堡镇赵石庄村村民
程兴友 宁陵县石桥镇周楼村村民
乔家磊 宁陵县乔楼乡齐王庄村党支部书记助理
张诗玉 宁陵县民政局纪检书记
杨淑梅(女) 宁陵县供电局调度中心副主任
刘洪军 睢县水上义务救援队政委
王清林 睢县义工联盟理事会会长
陈迎春(女) 睢县实验小学教师
魏士凌 睢县中医院医生
邢明祥 睢县中医院医生
田立功 睢县人民医院医生
薛海先 睢县供电有限责任公司职工
丁大田 睢县公安局交警大队民警
李振基 柘城县慈圣镇供销社退休职工
余复朝 柘城县远襄一中教师
李爱玲(女) 柘城县皇集乡初级中学教师
司林兴 柘城县邵园乡司楼初中教师
王贯三 柘城县第一实验小学交通安全员
潘凤莲(女) 柘城县牛城乡杨庄村村民
朱连芝(女) 柘城县洪恩乡李楼村村民
李海林 柘城县老王集乡余心白村村民
祁文霞(女) 柘城县艾滋病防治救助工作办公室干部
田 凯 柘城县人民医院麻醉科主任
刘 军 柘城县人民医院普外科副主任
邱玉玲(女) 柘城县看守所所长
吴协涛 民权县实验中学校长
张传声 民权县城关镇居民
王 磊 民权县文化广电旅游局干部
贾玉海 民权县人民医院医务部主任
程 凤(女) 民权县农业局工会副主席
付保瑞 民权县投资管理中心主任
刘美华(女) 民权县孙六镇龙门寨村村委会主任
王 爽(女) 民权县供电局政治部干部
张壮斗 商丘市斯卡化工有限公司总经理
袁登敏 商丘市宏源集团职工
周桂兰(女) 城乡一体化示范区平安街道办事处潘庄村村民
凌 兵 城乡一体化示范区平台街道办事处平台村村民
王 坤 城乡一体化示范区中州街道纪工委书记

第六届商丘市美德少年(50 名)

陈 星 商丘市第三高级中学
刘以恒 商丘市文化路小学
王 兴 商丘市实验小学
李思朋 商丘市一高
高艺尔 商丘市外国语实验小学
武南叶 商丘市实验中学
崔铭哲 商丘市实验小学
杜昊洋 商丘市文化路小学
梁 爽 商丘市民二小学
洪昊宇 商丘市第一回民小学
李晨光 商丘市第六中学
何熙盈 梁园区实验小学
胡诗婕 梁园区胜利路小学
田涵宇 梁园区解放路小学
杨紫旭 商丘市红旗路小学
芦君豪 睢阳区坞墙二中
李若溪 睢阳区胜利小学
苏柳嫣 商丘市第二回民中学
王 畅 商丘市第二实验小学
兰 浩 睢阳区冯桥小学
龚筱涵 睢阳区李口镇一中
徐文雅 睢阳区胜利小学
田 雨 睢阳区实验学校
刘梦龙 夏邑县王集乡第一初级中学
刘雅如 夏邑县第三实验小学
刘梦雅 夏邑县城关镇闫刘小学
马永吉 虞城县小侯中学
袁语泽 虞城县实验小学
胡 阳 虞城县刘集乡第一中学
杨雯雯 虞城县城郊乡大郭楼小学
李明晰 宁陵县第二实验小学
杨曙源 宁陵县第二实验小学
焦 点 睢县凤城学校
郭佳瑞 睢县实验小学
林小意 睢县城关一中
孙 悦 睢县白楼乡第一初级中学
徐淑楠 睢县胡堂乡初级中学
闫 冰 睢县城郊乡马头中学
杨子涵 睢县育才学校
张浩然 睢县后台中学
张 洁 睢县第二中学
张锡哲 睢县周堂镇丁营小学
郝翌扬 柘城县第四实验

小学
杨子芮　柘城县实验小学
赫连乐乐　柘城县胡襄镇中心小学
楚冰月　民权实验小学
郭子瑜　民权县第三小学
张书源　民权县实验中学
范舒琪　商丘经济开发区星林小学
臧锐乾　商丘经济开发区星林小学

精神文明建设工作先进单位和先进工作者

先进单位(32个)

中共商丘市委市直机关工委
商丘市国家税务局
商丘市地方税务局
商丘市烟草专卖局
商丘市农业机械管理局
商丘市工商行政管理局
中共商丘市梁园区委宣传部
梁园区财政局
梁园区地方税务局
睢阳区宋城街道
睢阳区新城街道
睢阳区地方税务局
城乡一体化示范区工商行政管理分局
城乡一体化示范区国家税务局
夏邑县公安局交通警察大队
夏邑县妇幼保健院
夏邑县粮食局
柘城县地方税务局
柘城县房地产管理局
柘城县工商行政管理局
中共虞城县委党校
虞城县审计局
虞城县财政局
宁陵县地方税务局
宁陵县食品药品监督管理局
宁陵县工商行政管理局
睢县财政局
睢县审计局
睢县国土资源局
民权县财政局
民权县人民检察院
民权县供电局

精神文明建设先进工作者(32名)

李月亮　商丘市住房和城乡建设局
曾　产　商丘市教育局
李晓明　商丘市司法局
刘远磊　中国移动河南有限公司商丘分公司
王　玮　中国联通公司商丘分公司
班毓胜　商丘市道路运输管理处
蒋凤霞　梁园区审计局
刘　方　梁园区白云街道街道
刘凤莲　梁园区前进街道街道
路素梅　睢阳区文明办
曹立新　睢阳区计生委
王西玲　睢阳区宋城街道
贾剑平　商丘经济开发区公安分局
李方向　城乡一体化示范区综合办公室
李　猛　夏邑县城市管理监察局
彭长城　夏邑县林业局
董美兰　夏邑县曹集乡政府
展东升　虞城县水务局
高桂娟　虞城县地税局
黄　娟　虞城县农村信用合作联社
李自愿　柘城县文明办
金国勇　柘城县审计局
刘丙清　柘城县卫生局卫生监督所
姚　飞　中共宁陵县委宣传部
林效领　宁陵县交通运输局
史　岚　宁陵县供电局
王永生　睢县人民法院
闫再朝　睢县国家税务局
李艳君　睢县地方税务局
刘先菊　中共民权县委宣传部
张明浩　民权县审计局
赵卫东　民权县文明办

先进个人

全国未成年人思想道德建设先进工作者

刘朝欣　商丘市文化路小学校长

河南省未成年人思想道德建设工作先进工作者

申　勇　夏邑县文明办主任

(朱胤龙)

教育·科技

教 育

许家林

【教育工作概况】 2014年，商丘市有各级各类学校3531所，在校学生1737233人，教职工117897人（其中专任教师101274人）；普通高中33所，在校生171091人，教职工10144人（其中专任教师8692人）；普通初中403所，在校生346279人，教职工29968人（其中专任教师26030人）；普通小学2179所（其中教学点915个），在校生768364人，教职工50675人（其中专任教师47680人）；中等职业学校39所，在校生67373人，教职工3510人（其中专任教师2734）人；特殊教育学校10所，在校生1105人，教职工325人（其中专任教师299人）；幼儿园861所，在园儿童305428人，教职工17257人（其中专任教师11292人）；普通高等学校6所，在校生77593人，教职工6018人，其中专任教师4547人。

商丘市教育局领导成员

局长、党组书记：许家林
副 局 长：蒋家军 赵宏斌
谢信军（12月离）
石翠英（女） 林允芳
纪 检 组 长：刘蔚霞（女）
市政府督学：刘 勤 陈应海

【教育事业经费】 全年全市公共财政教育事业费拨款63.65亿元（不含永城市）；全市校舍维修改造资金投入近2亿元；国家、省下达商丘市“装备类”项目资金3亿元。

【专项资金】 全年全市下达农村义务教育经费保障机制改革资金74999.7万元，其中免费教科书9757.7万元，公用经费补助51510.2万元，家庭经济困难寄宿生生活费补助3109.8万元，校舍维修改造10622万元；下达城市义务教育免杂费补助2081.2万元，免费教科书补助1616万元；下达改善高中办学条件6422万元。

【资助资金】 全年全市下达民权县、柘城县、宁陵县营养改善计划13175万元；原民办教师养老补助1500.2048万元；进城务工随迁子女补助1091万元。

【市区学校规划】 2014年，根据商丘市区建设发展情况，向市政府报送《关于市区基础教育学校现状与发展的报告》及《关于商丘市商务中心区配建学校的规划建议》。在现有教育资源的基础上，新建高中1所，初中4所36班，小学4所36班，幼儿园4所12班。

【学校建设】 全年全市投入资金28426万元，学校建设项目309个，建筑237940平方米，至年底，夏邑县、梁园区、虞城县、民权县项目学校已交付使用，其他县（区）的项目学校工程主体已完成。

【中小学德育工作】 加强对中小学生的社会主义核心价值观教育，指导中小学校把社会主义核心价值体系教育融入课堂学习、社会实践、校园文化、班主任工作和学校管理之中，加强对学生的爱国主义、理想信念、诚信教育和文明行为习惯的养成教育；在全市中小学深入开展“学雷锋月”“缅怀革命先烈弘扬爱国精神”“弘扬和培育民族精神月”“爱学习、爱劳动、爱祖国”等主题教育活动；全面贯彻落实《中共中央宣传部教育部关于进一步加强中小学时事教育的意见》，要求全市中小学开设时事教育课，充分发挥时事教育在促进中小学生健康成长中的重要作用；严格落实《河南省教育厅关于加强中小学心理健康教育工作的意见》，切实加强中小学心理健康教育工作；在中小学开展精神文明建设“两创两争”活动；开展2013年～2014年“两创两争”先进集体和先进个人评选活动，评出市级文明学校19个、市级文明班集体61个、市级文明教师100名、市级文明学生173名。

【均衡发展义务教育】 积极推动县域义务教育基本均衡县创建。睢县、夏邑、虞城以创建为契机，采取有效措施，落实工作责任制，加大资金投入，努力改善办学条件，优化教师队伍，提升管理水平，扎扎实实地把各项工作落到实处，为创建县域义务教育基本均衡县奠定良好基础。国务院教育督导委员会于12月7日～10日组织专家对夏邑、睢县、虞城进行评估认定，皆顺利通过国家验收；落实《河南省义务教育学校办学条件标准化建设规划》，加快推进本市学校标准化建设步伐，市教育局要求各县（区）搞好摸底调查，按照《建设规划》，结合当地实际，科学确定年度建设任务，制定分年度建设计划，确保按时完成《建设规划》；继续抓好义务教育均衡发展国家教育体制改革试点工作，各县（区）均为试点单位，且有试点项目，每个试点项目都明确阶段目标、改革措施、配套政策、

2014 年商丘市各级各类教育事业基本情况

项　目	学校数(所)	学生数(人)				教职工数(人)	
		毕业生数	招生数	在校学生数	预计毕业生数	总计	其中:专任教师
总　计	3531	455863	545029	1737233	465023	117897	101274
一、高等教育	6	22471	25316	77593	21942	6018	4547
本科教育(学生)	3	7887	11093	39013	8968	3607	2741
专科教育(学生)	3	14584	14223	38580	12974	2411	1806
二、中等职业教育	39	29975	21334	67373	27082	3510	2734
普通中等专业学校	6	10656	12799	35492	12474	803	563
成人中等专业学校	10	667	480	1679	1199	607	488
职业高中	23	18652	8055	30202	13409	2100	1683
附设中职班	(6)	1196	5021	9977	—	—	—
三、基础教育	3486	403417	498379	1592267	415999	108369	93993
(一)普通中学	436	156062	173743	517370	165116	40112	34722
1. 普通高中	33	55088	54083	171091	56928	10144	8692
2. 普通初中	403	100974	119660	346279	108188	29968	26030
(二)职业初中							
(三)小学	2179	119310	137883	768364	115651	50675	47680
其中:教学点	915	9852	17910	77639	7212		
(四)学前教育	861	127931	186581	305428	135066	17257	11292
(五)特殊教育(含特教班)	10	114	172	1105	166	325	299
另有:随班就读			6	20			

注:加"( )"号的数字表示按规定不记入相应的合计数,加"—"号表示该数字在我市实际中不存在

2014年商丘市各级各类中初等教育基本指标变化情况

项　目	学校数(所、处)			毕业生数(人)			招生数(人)		
	2013	2014	2014比2013增减	2013	2014	2014比2013增减	2013	2014	2014比2013增减
1. 普通中学	446	436	-10	197533	156062	-41471	183604	173743	-9861
普通初中	412	403	-9	128840	100974	-27866	122680	119660	-3020
普通高中	34	33	-1	68693	55088	-13605	60924	54083	-6841
2. 小学	2412	2179	-233	158153	119310	-38843	154611	137883	-16728
3. 幼儿教育	783	861	78	121260	127931	6671	182706	186581	3875
4. 特殊教育学校	10	10	0	155	114	-41	191	172	-19
5. 中等专业学校	5	6	1	10862	10656	-206	11346	12799	1453
6. 职业高中	24	23	0	33205	18652	-14553	11418	8055	-3363
7. 成人中专	10	10		179	667	488	1199	480	-719

续表

项　目	在校学生数(人)			教职工数(人)			其中:专任教师(人)		
	2013	2014	2014比2013增减	2013	2014	2014比2013增减	2013	2014	2014比2013增减
1. 普通中学	516155	517370	1215	39946	40112	166	34629	34722	93
普通初中	340942	346279	5337	30139	29968	-171	26267	26030	-237
普通高中	175213	171091	-4122	9807	10144	337	8362	8692	330
2. 小学	774692	768364	-6328	51850	50675	-1175	49073	47680	-1393
3. 幼儿教育	285028	305428	20400	15967	17257	1290	10199	11292	1093
4. 特殊教育学校	1154	1105	-49	326	325	-1	303	299	-4
5. 中等专业学校	32371	35492	3121	768	803	35	548	563	15
6. 职业高中	45512	30202	-15310	2318	2100	-218	1859	1683	-176
7. 成人中专	1866	1679	-187	640	607	-33	505	488	-17

2014年商丘市各县(市、区)普通初中基本情况

县(市、区)	学校数(所)			班数(个)	毕业生数	招生数	教职工(人)	
	合计	教育部门和集体办	民办				合计	其中:专任教师
商丘市	**403**	**345**	**58**	**6302**	**100974**	**119660**	**29968**	**26030**
梁园区	25	25		521	9868	10730	1999	1792
睢阳区	40	35	5	462	7288	9950	2321	2233
民权县	53	48	5	645	10461	13297	3369	3121
睢　县	44	40	4	626	9945	10715	2813	2584
宁陵县	28	21	7	359	5706	7223	1836	1565
柘城县	57	47	10	738	12182	13399	3771	3367
虞城县	47	36	11	998	15310	19791	5708	4048
夏邑县	41	36	5	794	12728	13008	3440	3152
永城市	57	48	9	911	13777	16746	3687	3309
示范区	11	9	2	248	3709	4801	1024	859

续表

县(市、区)	在校学生数						毕业班学生数
	合计	其中:女	其中:寄宿生	一年级	二年级	三年级	
商丘市	**346279**	**162515**	**203362**	**119660**	**118431**	**108188**	**108188**
梁园区	31693	14985	7788	10730	10844	10119	10119
睢阳区	27752	12738	17666	9950	9546	8256	8256
民权县	39108	18364	19591	13297	13460	12351	12351
睢　县	31511	15009	11585	10715	10878	9918	9918
宁陵县	21270	10107	9447	7223	7570	6477	6477
柘城县	39499	17498	25472	13399	13447	12653	12653
虞城县	55439	26094	49031	19791	19083	16565	16565
夏邑县	40495	19781	25186	13008	13673	13814	13814
永城市	46240	21947	25997	16746	15385	14109	14109
示范区	13272	5992	11599	4801	4545	3926	3926

2014 年商丘市各县(市、区)普通小学基本情况

县(市、区)	学校数（所）			教学点数（个）	班数（个）	毕业生数（人）	招生数（人）		在校学生数（人）		毕业班学生数	教职工（人）	
	合计	教育部门和集体办	民办				合计	其中：受过学前教育	合计	其中：寄宿生		合计	其中：专任教师
商丘市	2179	2055	124	915	21973	119310	137883	137813	768364	84136	115651	50675	47680
梁园区	162	161	1	4	1484	9732	10396	10396	59689	483	9373	3822	3691
睢阳区	243	233	10	44	2152	12090	13393	13369	76657	5185	11946	4900	4630
民权县	183	166	17	159	2308	12057	14568	14566	81023	5172	12455	4428	4246
睢　县	244	240	4	32	1915	12003	13045	13045	66755	4679	10608	4007	3858
宁陵县	174	153	21	28	1421	7795	9819	9791	53934	7751	7381	4191	3823
柘城县	221	203	18	139	2292	12160	12652	12652	71666	9399	11336	6413	6204
虞城县	305	286	19	110	3199	19767	18921	18907	112959	25536	18979	7711	7082
夏邑县	208	196	12	216	2828	14446	13725	13723	81237	5803	12713	6227	6067
永城市	370	349	21	175	3837	16335	27951	27951	145417	17761	17702	7889	7072
示范区	69	68	1	8	537	2925	3413	3413	19027	2367	3158	1087	1007

2014 年商丘市各县（市、区）幼儿教育基本情况

单位：人

县(市、区)	园数（所）			班数（个）	入园（班）人数		在园（班）人数		离园（班）人数		教职工数		
	合计	教育部门和集体办	民办		合计	其中：女	合计	其中：女	合计	其中：女	合计	其中：园长	其中：专任教师
商丘市	861	132	729	9897	186581	88340	305428	144162	127931	59654	17257	1112	11292
梁园区	40	3	37	475	7593	3594	13577	6234	4334	2001	1431	69	828
睢阳区	130	15	115	1046	23981	11147	30816	14359	10099	4810	2985	185	1650
民权县	62	3	59	1008	12936	6094	26380	12301	11067	4983	1369	93	919
睢　县	63	8	55	659	11385	5244	20741	9669	10221	4683	970	79	621
宁陵县	159	40	119	1131	16636	7873	33943	16194	10981	5146	1999	200	1193
柘城县	70	8	62	972	20002	9167	28528	13087	14080	6531	1015	76	749
虞城县	110	11	99	1341	25805	12356	45188	21869	16925	8315	2185	128	1498
夏邑县	69	32	37	1007	20449	10143	31938	15315	14771	6765	1449	70	1210
永城市	138	10	128	2026	42882	20427	67229	31837	32673	15081	3268	182	2314
示范区	20	2	18	232	4912	2295	7088	3297	2780	1339	586	30	310

2014年商丘市各县（市、区）初中和小学学龄人口入学情况

单位：人

县（市、区）	小学								
	总计			总计中：女生			总计中：农村		
	校内外学龄人口总数	在校学龄人口总数	入学率（%）	校内外学龄人口总数	在校学龄人口总数	入学率（%）	校内外学龄人口总数	在校学龄人口总数	入学率（%）
商丘市	766333	766333	100. 00	352613	352613	100.00	380948	390948	100.00
梁园区	74015	74015	100.00	33183	33183	100.00	27164	27164	100.00
睢阳区	76511	76511	100.00	34185	34185	100.00	35053	35053	100.00
民权县	80817	80817	100.00	37050	37050	100.00	44142	44142	100.00
睢　县	66755	66755	100.00	30315	30315	100.00	39988	39988	100.00
宁陵县	52438	52438	100.00	23908	23908	100.00	25814	25814	100.00
柘城县	71605	71605	100.00	32423	32423	100.00	42100	42100	100.00
虞城县	117538	117538	100.00	56891	56891	100.00	56212	562121	100.00
夏邑县	81237	81237	100.00	37917	37917	100.00	43510	43510	100.00
永城市	145417	145417	100.00	66741	66741	100.00	66965	66965	100.00

保障条件和进度安排，以确保任务的完成。

【学前教育】　开展学前教育三年行动计划“回头看”活动，要求各县（区）认真对照三年行动计划目标责任书，逐个梳理，逐所摸底，并组织人员对各县（区）三年行动计划收尾工作专项检查，召开专项检查情况通报会。查找问题，总结经验，提出要求，巩固全市学前教育三年行动计划成果；推荐3所省级示范性幼儿园顺利通过省教育厅验收，获得省专家验收组一致好评，扩大了商丘市学前教育优质资源；制定《商丘市示范幼儿园认定办法（试行）》，组织各县（区）申报市级示范幼儿园；为展示商丘市学前教育三年行动计划成果，在对各县（区）进行专项检查的基础上，绘制全市学前教育三年行动计划完成效果图；下发《关于举办全市幼儿教师两项教育教学活动评选工作的通知》，6月在全市幼儿教师中开展说课和自制玩教具两项教育教学活动比赛。

【招生考试】　全市研究生考试报名4630人，其中应届本科毕业生2960人，占报名总数的64%，往届考生1670人，占报名总数的36%，总数比上年增加280人；全年全市普通高招报名54559人，其中普通类考生50932人（文科18686人，理科32246人）、对口升学考生1713人、专升本考生1712人、体育单招报名187人、盲聋哑单招15人，全市有4.45万人被全国各类高校录取，录取率为81.87%，其中普通本科录取19044人，录取率为37.39%，普通专科录取23417人，录取率为45.98%；全年全市成人高校招生共报名11028人，其中专升本考生5195人、高起本考生329人、高起专考生5508人、免试生610人，全市共有8741人被各类院校录取，总录取率为79.26%，其中专升本4033人、高起本227人、高起专4481人；全市高等教育自学考试两次考试共报考11385人、23578科次，其中上半年报考6361人、13602科次，下半年报考5024人、9976科次，全年2次考试共设置392个考场、1446个场次。其中上半年设置216个考场、796个场次，下半年设置176个考场、650个场次，全年办理毕业生2340人；全市普通高中招生报名考生66886人，10个考区、38个考点、2234个考场，商丘市首次实行网上评卷，将全市66886名考生的468202份答题卡试卷集中统一进行扫描，全市共录取普通高中新生4.3万人；全年全市招生普通中专共录取新生22534人，其中五年一贯制实验班和“3+2”分段高职班录取2575人，小中专录取17212人，大中专录取2033人，春季招生714人；全年全市大学英语四、六级考试报考36034人，其中上半年报考16591人，英语四级12687人，英语六级3904人，下半年报考19443人，英语四级报考15968人，英语六级报考3475人；全年全市计算机等级考试报考6874人，其中上半年报考

3380人，下半年报考3494人；全年全市非学历证书考试报考204人次，安排25场次、637科次。

【学校管理】 充分利用全国中小学学籍信息管理系统，严格规范学籍管理。督促指导各县（区）正确处理问题学籍1万余个；全市普通高中招生考试考生基本信息采集，严格审查考生资格，接受考生咨询、投诉，检查、督促网上报名工作进度，为全市68841名考生准确采集信息；在全市义务教育阶段学校开展“减负万里行·第二季”活动。

【农民工子女义务教育】 认真落实《河南省人民政府关于进一步做好进城务工农民随迁子女义务教育工作的意见》，对符合进城务工人员随迁子女入学条件的适龄儿童、少年，就近统筹安排义务教育阶段学校就读。符合条件的进城务工人员随迁子女5205人全部进入义务教育阶段学校就读，确保不使一名符合条件的进城务工农民随迁子女失学。

【“留守儿童”教育】 全市共有留守儿童168347人。为加强对农村留守儿童的教育工作，市教育局下发《关于进一步加强义务教育阶段农村留守儿童教育管理工作的通知》，各级教育行政部门及有关学校制定帮扶机制和工作措施，加强督促检查，落实责任制，建立留守儿童档案，采取有效措施，完善帮扶机制，开展形式多样的主题教育活动，保证留守儿童进得来、留得住、学得好，使他们真正体会到党和政府的关爱。

【教师教材培训】 针对新修订的课标教材，市基础教研室与出版社合作，开展大规模的新课标教材培训。全年举行10场教材培训，共邀请14位专家莅商讲学，4700余名教师参加培训。组织高中语文、英语高考报告会，听课教师2000余人。

【优质课评选】 2014年，经过评委会专家评选，评选出市级优质课一等奖606名，二等奖673名，三等奖1名。市教研室推荐教师在全国各地组织的优质课大赛中上公开课，有11个学科段共32位教师参加省优质课大赛均获一等奖；市回中、市第一实验小学、第二实验小学、梁园区民二小学、木瓜园小学等11位教师获国家级优质课奖；民权县实验中学和市八中两位教师自制物理教具获全国二等奖。

【教研改革】 积极探索校本教研的新路子，4位教研员7次分别到基层学校开展教学调研活动和参加学校的校本教研活动。召开多种形式的教学观摩研讨活动，初中语文、英语、物理、生物、思品和高中思政、英语、语文分别举行11次教学研讨会和教学观摩活动，2000余位教师参加。市教研员充分发挥引领作用，有6人19次在全市开展一系列培训、观摩活动中评课或作专题报告。

【语言文字规范】 市语委办组织全市中小学普通话教学优质课和“语言文字规范与应用”优秀论文评选活动，共评选出普通话教学优质课201节，其中一等奖83节、二等奖118节；评出“语言文字规范与应用”优秀论文196篇，其中一等奖46篇、二等奖150篇。

【语言文字推广】 组织全市中小学生“中国汉字听写大会”商丘赛区选拔赛，来自市直学校及各县（区）的中小学组28个代表队、140名选手参加比赛，学生、家长、老师等1000余人到场观看。在河南赛区比赛中，商丘市中、小学选手表现突出，均取得优异成绩，市语委办被评为优秀组织单位。

【语言文字规范化建设】 市教育局组织有关专家对全市10所首批省级语言文字规范化示范校进行复查，其中合格学校9所；对参加申报的49所语言文字规范化达标学校进行评估验收，其中合格学校37所。在各单位开展示范校创建活动的基础上，推荐的商丘市第一高级中学等5所学校参加省级验收，受到省专家组一致好评，被评为省级语言文字规范化示范校。

【中小学艺术课】 加强对农村中小学艺术课教育教学工作，对这项教学工作进行全方位指导，举办1期舞蹈教师基本功培训班和1期合唱艺术教师培训，200余名教师参加培训。举办商丘市首届中小学生舞蹈大赛，来自全市各县（区）16支参赛队参加比赛，评出一等奖2个，二等奖3个，三等奖5个、优秀节目奖6个和优秀组织奖3个。

【体育比赛活动】 市教育局首次组团代表商丘市参加河南省第十二届运动会暨全民健身大会中学生组比赛。参加8个大项比赛，取得团体第七名，获得4项道德风尚奖，3项团体第一名，25名运动员进入前八名。

【国防教育】 认真贯彻落实《学生军事训练工作规定》，组织高一新生军训工作，圆满完成新生军训任务。积极开展人防教育，市教育局与市人防办配合，在全市城区30所初中开展“三防”知识教育，促进学校国防教育工作，提高广大青少年学生的国防意识，培养集体主义观念。

【法治教育】 进一步完善兼职法制副校长和法制辅导员制度。市教育局根据实际情况调整部分学校的法制副校长，与检察院联合，选聘一批政治觉悟高、有责任感、业务精、宣讲能力强的检察官任学校的法制副校长。大力开展“送法进校园活动”。市教育局先后与市检察院、市法院、市司法局和市依法治市办公室联合，通过组织法律宣讲团、展览宣传图片、赠送法制书籍等多种形式对全市青少年学生进行法制教育。持续开展依法治校示范校创建活动，全市共有15所学校申请省级依法治校示范校，市教育局于11月10日～14日组织人员对申请的学校进行初查，并择优向省教育厅推荐6所学校，均已通过省教育厅认定。

【安全教育】 做好安全教育“六落实”并在全市开展形式多样的安全教育活动。通过组织中小学生安全知识网络竞赛，“生命红线”微电影评选，进行安全知识测试，安全知识演讲，发放宣传资料等多种形式提高师生的安全素质。在全省中小学生安全知识网络竞赛活动中，商丘市学习情况居全省第二名，学习总人数达203431人。利用商丘教育手机客户端，把“生命红线”微电影评比活动推向全市，让广大学生及家长在评比中受教育，在评比中提高安全意识。

【健康教育】 督导全市中小学校深入贯彻《中小学健康教育指导纲要》，指导和督促各级各类学校深入开展健康教育活动，加强学生近视眼及各类传染病预防知识、学生膳食营养与食品安全常识教育。组织开展食品安全进学校、爱眼日、爱牙日、洗手日及学校结核病、艾滋病防控知识宣传周等各项宣传活动。

【职教师资培训】 全年全市中职学校选派19人参加国家级骨干教师培训，组织青年教师企业实践6人，出国进修人员4人，全民技能振兴工程国内师资培训4人，组织3名职业学校校长参加教育部组织的职业学校校长培训，12名教师参加省教育厅组织的班主任培训，省骨干教师心理健康教育培训3人，126名教师参加省级骨干教师培训。

【职教师资培训基地】 根据《省教育厅办公室关于举办民办中小学校长培训班的通知》要求，10月15日~16日，在商丘市兴华学校举办全省民办中小学校长培训班。参加培训200余人，省厅领导到会并对商丘市的民办教育工作给予充分肯定。

【中职技能大赛】 4月，举办商丘市第六届中职技能大赛，设立夏邑县孔祖中等专业学校、睢县职教中心和市教育局3个分赛场，全市15所职业学校的838名学生参加计算机应用技术、数控技术9类23个项目的竞赛活动。其中，获一等奖145名，二等奖179名，三等奖291名，优秀辅导教师奖225名，优秀组织奖9个，先进个人13人，团体奖6个。在市级竞赛的基础上，商丘市选派92名学生参加全省中等职业学校学生素质能力大赛5大类18个项目的比赛。组织本市有关职业学校参加全省中等职业教育技能大赛，获一等奖4名，二等奖10名，三等奖16名。

【职教品牌学校创建】 年内完成商丘市第三批省职业教育品牌示范院校项目（商丘中等专业学校）和特色院校项目（商丘商贸学校、商丘幼儿师范学校、柘城县职教中心、民权县职教中心、商丘职业技术学院）建设方案和项目建设任务书，省财政将按照每所省品牌示范院校500万元、省特色院校300万元的额度安排奖补资金，奖补资金分两年下达。年底，项目学校已经根据建设方案和项目建设任务书的要求开展工作。

【省级示范性乡（镇）成人文化技术学校创建】 在全市开展省级示范性乡（镇）成人文化技术学校创建评审工作，在各县自评的基础上，市教育局逐项对照条件进行复评，睢县尤吉屯乡成人文化技术学校在全市排名第一，市教育局推荐该校申报省级示范性乡镇成人文化技术学校。

【民办教育】 市教育局组织各县（区）教育局民办教育管理机构对县属民办学校（教育机构）进行年审。对市教育局审批的18个函授站、6个民办普通高中，6所民办职业中专进行年度检查，对4所正在筹备的高考补习学校、职业中专和1所规范改制小学进行过程检查。

【优秀民办学校评选】 2014年，参加全省民办教育工作座谈会并作典型发言，5个单位被评为年度民办教育服务与管理工作先进单位，3所学校被评为“促发展项目学校”，3所学校被评为省级优秀民办学校（奖励联想电脑一体机15台），市教育局连续两年被评为全省民办教育工作先进单位。

【师范毕业生管理】 认真履行师范毕业生报到及其档案的接收传递工作程序。全年全市共接转毕业生档案2658份，全部整理完毕转至其户籍所在地的教育部门，为毕业生就业提供了便利。

【免费毕业生就业签约】 根据省教育厅《关于公布教育部直属师范大学2014届免费师范毕业生就业需求岗位计划暨举办2014年河南——教育部直属师范大学免费师范毕业生就业专场双选会的通知》，市教育局组织有意向的梁园区和民权县按有关要求准时参加招聘会，梁园区和民权县分别出44个编制计划和15个编制计划招聘免费师范生。

【中原名师评选】 从全市近3年省名师中遴选出商丘市六中高岩、睢阳区胜利小学张凤仙参加河南省“中原名师”评选。张凤仙荣膺“中原名师”称号，同时所在学校被选定为“河南省教师发展学校”并获20万元教育发展资助；高岩荣膺“名师工作室”称号并获2万元教育发展资助。

【农村教师技能竞赛】 市教育局组织各县（区）进行初赛和市级复赛，评选出181名市级中、小学美术、音乐、体育方面的专业技术能手，并选出优秀选手参加省级决赛。商丘市在全省第八届农村中小学青年教师技能竞赛中获一等奖30名，二等奖46名，三等奖63名。

【县级教师优质课比赛】 5月，市教育局组织各县（区）实施初赛，通过推荐、说课、技能等形式，进行严格遴选。经过市级复赛，评选出46名市级一、二等奖，并推荐9位教师代表商丘市参加省级决赛，分别获一等奖3名，二等奖6名，同时市教育局被评为省优胜组织单位。

【安全管理培训】 全年全市共组织各学校开展应急疏散演练1万余

场次，积极进行安全人才培训，提高安全教育师资队伍力量。4月，参加省教育厅组织的依法治校培训班，培训安全管理骨干40人。市教育局与商丘市安全生产宣传教育培训基地联合，对全市所有学校安全副校长及安全管理人员进行培训。全年共培训各类人员5000余人。

【廉政教育宣传】　1月15日，市教育局结合机关干部职工述职会，部署春节期间廉洁自律教育活动，认真组织学习廉洁自律的有关规定，向学校班子成员发送廉政短信，组织84名领导干部填报礼品登记情况表，进一步增强党员干部廉政意识。在全体机关干部职工中，坚持每月开展拒腐防变一课教育，组织播放党风廉政教育电教片及廉政党课16次，深刻警示党员干部必须树立正确的人生观、权力观，促使干部正确行使权力。4月24日，邀请省教育厅纪检组副组长、高校纪工委副书记、省治理办主任乔国富作教育系统党风廉政建设报告，各县（区）教体局机关干部及学校负责人600余人聆听报告。报告详细分析全省、全国教育系统的反腐败形势，通过一些典型案例剖析，进一步强化教育系统各级领导干部的自律意识。

【案件查办】　充分发挥多渠道举报途径，认真做好信访举报受理查办工作。进一步畅通民意表达渠道，加大信访举报件直查快办力度，建立健全问题线索管理机制，做到实名举报必查、具体线索必查。开展多种形式的信访监督，及时提醒、教育、警示和挽救干部、教师职工。全年共接待群众来信来访22件次，其中中央巡视组4件、省委巡视组2件、省教育厅纪检组3件、市委督查室2件、违反八项规定精神11件，已结案20件，14人受到党政纪处分。进一步加大教育乱收费案件查处力度。对省治理大转办和媒体反映的教育乱收费案件直查快办，对有关责任人员进行责任追究，对典型案件公开通报。全年共收到教育收费信访举报65件，其中省治理办转来33件（重复3件）、市纠风办2件、自办14件，批转各县（区）16件，共查处违纪单位18个，违纪人员33人，其中通报批评17人，党政纪处分12人，给予撤销职务1人。查出违规违资金53.26万元；违规清退39.26万元。

【教育维稳】　为切实把进京上访和非正常上访数量降下来，千方百计把信访积案化解掉、把源头问题治理好，全市教育系统实现了“三个确保”；开展社会矛盾“大排查、大调处、大防范”活动，全年共排查出矛盾纠纷80余起，并建立规范台账，针对发现的问题加强同维稳、安全、信访等部门沟通协作，做好信息资源共享，掌握工作的主动权，同时做好对上访老户、被清退计划外民师、由于个别学校收费所引起的集体上访、工资改革出现的教师罢课等重点人员的说服教育工作，通过深入细致的政策宣传和耐心说服，把问题解决在基层。

【校车管理】　3月28日，在梁园新区前进小学召开全市学生乘车安全管理现场观摩会和学校安全工作会议，全市各县（区）教育局与市直各学校主抓学安全工作的领导100余人实地观摩三种遇险场景学生应急疏散演练，此举在全省开先河，受到省教育厅领导的好评。市教育局与公安部门积极协调建立校车标牌审批机制，全市各县（区）审批工作已经全面启动，174辆接送学生车辆取得校车标牌。市教育局与相关部门持续开展校车使用、管理情况的全面排查。全年共查处违规接送学生车辆30台，处理相关人员60余人。

【校园消防】　市教育局把学校防火工作作为安全工作的重中之重，密切与市消防支队联合共同做好学校防火工作。全年与消防支队联合下发防火工作文件6份，并在睢阳区闫集一中、梁园区十一中、市文化路小学举办“消防知识”进校园活动，同时与消防支队联合检查10余次，整改火灾隐患500余处。

【学校“三防”建设】　为发现安全隐患并彻底整改，市教育局对中小学校全年共进行9次安全检查，提出整改意见2000余条次。同时检查各校“三防”建设情况，并对达不到要求的学校提出整改要求，从整体上提高校园安全防范能力。全市共为学校幼儿园门卫配备500余万元的橡胶警棍、催泪器、强光灯、盾牌、防割手套、防刺背心等非杀伤性防护器材，全市所有学校幼儿园门口、围墙、宿舍等重点部位安装视频监控和报警设备。强化门卫管理，严格落实外来人员、车辆、危险物品进出校园询问和登记制度、学生外出登记和请销假制度，在小学低年级、幼儿园推行学生上下学接送卡制度，在上学、放学重要时段实行校领导带队值班制度，确保校园环境的安全有序。

【二类城市语言文字工作评估】　2014年，省政府对商丘市二类城市语言文字工作评估验收。在各单位的配合下，测试工作进展顺利，按计划完成了包括市政府机关在内的29个单位和4个县（区）的普通话水平测试；积极指导各县（区）、各部门、各单位根据《河南省二类城市语言文字工作评估操作办法、评估标准及实施细则》和《商丘市二类城市语言文字工作评估迎评方案》，制定本单位迎评方案；督促各单位认真落实《商丘市迎接二类城市语言文字工作评估标准、实施细则、责任单位分解表》及相关工作任务。年底，商丘市以优异成绩通过省政府二类城市语言文字工作评估验收。

【义务教育学校办学基本标准督导评估】　下达《商丘市教育局关于评估认定2014年义务教育学校办学基本标准达标学校的通知》，要求凡市级验收达不到义务教育学校办学基本标准的县（区），一律不得申报义务教育发展基本均衡县。全年全市4个县（区）申报150所学校。11月17日～28日，市教育局组织有关人员进行市级评估验收。对申请的学校进行逐校复核，重点核查学校设置与班额、校舍建设、设备设施和场地、教师与经费、质量与管理5个方面，按照省标准要求，得分在85分以上的学校为达标学校，共有52所中小学校办学基本标准达到省定标准。

【责任督学挂牌督导工作】 下发《商丘市教育局商丘市人民政府教育督导团办公室关于印发市直中小学校责任督学挂牌督导实施方案的通知》，要求每5所学校聘任1名责任督学，全市2786所中小学学校共聘任619名责任督学，聘期3年，并颁发督学证。做到中小学校责任督学的全覆盖。中小学责任督学公示牌由市教育局督导室统一规格、尺寸、材质，由各县区督导室负责制作。标明责任督学的姓名、照片、联系方式和督导事项，在校门显著位置予以公布。

【市政协民主评议市教育局工作动员会召开】 9月23日，市政协民主评议市教育局工作动员会召开，经市政协主席会议研究决定，从即日起至10月31日，市政协将对市教育局近年来工作进行民主评议。市政协主席吴宏蔚，副主席朱明伦、郝萍、李德民、魏昭炜、孟玮、宋崇江及秘书长白克山出席会议，副市长岳爱云列席会议。此次民主评议工作采取调查研究、听取汇报、委员视察等形式进行。吴宏蔚要求，评议组人员要加强民主评议业务学习，不断提升履职能力，并开展全面深入的调查研究。岳爱云代表市政府，就配合做好民主评议工作作表态发言。

【市政协民主评议市教育局工作测评会召开】 11月4日，市政协对市教育局开展的民主评议工作进入第三阶段——民主测评阶段。当天，市政协评议组全体成员对全市教育工作开展大型视察活动后召开民主测评会。市政协主席吴宏蔚，副主席朱明伦、郝萍、李德民、魏昭炜、宋崇江及秘书长白克山出席会议。副市长岳爱云列席会议。市政协评议组先后到市第一实验小学、市实验幼儿园等单位视察，对市教育局各项工作开展情况认真调研。会上，吴宏蔚主席作重要讲话，朱明伦就市政协综合调研情况进行通报，与会评议组成员对市教育局工作进行民主测评。

【市政协教育界委员之家启动仪式】 12月9日，市政协教育界委员之家在市教育局成立。市政协主席吴宏蔚、副主席魏昭炜，副秘书长梁超杰和各委室主任、机关部分人员、教育界别委员及教育局的有关同志参加启动仪式。会议由魏昭炜主持。市政协科教文卫体委员会主任高继峰介绍教育界别委员之家创建情况。市教育局局长许家林代表市教育局就如何支持、开展好委员之家活动作表态发言。赵永森等委员代表分别对积极参与委员之家创建、认真开展活动作了发言。

【市政协民主评议市教育局工作意见反馈会召开】 12月9日，市政协召开民主评议市教育局工作意见反馈会。市政协主席吴宏蔚，副主席朱明伦、郝萍、李德民、魏昭炜、孟玮、宋崇江参加会议。自9月23日市政协民主评议动员会召开以来，各评议小组分赴市直及虞城、睢县等县（区）部分幼儿园、小学、初中、高中及职业技术学校，采取听取汇报、查阅资料、实地视察、召开座谈会等形式，扎实开展调研活动后撰写分组调研报告。评议办公室综合各小组调研报告，经过多次讨论修改，形成综合调研报告。在民主测评会上，共发放51张测评票，有49张满意票、2张基本满意票，总体满意率达100%。

商丘市教育局荣获奖项

先进单位

"第二届中国汉字听写大会河南赛区选拔赛"组织奖
"我的梦·中国梦"青少年书信文化活动优秀组织奖
河南省教育宣传先进单位
河南省教育信息工作先进单位
河南省教育系统信息工作先进单位
河南省"五好"基层关工委先进集体
商丘市责任目标完成优秀单位
商丘市督查工作先进单位
商丘市信访维稳工作先进单位
商丘市精神文明建设先进单位
商丘市安全生产工作先进单位

（蔡圣英）

【商丘师范学院概况】 2014年，学院有平原路、文化路2个校区，占地133.33余公顷，建筑60.88万

刘纯献

曹 奎

平方米，教学科研、仪器设备总价值15482万元，馆藏纸质图书171.22万册。在职教职工1615人，其中专任教师1163人。专任教师中，博士197人、硕士649人，教授110人、副教授280人，应天学者、特聘教授5人，拥有国务院特殊津贴、全国模范教师、全国优秀教师、河南省优秀专家、学术技术带头人、教学名师等各类省级以上称号者60人次。设有23个教学院部。本科招生专业64个，专科招生专业26个，涵盖文学、艺术学、历史学、理学、工学、教育学、法学、经济学、管理学、农学十大学科门类。全年本、专科招生6903人，毕业6108人。年末普通全日制在校生23950人，其中本科生21259人，专科生2691人。拥有国家级特色专业建设点2个，省级特色专业建设点7个，省高等学校专业综合改革试点项目7个，本科工程教育人才培养模式改革试点专业1个，有省级重点学科4个，国家级大学生实践教育基地1个，省文化产业发展研究基地1个，省高校人文社会科学重点研究基地1个，省非物质文化遗产研究基地1个；省工程实验室1个，省高校重点实验室培育基地2个，教育厅高校工程技术研究中心2个，省高校实验教学示范中心5个，省级创新型科技团队2个，省级高校创新团队1个，省高校哲学社会科学创新团队2个，省级教学团队6个，省级精品课程11门，

省级精品资源共享课程4门，省级教师教育精品资源共享课程4门。学院工作以转型发展为主题，深化改革，务实重干，全面推进，核心竞争力持续增强，社会满意度和美誉度持续提升。在河南报业集团举办的大型社会调查评选活动中，与郑州大学、河南大学等院校，被评为“值得推荐的河南教育名片”，“全国社区侨务工作示范单位”、“河南省全民阅读活动先进单位”，通过省级文明单位复查验收。在中国校友会网发布的《2015中国大学评价研究报告》中，学院跻进中国大学400强，位居355名，较2013年跃升21个位次。

商丘师范学院领导成员

党委书记：刘纯献

院长、党委副书记：曹奎

党委副书记、纪委书记：冯跃志

党委副书记：许圣道

副院长：程印学　蒋志民　蒋剑锋　陈中亚（女）　杨保银　陈卫炜

工会主席：李中华

【应用型大学建设】　2014年，学院工作“转”字当头，以人才分类培养新体系建设为抓手，以服务地方经济社会发展为己任，积极推进“学术高地打造工程”“高层次项目突破与带动战略”“社会服务能力提升工程”，坚持走内涵式、本土化、特色化发展之路，应用型大学建设取得新的成效。10月，被省教育厅确定为第二批整体转型发展试点单位。根据《省教育厅关于做好本科学校转型发展试点工作的通知》精神，出台《关于转型发展试点推进工作的指导意见》。召开动员大会，成立领导组和4个工作小组，制定短期、中期、长期的转型发展工作目标和计划，此项工作已经全面铺开、扎实推进。已建成180余家产学研合作平台或基地，在肿瘤检测、草莓新品种培育及技术推广应用、测绘规划、传媒产业、动漫产业等领域，产生了可观的经济社会效益。

【教学与人才培养】　学院持续探索师资型、学术型、应用型本科生分类培养新模式。在师资型人才培养方面，深化教师教育改革，完善“一中心、一体系、一平台”建设，推进“教育改革创新实验区”项目；在省第十二届高校师范专业毕业生教学技能大赛中，7人获一等奖。在学术型人才培养方面，持续推进“本科生考研工程”。普通文理专业上线850人，上线率24%，录取总人数比上年增加150人。在应用型人才培养方面，继续推进产学研合作教育试点工作，加强教学过程与生产过程的对接，深入推进法学、新闻、化工、农林等专业人才培养模式改革。继续实施“卓越人才培养计划”，鼓励各学院积极开展专业综合改革试点，加强创新型拔尖人才培养工作。在2014年全国大学生数学建模竞赛中43个队获奖，其中3个队获得全国二等奖，10个队获得省级一等奖；在第九届全国信息技术应用水平大赛决赛中，参赛作品《景区移动服务与导览设计方案》荣获“绿云杯”旅游信息化创新与应用全国二等奖；参赛作品《母子分离式洗衣机》荣获“海尔洗衣机”创意设计全国二等奖。2014年学校面向全国27个省、市（区）招生，第一志愿报考率及新生报到率较上年有明显提高，继续推进实施“1511工程”，2014届毕业生就业率达91.55%。生物化学课程被评为河南省精品资源共享课程。地理科学核心课程教学团队被评为河南省高等学校教学团队。获省高等教育教学成果2项，其中省级教学成果一等奖1项；省级教师教育教学成果奖8项，其中一等奖4项。获批省级教学改革项目6项，省教师教育课程改革研究项目20项。

【学科与专业】　年内学院开展了第四批校级重点学科评审工作，确定了产业经济等5个第一层次重点建设学科、英语语言文学等5个第二层次重点建设学科。9个艺术类专业通过省教育厅评估；教育学专业、计算机科学与技术专业、法学专业被评为河南省高等学校“专业综合改革试点”项目，物联网工程专业开始招生，完成新增软件工程、财务管理和翻译等3个专业的申报备案工作，初步建成教师教育类、化学化工类、文化产业类等七大专业集群，并积极谋划和组建新的特需专业集群。

【科研与科研平台】　全年学院获批国家自然基金项目11项、国家社科基金项目5项、科技部项目1项、省哲学社会科学项目9项，并首次承担河南省高校社会科学重大科研项目。获省社会科学优秀成果一等奖1项、二等奖2项、三等奖2项。学报开设的“庄子、道家、道教”研究专栏，教授、博士层次文章占发文总量的88%，以其鲜明的地域特色成为全国老庄、道家与道教文化重要研究基地。学报被评为“全国优秀社科学报”和河南省一级期刊，入选中国人文社会科学核心期刊（扩展版）。着力打造省、校、院（部）三级科研平台体系，成功获批环境与健康河南省工程研究中心和河南省文化产业发展研究基地。

【“国培计划”项目】　加强成人教育工作，完成“国培计划”和“省培计划”，在承担河南省“国培计划”置换脱产项目的13所高校中名列第一；短期集中培训项目在承担该任务的19所国内高校中名列第二，在省内高校中名列第一。

【人才队伍建设】　继续实施“人才强校战略”，全院全年引进特聘教授3人，博士研究生20人。做好中青年骨干教师培养工作，2位青年教师获得省高校青年骨干教师项目立项资助。实施教师提升计划，与全国网络课程培训中心联合建立校级“教师在线学习中心”，教师整体水平明显提升；7名教师获得教授职称，20名教师获得副高职称。获批省高校哲学社会科学创新团队1个、省高校科技创新人才支持计划1人、省高校创新人才（人文社科类）1人。

【对外交流合作】　2014年，中外合作办学项目在校生达2174人，中外合作办学本科项目专业达 10 个，专科项目专业达 4 个。获批 5 个出访团和 1 个境外培训团，成功出访澳大利亚和新西兰等国多所知名高校，接待美国、澳大利亚等 10 所大学代表团的访问。与聊城大学签订联合培养研究生协议。

【改善办学条件】 平原路校区 2400 平方米的体育训练馆。平原路校区 1 万平方米学生宿舍楼已经省教育厅批准立项。文化路校区学生食堂改造图纸设计已基本完成，其他手续正在办理之中。3.2 万平方米的中德友谊实验楼工程进展顺利，预计 2015 年 2 月底完工。做好德贷第一批设备接收安装等工作，共到货 509 个项目，总计 4273 台（件）、价值 699.74 万欧元；完成第二批 1、2 包设备的招标工作。

商丘师范学院荣获奖项

先进单位

全国社区侨务工作示范单位

河南省值得推荐的 20 张河南教育名片

河南省全民阅读活动先进单位

先进个人

第十七届仁川亚运会武术项目男子散打 60 公斤级冠军

孔洪星

（王少栋）

【商丘职业技术学院概况】 2014 年，学院占地 116.2 公顷，建筑 57 万平方米，固定资产总值 6.67 亿

刘树红

刘合行

元，图书馆藏书 143 万册，中外文纸质、电子期刊 7787 种。学院现有教职工 1245 人，其中专任教师 781 人。副高级以上职称教师 426 人（教授 60 人，副教授、高级会计师、高级经济师、高级实验员、高级工程师 366 人），博士、硕士研究生（含在读）285 人，“双师素质”教师 506 人，全国劳动模范 2 人，硕士研究生导师 1 人，享受国务院特殊津贴、省管专家、省教学名师、省学术技术带头人 34 人，市专业技术拔尖人才、“十佳”优秀中青年科技专家、学术技术带头人、首批科技特派员等 37 人。学院有教学系（院、部）11 个，成人教育学院（电大）1 个，开设 66 个专业（含专业方向），其中国家级示范专业 4 个、省级特色专业 3 个、省级示范专业 3 个、省级教改试点专业 2 个。

商丘职业技术学院领导成员

党委书记：刘树红

院长、党委副书记：刘合行

副 院 长：庞进生 张慎举

陈 哲 董克林

蒋晓雷 刘永建

纪委书记：刘全永

工会主席：张瑞玲（女）

【招生与就业】 2014 年，学院全日制招生 7229 人，完成原计划的 103.27%。各专业毕业生 4649 人。至年底已就业 4434 人，就业率为 98.01%，实现招生和就业双丰收。毕业生就业工作纳入学院工作的“一把手”工程。进一步建立健全学院就业指导与服务工作体系，形成院长主抓、分管院领导具体负责，就业指导中心统筹、系（院、部）为主，全员参与的就业指导与服务工作格局，逐步做到机构、人员、经费、场地“四到位”。把就业教育提前列入学生入学阶段，实行全程就业指导；建立完善就业基地，拓宽就业渠道；大中小型供需见面会相结合，搭建就业平台；充分发挥学院的主体作用，召开大中小型供需见面会 10 余次；及时掌握学生就业情况，进行跟踪管理和服务；充分发挥远程招聘室的作用，增强毕业生和用人单位的信息联接，节约就业成本。

【师资队伍建设】 实施“专业教师下企业锻炼制度”和“师资队伍建设五项工程”。组织 65 名教师到企业顶岗锻炼，15 名教师专业进修；暑期对 800 余名专业教师继续培训；进一步完善职称评审和推荐办法，全年有 4 名教师晋升正高级职称，18 名教师晋升副高级职称，30 名教师晋升中级职称。

【教学质量工程建设】 年初学院召开教学科研工作会议，提出教学科研工作任务；学院投入 100 万元，开展全院教育教学水平评比活动。此项活动促使全体教师的教学水平、教学质量、教学能力、教学改革能力都明显得到提升，明显高于往年。评出优秀教师 145 名、教学名师 5 名、教学能手 6 名、教坛新秀 6 名；开展争创“先进教学管理单位”“先进教研室” “先进教学管理个人”的“三创”活动，充分调动教学管理单位及管理工作者的工作积极性，提高教学管理的规范化、制度化、科学化和现代化建设水平，取得明显效果。完成院级特色专业建设工程项目 18 个。继续建设国家 3 个专业教学资源库。获批准省精品资源共享课 1 门、省高等学校“专业综合改革试点”项目 2 个、省级优秀教学团队 1 个。全年学院共发表论文 391 篇，其中中文核心期刊 80 篇，EI 收录 4 篇，SCI 收录 4 篇，CSSCI 收录 1 篇。获批准立项的省部级课题 10 项，省级结项项目 19 项，获省级奖 3 项，主编和参编教材及专著 103 部；获得国家发明专利 7 项，实用新型专利 36 项；发表艺术作品 39 部。4 项高等教育教学改革研究项目通过省级鉴定，其中，获省教学成果奖一等奖 2 项，二等奖 1 项。5 个项目获得省高等教育教学改革研究项目立项。26 个科研团队全部通过审核并列入省级备案编号。初步确定 18 个院级科研团队建设。

【学生管理】 学院实行班主任管理工作制，实行院级领导带班，中层领导、辅导员、班主任进宿舍值班制度。“四位一体”管理体系加强了对学生的日常管理。加大辅导员培训力度。为进一步加强学院辅导员队伍建设，完善学院人才培养体系，围绕学院提出的“落实制度、强抓质量、提高效率、打造特

色”十六字方针，创新辅导员工作内容和方法，努力造就一支“政治强、业务精、纪律严、作风正”的辅导员队伍。组织辅导员培训班。加强辅导员考评制度建设，完善《政治辅导员工作条例》《辅导员考评办法》《辅导员考评指标体系》《辅导员量化考评表》等一系列管理制度。创新学生工作方法，继续推行优秀在校生担任助理辅导员制度。选聘助理辅导员协助辅导员做好学生工作。举办学生干部培训班，成功组织学生干部经验交流会，不仅为学生干部搭建一个相互交流、相互学习的平台，有利于学生干部能够抓住机遇，迎接挑战，全面提高个人素质和能力。促进科研型、专业型辅导员培养。增加辅导员交叉考核机制。把班级工作日志与辅导员工作手册相结合，实现辅导员学生管理工作与班级管理工作、宿舍管理工作相互印证，并把此项工作作为辅导员考核的重要部分。

【社会服务】 学院充分利用师资、技术和教学资源优势，加强校企合作，广泛开展为企事业、农村、社区等基层的社会服务。完成阳光工程项目、地方退伍军人等各类社会培训3576人，项目600余万元。建成“商丘市退役士兵继续教育和技能培训基地”。积极贯彻人才强市战略，学院张慎举等4名教师被聘任为商丘市科技特派员行动计划第一批市级科技特派员；皇甫自起等10名教师参与实施商丘市千名科技人员包千村行动计划，为确保商丘粮食丰收作出贡献；商丘市信息化培训中心落户学院，为企事业单位培训信息专业技术人才；完成农村实用技术人员、农村基层干部、农村外出务工人员、城市职工岗位及再就业培训等多种形式培训。

商丘职业技术学院荣获奖项

先进单位

河南省值得推荐的20张河南教育名片

河南省高等学校思想政治工作优秀品牌

河南省调研课题申报组织工作先进单位

商丘市党委中心组理论学习先进单位

商丘市学习型党组织建设工作先进单位

商丘市“五四”红旗团委

（李五坡）

丁 华

【商丘工学院概况】 2014年，学校占地62.6公顷，建筑27.1万平方米，教学行政用房16.75万平方米，学生宿舍8.87万平方米，行政办公用房1.48万平方米，拥有标准400米8跑道田径场、篮球场和其他体育活动场所5.334万平方米；现有教学仪器设备总值5516.11万元，生均5040.3元，教学用计算机2485台，多媒体教室324间；校内实验室、实训基地、实习车间109个，校外实习实训基地128个；图书馆馆藏纸质图书94.7万册，中外文期刊947种，另有电子图书7982GB，各种电子书库4个和数据库3种，并有千兆光纤接入校园网。现有教职工767人，专职教师592人，具有副高级以上专业技术职称190（教授71人）人，具有研究生以上学历263人。全国师德先进个人2人，省级优秀教师2人，省教育系统优秀教师2人，省级学术技术带头人4人，市级优秀教师6人，市级学术技术带头人1人，市级科技专家1人。学科涉及工学、管理学、教育学、医学、艺术学五大学科门类，现有本科专业16个，专科专业39个。省级重点学科1个，省级特色专业2个，省级综合改革试点专业2个，省级民办高校品牌专业3个。学校现设信息与电子工程学院、传媒与现代艺术学院、管理学院、机械工程学院、土木工程学院、护理学院、体育教学部、思想理论课教学部、基础教学部和继续教育学院10个教学院部。至年底，全日制在校生10944人，其中全日制本科在校生5402人，高职在校生5542人。另有中职在校生689人。毕业学生2802，招收全日制本科生1829人，专科生2511人。

商丘工学院领导成员

董事长：丁 华

政府督导专员、党委书记：郑炳钦

校长、党委副书记：李纪轩

党委副书记、纪检书记

常务副校长：史国永

副 校 长：王 峰 张煜星

工会主席：郑炳钦（9月兼）

【爱心超市】 3月18日，院内“爱心超市”开业，超市里有“衣物区”“阅读区”“生活物品区”等5个区域，商品全都不要钱，全校学生均可以免费领取。超市是学生自主经营，商品是市民和全体师生所捐赠。该超市的创办者为商丘工学院有志者知行联盟。该联盟是本校学生自愿参与，联盟的志愿者利用课余时间到街头捡废品卖钱筹集善款，到孤儿院、养老院献爱心。自该超市建立后，志愿者每两周组织一次募捐活动，更新超市的物品，并将募捐的衣服等送到孤儿院。

【年度人物评选活动】 自3月初至5月底，为弘扬正气，树立典型，学院进行为期3个月的“2013感动工学院年度人物”评选活动。评选在教职工组、学生组和学生团体组中分别进行。选出刘冬冬等3名教职工，胡海燕等7名学生和大学生记者团为2013“感动工学院”年度人物（团体）。

【科研项目】 5月28日，省教育厅下发《关于公布2014年度科技成果奖奖励名单的通知》，本院高级工程师王松主持，胡健、丁艳红、王晓华、魏彬、侯盛楠、王晓云、赵健宝、张丽、吕萌、陈乾辉、华瑞杰、张伟、刘静、马素玲15位教师共同完成的“视、音频信息采集和生产指挥调度系统”项目获省教育厅2014年度科技成果二等奖。这是学校建校以来首次获得此项奖励。

【“身份证”活动】 为建设文明、和谐社会，进一步增强大学生“呵护植物、净化空气、美化环境”的环保意识。副校长王峰首先在名誉校长李肇星亲手栽种的松树上挂上带有二维码标识的“黑松”新树牌。新式树牌美观大方且通过扫描二维码能让学生获得更多知识，增强学生了解树木，增强保护环境的意识。随后，王峰副校长又带头在“保护花草树木建设绿色家园创造美好生活”的横幅上郑重地签下了名字。师生们也执笔签名。该活动是由院党政工作综合办公室、土木工程学院、百度百科俱乐部主办，环境服务中心和大学生记者团承办的。挂牌树木有300余个品种。

商丘工学院荣获奖项

先进单位

全国艺术美育先进单位

艺术美育教学成果二等奖

全国艺术美育教学实验基地

传媒与现代艺术学院

河南省第四批依法治校示范校

河南省全优报表单位

河南省管理与服务先进单位

河南省民办教育先进单位

河南省教育系统“爱学习、爱劳动、爱祖国”教育活动典型案例三等奖

“学会爱，播撒爱”

河南省优秀民办学校

兴华学校

商丘市工会“中国梦、劳动美”第三届职工文艺会演一等奖

《阳光路上》

先进个人

全国高校美育先进工作者

蒋正华

第七届全国美育成果展优秀指导教师奖、艺术美育个人教学成果二等奖

闫俊霞

优秀指导教师奖

陈　艳　王一婷

《补间动画》教师组一等奖

张　威　张海娜

《逐幅动画》教师组一等奖

王小芬　张　威

《艺术概论课件设计》教师组一等奖

闫俊霞　陈　艳

《茶餐厅设计》教师组二等奖

闫俊霞　刘瑞颖

《包装设计》教师组二等奖

耿晓改　任玉彬

全国气功站点联赛半决赛北部赛区比赛一等奖

李常浩

河南省2012年～2013年文明教师

徐好芹

河南省第一届教育信息化专家委员会和专家库人员

张煜星

河南省第三届全省高校辅导员职业能力竞赛优秀奖

刘　龙

河南省高校图工委先进工作者

丁美英　王秀霞　李素梅

袁　娜　张素华

河南省教育信息工作先进个人

陈红梅　潘　锐

河南省大学生“诚信校园行”第二届辩论大赛优秀指导教师

袁　桥

河南省高校实践育人工作优秀案例

贾慧娜　李亚丽　窦素梅

闫　宇　崔　浩　张文彩

河南省科技成果二等奖

王　松　胡　健　丁艳红

河南省第十二届运动会大学生田径比赛优秀教练员

王永兴

河南省第十一届全省高校思想政治理论课三等奖

张文彩

河南省信息技术教育优秀成果奖一等奖

张海娜　马玉芳

河南省信息技术教育优秀成果奖二等奖

张文正　窦素梅　卢朝华

徐好芹　曹亚景　张　洁

王小芬　邱秀荣　唐文宝

河南省信息技术教育优秀成果奖三等奖

徐好芹　王小芬　张海娜

邱秀荣　郝红强　窦素梅

河南省第十八届运动会暨首届健身气功大会一等奖

李常浩

河南省“学习张伟，践行焦裕禄精神”师德主题案例评选和征文演讲比赛三等奖

闫　宇　王海霞

河南省第十八届教育教学信息化大赛优秀成果

一等奖

王海霞　刘　抗　宋江萍

戚瑗娜　王小芬

二等奖

钟家富　刘　静

李玉娜　姜喜艳

三等奖

随中华　李　娜

河南省高校实践育人工作优秀案例实践教学类二等奖

马玉芳　李海涛

《flash基于工作过程的课程开发研究与实践》实践教学类三等奖

马玉芳

《以爱心超市为切入点的实践育人新手段》实践类三等奖

刘冬冬

河南省优秀民办学校先进个人

丁　华　李海涛

河南省建设教育协会“中天杯”第三届结构模型设计大赛优秀指导教师

杨民献　韩守杰

河南省高校大学生心理健康教育工作精品案例《认知功能下降来访者的心理咨询案例》

单永花

河南省大学生爱粮节粮安全食粮征文活动二等奖

许钦玮

河南省铁路春运志愿服务“四星级志愿者”

寇焱培

河南省高校“我的中国梦”主题征文二等奖

黄　晶　王光辉　贺院红

毛义众　刘　芳

三等奖

魏德安　袁娇娇　粟志奎

范伟亚　马德良　张欢欢

李　帅　窦红梅　孙志华

河南省优秀应届大中专毕业生

付玉凤

河南省第十二届运动会大学生田径比赛本科女子组铁饼银牌、本科女子组标枪铜牌

张文杰

本科男子甲组标枪第七名

王军立

优秀运动员

桑会飞

河南省“中国梦成才梦美丽中国行”摄影大赛优秀奖

毛义众

大豫网车贴设计大赛三等奖

魏 雪

优秀奖

赵甜梦 王 卓 韩文帅

贾裴姣 韩玲玲 李雨蕾

张磊鑫 蔡文洁 陈相莹

梁倩倩 王国富 刘菲菲

金茜茜 彭理想 袁 晨

孙宇西 彪 冬 杨金龙

潘珍珍 杨帅豪 刘欢欢

胡海燕 王 薇 三 浩

“正青春”首届河南省大学生征文活动一等奖

张淑敏《念易安》

王文强《梦想从这里起航》

二等奖

胡培祥《青春无言岁月无痕》

张淑敏《等荷开》

优秀奖

栗志奎《同心共筑中国梦》

齐兰慧《青春》

赵二兵《三年光阴》

“飞鹰杯”首届河南省高校联盟轮滑大赛团体接力赛第三名

李星帅 刘欢乐

陈旖婕 袁帅博

第七名

陈旖婕

“中天杯”河南省第三届结构模型设计大赛优秀奖

吕万里 张玉坤 李红奎

河南省高校“践行社会主义核心价值观”优秀大学生

刘孟前

河南省注册会计师协会注册会计师行业后备人才“精英杯”第二届“会长奖学金”

黎璐璐

共青团商丘市直工委商丘市直青年岗位能手

方超华

商丘市科技进步二等奖

王 松

（胡 健）

【商丘医学高等专科学校概况】

张 展

2014 年，学校开办临床医学、护理学、口腔医学、医学检验技术等 18 个专业及专业方向。学校现有全日制在校生近 1.2 万人，校本部在职教职工约 872 人，专兼职教师 685 人（含附属医院），其中教授 38 人，副教授 182 人，博士研究生 9 人，硕士研究生 189 人，学校有省优秀教师、文明教师 4 人，省教育厅学术技术带头人 7 人，市专业技术拔尖人才 4 人，市学术技术带头人 13 人。

商丘医学高等专科学校领导成员

党委书记：陈群英（女，11 月离）

校　　长：郭祥谋（11 月离）

张 展（女，11 月任）

党委副书记：张松峰

副 校 长：何红玲（女）

贾 梅（女）

朱新义

纪委书记：田 华（女）

工会主席：黄绍重

【大中专毕业生就业双向选择洽谈会】 4 月 13 日，医学高等专科学校承办 2014 届商丘市大中专毕业生就业双向选择洽谈会。来自全国各省市 241 家用人单位云集该校，共提供 7329 个就业岗位，其中 2900 余人与用人单位达成初步就业意向，大会圆满成功。

【卫生职业教育护理技能竞赛】 4 月 26 日～28 日，在省卫生厅举办的高职组“2014 年全省卫生职业教育护理技能竞赛”中，本校代表队获团体二等奖和优秀组织奖，其中 2 名教师被评为省卫生职业教育护理技能优秀指导教师。

【大学生科技文化艺术节获佳绩】 在由省委宣传部、团省委、省教育厅、省文化厅、省学生联合会联合举办的河南省第十四届大学生科技文化艺术节中，本校学生马园园演唱的歌曲《天亮了》荣获业余通俗组一等奖，贾芳茹散文《祖国在我心中》荣获一等奖，邢星宇的二胡独奏《万马奔腾》获得器乐业余组二等奖，李晨的《论诗其二》获得书法类三等奖，王静、李旭的杂文获优秀奖。

【大学生创业专业委员会分会成立】 12 月 12 日，商丘市大学生创业专业委员会商丘医学高等专科学校分会成立。在学校招生就业办公室的大力支持和指导下，该分会积极探索，勇于实践，为在校大学生就业创业工作的推进作出积极贡献。

【红十字会应急救护培训基地和造血干细胞捐献者服务队揭牌】 12 月 18 日，商丘市红十字会应急救护培训基地和商丘市造血干细胞捐献者服务队在医学高等专科学校揭牌。本校将发挥医学教育优势，传播红十字精神，弘扬尊重生命、关爱生命理念，传授自救互救技能，积极开展红十字应急救护培训，把基地打造成为河南省应急救护培训工作的典范。

商丘市医学高等专科学校荣获奖项

先进单位

河南省文明单位

河南省行风建设先进单位

河南省“五四”红旗团委

河南省高等学校思想政治工作优秀品牌

《三位一体育人环境》

先进个人

河南省教学标兵

常景芝

（徐慧琳）

科学技术

【科技工作概况】 2014 年，商丘市新认定国家级和省级高新技术产业化基地各 1 个；培育国家级科技企业孵化器 1 家，总数达 2 家；培育发展高新技术企业 11 家，总数达 35 家；新认定省级工程技术研究中心 6 家，总数达 32 家；获认定节能

张建民

减排科技创新示范企业2家，总数达10家；省级创新型试点企业认定总数达10家；建立省级工程实验室2家、院士工作站2个；组织实施市级及以上各类科技计划项目262项（其中省级重大科技专项2项），争取各级财政科技投入达到3517万元，分别获得市级、省级科技进步奖59项、4项，专利申请和授权量分别达到1302件和783件；科技体制改革和科技对外开放合作取得新成效。

商丘市科学技术局领导成员

局长、党组书记：张建民

副局长、党组副书记：

李爱芝（女）

副局长：徐晓瑞　庞进红

市知识产权局局长：张小明（女）

民权高新区管委会副主任：徐守民

纪检组长：洪　军

【科技管理】 市科技局配合市财政部门，对2010年～2013年科技计划项目的财政拨付资金管理使用情况，开展专项检查。配合审计部门，对科技方面涉企资金使用情况进行专项审计调查。配合市检察院，对2008年～2013年安排财政资金的重点科技项目开展预防职务犯罪专项预防调查。通过检查和专项调查，发现一些科技计划项目、项目资金管理过程中的薄弱环节和漏洞，市科技局对此及时整改，重点研究制定《商丘市科技计划项目全过程管理办法》，与市财政局联合制定新的《商丘市科技项目资金管理暂行办法》。这两项办法的实施，为健全和完善科技计划项目申报、审查评审、过程监管、绩效评价、经费监管、结项验收等环节的操作程序，建立了相应的制度保障体系，使科技计划项目、项目资金管理工作制度化、规范化水平有明显提高。

【高新技术产业发展】 积极组织全市高企认定培训，积极加强培育、指导、督促、服务，简化企业申报材料的审查程序，推进高企加快发展。年内河南中分仪器股份有限公司、河南亚鹰钢结构幕墙工程有限公司、河南亚太能源科技有限公司等13家企业通过高企认定或复审，全市高新技术企业达35家。重点依托各级科技企业孵化器，加快培育科技型中小企业。全年完成在省备案科技型中小企业180家。按照“一区两园”模式，组织虞城、梁园产业集聚区联合申报河南省商虞高新技术产业开发区工作取得新进展。申报材料已报省政府，等待相关部门审批。虞城县精密工量具高新技术特色产业基地升级为商丘国家工量具高新技术产业化基地，宁陵县优质复合肥特色产业基地被认定为省级高新技术产业化基地。至年底，全市国家级、省级高新技术产业化基地分别达3家和1家。

【科技创新体系建设】 2014年，新获得认定的省级工程技术研究中心6家，全市省级工程技术中心达32家。为促进全市环保装备产业发展，推荐符合条件的骨干企业参加河南省环保技术及装备产业技术创新战略联盟。依托该联盟，商丘金蓬实业股份有限公司、商丘市东和专用设备有限公司联合承担河南省“固体高分子废物热解制取燃油成套装备关键技术研究”重大科技专项。虞城县高新技术创业服务中心新认定为国家级科技企业孵化器，本市国家级科技企业孵化器达2家。河南亚太能源科技有限公司、夏邑县淮海铸造有限公司被认定为省级节能减排科技创新示范企业。

【科技计划项目】 全年全市共争取国家、省级科技计划项目43项，其中国家级项目1个、省级项目42个，河南省重大科技专项2个。这些项目累计争取国家和省级科技项目资金2927万元。组织实施本市年度科技发展计划，全年共安排各类科技计划项目219项，其中科技攻关142项、科技成果转化18项、软科学研究22项、基础与前沿研究17项、产业化项目5项、科技惠民计划3项、对外科技合作12项。积极落实鼓励企业研发投入税收优惠政策，联合市财政局、国税局、地税局开展2013年度企业研究开发项目的鉴定工作。共受理企业申报鉴定的研发项目20项，申请加计扣除总额3069.88万元，其中通过鉴定的项目15项，申请加计扣除额达1182.7万元。

【科技对外开放与合作】 推动产学研结合，加快技术转移。年内共有河南中分仪器股份有限公司、河南力量新材料有限公司、商丘瑞新环保专用设备制造有限公司、河南松川专用汽车有限公司等11家企业与中科院理化技术研究所、中国地质大学、河南工业大学、商丘师范学院等省内外高校、科研机构签订产学研合作协议。积极扩大农业科技对外开放与交流。参加第二十一届中国杨凌农业高新技术成果博览会，组织各县（区）15家企业（单位）20个产品参加展出，75家企业产品参加宣传推介。商丘市代表团荣获本届农高会“优秀组织奖”、“优秀成交奖”。

【农业科技创新】 组织实施省和国家级项目实现新突破。争取国家级项目3项，省级项目5项，其中，由科迪集团申报的省级重大科技专项——“功能性菌株的筛选与发酵乳制品开发及产业化项目”争得省科技厅立项，项目资金985万元。加强农村信息化建设。共申报村级综合信息服务站770个，专业信息服务站65个。围绕农产品流通信息化建设中的关键技术与实施难点开展研究，实施310农贸市场“农产品流通信息化体系建设与实施”项目。建立实时信息发布系统和质量安全可追溯系统，开发出软件著作4个，建立示范区1个，新工艺1条，培养人才20人，增加就业500余人，实现销售收入5亿余元。农业科技园区建设持续发展。建立商丘生态食品产业园。新获批宁陵县“河南省优质酥梨园区”和河南省“虞城县科迪奶业创新性农业集聚区”。新品种选育取得新进展。通过国家鉴定新品种2个、省级鉴定植物新品种1个。一批新品系参加国家、省级区域试验。大豆新品系商豆1201、甘薯商Y10－1和商徐30Z－12、商花511、商梁11号参加国家区试。

【科技成果】 全年全市评出科技进步奖59项，其中一等奖14项，二等奖45项。同时，按照省科技进步奖的推荐条件和推荐原则，推荐7项科技成果参加省科技进步奖评审，共有4项获省政府科技进步奖，其中二等奖2项、三等奖2项。

【科技惠民】 举办“科技活动周”暨“四下乡”集中活动启动仪式。派出农业、卫生等专家36人，为群众答疑解惑。全年共开展送科技下乡活动3次。依托市第一人民医院建立商丘市远程医学分中心。结合商丘实际，从全市涉农大专院校及科研单位，选派28人到6个县（区）实施人才与项目对接。涉及农作物高效栽培，养殖、农副产品加工等15个方面，争取项目对接经费56万元。

【知识产权工作】 组织睢县产业集聚区参加省产业集聚区知识产权专项行动，较好地完成了消除“零”专利的任务。开展大规模知识产权宣传活动2次，举办各类知识产权培训班4期，培训3000余人。确定商丘市瑞新环保专用设备制造有限公司、安琪酵母（睢县）有限公司和浙江善时生物药械（商丘）有限公司为第三批知识产权优势培育企业，并分别给予1万元的经费支持。深入开展知识产权执法维权“护航”专项行动。共受理专利侵权纠纷2起，开展市场专利检查20余次，查处假冒专利案件13起。全年全市共完成专利申请1302件，专利授权783件。

【产业集聚区知识产权专项行动】 根据省局《关于深入开展2014年河南省产业集聚区知识产权专项行动的通知》，本市选择睢县产业集聚区参加河南省产业集聚区工业企业知识产权专项行动。年内，参加专项行动的25家企业已全部申报专利，共申请专利26项，为睢县产业集聚区消除“零”专利的企业申报专利实行全额资助。

商丘市科技局荣获奖项

先进单位

商丘市政风行风先进单位

先进个人

河南省知识产权高层次人才

郭振波

河南省知识产权宣传工作先进个人

郭振波 郑向东

（吴自然 郭振波）

地 震

崔道山

【地震工作概况】 2014年，市地震局严格按照“预防为主，防御与救助相结合”的地震工作方针，不断加强地震监测预报、震灾预防、紧急救援三大工作体系建设，进一步完善地震灾害管理机制，有效提升全市防震减灾综合能力。

商丘市地震局领导成员

局　长：崔道山

副局长：何保刚（10月离）

【震情短临跟踪工作】 进一步完善全市监测预报及短临跟踪方案，商丘市及临区显著地震发生后早期地震趋势快速判定方案，加强震情跟踪领导小组和震情跟踪专家小组。坚持24小时值班制度，坚持短临跟踪区的异常情况日报告、零报告制度。修订商丘市宏观观测点分布图，加强宏观观测管理，为观测点的数据能够及时准确的反馈到省局进行地震趋势的判定提供准确依据。全市51个宏观观测点（其中地下流体观测点23个，动物观测点28个）运行正常。商丘市地震台9月对仪器重新维修和调试，更换地震计和数据采集器，为取得更精确的监测数据，提供强大、先进的技术支撑。市地震台还参加了中国地震局举办的测震资料评比，获全国信息节点优秀奖。地震分析预报人员进一步强化震情观念，坚持地震趋势会商制度，规范震情会商程序，及时向省地震局分析预报中心报送研究分析的地震监测资料，《商丘及临区地震趋势会商综合研究报告》连续多年被省地震局评为优秀报告；继续坚持短临跟踪区的异常情况日报告、零报告制度，加强异常落实、跟踪分析工作，坚持异常落实不过夜。加强与省地震局分析预报中心和周边地市地震局的震情会商交流和合作，掌握较大区域的震情动态，强化监测预报工作。加强“一县一台”建设，商丘市已进入实施阶段，虞城县地震台选址勘探报告已获省地震局批复。柘城县、睢县等已开始台站选址工作。

【震害防御工作】 认真贯彻《关于推进农村民居地震安全工程的意见》，切实履行职责，制定阶段性的目标，采取有效措施，加强对农村建房的指导，推广试点经验，带动全市农村民居地震安全工程的全面实施。加强农村民居地震安全工程宣传，加大对农村建筑工匠的培训力度，完善技术服务网络，进一步调动广大农民建设抗震民居的积极性和主动性。市区及各县（区）政府所在地建筑物众多，人口密度大，是震害防御的重点。在市（县、区）加大建设工程地震安全性评价管理工作，新建、改建、扩建的建设工程纳入地震安全性评价管理范围，特别是重大工程、生命线工程和可能发生严重次生灾害工程，以及城中村改造工程，是建设工程抗震设防的重中之重。全年共对“商丘铁路公寓”“兆隆·金盾国际”“虞城公路大桥”等一批重点项目开展地震安全性评价工作，加强对新建、扩建、改建工程各个环节的严格审批和监管，确保建设工程达到抗震设防标准要求。

【地震应急工作】 在《河南省地震应急预案》总体要求的基础上，对本市原来的地震应急预案进一步修订完善，新的《商丘市地震应急

5 月 1 日，《京九晚报》小记者观看地震宣传片

预案》具有更强的可操作性，各县（区）及市直部分成员单位，也根据实际适时重新修订《地震应急预案》。按照上级要求，结合全市地震形势和震情特点，有针对性地编制《2014 年商丘市地震系统地震应急预案》，对年度内地震应急工作作出专门部署。年内结合震情形式，开展室内、室外、现地多次地震应急预案演练活动。9 月 24 日 ~26 日，市地震局地震应急分队参加豫北 8 个地市地震应急联队的演练活动，检验各分队之间的配合与协作，锻炼队伍应对地震突发事件的能力，是地震应急工作的大练兵。进一步检验地震应急预案的科学性和可操作性，提高地震部门的综合协调能力。市政府非常重视地震应急指挥中心的建设，于 2013 年批复建设资金 44 万元，2014 年 6 月完成项目招投标计划。该项目的建成将实现地震应急信息快速传递、高效处理，提高应急救灾指挥与决策的技术水平，最大限度地减少震时的混乱和人员伤亡。也将实现与省地震应急指挥技术系统音、视频的互通互联。市局联合教育部门在全市中小学开展地震应急演练，以增强师生们对突发性灾害的应变能力和自救互救能力。近年来，市局开展地震应急培训 20 余次，培训 1000 余人次，举行地震应急演练 18 次。通过培训与实地应急演练，全市的地震应急救援水平有很大提高，应急救援队员的专业水平和整体素质进一步增强。在人民公园、金世纪广场、南湖绿地建成 63 万平方米、容纳 21 万人的 3 处应急避难场所。民权县建设成 2 处应急避难场所，柘城县 1 处。以此标准要求各县（区）加快应急避难场所的建设，每个县（区）争取建设一处以上地震应急避难场所。指导利用公园、学校、绿地、广场、体育场和人防工程等现有设施，规划建设应急避难场所和避险通道，使其具备安全应急避险、医疗救护、基本生存保障功能，提高全市地震应急能力。

【防震减灾宣传教育工作】 充分发挥地震科普示范学校的作用，把地震科普内容作为教学课程，辐射整个社会。根据各县（区）申报，市局选定睢阳区宋城街道许楼小学、虞城县第一实验小学、虞城县刘店乡初级中学、柘城县实验中学、柘城县第二高级中学等学校为市级防震减灾科普示范学校。通过向省地震局推荐，商丘市凯二小学被评为省级防震减灾科普示范学校。继续利用媒体和网络等各种形式，开展好地震科普“六进”活动。开展多种形式的防震减灾和地震应急知识宣传教育活动。利用“5・12”汶川地震纪念日、“7・28”唐山大地震纪念日、科普宣传周和“12・5”全国法制宣传教育日，在市区繁华广场举办防震减灾宣传教育活动。年内与《京九晚报》等单位联合举办防震减灾宣传活动 3 次，发放各种防震减灾知识手册 2000 余份，发放地震宣传资料 6000 余份，悬挂横幅 6 条，制作标语 12 个，展板 60 块次。通过发放宣传材料，宣传展板，科普小册子，提供咨询服务等形式，向广大市民宣传防震减灾知识。使社会公众进一步掌握防震减灾和地震应急救援知识，以增强应对突发地震灾害事件的能力。积内，向省地震局申请防震科普宣教基地建设资金 17 万元，用于科普基地改造升级。

商丘市地震系统荣获奖项

先进单位

河南省地震观测质量评比优秀奖

河南省县（市、区）防震减灾综合工作先进单位

民权县地震办公室

柘城县地震办公室

（崔东亚）

文化·史志

文　化

孙玉林

【文化广电新闻出版工作概况】 2014年,商丘市文化广电新闻出版局围绕全市工作大局,立足中原经济区和承接产业转移示范市建设实践,以文化强市为目标,以党的群众路线教育实践活动为抓手,以文化项目建设为重点,创新思路、创新载体、创新方式,全面深化文化体制改革,扎实推进文化大发展大繁荣,取得可喜成绩。

商丘市文化广电新闻出版局领导成员

党组书记、局长:孙玉林
党组副书记、副局长:李景智
副局长:白　冰　刘瑞芳(女)
董　健　常　青

【公共文化服务体系】 全年争取各项文化建设和发展专项资金4877.56万元。市级"三馆一院"建设取得突破性进展,商丘博物馆新馆初步投入使用,正在准备布展;市群艺馆、市美术馆、豫东大剧院选址规划已确定,市图书馆规划已在筹备。民权县、宁陵县、夏邑县、睢县博物馆新馆相继建成,夏邑县博物馆被评为全省优秀博物馆。新建城市数字影院1家(睢县),在建城市数字影院3家(宁陵1家,柘城2家),推动了全市县级城市数字影院的发展。全市现有的9个文化馆(群艺馆),8个图书馆,168个乡镇文化站,3899个农家书屋的免费开放工作进一步提升,使文化发展成果最大限度地惠及全市广大城乡群众。大力开展公共文化服务示范区(项目)创建工作,申报商丘社区文化公益小舞台为全省公共文化服务体系示范项目,申报民权县为全省公共文化服务体系示范区。全市各级财政投资1559.6万元,完成农家书屋出版物更新工作,为每个农家书屋配置图书203册、电子音像制品57张(片)、报刊15种。完成137个公共电子阅览室建设合同签订工作,其中街道7个、社区49个、乡镇81个。申报柘城路庄民间舞蹈、民权庄子文化产业园、商丘桃花源艺术馆等5个项目为第二批河南省特色文化基地。开展商丘市首届四个"十佳"评选活动,评选出十佳网吧、十佳文化站、十佳农家书屋、十佳文物景点,进一步推动公共文化服务质量提升。

【文化惠民工程】 全年开展公益惠民演出和公益电影放映活动5万余场,其中"舞台艺术送农民"演出158场,"百戏进百乡"演出120场,商丘社区文化公益小舞台演出62场,"欢乐中原·文明商丘"夏季广场文化演出37场、市豫剧院春季巡回演出210场、"天天邮戏"文化惠民活动系列巡演31场、惠民大剧场演出81场。同时超额提前完成公益电影放映。全市农村公益电影放映任务为46548场,10月底全部完成,观众达1100万人次。同时完成城区公益电影放映750余场,开展商丘原创电影放映1500余场。

【文化活动】 全年举办"中国梦"系列主题活动,包括"我的中国梦·爱心进万家"元宵节有奖猜谜活动、"中国梦·爱心进万家"义写春联活动、"中国梦·春之声"诗歌朗诵会、"中国梦·百姓情"文艺作品征集活动和"我的梦·中国梦"非物质文化遗产稀有剧种展演活动等各类活动40余场,时间4个月,影响观众数万

6月19日,欢乐中原文明商丘夏季广场文化演出

人。举办中国·商丘国际华商节文化月系列活动,活动自10月11日至11月10日结束,由商丘博物馆馆藏汉代画像石展、戏剧《王昭君》专场演出、群众文艺“教你一招”成果展、“惠民大剧场”文化周、电影放映月和文化出版市场专项整治活动等6个系列板块组成,共举办各类文艺演出、展览70余场,放映电影近百场。组织“春满中原”春节民间艺术巡游活动,协调140支民间民俗艺术表演队,以定点表演形式代替往年的沿街巡游表演,着力打造一道民俗文化风景线。举办惠民大剧场“商丘好人”春节文艺晚会、党的群众路线教育实践活动惠民大剧场戏曲晚会、“向人民汇报——河南省庆祝新中国成立65周年优秀舞台剧(节)目展演月”展演活动及各类专场演出。

【艺术创作】 豫剧《王昭君》荣获河南省文华大奖,实现商丘市文华大奖四连冠。豫剧《梨花情》入选市“五个一”工程奖。新豫剧《习近平视察兰考县》获全省社科普及规划项目评审立项成功。曲艺《文明礼仪伴我行》获河南省第七届曲艺大赛金奖第一名,3部曲艺作品荣获“宝丰马街书会”最佳表演奖。全年全市在7个省级以上的艺术展览、评奖大赛中40余件摄影、美术、书法作品获奖。市豫剧院院长陈新琴随省委副书记、省长谢伏瞻率领的“中原情·一家亲”河南参访团河南文化交流团,开展赴台经贸文化交流活动,再次在台湾掀起中原文化热。全年举办商丘市第三届戏剧大赛、商丘市第一届“群星奖”音乐舞蹈大赛、商丘市第五届少儿文化艺术节、商丘市第二届“小戏小品”曲艺大赛等各项文艺赛事近10次,开展美术、书法展览活动6次,组织文艺研讨展演活动4次。并组织创作大型历史剧《岳阳楼》、现代戏《天地良心》,电影《庄子》《真相》等多部影视剧作品,长篇电视剧本《女生唐亮亮的快乐生活》由天津百花文艺出版社出版发行,全国各大图书馆收藏。批准成立文化类社团3个。

【文化遗产保护】 6月22日,中国大运河申报世界文化遗产工作成功,通济渠商丘南关段和夏邑济阳镇段正式成为世界文化遗产,填补商丘市没有世界文化遗产的空白。组织各级保护和维修工作,重点实施睢阳区归德府城墙修复工程、民权李馆地道旧址修整、睢县古墓出土丝织物的保护性修复、虞城任家大院的保护修缮和睢县袁家山环境整治工作等保护和修缮工程。配合商登高速、郑徐高铁两项工程进行勘探发掘,发现两处古村落遗址,重点考古发掘梁园区水池铺乡吴楼村清代墓墓前石刻。组织全国第一次可移动文物普查工作,新发现文物300余件。加强非物质文化遗产保护传承,全市3个项目、17位传承人被列入省级项目保护范围。公布第四批商丘市市级非物质文化遗产名录,桃花扇等33个项目被新列入市级非遗名录。开展稀有剧种统计工作,统计收集传统剧目59部,乐谱、曲牌44部,征集相关实物205件,复排传统剧目16部,拍摄传统剧目10部。发掘出稀有曲种“鼓琴曲”,正在进一步收集、整理和保护。完成古籍普查登记工作。先后推荐非遗项目参加中国非物质文化遗产保护出版成果展、首届中国·天津2014“西岸”剪纸艺术节,并组织商丘·虞城非遗项目走进清华大学,多角度、多层次宣传推介商丘市非物质文化遗产成果,取得圆满成功。

【文化市场管理】 2014年开展“闪电”“零点”“清源”“秋风”“净网”等专项行动,有效整治文化市场经营秩序。全年全市出动执法人员6300余人次、执法车辆181台次;检查出版物市场、店档摊点1080余个次、印刷复制企业500余家次;检查网吧1214家次、娱乐场所48家次、演出经营单位3家;查处违规经营、盗版盗印案件10起,关停4家涉嫌淫秽色情信息的网站栏目,查缴非法出版物及报纸期刊1.6万余件,取缔关闭各类无证照经营店档摊点54个;查处违规经营网吧115家,函告工商部门取缔黑网吧3家;停演一场因主要演员缺场的演唱会,避免因主要演员缺场可能引发的群体事件。受理“12318”群众举报32起,均迅速进行了核查,并确保有落实,有反馈。加强服务型行政执法建设,举办首次文化市场综合执法案卷评审活动和全市文化市场综合执法交叉检查活动及结果通报会,商丘市在全省文化市场交叉检查中受到省文化厅通报表扬。

【文化产业】 加强对商丘古城文化旅游产业园区、黄河故道生态文化旅游产业园区、火店宫灯文化产业园区、睢县北湖文化产业园区、王公庄绘画文化产业园区和夏邑天龙湖文化创意产业园区的督导工作。加大对以民权王公庄画虎村、夏邑火店宫灯制作村为代表的特色文化专业村扶持引导力度。申报《商魂·古城遗梦》、“商之丘国之中——商丘历史与文化”展览“民权县王公庄画虎村信息平台建设”为省级、市级文化产业发展专项资金项目。申报虞城县大地万鼎影城为河南省2014年下半年扩大有效投资重大项目。《商魂·古城遗梦》大型实景演出项目、梁园区荷花演艺团等12个文化产业招商推介项目已被列入《2014年中国文化产业重点项目手册》。组织鼓励文化企业参加台湾、深圳、义乌、鹤壁等地的文化产品博览会。组织全市产业园区基地申报第五批国家级文化产业示范园区和第六批国家产业示范基地。

【新闻出版监管】 年内完成全市300余家出版物经营单位、100余家印刷企业和复印打字单位的年审换证工作。开展春节、“两会”期间和少儿出版物市场两项集中专项整治行动。开展“保护知识产权宣传周”活动,举行侵权盗版及非法出版物集中销毁活动和“绿书签行动”系列宣传活动。严厉打击侵权盗版活动,取缔群众反映强烈的非法图书市场——豫东文化广场,查处“胜飞书店”“宋城书店”“学苑图书城”、“文汇书店”等一批发行非法出版物的违规案件。协助省局办理睢县部分学校涉嫌教辅教材出版物案,有效遏制了征订发行教材、教辅读物工作中的不正之风,进一步规范教材教辅读物的出版、印刷、发行秩序。加强新闻队伍管理,组织700余名持证新闻记者参加新闻采编人员岗位考试,并严格审核新闻记者证申请人资质,从严掌握发证范围。开展打击假报刊、假记者站、假记者、假新闻的“四假”专项治理，对全市报刊社、记者站和变相记者站排查清理，查处2起假记者采访案。

【广播电视】 2014年，组织全市优秀广播电视节目评选，完成省广播电视新闻奖10个类别奖项评选的推荐参评工作，全市25件作品在省获奖，其中特别奖1件，一等奖3件，这是商丘市首次获得省广播电视新闻奖特别奖。举办商丘市首届“金话筒”奖播音员、主持人大赛，受到好评。圆满完成春节、“两会”、十八届四中全会、“十一”等重要时期的广播电视安全播出任务。完善修订紧急情况应急预案，指挥中心实行24小时不间断值班。全年没有发生一起责任事故、人员伤亡事故和重大安全播出事故。开展整治虚假广告和违法医药广告的专项治理行动，停播违规广播健康节目4档，停播医药广告7条。积极开展“无小耳朵”创建活动，对广场五交化、电器大世界非法销售卫星电视接收装置户进行集中清理整顿，共收缴各类卫星电视接收装置500余套，非法公开交易活动得到有效遏制。严厉打击非法电台、电视台，查获睢县孙聚寨乡擅自设立电视发射台的设施。加强互联网传播信息监管，组织开展“净网”行动，取缔非法网站4家。

商丘市文化广电新闻出版系统荣获奖项

先进单位

河南省世界文化遗产申报工作先进单位
- 商丘市文物管理局
- 睢阳区文物管理局
- 夏邑县文物管理局

第十三届河南省戏剧大赛优秀组织工作奖

河南省文化市场综合执法考评第四名

河南省文化市场综合执法案卷工作先进单位

河南省文化市场综合执法重大案件办案先进单位
- 睢县文化广电旅游局

河南省先进公共图书馆
- 睢阳区图书馆
- 睢县图书馆

河南省先进文化馆
- 柘城县文化馆
- 夏邑县文化馆

河南省先进文化站
- 民权县人和镇文化站
- 虞城县站集文化站
- 夏邑县北岭镇文化站
- 睢县尚屯镇文化站

河南省文物系统文物安全工作完成目标单位
- 商丘市文物管理局

河南省文物系统优秀县级博物馆
- 夏邑博物馆

河南省社会科学普及规划评审立项项目
- 新编豫剧《习近平视察兰考县》

河南省文物系统文物宣传与信息工作先进单位
- 商丘市文物管理局

河南省文物系统文物统计年报工作先进单位
- 商丘市文物管理局

2014中国·商丘国际华商节先进单位
- 商丘市文化广电新闻出版局
- 商丘演艺集团

商丘市第五届精神文明建设“五个一工程”入选作品奖
- 豫剧《梨花情》

先进个人

河南省文化市场综合执法优秀个人
- 李　丹　刘县委

河南省文化厅表彰第五次全国公共图书馆评估工作先进个人
- 刘明元　朱凝霜

河南省第五届“网络文化新生活”大型公益活动先进个人
- 白　冰　李二伟　杨忠亮

第十三届河南省戏剧大赛组织工作个人奖
- 常　青　于洪丽

河南省文物系统优秀业余文物保护员
- 宋广东　魏东连　王　峰
- 张培礼　王齐世　张萍兰
- 李瑞亭　陈时云

第十三届河南省戏剧大赛

河南文华大奖豫剧《王昭君》

文华剧作奖
- 姚金成

文华导演奖
- 卢　浩　李　云　王　瑞

文华舞台美术奖
- 俞　辉　黄海洋
- 王笠君　张　菁

文华表演一等奖
- 王效领　陈新琴

文华表演二等奖
- 闫玉龙　张　燕　韩振业

文华表演三等奖
- 张　萍　吴青峰

河南省新闻出版(版权)优秀行政执法案卷二等奖
- 王　珩　郑　强　来国强

河南省第四届杂技“百戏奖”暨河南省第九届杂技大赛节目银奖

《男女技巧——龙凤呈祥》柘城县杂技团

第二届河南省农民画展二等奖
- 国画《王者之风》
  - 王严严
- 剪纸《木兰从军》系列
  - 贾艳梅

三等奖
- 国画《草莽雄风》
  - 李道中
- 国画《草莽雄风》
  - 王　朋
- 国画《君临天下》
  - 肖亚龙
- 国画《雄风》
  - 赵凡奇
- 国画《荷花》
  - 王建树
- 剪纸《吉祥如意》
  - 胡　明
- 剪纸《梅花绽放喜报春来》
  - 胡　明
- 剪纸《中国梦》
  - 朱家奎
- 剪纸《老子骑牛图》
  - 朱家奎
- 组织奖
  - 商丘市群众艺术馆

第二届河南民间艺术展评

一等奖
- 辛昌仁　陶器　陶器系列作品(收藏)

二等奖
- 申世德　刻瓷　商丘古城木兰从军

集体组织奖
- 商丘市群众艺术馆

第十二届河南省文化艺术论文及创作歌曲、歌词评选
一等奖
张艳红 《论朱载育精神品格及其在当今社会的现实意义》
集体组织奖
商丘市群众艺术馆
个人组织奖
刘明元

(李 艳)

陈新琴

【商丘演艺集团概况】 2014年,按照市委、市政府工作要点安排,商丘演艺集团始终围绕中心,突出重点,以科学发展观为指导,坚持开拓创新、干事创业,在文化体制改革、艺术创作生产、剧目排练演出、群众文化生活、对外文化交流、文化产业发展等方面均取得了较好成绩,促进了全市文化体制改革和文化产业发展,较好地完成全年各项工作任务。大型古装豫剧《王昭君》荣获第十三届河南省戏剧大赛文华大奖、第六届"黄河杯"戏剧节金奖、商丘市第三届戏剧大赛金奖。

商丘演艺集团领导成员

董事长、院长
党委书记兼总经理:陈新琴
副总经理:王柯军 贾建涛
副 书 记:闫玉龙
副 院 长:王柯军 张 艳(女) 刘涉运 王效领

【豫东调研讨会暨成果展】 1月10日,省文化艺术研究院、省戏剧家协会、市文广新局、商丘演艺集团、商丘市豫剧院在商丘市联合举办豫东调研讨会暨商丘市豫剧院65年成果展。省文联党组书记吴长忠、省文化厅副厅长董文建,商丘市委宣传部部长贾瑞琴、市人大副主任杨继民、副市长岳爱云、市政协副主席魏昭炜等领导出席。省市领导、专家和来宾1500余人,通过观看商丘市豫剧院65年成果展宣传展板、专题电视片。了解到商丘市豫剧院65年发展历程和65年来发展的四条基本经验。同日,在商丘演艺集团会议室召开河南省豫东调研讨会,会议由省文化艺术研究院副院长吴亚明主持,省专家方可杰、刘景亮、谭静波、范立方,市专家张锡荣、蒋云声、徐德先等作主题发言,省非遗中心主任裴景岭作总结发言。会议充分肯定豫东调在豫剧四大流派之主要流派的历史地位,充分认识对豫东调的研究、传承、保护的重要意义,决定建立豫东调研究机构,争取政府支持,把豫东调研究工作作出成效,并不断推向更高的层次,为河南豫剧的传承、保护、发展作出贡献。

4月17日,文华大奖剧目《王昭君》全市巡演

【文化惠民演出】 2014年春节,集团全体演职员分两队赶赴郑州、民权两地开展春季巡回演出,至5月结束。演出台口不断扩大,在河北省邯郸市、邢台市,山西省长治市,河南郑州、巩义、焦作、鹤壁、安阳、林州等地连续演出,并配合省邮政局开展"天天邮戏"文化惠民活动系列巡演活动,省、市舞台艺术送农民活动,百戏进百乡活动,全年共演出400余场次。

【文化交流】 6月10日~16日,演艺集团董事长、党委书记陈新琴随省委副书记、省长谢伏瞻率领的"中原情·一家亲"河南参访团河南文化交流团,带着中原人民对台湾同胞的真诚祝福,开展赴台经贸文化交流活动,在台湾全岛精彩巡演,受到当地观众的高度称赞,再次在台湾掀起中原文化热。

【《王昭君》获文华大奖】 10月,全体演职员精心打造的大型古装豫剧《王昭君》荣获第十三届河南省戏剧大赛文华大奖,是继《浣纱记》《李香君》《龙河钟声》之后又一喜事,实现四连冠。该剧被定为2014中国·商丘国际华商节迎宾晚会专场,深受各级领导和来商参观投资的海内外华商的一致好评。演艺集团将进一步加工提高大型古装豫剧《王昭君》,力争于2015年拍成优秀的电影作品,并做好全国少数民族文艺会演准备。《王昭君》(青年团)参加商丘市第三届戏剧大赛,荣获剧目金奖。

(任红珂)

图书发行

【图书发行概况】 2014年,全市新华书店紧扣"务实发展、开拓经营"这个主题,以务实发展为主线,各项工作均取得较好成绩。全市销售收入30414.45万元,较上年同期30263.01万元增长151.44万元,完

刘　亚

成年计划的93.18%；三项费用为5185.56万元，较上年同期5450.71万元下降4.9%，利润总额1623.4万元，完成年计划的142.15%；其他业务收入为423.2万元，较上年同期561.61万元下降138.41万元，主要原因资产剥离。

商丘市新华书店领导成员

党委书记、总经理：刘　亚（女）
副经理：邓维龙　关煜华（女）
张万红　岳修峰

【三项制度改革】　2014年，商丘市店进一步深化三项制度改革，强化内部机制改革，加大薪酬与岗位职责的分配比例，把三项制度改革推向纵深，不断健全与企业体制相匹配的用人、收入分配、激励等内部机制，修订完善考勤制度和学习培训制度，拿出工资的10%与考勤和学习培训直接挂钩，工资薪酬、任务指标平均提升30%。各县（区）店根据集团公司三项制度改革工作部署，上半年已全部完成三项制度改革工作。各县店结合自身实际，均制定出单位绩效考核办法、建立科学合理、细化量化的绩效考核体系、推行全员绩效考核制度，逐步形成收入与岗位职责挂钩、收入与绩效考核结果挂钩的激励约束机制，并分阶段、分步骤推进落实，达到干部管理规范化，组织架构科学化，岗位体系清晰化，减少了用工总量，工资分配合理化的目的。

【门市销售】　4月20日，商丘图书大厦举办书香进校园活动，本着正版优秀图书进校园的宗旨，让每位学生都能到新华书店买一本书，由老师在课堂上带领学生阅读，老师的用书由图书大厦免费赠送，同年级学生班级之间交换阅读，使每个孩子购买一本书就能读到几本图书，以此培养孩子的阅读习惯和阅读兴趣，让孩子们都爱上阅读，支持正版。年内，商丘图书大厦配合省店还举办“聚畅销”、海豚传媒“爱上阅读”、人民邮电买赠、科技八折销售、中智博文买赠等35项店内营销活动。

【连锁经营创新】　按照《河南连锁店赴浙实训工作方案》和省店统一安排，为深化豫浙连锁经营合作，创新连锁经营培训形式，建立豫浙双方深度沟通与交流机制，不断提升连锁经营的管理水平，10月中旬，全市书店分批派出业务骨干到浙江温州等地实地培训，取得良好效果；11月中旬，市店总经理刘亚带领市店班子成员及部分中层领导到温州瑞安书店参观学习。她要求参观学习者均须写出学习体会，并召开专题学习调研会，由学习的每位成员，面对面介绍自己在此次学习中的感受和体会，此举提高了全市书店的管理水平。

【多元化经营】　省发行集团重视全省各级书店的渠道卖场建设工作，要求充分借助国家和河南省城镇化建设与支持实体书店发展的扶持政策和有利时机，利用新华书店的资源优势，加强新华书店的卖场建设。年内，虞城县店已建成新卖场1.5万平方米。商丘市店在图书大厦腾出100平方米，打造全省第一家“虎虎生活馆”，未立项的县店也积极与当地党委、政府协商，最大限度地争取当地政府的理解和支持，打造出实体渠道网络布局和规模阵势。

【公益活动】　5月29日，商丘图书大厦举行“倡导正版，关爱幼儿大型图书音像制品捐赠”活动，共向50余所幼儿学校捐赠图书码洋6万元和价值25万码洋的音像光碟。向学校大力宣传推广人教版幼儿教材，倡导学校使用正版教材，使孩子们从小接触质量优良、内容丰富的图书，发掘孩子幼儿时期才能，此次活动收到良好社会效应，得到社会各界的好评，为下一步开拓大的教育市场业务奠定坚实基础。　（李健峰）

档案管理

【档案工作概况】　2014年，商丘市档案局认真履行档案工作职能，努力加强档案馆业务建设，对馆藏档案实行科学管理，确保档案安全。挖掘档案信息资源，加快档案扫描步伐，积极提供档案利用，为领导决策、机关工作和群众服务。创新服务机制，主动开展业务指导和监管，加强对基层立档单位的业务监督和指导，逐步提高基层档案室管理水平，全面推动全市档案事业健康、快速发展。

崔　杨

商丘市档案局领导成员

局长、党组书记：崔　杨（女）
副局长：王超敏

【档案资源建设】　为认真贯彻落实《中华人民共和国档案法》《中华人民共和国档案法实施办法》，切实加强档案管理工作，确保档案及时规范归档，市档案局下发《关于做好2013年度文件材料归档工作的通知》，派出业务人员到市直单位和县（区）部门，面对面进行文件归档工作业务指导。为推动教育实践活动档案资料的规范整理，市局抽调专业人员到市委党的群众路线教育实践活动办公室，对活动档案资料整理进行业务指导，活动结束后，相关档案资料将作为重大活动档案及时接收进馆。为进一步丰富馆藏，开创照片档案新门类，市档案局经过近半年努力，在大量收集中央、省领导到商丘市调研指导工作，省、市领导到市局指导工作以及到“商丘记忆”“商丘之光”2个展厅参观照片的基础上，自筹经费整理归档，建立重大活动照片档案库。至年底，已整理出5万余张照片。为社会提供利用实现档案价值是档案工作的根本目的。全市档案部门对档案资源的提供利用工作坚持常抓不懈，依法开放馆藏档案资源，加大档案资源开发利用的深度和广度，为党委、政府中心工作和人民群众需要服务。结合党的群众路线教育实践活动，在局机关开展微笑服务活动，要求工作人员在提供档案利用服务时,注重树立良好形象,始终坚持“四好”要求,即文明讲好每一句话,热情接待好每一个人,认真调阅好每一份档案,准确解答好每一个问题,为利用者排忧解难,尽最大努力满足利用者的需求。全年全市各级档案部门共接待利用者12653人次,有效查找所需材料19992卷件。为加强档案接收力度,丰富馆藏资源,市档案局逐步对部分市直单位开展档案接收工作。全年共接收市委、市政府、市计生委、市公路局、市日报社、市司法局、市老干部局、市气象局、市政法委等单位档案3005卷、27555件、资料285册、人事档案211卷、照片3张。全市档案部门共接收档案226412卷件,圆满完成全年档案接收任务。

【档案馆项目建设】 为扎实推进全市档案馆项目建设,年初市档案局抽调人员,对中西部档案馆项目工作调研,并形成高质量调研报告报送省档案局。同时市局积极为各县(区)档案馆建设提供多方面的帮助和指导。虞城县新建档案馆已投入使用;宁陵县投资600万元、建筑3100平方米的综合档案馆已竣工;民权县总投资1500万元、建筑3900平方米的综合档案馆项目工地围墙已拉起;睢县投资2500余万元、建筑13086.16平方米的档案馆即将竣工;柘城县档案馆已竣工。

【管理认证工作】 为推进全市档案规范化管理认证工作,市局抽调业务骨干多次到目标单位进行具体的业务指导和帮助。通过认证共达标121个单位,其中认证机关档案工作规范管理省特级示范单位4个,分别是夏邑县地税局、睢县地税局、民权县地税局和虞城县国税局;认证机关档案室省一级单位6个,分别是睢阳区档案局、宁陵县地税局、柘城县交通运输局、民权县国土局、民权县档案局和民权县法院;认证省二、三级单位111个。认证省级档案工作信息化管理示范单位3个,分别是商丘市地税局、虞城县地税局和睢阳区地税局。认证社会主义新农村建设档案工作示范乡镇10个。

【新农村和非公企业建档工作】 围绕市委、市政府的中心工作,努力巩固全市农业农村、非公企业档案工作成果,全面推进新农村、非公企业和重大建设项目档案工作,把新农村、非公企业以及重大建设项目建档工作作为档案部门围绕大局、服务中心的一项重要任务,摆上位置、列入议程,指派专业人员到农村、社区、企业和重大项目基层一线进行业务指导,取得积极成效,为促进基层发展、企业和重大项目建设发挥重要作用。

【档案数字化扫描工作】 为加快档案数字化进程,市档案局不断加大基础设施建设,自筹经费对办公用房改造,建立档案数字化扫描室,购买4台专业扫描仪和6台计算机,安装监控软件和监控设备,并由专业人员安装专业档案检索系统。为切实保证高质高效完成扫描任务,市局组织人员利用近4个月的时间对档案目录数据库和档案全文数据库进行录入和扫描,完成省局下达的50万页的扫描任务。各县(区)档案部门也进一步加大档案扫描力度,共扫描档案80余万页。

【档案安全工作】 2014年,市档案局对2015年国家重点档案抢救及保护项目进行申报。为确保档案安全,进一步采取有力措施,加强馆藏档案安全保管保护工作。7月,重新购买更换防虫、防霉药具,做好档案消毒杀虫工作,防止档案虫蛀、霉变。并对库房60瓶干粉灭火器材更换。

【“商丘记忆”版面更换】 2009年由市委、市政府主办,市档案局承办的“商丘记忆”档案史料展成功开展。由于时间原因,商丘的政治、经济、文化、社会面貌发生了很大的变化,地方生产总值、公共财政预算收入、农民人均纯收入等大幅提升,原来的很多版面与当前全市的经济社会发展已不相符,包括辉煌成就整个阶段、商丘概况、人物风采、历届劳模、现任四家领导等多个版面需要更换。为庆祝中华人民共和国成立65周年,改革开放36周年,年初制定计划,对所需图片资料进行征集,同时对解说词进行10次反复修改。图片的征集难度较大,经过近半年努力,完成版面的更换工作,实现2个展厅的顺利布展。 (席长峰)

党史研究

张修君

【党史研究概况】 2014年,市委党研室加快推进《中共商丘党史(第二卷)》编写工作;做好《2012年~2013年商丘党史大事记》编辑出版工作;抓紧《商丘当代人物大典》(党政篇)征编工作;做好改革开放实录专题撰写工作。继续抓好党史大事记当月记当年编工作;开辟“学党史、转作风、讲党性”专栏;参与举办纪念彭雪枫将军殉国70周年活动;举办全市党史业务培训班;作为协办单位,与市委组织部共同创建网上“党员教育基地”;积极开展资政专题研究。

中共商丘市委党史研究室领导成员

主　任:张修君
副主任:马　云(女)

【改革开放实录专题撰写】 按照中央、省委党史研究室统一部署,召开座谈会专题研究,拟出编纂目录,撰写《商丘土地流转的实践与思考》《国家粮仓的贡献和责任》等4篇专题文章。

【“学党史、转作风、讲党性”专栏】 为庆祝建党93周年,在《商丘日报》开辟专栏,撷取商丘党史重大历史事件和重要党史人物资料,撰写中共商丘第一个党组织、天下文明第一军、民族英雄第一人等10个专题材料,6月27日起分期刊载,宣传党的丰功伟绩,弘扬党的优良传统和作风,教育引导广大党员干部牢固树立群众观念,坚定理想信念,切实转变作风,为实现商丘的跨越发展凝聚正能量。

【党史业务培训班】 9月4日，举办全市党史业务干部培训班，各县（区）及永城市委党史研究室主任和业务骨干，市委党史研究室全体人员40余人参加培训。此次培训邀请省委党史研究室一处处长张守四、二处处长李海民、三处副处长陈书光授课，他们结合自身党史工作经验，就开展党史宣传教育工作、《党史》二卷撰写、改革开放实录专题写作等问题，为培训班学员授课辅导。讲解深入浅出、内容丰富，有理论、有实践、有事例，具有很强的针对性和实用性。同时又对党史工作发展的最新态势，提出许多建设性意见，为今后的工作提供指导和借鉴。此次培训取得良好效果。

【纪念彭雪枫将军殉国70周年活动】 积极参与活动的各项筹备，代市委、市政府起草实施方案，并多次到彭雪枫纪念馆现场指导。撰写《功垂祖国泽被长淮——纪念彭雪枫将军殉国70周年》，在《商丘日报》上发表，受到参加纪念活动嘉宾的好评。9月12日，纪念彭雪枫将军殉国70周年活动举办。活动结束后，制作《雪枫精神永放光芒》专题片，编辑出版《彭雪枫殉国70周年》专刊。

【党史资政工作】 围绕市委中心工作和省委党史研究室要求，积极开展资政专题研究，服务市委决策。先后撰写《关于对商丘革命遗址实施保护的意见》《国家粮仓的贡献与责任》《商丘土地流转的实践与思考》，上报市委、市政府，得到市领导肯定。

（李冬丽）

史志编纂

马时全

【史志工作概况】 2014年，全市完成市、县（区）二轮志书编修任务，逐步提升年鉴编纂质量，改版商丘大事月报，编印地情资料，整理历代方志，启动乡镇志编纂，开通地情网站，谋划方志馆建设，取得显著成绩。

商丘市地方史志办公室领导成员

主任、党组书记：马时全

副主任、党组成员：黄　炜（女）

【志书编纂】 加大对县（区）修志工作的督导力度，基本上完成二轮修志任务。至年底，睢县、夏邑县、柘城县、睢阳区、虞城县完成出书任务；宁陵县志书已进厂印刷；民权县、梁园区召开二轮志书评稿会。适时启动乡镇志编纂工作，依照《河南省人民政府办公厅关于做好乡镇志编纂工作的通知》《河南省地方史志办公室乡镇志编纂指导意见》，结合商丘实际，市政府办公室下发《关于做好乡镇志编纂工作的实施意见》。在12月市史志办举办培训班，对这项工作进行具体部署，多数县（区）已有序展开。

【年鉴工作】 为确保《商丘年鉴》（2014）的编纂质量，3月，市政府办公室下发《关于做好〈商丘年鉴〉（2014）编纂工作的通知》，按照文件要求，明确按进度时序狠抓节点控制，定人定位抓质量落实。广泛征集资料，认真组织编写，聘请专家审阅，精心排版印刷，严格质量监督。同时加大向各承编单位征集图片的力度，增强年鉴的信息量和可读性，切实做好稿件编撰、评审验收和出版等各项工作。睢县、睢阳区、柘城县、虞城县等综合年鉴工作按照计划进行，其他县（区）也在按照年度计划有序开展。

【月报工作】 3月，市委办公室、市政府办公室联合下发《关于进一步做好〈商丘大事月报〉编辑工作的通知》，以期提升月报的供稿质量和编辑水平。在编辑过程中，以服务领导，贴近实际、贴近群众、贴近社会为原则。在内容上新增卷首语、县（区）动态、专题活动等栏目。克服收集资料难、图片资料少等困难，努力巩固改版成果，丰富记录内容，注重面向基层，如期完成《商丘市大事月报》的编辑出版任务。柘城县、宁陵县、睢阳区的大事月报资料性强、编印精美、影响力大。

【读志用志活动】 全年把读志用志工作作为围绕中心、服务大局的中心工作来抓。为让人们重温家乡历史，了解商丘市情，激发建设热情，推进全市经济社会又好又快发展，市史志办与商丘日报报业集团联合举办河南红杯商丘庆“七一”历史文化知识竞赛活动。6月27日，竞赛试题在《商丘日报》整版刊登后，收到答题卡13304份，得分95分以上的8146份，通过抽奖方式获一等奖10名、二等奖20名、三等奖30名，组织奖8名、突出贡献奖1名。为进一步满足社会各界对地情书需求，把编写《图说商丘名胜》《商丘概览》列入重点项目，组织人员搜集资料、拍摄照片。编辑的《商丘民间歌谣》被评为全国优秀社会科学普及作品，为河南省五部获奖作品之一。县（区）地情书编纂也各具特色，睢阳区编纂《龙门圆梦》，宁陵县编纂《己吾考略》。

【旧志整理】 2014年，按照省史志办出版整理旧志要求，克服人手不够，资料不足等难题，搜集整理《大清一统志·归德府卷》、重印明嘉靖《归德志》。各县（区）也积极行动，开展收集整理影印历代方志工作。

【地情网站建设】 2014年，加大网站的日常运维管理力度，建立完善和修订网站工作责任制和各类管理制度，加快史志编纂成果的上网进程，充实更新各级栏目内容，让史志成果走进千家万户。继续深化政务公开，加强信息发布，资料登载等。商丘市地情网突出地情特点，网站设置《商丘概览》《市情动态》《政务公开》《史志动态》《魅力商丘》《商丘百业》《方志之窗》《地情数据库》《便民服务》《沟通交流》等栏目。内容涵盖经济、政治、文化、社会、自然、环境等各个方面，成为商丘市公共文化服务的一大阵地。

【项目带动工程】 2014年，筛选出二轮志书、《商丘年鉴》、《商丘大事月报》、乡镇志、旧志整理、商丘概览、图说商丘名胜等编辑出版及地情网站、方志馆、招商引资10个主要项目,实施项目带动工程。将工作任务项目化,项目推进责任化,责任落实具体化。一是明确任务分工。通过个人选择,组织确定,每个项目都明确第一责任人、参与人、分管领导和总负责人。一人领办,多人配合,任务清楚,分工明确,各司其职,各负其责。二是明确质量标准。树立质量第一的思想,坚持高起点、高标准、高质量,把精品意识贯穿于志鉴编纂的全过程,严把政治关、史实关、保密关,达到观点正确,事实准确,数字精确。三是明确时间进度。根据项目特点,制定实施方案,划分时间阶段,循序渐进,狠抓落实,确保按时完成任务。通过落实项目建设责任制,人人头上有任务、身上有责任、心里有动力,精神面貌明显改观,工作作风明显好转,工作效率明显提升。

商丘地方史志系统荣获奖项

先进单位

全国优秀社会科学普及作品

《商丘民间歌谣》

第五届全国年鉴出版质量评比二等奖

《商丘年鉴》(2012)

河南省史志系统综合先进单位

商丘市地方史志办公室

睢阳区地方史志办公室

睢县地方史志办公室

柘城县地方史志办公室

河南省修志先进单位

虞城县地方史志办公室

夏邑县地方史志办公室

河南省用志先进单位

宁陵县地方史志办公室

商丘市人民政府通令嘉奖

商丘市地方史志办公室

商丘市"三八"红旗集体

商丘市地方史志办公室

商丘市文明单位标兵

商丘市地方史志办公室

商丘市"五好五强"党支部

商丘市地方史志办公室党组

(张振东)

为您服务

商丘南站旅客列车时刻表(一)

自2016年1月10日零时起实行

上行					
车次	区间	股道	到点	开点	方向
K106	深圳—北京西	8	8:39	8:41	
K1238	温州—郑州	6	9:50	10:12	往西
K1396	温州—太原	8	10:38	10:42	
K134	深圳西—兰州	6	10:53	10:57	往西
Z148	深圳东—郑州	6	11:23	11:26	往西
K1576	福州—太原	8	11:41	11:43	
K726	桂林北—哈尔滨	8	12:05	12:10	
K732	广州东—大同	8	12:22	12:25	
K30	福州—洛阳	6	12:30	12:35	往西
T180	广州—济南	Ⅱ	13:19过		
K1282	深圳东—济南	8	13:59	14:01	
K744	厦门—郑州	6	14:05		往西
Z186	深圳—沈阳北	8	14:10	14:15	
K1138	南宁—青岛	8	20:28	20:32	
K876	昆明—烟台	Ⅱ	21:25过		

新闻媒体

报　纸

刘道明　　郭文剑

【商丘日报报业集团概况】 2014年，商丘日报报业集团把握"公信亲和、大爱厚德"核心价值观，按照"六为"（为文、为人、为德、为商、为家、为业）、"五做"（做平台、做观念、做机制、做人脉、做影响）整体工作思路，先后组织《商丘"聚"变》《2014中国·商丘国际华商节系列报道》《京九晚报拥军号》《践行社会主义核心价值观》《深入开展群众路线教育实践活动》《深入学习弘扬焦裕禄精神》等大型报道30余组；先后推出在全市乃至全省有影响的先进典型10余个，进一步打响"商丘好人"整体品牌。作品获省级以上新闻奖43篇。《商丘日报》荣列"第三届中国地市报经营创新十强""2014传媒中国年度十大竞争力城市日报"。

商丘日报报业集团领导成员

董事长、党委书记、社长：刘道明
党委副书记、总编辑：郭文剑
副总编辑：宋圣英　张浩哲
　　　　孙克东
副 社 长：苏强华
工会主席：邢礼忠
纪委书记：苏东锋

【宣传工作】 2014年，第二批党的群众路线教育实践活动在县（市）两级展开。《商丘日报》推出6篇评论员文章。同时开展"六城"联创10个专项行动、学习习近平总书记重要讲话精神、2014中国·商丘国际华商节等工作。报业集团及时策划组织刊发相关评论。《商丘"聚"变》大型主题文图组合系列报道受到市委书记高度评价。省委宣传部《河南新闻阅评》第74期以《文图组合立体呈现舆论引领强势出击》为题给予盛赞。《商丘日报》推出《加快基础设施建设提升群众幸福指数》等10个整版文字调查报道和《你会过马路吗?》等10个整版摄影报道，并长期开设《六城联创曝光台》。《京九晚报》推出"溯源母亲河"大型采访活动。共刊发消息70余篇，特稿50余篇，图片近300张。全年报业集团进一步做好"商丘好人"宣传，打响"商丘好人"整体品牌，先后推出京城冰湖中勇救落水儿童的王军章、商丘市第14位造血干细胞捐献者王飞、在昆山赤手擒歹徒小伙黄圣涛、河南省"最美护士"韩雪迎、舍身救人充当"肉垫"的民权保安李新河等在全市、全省影响先进典型10余个。

【文化产业】 一是印务工作实现新突破。《商丘日报》连续13年被评为全省优质级报纸。4月，《商丘日报》被省新闻出版局和省报协评定为2013年度报纸印刷质量优质级报纸。2014年第一季度的《商丘日报》在全省报纸印刷质量评比中，被评为精品级报纸。二是新媒体发展步伐加快。年内，《商丘日报》腾讯微博28万人，《京九晚报》腾讯微博22万人。商丘网全年发稿15万余篇，网站访问量2.7万/日。商丘网新浪微博粉丝数91775，腾讯微博粉丝数57511。此外还开通"商丘报业"商丘新闻、商丘金融媒体中心、商丘房产、商丘汽车、商丘旅游等各类微信公众号20余个。商丘网开通手机客户端"掌上商丘"，软件下载安装用户近万人。三是广告收入稳步前进。报业集团实行报业广告公司经理层目标负责制，围绕"以策划带动创收，以活动带动经营"的工作思路，策划组织春季车展、"五一"车展、夏季车展、商丘旅游"新八景"评选、商丘十佳婚庆产业评选等活动。

【"走转改"活动】 2014年，商丘日报报业集团开展"走基层、转作风、改文风"活动，努力实现活动机制化、常态化。一是制定措施。要求业务领导每月抽出时间深入基层一线，每人至少采写一篇来自基层、题材典型或以小见大、内容鲜活、文风清新的作品见报，纳入当月绩效考核。二是办好专栏。在继续办好《走基层转作风改文风之现场直击》《一线调查》《基层见闻》《记者体验》《记者观察》等栏目的基础上，新开设《新春走基层》《走基层话发展》等栏目，此外，个人《走、转、改》专栏"傅青下乡》《小魏逛街》也深受读者欢迎。三是创新载体。《京九晚报》开展记者挂职社区主任助理活动。在梁园区、睢阳区、城乡一体化示范区选定多个街道，每个街道选派一名《京九晚报》记者挂职所辖社区的主任助理，在与社区干部、社区居民的交往中，发现社区正能量（社区管理先进经验、社区先进人物、动人的社区故事、邻里之间的感人故事）等；发现基层干部中、基层群众中的闪光点、正能量，报道社区开展群众路线教育实践活动的先进经验和典型；对社区和群众反映的问题，做好联络、帮扶、疏导工作，努力为群众办好事、办实事，为基层排忧解难。

【新闻精品】 不断加强培育新闻精品力度,2014 年在省级以上新闻奖评选中再创佳绩。在全国地市报最高新闻奖——第二十八届(2013 年度)中国地市报新闻奖评选中,《商丘日报》7 件获奖,其中一等奖 1 件,二等奖 4 件,三等奖 2 件。在 2013 年度中国地市报新闻摄影作品评选活动中,商丘日报 5 件作品获奖,同时荣获优秀版面一、二等奖。在河南省新闻界最高奖——第三十一届(2013 年度)河南新闻奖评选中,商丘日报报业集团 9 篇作品获奖,比上年多 1 篇,其中一等奖 2 篇,二等奖 3 篇,三等奖 4 篇。在"中国晚报摄影学会 2014 年会"暨"总编与记者面对面"交流会上,商丘日报报业集团摄影记者魏文慧拍摄的图片《高温不敌"正能量"》,在 108 家参评晚报、6000 余幅作品中脱颖而出,荣获突发新闻类金奖,图片编辑王松被评为"优秀编辑"。

商丘日报报业集团荣获奖项

先进单位

第三届中国地市报经营创新十强

《商丘日报》

2014 传媒中国年度十大竞争力城市日报

《商丘日报》

第三届中国地方都市类报纸最具成长性十强

《京九晚报》

河南省报纸印刷质量优质级报纸

商丘市"六城"联创工作先进单位

2014 中国·商丘华商国际华商节先进单位

商丘市工会工作先进单位

(孙　凯)

为您服务

商丘南站旅客列车时刻表(二)

自 2016 年 1 月 10 日零时起实行

上行					
车次	区间	股道	到点	开点	方向
Z104	厦门—长春	Ⅱ	21:49 过		
T182	汉口—哈尔滨西	Ⅱ	22:53 过		
K1264	杭州—石家庄	6	23:09	23:23	
K148	阜阳—北京西	8	23:31	23:33	
K342	南昌—青岛	8	23:51	23:53	
1154	杭州—西安	Ⅳ	0:02 过		往西
Z72	三明北—北京	8	0:32	0:36	
K1012	上海—石家庄北	8	0:50	0:54	
Z112	海口—哈尔滨西	8	1:11	1:13	
T398	深圳—青岛	8	1:27	1:30	
Z226	合肥—北京	Ⅱ	2:16 过		
Z66	南昌—北京西	Ⅱ	2:22 过		
Z68	南昌—北京西	Ⅱ	2:28 过		
Z134	井冈山—北京西	Ⅱ	2:34 过		
K1072	安庆—北京西	Ⅱ	2:52 过		
K1454	赣州—北京西	Ⅱ	3:16 过		
K1110	黄山—北京西	8	3:25	3:30	
K62	扬州—西安	6	3:38	3:43	往西

卫生·体育

卫 生

陆志强

【卫生工作概况】 2014年，全市共有各级各类卫生机构6483个。县级以上医院69所，其中综合医院52所，中医院13所，专科医院2所；乡镇卫生院191个，采供血机构1个，妇幼保健机构9个，专科疾病防治机构3个，疾病控制机构10个，卫生监督机构10个，社区卫生服务中心16个，医学在职培训机构9个；全市医疗机构实有床位30189张；医疗卫生技术人员56465人，其中执业医师7590人，执业助理医师12870人，注册护士11312人，药技人员4250人，检验人员1209人，乡村医生和卫生员9268人，其他工作人员9866人。被评为全国无偿献血先进城市。

商丘市卫生局领导成员

局长、党组书记：陆志强（12月离）
副局长、党组副书记
爱卫办主任：蔡英奇
副 局 长：范祥杰 宋 勇
杨彦林
爱卫办副主任：宁德珍
崔亚君（女）
王 斌
纪检组长：崔洪轩

【新型农村合作医疗】 全市参合农民617.18万人，参合率达99.34%，新农合筹资水平提高到年人均380元，其中各级财政补助标准提高到320元，住院补偿封顶线达20万元，全年补偿22.67亿元，享受补偿参合患者1101.59万人次；强化新农合监督管理，新农合基金总支付率为61.62%，基金运行平稳安全；进一步提高了大病重病的保障水平，将乳腺癌等常见大病和15个儿童大病纳入重大疾病保障范围，保障病种扩大到35个；全市重大疾病补偿比例提高77.35%，参合农民平均住院补偿比由上年的48.66%增长到49.11%；推进新农合支付制度改革，积极开展新农合双向转诊、分级诊疗工作，县外转诊率为18.65%，居全省前列；10月1日，全市启动实施新农合大病保险工作，补偿560人，减轻大病参合患者经济负担。

【基本药物制度】 全年全市实现公办乡镇卫生院、村卫生室基本药物制度全覆盖，基本药物网上采购率100%，配送到位率达90%；二级以上医疗机构基本药物使用达标率为76.26%，基层医疗机构次均门诊药费和次均住院药费与上年同比下降5%、10%，群众药费负担减轻。

【基层医疗卫生服务建设】 全年共争取卫生项目资金3.12亿元，实施836个重点建设项目，新建和改造医疗建筑16.09万平方米；投资1610万元，启动161个乡镇卫生院取暖工程项目，进一步完善全市医疗卫生服务体系，方便群众就医。

【基本公共卫生服务】 全年全市人均基本公共卫生服务经费提高到35元，免费为城乡居民提供12类45项医疗服务。全市城乡居民建立健康档案685.07万份，电子建档率达92.26%；重大妇幼公共卫生服务项目实施，农村孕产妇住院分娩补助项目、叶酸补服项目达95.75%、85.56%；睢县免费为2.42万名农村妇女进行乳腺癌、宫颈癌检查；全市基本公共卫生服务覆盖面和居民满意度提高。

【公立医院改革】 全市各级公立医疗机构以规范内部管理和强化服务为抓手，积极开展质量管理年和"三优一满意"活动，强化二级以上医院"十大指标"监管，平均药占比达38.24%；县级以上公立医院不断加强医疗服务和质控网络建设，制定并落实控制医药费用过快增长的政策措施。

【信息化建设】 在全省率先发放居民健康卡，梁园区发卡试点完成数据核对43万人，发卡数量达28.4万张，全省第一；加快卫生专网建设，市级区域卫生信息平台与28家二级以上医院实现对接，接入市平台数据6865万条，健康档案335万条，电子病历28万条；配合省卫计委开展数字化医院评审，实施卫生系统信息安全等级保护工作；由省科技厅、省卫计生委、省财政厅建设的医疗科技惠民工程，省辖市远程医学中心建设项目落地市第一人民医院。

【传染病防治】 全年共报告乙丙类传染病28241例，报告发病率为384.76/10万，无甲类传染病发病和死亡报告；艾滋病、结核病、疟疾等重大传染病得到控制，艾滋病经血液传播得到遏制。全市共登记新涂阳肺结核患者1416例，治愈1338例，新涂阳治愈率为94.49%；手足口病、人感染H7N9禽流感、霍乱、狂犬病等重点传染病防控工作措施落实到位，高氟、高碘等地方病病区改水防病效果明显；梁园、睢阳二区慢性病示范区建设启动。

【免疫规划】 全市184家预防接种门诊,建成省级示范门诊64家,市级规范门诊68家。全年全市各种疫苗应种347.44万人剂次,实种346.43万人剂次,接种率达99%;儿童预防接种信息系统实现全覆盖;脊灰、甲肝、乙肝等各项监测指标均达要求。

【农村卫生】 全年全市共拨付乡村医生一般诊疗费8489.59万元,基本公共卫生经费6983万元,2124名乡村医生享受养老补偿政策。加强农村卫生机构管理,继续推进乡村卫生服务一体化管理,巩固县、乡、村三级医疗卫生服务网络;规范村卫生室服务行为,提高基层医疗机构服务质量,推进乡村医生签约服务试点工作,积极引导患者优先到基层就诊,提高医疗卫生资源利用。

【卫生应急】 年内开展人感染高致病性禽流感、埃博拉出血热等重点疫情防控;不断强化卫生应急机制建设,着力提升卫生应急核心能力,建立健全突发事件公共卫生风险评估机制;举办全市卫生应急演练,全年无重大突发公共卫生事件和传染病暴发流行;民权县被省卫计委评为"卫生应急综合示范县"。切实加强市、县两级120急救指挥中心能力建设,全年市120共调度急救车辆3万余次,救治急危重病人2万余人次。

【卫生监督】 全年共监督检查各级各类医疗机构3981户次,下达卫生监督意见书574份,查获无证行医"黑诊所"23家;强化公共卫生、放射卫生、生活饮用水监督工作,对全市大、中型和部分小型公共场所量化分级;全省授予首批14家"示范卫生监督创建机构",柘城县、睢县卫生监督所榜上有名。

【医院管理】 全市二级以上医院次均门诊费用164元,次均住院费用4719元,医疗机构内部管理、技术水平、服务质量提升。推进"卫生支农"和"城乡医院对口支援"工作,持续提升基层医疗机构医疗服务能力。开展"平安医院"创建工作,医疗纠纷调解处置机制运转高效,市医调委及时受理108起医疗纠纷,调解成功90起,保障了医疗机构正常诊疗秩序,维护了医患双方的合法权益。

【中医事业】 全市以基层中医药服务能力提升工程为契机,进一步加强中医医疗机构基础设施建设,民权、睢县中医院新建项目投入使用,柘城县中西医结合医院新建项目进展顺利,宁陵县、夏邑县中医院建设项目已列入政府规划,前期工作进展顺利;不断推进中医药服务体系建设,135所乡镇卫生院、12个社区卫生服务中心设置中医科,基层中医药服务能力得到提高;落实医保中医药优惠政策,中医药治疗比例提高5个百分点,部分中医治疗项目纳入新农合报销范围;注重突出中医特色,市中医院骨伤科、肛肠科被定为省级重点专科,专科建设成效显著;着力实施中医"三名战略",积极开展中医药人才培养和适宜技术推广,培训中医类别技术骨干400余人,乡村医生2000余人;市中医院主任医师李国庆被评为第二届"河南省名中医"。

【队伍建设】 一是加强农村卫生人才队伍建设。实施乡镇卫生院实用人才培养"522行动计划"。全年共完成161名乡镇卫生院药学人员和1784名乡村医生培训,免费培训基层卫生技术人员770人。二是卫生人才培养项目进展顺利。全年共完成155名全科医生转岗培训、267名临床住院医师规范化培训、招录29名订单定向免费医学生,基层卫生人员整体素质明显提高。三是继续医学教育工作。申报并被确定为省级继续教育项目6项、市级继续医学教育项目42项,市、县、乡医疗卫生机构专业技术人员继续教育覆盖率达95%、90%和85%。

【妇幼保健和社区工作】 全市0岁~6岁儿童健康管理68.94万人,孕产妇健康管理率达98%;免费婚检率达83.94%,超出省定指标13个百分点;柘城县"贫困地区儿童营养改善项目"受益4090名;睢县、夏邑妇幼健康服务工作受到省卫计委表彰。全市共设置社区卫生服务机构104个,服务人口55.07万人,实现了城区范围社区卫生服务全覆盖。

【卫生创建】 全年新申报省级卫生先进单位25个,届满复核29个,虞城县被省爱卫会命名为"河南省卫生县城",柘城县顺利通过省级卫生县城届满复核;认真落实病媒生物防治措施,有效降低了传染病发病率;农村改厕工作整体推进,1.1万户改厕项目顺利通过省级验收;开展环境卫生综合整治,城乡环境卫生面貌得到改善。

商丘市卫生局荣获奖项

先进单位

河南省新农合工作先进集体
河南省医政管理工作先进集体
河南省卫生监督协管工作先进集体
河南省卫生信息化建设先进集体
河南省妇幼健康服务工作先进集体
河南省51111工程先进单位
河南省地方病及理化检验大比武竞赛团体三等奖
河南省疾控工作先锋号
河南省爱国卫生工作先进集体

(李 冰)

体 育

李玉东

【体育工作概况】 2014年商丘市体育局坚持"教体结合"和"建设体育设施"战略,以"打好省运会"为目标,抓好群众体育、青少年体育、体育产业等,各项体育工作取得明显成效。

商丘市体育局领导成员

局　　长:李玉东
副 局 长:李铁山　杨　军
　　　　　赵建华
纪检组长:郭卫平

【群众体育】 一是建立健全体育组织。年内本市成立登山、木球、毽球、长跑、鞭陀和社区体育等协会、俱乐部12个,拥有体育单项项目32个,各类协会组织不同人群参加健康的体育活动,极大地丰富了市广大人民的体育生活。二是加强群体骨干培训。全市体育局对照《〈全民健身计划〉实施情况评估标准(2011年~2015年)》,积极发展社会体育指导员骨干队伍,组织三级、二级社会体育指导员和基层群众体育干部骨干培训。全年发展三级以上社会体育指导员1320名,完成省局下达的任务。新注册健身站点达260个。三是做好为民办实事工程。3月市体育局确定390个农民健身工程、35套乡镇农民健身工程和10个三区健身园、40条健身路径的建设与申报指标,于4月以文件形式上报省体育局和本市财政局。年底,全市6县2区完成全民健身工程量的95%,在全市35个乡镇、200个行政村、市内10个小区或绿地全面推进全民健身项目建设。四是积极开展群体活动。全年市体育局共举办体育活动60余次,其中影响力赛事20余次。即1月~12月组织了第六届万村千乡农民篮球赛、淮海经济区6个友好市武术展示活动、商丘市第二届游泳比赛、商丘市第二届广场舞健身操总决赛、第四届万米游泳挑战赛、商丘市第二届残疾人运动会。举办全民健身月和健身日千人启动仪式及系列活动,即商丘市第三届太极健身大赛,商丘市全民健身养生大赛、商丘市体育系统篮球赛、商丘市第二届空竹大赛、象棋名赛等活动20万人次,推动了全民健身活动。年内各县(区)相继举办体育赛事达30余次,带动和促进了全民健身运动的纵深发展。五是积极参与大型群体赛事。5月,商丘市选派5名选手代表河南省参加全国气功大赛,获总分二等奖;6月,在商丘市师范学院举办全国第九届木球锦标赛,来自香港和内地40个城市600余名选手参加比赛;7月,翰文羽毛球俱乐部举办"谁是球王"中国羽毛球民间争霸赛华东赛区商丘球王争夺战和豫南八市羽毛球邀请赛;8月,承办第十九届全国奥委会主席杯商丘站自行车赛;10月,市组队参加全国第十九届自行车总决赛,获两个第一名,一个第二、第三名。年底,市群体体育组队226人,参加河南省第十二届运动会社会组14个单项比赛,获总积分765分,居全省第七位,获社会组三等奖。六是完成国民体质监测任务。6月~9月,市体育局先后到梁园区12个乡镇办事处和市直20个单位,完成了成人和幼儿人群5000余人的监测样本,填写问卷调查3000余份,有效数据2600人。

【青少年体育工作】 一是省运会全力以赴。全市194人运动员参加11个项目比赛,获金牌91.5块、银牌18块、铜牌15块,总分1676.55分,奖牌数、金牌数及总分均名列省第十一位,金牌数排位比上一届前进6个位次,总分上升4个位次,是全市26年来最好成绩。二是教练队伍培训。为加强全市裁判员队伍建设,提升裁判员事业心和执法能力。采取"外训"与"自训"相结合形式,派出优秀教练员参加国家、省组织的乒乓球、游泳、拳击、自行车等多个项目的培训班。自行组织篮球、乒乓球、健身操、羽毛球、木球等6个项目的裁判员业务培训,通过理论、实践学习和考试,400余人晋级为二级裁判员。完成优秀教练员由经验型向学者型和由单一训练型向训练科研综合型的转变。三是抓好市级锦标赛。为促进全市青少年篮球、田径、跆拳道项目的发展,10月~11月,举办青少年田径、篮球、跆拳道锦标赛。其中田径151名、篮球90名、跆拳道120名运动员参加比赛。

【体育产业】 全年全市以贯彻落实《全民健身条例》和《商丘市加快发展体育产业的实施意见》为重点,逐步建成以舒华健身工业园区、安踏体育用品产业园区为代表的新兴体育用品生产企业。市体育局围绕体育中心建设,打造体育文化产业园,依托场馆招商引资,大力开发体育服务项目和体育赛事。体彩发行工作健康有序开展。至年底,销售中国体育彩票4.04亿元。同时,市体育馆先后承办中哈国际男子排球对抗赛,"昆仑决"国际自由搏击争霸赛,河南省第十二届运动会暨首届全民健身大会社会组乒乓球比赛等。免费为1500人次提供健身气功、太极拳、广场舞、羽毛球等训练场地。另外,承接"商丘好人"宣传活动和音乐剧《焦裕禄》等公益活动。年内共承办各类展销活动30余场,场地租赁收入100余万元;承接会议和文艺演出10余场,收入50余万元。

商丘市体育系统荣获奖项

先进单位

全国百城千村健身气功交流最佳展示单位

河南省全民健身活动三等奖

河南省第十二届运动会代表团三等奖

河南省体育产业基地

梁园区产业集聚区

(赵慧军)

2014年河南省第十二届运动会商丘市代表团青少年组金银铜牌运动员一览表

序号	姓名	性别	项目	级别	名次	比赛地点时间
1	耿　林	男	自行车场地	乙组4000米个人追逐赛	第一名	郑州市5月18日
2	孙　垚　郝　然 薛冠华　耿　林	男	自行车场地(团体)	乙组4000米团体追逐赛	第一名	郑州市5月18日

续表1

序号	姓名	性别	项目	级别	名次	比赛地点时间
3	鲁修言	女	自行车场地	甲组争先赛(200米行进出发)	第二名	郑州市5月18日
4	孙垚 薛冠华 张迎澳	男	自行车场地(团体)	乙组团体竞速赛	第二名	郑州市5月19日
5	徐珂 鲁修言	女	自行车场地(团体)	甲组团体竞速赛	第二名	郑州市5月19日
6	刘明月 李慧霞 刘睢睢	女	自行车场地(团体)	乙组3000米团体追逐赛	第二名	郑州市5月18日
7	徐珂	女	自行车场地	甲组争先赛(200米行进出发)	第三名	郑州市5月18日
8	刘向 袁业亮 刘文博 田震	男	自行车场地(团体)	甲组4000米团体追逐赛	第三名	郑州市5月18日
9	陈恒	男	田径	青年组10000米竞走	第二名	焦作市9月21日
10	刘亚婧	女	田径	少年乙组竞走	第三名(两次)	焦作市9月24日
11	丁雨	女	乒乓球	乙组单打	第二名	焦作市8月9日
12	李鑫宇	男	乒乓球	丙组单打	第二名	焦作市8月9日
13	丁雨 赵睿玺 薛湘女 司晓玉	女	乒乓球(团体)	乙组团体	第二名	焦作市8月7日
14	胡俏俏	女	乒乓球	丙组单打	第三名	焦作市8月9日
15	王顺利 耿明帅	男	武术(团体)	甲组48千克+52千克	第二名	焦作市9月8日
16	叶凯昊 牛钞昂	男	武术(团体)	乙组70千克+70千克以上	第三名	焦作市9月8日
17	安鑫鑫	男	武术	乙组56千克	第三名	焦作市9月7日
18	冯鑫鑫	男	柔道	乙组+100千克	第一名	沁阳市8月30日
19	陈嘉宝	男	游泳	甲组蝶泳全能	第一名	焦作市9月27日
20	余嘉瑞	女	游泳	甲组200米仰泳	第一名	焦作市9月25日
21	陈嘉宝	男	游泳	甲组200米蝶泳	第一名	焦作市9月25日
22	崔曦文	女	游泳	甲组200米蝶泳	第二名	焦作市9月27日
23	崔曦文	女	游泳	甲组蝶泳全能	第二名	焦作市9月27日
24	余嘉瑞	女	游泳	甲组仰泳全能	第三名	焦作市9月27日
25	张家	男	游泳	甲A组100米蝶泳	第三名	焦作市9月27日
26	刘彦博	男	拳击	乙组60千克	第二名	焦作市7月24日
27	田玉振	男	拳击	甲组91千克	第二名	焦作市7月25日
28	王向阳	男	拳击	乙组40千克	第二名	焦作市7月23日
29	孙垚 郝然 薛冠华 耿林	男	自行车公路(团体)	乙组30公里团体计时赛	第一名	焦作市修武县5月23日
30	刘俊 徐珂 鲁修信 李晗宁	女	自行车公路(团体)	甲组25公里团体计时赛	第一名	焦作市修武县5月23日

续表 2

序号	姓名	性别	项目	级别	名次	比赛地点时间
31	刘明月 李慧霞 刘睢睢	女	自行车场地（团体）	乙组 20 公里团体计时赛	第一名	焦作市修武县 5 月 23 日
32	刘 向 袁业亮 刘文博 田震	男	自行车场地（团体）	甲组 50 公里团体计时赛	第二名	焦作市修武县 5 月 23 日
33	郝 然	男	自行车场地	乙组 20 公里个人计时赛	第二名	焦作市修武县 5 月 22 日
34	鲁修信	女	自行车场地	甲组 1 公里个人计时赛	第二名	焦作市修武县 5 月 22 日
35	李慧霞	女	自行车场地	乙组 40 公里个人计时赛（集体出发）	第三名	焦作市修武县 5 月 24 日
36	刘 向	男	自行车场地	甲组 30 公里个人计时赛	第三名	焦作市修武县 5 月 22 日
37	薛冠华	男	自行车场地	乙组 1 公里个人计时赛	第三名	焦作市修武县 5 月 22 日
38	彭点点	女	跆拳道	乙组 57 千克	第一名	沁阳市 7 月 10 日
39	徐博文	男	跆拳道	甲组 57 千克	第二名	沁阳市 7 月 7 日
40	张君珂	女	跆拳道	乙组 53 千克	第三名	沁阳市 7 月 10 日
41	高 振	男	跆拳道	甲组 68 千克	第三名	沁阳市 7 月 6 日
42	王艺雯	女	跆拳道	甲组 62 千克	第三名	沁阳市 7 月 5 日

2014 年河南省第十二届运动会商丘市代表团社会组一等奖运动员一览表

序号	姓名	性别	项目	级别	名次	比赛地点时间
1	李常浩	男	健身气功	易筋经男子个人	一等奖	博爱县 5 月 12 日 ~16 日
2	李保云 李常浩 李素民 代春平 孙 跃 井根华 付艳丰 孟林静 张 潮		健身气功	集体易筋经	一等奖	博爱县 5 月 12 日 ~16 日
3	李保云 李常浩 李素民 代春平 孙 跃 井根华 付艳丰 孟林静 张 潮		健身气功	五禽戏团体	一等奖	博爱县 5 月 12 日 ~16 日
4	师宪光	男	自行车	男子 30 公里大组个人	一等奖	修武县 5 月 25 日 ~28 日
5	王 献	男	自行车	男子 40 公里大组个人	一等奖	修武县 5 月 25 日 ~28 日
6	朱巧玲	女	乒乓球	老年女子单打	一等奖	商丘市 5 月 26 日 ~31 日
7	沈 坤	男	乒乓球	成年男子单打	一等奖	商丘市 5 月 26 日 ~31 日
8	王 凤	女	乒乓球	成年女子单打	一等奖	商丘市 5 月 26 日 ~31 日
9	李靖萍	女	乒乓球	成年女子单打	一等奖	商丘市 5 月 26 日 ~31 日
10	朱巧玲 杨淑玲 方 立 焦百烁	女	乒乓球	老年女子团体	一等奖	商丘市 5 月 26 日 ~31 日

续表

序号	姓名	性别	项目	级别	名次	比赛地点时间
11	程永明　王　同 沈　坤　靳　鹏	男	乒乓球	成年男子团体	一等奖	商丘市5月26日～31日
12	李靖萍　王　凤 杨　博　王　冰	女	乒乓球	成年女子团体	一等奖	商丘市5月26日～31日
13	李仲卿	男	双升	个人	一等奖	洛阳市5月28日～30日
14	刘　剑	男	双升	个人	一等奖	洛阳市5月28日～30日
15	焦　奇	男	围棋	个人	一等奖	洛阳市5月28日～30日
16	赵　伟	男	台球	斯诺克个人	一等奖	郑州市8月23日～27日
17	黄丹青　徐国伟　翟进魁	男	象棋	团体	一等奖	孟州8月25日～29日
18	黄丹青	男	象棋	个人	一等奖	孟州8月25日～29日
19	徐国伟	男	象棋	个人	一等奖	孟州8月25日～29日
20	翟进魁	男	象棋	个人	一等奖	孟州8月25日～29日
21	刘满云	女	太极拳	女子B组四十二式太极剑	一等奖	温县9月19日～23日
22	刘满云	女	太极拳	女子B组四十二式太极拳	一等奖	温县9月19日～23日
23	吴爱贞	女	太极拳	女子C组太极剑	一等奖	温县9月19日～23日
24	王群群	女	太极拳	女子B组太极剑	一等奖	温县9月19日～23日
25	苏亚军	男	太极拳	男子B组太极剑	一等奖	温县9月19日～23日
26	路　平	女	太极拳	女子组其实传统太极拳	一等奖	温县9月19日～23日

县(市、区)概览

永城市

吴孟铎

马富国

【永城市概况】 2014年，永城市区域2020.53平方公里，其中耕地13.7万公顷，城市建成区38平方公里。年末总人口154.06万，常住人口121.1万。人口自然增长率6.15‰。辖崇法寺街道、日月湖街道、雪枫街道、侯岭街道、演集街道、沱滨街道，芒山镇、高庄镇、酂城镇、裴桥镇、陈集镇、薛湖镇、马桥镇、十八里镇、蒋口镇、太丘镇、李寨镇、茴村镇、苗桥镇、顺和镇、酂阳镇、龙岗镇、马牧镇、卧龙镇、双桥镇、王集镇、刘河镇，条河乡、陈官庄乡、新桥乡、黄口乡。全年生产总值412.29亿元，比上年增长10%，其中第一产业增加值63.32亿元，增长4.5%；第二产业增加值220.81亿元，增长11.3%；第三产业增加值128.16亿元，增长9.5%。全部工业增加值215.58亿元，增长11.4%。粮食总产量127.92万吨，增长7%。财政一般预算收入31.77亿元，财政一般预算支出58.77亿元。全社会固定资产投资263.48亿元。社会消费品零售总额130.38亿元。商品出口总额4588万美元。实际利用外资3113万美元。城镇居民人均可支配收入23686元，人均消费性支出16508元；农民人均纯收入9471元，农民人均生活消费支出6424元。城乡居民年末储蓄存款222.22亿元。永城市连续6年进入中国县域经济百强行列，位居第八十七位；被评为全国粮食生产先进单位、国家现代农业示范区改革与建设试点、国家卫生城、全国文化先进市、全国农村五保集中供养先进单位、全国首批地质灾害防治高标准“十有县”、全国计划生育服务先进市、全国民生改革优秀示范城市、中国书法之乡、省改善农村人居环境工作先进市、省优秀金融生态县(市)、省旅游标准化试点市。

新型工业化加速推进。规模以上工业总产值773.3亿元，增长12.3%；工业增加值204.4亿元，增长12.2%。新增规模以上企业23家。工业投资115.7亿元，增长15.6%。汇金源循环经济产业园、中录产业园、麦客多休闲食品等24个重点项目稳步推进，投资率87%。申报高新技术企业5家，高新产业增加值21.5亿元，增长22.3%，占工业增加值的10.5%。获省级科技进步奖2项，创建省著名商标6件，培育省名牌产品4件，授权专利147件。

农业现代化稳步发展。粮食实现“十一连增”，总产达127.9万吨，居全省第二位；增长7%，居全省第一位。全年农林牧渔业总产值112.9亿元，增长4.5%。粮食生产能力不断增强。实施“粮食高产创建”带动战略和“百千万”工程，建立小麦、玉米、大豆高产创建方24个4万公顷，打造高标准粮田1.17万公顷，创建国家高蛋白大豆种植综合标准化示范区3个。优质粮种植达14万公顷。整合农业综合开发、全国中小河流综合治理重点县等项目，加强农业基础设施建设。新建、维修桥涵闸735座，新打机井1360眼，修复旧井1238眼。国家级基本气象站建设顺利推进。解决14.7万人的安全饮水问题。完成贫困村整村推进10个。产业化水平进一步提高。规模以上农产品加工企业营业收入185亿元、增加值40亿元。新建现代农业种植小区20个，新建、改扩建标准化养殖小区32个。积极发展还金湖生态观光农业等都市生态农业，加快农业与第二、三产业发展。现代农业示范区发展提效。食品产业集群、生猪产业集群年销售收入130亿元、40亿元。新增省级农业产业化龙头企业2家。成立供销系统农村经济互助合作服务中心。新增农民专业合作社316家、家庭农场21家，新增土地流转0.73万公顷。

现代服务业优化升级。新增国家级重点服务业企业17家，全市达38家，营业收入16.94亿元，增长24.5%。第三产业比重提高2.1个百分点，达26.3%。传统服务业不断提升。规划建设、改造升级农贸市场6个；零售贸易业、住宿餐饮业加快转型发展。现代服务业快速发展。房地产业投资39.04亿元，新开工商品房120.64万平方米，竣工103.05万平方米，增长118%。金融保险业盈利7.03亿元，上缴税金9777万元，增长13.6%；农村信用社改制工作有序推进。电子商务、现代物流、健康服务、家政服务等新兴业态不断涌现，保税物流中心项目已由省政府批复，百市通电子商务有限公司正安装设备，“仁和居”养老服务中心、亿丰时代广场城市综合体、盈和机械装备建材物流园、龙宇国贸仓储物流园、红星美凯龙等项目进展顺利。

项目建设扎实推进。全年各类建设项目182个，计划投资191亿元，实际投资215亿元。其中省A类重点建设项目20个，投资44.24亿元，占年度计划的126%。省重点项目投资和联审联批均居省直管县（市）第一位。同时加大项目资金争取力度，获批国家投资项目55个，总投资8.07亿元，到位中央和省资金4.3亿元，争取资金量居省直管县（市）第一位。

招商引资成果显著。全年实际到位资金74.2亿元，其中省外资金51.6亿元，同期增长率和目标完成率均居省直管县（市）第一位。新签约亿元以上工商业项目34个；新建投资亿元以上招商项目26个，其中10亿元以上项目4个；建成投产亿元以上项目10个。

产业集聚区发展较快。全年营业收入714亿元，增长12%；增加值116亿元，增长20%；固定资产投资122.6亿元，增长24.7%；税收13亿元，增长13%。博得铝业、彬光机电、豫丝食品、麦硒多食品等一批重点项目投产；40万吨醋酸、20万吨乙二醇及配套工程、北京新尚能、力广新能源等项目进展顺利。加快第六污水处理厂建设，博得路等4条道路建成通车。产业集聚区被评定为“省二星级产业集聚区”并被选定为“省经济技术开发区”。

商务中心区加速建设。编制市政设施、空间布局、产业发展等专项规划。开工建设团结路、谢楼路。在建及签约项目19个，其中10亿元以上项目9个，3亿～10亿元项目9个。欧蓓莎一期建成开业，亿丰时代广场主体工程完工，金博大广场进展顺利，振兴商务园区等项目开工建设。

文化生态旅游区建设。《永城市旅游发展总体规划（2013年～2025年）》通过专家评审。芒砀山汉文化景区顺利通过国家5A级景区景观价值评审。省级地质公园建成开园，汉文化游览区投入运营。淮海战役陈官庄纪念馆被评定为国家4A级景区。日月湖景区被评为国家水利风景区，被国务院确定为全国矿山地质环境重点治理工程。酂城汉文化产业园完成规划编制。全年旅游综合收入2.5亿元；接待游客196.1万人次。

新型城镇化加快推进。城乡基础设施投资21亿元，中心城区框架拉大，功能完善。坚持城乡一体化发展，推进交通、水利、电力、环保等基础设施，教育、卫生、文化、社会保障等公共服务向农村延伸。酂城、芒山入选全国重点镇。设立6个街道，双桥、卧龙撤乡设镇。全市城镇化率达40.71%。

中心城区扩容提质。“六城”联创（国家文明城、国家卫生城、国家园林城、国家生态城、全国双拥模范城和国家旅游标准化试点市创建活动）扎实推进，成功创建国家卫生城，全国文明城创建列入提名资格城市，省直管县（市）“六城”联创现场会在永城召开。完成园林绿化等专项规划4个。新增道路20公里、绿化87.38万平方米。中原路罩面、文化路翻修、雪枫路、文化路人行通道等工程完成；3万吨城北水厂、体育馆二期、雨污分流、弱电入地等项目进展顺利。“两城”改造完成拆迁105.4万平方米，建设102.8万平方米。

新农村建设稳步推进。积极完善25个新农村“十有一园”（有社区服务中心、医疗服务中心、文体服务中心、老年服务中心、公交站点、便民商场、学校、污水处理设施、垃圾中转站、自来水厂，产业园）配套设施，建成生态产业园26个。按照“五化一园”（村庄硬化、亮化、绿化、净化、美化，产业园）标准，推进美丽永城·整洁村镇工作，对道路沿线和乡镇政府驻地、旅游景点592个村庄进行环境整治，建设示范带16条，营造“畅、洁、绿、美”的居住环境。

扎实推动各项改革。积极承接省直管县（市）体制改革，8项改革落实到位。调整理顺了部门之间重复、交叉职责12项。工商、质监、药监、卫生、水利体制改革有序推进。交通运输综合行政执法体制改革在全省率先完成。城市公交公营改革进展顺利，成功收购3路、4路私营公交车46辆，9路、10路社区公交开通运行。公立医院改革稳步推进，“先住院，后付费”等政策落实。

社会保障增强。全市金融机构新增支持小微企业贷款21亿元。新增贷款联保协会2个，总数达27个；为中小企业授信23.5亿元。与中国银行省分行、建设银行省分行、国开行省分行等金融机构签订战略合作协议，新授信贷款规模526亿元。与郑州银行达成在永城设立分支机构的意向。完成补充耕地130.9公顷，拆旧复耕153.4公顷，报批建设用地168.8公顷。培训各类人员技能8590人，满足了企业用工需求。

软环境优化。深入开展经济发展软环境整治活动，查处破坏发展软环境案件14起，处理24人，公开曝光典型案件7起。推进行政审批标准化试点工作，在全省率先开展行政权力清单清理工作，公开市政府权力清单260项、部门权力清单2100余项。

基础设施完善。济祁高速、郑徐客专、邢商永地方铁路（永城段）、沱浍河航运等重点项目建设加快，共投资13.89亿元。沱滨路、S324大修工程竣工通车。引江济淮、引淮入永工程纳入省政府规划，日月湖被省水利厅纳入引水调蓄工程。增容改造变电站4座，35千伏、10千伏及0.2万公顷机井通电配套工程全部完成。

民生改善扎实。永城市本级财政用于民生支出40.23亿元，占总支出的70%。“十大民生工程”35个建设项目顺利推进。新增城镇就业8824人，新开发公益性岗位安置就业困难群众900人。开工建设公租房500套，改造棚户区1680套。搬迁安置采煤沉陷区村庄8个，复垦沉陷土地173.3公顷。发放住房公积金个人贷款3438万元。市残疾人综合服务中心建成使用。社保“一卡通”工作全面启动。收取“五大保险金”6.94亿元，发放5.67亿元。发放城乡“低保”“五保”供养金4047万元。演集丰庄小学、薛溹新城中学等重点教育项目有序推进。新农合参合率达99.3%。4个乡镇被评为省级卫生乡镇。

生态环境优化。以“蓝天工程”、“碧水工程”建设为抓手，加快创建省级生态城市。连续两年被省政府评为环境保护责任目标优秀单位。全年造林0.2万公顷，义务植树286万株。削减化学需氧量等污染物1540吨。淘汰黄标车、老旧车辆2894辆，完成省下达任务的170%，居省直管县（市）第一位。在城市规划区全面整治燃煤锅炉，拆除7座，改气改电42座，全年空气质量优良天数323天,居全省前列。地表水责任目标断面水质、城市饮用水源地取水水质达标率为100%。5个乡镇被评为国家级生态乡镇,4个乡镇被评为省级生态乡镇。

平安建设有力。扎实开展平安建设和社会治安综合治理工作,群众安全感和满意度提升。重视群众来信来访,及时排查化解信访积案,认真解决拖欠农民工工资和工程款问题,加强安全生产专项整治、食品药品安全专项治理,严防非法集资,社会大局和安全形势稳定。

永城市领导成员

中共永城市委员会

书　　记:吴孟铎
副 书 记:马富国　郭　涛(女)
韩　涛
正县级干部:李玉堂　祝琼璞
常　　委:李宗岩　付卫平
赵志强　张红梅(女)
刘兴中　陈仁秀
朱广昌　李中华
王琴芝(女)　毕江远
副县级干部:朱继连
王家文(11月离)

永城市人大常委会

主　任:刘国庆
副主任:陈钦连　孙　涛
菅付良(4月离)
郭爱平

永城市人民政府

市　长:马富国
副市长:李宗岩
李中华(挂职)
梁慧珍(女,挂职)
吴英杰　骆本京
肖世明(挂职,1月离)
杜剑北(挂职,6月任)
邵明杰(11月任)
县长级干部:张连善　王发志
邢路生
副县长级干部:刘　军
张　峰(1月任)

政协永城市委员会

主　席:朱传峰
副主席:王友璧　张　莉(女)
葛玉山　王则文

中共永城市纪律检查委员会

书　记:刘兴中

永城市人民武装部

部　长:林清华
政　委:朱广昌

永城市人民法院

院　长:江长涛

永城市人民检察院

检察长:路　鸣

永城市公安局

局　长:杭　磊

永城市总工会

主　席:梁廷振

永城市委群众工作部

部　长:邵明杰

【郭庚茂到永城调研】 4月23日,省委书记、省人大常委会主任郭庚茂莅临永城市调研。先后到亿丰广场、城乡规划展示中心、文化广场、公共自行车系统及24小时自助图书馆、龙宇煤化工、日月湖、科源电子铝箔、中录电缆、演集镇韩寨和商务中心区、产业集聚区调研,又视察了城市建设工作。郭庚茂对永城的发展情况给予充分肯定,对永城的未来寄予厚望,提出发展建议,为永城市加快发展指明了方向。

【被选定为国家农业改革与建设试点示范区】 10月,永城市被选定为国家农业改革与建设试点示范区。全国仅4个县(市)榜上有名,河南省仅永城1家。每年可获中央转移支付农业综合开发资金2000万元、省现代农业生产发展资金1000万元。改革试点工作开展好的县(市),可再获国家奖励1000万元,专门用于解决农技推广"最后一公里"问题。

【沱河日月湖水利风景区晋级国家级水利风景区】 10月,水利部公布第十四批70个国家水利风景区名单中,永城市沱河日月湖水利风景区榜上有名。至此,全省国家水利风景区达35处。沱河日月湖生态水利风景区以沱河、日月湖为依托,利用沱河、日月湖水资源、自然风光、城市风光、历史文化等,本着开发利用与生态保护相结合的原则,坚持化害为利、变废为宝,科学制定发展规划,合理开发水利旅游资源,通过实施采煤沉陷区综合治理、河湖连通、水生态修复、水环境整治工程,形成城市河湖特色的沱河日月湖生态水利风景区。风景区建成后,将与芒砀山汉文化景区相得益彰,成为永城市生态旅游的知名品牌。

【淮海战役陈官庄烈士陵园被评为国家4A级景区】 4月,淮海战役陈官庄烈士陵园被评为国家4A级旅游景区,是全国重点烈士纪念建筑物保护单位。该景区2011年被列入全国红色旅游经典景区和国家3A级景区。年接待各界人士45万人次。永城市高度重视文化生态旅游建设,立足资源优势,形成了以芒砀山汉文化、陈官庄红色文化、日月湖生态旅游为3处支点的旅游发展格局。

(黄思恩)

梁园区

孟庆勇

陶青松

【梁园区概况】 2014年,梁园区域692平方公里,总人口81.12万,其中乡村人口40.6万。人口自然增长率4.77‰。辖前进、长征、八八、东风、建设、平原、白云7个街道,双八、谢集2个镇,王楼、水池铺、观堂、刘口、李庄、孙福集6个乡,是全国民族团结进步模范集体、全省关心支持国防建设十佳单位,获全国荣誉8项,省级55项。

全区生产总值170.62亿元,增长9.6%,居全市第二位。财政总收入突破10亿元大关,其中公共财政预算收入7.79亿元,增长27%,居全市第二位,质量全市第一位;公共财政预算支出35.14亿元,增长45.2%,增速全市第一位。社会消费品零售总额169.31亿元,增长13.9%,增速全市第一位。全社会固定资产投资148.53亿元,增

2014年梁园区各乡镇主要经济指标

乡 镇	总人口(人)	农业总产值(万元)	粮食产量(吨)	肉类产量(吨)	牛存栏(头)	猪存栏(头)	羊存栏(只)
平原街道	28896	9360	2173	236	77	1921	1417
白云街道	37000						
建设街道	42807	19570	5052	1529	132	2033	574
水池铺乡	39104	28401	60987		410	5460	3705
观堂乡	46487	32918	65708	1084	1215	7250	3562
王楼乡	37326	29831	53751		149	12272	11687
双八镇	52666	35428	44696		7640	20990	11060
李庄乡	65350	39193	60861	7408	2009	13510	18030
谢集镇	47914	38158	63981	2532	11214	15840	24359
刘口乡	36840	31852	46190				
孙福集乡	44236	34555	45017	4391	3262	3487	10283

注:工业总产值为规模以上统计口径,中州街道、张阁镇和周集乡划入示范区

续表

乡 镇	工业企业个数(个)	#规模以上工业企业(个)	工业总产值(万元)	公共财政预算收入(万元)	公共财政预算支出(万元)
平原街道	93	36	574710	8418	2600
白云街道	23	3	194721	4162	1887
建设街道	40	14	160857	2897	1793
水池铺乡	22	3	26905	394	732
观堂乡	7	1	6088	479	739
王楼乡	28	14	190018	725	733
双八镇	64	4	50717	389	889
李庄乡	39	10	411926	753	990
谢集镇	27	3	60779	693	823
刘口乡	33	3	25383	215	633
孙福集乡	18	4	24496	191	799

长22.2%,其中民间投资125.44亿元,增长20.1%;房地产开发投资25.3亿元,增长111%;产业集聚区固定资产投资105.46亿元,豫东物流集聚区32.81亿元。第二产业投资63亿元,第三产业投资85.41亿元。投资结构由上年二产转为三产为主。社会消费品零售总额169.31亿元;商品出口总额1.5亿元。实际利用外资3020万美元。农民人均纯收入8395元。2014年中国商丘国际·华商节,招商引资签约项目14个、29亿元,项目涵盖医药、服装加工、电子科技等主导产业。华杰医药奠基开工、商丘五得利面粉投产、商丘大北农集团年产18万吨饲料生产项目,宝捷讯电子有限公司项目投产运行。

重点工程建设。2014年,集聚区发展到30余平方公里,为河南最大的产业集聚区之一,是中原最具投资价值的集聚区。投资4亿元新开工建设8条道路,铺设各类管网93千米,绿化道路12万平方米,建成2万千伏仓平电力开闭所,一期工程2万吨的污水处理厂满负荷运转,集聚区实现"九通一平"(土地自然面貌平整,通市政道路、雨水、污水、自来水、天然气、电力、电信、热力、有线电视管线)。形成以生物医药、农副产品加工业两大主导产业,落地企业74家(上市公司13家),占全区规模以上企业总数的57%。企业融资15亿元,招工6606人;全年产业集聚区实现增加值43亿元,固定资产投资105.5亿元,税收4亿元,被命名为"全省产城互动发展示范集聚区"。

招商引资进一步增强。全年共签约落地亿元项目32个,其中10亿元4个、5亿~10亿元6个、3亿~5亿元5个、1亿~3亿元17个。希望玻璃工业园、鑫炎光伏发电、金马药业、开明科技等一批项目签约落地。百岁山、蜀中药业、扬子江等项目正在洽谈。加快安踏产业园、舒华产业园建设,其中安踏、舒华共投产9条生产线;五得利面粉,大北农饲料相继投产,五得利日加工5000吨小麦面粉项目单体世界第一,大北农成为国内饲料行业的龙头。项目建设拉动力增强。全年申报各类项目156个,争取上级资金10.09亿元。全区共安排重点项目76个,总投资429.87亿元,年内计划投资142.81亿元。新筛选61个项目入库,项目储备900项。"美丽商丘·整洁村镇",从机制建设入手,建立了垃圾清扫收集、面源污染控制、资金投入、督查问效四项机制,启动8个集镇和16个市级示范村,评选出180户星级文明户,梁园区被评为全省"美丽乡村"先进单位。对城区违法建筑集中清理,拆除违法建筑3500余处,9.8万余平方米,清理电话报刊亭200余个。重点打造长征南路、八一东路、金融路、团结路、八一路、货场路等7条道路人行道硬化和绿化升级改造,城市形象提升。

民生改善和谐稳定。全年各类民生支出31.8亿元,占一般预算支出的91%,与上年相比增长60.5%,支出数额和增幅创历史之最。新农合筹资水平提高到380元/人,区、乡住院治疗补偿比例提高到57%、77%,全年支付补偿金1.72亿元;城乡低保、独生子女户、双拥户、残障人士的救助资金达1亿元;在连续两年招聘教师的基础上,招聘125名农村中小学教师,优化了教育资源。信访量大幅下降。一大批信访积案得到化解,赴京上访量同比下降70.9%,进省上访量同比下降68.25%,全区信访总量由2007年的70%下降到2014年的15%,取得历史性突破。梁园区荣获"全省平安建设显著进步奖"。

梁园区领导成员

中共梁园区委员会

书　　记:孟庆勇
副 书 记:陶青松　杜丽亚(女)
县长级干部:周启德
　　　　申慧生(12月离)
常　　委:崔振华　付绍玉
　　　　顾光勋　袁其杰
　　　　张安伟
　　　　汪晓东(挂职)
　　　　许振亚(4月任)
　　　　高　进　任广瑜
　　　　蒋云兰(女)
　　　　路志强(1月离)

梁园区人大常委会

主　任:王全平
副主任:孟凡友　纪允安
　　　　王永庆　任慧娟(女)

梁园区人民政府

区　长:陶青松
副区长:付绍玉　汪晓东(挂职)
　　　　蒋云兰(女)　刘勤学
　　　　赵　明　葛安成(挂职)
　　　　刘本春　刘国同(挂职)

政协梁园区委员会

主　席:崔树民
副主席:乔　彬　陈培法
　　　　刘爱军　王显征

中共梁园区纪律检查委员会

书　记:袁其杰

梁园区人民武装部

部　长:马洪福
政　委:路志强(1月离)
　　　　许振亚(4月任)

梁园区人民法院

院　长:王宝剑

梁园区人民检察院

检察长:徐爱国

梁园区总工会

主　席:郭艳丽(女)

梁园区委群众工作部

部　长:戚克良

【集聚区发展】 2014年,梁园区产业集聚区由原规划14平方公里扩大至30平方公里,建成区9.3平方公里。投资20余亿元建设110千伏变电站,220千伏变电站,绿地公园及道路绿化40.5平方米,亮化道路10条,建成康庄大道、希望大道、梁园路、民主路等"11纵12横"73公里道路,铺设供水、供电、供热、供气、排水、通信等管线211公里,基础设施实现"九通一平"建设日处理5万吨污水处理厂,是商丘市唯一接通天然气和工业供热的产业集聚区。已建成一大批教育、医疗、商住相关项目,为拉大城市框架,促进农业人口转移奠定基础。6路、60路、63路、37路公交线路覆盖建成区,工商银行等金融机构入住集聚区,基础和配套设施基本实现与主城区互通衔接。启动产业集聚区公共租赁住房和职工公寓建设,建设西城花园、惠丰苑、八一新苑3处廉租房,建设了锦绣、锦华、幸福3个新型社区。2万余名工人入住职工公寓、经济适用房和廉租住房。梁园产业集聚区已落户国药、安踏、舒华、九牧王、五得利等一批知名企业,项目达 189 个,形成医药健康产业和农副产品加工两大主导产业。

【"河南省体育产业基地"发展】 梁园区将体育产业作为一项主导产业,编制体育产业建设与发展规划,确定以打造国家体育产业基地为目标,重点发展体育用品制造业,体育服务业两大产业,培育建设器材制造,运动服饰制造,运动食品制造和体育健身服务产业,突出项目引进、企业转型、产业融合、技术创新、服务到位等措施。先后落地"安踏""舒华"等品牌。相继引进康师傅矿物质水、广药王老吉功能饮料、恒生穿戴电子等 36 家体育运动关联企业,其中 27 家已经投产,9 家正在建设,涉及体育用品研发、生产、展销、包装、物流等。形成涵盖运动服饰、健身器材、运动健康食品、体育场馆相关器材等体育用品制造业集群。梁园区成为全省唯一一个被选定为省体育产业基地的县(市、区)。

【第二届汽车博览会】 10 月 3 日至 11 月 2 日,商丘市国际华商节第二届汽车博览会在中原车城开幕。车博会共有 100 余家汽车企业参展,群众达 5 万人次,覆盖周边 10 余个县(市、区),销售各类汽车 1600 余辆,销售 3.6 亿元,带动平原路、民主路、金桥路等周边区域各类汽车销售 800 余辆、销售 8000 万元。同时,推动了中原车城宝马、奔驰等品牌 4S 店开业和二手车市场等配套项目建设工作。

【锦荣服装产业园签约】 1 月 6 日,豫发集团"商丘锦荣服装工业园"签约仪式在梁园区行政中心举行。该工业园位于梁园产业集聚区,由郑州锦荣置业有限公司开发建设,占地 73.33 公顷,总投资 30 亿元,规划建筑面积 80 万平方米,建成后可容纳 200 家服装加工企业,年产值 40 亿元。

【黄河故道国家森林公园综合开发项目签约】 6 月 20 日,梁园区与安徽佳胜集团合作投资 26 亿元的商丘黄河故道国家森林公园综合开发项目正式签约。安徽佳胜集团取得中心园区不低于 50 年的独家经营权及"商丘黄河故道国家森林公园"的名称使用权。佳胜集团按照《商丘黄河故道国家森林公园中心园区总体规划》,以创建国家 5A 级景区为目标分三期实施建设,周期 5 年。其中第一期投资 6 亿元,为期 3 年,完成森林公园核心园区建设,辅助建设湿地公园、观光农业、关联基地及拆迁安置和综合配套项目建设。第二期投资 12 亿元,为期 2 年,完成湿地公园建设,辅助建设传统特色街和中欧文化群落成型、养老康复和医疗教育、综合服务体系。第三期投资 8 亿元,为期 2 年,完成综合高效农业项目、游乐园、中欧文化群落展延项目、森林公园与湿地公园深度优化项目建设等。内容为:国家森林公园生态核心区、大型游乐园区、国家文化交流中心、中原文化交流中心、国防教育基地、房车营地、国家湿地公园、国际鲜花港和婚庆基地、综合功能服务区,新农村社区(拆迁村庄安置)10 个项目区。 (黄 平)

睢阳区

薛晓峰

朱东亚

【睢阳区概况】 2014 年,睢阳区区域 964 平方公里,其中耕地 66.2 千公顷;常住人口 85.45 万,其中乡村人口 49.76 万。人口自然增长率为 5.09‰。全区辖古城、新城、东方、文化、古宋、宋城 6 个街道,郭村、宋集、高辛、李口、路河、冯桥、闫集、坞墙、毛堌堆 9 个镇,包公庙、勒马、临河店、娄店 4 个乡。全区生产总值 180.97 亿元,同比增长 9.7%;社会消费品零售总额 95.05 亿元,同比增长 13.3%;公共财政预算收入 7.86 亿元,同比增长 15.1%;固定资产投资 165.09 亿元,同比增长 22%;城镇居民可支配收入 22734 元,同比增长 12%;农民人均纯收入 8425 元,同比增长 13%。睢阳区被评为中国针织服装名城、全国农村集体三资管理示范区、全国"六五"普法中期先进区、全国深化小型水利工程管理体制改革示范区、全国 1% 人口抽样调查先进集体。年内,全省水利风景区建设、全市冬修水利、全市招商、"美丽商丘·整洁村镇"活动现场会在睢阳区召开。

重点工作推进有力。一是古城保护建设。《商丘古城旅游区归德府城修建性详细规划》经国家级专家评审通过,经市规委会审批;《商丘历代古城遗址保护与利用概念规划》经专家评审通过。古城砖城内、中山南大街和居民安置区房屋征收完成,约 6000 户 93 万平方米。一期安置工程总占地 43.2 公顷,计划建设 116 万平方米,可安置居民 8000 余户;分 5 个安置地块建设,其中 5 号地块正在施工建设。东城湖拓宽工程东关片区房屋征收工作启动。居民安置一期工程进展顺利,设计、招标、施工等工作梯次推进,其中 25 万平方米安置房地下工程全部完成。南城墙东段、东城墙南段夯筑灰土基础基本完成,文庙片区陈家四合院修复工程接近尾声,府衙、闹龙街、现代工业遗产园等片区陆续启动,形成"一心四角"开发格局。国家开发银行对古城棚户区改造的 21 亿元贷款资金投入使用,用于古城保护建设的亚洲开发银行 1.5 亿美元贷款通过国家发改委审批,4 亿元保障性住房基础设施项目投资补助已获批准,10 亿元浦发银行贷款框架协议签订。二是产业集聚区建成园区道路 11 条,基础设施投资已达 6.5 亿元;注重生活配套设施建设,自来水和天然气等管网工程实现园区全覆盖。园区承载能力增强,规模以上企业 78 家,营业收入 158.1 亿元,同比增长 43.7%;固定资产投资 99.8 亿元,同比增长 40.6%;吸纳从业人员 4 万人;产业集聚区负债率全市最低。商丘内衣服装城年产量 6 亿件,成为全国最大儿童内衣生产基地。园区具备年 3000 万米服饰面料生产能力和年 3 万吨印染能力,形成纺纱、织布、印染、加工、成衣产业格局。生态食

2014年睢阳区各乡镇主要经济指标

乡镇	总人口(人)	耕地(公顷)	农业总产值(万元)	粮食产量(吨)	肉类产量(吨)	牛存栏(头)	猪存栏(头)	羊存栏(只)
郭村镇	58226	5251	49069	39220	5348	5299	42171	18288
临河店乡	42701	3783	35356	28260	3854	3818	30386	13178
勒马乡	54673	5806	54258	43368	5914	5860	46631	20223
毛堌堆镇	47835	5131	47948	38325	5226	5178	41208	17871
路河镇	52352	5986	55935	44708	6097	6041	48072	20847
李口镇	49956	4744	44331	35434	4832	4788	38100	16523
娄店乡	37711	3184	29752	23781	3243	3213	25570	11089
高辛镇	47117	4718	44087	35238	4805	4761	37890	16432
包公庙镇	34840	4019	37560	30021	4094	4056	32280	13999
宋集镇	39053	5224	48815	39017	5321	5272	41953	18194
坞墙镇	47070	5821	54400	43481	5930	5875	46753	20275
冯桥镇	31163	3929	36712	29344	4002	3965	31552	13683
闫集镇	53953	6202	57960	46327	6318	6260	49813	21602
宋城街道	36312	2213	20680	11227	2254	1166	18000	7912
古宋街道	30339	2342	21886	22799	2386	3432	18586	7954
新城街道	86525	767	7167	5729	781	774	6160	2671
古城街道	48679	76	706	565	77	76	607	263
东方街道	34650							
文化街道	21345	304	2844	2273	310	307	2444	1060

续表

乡镇	工业企业个数(个)	#规模以上工业企业(个)	工业总产值(万元)	地方财政收入(万元)	地方财政支出(万元)	农民人均纯收入(元)
郭村镇	19	2	19802	124		9019
临河店乡	30	2	23784	312		8135
勒马乡	56	5	79465	260		7619
毛堌堆镇	60	4	41215	624		8076
路河镇	85	9	54376	368		9700
李口镇	38	3	142089	89		9991
娄店乡	24		7776	91		8164
高辛镇	65	2	42162	239		8547
包公庙乡	16	1	13638	187		7545
宋集镇	24	7	33202	384		7074
坞墙镇	30	5	39996	511		7752
冯桥镇	47	6	34702	353		10551
闫集镇	46	6	174826	1937		9225
宋城街道	36	9	140600	10530		12653
古宋街道	25	12	111747	4291		11716
新城街道	47	25	402609	17050		13592
古城街道	27	7	112772	438		11760
东方街道	11	1	658776	2219		17409
文化街道	54	19	216853	2642		14199

品产业园健康运行。南京西路、珠江西路、振兴路、长江西路、君台路等园区道路基本建成。邦杰牛肉、安迪食品等项目入驻园区,总投资45亿元。三是招商引资和重点项目建设成效明显。年内引进各类亿元以上大项目33个,到位省外资金70亿元。全区75项重点项目投资59.18亿元,其中银河棉业20万吨纺纱项目、中联玻璃600吨浮法改造项目建成即将投产,信华城、名门城等大型城市综合体建设进展顺利。

产业支撑作用明显增强。工业经济板块发展增长。全区固定资产投资160.2亿元,同比增长22.4%;公共财政预算收入7.8亿元,同比增长21%。规模以上工业企业总产值318亿元,同比增长10.1%,工业增加值60.73亿元,同比增长12%,经济总量居全市第二位。针织童装和新型食品两大主导产业占规模以上工业产值比重37.3%。"蓝牌""林河""大有丰"等传统品牌知名度、美誉度不断提升,林河酒业浓香型白酒被评为"国家浓香型白酒标准样品"。利用阿里巴巴·商丘产业带,帮助158家工业企业实现网上销售,涵盖两大类137个品种,日均网上交易额达37.5万元,入驻企业数和日均交易额居全市第一位。首届商丘针织童装产品展销会和中国商丘食品博览会在睢阳区举办。二是农业板块发展。全年全区粮食总产量超51.9万吨,实现"十一连增";大力扶持农业品牌,以银河纺织、诚实人食品、高老庄食品等为龙头的农业产业化企业不断发展壮大,食品、棉纺、啤酒饮品、肉制品、果蔬、林产品六大产业化集群逐步形成,全区国家级产业化重点龙头企业1家、省级重点龙头企业6家、市级重点龙头企业23家。三是城区经济板块发展。大力发展总部经济、物流项目、楼宇经济。人寿保险、安盛天平保险、中国平安保险、中国太平保险、浦发银行等落户睢阳,丹尼斯生活广场、意邦汽车博展城、大商商贸综合体等项目成功签约,现代服务业品牌粗具规模。四是文化旅游经济板块发展。全区共接待国内外游客380余万人次,旅游收入3亿元。7月上海旅游专列700余人游览古城,11月中国·商丘国际华商节在睢阳区举办。商丘大运河遗址商丘南关段正式列入世界遗产名录。

民生保障责任落实。一是优先发展教育卫生事业。新建、修建中小学24所,实施新农合总额预付制度,新农合参保率达99%,127万余人次享受新农合补助,支出2亿元。城镇职工基本医疗保险最高支付限额由6万元提高到8万元。市四院、区妇幼保健院异地新建工程稳步推进,区卫生监督所建成并投入使用,区中心医院搬迁新址已确定。二是强化救助就业保障。发放低保金8590万元、五保金947万元、优抚金2675万元。养老保险待遇月人均增加187元。全区新增就业1万余人,下岗失业人员再就业4000余人,免费开展农村劳动力转移就业培训近万人。三是财政体制改革,落实各项惠农政策,确保工资发放、法定支出和改善民生等。四是强化食品安全保障。积极创建省级食品安全示范区,加强食品药品专项整治和综合性抽验检测,严厉打击食品药品违法犯罪行为,确保食品药品专项整治和综合性抽验检测工作规范有序开展。五是强化安居工程保障。启动乐业居、康苑小区、宜居家园等6个公共租赁住房建设项目,新建公共租赁住房8200套,建筑40万平方米,投资16亿元。启动赵付庄、刘庙、王楼等城中村改造项目。

城乡面貌持续改观。一是城市基础设施不断完善。投资3500万元,新修和改造华夏路、雪苑路、文庙路、蓬莱路等8条道路;启动归德南路、平原路、香君西路升级改造工程;完成威海路、紫荆路等升级改造工程,城镇绿化覆盖率提升;完成13条区管道路的坑槽修补和城区22条道路下水道清淤工作。投资1300万元,新建、改建连体式公厕、垃圾中转站16个。二是"六城"联创工作。依法取缔占道经营53处,取缔摊点900余家,规范夜市20个。开展清除"城市牛皮癣"、整治内河环境卫生等专项行动,拆除门头广告牌4700余块,规范户外广告800余块。新增城市管理预算费用300万元,建立网格化管理。建立数字化城市管理指挥中心,接受处置市民举报投诉案件1.6万起。加大整治"双违"力度,对神火大道、平原路、香君路等30余条道路及蔡河、忠民沟、古宋河等6条城区内河两侧违规建筑物5000余处、17万平方米依法拆除。启动"两线三点一区"农村环境综合整治工程(高标准打造高速沿线和国道沿线;每个乡镇和涉农街道集中打造试点村3个;完善在建和已建新型社区)。开展"三诚四德"教育,评出星级文明户8000余户。三是农村居民生活条件改善。投资7600万元,解决14万农村人口安全饮水问题。实施农村公路"乡村通畅"工程,新建、改建农村公路40公里,改造危桥2座,缓解了群众"出行难"问题。

社会管理工作不断创新。一是社会大局和谐稳定。全年没有发生大安全事故。民主法治建设不断加强。自觉接受区人大法律监督、工作监督和政协民主监督,办结171件人大代表建议、236件政协委员提案。落实"六五"普法工作,全民法治意识明显增强。完成村级组织换届选举工作,村级领导班子结构进一步优化。深入开展党的群众路线教育实践活动,清理80件、废止54件规范性文件,群众反映的热点难点问题得到有效解决。二是社会各项事业全面进步。超额完成市定污染物减排任务,成功处置大沙河氨氮超标等突发事件。区行政服务中心和区婚姻登记服务大厅顺利完成标准化建设。落实人口与计划生育政策,继续保持"全国计划生育优质服务先进区"称号。实施文化惠民工程,开展各类文化文艺会演和"舞台艺术送农民、送戏到基层"活动。完成第三次全国经济普查工作。人民防空、国防教育和民兵预备役建设进一步加强。拥军优属、民族宗教、外事侨务、对台工作不断进步。老年体协、老年书画院和老促会工作取得新成就。统战、审计、规划、气象、质监、工商、电力、烟草、消防、邮政、通信、保险、银行、史志、编制、档案管理等工作都取得新成绩。工青妇、关工委、残联、文联、工商联、科协等群团组织在经济建设中发挥了积极作用。

睢阳区领导成员

中共睢阳区委员会

书　　记:薛晓峰
副 书 记:朱东亚
　　　　　史新艳(女)
县长级干部:王秀玉(6月离)
　　　　　王绍周
常　　委:陈东程　班奎星
　　　　　张　兵　李运巨
　　　　　高德祥　张卫东
　　　　　张性禹　杨　光
　　　　　吴国学
　　　　　李　奎(挂职,5月任)

睢阳区人大常委会

主　　任:翟建华(女)
县长级干部:李守印　高鸿飞
副 主 任:曹尊富　唐素勤(女)
　　　　　洪文学　李永平

睢阳区人民政府

区　　长:朱东亚
县长级干部:范景生
副 区 长:张　兵　吴国学
　　　　　申古今　黄文杰
　　　　　田建涛(挂职,5月任)
副县级干部:韩志明(6月离)
　　　　　潘海鹰

政协睢阳区委员会

主　席:陈若杰
副主席:吴昭臣　刘学俭
　　　　宋崇义　芦自华

中共睢阳区纪律检查委员会

书　记:陈东程

睢阳区人民武装部

部　长:路文胜
政　委:张性禹

睢阳区人民法院

院　长:张慎祝

睢阳区人民检察院

检察长:武　瑛(女)

睢阳区总工会

主　席:江正金

睢阳区委群众工作部

部　长:宁振岳

【针织服装产业集群】 在培育主导产业集群发展中,重点培育银河棉业、宏扬内衣、小燕子制衣、绅士服饰等品牌。制定扶持政策,优先推荐针织服装企业的项目申请国家级及省级政策性扶持资金,通过设备租赁、中小企业信用担保等融资模式,改善企业融资环境。加快承接产业转移,加强与针织服装产业发达地区的交流与合作,围绕针织服装生产加工,利用各类经贸洽谈会推介,着力补足短板、延伸链条,打造棉花种植、纺纱、织布、漂染、印花、后整理、绣花、制衣、销售为一体的产业链。全区全力打造针织内衣服装百亿级产业集群,做好"中国针织服装城""中原儿童针织服装城""中国安全防护品手套城""中国轻纺布艺城"的"四城同创"工作,全区针织服装产值在"十三五"末期可达300亿元,将睢阳针织服装产业打造成"豫东产业明珠"。睢阳区被中国纺织工业联合会、中国针织工业协会评为"中国针织服装名城"。

【践行核心价值观】 一是开展"星级文明户"创评活动,与"清洁家园行动"、美丽乡村建设和党的群众路线教育实践活动结合起来,增加"科技星",提高农民学科学、懂科学、用科学意识。同时对每颗星的内涵作详细阐释,制定细则,增加可操作性。创评活动全区分"三步走",选择10个先行村、22个试点村,而后在全区全面推广。全年全区创建星级文明户1万余户,位列全市第一。二是"跟我来"打造微信"志愿军"。3月,睢阳区委宣传部、区文明办创建"跟我来"志愿服务微信群,成立党员、青年、巾帼、法律、医疗、社区等48个分队、100余个小队,群内注册志愿者达1600余人,微信群关注人数达3.7万,《光明日报》、《河南日报》、河南电视台、《大河报》等新闻媒体报道了该区的做法,人民网、中国共产党党员网、中国文明网、河南文明网等全国80余家网站转载。三是挖掘"身边好人",点亮"商丘好人"品牌。睢阳区号召各乡(镇、街道)、区直各单位挖掘身边的好人,及时上报,把评选好人推向全市、全省、全国。

【公共文化服务体系】 一是构架群众文化服务网络。总投资300万元的14个乡(镇)文化站相继建成并投入使用;为新城、文化2个社区文化服务中心和17个社区文化活动室配送60余万元的文化设备;覆盖333个行政村文化书屋;2月总投资1000余万元、总建筑1.3万平方米的区工人文化宫投入使用;区博物馆、图书馆等文化场所免费开放。二是开展群众文化活动。3月以睢阳区委、区政府名义,制定《文化艺术和群众文体活动奖励办法》,设立50万元文化艺术奖励和文化艺术、群众文体活动发展基金,促进全区文化繁荣发展。三是在全区实施"教你一招"为内容的文化人才培育计划,年内举办舞蹈、声乐、书法、绘画、器乐等培训活动500余场,培训基层文艺骨干上万人,为城乡文化发展提供人才支撑。四是全年全区先后组织"唱响中原·睢阳广场文化活动"、第二届广场舞健身操大赛、睢阳区全民健身月太极拳、剑、健身气功大赛、睢阳区少儿文化艺术节等活动。

【民族团结】 持续开展民族团结进步创建活动,利用"民族宗教政策法规宣传月"深入社区和乡村开展"手拉手、互帮助、献爱心"活动,促进邻里和谐、民族团结。全区在少数民族群众聚居村(居)委会成立由乡村干部、回汉群众代表参加的"民族团结进步促进会",及时调解乡间村里的民事纠纷。建立"民族团结进步友好村"13对,定期召开恳谈会,加强沟通,增进友谊。在古城街道大同社区,成立由人大代表、政协委员和少数民族代表人士组成的"少数民族社会法庭",调处化解邻里纠纷社会矛盾100余件。至年底,全区建有民族中小学校5所,积极落实少数民族子弟在各级升学考试中的优惠政策,鼓励帮助少数民族群众发展畜牧养殖、食品加工等传统行业。

【"美丽睢阳·整洁村镇"活动】 全区按照"试点先行、重点突破、先易后难、循序渐进、务求实效"的思路,启动"两线三点一区"农村环境综合整治工程。一是在农村规划上下功夫。科学确定村庄布局和规模,科学引导农村住宅和居民点建设。二是在农村人居环境综合整治上下功夫。着力抓好垃圾处理、污水排放、长效保持体制机制,改善农村面貌。三是在农村基础设施建设上下功夫。深入开展特色村庄、文明乡镇、旅游乡村创建活动,让农村成为宜居、宜业、宜游的美丽乡村。

(朱思君 陈传峰)

夏邑县

梁万涛

【夏邑县概况】 2014年,夏邑县区域1486平方公里,耕地9.98万公顷。总人口120.59万,其中乡村人口79.83万。辖12个乡12个镇。全年公共财政预算收入5.6亿元,增长29%,其中税收4.2亿元,占公共财政预算收入76%。年内,夏邑县先后被评为"全国粮食生产先进县""全国义务教育发展基本均衡县""全国公共文化服务先进县""全省改善农村人居环境先进县""全省信访稳定工作先进县"。

"三农"发展基础持续筑牢。2014年,粮食产量再创新高,产量突破102万吨,被评为全国粮食生产先进县。加大涉农项目资金争取力度,解决饮水不安全人口17.7万人,完成24个村扶贫开发整村推进任务,新增高标准粮田0.76万公顷,实施了夏芒路改建工程,新修农村公路200公里、桥梁700延米,完成林业生态建设0.07万公顷。土地综合整治持续推进,全县40个土地综合整治试点项目,全年旧村复耕316.37公顷。

经济结构逐步优化,主导产业集群迅速壮大,纺织服装产业被省工信厅认定为全省13个中小企业特色产业集群之一;县产业集聚区被确定为省级知名品牌示范产业集聚区培育对象,成为拉动经济发展的重要引擎。加速发展工业经济。抓好重点企业运行。淮海铸造、永安纺织龙头带动型企业注重科技创新,市场竞争力明显增强,其中淮海铸造被省科技厅评为高新技术企业,永安纺织研发中心被省纺织协会认定为豫东纺织检测检验中心;华鹏纺织、大洋纱线、方舟棉业、金联发等经营效益显著提高,其中华鹏棉业上缴税金947万元、大洋纱线上缴税金608万元,增长88%、496%;大鸣发毛绒制品、金展木业、金之荣食品等注重市场拓展,生产规模迅速壮大,其中大鸣发毛绒制品出口创汇1500万美元,位居全市第一。实施品牌发展战略,省工商局认定著名商标2个("凯瑞达"化工产品、"倔老头"挂面),省质监局认定名牌产品2个("木兰花"牌纱线和"圣源"牌线缆)。

第三产业发展。启动农贸市场搬迁和新址建设,完成新农物流园项目征地等前期工作,家居、汽车维修等专业市场建设加快推进,中原国际纺织服装商贸港建成。全县新登记个体工商户5935户,达3.2万户。商贸、物流配送、物业管理、托幼养老等新生业态迅猛发展;通信、邮政、烟草、电力、石油等重点部门经营效益提高。其中县联通公司营业额突破亿元,居全省第三,县邮政局业务收入达1.1亿元,全市第一、全省第二。

财税金融稳步发展。全县公共财政预算收入5.6亿元,增长29%,其中税收收入4.2亿元,占公共财政预算收入的76%。金融机构各项存款186.3亿元,增长20亿元,位居全市第一;金融机构各项贷款67.6亿元,增加9.3亿元,位居全市第三。

招大引强实现突破。新上或续建固定资产投资亿元以上项目26个,实际利用省外资金60.6亿元,实际利用外商直接投资3013万美元,自营出口4200万美元,均超额完成市定任务。重点项目扎实推进。雨润食品一期正式达产,华盛木业、胜阳木业等项目进展较快,温州汽配产业园、赛琪服饰项目正式开工。全年争取中央批复类投资项目118个、2.3亿元,重点项目建设投资68.6亿元,占年度计划的163%,位居全市前列。完成重点工程夏邑段建设任务,西气东输夏邑段竣工,郑徐高铁客运专线夏邑段顺利推进,沱浍河夏邑段航道工程施工图通过省交通厅评审。

产业集聚区建设力度持续加大。全县固定资产投资162.73亿元,同比增长30.2%;"四上"企业年营业收入215亿元,同比增长23.5%;增加值46亿元,在全市率先超出河南省一星级产业集聚区标准。第二污水处理厂日处理2万吨生活污水生产线正常运营,员工社区全部建成,员工服务中心竣工,公共配套服务建设完善。着力培育纺织主导产业,产品涵盖纺、织、印染、服装、绒布、毛毯、箱包等领域,全县纺纱规模190万锭(投产120万锭),织布能力10万吨,服装加工能力1亿件;引进巴拉巴拉、庄娇等国内外知名品牌。深入开展服务企业活动,争取用地指标199.33公顷,帮助企业办理土地证、房产证30余家,县发投公司和中小企业担保公司先后帮助企业融资10.7亿元,办理土地证、房产证30余家,招工4000余人。

商务中心区建设有序推进。和谐大桥、南御道西延工程顺利竣工,和谐大道主路面铺设全部完成,实施电网改造11公里,拆迁700余户,新兴和清真寺2个安置区完成建设11万平方米,中原国际商贸港完成建设30万平方米,华丰益佰商业广场正式启动。

城乡面貌明显改观。对城区骨干节点、运河公园、栗城广场、长寿广场、府前广场、孔祖大道南段等公共场所实施绿化、亮化工程,栽植玉兰树1.6万株、时令花卉100余万株,大型景观石36处,安装各种灯具5000余套、4000余米,城市品位提升。加强城市管理,治理乱搭乱建、占道经营、噪音污染等,全城保洁和绿化管理水平进一步提高。开展建设领域专项整治行动,房地产开发秩序逐步规范。美丽乡村建设稳步推进。对重点路线、乡镇政府所在地、集镇市场以及试点村进行集中治理,同时整合道路、农村危房改造等涉农项目资金,加大重点村基础设施投入,新增村内水泥道路90万平方米、绿地28万平方米,乡村面貌改观,在省委农村工作会议上受到表彰。

社会大局和谐稳定。社会保障不断加强。全面落实就业再就业优惠政策,全年新增就业8432人。争取中央补助资金6800万元,建设各类保障性住房2032套。城乡居民养老、医疗、工伤和失业保险覆盖率达95%,城乡低保、五保供养标准提高。社会事业协调发展。科技工作得到加强,完成中国流动科技馆夏邑巡展任务。教学质量逐步提高,本科上线

2014年夏邑县各乡镇主要经济指标

乡　镇	总人口(人)	耕地面积(公顷)	农业总产值(万元)	粮食产量(吨)	肉类产量(吨)	牛存栏(头)	猪存栏(头)	羊存栏(只)
城关镇	70680	651	4702	5903	700	1069	18768	15699
曹集乡	41613	2353	22467	30811	1779	3796	19582	5536
胡桥乡	47830	4004	31871	52229	3918	2422	10399	3478
歧河乡	48786	4105	28736	54506	4365	2965	39470	6506
郭店乡	44655	3913	20925	50754	1088	3311	5305	2892
会亭镇	54626	3903	19887	49574	820	4852	9403	10489
业庙乡	58667	4082	40100	51900	3989	979	29260	1035
罗庄镇	39157	3830	31929	33403	4223	5246	53887	9466
中峰乡	33726	2977	34558	25098	1420	5192	32354	10318
马头镇	46997	2455	24714	39136	3725	4196	53030	19397
济阳镇	38800	3315	18547	54066	1009	4556	5511	1864
桑堌乡	51430	4054	34470	49734	7165	2773	22694	7982
何营乡	35395	2444	31948	26795	2158	9334	29742	12433
李集镇	72348	5691	76976	70867	4883	3563	23423	16826
车站镇	60823	3916	78455	43967	3873	2737	34855	22900
杨集镇	50505	3740	48444	47187	3052	2398	17649	10189
王集乡	43602	3171	35966	36847	6691	3943	38850	24767
刘店乡	35722	2476	56221	25683	7366	5127	53473	19986
太平镇	60676	4991	44219	59229	1824	2569	28017	8883
骆集乡	48929	3910	32334	45366	6120	7089	88267	37234
孔庄乡	60198	3821	34447	44537	3301	5590	24489	9518
韩道口镇	62365	4621	31847	46717	3600	3918	14848	6433
火店镇	54949	3414	32082	43390	3746	9368	53925	10483
北岭镇	54421	4200	39793	49646	4601	5305	23000	15886

续表

乡　镇	工业企业个　数（个）	#规模以上工业企业（个）	工业总产值（万元）	财政一般预算收入（万元）	财政一般预算支出（万元）	农民人均纯 收 入（元）
城关镇	115	18	344596	32497	15126	8841
曹集乡	133	13	346768	8324	4780	8679
胡桥乡	31	8	128728	3452	5004	8466
歧河乡	32	2	23100	1152	4640	8162
郭店乡	93	7	139943	3046	10564	8273
会亭镇	215	5	401741	11776	10461	10670
业庙乡	66	6	98270	683	4017	7660
罗庄镇	32	4	63786	5107	7712	7810
中峰乡	19	7	159691	3427	6937	7866
马头镇	24	1	18828	1520	4567	7682
济阳镇	55	3	200165	3511	4021	8275
桑堌乡	22		11167	2893	6599	7923
何营乡	54		27409	2040	8745	7805
李集镇	103	6	129851	1876	6770	7904
车站镇	72	5	107640	4559	7048	7938
杨集镇	33	2	99258	668	3806	7786
王集乡	38	1	30565	1180	3990	8146
刘店乡	53	3	65042	724	4111	8164
太平镇	47	3	37968	2031	4347	7914
骆集乡	55	3	98798	972	4086	8111
孔庄乡	40	3	32094	1963	4275	7914
韩道口镇	33	1	20267	1098	4663	8161
火店镇	50	5	134962	885	5686	8232
北岭镇	62	1	55226	2248	5293	8000

3609人,居全市第一,其中5名考入北大、清华;员工社区小学、幼儿园基本建成;先后举办中国第三届鞭陀大赛、商丘市第七届"万村千乡"农民篮球赛等活动。深化医药卫生体制综合改革,新型农村合作医疗工作运行平稳,参合率达99.5%;县第二人民医院新院投入使用,完成县医药公司新址搬迁。稳定低生育水平,人口自然增长率控制在市定目标以内。文化、广电事业持续繁荣,第一次全国可移动文物普查工作扎实推进,大运河通济渠夏邑段被列入世界文化遗产名录;乡镇文化站等基础设施建设不断加强,被文化部评为"全国公共文化服务先进单位",县博物馆配套设施完善被评为"河南省十佳优秀博物馆";数字电视工程前期工作基本就绪,举办纪念彭雪枫将军殉国70周年公祭活动。继续保持严打高压态势,抓获犯罪嫌疑人52名。扎实推进视频监控体系建设,深入开展"一村一警一干一员一台"驻村活动,全县刑事案件、治安案件明显下降,人民安全感进一步提升。认真开展普法宣传,依法行政水平逐步提高,干群法律意识进一步增强。加强食品药品安全监管,突出抓好交通、消防、校车安全等。行政效能有效提升。加强审计监督和效能监察,自觉接受人大法律监督、政协民主监督和社会舆论监督,办理人大议案90件、政协提案144件。完成第三次全国经济普查工作,国防教育、双拥、民兵预备役建设取得新进步。先后被评为"全省供销综合改革试点县""全省信息比对平台建设试点县"和"全省地名普查工作试点县"。

开展党的群众路线教育实践活动,解决热点、难点问题1120个。开展"夏邑孝子""夏邑孝媳"等各类道德模范评选活动。加强农村基层组织建设,顺利完成村"两委"换届任务。深入推进党风廉政建设,全年查处违规违纪案件236起,党政纪处分297人,开除党籍14人,开除公职12人。

夏邑县领导成员

中共夏邑县委员会

书　记:倪玉民(3月离)
　　　梁万涛(3月任)
副书记:梁万涛(3月离)
　　　刘海鹰
常　委:张　岩(女)　段玉忠
　　　李齐民　薛天江
　　　李启峰　张朝峰
　　　孙文涛　卢兆堂
　　　韩传勇

夏邑县人大常委会

主　任:刘佩民
副主任:董恒英　王光亭
　　　赵　耀　刘　波

夏邑县人民政府

县　长:梁万涛
副县长:薛天江　段玉忠
　　　韩传勇　朱长军
　　　聂　丽(女)　吴　莲(女)

政协夏邑县委员会

主　席:经玉魁
副主席:蔡东旭　王　勇
　　　刁　锋　段新玉

中共夏邑县纪律检查委员会

书　记:张　岩(女)

夏邑县人民武装部

部　长:李凡胜
政　委:张朝峰

夏邑县人民法院

院　长:林运升

夏邑县人民检察院

检察长:马南桦

夏邑县公安局

局　长:高圣伟

夏邑县总工会

主　席:王世东

夏邑县委群众工作部

部　长:孙若梅(女)

【首届少儿文化艺术节】 5月18日,夏邑县委宣传部、县文明办、县文化局联合主办"紫香山杯"夏邑县首届少儿文化艺术节,共收到全县各中小学校、校外辅导机构报送的书法、美术等静态类作品500余幅,音乐、舞蹈等动态类节目200余个。

【中国大运河(夏邑段)项目入选世界文化遗产名录】 6月22日,第38届世界遗产委员会会议,中国大运河成功列入《世界遗产名录》,成为中国列入《世界遗产名录》的第46、47个项目。位于夏邑县济阳镇的通济渠商丘夏邑段是中国大运河的重要组成部分。此段以夏邑济阳镇为中心,东起田道口,西至邓铺,东西长约5公里,包括通济渠沿线重要的河道与水工遗存。在南侧大堤外侧发现顺河堤方向修建的古代道路遗存,宽16米,印证了史书中关于大运河堤外为官道的记载。

【千人长跑健身活动】 6月29日,由夏邑县人民政府主办、中原国际商贸港承办的千人健身长跑活动在孔祖大道举行。从孔祖大道中心转盘出发,沿孔祖大道向南,到中原国际商贸港,全程3公里。此次长跑活动是为鼓励和引导广大人民积极参加体育锻炼,提高科学健身意识,养成良好的体育锻炼习惯,在全社会形成崇尚健身、参与健身,追求健康文明生活方式的良好环境和氛围。

【彭雪枫殉国70周年公祭活动】 9月12日,彭雪枫殉国70周年公祭活动在夏邑县八里庄彭雪枫将军纪念馆举行。河南省委副书记邓凯,彭雪枫之子、中国人民解放军第二炮兵部队原政委彭小枫上将出席并讲话。中国人民解放军第二炮兵部队,河南省委、省军区、省民政厅和商丘市领导,原62师、红军老战士代表及亳州、永城、泗县、砀山、虞城等领导、夏邑县400余人党员干部群众参加公祭活动。

【中国夏邑第二届鞭陀文化节】 9月20日~21日,中国夏邑第二届鞭陀文化节暨第三届全国鞭陀大赛在夏邑县孔祖中专举行。全国23个省的115支代表队2000余名运动员参加。

【夏邑温州产业园】 10月31日,夏邑县温州产业园举行奠基仪式。该项目一期规划用地23.33公顷,总投资16.5亿元,主要加工生产各种汽车零部件。项目建成后,预计年产值43亿元,利税10亿元。

【河南省第七届"万村千乡农民篮球赛"】 12月18日~20日,河南省第七届"万村千乡农民篮球赛"商丘赛区决赛在夏邑县全民健身活动中心举行。睢阳区、梁园区、睢县、民权县、柘城县、宁陵县、虞城县、夏邑县

8个代表队进行决赛。首先以乡、村为单位,经过淘汰赛逐层选拔决出胜者,代表所在县(市、区)参加全市比赛;最终获胜的球队,将代表商丘市参加河南省第七届"万村千乡农民篮球赛"总决赛。

(王世波　彭朝阳)

虞城县

何振岭

李瑞华

【虞城县概况】 2014年,虞城县区域1544平方公里,其中耕地98666.6公顷;总人口118万,其中乡村人口80.21万,人口自然增长率为5.05‰。全县辖黄冢乡、沙集乡、店集乡、芒种桥乡、闻集乡、刘店乡、大侯乡、郑集乡、城郊乡、李老家乡、古王集乡、田庙乡、刘集乡、乔集乡、镇里堌乡15个乡;界沟镇、木兰镇(2013年12月由原营廓镇更名)、杜集镇、谷熟镇、站集镇、城关镇、利民镇、张集镇、大杨集镇、稍岗镇(2014年2月撤乡设镇)10个镇。

综合实力不断增强。2014年,全县生产总值200.3亿元,增长8.9%。其中,第一产业增加值45亿元,增长4.3%;第二产业增加值84.1亿元,增长10.5%;第三产业增加值71.2亿元,增长10.4%。三次产业结构比为23.7∶43.4∶32.9。社会消费品零售总额57.5亿元。商品出口总额5.65亿元。固定资产投资166.5亿元。公共财政预算收入7.04亿元,财政预算支出35.65亿元。城镇居民人均可支配收入20453元,人均消费性支出13825元。农民人均纯收入7884元,人均生活消费总支出5810元。供电量10.7亿度,增长1.7%。金融机构存款余额156.22亿元,贷款余额81.79亿元,新增贷款15.44亿元,居全市第二位。3家融资担保机构担保56.1亿元,担保余额19.9亿元,全市中小企业融资工作现场会在虞城县召开。

经济发展平稳增长。全县工业企业产值360亿元,增长20%;工业增加值78亿元,增长9.9%。其中规模以上工业总产值306.8亿元,增长16.5%。实际到位省外资金60.1亿元,占市定任务的109%。利用境外资金3315万美元,占市定任务的117%,居全市第一位。进出口1.25亿美元,增长56.9%。其中出口9100万美元,增长33.6%;进口3400万美元,增长193.9%,居全市第一位。亿元以上的项目17个,其中5亿元以上项目2个,3亿元以上项目3个。省重点项目1项,计划投资3.8亿元,实际投资5.5亿元,占任务的144.7%;市重点项目27项,计划投资121.8亿元,实际投资164.8亿元,占任务的135.4%,全市省管重点项目座谈会在虞城县召开。产业集聚区建成区新增1平方公里,"四上"企业96家,营业收入200亿元,增加值50亿元,固定资产投资148亿元。享受优惠电价企业12家,居全市第一位。钢卷尺及五金工量具质量监督检验中心通过国家"三合一"认证。中国邮政集团公司与虞城县五金电子工量具产品达成战略合作协议。县产业集聚区荣获"河南省产业集聚区最具竞争力产业名片金星奖",被科技部确定为"商丘国家工量具高新技术产业化基地""国家级科技企业孵化器"。被评为"全省十快产业集聚区"、星级产业集聚区。全省中小企业服务工作现场会、全省棉纺行业银企协作发展现场会在虞城县召开。

城乡建设加速推进。县城建成区达26平方公里,乡镇建成区达87平方公里,城镇人口达38.17万,城镇化率达32.24%。完成站集镇、利民镇等18个乡镇中心区控规。虞城中心、明珠广场、尚城国际等大型综合商场正在建设。特色商业区建设成效显著,豫东商业广场、金融商务中心等12项重点项目建设进展顺利,固定资产投资9.9亿元,是上年的3倍,绝对量综合排序居全省第四十一位、全市第一位。完成黄河路、漓江路、新建路、过陇海铁路立交桥综合整治,建成科迪大道、金沙江路跨运河桥,仓颉大道跨陇海铁路立交桥正在建设。郑徐高铁虞城段主体工程全线贯通。完成仓颉大道北延、至信二路东延、诚信大道西延、伊尹大道拓宽改造等道路建设,至诚四路北延、至诚五路南延等路段正在施工。成功申报国道343、省道207、203等3条环城道路。完成响河南关桥北段治理,十字河、周商永运河治理。完成11公里城区供水管网、14公里城市集中供热管网、36公里污水管网建设。新建城区公厕15座、改建13座。第一污水处理厂升级改造正在施工,第二污水处理厂投入运营。周商永运河被国家林业局确定为国家级湿地公园。"双违"治理成效突出,拆除违章建筑物40余万平方米,乱搭乱建、突击建房现象得到遏制。全市新型城镇化调研与经验交流会在虞城县召开。成功创建省级卫生县城。

农业生产稳步提高。全年粮食总产量90.65万吨,增长0.2%,实现"十一连增",被评为"全国粮食生产先进县"。建成高标准粮田17个万亩方,完成2个土地治理项目和4个产业化经营项目。全年造林0.11万公顷,为任务的116.5%。建成6个乡镇动物防疫检疫区域站和15个农业技术区域站。畜牧业产值21.22亿元,增长3.5%。各类养殖专业户1.4万户、专业村219个。科迪集团新建年产80万吨液态奶一期工程和万头奶牛现代牧场项目基本完工,完成未来、星海、众旺等万头猪场扩建。解决19.7万名农民及5652名师生安全饮水问题。修复50座农村危桥,新建农村公路109公里,被评为"全省好路杯金杯县"。市级以上农业产业化龙头企业35家,农民专业合作社763家,万村千乡农家店576家,农产品网上销售交易额达1.5亿元。

民生保障持续加强。全年支出民生保障资金28.6亿元,增长2.5%,发放各类惠农补贴1.99亿元。新增就业7279人,占市定目标120%;再就业2435人,占市定目标118%;新增农村劳动力转移就业

2014 年虞城县各乡镇主要经济指标

乡镇	总人口（人）	耕地面积（公顷）	农业总产值（万元）	粮食产量（吨）	肉类产量（吨）	牛存栏（头）	猪存栏（头）	羊存栏（只）
界沟镇	42313	4147	54027	57439	1002	190	6503	5901
黄冢乡	44714	3890	34300	42681	5358	1709	27270	6263
木兰镇	30012	2574	52100	26630	1280	5190	9437	8870
杜集镇	54227	4392	54580	44636	9037	7868	9878	22518
沙集乡	41910	3121	31490	46007	2711	180	4720	1215
店集乡	41483	3300	31310	43045	2774	1396	15827	18327
芒种桥乡	42348	3073	12679	30731	3151	1400	10500	9940
谷熟镇	36367	2933	27522	38799	3013	860	13560	25500
刘店乡	55976	4881	45173	77622	3508	227	36150	1354
站集镇	43522	3198	75362	53024	5443	1443	17949	10570
闻集乡	45771	3544	37439	53119	1534	413	5715	3031
大侯乡	66016	4947	85487	69440	1126	441	4360	13037
城郊乡	54652	3777	23055	32630	2229	3811	11580	24400
郑集乡	33694	2868	20260	39928	656	1010	3152	2470
李老家乡	54689	4504	42831	66416	4979	1107	4250	3180
古王集乡	34571	3501	4860	52850	2164	1624	11300	8754
贾寨镇	54438	4377		69074	2753	510	22550	26120
利民镇	54702	3526	38162	59921	1107	6933	3713	6890
田庙乡	29128	1893	17860	23734	1116	33	5142	19560
刘集乡	42263	3927	21304	56989	716	975	3795	5935
乔集乡	34424	2553	64700	21340	1496	169	7010	30000
张集镇	42421	3233	64908	28481	1847	2285	8554	30860
镇里堌乡	29983	2479	17400	30648	458	0	3244	3877
大杨集镇	34134	3337	21650	31310	1711	1500	5506	17506
稍岗镇	63935	6917	20700	70070	1912	5819	5418	5201
城关镇	76128	29	420	1198	230	150	900	950

续表

乡 镇	工业企业个数(个)	#规模以上工业企业(个)	工业总产值(万元)	公共财政预算收入(万元)	公共财政预算支出(万元)	农民人均纯收入(元)
界沟镇	22	1	20516			8614
黄冢乡	32		27392			7200
木兰镇	30		28664			6900
杜集镇	50	1	27596			7615
沙集乡	41		17798			7400
店集乡	23		15866			7720
芒种桥乡	32		26576			5260
谷熟镇	29		25112			7500
刘店乡	33	5	90726			7500
站集镇	65	14	393576			9086
闻集乡	42	1	21030			8738
大侯乡	41		17516			8673
城郊乡	67	27	670191			10202
郑集乡	25		12899			7168
李老家乡	23	3	72080			8739
古王集乡	27	1	23259			7100
贾寨镇	21		19868			
利民镇	59	7	739910			9414
田庙乡	11		11731			7200
刘集乡	30		12332			7371
乔集乡	22		13098			8560
张集镇	21		21755			8126
镇里堌乡	27	1	64463			6510
大杨集镇	28		17777			7890
稍岗镇	67	11	196412			7020
城关镇	69	39	987533			8600

9280人,占市定目标116%;城镇登记失业率3.1%,动态消除零就业家庭。发放小额担保贷款8000万元,实现1600人直接创业,间接带动3700余人就业。新农合参合率居全省第一。足额发放城镇低保资金、农村低保资金、农村五保供养资金。18.44万平方米公租房和4万平方米城市棚户区改造建设,1332套城中村安置房投入使用。帮扶2.3万人脱贫。省定十项民生工程、市定十项民生实事全部完成,县定十件实事完成7项,其余3项为跨年度工程。污染防治和污染减排成效显著,饮用水水源地水环境质量达100%。

依法行政成效显著。人大、政协,议案和提案办结回复率达100%。命案侦破、打黑除恶为重点,依法严厉打击各类刑事犯罪。深入开展"六位一体"平安家园保险活动,全县无重大安全事故发生。公共机构能源利率显著提高,被评为"河南省公共机构节能先进县"。深入开展"大走访"活动,各类矛盾纠纷得到有效处置。完成第八届村级组织换届选举工作。深入开展党的群众路线教育实践活动,全面落实党风廉政建设责任制,严格执行"一岗双责",党风政风、工作作风明显好转。

社会事业全面发展。各类教育协调发展,被评为"全国义务教育发展基本均衡先进县"。深入开展各类文化活动,实现由"送文化"到"种文化"转变。积极申报"第二届中国长寿之乡",完成营廓镇更名为木兰镇,稍岗乡更名为稍岗镇,启动利民、城郊等5个乡镇志的修编。县医院新址主体工程已完工,30个乡镇卫生院基础设施建设加强,661所村卫生室基本达标,乡镇卫生院和村卫生室补偿机制基本建立。全县人口出生率为10.86‰,人口自然增长率为5.05‰,被评为"全国计划生育优质服务先进县"。审计、统计、工商、档案、通信、烟草、邮政、质监、气象、民族宗教等其他社会事业稳步推进。

虞城县领导成员

中共虞城县委员会

书　　　记:何振岭
副　书　记:李瑞华　王新胜
正县长级干部:吕仁良
金　华(女)
郭　勇
常　　委:吴冬梅(女)
逯德标　段云泉
李　彬　闫长安
王计富
王慧敏(女)
杨　欣
刘智良(4月任)

虞城县人大常委会

主　任:常　睿(女)
副主任:李红云(女)　张修仲
路保安　袁继勇

虞城县人民政府

县　长:李瑞华
副县长:逯德标　王慧敏(女)
张百海　顾连福
崔玉峰　江正立
副县长级干部:孟凡领

政协虞城县委员会

主　　席:李卫平
副　主　席:范文生　李修峰
李建设　刘春云(女)
正县级干部:佟学亮

中共虞城县纪律检查委员会

书　记:吴冬梅(女)

虞城县人民武装部

部　长:宋广荣(4月离)
李学军(4月任)
政　委:杨　欣

虞城县人民法院

院　长:侯　文

虞城县人民检察院

检察长:廉金英

虞城县公安局

局　长:余方生

虞城县总工会

主　席:吕宝君

虞城县委群众工作部

部　长:杨金献

【张维宁到虞城县调研】　6月12日,副省长张维宁带领省政府办、发改委、工信厅等单位负责人到虞城县调研。代市长李公乐、副市长江文玉、市政协副主席刘明亮,虞城县委书记何振岭、县长李瑞华、县委办公室主任段云泉等陪同。张维宁一行先后到县产业集聚区步步先电动车、汇丰纺织、辰龙纺织、乔治白服饰、海博量具、豪宇电子等企业调研。每到一处,张维宁都深入车间察看生产情况,并听取企业负责人汇报,了解企业生产经营、研发能力、产业带动等情况。张维宁对虞城产业发展取得的成绩充分肯定。他指出:要进一步抓住发展机遇,扩大市场占有,提高产能。

【卢长健到虞城县调研】　11月4日,省军区司令员卢长健及军区有关领导到虞城县产业集聚区乔治白服饰、人民公园和县武装部调研。市领导陶明伦、吴祖明、李小平,市军分区司令员宋学庆和县领导何振岭、逯德标、段云泉、杨欣陪同。卢长健一行深入车间参观,并详细询问生产经营情况。在武装部,卢长健一行仔细检查值班室、办公室和指挥器材库,查阅相关资料。卢长健对虞城县经济建设、城市建设、双拥和地方武装工作等方面取得的成绩充分肯定。他要求县人武部要积极主动地参与地方建设,在服务县域经济社会发展、维护全县社会大局和谐稳定等方面发挥重要作用,同时希望虞城县能继续保持民拥军、军爱民、军民融合的局面,促进地方经济社会持续、快速和协调发展。

【首座城市立交桥开工】　7月9日,虞城县仓颉大道跨陇海铁路立交桥首片长35米,重120吨箱梁开仓浇筑混凝土,标志着该工程预制箱梁的序幕拉开,虞城县首座城市立交桥正式开工建设。这座立交桥是虞城县链接城市内外的主干道,是重点工程。该桥全长938.09米,其中主桥496.16米,桥面总宽34米,计划工期1年。

【中国·虞城稍岗国际五金城商业整合启动大会召开】　10月12日,中国·虞城稍岗国际五金城商业整合启动大会在稍岗镇举行。世界杰出华商协会副主席姜正均、中国五金交电化工商业协会会长朱仁和副会长徐宏、全国工商联五金机电商会名誉副会长褚延运、原义乌市人大常委会副主任楼林禄、山东省五金机电商会秘书长樊云昌、虞城县五金机电商会会长王敏广、商丘市商务局局长薛涛、虞城县领导王新胜等负责人出席大会。稍岗国际五金城占地40公顷,建筑30万平方米,总投资10亿元,是为虞城县钢卷尺企业量身打造的产品展示、销售、贸易国际物流平台,是钢卷尺企业产品流通总部基地,同时也是以钢卷尺业为核心的综合五金产品国际交易平台。虞城县年产各种钢卷尺10亿只,占全国钢卷尺市场总产量的85%,产品远销70余个国家。稍岗国际五金城联合全球最大的实体批发市场020联营平台非杭F821.COM,构建集展示、销售、贸易、物流、电商、办公于一体的“五金工量具全产业链生态系统”,打造五金工量具全球交易平台,成为世界名副其实的“世界钢卷尺之都”。

【2014中国·商丘国际华商节项目签约】 在2014中国·商丘国际华商节项目签约仪式上,虞城县签约项目10个,签约投资72.7亿元,其中,与江苏方向实业有限公司签约的利斯特纺织服装项目,总投资20亿元,是全市5个上台签约项目之一,也是虞城县最大的招商项目。该项目建成后,年纺纱5400吨,年产高档服装面料7200万米及各类服饰120万件套,年产值15.6亿元,利税4.5亿元,安置520人就业。同时在华商节期间,虞城县产业集聚区杰工新能源科技、伊美工具两个大项目开工奠基。伊美工具项目占地20公顷,固定资产投资6.8亿元,建筑24.6万平方米,建成后年工业产值可达10亿元,出口创汇9000万美金,税收6000万元,可安置2000余人就业。杰工新能源科技项目总投资3.9亿元,占地10.7公顷,计划新建标准化厂房4栋、12万平方米。项目运营后,可年产1.5万辆高、中、低档电动轿车,年销售收入可达4.5亿元,年上缴各项税收1125万元,可为虞城县提供1200个就业岗位。

【省农科院与虞城县签订院县战略合作协议】 11月21日,省农科院与虞城县人民政府院县战略合作协议签字仪式在县行政中心1号楼6楼会议室举行。省农科院副院长房卫平和有关省市农业专家、副市长张家明、县领导李瑞华、王新胜等出席仪式,县直相关单位、各乡镇区主要负责人参加仪式。协议的签订使该县在农业种植、畜牧业发展、农产品加工、现代农业和新农村建设规划等方面开展全方位交流与合作,加速省农科院的科研成果在该县的转化应用,促进该县经济社会又好又快发展。李瑞华要求全县各乡镇和涉农部门要以此次战略合作为契机,认真履行合作协议,大力推进合作项目建设,促进农村经济结构战略性调整,提高农村经济运行质量,加快推进农业现代化进程。

【新型城镇化调研及经验交流会议在虞城县召开】 11月18日,全市新型城镇化调研及经验交流会议在该县召开。副市长王仲田出席会议,各县(区)分管城镇化工作的副县区长、住房城乡建设局局长,县领导何振岭、李瑞华、段云泉、崔玉峰等参加会议。王仲田一行先后到人民公园、森林公园、人民路中段旧城改造项目建设、中辰澜湾响河治理项目建设、两河口公园、特色商务区建设、仓颉大道跨陇海铁路立交桥建设、商东外国语学校等地参观。副市长王仲田对该县城市建设工作给予充分肯定:一是县委、政府高度重视。二是注重科学规划。三是各类项目谋划较好、实施较多。四是城市建设投入资金多、筹资方式灵活。五是城市管理注重精细化。六是注重生态建设。

【工量具产业发展】 2014年,虞城县按照“自主创新、重点跨越、支撑发展、引领未来”的科技工作方针,贯彻落实科学发展观,科技工作取得了一系列成就。工量具产业被国家科技部选定为“商丘国家工量具高新技术产业化基地”,高新技术创业服务中心被科技部命名为国家级科技企业孵化器,河南乔治白服饰有限公司被评定为高新技术企业。至年底,全县已有6家高新技术企业,6家企业为省级工程技术研究中心。

【虞城被评为河南省卫生县城】 通过建立和完善有关卫生城长效机制及爱国卫生法规,强化落实,规范管理,常抓不懈,广泛动员全社会力量参与深入开展市容环境卫生整治、除害灭病、健康教育、环境保护等各项“创卫”工作,市民健康意识不断增强,城区基础设施不断完善,市容市貌明显改善,县城总体卫生水平明显提高。全年全县共创建省级卫生先进单位38个,市级卫生先进单位26个,市级卫生村35个,县级卫生先进单位46个。10月,省卫生县城创建评审验收组对虞城创建省级卫生县城工作进行全面验收。年底,省爱卫会命名虞城县为省级卫生县城并授牌。 (杨保华)

宁陵县

李振兴

【宁陵县概况】 2014年,宁陵县区域797平方公里,其中耕地5.33万公顷。辖城关、张弓、柳河、逻岗、石桥、华堡、黄岗7个镇,程楼、刘楼、乔楼、城郊、阳驿、赵村、孔集7个乡。全县总人口65.12万,常住人口51.08万。

综合实力持续提升。全县生产总值89.56亿元,同比增长8.4%;其中,第一产业增加值25.17亿元,比上年增长4.2%;第二产业增加值36.3亿元,比上年增长10.2%;第三产业增加值28.09亿元,比上年增长8.7%。三次产业结构比为28.2∶43.3∶28.5。社会消费品零售总额34.46亿元,同比增长13.5%;城镇居民可支配收入17529元,同比增长8.9%;农民人均纯收入6947元,同比增长10.9%;财政预算收入3.11亿元,同比增长15.3%;用电量达9.87亿度,同比增长1.2%;金融机构各项存款88.93亿元,比上年增加11.47亿元,增长14.8%;金融机构各项贷款43.82亿元,比上年增加15.06亿元,增长52.4%,贷款增幅位居全市第一。

产业结构持续优化。一是发展工业主导产业。围绕主导产业,开展招商活动。以上市企业史丹利、嘉施利为龙头的农资化工产业迅速壮大,复合肥及相关企业达17家,设计生

2014年宁陵县各乡镇主要经济指标

乡 镇	总人口(人)	耕地面积(公顷)	农业总产值(万元)	粮食产量(吨)	肉类产量(吨)	牛存栏(头)	猪存栏(头)	羊存栏(只)
城关镇	14671	474	5792	4338	733	1386	2504	11051
柳河镇	52935	4349	39708	30737	4315	3873	29623	28056
张弓镇	44940	3192	24171	33730	1612	720	11304	12067
逻岗镇	46031	4894	40722	35683	2348	3011	18412	13637
石桥镇	49402	4411	51355	36148	2799	2031	19055	13964
黄岗镇	41704	3480	25363	37593	3574	2015	18363	14974
华堡镇	61300	3869	44046	47119	5342	8300	34000	24750
城郊乡	28510	2323	21355	23792	2730	1900	16280	11520
乔楼乡	45929	3766	36610	35016	3630	2722	29057	18061
程楼乡	39908	2817	28838	27273	2870	2962	27089	16725
阳驿乡	49665	4306	45568	32408	3021	959	16200	17500
刘楼乡	39274	3412	28917	30067	2242	1830	18568	20466
孔集乡	34277	3333	29689	36360	3513	4250	17500	20050
赵村乡	39591	3771	27874	38752	2287	4250	15408	12773

续表

乡 镇	工业企业个数(个)	#规模以上工业企业(个)	工业总产值(万元)	公共财政预算收入(万元)	公共财政预算支出(万元)	农民人均纯收入(元)
城关镇	87	10	99097	831	1563	7325
柳河镇	99	8	331588	507	1009	6946
张弓镇	52	5	192781	169	547	6947
逻岗镇	58	5	34705	201	603	6923
石桥镇	52	3	73263	843	1317	7210
黄岗镇	38	8	101672	192	573	6918
华堡镇	49	5	93257	152	730	6814
城郊乡	55	14	602563	368	839	6801
乔楼乡	44	3	109761	128	615	6880
程楼乡	40	1	8062	116	517	6820
阳驿乡	62	2	9384	207	595	6823
刘楼乡	41	5	35153	47	513	6816
孔集乡	38	2	11590	126	505	6788
赵村乡	49	3	16427	187	546	6842

产能力达830万吨,成为中原最大全国第二的新型复合肥特色产业基地,被省科技厅认定为全省高新技术特色产业基地。积极推进特色家居产业,利用优势资源,发展中亚工艺、欧瑞工艺等龙头企业。县产业集聚区荣获全省最具产业竞争力和“5A”级最佳投资服务金星奖。二是发展现代服务业。以特色商业区为载体,推进商贸物流、住宿餐饮、专业市场建设,圆通、申通、顺丰等国内知名物流企业在本县设立分支机构,昆仑路、汉江路等特色商业街粗具规模,豫东家居建材大市场一期工程已完工。德商村镇银行、中国银行助农网点落地宁陵并投入运营。三是发展现代农业。粮食总产再创新高,夏粮实现“十一连增”,粮食总产45.32吨。畜牧业平稳增长,全年肉类、禽蛋总产量为41774吨、12285吨。农业产业化快速推进,培育市级以上农业产业化龙头企业15家,发展农民专业合作社225家、家庭农场471家。加强农业基础设施建设,实施高标准粮田、新增千亿斤粮食产能规划、农业综合开发等项目,绿化造林0.17万公顷,改造电力线路14.7公里,新建农村道路84.7公里,新增有效灌溉0.21万公顷,解决7.27万人饮水不安全问题。重视农机发展和农产品质量安全,宁陵县被评为全国平安农机示范县和全国农业综合标准化示范县。

城乡建设持续推进。一是城市功能稳步提升。启动《县城总体规划》修编,完成特色商业区发展规划,完善产业集聚区扩展区发展规划。新修城市道路5.2公里,整修道路20公里,改造背街小巷4600米,县城“九纵十横”道路框架基本形成。建成第二污水处理厂,升级改造第一污水处理厂,日处理能力达4万吨。投资4.9亿元,重点抓好鑫和美林郡、紫金华庭、梨都御景、巴比伦星城二期等一批中高档住宅小区建设,城市品位提升。二是城市管理日趋加强。取缔占道经营380余家、马路市场23处,拆除违章广告牌(匾)270余个,新建垃圾中转站5座,更新灯箱式路牌56个,安装分类垃圾斗300余个。投资1100余万元,在城区重点部位安装电子警察24处、高清摄像头120个。完成葛天大道、珠江路、张弓北路、永乐北路、太行路等道路绿化。三是村容村貌明显改善。开展“美丽乡村·整洁村镇”活动和爱国卫生运动,投入3100余万元对农村环境进行专项整治,新修县乡水泥道路35公里,购置自卸式垃圾运输车14辆、垃圾环保箱420个,清运垃圾20余万吨,清理臭水沟3.8万余米,改变了原来脏乱差的农村环境。

民生保障持续改善。一是惠民举措务实高效。兑现各项支农惠农政策,发放粮食、农资、良种、农机等补贴1.19亿元。实施16个村扶贫开发整村推进项目,1.47万人脱贫。启动县残疾人托养中心建设,为满足残疾人康复需求提供了保障。抓好金地家园、锦绣花园等保障性安居工程建设,改善城市中低收入家庭住房条件。二是保障体系日益健全。实施就业再就业工程,城镇新增就业6282人,开发公益性岗位508个,零就业家庭继续保持动态为零。开展社保扩面工作,净增参保1.3万人,参保达44.2万人,提高新农合保障能力,参合率达99.8%。落实各项救助政策,建立城乡低保和五保供养标准。双拥、优抚、退役军人安置等工作扎实推进。三是社会事业协调发展。新建扩建幼儿园12所,维修改造中小学和普通高中校舍38所4万平方米。改善医疗卫生服务水平,启动县级公立医院综合改革,乡镇卫生院、村卫生室全部实现药品零差率销售。县公共卫生服务中心投入使用,县人民医院二期、县中医院和妇幼保健院搬迁全面启动,城乡居民健康档案建档率达93%。积极开展性别比综合治理。举办首届宁陵好声音、广场舞大赛、戏曲擂台赛等,丰富了群众精神文化生活。积极参与省七届民族运动会,取得3金2银3铜佳绩。开展“十佳道德模范”评选活动,被评为全省优秀科普示范暨公民科学素质建设先进县。四是平安建设成效明显。创新信访工作机制,全力推进依法逐级走访,连续8年被评为全市信访工作先进县。加强城乡社区建设,完成第八届村委会换届选举工作。强化社会治安综合治理,依法打击违法犯罪活动,保持社会大局稳定。平安建设公众安全感满意度调查居全省前列、全市第二;政法机关执法满意度调查居全省第三、全市第一。抓好安全生产、食品药品监管和消防工作,全年无重特大安全事故发生。

政府建设持续加强。一是依法行政。自觉接受县人大、县政协和社会监督,办理人大代表议案117件、政协委员提案85件,满意率达98%。二是高效施政。深入推进事业单位分类改革。加强政府规范性文件审查,清理废止文件239件。取消合并行政审批事项24项。积极推进电子化政府采购,节约2526万元,节约率达13.7%。对76个重点项目财政投资评审,核减资金2亿元。三是廉洁从政。深入开展党的群众路线教育实践活动,严格执行中央八项规定,重点解决“四风”突出问题,“三公”经费下降11%,会议压缩46%,文件精简13%。认真落实廉政建设“一岗双责”(单位负责人在对业务工作负责的同时,又对所管部门的党风廉政建设工作具体负责,要采取措施将党风廉政建设落到实处,防止不廉行为在本单位发生)。严肃查办违纪案件124件,党政纪处分141人,干部作风进一步转变。

宁陵县领导成员

中共宁陵县委员会

书　　记:李振兴(4月任)
副 书 记:张彦彪
正县长级干部:张　慧(女)
常　　委:李彩云(女)　张文华
刘乐金　张林生
张亚光　袁　飞
林鸿顺(挂职)
洪　锋　周再华

宁陵县人大常委会

主　　任:蒋笃奎
副 主 任:张其太　王继方
赵天民(回)　葛洪先
党组成员:姚玉峰

宁陵县人民政府

县　长:李振兴
副县长:李彩云(女)
林鸿顺(挂职)
翟登杰　何玉明
朱　韶　陈　雷
陶明星

副县级干部:马　超　韩玉东

政协宁陵县委员会

主　席:孟昭立

副主席:朱玉民　王　伟　王圣林　齐雅琳(女)

中共宁陵县纪律检查委员会

书　记:刘乐金

宁陵县人民武装部

部　长:刘少民

政　委:周再华

宁陵县人民法院

院　长:王宏伟

宁陵县人民检察院

检察长:赵维冠

宁陵县公安局

局　长:王自中

宁陵县总工会

主　席:路绪荣

宁陵县委群众工作部

部　长:权宏涛

【十佳道德模范】　12月10日,宁陵县十佳道德模范颁奖晚会在葛天大剧院举行。由县文明委、县委宣传部、县总工会、县团委在全县组织"宁陵县2014十佳道德模范"推荐评选活动。共推荐候选人47名,经资格审核、征求意见、评审委员会评审等程序,评选出助人为乐、见义勇为、诚实守信、敬业奉献、孝老爱亲五个方面的道德模范10名。

【产业集聚区发展】　按照"四集一转"(即企业(项目)集中布局、产业集群发展、资源集约利用、功能集合构建,农民向城镇转移)要求,大力承接产业转移,着力培育农资化工特色产业。为营造一流发展环境,宁陵县实行"零距离、心贴心、一条龙、保姆式"服务,对入驻企业实行"四个一"(即一个项目、一名领导、一套班子、一抓到底)工作机制。年内产业集聚区营业收入160亿元,税收4.5亿元,从业人员达4万人,固定资产投资65亿元,入驻企业达109家。形成年产复合肥750万吨的农资化工产业集群和年产床垫、家具300万(张)套的家居用品制造产业集群。4月,省工商业联合会、河南日报报业集团联合开展全省产业集聚区建设大调研活动,对180个产业集聚区的招商引资、主导产业培育、配套设施建设、政策法制环境、服务质量等情况进行调研,通过网络投票、实地考察、专家评定等环节,宁陵县产业集聚区在第三届河南省产业集聚区建设活动中荣获5A级最佳投资服务"金星奖"。

【首届秋季房产博览交易会】　10月17日~19日,由宁陵县住建局、房管中心、城关回族镇人民政府在县体育场联合举办首届秋季房产博览交易会。全县20余家住宅小区参展。

【标准化示范区考核验收】　7月25日,省质监局组织有关专家对宁陵县大棚葡萄农业标准化示范区考核验收。考核验收组认为:一是产品质量、产量和产值均比建设前有较大提高,取得显著的经济效益、社会效益和生态效益。同时辐射带动了周边乡村大棚葡萄种植。二是组织体系完善、责任明确,标准体系健全,建立起"公司+农户+标准"的发展模式,严格按照标准组织生产,并能通过多种方式对标准进行有效的宣传和培训,使广大农户能够按照标准种植和管理大棚葡萄,并建立了完善的"标准种植—规范加工—集中销售"的产业链。三是档案齐全、资料完善、数据可靠,基本条件和各项创建指标均达到省级农业标准化示范区的考核验收标准和项目预期目标。

【梨王争霸赛】　9月13日,中国宁陵乡村游梨王争霸赛在石桥镇金鼎阁举行。参赛品种为金顶谢花酥梨,要求无破损、无病虫害、果形好。将65名选手参赛酥梨从单果重量、外观等方面进行综合评比。梨农王胜利呈送的梨果重1.66千克夺得梨王,赢得6袋复合肥奖品。

【书画联展】　7月22日,由睢县、民权县、宁陵县文联共同举办的"践行群众路线·睢县、民权、宁陵书画联展"在宁陵县商务中心1号楼大厅开幕。5月征稿,历时3个月,收集书画作品100余件。参展作者皆是各县书画名人及一批青年才俊。书画联展加强了三地书画界的艺术交流,促进了三地书画艺术发展。

【图书市场整治】　一是加强监管,严把市场准入关,对各类图书经营主体经营资格再一次全面排查,对不符合经营条件的一律取缔。二是加大日常检查巡查力度,以县城图书市场和校园周边为重点,依法规范教辅类图书经营者的主体资格,严厉查处无照经营、销售无合法来源的教辅类图书等违法违规行为。三是加大宣传力度,组织执法人员深入各中小学校进行正版教辅图书识别宣传,全面了解各校教辅图书订购使用情况,利用12315平台动员社会力量,扩大监管范围。共出动执法人员68人(次),检查各类教辅图书经销商22户(次),没收各类盗版图书132本,有

9月13日,中国宁陵乡村游梨王争霸赛在石桥镇金鼎阁举行

效维护了教辅图书市场秩序和广大学生的权益。（于 飞）

柘城县

梁 辉

路 标

【柘城县概况】 2014年，柘城县区域1041平方公里，其中耕地6.97万公顷。全年人口出生率为10.78‰，死亡率5.72‰，人口自然增长率为5.06‰；总人口为102.36万，其中城镇人口31.64万，占30.97%；乡村人口70.72万，占69.03%。城镇化率为30.91%，常住人口69.51万。辖城关、陈青集、起台、胡襄、慈圣、安平、远襄、岗王8个镇，邵园、张桥、洪恩、老王集、大仵、马集、牛城、惠济、伯岗、申桥、李原、皇集12个乡，长江新城和浦东2个街道。全年全县生产总值157.93亿元，比上年增长9.2%；规模以上工业增加值42亿元，增长11.8%；固定资产投资153.56亿元，增长26.2%；社会消费品零售总额55.8亿元，增长13.6%；一般公共预算收入5.52亿元，增长25.9%；城镇居民可支配收入18664元，农民人均纯收入7681元，分别增长9.2%和11.5%。

工业发展实现新突破。坚持把产业集聚区作为工业发展的主要载体，突出示范创建，加快升级晋位。建成区10.6平方公里，入驻项目139个；新增规模以上工业企业10家，年内达86家，主营业务收入156亿元，增长30.5%。产业集聚区被命名为河南省超硬材料知名品牌创建示范区。建立会计、金融、法律等8个公共服务平台，被评为省级服务标准化示范单位。产业集聚区配套设施和服务功能完善，荣获河南省5A级最佳投资服务金星奖。集聚水平逐步提升。金刚石超硬材料产业发展壮大，单晶、微粉、制品年产量分别达15亿克拉、47亿克拉、1000万件，微粉产量和出口量占全国市场份额的70%和50%，产品有7大系列140余个品种，产业集聚区成为全国金刚石超硬材料行业集群度较高、产业链条较完善的产业化基地。医药制造产业快速发展，华商药业有限公司规模不断扩大，双鹤药业、美兰生物等项目进展顺利。科技创新再创佳绩。已建成省级科技创新平台10家、科技型中小企业40家；新增海乐电子、中盛动物药业、华鑫超硬磨料磨具3家高新技术企业，这类企业年内达10家。新增专利40余项、省名牌产品2个、省著名商标6件。

城市建设迈出新步伐。城市总体规划(2013～2030)和土地利用规划正在修编。加快长江新城和特色商业区建设，建业联盟新城、华盛新豫园和学校、医院、大北环等一大批项目顺利实施，幸福万家大型超市开业。220千伏输变电站投入使用，完成73条背街小巷的升级改造和13条道路的弱电管网入地，改造污水管网33公里，燃气用户达1.6万户，新改建城市公厕42个，绿化覆盖率38%，路灯亮化率98%，城市功能和品位进一步完善和提升。“双违”集中治理工作成效明显，经营秩序、环境卫生、交通秩序等十大专项整治扎实推进，蓝天碧水工程、河流清洁行动计划取得阶段性成果，容湖被批准为国家湿地公园，成功蝉联省级园林城、省级卫生城。

“三农”工作再上新台阶。实施高标准粮田“百千万”工程，新建高标准粮田0.84万公顷，全县建成1.67万公顷。粮食总产达68.67万吨，实现“十一连增”。柘城县首次被评为全国产粮大县、第六次被评为全国粮食生产先进县。现代农业稳步发展。新增高效农业生产方0.77万公顷、“菜篮子”标准示范园246.7公顷。畜牧业健康发展，再次被确定为全国生猪调出大县。宁丰木业、春海辣椒等市级农业产业化龙头企业达22家，新型农业经营主体达801家，规模土地流转0.99万公顷。农机总动力120.13万千瓦，农业综合机械化率提高80%。加强农田水利基本建设，疏挖治理7条沟河72公里，新增和改善有效灌溉0.87万公顷，第三次荣获市“红旗渠精神杯”。造林0.13万公顷、森林抚育0.1万公顷。新改建农村公路263公里、农村危桥33座。农村贫困人口脱贫2.14万人。解决11.5万人的饮水安全问题。推进“美丽柘城·整洁村镇”活动，110个示范村环境改善，牛城乡草帽王村、安平镇史洼村、张桥乡张集村等美丽宜居村庄形成。

改革开放取得新进展。政府机构改革和工商质监、食品药品监管体制改革完成。取消行政审批事项22项。确保“三公”经费只减不增。招商引资成效明显。引进亿元以上工业项目10个，实际利用省外资金49.5亿元、实际利用省外资金2910万美元，争取上级项目资金2.5亿元。22个省市重点项目超额完成年度投资计划，投资规模、投资进度均稳居全市前列。瓶颈制约有效缓解。发挥政府投融资平台和“助保贷”作用，新增贷款12.2亿元；村镇银行组建工作获国家银监会批准。开展就业援助月等活动，强化技术培训，为企业提供用工4200人。加强农村集体建设用地复垦整理和农村土地综合整治，复垦146.6公顷，申报建设用地160公顷，保障了重点项目建设用地需求。

民生保障实现新提升。全县财政民生支出26.2亿元，占一般公共预算支出的81.9%。安全饮水、交通出行、住房保障等十件民生实事顺利完成。全县城镇新增就业5825人，农村劳动力新增转移就业1394人。县财政购买292个公益性岗位，发放小额担保贷款5000万元，1000余名下岗职工、学生实现就业、创业。城乡居民养老、城镇基本医疗保险参保达42万人、10.4万人。加强城乡低保救助和管理，农村“五保”供养工作被评为全国先进，全省社会救助现场会在柘城县召开。改造36所农村学校校舍和124所农村学校食堂，学苑中学如期面向社会招生，职教中心被评为河南省职业教育特色学校。卫生计生工作不断加强，新型农村合作医疗和公共卫生监督工作被评为全省先进，人口自然增长率为5.06‰。“舞台艺术送农民”等文化

2014年柘城县各乡镇主要经济指标

乡 镇	总人口（人）	耕地面积（公顷）	农业总产值（万元）	粮食总产量（吨）	肉类产量（吨）	牛存栏（头）	猪存栏（头）	羊存栏（只）
城关镇	69212	138	19497	1210	304		1819	1309
陈青集镇	47404	3706	43917	32913	4483	1509	18795	7514
起台镇	46001	4683	47705	38969	3912	4255	13402	7816
胡襄镇	43412	3846	49669	33546	4018	1200	28877	12922
慈圣镇	53600	3968	39277	38109	3715	1240	31006	12745
安平镇	71312	5432	64590	55042	3880	8485	26513	21687
远襄镇	44485	3917	42430	31121	3846	3259	13377	10403
岗王镇	60101	3274	46809	30771	2843	1050	24570	14412
邵园乡	37416	1928	26292	13098	2880	6139	31140	12009
张桥乡	42058	2514	44853	27802	2583	2200	21301	8126
洪恩乡	34749	2591	13193	26009	2243	733	11912	2740
老王集乡	40451	3566	18913	35671	3234	9514	13691	10376
大仵乡	41929	4130	43597	41913	3126	3866	18649	4244
马集乡	38376	3403	33044	29474	3263	4411	7345	30186
牛城乡	44184	4056	33951	38660	3695	2284	12209	7218
惠济乡	46417	4682	46419	48991	2991	10973	25500	7842
伯岗乡	48161	3786	40782	40023	3715	6610	21684	11730
申桥乡	49441	3502	39570	37217	3420	5043	11347	9216
李原乡	46062	2824	27143	30864	2982	11789	20165	14273
皇集乡	35544	2838	21898	29864	2710	5610	22398	12929
新城街道	35270		19523	2499	63	4	919	69
浦东街道	48005	2691	21537	22964	2413	76	10401	8376

续表

乡 镇	工业企业个数(个)	#规模以上工业企业(个)	工业总产值(万元)	公共财政预算收入(万元)	公共财政预算支出(万元)	农民人均纯收入(元)
城关镇	2	8	341061	6319	2287	11503
陈青集镇	27	1	21602	543	934	7741
起台镇	18	1	17007	648	1041	7725
胡襄镇	37	1	26078	384	794	7733
慈圣镇	46	2	49425	679	1161	7729
安平镇	72	5	90321	523	1104	7801
远襄镇	39	2	32815	674	1068	7724
岗王镇	106	2	70022	648	1128	7777
邵园乡	86	40	1267872	4417	2615	8109
张桥乡	73	1	68416	551	880	7739
洪恩乡	33	2	26025	377	680	7719
老王集乡	35	2	30739	326	651	7723
大仵乡	40		24560	432	823	7469
马集乡	36		22104	245	646	7385
牛城乡	50	2	75537	418	805	7716
惠济乡	43	1	61554	568	1018	7733
伯岗乡	21		12894	583	922	7733
申桥乡	45	2	34410	379	868	7705
李原乡	28	1	27018	379	717	7428
皇集乡	23	1	38714	419	739	7457
新城街道	6	2	12522	2322	889	8434
浦东街道	39	6	115916	5895	1916	8815

下乡活动深入开展,县政协合唱团获河南省"践行价值观放歌文明河南"群众歌咏比赛最高奖,再次入选商丘市十件文化大事;有线电视村村通工作被评为全省先进。重视做好民族宗教事务工作,再次被评为全省民族团结模范集体。完成第三次全国经济普查。完善领导干部接访和领导包案制度,一批信访积案得到有效化解。深入开展食品药品、校车校园、烟花爆竹、交通运输、建筑市场、消防、人员密集场所等重点领域、重点行业安全生产专项整治,安全生产形势平稳。完善社会治安防控体系,强化社会治安综合治理,严厉打击非法集资和黑恶势力犯罪,社会大局和谐安定。

加强政府自身建设。自觉接受县人大、县政协和社会各界的监督,办理人大代表建议和政协提案,办复率100%。认真落实政府工作规则,健全政府法律顾问制度,充分发挥群团组织的作用。开展法制宣传教育,"六五"普法规划得到落实。深入开展党的群众路线教育实践活动,严格落实"八项规定",坚决整治"四风",强化审计监督、行政监察和效能问责,加强反腐倡廉建设,营造了风清气正的浓厚氛围。

柘城县领导成员

中共柘城县委员会

书　记:刘连昌(2月离)
　梁　辉(2月任)
副书记:路　标(12月任)
　任重庆
常　委:李治平　赵玉振
　刘保存　李　平(女)
　蒋海凌(女)　侯利明
　余化敏　王群杰
　徐晓军(4月离)
　何遵义(4月任)
　李朝阳(4月任,挂职)

柘城县人大常委会

主　任:任学银
副主任:张炎耀　曹金锋
　宋　明　窦甲荃

柘城县人民政府

县　长:梁　辉(12月离)
　路　标(12月任)
副县长:刘保存　王群杰
　夏文英(女)　赵来霞(女)
　周仁福
　鲁占灵(女,挂职)
　柴国华
正县级干部:马连斌　刘玉峰
　杨庆贺
副县级干部:胡振义　汪素美(女)
　张士彬
县政府顾问:郑铭然

政协柘城县委员会

主　席:邢文彦
副主席:郭海方　王凤兰(女)
　白克玉(11月离)
　马　波

中共柘城县纪律检查委员会

书　记:李治平

柘城县人民武装部

部　长:蒋　伟
政　委:徐晓军(4月离)
　何遵义(4月任)

柘城县人民法院

院　长:张书勤

柘城县人民检察院

检察长:宋新法

柘城县公安局

局　长:宋德启

柘城县总工会

主　席:王凤洪

柘城县委群众工作部

部　长:李华民

柘城县高新技术产业开发区管委会

副主任:刘保存
　柴国华(8月离)
　杨心泉
　李朝阳(4月任,挂职)

【体育公园建成】　1月16日,由市体育局投资兴建的柘城县体育公园建成。该公园位于柘城县核心城区,北临未来大道,东依容湖生态公园,西与产业集聚区毗邻,距离商周高速柘城西出口处约1公里,占地41.3公顷,总投资4.7亿元,其中建1个灯光塑胶网球场(羽毛球场)、2个灯光塑胶篮球场、1个普通篮球场、1个乒乓球场和2条健身器材长廊。园内栽植300余个树种、3.7万棵绿化苗木,森林覆盖率达90%。该园是新柘城的绿色核心和公共休闲、娱乐、健身、游憩活动的特色区。

【世界500强企业入驻柘城】　3月16日,华润双鹤与商丘韶华药业有限公司资产重组合作签约仪式举行,标志着世界500强企业入驻柘城实现零的突破。华润双鹤是1997年于上交所上市的高新技术企业,上年销售收入68亿元,净利润8.7亿元。母公司华润集团在世界500强企业中居187位,总部北京,为国内医药制造龙头企业之一。华润双鹤已通过ISO14000环境体系认证和OHAS18001健康体系认证,研发体系完善,有丰富的产品资源和较强的药品研发能力,产品覆盖大输液、心脑血管、内分泌、儿科用药四大领域,有上千个文号。其中API126个,独家产品14个,大容量注射剂、降压0号、珂立苏等产品为国内知名品牌。商丘韶华药业有限公司是柘城一家医药制造骨干企业,发展势头良好。该项目签约解决了新公司投资方发展瓶颈制约,将作为API生产和中试研发基地,按GMP和FDA要求,投资建设先进生产线,开展转移产品文号生产及新产品研发。

【高新技术企业】　8月7日,经过省高新技术企业认定管理工作领导小组组织专家评审并由省科技厅、省财政厅、省地税局、省国税局会商并公示,海乐电子、中盛药业、华鑫超硬3家企业被认定为高新技术企业。本次评审商丘市共新认定高新技术企业4家,其中柘城县3家。至年底,柘城县高新技术企业发展到10家,占全市高新技术企业总数的33%,居全市第一。

【柘城县被选定为省肉牛基础母牛扩群增量项目县】　9月20日,柘城被省财政厅、省畜牧局选定为河南省肉牛基础母牛扩群增量项目县,为全市唯一。扶持县内肉牛基础母牛存栏10头以上(含10头)的养殖场(户),每头新增犊牛补助标准为1000元。该项目中央扶持资金219万元,补助资金主要用于饲草料购买,圈舍、青贮窖、人工草地等设施建设和改造,防疫、佩戴电子耳标等。

【新行政服务中心运行】　柘城县综合服务中心新址位于西产业集聚区,于10月启用。中心大厅上下两层,4000余平方米,入驻单位36个,设

10 月 30 日,首家国医堂运营

50 个服务窗口(一楼 38 个,二楼 12 个),窗口工作人员 140 名,受理 231 项业务,每天接待群众 500 余人次,月均办理业务 1 万余件。

【首家国医堂运营】 10 月 30 日,为弘扬和展示中医药文化,让简、便、廉、验的中医药资源为人民服务,县人民医院开设全市首家国医堂。该堂集中医医疗、预防、保健、康复、养生、健康教育为一体,同时运用传统中药、针灸、推拿、火罐、刮痧、熏蒸等中医特色治疗方法。设有名中医工作室和硕士研究生工作室,每周六定期邀请省中医学院国家级名老中医、博士生导师郭选贤来院长期坐诊、指导工作,为本县民众带来了福音。

【企业发展】 根据《河南省农业产业化重点龙头企业认定和运行监测管理暂行办法》和《商丘市农业产业化省重点龙头企业认定和运行监测管理暂行办法》,在全县筛选、推荐、专家评审的基础上,经县政府批准,申报省农业产业化重点企业。省人民政府发文公布全省农业产业化重点龙头企业名单,本县的中牛集团有限公司被评为农业产业化省重点龙头企业。至年底,全县农业产业化省重点龙头企业达 4 家。

【公共自行车系统启动】 11 月 21 日,柘城县公共自行车系统启动仪式在金沙国际停车服务点举行。城市公共自行车系统是一项新的城市交通工具,是一项便民惠民工程,是改善交通状况、缓解群众“行路难、停车难”的有力措施,是加强城市管理、改善车辆乱停乱放的重要举措,是推进全面健身运动的重要形式。

【国家超硬材料及制品高新技术产业化基地】 8 月 26 日,商丘国家超硬材料及制品高新技术产业基地通过科技部专家组论证。专家组认为,柘城县创建商丘国家超硬材料及制品高新技术产业化基地的建设和发展,符合国家调整产业结构、转变经济发展方式、推进战略性新兴产业发展的战略要求,对促进区域产业转型升级、推进超硬材料行业技术创新和产业化、加速我国超硬材料制品产业向国际市场迈进具有重要意义。柘城县立足金刚石微粉传统产业优势,集约资源配置,合力集群招商,强力推进金刚石微粉及制品产业,使产业规模壮大,特色优势突出,集群效应显现。至年底,高新区已入驻金刚石微粉及制品企业 57 家,其中规模以上企业 31 家。

【林业生态提升工程暨创森工作】 2014 年,全县林业生态提升工程暨创森工作计划造林 0.07 万公顷,实际造林 0.13 万公顷,其中生态廊道造林 0.008 万公顷、百千万农田防护林造林 0.02 万公顷,平原荒地造林 0.1 万公顷,占总任务的 183%;森林抚育工程任务 0.08 万公顷,已完成 0.1 万公顷,占总任务的 125%;林业育苗任务 0.01 万公顷,已完成 0.28 万公顷,占任务的 186%,完善了城区道路绿化、单位庭院绿化、居民小区绿化、35 块绿地建设,并开展了森林单位、森林小区和绿化模范乡镇、模范单位创建工作。重点组织完成千树园、容湖湿地公园、学院路景观工程、长江新城绿化工程等创森重点工程,着力实施容湖湿地建设,成功申报为柘城县国家容湖湿地公园。强力推进营造城区片林活动,在北环路营造城郊森林 53.33 公顷。全县营造林投资 2000 余万元,其中县财政投资 500 余万元。加强古树名木保护工作,对古树名木进行调查并保护建档。积极开展生态科普教育活动和创森宣传工作,建成柘城县千树园生态科普教育基地、柘城容湖生态文明教育基地和清风苑等科普教育场所,并设置标志石(碑)3 处,利用植树节、湿地日、爱鸟周等节日开展科普教育活动,全年已成功举办 6 次;大力组织创森宣传工作,编写林业简报、手机短信、播发林业新闻稿件 190 余篇,制作宣传栏 10 个,悬挂横幅 200 余条,制作墙标 120 余条,印发宣传彩页 2000 余份,发放创森知识手册 2000 余本,有力推进了生态科普教育活动的开展和创森任务的完成。

【商标兴县】 2014 年,县工商局积极推行商标战略,引导企业树立“商标兴企、商标富民”意识。省著名商标评审认定:柘城县鸿祥超硬材料有限公司的“鸿祥 HX 及图”、三和圆调味品有限公司的“曹府三和圆”、新源超硬材料制品有限公司的“XINYUAN 及图”、金平安面业有限公司的“雪梨花”、如意面业有限公司“NIANNIANRUYI 及图”和中牛集团有限公司的“中牛”商标共 6 个商标被认定为河南省著名商标,实现著名商标年度认定量的突破。

【核发新版营业执照】 3 月 3 日,柘城县工商局按照新登记业务系统操作规范和流程,为河南鼎烜钻石科技有限公司核发了营业执照,成为注册登记制度改革后县工商局核发的第一份新版营业执照。根据改革后要降低注册门槛,公开年度报告,简化申请流程,公示市场主体信用信息的要求,新版营业执照还增加了具有唯一性的二维码,用户可以通过智能手机联网扫描,对比企业名称、类型、住所、法定代表人、注册资本、成立日期、营业期限及经营范围等相关信息是否一致,辨别营业执照真假。

(李海霞 刘彩英 范凤华)

睢 县

吉建军

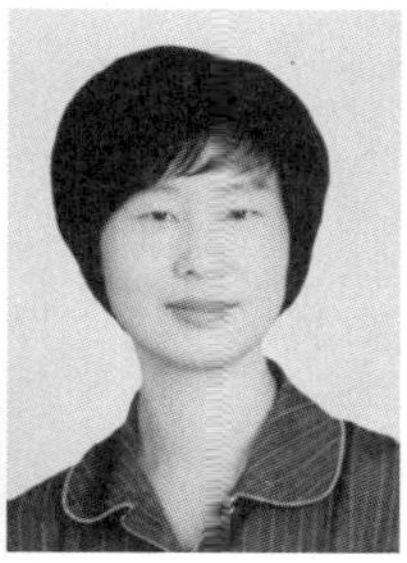

吴海燕

【睢县概况】 2014年,睢县区域921平方公里,其中耕地6.57万公顷,总人口87.15万,常住人口66.81万。出生率10.92‰;死亡率5.84‰;自然增长率5.08‰,城镇化率达31.64%。辖城关镇、周堂镇、平岗镇、潮庄镇、长岗镇、西陵寺镇、蓼堤镇、尚屯镇,城郊乡、涧岗乡、匡城乡、河集乡、孙聚寨乡、后台乡、白楼乡、河堤乡、白庙乡、胡堂乡、尤吉屯乡、董店乡8个镇、12个乡。全年全县生产总值(GDP)136.13亿元,较上年增长9.3%。其中第一产业增加值41.88亿元,增长4.4%;第二产业增加值51.69亿元,增长10.7%;第三产业增加值42.56亿元,增长12.5%。三产结构为30.9∶40.2∶28.9。规模以上工业增加值37.18亿元,增长12.2%;全社会固定资产投资159.26亿元,增长21.1%;社会消费品零售总额51.19亿元,增长13.8%;一般公共财政预算收入4.84亿元,增长32%,高于全市平均增幅14.6个百分点;城镇居民可支配收入为19906元,农民人均纯收入7387元,增长10.1%、11.3%;节能减排目标全面完成,主要经济指标增速居全市前列。

农村经济稳步发展。全年全县农林牧渔业总产值75.09亿元,比上年增长4.4%,其中,农业产值54.04亿元,增长4.2%;林业产值0.77亿元,增长2.7%;畜牧业产值18.64亿元,增长5.01%;渔业产值0.59亿元,增长7.3%。全年粮食种植9.63万公顷,比上年增长0.8%;棉花种植4541万公顷,比上年下降24.3%;油料种植1.24万公顷,比上年下降10.6%;蔬菜种植2.72万公顷;比上年下降11%。全年造林925公顷,育苗146公顷,幼林抚育347公顷。肉类总产量58823吨,比上年增长5.2%,其中猪肉产量38100吨,增长7%;牛肉产量7343吨,增长6.5%;羊肉产量4841吨,增长7.2%。生猪年末存栏34.5万头,增长1%;生猪出栏50.51万头,增长5.2%。全年全县农业机械总动力118.3万千瓦,比上年增长1.02%。年末拥有农用拖拉机17519台。全年农村用电量7742.9万千瓦时,增长2.2%。化肥施用量59446吨,比上年增长5.5%。

工业经济提质增效。全年工业增加值45.84亿元,比上年增长10.4%,其中,规模以上工业增加值37.18亿元,比上年增长12.2%;规模以下工业增加值8.66亿元,同比增长3.3%。在规模以上工业企业中,传统产业造纸及纸制品业总产值14.33亿元,比上年增长4.2%;主导产业制衣、制鞋业总产值35.64亿元,比上年增长108.2%,电子信息制造业总产值34.61亿元,比上年增长355.2%。全年规模以上工业销售产值163.15亿元;产销率99.91%;利润13.11亿元,增长12.67%。全年产业集聚区规模以上工业总产值154.51亿元,比上年增长36.8%,占规模以上工业总产值比重为94.7%。全年建筑业增加值8.97亿元,同比增长18.5%。全年全社会固定资产投资159.26亿元,同比增长21.1%,其中,固定资产投资151.09亿元,增长23.3%;农村投资8.16亿元,与上年基本持平。全年房地产投资17.82亿元,同比增长70.9%。全年固定资产投资施工项目136个,比上年同期减少20个。全年产业集聚区固定资产投资142.04亿元,比上年增长47.5%,占固定资产投资比重达94%。制鞋及鞋材配套企业30余家,制鞋产能达3000万双,“中原鞋都”被命名为“中原制鞋产业基地”。电子信息企业10余家,其中富士康科技集团(睢县)产业园拥有CNC精密仪器5000台,手机配件产能达2亿件,产值32.9亿元,拉动全市工业经济增加值2个百分点,成为富士康郑州厂区河南最大手机配件生产基地。制鞋产业园及中原鞋都展示中心建成并投入使用,产业集聚区被评为“河南省最具竞争力产业集聚区”“河南省最具投资法治环境产业集聚区”,完成富士康二期、安踏嘉晋鞋业等26个省、市级重点项目。122个县定重点项目,已竣工或完成项目100个,投资138亿元,占年度目标的103.5%。全年为企业招工2万人。整治土地200公顷,报批土地12个批次388.5公顷。发挥县发投公司、汇鑫担保公司等平台,为企业融资7.5亿元,有效化解企业融资难问题。招商引资成效显著。特步鞋业成功签约,西默科技、嘉晋鞋业、豪烽鞋业、腾润鞋业、仰光鞋业等一批主导产业企业落户睢县。全年新落地项目52个,引进亿元以上工业项目13个,其中3亿元以上项目7个。

第三产业快速发展。全年全县批发和零售业增加值6.51亿元,比上年增长9%,住宿和餐饮业增加值6.36亿元,增长10.2%。全年社会消费品零售总额51.19亿元,比上年增长13.8%。分城乡看,城镇消费品零售额33.48亿元,增长13.5%;乡村消费品零售额17.71亿元,增长14.4%。分行业看,批发零售贸易业零售额42.21亿元,增长12.1%;住宿和餐饮业零售额8.98亿元,增长22.1%。全年全县交通运输、仓储和邮政业增加值3.85亿元,比上年增长3.3%。全年公路货运量612万吨;客运量714万人次;货运周转量169337万吨公里;客运周转量37485万人公里。全年共接待国内外游客51.3万人次,旅游综合收入2186.4万元,同比增长17.6%和19.6%。

城乡建设呈现新面貌,城市功能

2014年睢县各乡镇主要经济指标

乡 镇	总人口(人)	耕地面积(公顷)	农业总产值(万元)	粮食产量(吨)	肉类产量(吨)	牛存栏(头)	猪存栏(头)	羊存栏(只)
长岗镇	34896	3016	34500	28624	3063	1817	14202	13194
平岗镇	42087	3009	37908	30029	3012	2075	14525	15464
周堂镇	33803	3016	35150	30069	2823	1694	12495	12629
蓼堤镇	46021	4473	42728	39921	3119	2238	15866	16685
西陵寺镇	58743	5324	41540	47383	3393	4359	16443	20422
城关镇	79053	283	27074	3942	988	590	2128	3748
潮庄镇	35559	2856	35356	31241	2859	1763	15458	13139
尚屯镇	42934	3898	40094	34998	3014	3687	17597	15521
后台乡	24431	2269	27560	20659	2604	1235	10442	9204
河集乡	51337	3560	48760	35563	3175	2857	19701	16826
孙聚寨乡	46251	3788	42150	37955	3055	2662	19078	16118
白楼乡	30657	2400	26800	23115	2935	1623	13752	12099
河堤乡	35937	2902	34548	25520	2878	1802	14631	13433
白庙乡	34261	2538	37284	25836	2946	1761	11978	13129
胡堂乡	20178	2117	27368	20997	2854	1497	7796	8179
尤吉屯乡	39793	3352	35748	30844	2827	1693	14189	12621
董店乡	62881	5369	55840	49761	3351	3593	23002	20676
涧岗乡	35923	3886	37715	32440	3213	1877	15394	13990
匡城乡	50819	4602	44750	42534	3328	2509	21426	18702
城郊乡	65969	2886	38050	32371	3386	2968	23300	21224

续表

乡　镇	工业企业个数(个)	规模以上工业企业(个)	工业总产值(万元)	公共财政预算收入(万元)	公共财政预算支出(万元)	农民人均纯收入(元)
长岗镇	14	3	13256	157	556	7188
平岗镇	27	4	54689	198	742	7173
周堂镇	25	3	24567	268	787	7231
蓼堤镇	20	5	67325	398	918	7201
西陵寺镇	37	3	39044	296	761	7146
城关镇	52	12	267803	3113	1788	8216
潮庄镇	28	3	29992	304	725	7129
尚屯镇	26	3	38222	299	736	7408
后台乡	16	3	14101	232	608	7123
河集乡	25	4	35183	714	1118	7154
孙聚寨乡	23	3	11859	225	722	7110
白楼乡	28	4	27080	122	593	7201
河堤乡	36	4	26726	234	737	7127
白庙乡	2[illegible]	2	9672	220	689	7105
胡堂乡	26	2	8053	208	624	7075
尤吉屯乡	35	6	61594	200	656	7150
董店乡	55	7	927806	2445	1587	7546
涧岗乡	32	3	26251	163	666	7203
匡城乡	73	6	18107	305	846	7268
城郊乡	74	7	171576	3888	2755	8046

日趋完善。《睢县城市总体规划(2013~2030)》已通过评审,20个乡镇控制性详细规划统筹推进,城镇化率达40.9%。4个旧城片区改造进展顺利,电视塔搬迁已完成,第四水厂建成供水,商登高速睢县段进展较快,襄邑路、富民路和睢中南路竣工通车,复兴路全线贯通,解放路、民主路等城区道路路灯改造提升。

财税金融运行稳定。全年全县地方财政总收入6.13亿元,增长30%,地方公共财政预算收入4.84亿元,增长32%,其中税收3.98亿元,增长30.1%,税收占地方公共财政预算收入的比重为83.3%。地方公共财政预算支出27.13亿元,增长10.9%。全县金融业增加值1.15亿元,比上年增长17.1%。年末全县金融机构各项存款131.56亿元,比年初增加17.23亿元,增长15.1%,其中个人存款87.6亿元,比年初减少3.83亿元;金融机构单位存款37.67亿元,比年初增加16亿元。年末各项贷款50.84亿元,比年初增加9.54亿元,增长23.1%。其中短期贷款38.56亿元,比年初增加13.35亿元;中长期贷款12.29亿元,比年初减少3.81亿元。

社会事业均衡发展。全县拥有各类学校358所,中小学校在校生116651人,其中中学在校生49896人,小学在校生66755人。教育部门教职工9415人,其中小学专任教师3926人,中学专任教师3622人。全县科技计划项目16项,完成对34家科技型中小企业的备案工作,申报省级工程技术研发中心5家。组织科技下乡活动16次,开展科技培训37期,受益30万人次。引进新成果12项、新产品14个。县级科技示范村30个,示范户1万户。加强地震监测和防震减灾执法,坚持6个监测点的测报。26家企业申报专利,共申报(授权)专利35项。送戏下乡240余场,放电影6540场,培训农村艺术骨干2000余人次。全县共举办各类文化活动110余场。图书馆试行总馆分馆制。设5个乡镇分馆,配送图书1万余册。完成4个乡镇的有线电视数字化平移,用户达9000余户,铺设光缆30余公里。年末全县共有医疗卫生机构32个,其中综合医院3所,乡村卫生医院23所,妇幼保健医院、疾病预防控制中心、120急救指挥中心、新型农村合作医疗管理办公室、卫生监督所、卫生学校各1所;全县实有病床床位2458张;卫生专业技术人员2573人。组织参加市以上运动会25次,县级群体赛事20次,人员达1万人。体育达标9.5万人。新建健身路径25条、农民篮球场地10片、乒乓球桌100余张、农村灯光篮球场6个,乡镇体育健身工程10个,农民体育健身工程20个,国民体质监测1444人,培训社会体育指导员300人。

城乡居民生活水平提高。全年城镇居民人均可支配收入19906元,比上年增长10.1%;城镇居民人均消费性支出12542元,增长11.7%。农村居民人均纯收入7387元,增长11.3%。农村居民人均生活消费支出3224元,增长13.6%。年末全县参加企业养老保险22989人,参加机关事业养老保险6933人,城镇医疗参保10.7万人。全县农村低保对象35110户、40967人;城市低保对象2523户、4648人,发放城乡低保资金6051万元。为3773位五保者发放供养资金957万元。全年实施医疗救助6546人次,救助654万元,资助农村低保、五保参合参保46886人,281万元。为全县5953名优抚对象发放补助金1900万元。为全县245名孤儿发放救助金88.2万元。为全县艾滋病患者764人、单亲107人、艾滋病致孤人员25人,艾滋病感染儿童29人发放救助金239万元,救助各类流浪乞讨人员83人次,发放救助金3800元。

环境保护成效显著。全年全县规模以上工业企业万元增加值能耗降低率为22%,完成省、市下达万元生产总值能耗下降目标。出境河流断面水质达标率为100%,城市集中饮用水源地取水水质达标率为100%。环境空气全年优良天数达333天,可吸入颗粒物PM10浓度比上年下降1.8%,居全市第一位。完成生态县建设规划编制工作,启动蓝天工程、碧水工程建设,新增城市绿化24万平方米,生态造林0.09万公顷,空气质量达标率91.3%。创建省级生态村2个、市级11个。成功创建睢县北湖省级生态水利风景区,申报中原水城国家湿地公园试点、中原生态文化名城进展顺利。

睢县领导成员

中共睢县委员会

书　记:吉建军
副书记:吴海燕(女)
　　　　曹广阔
常　委:王明启　王子玉
　　　　孙寄格　贾发生
　　　　薛　鹭(女,回)
　　　　姚宝华　陆　峰
　　　　马登峰　李中须

睢县人大常委会

主　任:祁建军
副主任:孙贵兴　杨志杰
　　　　周　鹏　李　涛

睢县人民政府

县　　长:吴海燕(女)
副 县 长:李中须
　　　　　薛　鹭(女,回)
　　　　　姚宝华(挂职)
　　　　　宋崇江
　　　　　陈国生　李长领
　　　　　詹　树(挂职)
正县级干部:郭景华(女)
副县级干部:姚本祥　周继强
　　　　　高瑞峰

政协睢县委员会

主　席:张振华
副主席:韩传江(回)　郭爱民
　　　　郭德芝(女)　冯新芳

中共睢县纪律检查委员会

书　记:王明启

睢县人民法院

院　长:王光华

睢县人民检察院

检察长:林光第

睢县人武部

部　长:刘学军(1月离)
　　　　郭新超(1月任)
政　委:陆　峰

睢县公安局

局　长:余冬青

睢县县委群众工作部

部　长:王友民

【郭庚茂到睢县调研】 4月22日,省委书记、省人大常委会主任郭庚茂到睢县产业集聚区富士康睢县产业园、新荣纸业、宝鑫鞋业、华莹鞋业、腾飞鞋业、涧岗乡高标准粮田“百千万”建设工程万亩示范方视察。

【邓凯到睢县调研】 9 月 11 日,省委副书记邓凯带领有关人员到睢县产业集聚区和睢县乡村,进企业、入农户、谈发展、说民生、话增收,实地调研睢县农村人口就地转移情况和美丽乡村建设。市委书记陈明伦、市委秘书长吴祖明,睢县县委书记吉建军陪同。

【李亚到睢县调研】 11 月 1 日,副省长李亚带领省政府副秘书长赵宏宇、省民政厅厅长冯昕莅临睢县调研。市委副书记、代市长李公乐,副市长李思杰,睢县县委书记吉建军、县长吴海燕等陪同。李亚一行先后到睢县产业集聚区企业、城关镇西门里村调研,了解睢县产业集聚区建设、主导产业培育及村“两委”换届选举工作。

【恒山湖湿地公园开园】 1 月 1 日,睢县恒山湖湿地公园开园。该园位于世纪大道东侧、锦绣大道南侧、湖东路西侧、襄邑路北侧,占地 56.67 公顷,其中水面 16 公顷,绿地 33.33 公顷,总投资 6000 万元。总体设计为“一带、三区、多点”。即环湖滨水绿化带,有风荷桥、跨虹桥、拱桥、游船码头、长堤、木筏道、亭台轩榭、沙滩浴场等景观。滨水广场区、红色文化生态区、滩林湿地区。多个景观节点形成一步一景,步移景异的园林景观。建此园挖土 60 余万立方米,植树 5500 余棵,完成绿植 5000 平方米。成功打造旅游景点水上舞台、风雨廊桥、跨虹桥、风荷桥、曲桥、水上花园、木栈道、沙滩浴场等 40 余个精致景点。是睢县建设中原生态名城的一项精品。

【CCTV7《乡约》走进睢县】 5 月 17 日,中央电视台大型户外人物访谈栏目——《乡约》全新改版后再次走进中原水城睢县,现场录制“《乡约·东坡鹊桥会》”大型户外相亲访谈节目。8 月 9 日晚《乡约·河南睢县》节目播出后,在社会各界引起强烈反响。《乡约》栏目独家代理北京秀业国际文化传媒,收视率 0.7%,居同类节目收视率榜首,日点击率超 2 万次,其在微博、微信上制作的《相亲,你有他痛苦吗》被大量传播。

【上海西默通讯科技有限公司与睢县签订合作协议】 6 月 23 日,上海西默通讯技术有限公司董事长黄基明一行 5 人到睢县考察。先后考察鼎丰木业、顿汉格力配套产业园、制鞋产业园、富士康科技集团(睢县)产业园,观看县产业集聚区沙盘和宣传片,参观恒山湖湿地公园和襄园。黄基明对睢县打造中原电子信息基地定位给予高度评价。上海西默通讯科技有限公司主要生产家用企业款路由器、移动充电宝、蓝牙耳机等产品,集专业研发、生产加工和销售于一体,拥有完整、科学的质量管理体系,是全球领先的内网安全管理、智能 DNS、协同办公系统、广域网加速、流控、上网行为管理设备和解决方案提供商。该公司与睢县签订了 10 亿元的投资协议。

【媒体聚焦睢县产业集聚区】 6 月 26 日,河南卫视新闻联播用 4 分钟时间报道睢县产业集聚区,赞扬睢县立足本地实际,抢抓东部产业转移的机遇建设中原制鞋基地,借助郑州航空港综合试验区的东风发展电子信息产业。6 月 29 日,《河南日报》头版发文《睢县承接转移培育“中原鞋都”》,介绍睢县产业集聚区制鞋产业园建设。7 月 8 日,《河南日报》第七版专版刊发文章《睢县:“中原鞋都”悄然崛起》,介绍睢县制鞋业发展。9 月 4 日,《河南新闻联播》报道睢县将制鞋业作为主导产业,全力打造中原鞋都,以产业集聚强劲动力推动县域经济发展。

【北湖景区被评定为“国家 4A 级旅游景区”】 为打造中原水城旅游品牌,睢县县委、县政府加大投资对北湖旅游区进行升级改造,按照 4A 级旅游景区的标准,围绕“中原水城景区特色”对景区内的道路、绿化、亮化、旅游公厕、标示系统等进行全面整治、改造和提升。11 月 3 日,省旅游景区质量等级评定委员会验收组到睢县实地验收,对景区工作给予高度评价。12 月 22 日,北湖景区被省旅游景区评定委员会评定为“国家 4A 级旅游景区”。

【“中原鞋都”申报】 10 月 21 日~22 日,睢县组建申报考察团,赴北京就睢县与中国皮革协会合作共建“中原鞋都”事宜进行磋商。中国皮革协会常务副理事长兼秘书长李玉中、常务副秘书长聂玉梅及制鞋办公室副主任路华接待睢县考察团一行。考察团向中国皮革协会负责人详细介绍睢县发展制鞋产业的优势条件、投资环境和优惠政策、睢县制鞋产业发展规划、产业集聚区入驻制鞋企业现状等,诚恳表达与中国皮革协会合作共建“中原鞋都”的愿望。11 月 7 日,中国皮革协会常务副理事长兼秘书长李玉中一行到睢县考察。他对睢县发展制鞋主导产业、打造“中原鞋都”的战略决策给予高度评价,对中国皮革协会与睢县合作共建“中原鞋都”充满信心,表示支持睢县制鞋产业发展。 (高明慧)

民权县

姬脉常

【民权县概况】 2014 年,民权县区域 1238 平方公里,其中耕地 7.87 万公顷;总人口 91.13 万,常住人口 72.07 万,出生人口 0.99 万,出生率为 10.84‰;死亡人口 0.53 万,死亡率为 5.77‰;自然增长率为 5.07‰。辖 9 个镇、8 个乡,2 个街道。全县共有 529 个农村居民委员会,1376 个自然村,13 个城镇居民委员会。

经济运行平稳。全县生产总值 171.1 亿元,同比增长 9.2%。第一产业增加值 43.7 亿元;同比增长 4.1%;第二产业增加值 65.5 亿元,同比增长 10.1%;第三产业加值 61.9 亿元,同比增长 12.6%。三次产业结构 26.4∶39.5∶34.1。

全县城镇居民消费价格比上年上涨 1.9%。其中食品上涨6.3%,

2014年民权县各乡镇主要经济指标

乡　镇	总人口（人）	耕地面积（公顷）	农业总产值（万元）	粮食产量（吨）	肉类产量（吨）	牛存栏（头）	猪存栏（头）	羊存栏（只）
人和镇	56158	4210	44780	57354	3872	3217	18784	22313
龙塘镇	59160	5798	45091	39256	2748	4644	18034	25512
北关镇	74446	6157	6858	59008	3814	8632	14159	46274
程庄镇	91283	7848	106933	60182	3819	13217	24773	36373
王庄寨镇	37315	3521	40584	29037	3206	7013	12645	21031
伯党回族乡	21810	2119	22163	13656	3106	5653	6197	30261
花园乡	29017	2672	42870	24878	3041	3080	8276	12670
白云寺镇	64988	6732	73486	47605	3787	6463	15572	22367
孙六镇	38963	4372	37785	32485	3044	5362	8509	22105
野岗乡	52071	6060	47476	45306	3312	7584	18501	39468
双塔乡	33192	4694	45408	30156	3410	8079	15881	24435
林七乡	38734	3378	34945	33029	3020	4510	12390	23953
胡集回族乡	19014	1531	22860	14277	3013	5585	6347	33217
褚庙乡	36155	3527	45556	31958	3348	6262	21917	22228
老颜集乡	39106	3758	33760	35017	3281	4282	19745	22654
庄子镇	36640	2702	23649	31456	3209	2285	16375	20217
王桥镇	56055	4724	53370	42836	3415	7438	8981	43017

续表

乡　镇	工业企业个数（个）	#规模以上工业企业(个)	工业总产值（万元）	地方财政收入（万元）	地方财政支出（万元）	农民人均纯收入(元)
人和镇	92	2	116094	544	857	7865
龙塘镇	38	2	95584	530	823	8800
北关镇	56	5	296340	1061	1423	8398
程庄镇	75	3	177558	413	848	7365
王庄寨镇	18	2	45219	456	760	7386
伯党回族乡	13	2	75863	374	740	7243
花元乡	63	14	294108	802	1170	8724
白云寺镇	33	4	120722	772	1088	7259
孙六镇	50	6	247968	1127	1419	8650
野岗乡	60	6	235819	650	1003	7698
双塔乡	42	3	51511	677	975	7296
林七乡	24	5	60189	544	854	7355
胡集回族乡	28	5	63249	184	546	7326
褚庙乡	28	2	51917	443	973	7195
老颜集乡	38	5	75762	567	854	7285
庄子镇	44	4	65812	546	811	8405
王桥镇	39	8	90135	539	931	7589

2010年~2014年民权县生产总值及增长速度

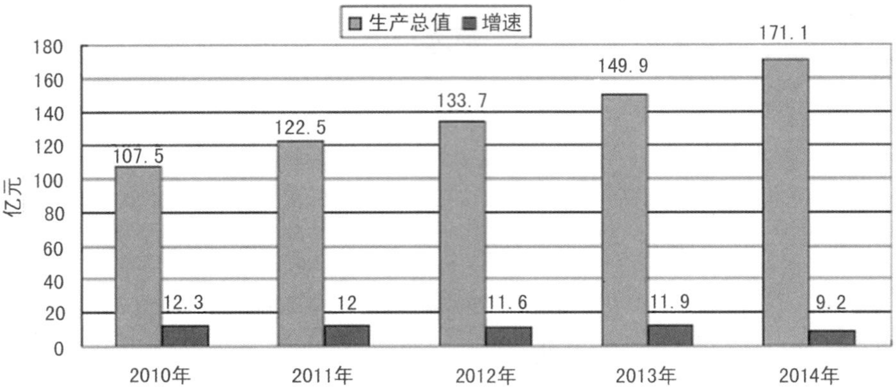

2014年居民消费价格

总指数		以上年为100
农业生产资料价格指数	%	99.7
居民消费价格指数	%	101.9
服务价格指数	%	100.3
居民消费价格总指数	%	101.4
商品零售价格总指数	%	100.5
在居民消费价格总指数中		
食品	%	106.3
烟酒及用品	%	100
衣着	%	100
家庭设备用品及维修服务	%	100.8
医疗保健和个人用品	%	102.8
交通和通信	%	99.8
娱乐教育文化用品及服务	%	96.6
居住(与上年同期比)	%	100

家庭设备用品及维修服务上涨0.8%,医疗保健和个人用品上涨2.8%,交通和通信价格下降0.2%,娱乐教育文化用品及服务下降3.4%。烟酒、衣着和居住与上年持平。商品零售价格总水平比上年上升1.6%,农业生产资料价格指数比上年上涨3.7%。

农业基础全面加强。农业生产条件改善。建成高标准粮田0.8万公顷,新增高效节水灌溉0.33万公顷,获农业综合开发奖励0.1万公顷,荣列“全国十大基层治水经验县”。现代农业加快发展。发展百亩种植大户274家、33.33公顷25家,农民专业合作社340家、家庭农场242家,省、市级农业产业化龙头企业31家。成功创建“国家级出口果蔬质量安全示范区”,人和镇双飞种植专业合作社、腾飞水产养殖专业合作社被评为“国家级示范社”和“农业部水产健康养殖示范场”,商丘双龙粉业有限公司被认定为“省级农业产业化龙头企业”。农林牧渔业增加值45.1亿元,同比增长4.1%。其中,种植业增加值29.3亿元,同比增长3.4%;林业增加值1.7亿元,同比增长6.5%;畜禽养殖小区达142个,产值达19亿元,占农业总产值的32%,河南省世行贷款生态畜牧业项目建设观摩会在民权县召开。水产养殖达2620公顷,被评为“全国河蟹养殖示范县”。牧业增加值11.7亿元,同比增长5.1%;渔业增加值1.2亿元,同比增长8.5%;服务业增加值1.1亿元,同比增长4%。全年粮食种植9.82万公顷,同比增长0.1%,其中,夏粮种植6.83万公顷,秋粮种植2.99万公顷,增长0.3%。粮食实现“十一连增”。全年粮食达65.7万吨,比上年增长3%。夏粮48.4万吨,同比增长1.7%。秋粮17.4万吨,同比下降3.3%。全年猪牛羊禽肉5.9万吨,比上年增长5.5%。农业机械总动力124.24万千瓦,比上年增长0.2%;农用拖拉机26983台,同比下降0.12%;农用运输车35174辆,下降0.2%;大中型拖拉机、小麦联合收割机、玉米收获机大幅增加,农业机械总动力持续上升,主要农作物耕、种、收机械化率达86%。农业用电量17721.36万千瓦时,增长1.4%。机电井数量15746眼。总供水量15310万立方米,总灌溉69.2千公顷。实际耕地灌溉56.5千公顷,城乡集中式供水工程1727万立方米,其中城镇688万立方米;农村52.9万立方米。

工业发展态势良好,工业总量持续增加。全县规模以上企业达102家,规模以上工业总产值264亿元,同比增长14.5%。在孙六、龙塘、人和、王桥,建立4个乡镇中小企业工业园,已入驻企业17家。服务功能持续提升。开工建设产业工人集中居住区和70万平方米标准化厂房,固定资产投资135亿元(居全市第一),实现收入238亿元,成功跻身百亿级产业集群。代表商丘参加全省产业集聚区和重点项目巡回观摩,为黄淮四市综合排名第一,再次被省政府评为全省"十先"产业集聚区,被确定为"全省产业集群区域品牌建设试点"和"河南省知名品牌示范区"。科技创新能力持续增强。科技富民强县项目被科技部、财政部批准立项,获资金175万元。河南松川专用车有限公司和河南华棉棉业公司获科技攻关项目资金10万元,科技孵化器建设项目获省科技厅补助资金100万元。河南香雪海家电科技有限公司的超级节能环保冷柜项目被选定为"国家火炬计划产业化示范项目",广州万宝集团民权电器有限公司、河南松川专用车有限公司被省科技厅评为"高新技术企业"。品牌建设效果明显。创建"国家级出口制冷机电产品质量安全示范区"。河南香雪海家电科技有限公司与河南冰熊制冷设备有限公司荣登全省"百高企业"名单。新创河南省名牌产品企业4家、河南省著名商标企业4家、商丘市知名商标企业11家,河南宏伟实业有限公司"永生堂"商标被评定为"中国驰名商标"。发展环境持续优化。建成民权220千伏输变电工程和110千伏城东输变电工程,帮助企业申请享受优惠电价,降低成本600万元。深化"机关干部进企业"活动,完善县级领导联系企业、职能部门帮扶企业制度,落实为企业免费招聘工人、上岗培训、提升技能的"三免"政策。组织各类银企合作活动为企业贷款46.2亿元,申报提供项目用地162.8公顷。县中小企业服务中心被省政府评为"企业服务暨百日攻坚行动先进单位"。各项改革继续深化。财税、金融改革稳步推进,公务卡制度改革实现县乡全覆盖,预算制度规范有序、公开透明,"三公"经费只减不增,财政资金使用更加高效。政府机构改革扎实推进,县政府工作部门由26个减少为24个,有序推进工商、质监、食品药品监管等部门职责和机构整合。深化行政审批制度改革,减少行政审批29项。招商引资成效显著。坚持"招大引强不放小"原则,健全招商激励机制,积极承接产业、资金和技术转移,有效推动项目的合作进程。组团参加中国(北京)制冷展、商丘国际华商文化节等活动,先后参加2014中国(上海)家电博览会、第十一届中国——东盟博览会。举办民权特色产业发展情况及县情说明会,承办"5+2"经贸交流活动,全国各地8个商会,60余名客商云集民权,开展合作交流。全县新上5000万元以上项目43个,其中亿元以上项目12个、3亿元以上项目8个。实际利用省外资金60.5亿元,居全市前列。全年全县工业增加值59.5亿元,同比增长10.1%。其中规模以上工业增加值48.9亿元(总量全市县区排名第二),同比增长11.6%。规模以下工业增加值10.6亿元,同比增长3.4%。年销售收入2000万元以上工业企业(简称规模以上工业企业,下同)102家。

2010年~2014年民权县工业增加值及增速

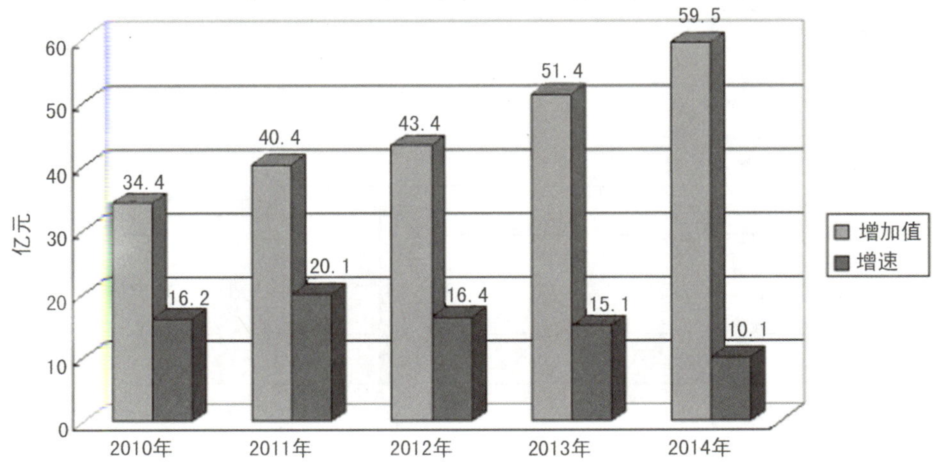

按类型分:大型企业4.3亿元,同比增长34.3%;中型企业25.7亿元,同比增长6.3%;小型企业18.9亿元,同比增长25.6%。规模以上工业总产值264亿元,同比增长13%。

全县主要行业多数呈增长态势,个别行业下降。农副食品加工业增加值7.3亿元,同比增长-2.6%。食品制造业增加值1.1亿元,同比增长19.3%;酒、饮料制造业增加值3.2亿元,同比增长0.6%;皮革、制鞋业增加值0.4亿元,同比增长106.1%;木材加工业增加值1.2亿元,同比增长8.1%;化学原料和化学制品制造业增加值1.7亿元,同比增长15%;塑料制品业增加值1.9亿元,同比增长28.9%;非金属矿物制品业增加值2.8亿元,同比增长19.3%。金属制造业增加值0.8亿元,同比增长11%。通用设备制造业增加值10.2亿元,同比增长32.1%。改装汽车制造增加值2.2亿元,同比增长3.9%。计算机、通信和其他电子设备制造业增加值3.4亿元,同比增长46.2%。黑色金属冶炼和压延加工业增加值38440万元,同比下降21.7%。

建筑业保持快速发展。全年资质以上企业15家,全县建筑业增加值81482万元,比上年增长16.2%。项目支撑作用明显。114个重点项目投资169.1亿元,占年度计划的104.4%;41个省、市重点项目投资123.4亿元,占年度计划的115.2%。郑徐高铁民权段工程稳步推进,千亿斤粮食田间工程圆满完成,工程投资1659万元,居全市第二位。通过发改系统下达政策性资金项目29个,资金1.9亿元。全县固定资产投资164.58亿元,同比增长22.3%,高于全市2.8个百分点。民间投资保持较快增长年投资151.4亿元,增长19.6%,占全县投资的比重为95.9%。亿元以上项目投资118亿元,增长27.6%,高于全县投资增速5.6个百分点;占全市投资的比重为74.7%。集聚区投资146.2亿元(总量全市县区排名第二),同比增长34%;批发和零售业增加值38472万元,同比增长20.1%;住宿和餐饮业增加值56102万元,同比增长9%;社会消费品零售总额50.84亿元,同比增长13.6%。分城乡看,城镇消费品零售31.57亿元,增长15.5%;乡村消费品19.27亿元,增长10.6%。全年进出口1773万美元,同比增长220.6%,其中出口1659万美元,增长358.3万%;进口152万美元,增长-20.6%。机电产品出口1594万美元,增长685.2%;全县利用外商投资2816万美元,比上年增长11.5%。

交通运输能力稳步提高。交通运输、仓储和邮政业增加值57757万元,同比增长0.7%。载客汽车357辆,客位5964人。载货汽车6286辆,载重量50760吨。牵引车1098辆,汽车客运量655.13万人,汽车旅客周转量34927万人公里,汽车货运量597.9万吨,汽车货物周转量16.6亿吨公里。公路建设成绩显著。全县共有国道41.256公里,省道102公里;县乡道路2470.275公里,其中县道232.698公里,乡道196.693公里,村道2040.884公里。移动电话用户54.5万户,年末固定电话用户3.8万户,农村1.7万户,年末长途光缆线路总长度1948.6公里,增长70%。固定互联网络用户5.9万户,互联网普及率达23%。实现全县范围内手机网络信号无缝覆盖。全年共接待国内外游客27.32万人次,同比增长13.4%。旅游综合收入3149万元,增长14.1%。年内,A级旅游景区2处,其中星级酒店1个,出境游组团社和国内旅行社1家。

财税收入双突破。财政综合收入85196万元,同比增收14981万元,增长21.3%。公共财政预算收入64327万元,同比增收14322万元,增长28.6%,增幅全市排序第三名(不含商务区)。其中税收50029万元,同比增收11533万元,增长30%,税收占比77.8%,比同期77%提高0.8个百分点。财政收入14298万元,为年初预算13000万元的110%,同比增收2789万元,增长24.2%;公共财政预算支出29.44亿元,比同期27.54亿元增支1.9亿元,增长6.9%;其中,一般公共服务支出33397万元,同比增长49.7%。公共安全支出13928万元,同比增长23.5%。教育支出69543万元,与上年持平。科学技术支出586万元,同比增长18.1%。文化体育与传媒支出2329万元,同比减支260万元,下降10%。社会保障和就业支出41492万元,减支557万元,下降1.3%。医疗卫生支出42687万元,同比增长1.2%。环境保护支出3768万元,同比增长33.3%。城乡社区事务支出6809万元,同比增长275.2%。农林水事务支出49575万元,同比下降4.7%。交通运输支出15484万元,同比增长75.7%。资源勘探信息等事务支出2907万元,同比下降12.1%。商业服务业等事务支出387万元,同比下降19.4%。金融监管支出428万元,同比增长403.5%。国土海洋气象等事务支出1682万元,同比增长7.3%。住房保障支出7826万元,同比下降38.7%。

2010年~2014年公共财政预算收入

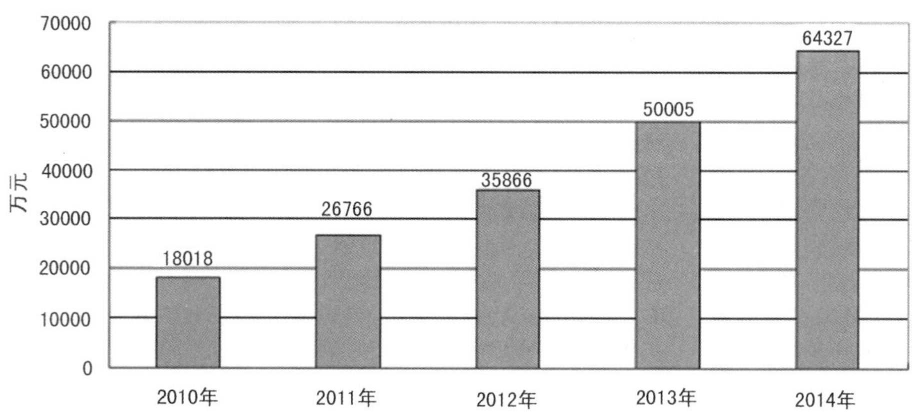

粮油物资储备管理事务支出851万元,同比下降12.6%。国债还本付息317万元,同比增长21.5%。其他支出368万元,同比增长8.0%。全年全县政府性基金预算收入72323万元,比上年同期46997万元增收25326万元,同比增长53.9%,其中国有土地使用权出让金收入68413万元,比上年同期41361万元增收27052万元,增长65.4%。全年全县金融机构各项存款130.7亿元,同比增长11.5%。金融机构各项贷款84.2亿元,同比增长25.4%。

社会事业统筹发展。全年民生支出占比达84.9%。基本公共教育服务体系完善。新改扩建公办民办幼儿园101所,增设农村公办幼儿园172所,新招聘特岗教师110名,组织教师培训4800人次,“营养餐”受益学生达7.6万人,高招本科上线人数1973人,被“985”院校录取39人,考分600分以上人数创历史新高。普通中等教育招生30077人,在校生119006人,毕业生26337人。中等职业技术教育招生1397人,在校生5060人,毕业生5064人。普通高中3所,招生5190人,在校生17140人,毕业生5703人。普通初中54所,招生13297人,在校生39108人,毕业生10461人。普通小学183所,招生14568人,在校生81023人,毕业生12416人。幼儿园62个,在园幼儿26380人。成人技术学校培训学员3.2万人次。科学技术研究成果显著。全年研究与试验发展(R&D)人员1650人,经费支出1.76亿元,同比增长60%。年末拥有科学研究与技术开发机构7个。省级创新型(试点)企业3家;申请专利94件,授权专利60件,同比增长27%;有效发明专利4件,年底产品质量监督检验机构3个,其中国家检测中心1个;法定计量技术机构1个;强制性产品认证证书54个,管理体系认证证书27个;5个产品被评为“河南省名牌产品”;全县强制检定计量器具1.68万台件。区域气象观测站18个,全县平均降水量为706.4毫米。

公共文化设施建设管理逐步加强。建成南华社区文化广场和13个乡镇中心文化广场,开展“百场戏曲千场电影送农民”活动6548场次、文化下乡活动1000场次,白云禅寺创建国家3A级旅游景区工作有序实施。年末共有艺术表演团体8个,文化馆1个,公共图书馆1个,博物馆1个。18个文化馆(站)免费开放。广播电台1座,电视台1座;有线电视用户4万。广播人口覆盖率100%,电视人口覆盖率98%。

卫生基础设施建设力度加大。中医院门诊综合楼、120急救中心项目主体已完工,55个村级卫生室已建成投用。新农合财政补助标准提高到每人每年320元,兑付补偿资金2.5亿元,被评为“省卫生应急综合示范县”(商丘市唯一)。年末卫生机构39个(不包括村卫生室),其中医院1个、卫生院19个、床位2620张,卫生技术人员1243(仅含干部)人,其中执业医师435人(含干部和一般员工)和执业助理医师830人(含干部和一般员工),注册护士1100人(含干部和一般员工),发生甲、乙类传染病3620例,发病率为411.36/10万,同比增长23.8%。“五苗”接种率保持在95%。孕产妇和5岁以下儿童死亡率为3.21‰、6.18/10万。

城乡面貌改善。完成城市总体规划修编方案技术论证和特色商业街区空间发展规划、控制性详细规划的编制工作,启动县域村镇体系规划。铺修人民路东延、中山大道南延、电力大道南延等7条城市道路,完成排水、绿化、电、气、灯等配套设施,新增绿化20.9万平方米,铺设道路供水管网7510米,铺埋电缆4.6万米,安装路灯3039盏,新增天然气用户2148户。完成国电民权电厂脱硝、脱硫增容、除尘技改工程和污水处理厂脱氮除磷升级改造工程和高铁站前广场、江山大道跨陇海铁路立交桥等标志性工程。完成11条道路和4个地下道铁路涵洞排水管道的清淤,新修、维修下水管道465米,更换和维修下水道盖板300块、窨水井盖板260块、雨水口盖板280块。开展城区环境综合整治活动,查纠出店经营、占道经营2.65万余处,占道摊点8500处,清运垃圾2700余吨。稳妥推进“美丽乡村”建设,424个行政村达“三无一规范、一眼净”要求。“美丽民权·整洁村镇”活动,粉刷墙壁47万平方米,安装路灯5000余盏,栽植树木2万余株。北关镇、孙六镇被住房城乡建设部等7部委确定为小城镇建设“全国重点镇”。

社会保障体系日趋完善。新修水泥路39.7公里,新建文化广场8400平方米,争到商丘市唯一1000万元国家福利彩票公益金项目,帮助2万名贫困群众脱贫,被评为“全省扶贫开发A级县”,获奖500万元。被评为“全国计划生育优质服务先进单位”。年内,参加城镇基本养老保险33159人。医疗保险34435人。农村新型基本养老保险45.3万人。失业保险1.36万人,年领取失业保险金712人。企业职工基本养老保险金人均月增201元,低保标准城市提高到每人每月195元,农村提高到每人每月99元。下拨救助1036万元,救助9547人次;下拨医疗救灾75万元,救助5950人次。城镇新增就业人数8492人,新增农村劳动力转移就业11496人,高校毕业生就业率达85%。居住生活环境不断改善,建成保障性住房2124套,入住1000余套,新开工建设600套,完成农村危房改造1400户。解决9.2万农村居民和3.4万农村师生安全饮水问题。全县新建敬老院、幸福院18所。年内全县参加企业养老保险参保单位155个、3.5733万人,征缴企业养老保险费10254万元,机关事业单位养老保险费4917万元,失业保险费587.46万元,医疗保险费6273万元,工伤保险费278万元,女工生育保险费210.43万元。全年发放企业离退休人员养老金21294万元,失业金646.56万元,发放率均达100%。

社会福利事业快速发展。年末各类收养性社会福利院床位460张、90人。社区服务中心1个。筹集30万元。农村“五保”集中供养标准每人每年3200元,分散供养标准每人每年2220元,发放于农村“五保”660万元。老龄工作。每人每月补助标准300元,为79名百岁老人发放生活补助金29万元。全年发放城镇居民最低生活保障金1923万元、8218人。发放农村最低生活保障金4674万元、39346人。发放城乡医疗救助1037万元、9547人次。

城乡居民生活水平逐步提高。城镇居民可支配收入19342元，同比增长9%；人均生活消费支出15441.5元，同比增长12.8%；农民人均纯收入7448元，同比增长11.4%；人均生活消费支出5228元，同比增长6.7%；居民居住条件不断改善。农村人均居住31.4平方米；城镇住房28.7平方米。

执政能力稳步提高。认真执行人大的决议、决定，自觉接受人大、政协和社会舆论监督。办理人大代表建议、政协委员提案378件，办结率100%，满意率达99%。开展"做人民群众贴心人""千名干部进千村联万户"活动，拓宽便民服务渠道，开展政风行风评议活动，加大纠风治乱力度，严查各种违法违纪行为，树立廉洁高效形象。军民"双拥"共建被评为"全省双拥模范县""先进基层人民武装部"。工会、共青团、妇联、科协、文联、残联、工商联、计生协、红十字会、监察、审计、统计、供销、邮政、物流、工商、县志、人民防空、外事侨务、烟草、机关事务、气象、盐业、通信、档案等为全县经济社会发展作出了贡献。

民权县领导成员

中共民权县委员会

书　　记：王仲田（3月离）
姬脉常（3月任）
副 书 记：张团结
县长级干部：张瑞俭（10月离）
陈春燕（女）
常　　委：刘　博　周　燕（女）
李中军　张爱军
辛永礼　高大立
彭　军（1月离）
付　磊（1月离）
周明河　李　瑛
王　涛（挂职）

民权县人大常委会

主　任：李友先
副主任：王玉珍（女）　冯彦伟
赵西安　李孝福

民权县人民政府

县　　长：姬脉常
县长级干部：吕志彬　朱华光
锦传星
副 县 长：高大立
王　涛（挂职）
刘艳春（女）
鲁丰先
彭　军（1月离）
付　磊（1月离）
卞文灿　孟祥亮
赵　通
于庆华（挂职）
副县级干部：杨思松　马德伟

政协民权县委员会

主　　席：楚翠昕
副 主 席：许爱琴（女）　吴忠献
陈进领　李新军
副县级干部：赵西刚

中共民权县纪律检查委员会

书　记：刘　博

民权县人民武装部

部　长：刘元发
政　委：李　瑛

民权县人民法院

院　长：邢宝书

民权县人民检察院

检察长：薛德峰

民权县公安局

局　长：谭振起

民权县总工会

主　席：瞿志君

民权县委群众工作部

部　长：陈鸿志

民权县高新技术产业开发区管委会

常务副主任：周　燕（女）
副 主 任：徐守民
侯建才（4月任，挂职）

【"河南省特色文化基地"揭牌】　1月8日，由河南省委、省文化厅、省文联联合颁发的"河南省特色文化基地"揭牌仪式在民权县王公庄举行，王公庄成为全市唯一获此殊荣村。省特色文化基地牌的授予，不仅是对民权县王公庄画虎村虎文化产业的褒扬，也将促进王公庄与虎文化产业相结合的生态旅游特色文化产业的发展壮大。

【中央人民广播电台节目组到民权县调研】　5月21日，中央人民广播电台城镇化调研组一行8人到民权县调研，调研组到万宝、澳柯玛、香雪海等高新区企业了解民权县在城镇化建设中主导产业发展情况，听取基层干部对城镇化发展认识，融入小城镇生活的转移农民、工人对小城镇建设意见，具体了解民权县在产城互动中的做法。民权县新型城镇化建设以新型农村社区建设为城乡统筹结合点，全面推进城乡建设。至年底，县城建成区达36平方公里，人口14.1万人，城镇化率36.4%。

【全省平安建设先进县】　6月16日，全省"平安河南建设工作会议"在郑州召开，民权县被评为"2013年度全省平安建设先进县"。这是本县在连续3年蝉联全省平安建设先进县"基础上再获殊荣。

【产业集群区域品牌建设】　9月22日，省工业和信息化厅公布了河南省2014年工业企业品牌培育试点企业暨产业集群区域品牌建设试点名单。全省共选定产业集群区域品牌建设试点11个、工业企业品牌培育试点企业113家。以制冷装备制造产业为主的民权县产业集聚区被选定为"省产业集群区域品牌建设试点"；商丘市13家企业被确定为"全省工业企业品牌培育试点企业"，民权县河南冰熊制冷设备有限公司、河南松川专用汽车有限公司、河南冰熊专用车辆制造有限公司、河南冰熊制冷科技有限公司、河南香雪海家电科技有限公司、广州万宝集团民权电器有限公司、民权九鼎葡萄酒有限公司、商丘双龙粉业有限公司、河南神人助粮油有限公司、河南宏伟实业有限公司10家企业名列其中。

【公祭烈士活动】　9月30日，民权公祭烈士活动在县烈士陵园举行。民权县委、县人大、县政府、县政协、县人武部和军烈属、师生、武警、消防官兵、团县委志愿者、县直部分单位负责人、各乡（镇）党委书记、乡（镇）长、武装部部长、民政所长、中心校校长及社会各界人士400余人向烈士敬献花篮、瞻仰烈士纪念碑，并参谒烈士陵园。民权县烈士陵园共安放抗日战争、解放战争中牺牲的405名革命烈士。

【2014中国家用电器协会家用电热水器专业委员会第二次会议】　11月25日，2014年中国家用电器协会家用电热水器专业委员会第二次会

议在民权县召开。会议由中国家用电器协会主办，阿诗丹顿电气有限公司承办，民权县人民政府协办。中国家用电器协会、49家电热水器专委会会员单位120余名代表与会。与会人员会间到阿诗丹顿、万宝参观，听取民权县高新区发展历程、各家企业产品技术特点、生产经营状况等介绍并到庄子文化馆、艺术中心参观。

【民权县湿地资源】 2014年，在省林业厅《关于表彰河南省第二次湿地资源调查工作先进集体和先进个人的决定》中，民权县林业局当选省第二次湿地资源调查工作先进集体。民权县黄河故道现有湿地2303.5公顷，湿地率达98.1%。其中包括任庄水库、林七水库、吴屯水库。湿地区域内物种丰富，植物123种、湿地物种30种、鸟类119种、鱼类36种。这次湿地资源调查基本查清了全县湿地资源及现状，了解湿地资源的动态消长规律，为湿地资源的保护、管理和合理利用提供了科学依据。

（武传坤）

商丘城乡一体化示范区

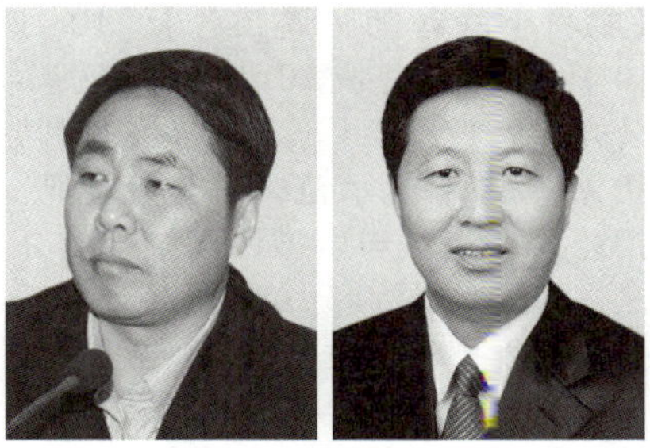

倪玉民　　陈向阳

【城乡一体化示范区概况】 2014年，商丘市城乡一体化示范区区域239平方公里，人口30万，辖开发区、物流区、平台、平安、中州、张阁、周集、贾寨6个街道（乡、镇），104个行政村（居委会）。公共财政预算收入4.3亿元，其中地方税收3.3亿元，占公共财政预算收入的77%；全社会固定资产投资122.8亿元；社会消费品零售总额30.4亿元；规模以上工业企业增加值18.1亿元；出口创汇4647万美元；农民人均纯收入、城镇居民人均可支配收入达7590元、20214元，增11.9%、10.2%。

招商引资成效明显。2014年，城乡一体化示范区围绕装备制造、现代物流、都市农业三大主导产业，开展集中招商活动，突出长三角、珠三角、粤港澳等发达地区，运用节会招商、以商招商、驻点招商等方式，着力招大引强。通过招商活动，储备了一批项目。年内示范区招商项目到位省外资金56亿元；利用外资4710万美元。引进3亿元以上项目8个，其中10亿元以上项目3个，三星电子、田岛工量具、中原佳海、亿丰博览城等项目落地。

项目建设快速推进。年内城乡一体化示范区实行指挥长负责制，将每个项目名称、指挥长姓名、建设内容、进展情况、考评结果等用板面在会议室公示。对未建项目抓开工，对在建项目促进度。每月组织开发区、物流区领导班子成员和区直各单位、各乡（镇、街道）负责人巡回观摩，评比后奖优罚劣。为解决瓶颈制约，先后筹措2亿元资金，上报新增建设用地274.67公顷，在贾寨镇综合整治土地78公顷；同时与银行协调资金5亿元，缓解了示范区建设资金短缺问题。

产业培育取得实效。示范区新增省著名商标3件，省名牌产品4件，新增市长质量奖2家。至年底，示范区拥有省著名商标28件，省名牌产品12个，省级工程（技术）研发中心11家，高新技术企业5家，居全市前列。有33家企业入驻阿里巴巴（商丘）产业带。亚太、东和、中分等4家企业上市工作正加快推进。环保裂解装备产品出口欧美、东南亚30余个国家和地区。在河南省认定的13个中小企业特色产业集群中，本区环保装备产业园的环保装备位列其中。小鸟、爱玛、步步先、天健、丽光等电动车产业稳步发展；亿丰、佳海、多美滋食品电商城、310农贸市场、光彩大市场等项目有序推进，周集乡都市农业初具雏形，为示范区现代农业发展起到引领作用。

城乡统筹稳步推进。大力推进郑庄立交桥建设和G105拓宽一期工程，已投资2.3亿元，富商大道南段、京九西路、豫苑北路、通达五路、长江东路、胜利东路等道路主体工程已完工；新修建乡村道路18公里，一期投资5100万元的2万吨污水处理厂建成，和美社区、和风社区、和信社区、和福社区等30万平方米主体工程已建成，安置户正做入住前准备，和悦社区、第六污水处理厂地面附属物拆迁已结束。新增绿化11.2万平方米。黄河路东段、胜利路东段、南京路、北海路、豫苑路、长江路、中州路、珠江路、木兰大道等主干道两侧的城中村已拆迁完毕，拆迁80万平方米。聘请同济大学规划院对贾寨郊野公园高标准设计，完成地热勘探、总体规划、黄河故道树木更换和生态经济林营造等前期工作。

社会事业协调发展。全年公共财政用于教育、社会保障与就业、医疗卫生、住房保障、农业基础设施等方面支出4.3亿元，占财政总支出的67.2%。城乡居民养老、城镇居民医疗保险、新农合参保10万人、5.74万人、12.6万人。城市和农村低保标准提高到195元、99元。发放医疗救助金200万元，救助1300人次。免除义务教育教科书费412万元，发放助学金272万元，补助贫困寄宿生生活费129万元。和风小学、和乐小学相继建成，示范区一中、星林小学等校舍竣工。全面落实安全生产"党政同责、一岗双责、属地管理"制度。强化打防管控一体化建设，开展打击犯罪专项活动，依法打击违法犯罪活动，公众安全感和满意度提升。全面落实"单独二孩"生育政策，人口自然增长率控制在6‰。

城乡面貌明显改善。年内乡镇开展"三无一规范一眼净"（无垃圾、无污水、无杂物，一规范是物品摆放有序，一眼净是一眼看去整洁卫生）、街道开展网格化管理竞赛活动，涌现出张阁宋庙村、周集孔庄村、贾寨万堤口村、中州唐庄村、和合社区等先进典型。按照"六城"联创工作方案，开展小广告、门头牌匾、违法建设等10个专项整治活动，拆除各类违法建筑1374处、20.3万平方米，清理城市"牛皮癣"3万余处。配备垃圾车217辆，建垃圾池182个，装路灯1765盏，粉刷墙壁43.6万平方米，村庄和国道、省道、市主干道沿线环境改善。建立健全督查巡查和长效管理机制,坚持公开观摩巡查与暗访相结合,面上巡查与专项巡查相结合,环境卫生有效改观。

社会大局和谐稳定。年内开展了为期2个月的基层矛盾排查化解专项整治活动,6个乡镇街道成立工作组,制定切实可行方案,工作组深入了解案情,弄清事实真相,切实把信访维稳工作做深、做细、做扎实,做到抓早、抓小、抓苗头,抓矛盾化解。加大领导坐班接访、包案化解矛盾纠纷工作力度。一批疑难信访积案得到解决,平台街道提前解除重点管理,示范区呈现出社会大局和谐稳定的良好局面。

商丘市城乡一体化示范区领导成员

书　　记:江文玉(3月离)
倪玉民(3月任)
副 书 记:陈向阳　胡世甫
工委委员:付元学　陈书英
薛晓峰　徐新华
朱东亚　朱安伟
王俊峰　张守奎
胡继勇

商丘市城乡一体化示范区管理委员会

主　任:陈向阳
副主任:胡世甫　付元学
陈书英　薛晓峰
徐新华

中共商丘经济开发区委员会

书　　记:徐新华
副 书 记:王俊峰　李清玮
党委委员:芦　岩　姜长杰
蔡永喜(12月离)
童红标　王胜利
李中胜　张启付
王宠惠　常秉连

商丘经济开发区管理委员会

主　　任:王俊峰
副 主 任:芦　岩
蔡永喜(12月离)
童红标

中共商丘豫东综合物流产业集聚区工作委员会

书　　记:朱安伟
副 书 记:张守奎　乔　彬
工委委员:吴新林　陈　涛
刘传海　单俊雷

商丘豫东综合物流产业集聚区管理委员会

主　任:张守奎
副主任:吴新林　陈　涛
单俊雷

【郭庚茂到示范区调研】 4月24日,省委书记、省人大常委会主任郭庚茂在省委秘书长、省人大常委会副主任刘春良,市委书记陶明伦等陪同下到城乡一体化示范区,调研环保设备产业发展情况。商丘市城乡一体化示范区依托商丘经济开发区环保装备产业园,已入驻河南亚太能源科技有限公司、商丘市东和专用设备有限公司等环保装备生产企业12家,拥有裂解处理医疗垃圾、秸秆、废塑料、废橡胶、废机油、地沟油、泔水油等固液体废物的核心技术。

【三级干部会议召开】 2月11日,示范区召开三级干部大会,总结2013年工作,部署2014年工作。开发区、物流区班子成员,示范区各部门负责人,各乡(镇)、街道负责人,村(社区)书记、主任及重点项目负责人280余人参加会议。副市长、示范区党工委书记江文玉强调:一是要突出重点项目和重点工程;二是要突出特色;三是要兜好安全生产、食品安全底线。党工委副书记、管委会主任陈向阳指出,示范区按照"围绕一个目标、依托两个载体、抓好三个带动、突出四项重点、强化五个提升、加快六个推进"(围绕建设城乡一体化示范区目标,依托开发区、物流区两个载体,抓好张阁镇、周集乡、贾寨镇3个乡镇新型农村社区建设和高效生态农业示范带动,突出招商引资、产业培育、项目建设、城乡一体四项重点,强化辐射带动能力、项目承载能力、融资开发能力、创业就业能力、居民消费能力五个提升,加快城乡规划建设、第三次产业协同发展、基础设施一体化建设、公共服务均等化、城乡生态网络建设、要素合理流动六个推进)的总体思路抓紧、抓好、抓出实效,培育具有鲜明特色和突出特点的经济圈、辐射圈,促进农业现代化发展,加快以城带乡、以工促农、工农互惠、城乡一体化进程。着力以城带乡,在以人为本、城乡一体发展上下功夫;着力招大引强,在产业培育、扩大就业上下功夫;着力项目建设,在重点工程、基础建设上下功夫;着力改革创新,在社区建设、现代农业上下功夫;着力社会保障,在民生改善、安全稳定上下功夫。

【农村小学教师招聘工作】 10月10日,示范区完成2014年农村小学公开招聘教师工作。本次计划招聘40名,252名是示范区户籍者参聘。招聘采取笔试与微型课相结合的办法进行,笔试成绩分专业由高分到低分按计划招聘人数1:1.5比例确定试讲对象,以笔试与微型课综合成绩的高低确定拟录用人选。

(张　伟)

统计资料

2007 年～2014 年商丘市国民经济主要指标

指　标	单位	2007 年	2008 年	2009 年	2010 年	2011 年	2012 年	2013 年	2014 年
一、人口									
年底总人口	万人	824.4	828.36	832.39	885.35	890.5	894.95	900.02	904.70
二、从业人员									
年底从业人员	万人	493.99	501.19	502.89	505.64	506.61	512.93	522.39	533.68
#职工人数	万人	36.94	37.04	37.61	38.46	41.20	42.03	55.58	56.48
三、地区生产总值	万元	7656721	9313904	10329436	11465217	13083722	13972750	15382197	16976370
第一产业	万元	2239525	2546247	2707860	2995076	3170035	3232201	3431692	3747786
第二产业	万元	3221472	4160550	4615258	5326388	6229602	6532029	7199868	7355108
第三产业	万元	2195724	2607107	3006318	3143753	3684085	4208520	4750637	5873476
人均生产总值	元	10014	12092	13264	15076	17779	19029	21073	23359
四、全社会固定资产投资额	万元	4007340	5338151	6931744	8456616	8858357	10688447	13107167	15521924
#固定资产投资	万元	3221598	4286026	5609907	6511311	8263652	10055087	12467850	14938866
五、工资									
职工工资总额	万元	617876	694556	809183	933229	1107807	1374035	1801279	2219035
职工平均工资	元	16879	18770	24373	24256	27047	31162	36815	40441
六、人民生活									
城镇居民人均消费支出	元	6940	6969	8035	8734	10361	11936	12604	13739
农民人均生活消费支出	元	2124	2438	2693	2890	3460	3970	4772	5262
城镇居民人均可支配收入	元	10783	11752	12716	14178	16151	18312	20214	22274
农民人均纯收入	元	3248	3750	4054	4674	5637	6426	7217	8025
七、城乡居民储蓄存款余额	万元	3879794	4728627	551891	6672823	7903660	9689057	10985785	12331998
八、农林牧渔业									
1. 农林牧渔业总产值	万元	3881652	4502962	4803901	5309286	5621415	5731420	6085164	6770644
2. 农林牧渔业总产值指数（以上年为 100）		117.48	105.7	104.2	104.5	104.0	104.7	104.5	101.3
3. 主要农产品产量									
粮食	万吨	570.19	585.71	594.58	598.68	608.19	629.65	644.16	663.04
棉花	万吨	14.76	12.77	9.97	8.71	7.82	4.72	3.07	2.47
油料	万吨	39.18	36.89	36.00	37.07	37.33	41.22	42.15	38.48
水果	万吨	158.29	168.84	173.05	177.19	180.25	180.73	181.95	182.80

注：1. 从 2007 年起人均生产总值按常住人口计算

2. 从 2008 年起农林牧渔业总产值指数按可比价计算

3. 从 2014 年起国民经济核算执行新的行业划分标准，即“农林牧渔业”中的“农林牧渔服务业”“工业”中的“开采辅助活动”和“金属制品、机械和设备修理业”三个大类一并调入第三产业

4. 2010 年前固定资产投资为城镇固定资产投资口径

续表

指　标	单位	2007 年	2008 年	2009 年	2010 年	2011 年	2012 年	2013 年	2014 年
肉类总产量	万吨	45.00	48.2	50.91	51.00	51.87	54.42	56.09	57.45
九、工业									
1. 规模以上工业增加值	亿元	183.89	258.80	291.40	369.60	456.70	480.50	539.50	587.72
2. 规模以上工业增加值指数	%	120.0	113.3	113.3	117.9	120.5	117.1	116.2	111.8
3. 主要工业产品产量									
家用冷冻箱	台	155428	365843	460642	768948	2423631	2226953	3393457	471362
纱	万吨	12.32	15.90	19.67	25.15	36.62	46.87	54.79	62.74
原煤	万吨	1377.87	1767.24	2027.22	2164.04	2111.50	2027.99	1945.49	1813
洗煤	万吨	898.60	1202.27	1781.77	1710.55	1727.96	1642.87	1666.76	1642
水泥	万吨	195.72	273.48	348.67	471.38	334.49	411.99	479.83	704.63
原铝(电解铝)	万吨	47.89	55.38	42.36	46.02	60.17	55.86	43.47	37.81
4. 规模以上工业效益指标									
主营业务收入	万元	6508294	9438051	10900133	14055101	18817393	20437310	24474820	27705000
利润总额	万元	607807	746062	802799	1027263	1246637	1155828	1489846	1424600
十、运输和邮电									
1. 公路旅客周转量	万人公里	345182	576981	683710	780054	898959	970152	1058720	832033
2. 公路货物周转量	万吨公里	314707	3700293	4796987	6049397	7295302	8371378	9383258	3273913
3. 邮电业务总量	万元	558594	701200	821400	981200	366700	435146	493500	599873
十一、批发零售贸易业、餐饮业									
社会消费品零售总额	万元	2392830	2963447	3370879	3999717	4713585	5460836	6234175	7191800
十二、财政和金融									
地方财政收入	万元	356081	447848	517778	745607	1109873	1248854	1330679	1458530
#地方公共财政预算收入	万元	267114	315912	353666	430099	564443	701907	858381	1007474
地方公共财政预算支出	万元	938045	1179373	1511126	1800016	2290374	2863059	3152591	3520995
金融机构存款余额	万元	5028380	6027311	7224835	9011587	10982379	13538295	15591126	17598779
金融机构贷款余额	万元	4113419	4099671	5189467	6076665	5879897	7009361	8334072	10071910
十三、教育									
学校教育在校学生数	人	2138447	2119898	2135752	2142287	2212421	2031200	1732197	1737233
#高等学校	人	55796	63434	74877	77082	77148	76802	75419	77593
中等专业学校	人	19377	20965	21693	27303	37108	33372	32371	35492
普通中学	人	772536	729161	721959	700067	701539	619240	516155	517370
小学	人	1117481	1119598	1126056	1116552	1110757	974043	774692	768364
十四、卫生									
卫生机构床位数	张	15797	14228	15927	21241	22474	24763	29199	30189
卫生技术人员数	人	20279	21755	23069	26086	27058	29235	33009	35080
#医生	人	6942	7450	8360	10063	9334	10986	12574	14859

注:1. 地方财政收入包括地方财政一般预算收入和基金收入

2. 从 2008 年起,家用冷冻箱为冷柜(含冷冻箱、冷藏箱、展示柜)

3. 电信业务总量按 2010 年不变价格计算,2001 年～2010 年按照 2000 年不变价格计算

4. 2014 年公路旅客周转量、货物周转量数据根据 2013 年数据和高速公路机动联网收费数据、客运站收费记录推算得到

2007年~2014年商丘市国民经济主要比例关系和结构

指　标	2007年	2008年	2009年	2010年	2011年	2012年	2013年	2014年
一、从业人员比例	100	100	100	100	100	100	100	100
第一产业	56.4	55.7	52.5	46.7	45.2	43.8	42.7	42.0
第二产业	22.7	22.7	25.0	29.7	30.8	31.3	31.7	33.0
第三产业	20.9	21.4	22.5	23.6	24.0	24.9	25.6	25.0
二、生产总值比例	100	100	100	100	100	100	100	100
第一产业	29.2	27.3	26.2	26.1	24.1	23.1	22.3	22.1
第二产业	42.1	44.7	44.7	46.5	49.0	46.7	46.8	43.3
工业	36.0	38.7	38.3	40.5	43.0	40.8	40.6	36.8
建筑业	6.0	6.0	6.4	5.9	6.0	5.9	6.2	6.5
第三产业	28.7	28.0	29.1	27.4	26.9	30.2	30.9	34.6
交通运输、仓储业	5.9	5.8	5.5	3.9	3.8	3.8	3.9	3.4
批发零售贸易业、餐饮业	7.0	4.4	7.4	7.2	7.6	8.2	8.4	8.0
三、国内支出总额比例	100	100.0	100	100	100	100	100	100
资本形成	57.4	57.4	69	64.6	63.4	66.6		56.1
固定资本形成	52.3	52.2	60.4	56.4	55.7	58.8		49.1
存货增加	5.1	5.2	8.7	8.1	7.8	7.9		7.0
最终消费	56.8	56.8	56.6	35.0	37.1	42.1		42.0
居民消费	42.0	42.0	42.4	26.2	28.0	31.9		31.7
农村居民	21.5	21.5	21.7	7.2	7.7	8.8		9.6
城镇居民	20.5	20.5	20.7	19.0	20.3	23.1		22.1
政府消费	14.8	14.8	14.2	8.8	9.1	10.2		10.3
货物和服务净出口	-14.0	-14.2	-25.6	0.4	-0.6	-8.7		1.9
四、农林牧渔业总产值比例	100	100	100	100	100	100	100	100
农业	69.3	63.0	65.8	61.0	66.6	66.3	66.2	66.8
林业	1.9	1.8	1.8	1.7	1.4	1.4	1.4	1.4
牧业	24.5	31.1	27.9	33.6	27.7	27.6	27.7	27.2
渔业	1.1	1.2	1.4	0.7	1.3	1.6	1.6	1.5
农林牧渔服务业	3.2	2.9	3.1	3.0	3.0	3.1	3.1	3.1
五、社会消费品零售总额比例	100	100	100	100	100	100	100	100
城镇	71.6	72.2	72.5	72.5	73.6	74.0	73.9	73.9
乡村	28.3	27.8	27.5	27.5	26.4	26.0	26.1	26.1
六、财政收入相当于生产总值比例	3.49	3.4	3.42	3.75	4.31	5.02	5.58	5.93
七、文教卫生事业占财政支出的比例	32.7	39.6	35.4	25.2	38.5	37.0	26.7	36.4

注:1. 2008年国内支出总额各分项是按2007年各项比例推算,因而2007、2008两年比例相同

2. 社会消费品零售总额2009年以前分组为市、县、县以下,2010年开始分组为城镇、乡村

1978 年～2014 年商丘市生产总值

(按当年价格计算)

年　份	生产总值(万元)	第一产业	第二产业	工　业	建筑业	第三产业	人均生产总值(元)	附:年平均人口(万人)
1978	88768	48255	18283	15350	2933	22230	159	558
1979	91257	48048	18697	15315	3382	24512	160	570
1980	104456	54566	22037	17695	4342	27853	180	580
1981	115489	59885	24328	19224	5104	31276	196	588
1982	155422	92833	25013	19605	5408	37576	260	596
1983	200301	131875	27782	21405	6377	40644	330	606
1984	220665	134645	37248	30317	6931	48772	358	616
1985	249738	147105	42322	34754	7568	60311	398	627
1986	286233	161388	48664	40652	8012	76181	447	640
1987	338903	196167	62518	453629	8889	84218	523	656
1988	391436	208284	84084	74510	9574	99068	581	613
1989	452915	251255	84573	74782	9791	117087	654	692
1990	504274	279273	90877	80136	10741	134124	710	710
1991	605677	331871	114872	100016	14856	158934	838	723
1992	711029	368892	161359	134302	27057	180778	973	731
1993	868791	425592	215073	182104	32969	228126	1174	740
1994	1151399	522393	320746	269519	51227	308260	1539	748
1995	1631264	739183	472326	405580	66746	419755	2157	756
1996	2023656	917035	573252	489178	84074	533369	2621	772
1997	2248588	1018664	630246	522388	107858	599678	2875	782
1998	2405946	1074329	678987	559854	119133	652630	3038	792
1999	2601554	1187187	731167	590644	140523	683200	3256	799
2000	2876513	1236569	886908	704941	181967	753036	3600	799
2001	3170005	1339515	992471	780763	211708	838019	3962	805
2002	3415117	1385444	1077912	859332	218580	951761	4273	805
2003	3375707	1036810	1248446	1020475	227971	1090452	4200	809
2004	4508625	1601523	1601938	1307783	294155	1305165	5612	809
2005	5607773	1881285	2209447	1831900	377547	1517041	6879	815
2006	6510140	2073211	2629042	2214323	414719	1807887	7951	819
2007	7656721	2239525	3221472	2759641	461831	2195724	9309	765
2008	9313904	2546247	4160550	3604717	555833	2607107	12092	770
2009	10329436	2707860	4615258	3956596	658662	3006318	12779	781
2010	11465217	2995076	5326388	4644821	681567	3143753	15076	759
2011	13083722	3170035	6229602	5467800	761802	3684085	17779	736
2012	13972750	3232201	6532029	5704719	827310	4208520	19029	732
2013	15382197	3431692	7199868	6243925	955944	4750637	21073	730
2014	16976370	3747786	7355108	6248971	1106249	5873476	23359	727

注:1. 2001 年～2005 年的各项核算数据是根据第一次经济普查结果进行调整后的数据

2. 从 2007 年起,人均生产总值按常住人口计算

2014 年商丘市各县(区)农村基本情况

县(区)	自来水收益村(村数)	通有线电视(村数)	通宽带(村数)	乡村户数(万户)	乡村人口(万人)	乡村劳动力资源数(万人)	男劳动力(万人)	#女劳动力(万人)
商丘市	2676	3808	3873	155.52	596.26	387.51	204.50	183.01
梁园区	212	241	241	11.73	48.81	32.94	17.62	15.31
睢阳区	155	332	332	17.18	67.04	41.34	22.96	18.39
民权县	500	529	529	19.32	75.57	48.39	24.86	23.52
睢　县	405	507	550	18.71	71.80	53.08	27.62	25.46
宁陵县	359	337	359	15.32	60.19	36.76	19.61	17.15
柘城县	258	494	494	20.66	76.47	49.70	26.84	22.86
虞城县	480	616	616	25.02	94.58	61.38	32.45	28.93
夏邑县	286	731	731	26.41	97.50	61.51	30.85	30.66
开发区	21	21	21	1.45	4.28	2.41	1.69	0.72

2014 年商丘市各县(区)耕地面积情况

单位:千公顷

县(区)	一、年初耕地总资源	二、年内增加	三、年内减少	四、年末耕地总资源	(一)常用耕地面积	(二)临时性耕地面积
商丘市	570.9	1.39	2.46	569.8	551.2	18.6
梁园区	39.2	0.08	0.41	38.9	35.2	3.7
睢阳区	66.2	0.18	0.34	66.0	64.2	1.8
民权县	78.7	0.28	0.28	78.7	76.2	2.5
睢　县	65.7	0.25	0.41	65.5	64.2	1.3
宁陵县	53.0	0.13	0.25	52.9	51.1	1.8
柘城县	69.7	0.15	0.15	69.7	67.5	2.2
虞城县	98.6	0	0.28	98.3	94.5	3.8
夏邑县	99.3	0.31	0.34	99.8	98.4	1.4

2003年~2014年商丘市各县(市)主要金融指标

单位:万元

项目	合计	市区	虞城县	民权县	宁陵县	睢县	夏邑县	柘城县	永城市
一、城乡居民储蓄存款余额									
2003	2176757	988764	163017	119188	92253	138045	221810	157058	296622
2004	2410035	958301	194371	147541	112263	164233	274692	187707	370927
2005	2924967	1140440	239178	180539	136467	196359	358517	217663	455802
2006	3526565	1310382	294559	222595	166265	243799	452616	267282	569067
2007	3879794	1368664	333045	252222	198579	282640	498338	305272	641033
2008	4728627	1662275	403598	312774	237196	345373	583716	367390	816304
2009	5518191	1951020	466290	366343	267446	391711	653389	425068	996924
2010	6672823	2270828	594463	468396	342496	485879	784655	529059	1197047
2011	7903660	2567800	730530	571589	412850	617792	954020	655948	1393131
2012	9689057	3069819	905998	724800	496932	782816	1140078	831086	1737528
2013	10985785	3388607	1049698	859554	562139	913567	1298892	939923	1973403
2014	12331998	3866040	1216928	965487	657126	874649	1464841	1064729	2222198
二、金融机构存款余额									
2003	2539710	1120038	188346	144861	101022	167330	243871	182992	391250
2004	3050640	1321349	219355	180768	125060	192914	302210	204423	504561
2005	3736506	1589325	273393	221238	154218	227624	398723	242079	629905
2006	4538318	1863451	339106	270872	195601	283929	507150	303021	775188
2007	5028380	1921641	383332	319125	235814	329680	557030	351648	930110
2008	6027311	2261161	461669	400789	292664	402896	659065	428372	1120695
2009	7224835	2756780	575104	502387	346618	464468	767071	498377	1314030
2010	9011587	3412797	738079	626624	470750	590159	956577	614430	1602171
2011	10982379	4049593	935932	778896	593044	741285	1185350	772443	1925835
2012	13538295	4857804	1168466	1015974	686505	948723	1450454	1001789	2408577
2013	15591126	5551342	1345528	1172788	774550	1143238	1663371	1165964	2774347
2014	17598779	6223905	1562188	1307311	889261	1315574	1863326	1313358	3123856
三、金融机构贷款余额									
2003	2519677	934580	237606	181472	169870	223622	252853	227467	292207
2004	2873442	1368227	203553	165883	145077	190898	221117	169204	409483
2005	2936920	1366155	189892	181361	145825	194912	234278	171560	452936
2006	3527726	1377559	270379	245187	210815	277871	339543	238108	568264
2007	4113419	1598329	266467	259168	282421	269171	341644	222489	873731
2008	4099671	1595723	210284	355293	284223	214886	320129	165350	953783
2009	5189467	2084390	280661	392548	431192	219819	386701	180101	1214055
2010	6076665	2536036	319053	431996	510899	235439	437046	221638	1384558
2011	5879897	2472025	306770	453338	353199	250074	437000	266491	1340999
2012	7009361	2972024	481931	507815	328091	306018	471161	304144	1638178
2013	8334072	3265108	663440	671334	287609	413020	583002	402292	2048267
2014	10071910	4042956	817854	841530	438209	508439	675755	523465	2223702

1988年～2014年商丘市各县(市、区)全社会固定资产投资

单位：万元

年 份	商丘市	梁园区	睢阳区	民权县	睢县	宁陵县	柘城县	虞城县	夏邑县	永城市
1988	66604	9763	10088	3813	5558	1514	4712	14973	8038	8145
1989	67797	12584	8989	1304	7484	3203	3949	13256	5090	11938
1990	77719	13331	9977	1834	6831	1271	3448	10200	4687	11142
1991	110821	23987	12380	4185	6994	2696	6170	14213	9196	20321
1992	167337	23207	21605	4144	11661	8158	9605	23049	13146	47959
1993	181958	30462	24083	10433	18295	6251	9377	11314	16448	50876
1994	208544	47905	33108	10257	19299	8787	13319	18214	17759	57177
1995	306359	62615	34536	13995	24896	11533	12694	19178	21762	97823
1996	326863	51638	46856	16871	29342	15302	16477	20488	24288	116060
1997	412248	65613	38923	22155	30490	21275	11819	31094	35471	146378
1998	539985	105839	57480	34523	37928	32543	18180	34828	55811	161633
1999	657502	184079	68447	44894	44004	41049	30926	41144	73569	127540
2000	779224	90993	82950	54854	60664	42970	39443	48523	100599	154697
2001	911278	101108	129071	94955	81904	73622	38957	82710	146040	150162
2002	1039742	128170	167040	81037	93612	80064	42304	91405	156466	167299
2003	1219319	197273	161955	86059	106237	44377	38788	72102	88926	346159
2004	1583544	291513	233767	103041	138858	43287	49389	101371	110196	373147
2005	2321334	427701	405961	171305	215531	68569	133281	169164	170732	474945
2006	3009031	466301	453166	216116	253501	139902	165733	264927	229380	557615
2007	4007340	448267	569297	426047	372635	194903	326453	442250	293424	777390
2008	5338151	512305	673225	565891	560954	300029	440922	596802	512665	925199
2009	6931744	630242	803334	785783	702683	427301	604767	769488	721656	1115430
2010	8456616	780296	980035	968596	850155	524514	748542	940621	883566	1328214
2010 新口径	7075011	661684	747109	768880	735378	449839	647520	811643	761797	1112160
2011	8858357	819500	929949	950126	905406	555791	864170	975879	987693	1386365
2012	10688447	1005267	1120126	1119608	1085961	688751	1053228	1150988	1165234	1725690
2013	13107167	1227649	1366200	1366642	1314761	835978	1280109	1386305	1425057	2177885
2014	15521924	1485259	1650880	1645801	1592566	697460	1535583	1665298	1713651	2634764

1987年~2014年商丘市城镇居民收支及恩格尔系数

年份	城镇居民家庭人均可支配收入(元)	城市居民人均消费支出(元)	恩格尔系数(%)
1987	629	643	58.1
1988	837	889	52.5
1989	904	911	57.3
1990	1024	969	57.8
1991	1214	1259	54.4
1992	1486	1387	51.6
1993	1724	1674	48.7
1994	2505	2189	50.0
1995	3030	2706	50.2
1996	3782	2902	50.3
1997	4272	3465	42.9
1998	4481	3999	37.2
1999	4878	3897	38.2
2000	4215	3345	37.5
2001	4406	3688	32.3
2002	5154	3780	35.5
2003	5552	4018	35.9
2004	6322	4230	38.4
2005	7247	4838	36.4
2006	8346	5715	32.9
2007	10166	6401	37.6
2008	11752	6969	37.2
2009	12716	8035	36.3
2010	14178	8734	38.0
2011	16151	10361	34.8
2012	18312	11936	33.9
2013	20214	12604	32.5
2014	22273	13739	31.4

注:2001年以后(包括2001年)为城镇数,2001年以前为城市数

2014 年商丘市各县(区)果园面积

单位:千公顷

县(区)	年末果园面积	#苹果园	#梨园	#葡萄园	#桃园
商丘市	40.[illegible]2	26.05	6.62	3.19	2.60
梁园区	2.32	1.21	0.19	0.16	0.66
睢阳区	1.56	0.87	0.02	0.30	0.37
民权县	9.62	6.58	0.94	1.22	0.51
睢　县	1.34	0.62	0.20	0.25	0.08
宁陵县	4.22	0.45	2.72	0.89	0.15
柘城县	1.[illegible]3	0.68	0.12	0.05	0.08
虞城县	13.31	11.16	1.30	0.15	0.50
夏邑县	6.42	4.48	1.13	0.17	0.25

2014 年商丘市各县(区)水果产量

单位:吨

县(区)	水果产量	#苹果	#梨	#葡萄	#桃子
商丘市	1562427	945192	387859	86401	88301
梁园区	113789	68039	8416	5718	28778
睢阳区	56[illegible]61	31291	1761	8077	4390
民权县	292936	209230	38405	20125	10450
睢　县	56235	22808	8814	12885	2342
宁陵县	247657	18006	196632	25618	5024
柘城县	55566	39032	7366	2958	4187
虞城县	458080	351540	67200	7000	24980
夏邑县	28[illegible]303	205246	59265	4020	8150

2014年商丘市各县(区)水产品产量和养殖面积

县(区)	一、水产品产量(吨)		(一)按品种分		(二)按生产方式分	
		#国有	鱼类	其他	养殖产量	捕捞产量
商丘市	68402	12906	66907	136	66390	2012
梁园区	8109	700	7977		8006	103
睢阳区	6080	519	6060	5	6020	60
民权县	20650	7722	19747	2	20421	229
睢　县	4762	1050	4496	126	4640	122
宁陵县	3808		3808		3636	172
柘城县	5381		5381		5269	112
虞城县	13816	865	13729		13276	540
夏邑县	5796	2050	5709	3	5122	674

续表

县(区)	二、养殖情况			#国有渔业		
	养殖面积(公顷)	养殖产量(吨)	养殖单产(公斤/公顷)	养殖面积	养殖产量	养殖单产
商丘市	9398	66390	6954	2684	12773	4759
梁园区	1166	8006	6866	403	700	1737
睢阳区	1210	6020	4975	140	508	3629
民权县	2460	20421	8301	1306	7600	5819
睢　县	805	4640	5615	240	1050	4375
宁陵县	464	3636	7836			
柘城县	545	5269	9668			
虞城县	1789	13276	7421	468	865	1848
夏邑县	959	5122	4386	127	2050	16142

2014 年商丘市各县(市、区)社会消费品零售总额

单位：亿元

县(市、区)	社会消费品零售总额	城镇	乡村	批发和零售业	住宿和餐饮业
商丘市	719.18	529.75	187.42	595.03	122.14
梁园区	169.31	168.15	1.16	151.44	17.87
睢阳区	95.05	85.28	9.77	82.52	12.53
民权县	50.84	31.57	19.27	41.67	9.17
睢　县	51.19	33.48	17.71	42.21	8.98
宁陵县	34.46	21.43	13.03	30.24	4.22
柘城县	55.80	32.79	23.01	46.43	9.37
虞城县	57.53	37.32	20.21	46.23	11.30
夏邑县	62.00	46.19	15.81	51.49	10.51
永城市	130.38	101.25	27.13	90.60	37.78

2014 年乡镇综合实力评价结果

(城关镇和涉农街道)

单位名称	综合指数	位次
睢阳区新城街道	0.744103	1
民权县城关镇	0.550518	2
睢阳区宋城街道	0.517879	3
柘城县城关镇	0.499279	4
梁园区平原街道	0.482845	5
示范区平台街道	0.456574	6
示范区平安街道	0.437276	7
睢阳区古宋街道	0.408084	8
梁园区建设街道	0.406175	9
睢县城关镇	0.377459	10
夏邑县城关镇	0.377164	11
睢阳区文化街道	0.366093	12
虞城县城关镇	0.345201	13
睢阳区东方街道	0.311031	14
柘城县新城街道	0.307830	15
宁陵县城关镇	0.299570	16
示范区中州街道	0.274014	17
睢阳区古城街道	0.254813	18

2014 年乡镇综合实力评价结果

（不含城关镇和涉农办事处）

单位名称	综合指数	位次
虞城县城郊乡	0.489180	1
柘城县邵园乡	0.444225	2
柘城县梁庄乡	0.409085	3
睢县城郊乡	0.353779	4
虞城县利民镇	0.352822	5
睢阳区闫集乡	0.349843	6
虞城县站集镇	0.342663	7
民权县孙六镇	0.332096	8
睢县董店乡	0.309904	9
夏邑县会亭镇	0.308561	10
睢阳区路河乡	0.291527	11
夏邑县曹集乡	0.289964	12
民权县花园乡	0.285462	13
示范区张阁镇	0.284650	14
睢阳区冯桥乡	0.269448	15
梁园区王楼乡	0.269137	16
虞城县稍岗乡	0.267847	17
民权县北关镇	0.261787	18
宁陵县石桥镇	0.259709	19
民权县庄子镇	0.259506	20
柘城县起台镇	0.258637	21
虞城县乔集乡	0.254819	22
宁陵县城郊乡	0.252480	23
宁陵县柳河镇	0.251549	24
柘城县张桥乡	0.249827	25
民权县林七乡	0.249821	26
夏邑县火店乡	0.245604	27
虞城县杜集镇	0.245562	28
民权县人和镇	0.245538	29
虞城县李老家乡	0.237280	30
睢阳区宋集镇	0.235823	31
民权县伯党乡	0.233995	32
民权县龙塘镇	0.233619	33
夏邑县中峰乡	0.232576	34
夏邑县车站镇	0.232071	35

续表 1

单位名称	综合指数	位次
睢阳区临河店乡	0.231658	36
虞城县芒种桥乡	0.227888	37
虞城县谷熟镇	0.227728	38
虞城县大候乡	0.227371	39
虞城县镇里堌乡	0.226378	40
民权白云寺镇	0.226208	41
民权县王桥镇	0.224941	42
梁园区李庄乡	0.224934	43
睢阳区毛堌堆乡	0.222991	44
梁园区谢集镇	0.222671	45
夏邑县胡桥乡	0.222302	46
夏邑县北镇乡	0.221655	47
虞城县大杨集镇	0.221566	48
宁陵县阳驿乡	0.221449	49
虞城县刘店乡	0.221086	50
民权县野岗乡	0.216239	51
示范区贾寨镇	0.215945	52
夏邑县太平乡	0.215929	53
夏邑县济阳镇	0.215035	54
睢县平岗镇	0.214101	55
虞城县闻集乡	0.213857	56
睢阳区坞墙镇	0.213558	57
夏邑县李集镇	0.212394	58
梁园区刘口乡	0.212142	59
民权县褚庙乡	0.211693	60
睢县蓼堤镇	0.211471	61
民权县双塔乡	0.211065	62
睢县潮庄镇	0.210809	63
虞城县界沟镇	0.210493	64
宁陵县逻岗镇	0.210012	65
睢阳区郭村镇	0.209665	66
睢县尚屯镇	0.20883	67
虞城县黄冢乡	0.208812	68
宁陵县华堡镇	0.208549	69
夏邑县歧河乡	0.207926	70

续表 2

单位名称	综合指数	位次
民权县老颜集乡	0. 207581	71
夏邑县郭店乡	0. 206927	72
虞城县沙集乡	0. 206279	73
宁陵县张弓镇	0. 205799	74
夏邑县何营乡	0. 205714	75
虞城县古王集乡	0. 205317	76
民权县王庄寨镇	0. 204808	77
柘城县牛城乡	0. 204491	78
宁陵县赵村乡	0. 203955	79
虞城县店集乡	0. 20368	80
睢县河集乡	0. 203667	81
柘城县慈圣镇	0. 203532	82
夏邑县罗庄乡	0. 203482	83
梁园区孙福集乡	0. 203254	84
梁园区双八镇	0. 203131	85
睢阳区李口镇	0. 202751	86
虞城县张集镇	0. 202387	87
示范区周集乡	0. 199533	88
柘城县远襄镇	0. 199499	89
虞城县田庙乡	0. 198994	90
夏邑县杨集镇	0. 198341	91
虞城县郑集乡	0. 198142	92
柘城县岗王乡	0. 197437	93
柘城县胡襄镇	0. 197219	94
柘城县洪恩乡	0. 197025	95
柘城县老王集乡	0. 197012	96
睢阳区包公庙乡	0. 196636	97
睢县孙聚寨乡	0. 196505	98
虞城县木兰镇	0. 196459	99
梁园区水池铺乡	0. 196437	100
虞城县刘集乡	0. 196435	101
宁陵县黄冈镇	0. 196347	102
睢县匡城乡	0. 195710	103
柘城县安平镇	0. 195533	104
睢县尤吉屯	0. 195452	105

续表 3

单位名称	综合指数	位次
夏邑县骆集乡	0. 193501	106
柘城县大仵乡	0. 193337	107
夏邑县王集乡	0. 190308	108
睢县周堂镇	0. 189988	109
夏邑县马头镇	0. 189947	110
睢县白庙乡	0. 189733	111
柘城县惠济乡	0. 188795	112
柘城县李原乡	0. 187904	113
柘城县皇集乡	0. 187477	114
夏邑县业庙乡	0. 187147	115
柘城县伯岗乡	0. 186941	116
民权县程庄镇	0. 186935	117
夏邑县韩道口镇	0. 186821	118
柘城县陈青集镇	0. 186230	119
柘城县申桥乡	0. 186163	120
睢县胡堂乡	0. 185818	121
睢县涧岗乡	0. 185740	122
民权县胡集乡	0. 184306	123
宁陵县孔集乡	0. 184249	124
梁园区观堂乡	0. 184130	125
夏邑县桑堌乡	0. 183987	126
睢阳区勒马乡	0. 183152	127
夏邑县孔庄乡	0. 181252	128
睢县西陵镇	0. 181170	129
睢县后台乡	0. 181150	130
宁陵县程楼乡	0. 180517	131
睢县河堤乡	0. 179559	132
睢阳区高辛镇	0. 178693	133
睢县长岗镇	0. 178595	134
柘城县马集乡	0. 173381	135
宁陵县乔楼乡	0. 175033	136
睢县白楼乡	0. 172787	137
夏邑县刘店集乡	0. 168454	138
宁陵县刘楼乡	0. 166624	139
睢阳区娄店乡	0. 163769	140

附　　录

中共河南省委、河南省人民政府关于印发《河南省深化省直管县体制改革实施意见》的通知

豫发〔2013〕12 号

各省辖市党委和人民政府，各省直管试点县（市）党委和人民政府，省委各部委，省直机关各单位，省管各企业和高等院校，各人民团体：

《河南省深化省直管县体制改革实施意见》已经省委、省政府同意，现印发给你们，请认真贯彻执行。

中共河南省委
河南省人民政府
2013 年 11 月 26 日

河南省深化省直管县体制改革实施意见

经中央编委批准，省委、省政府决定自 2011 年 6 月在巩义等 10 个县（市）开展省直管县体制改革试点。实践证明，推进省直管县体制改革，有利于提高行政效能，有利于促进经济社会发展。但随着试点工作的深入，党委、人大、政协和法院、检察院等领导体制与现行的省直管县体制不相匹配的问题逐渐显现，不同程度上制约着省直管试点县（市）（以下简称直管县）的发展，亟待深化改革。根据中央有关精神，现就深化省直管县体制改革提出如下实施意见。

一、指导思想、基本原则和工作目标

（一）指导思想。以邓小平理论、“三个代表”重要思想、科学发展观为指导，全面贯彻党的十八大和十八届二中、三中全会精神，紧紧围绕深化行政改革的总目标，着力解决直管县发展的体制机制障碍，理顺关系，优化结构，探索建立适应省情的行政管理体制，进一步解放生产力，加快新型城镇化进程，促进县域经济又好又快发展，为我省全面建成小康社会打造新的增长极和战略支撑点。

（二）基本原则。坚持按照有利于加强党的领导，有利于转变政府职能，有利于提高行政效能，有利于促进经济社会发展，有利于更好服务群众的原则，依法推进省直管县体制改革。

（三）工作目标。通过深化改革，实现直管县全面直管，形成权责一致、分工合理、决策科学、执行顺畅、监督有力的省直管县管理体制，全面优化行政层级和行政区划设置，切实提高行政效能，推动直管县加快建设成为区域性中心城市。

二、主要内容

从 2014 年 1 月 1 日起，对巩义市、兰考县、汝州市、滑县、长垣县、邓州市、永城市、固始县、鹿邑县、新蔡县 10 个县（市）全面实行由省直接管理县的体制。

（一）调整党委体制。直管县党委直接受省委领导，向省委负责并报告工作。直管县纪委和党委各部门直接受省纪委和省委对应部门领导或指导。

直管县党委、人大、政府、政协正职由省委管理，班子其他成员及副县级以上干部由省委委托省委组织部管理。实行双重管理单位的干部，原由省辖市有关部门主管或者协管的，调整为省级部门主管或协管。

(二)调整人大体制。直管县人大常委会直接受省人大常委会指导和监督。在十二届省人大换届前,直管县的省人大代表可共同组团参加省人代会。换届时,省人大代表名额直接分配到直管县,在直管县选举,由省人大常委会根据10个直管县的代表人数确定参加省人代会形式。

(三)调整政协体制。直管县政协直接受省政协的指导。换届时,直管县不再推荐产生省辖市政协委员;省政协委员名额直接分配到直管县,由直管县推荐产生。

(四)调整法院、检察院体制。设立河南省第一中级人民法院、河南省人民检察院第一分院,依法行使中级人民法院、检察分院的职权,管辖巩义市、汝州市、邓州市、永城市、固始县、鹿邑县、新蔡县。

济源市中级人民法院更名为河南省第二中级人民法院,河南省人民检察院济源分院更名为河南省人民检察院第二分院,管辖济源市、兰考县、滑县、长垣县。

河南省第一、第二中级人民法院均由省高级人民法院直接管理;河南省人民检察院第一、第二分院均为省人民检察院派出机构,由省人民检察院直接领导。

(五)调整群团体制。直管县群团组织直接受省级群团组织领导或指导。

三、组织实施

(一)加强组织领导。由省委、省政府统一领导,对改革中的重大问题作出决策部署;省和直管县分别成立省直管县体制改革试点工作领导小组负责议事指导、组织协调和督促检查;省直管县体制改革试点工作领导小组办公室作为临时性常设办事机构,挂靠在省编办,承担日常工作。

(二)注重统筹推进。深化省直管县体制改革试点工作涉及面广,政策性强,各级党委、政府要在省委、省政府的领导下,周密部署,系统谋划,统筹安排党委、人大、政府、政协和法院、检察院体制改革,有序推进各项工作。

(三)密切协调配合。省各有关单位要积极做好工作衔接,根据本意见制定相应的实施方案,报省直管县体制改革试点工作领导小组备案后实施,确保改革规范运行,平稳过渡;相关改革试点优先安排在直管县,支持其先行先试。加强对直管县的工作指导和业务培训,定期向直管县对应部门下派处级干部挂职,接收直管县相应部门上派班子成员挂职。相关省辖市要从大局出发,配合好体制调整,为直管县发展创造良好环境。各直管县要做好对接工作,尽快建立和完善与管理体制调整相适应的工作机制。

(四)完善监督体系。建立省委、省政府对直管县的领导和监督机制。直管县要切实承担起相应的责任,建立健全权力规范运行的制度和办法,用好下放的权力。完善同级人大及其常委会监督、政协民主监督和司法监督机制,畅通新闻舆论监督和人民群众监督渠道,提高执政能力,推进直管县持续健康发展。

(五)严肃工作纪律。严禁上级业务主管部门干预直管县机构设置和编制配备,严禁在推进改革过程中突击进人、突击调整提拔干部、突击审批等违法违纪行为。重视研究和解决改革过程中出现的新情况、新问题,加强思想政治工作,正确引导舆论,确保改革顺利进行。

2014年商丘市“十件实事”

1. 扩大就业渠道。购买公益性岗位7000个,城镇新增就业6万人,下岗失业人员再就业2.1万人,投放5亿元小额贷款支持下岗失业人员、高校毕业生、就业困难人员创业。

2. 关心救助弱势群体。市级儿童福利院年内投入使用。完成9200名残疾人就业培训和630名0岁~6岁贫困残疾儿童抢救性康复工程。扩大法律援助覆盖面,受理案件4000件,实现应援尽援。

3. 切实维护公共安全。建设覆盖中心城区的社会治安视频监控系统,免费开展电动自行车打码登记服务,提升社会治安防控能力。

4. 改善城区交通状况。投资5000万元,完成11条背街小巷整修工程。投资1000万元,购买空调公交车,改善火车站至神火大道南端运营条件。

5. 实施文化惠民工程。开工建设豫东大剧院,实现博物馆免费对市民开放。完成“舞台艺术送农民”演出150场,“百戏进百乡”演出120场,农村电影放映4.6万场。

6. 改善城乡居民生活条件。投资2亿元,解决43万农村人口安全饮水问题。新建农村公路360公里。开工廉租住房和公共租赁住房15662套。投资4亿元,改造城区薄弱电网。投资2000万元,新建、改造14座联体式公厕垃圾中转站。

7. 推进生态环境治理。完成引黄调蓄日月湖主体工程。

8. 改善城区办学条件。在新区和梁园区、睢阳区新建、改扩建8所中小学校,逐步解决大班额问题。商丘幼师秋季开学投入使用。

9. 增强医疗卫生服务能力。新建新区人民医院(市妇幼保健中心和儿童医院)。

10. 提高社会保障水平。发放社会保障卡280万张。新型农村合作医疗人均筹资水平提高到380元,其中财政补助标准提高到每人每年320元,参合率98%以上。将企业退休人员基本养老金水平再提高10%。

2014年商丘市打击和处置非法集资工作实施方案

根据省处非办和商丘市委、市政府工作部署,为切实做好我市打击和处置非法集资工作,有效防范风险,维护经济金融和社会秩序,维护人民群众合法权益,结合我市实际,现制定2014年商丘市打击和处置非法集资工作实施方案。

一、指导思想

坚持以科学发展观为指导,按照"谁审批、谁监管、谁负责"的原则,建立健全预防、监控、打击和处置非法集资工作机制,优化金融生态环境,促进我市经济金融秩序和社会秩序稳定,维护人民群众合法权益。

二、工作目标

清理整治民间资本市场不当公司形象宣传和涉嫌非法集资业务广告信息宣传(主要指投资、担保、寄卖、仓储、典当、财务、资产管理和小额贷款公司等从事信用中介的非实体经济的公司机构,以下简称为投资、担保等公司机构),深入开展防范非法集资公益宣传教育活动,消除非法集资生存土壤;坚决打击非法集资活动,及时查处非法集资案件,年内基本实现消除我市非法集资现象;最大限度维护群众利益,确保社会和谐稳定;努力化解金融风险,坚守不发生系统性区域性风险底线。

三、工作原则

(一)政府主导、分工协作。明确属地监管原则,实行市、(区)、乡(镇、办事处)政府分级负责制和条线监管责任制;降打防并举,密切部门协作、细化职责任务,依法妥善处置。

(二)综合治理,标本兼治。运用经济、法律、行政和群防治等多种手段找源头、治根本,周密规划,综合治理。

四、工作任务

(一)全面清理整治不当广告信息宣传。进一步加大涉嫌非集资广告整顿力度。对投资、担保等公司和部分房地产企业及各种协会名义涉嫌从事非法集资行为的公司进行的企业宣传或务宣传,或以返租售、收藏等各种名义变相进行涉嫌非法集资宣传活动坚决进行清理整治。对报刊、网络、传单、宣传册、电、电台、户外广告(包括宣传牌、电子屏、公交、公交站点、租车等)和社区内、办公楼、写字楼、公司营业室内外、售楼、各种会所等范围内的不当宣传要进行全面的排查清理。同时做好持续监管,定期巡查,对不能按要求清理整改和继续进行嫌非法集资广告宣传的,采取政府主导、部门联动、多措并举,合治理。

责任单位:市委宣传部、市文广新局、市工商局、局、市交通运输局、市工业和信息化局、市商务局、建设局,各县(区)人民政府。

(二)深入开展防范非法集资宣传教育。发挥主流媒体作用,利用各类宣传阵地,于4月、7月、10月分别组织开展防范非法集资公益宣传教育活动,提高社会公众对非法集资危害性的认识,增加公众对金融常识的认知,培养正确的投资理念,营造防范和打击非法集资的良好舆论氛围,从源头上遏制非法集资案件的发生。

1. 政府主导、统一宣传。注重进社区走基层,实现村镇、街道、社区和媒体、网络公益宣传的有效结合。

责任单位:各县(区)人民政府。

2. 条线配合、深入宣传。按照"谁审批、谁监管、谁负责"的原则,在投资、担保等公司机构营业场所内外长期持续开展警示宣传。

责任单位:市工商局、市工业和信息化局、市商务局。

3. 主流媒体、广泛宣传。商丘日报、京九晚报、商丘广播电台、商丘电视台及其官方网站均要开设宣传专栏,以图片、字幕、短语(标语口号)、案例等多种方式灵活持续宣传。

责任单位:市委宣传部、市文广新局。

4. 部门联动、合力宣传。充分发挥金融机构点多面广优势,发挥移动、联通、电信用户广泛性优势,以电子字幕、宣传栏等方式进行金融常识、理财风险和非法集资风险提示防范宣传。

银行业金融机构宣传责任单位:商丘银监分局、各银行业金融机构。移动、联通、电信宣传责任单位:市工业和信息化局。

(三)明确政府主导地位。各县(区)人民政府对辖区内的处非工作负总责。行政主要负责人作为第一责任人,分管负责人为具体责任人。乡(镇、办事处)要成立相应组织。根据省、市处非办通知安排和工作部署,结合当地实际制定细化具体处非工作方案。充分发挥乡(镇、办事处)和居委会、村委会的群众基础优势,统一部署开展处非行动,集中精力做好不当广告宣传和涉嫌非法集资公司机构的清理整顿、公益宣传、打击处置和社会维稳工作。

责任单位:各县(区)人民政府。

(四)突出条线监管责任。根据《商丘市处置非法集资工作操作流程》(商处非领〔2012〕1号)和《商丘市打击和处置非法集资工作领导小组成员单位职责》(商处非领〔2013〕1号)通知要求,各成员单位按照职责分工,主动做好打击和处置非法集资工作,全力配合当地政府集中开展清理整顿和统一开展的打击处置行动。

责任单位:市各处非成员单位。

(五)教育为主打防结合。按照行政区域由县(区)人民政府定期组织投资、担保等公司机构和部分涉嫌非法集资的房地产企业及涉嫌写户法集资的其他行业法人(负责人)进行集中警示教育,以案说法,限期清理整顿。公安机关要缜密制定打击处置计划,分期分批集中力量打击处置,形成持续打击非法集资的高压态势。

责任单位:各县(区)人民政府,市公安局。

(六)建立工作联动和风险监测

报告制度。根据业务监管条线职责,在通过行政经济等手段推进打击和处置非法集资或相关清理整顿工作中遇到措施手段等障碍时,应及时将相关情况向当地政府或市处非办报告,地方政府或市处非办应及时会同同级纪委监察局、公安局等相关部门综合整治打击处置。同时密切关注非法集资风险舆情,发观问题及时报告,妥善处置。

责任单位:各县(区)人民政府,市纪委监察局、市处非办、市维稳办、市公安局、市工商局、市工业和信息化局、市商务局、市住房城乡建设局、市农业局、市林业局。

(七)集中清理国家工作人员参与非法集资。严禁国家工作人员牵头设立或投资入股投资、担保等公司机构从事涉嫌非法集资活动。国家工作人员不得作为涉嫌非法集资公司机构的实际控制人或充当“保护伞”。凡投资入股投资、担保等公司机构或在投资、担保等公司机构有兼职行为的国家工作人员,限2014年6月30日前退出参与集资款项(股份)或兼职行为。确因特殊原因不能按期退出的,由其本人写出情况说明,分单位(部门)汇总整理后报送市处非办。在限期内没有退出参与集资款项(股份)或兼职行为的,同时没有报告说明的,由市纪委监察局按照相关规定做出处理。

责任单位:市处非办,市纪委监察局。

(八)严防非法集资风险向银行业传染。银行业金融机构不得向涉嫌非法集资的投资、担保等公司机构提供信贷支持、结算等服务,全面开展自身业务和员工行为排查,对风险苗头做到早发现、早防范、早处置,督促建立银行与非法集资的“防火墙”。

责任单位:人行商丘市中心支行、商丘银监分局。

(九)创新“网格化”管理处置模式。打击和处置非法集资工作中,应充分考虑非法集资的社会危害性、多样性、复杂性和处非工作的艰巨性,各县(区)政府、各处非成员单位应创造性的开展工作。采取“网格化”管理模式,充分发挥基层组织一线管理服务作用,按乡(镇、办事处)、街道居委会和村委会管辖范围,将其辖内的投资、担保等公司机构纳入管理服务范围,在辖区公安派出所的配合下,在业务主监管部门的指导下,分清类别,明确责任,定期开展“拉网式”排查,做实防范非法集资巡查工作,做好一线宣传、预警、防范和处置工作,发现重大风险或违法犯罪情况及时报告。

责任单位:各县(区)人民政府,市公安局、市工商局、市工业和信息化局、市商务局。

(十)建立侦察、起诉、审判快速联动机制。对涉嫌非法集资案件,市公安局、市检察院、市中级法院在严格遵守法律程序的基础上,做到快侦、快诉、快审、快结,切实提高办案工作效率。

责任单位:市公安局、市检察院、市中级法院。

(十一)确保退付有序和社会稳定。对于立案查处的非法集资案件,通过最大限度的资金追缴和资产处置拍卖,以最快的速度完成对参与集资群众的资金退付工作,最大限度的维护群众利益。在案件侦、诉、审、结过程中和资金退付前后要通过认真分析预判,妥善处置,确保社会稳定。

责任单位:各县(区)人民政府,市财政局、市维稳办、市公安局、市检察院、市中级法院。

(十二)建立督办通报和尽责巡查制度。各县(区)人民政府对2014年各项处非工作进行具体立项分解,对各处非成员单位工作完成进度和尽责情况定期进行巡查并通报巡查结果。

责任单位:各县(区)人民政府、市纪委监察局、市处非办、商丘银监分局等单位。

五、工作要求

(一)高度重视。各县(区)人民政府、市处非工作领导小组各成员单位行政主要负责人作为第一责任人(分管负责人为具体责任人),要进一步提高对非法集资风险和社会危害的认知,充分了解自身监管责任,积极主动开展打击和处置非法集资工作。同时要加强部门联动,运用行政和司法手段综合整治,对非法集资活动进行坚决打击。

(二)加强保障。财政部门对处非工作开展所需人力、经费、车辆和其他办公所需要全力给予保障。对打击和处置工作中出现的技术、协作等障碍由县(区)人民政府牵头及时解决,确保各项处非工作有序推进。

(三)制定规划。各县(区)人民政府、市处非各成员单位要根据工作方案,按照时间节点要求,结合当地(部门)实际制定周密具体且可操作性较强的处非工作规划。并于4月30日前报送至市处非办。

(四)责任追究。市处非办根据各县(区)和各处非成员单位职责对处非工作落实情况按月进行巡查通报,对重审批轻监管、只审批不监管、处非工作推进缓慢、打击处置不力、引发区域性或系统性风险、影响经济金融和社会秩序稳定,使金融生态环境建设受到严重影响的,由市纪委监察局进行严格责任追究。

2014 年商丘市加快商务中心区和特色商业区建设专项工作方案

为明确商务中心区和特色商业区建设年度工作任务，进一步完善载体功能，提升支撑和承载能力，促进服务业加快发展，特制定本方案。

一、总体要求

（一）工作思路。坚持把商务中心区和特色商业区作为加快发展服务业的主要载体，按照服务业企业（机构、商户）集中布局、服务业集群发展、服务功能集合构建、空间和要素集约利用、促进大容量就业的基本要求，围绕特色产业集群培育和区域服务功能增强，大力开展招商引资，加快完善基础设施，健全运营管理机制，促进产城融合发展，着力加快城市综合体建设和楼宇经济发展，强化现代专业市场建设和精品商业街培育，推动商务中心区和特色商业区更好更快发展。

（二）主要目标。重大标志性项目建设取得突破性进展，特色产业加快集聚，区域服务功能进一步增强，示范带动作用明显增强。

——发展规模不断壮大。力争完成固定资产投资 70 亿元，同比增长 40% 以上；实现服务业营业收入超过 40 亿元，同比增长 20% 以上；全部从业人员达到 3 万人，新增 0.5 万人左右。

——集聚效应逐步显现。规模（限额）以上服务业企业超过 50 家，力争形成 1 个营业收入超 10 亿元的服务业集群。

——基础设施不断完善。道路、市政管网、公共服务等配套基础设施建设加快推进，区域内村庄迁并安置工作全面启动，完成基础设施投资 20 亿元，建成区面积达到 8 平方公里，新增 2.8 平方公里左右。

二、重点任务

（一）培育特色产业集群，增强区域服务功能。认真实施商务中心区和特色商业区发展规划、空间规划、控制性详细规划，按照确定的功能定位和产业发展方向，明确主体服务功能，突出特色化、差异化发展，加快培育主导产业和特色产业，尽快形成一批产业高集聚、产出高效益、功能高复合、空间高密度、就业高容量的特色产业集群，更好地服务区域产业发展和经济建设。

商务中心区要强化城市形象塑造与整体功能开发，促进各类商务服务机构集聚，配套发展相关产业，促进产业功能和城市功能融为一体，打造区域高端商务服务平台。市商务中心区要围绕服务我市主导产业转型升级，加快培育商务服务业集群。要加快基础设施建设，按照功能定位、产业发展方向和空间布局，精心谋划一批重大项目，强化针对性招商引资和选择性承接转移，大力引进龙头企业，发挥其配套带动、人气集聚、业态示范的引领作用，为商务服务业集聚发展创造良好条件。市商务中心区要研究制定激励引导政策，加快推动金融保险机构、地方投融资平台、本地企业总部等集中有序布局，集聚发展咨询策划、研发创意、法律会计、经纪代理等商务服务业，避免商务服务机构在城区过度分散；大力发展楼宇经济，打造中小企业总部基地，增强区域综合商务服务功能。睢县、夏邑县商务中心区要重点围绕特色商品集散和主导产业发展，集聚研发、设计、营销、技术推广等商务服务业，适度推进特色商贸集聚，促进商务、商贸相互促进、联动发展，逐步增强专业商务服务功能。

梁园区、睢阳区、虞城县、宁陵县、民权县、柘城县特色商业区要充分挖掘历史遗存、地域文化、休闲旅游、特色产业等比较优势，细分服务市场，明确 1～2 个核心特色服务或特定业态模式，梳理核心产业和配套业态，在品牌集聚、业态创新、管理服务等方面打造亮点、寻求突破，推动特色产业集群从小到大、由弱变强，增强创造引领消费、提升城市品位的服务功能。商业基础较好的柘城县、宁陵县、虞城县要加快城市综合体建设和精品商业街培育，突出空中地上地下立体化、经营业态多样化、线上线下一体化、店铺商品品牌化，集聚先进业态和高端品牌，增强体验式消费功能。文化旅游资源丰富的睢阳区、民权县要强化整体开发、科学布局和历史古迹保护利用，建设符合居民消费升级需求的休闲旅游项目，以文为魂、以旅为基、以商求效，增强都市休闲旅游和城市名牌窗口功能。交通优势明显、商贸潜力较大的梁园区要突出招商引资和中心城区市场迁置集聚，强化实体市场与电商平台全方位融合，创新发展形态与交易方式，增强以市场促产业、带物流、引集群的服务功能。

（二）强化四个抓手，实施重点突破。着力抓好城市综合体建设、楼宇经济发展和现代专业市场、精品商业街培育，推动商务中心区、特色商业区尽快出形象、成规模、见成效。

1. 有序推动城市综合体建设。充分发挥城市综合体功能复合、空间集约、承载集聚产业能力强的优势，突出定向招商，科学选址定位，合理确定业态比例、功能组合和体量规模，有序安排开发节奏。根据所在城市规模、经济社会发展需求、居民消费能力，紧密结合城区核心商圈、城中村、棚户区改造和城市功能片区建设，科学确定城市综合体规划布局、建设规模，合理配置商业、办公、展览、酒店、文娱、公寓等业态比例与功能组合。明确城市综合体主导功能，限定主导功能项目在总建设面积中的最低比例，避免主导功能不明确；控制住宅建筑面积在城市综合体项目中所占的比例，避免城市综合体项目变相成为居住项目。加大对华润集团、招商局集团、万达集团、宝龙集团等知名企业集团的定向招商力度，力争新开工9个项目,建成投用2个功能复合多元、建筑面积10万平方米以上的大型城市综合体。

2. 加快楼宇经济发展。有序发展增量,积极盘活存量,优化空间布局,完善配套设施,做精物业服务,扩大楼宇建设规模,重点引进综合实力强、开发运营经验丰富的商业地产集团参与楼宇发展,严格把控新建楼宇的建筑形态、功能配套、绿化景观等要素指标,提高楼宇智能化和信息化水平,高标准开工建设4幢商务楼宇,完成4幢楼宇主体工程。提升楼宇经济发展质量,积极吸引企业总部和功能性中心入驻,对增长速度快、辐射能力强、区域税收贡献大的总部型企业实行"一企一策",带动金融、信息、商务中介、管理咨询及上下游配套的中小企业集聚,培育金融服务、文化创意、商务中介等特色功能楼宇。加强精细化管理,积极培育、引进有成熟市场经验的楼宇经营管理机构,开展市场化运作,不断提升楼宇内企业层次,升级发展业态,提高单位面积贡献率。建设集工商、税务、政务、党务等于一体的综合服务中心,引导商业零售、餐饮休闲、文化娱乐等服务业项目在楼宇周边集聚。

3. 改造提升现代专业市场。强化迁移整合、改造升级、特色打造,加快商务中心区和特色商业区内传统批发市场向与物流、电子商务、商品会展等有机融合的现代市场转型。加快整合提升,强化龙头带动,推动中心城区批发市场外迁整合、新建市场承接升级、沿街市场向特色商业街转型,力争新开工6个现代专业市场。推动提档升级,创新应用合约交易、订单交易、拍卖交易等方式,积极发展适合自身商品特点的网上交易模式,建设特定产品研发中心和质量检测中心等公共服务平台,培育一批集商品展示订货、批发采购、信息服务、物流配送于一体的现代专业市场,形成以市场促产业集聚升级、以产业发展扩市场规模的互动发展格局。

4. 积极培育精品商业街。按照提升老街区、发展新街区、创建名街区的思路,整治优化环境、规范提升业态、聚焦锤炼特色,力争培育形成9条文化底蕴深厚、建筑风格鲜明、运营管理规范、拉动消费明显的精品商业街。加快融合创新,适应电子商务跨界渗透、快速发展趋势,丰富休闲体验功能,将旅游景观、传统街巷、历史文化资源有机结合,推动由单纯购物消费向体验消费转变,由单一功能向观光旅游、文化体验、休闲娱乐、特色餐饮等一站式服务转变。突出商业特色,与网络化、连锁化、便民化的社区商业网点错位发展,加强业态规整、品牌提升和环境整治,引导具有地方特色和文化创意能力的商户集聚,合理布局符合居民消费升级需求的综合商业设施和文旅休闲项目,增设绿化开敞空间,扩大无线网络覆盖范围,打造"都市会客厅"和城市名牌窗口。强化标杆示范,积极创建省级特色商业街,努力创建特色鲜明、环境优美、影响范围广、产出效益高的精品商业街,支持符合条件的商业街申报中国著名商业街。

(三)加大引资力度,增强招商实效。围绕开发特色资源、打造精品亮点、集聚业态品牌、壮大产业规模,在商业商贸提升、商务服务集聚、商文旅融合发展、基础设施完善等领域,精心谋划200个投资规模大、带动作用强、业态模式新的重大招商项目,在国家、省、市重大招商活动上集中推介。利用河南省服务业开放合作洽谈会机遇,开展商务中心区、特色商业区招商项目专题对接,争取签约落地一批重大项目。各县(区)要充分利用区域性、行业性重大节会和特色活动,积极开展多种形式的商务中心区、特色商业区专题招商活动。不断创新开发方式、招商模式,针对日韩、欧美、台湾、长三角、珠三角、京津冀、闽东南等重点区域,开展点对点精准招商;推动由单个项目招商向以功能区块整体开发招商转变,探索开展以规划建设、运营管理方案为中心的规划方案招商。加强工作督导,提高项目履约率,力争新开工10个、加快推进20个、建成投用10个亿元以上项目。

(四)强化要素保障,推动产城互动。加快配套设施建设,积极扩大投融资规模,强化职业技能培训和高端人才引进,为企业、项目入驻和产业集群发展创造良好环境。

1. 加快基础设施建设。全面完成商务中心区、特色商业区空间规划、控制性详细规划审查审批工作。与城市基础设施建设改造相结合,加快完善道路、供排水和污水管网、供电、供热、供气、通信、信息网络等公共服务设施。优化路网结构,提升外联通道通行能力,弱化城市主干路两侧门店商业功能,加快过街天桥、地下通道、机械式立体停车场、地下停车库建设,加密城市公共交通线路与站点,加大交通设施建设投入力度,优先将区域内交通项目纳入各级城市交通建设计划。制定区域内村庄搬迁改造专项工作计划,将区域内城中村优先纳入城市棚户区改造范围,全面启动商务中心区、特色商业区范围内村庄(小区)的迁并改造工作。加强环境整治、生态建设和景观打造,促进产业功能、城市功能、生态功能融为一体和形态、业态、生态合一。

2. 建立土地保障和集约节约机制。将商务中心区、特色商业区列为市用地保障重点区域,积极向省国土资源厅争取增加新增建设用地计划指标和城乡建设用地增减挂钩指标,加大存量用地盘活和闲置土地清理处置力度,全力保障重大基础设施建设项目、公共服务项目和重点招商引资项目用地。在符合相关规划的条件下,适当提高建筑系数和容积率。合理控制住宅用地比例,引导人口适度集聚居住,为产业发展留足空间。强化地上、地下空间开发利用,支持人流密集的大型商业中心、商务办公区域建设联接周边建筑和交通通道的步行连廊系统。畅通重点项目用地审批绿色通道,商务中心区、特色商业区新征土地可分批次单独组卷报批,提高重点项目用地预审、审查报批效率,缓解建设用地供需矛盾。

3. 提升投融资水平。支持市、县级投融资平台通过财政注资、市场募资、整合存量资产、做优增量资产等多种方式提高融资能力,为商务中心区、特色商业区基础设施和重大项目建设提供融资支持。定期组织银行、担保机构、企业三方对接活动,鼓励金融机构扩大对重点区域、重点商圈和产业集群的信贷规模。引导民间资本参与商务中心区、特色商业区连片综合开发,鼓励公益性基础设施和商业项目捆绑建设,探索建立"公商协同、以商补公”长效机制。支持有条件县(区)加强与金融机构合作,探索“助保贷”等新型融资模式,扩大区域内中小企业的融资规模。

4. 强化人力资源保障。将商务中心区、特色商业区作为高校毕业生、农村转移劳动力、失业人员、退役军人、失地农民等各类就业群体的重要就业渠道,围绕商业商贸、餐饮住宿、文化旅游等重点产业,大规模开展“一人一技”技能培训,通过订单培训、定向培训、定岗培训和政府采购培训等方式,为商务中心区、特色商业区发展培训各类技能人才。结合精品商业街培育和现代专业市场建设,大力开展创业培训,促使更多的小微企业借助商务中心区、特色商业区平台实现快速发展。围绕商务中心区、特色商业区建设发展实际需求,组织开展楼宇经济专题培训。

三、保障措施

(一)强化组织实施。市直有关部门要按照本方案确定的目标任务,制定实施加快商务中心区、特色商业区建设发展的具体工作计划或行动方案,细化时间节点,明确推进措施。各县(区)要加强对商务中心区、特色商业区的分类指导、统筹协调和督促推进,围绕特色产业培育和区域服务功能增强,明确工作重点和突破方向,细化工作方案,落实目标责任,强化考核奖惩,确保各项工作加快推进。市商务中心区和特色商业区规划建设领导小组办公室定期对市有关部门工作进展情况和商务中心区和特色商业区建设情况进行通报。加强商务中心区、特色商业区统计监测,及时公布监测数据和分析报告,按照工作考核和统计考核结果各占50%的权重,计算各商务中心区和特色商业区综合得分,根据各项加(减)分因素计算各商务中心区和特色商业区实际总得分,并按得分高低,对商务中心区、特色商业区进行综合排序。

(二)加强政策扶持。认真落实省政府出台的促进商务中心区、特色商业区发展政策,支持各县(区)对楼宇经济发展、城市综合体建设、精品商业街培育等制定专项优惠政策。加大服务业领域专项资金对商务中心区、特色商业区建设的支持力度,创新运用补助、贴息、政府采购、先建后补、以奖代补等方式,支持商务中心区、特色商业区项目建设。充分发挥重大项目带动作用,将商务中心区、特色商业区重大项目优先纳入省、市重点项目管理范围,优化土地指标配置,加强投融资支持力度,强化联审联批。市商务中心区和特色商业区规划建设领导小组办公室要统筹协调推进市域内商务中心区和特色商业区建设,所取得的土地出让收益重点用于区域内配套基础设施建设。

(三)理顺管理机制。进一步完善各县(区)商务中心区、特色商业区工作协调推进机制,强化主要领导责任,健全空间开发、项目建设、企业(机构)引进等决策机制,及时协调解决建设、招商过程中的重大事项。各县(区)要结合本地实际,采取委托管理、机构套合、新建机构等方式,成立商务中心区、特色商业区管委会或建设发展办公室,明确工作责任和管理权限,理顺与所在行政区域的关系;设立商务中心区、特色商业区综合行政服务平台,专门负责推进商务中心区、特色商业区建设发展、行政服务和运营管理。有条件的县(区)要对商务中心区和特色商业区管理机构定岗定编。

(四)开展示范创建。围绕增强区域服务功能,在楼宇经济发展、商文旅融合互动、现代专业市场培育、对外开放等方面,开展示范商务中心区和特色商业区创建工作,及时总结推广示范创建经验,加强宣传交流,带动全市商务中心区、特色商业区更好更快发展。

商丘市人民政府
关于进一步做好城乡居民最低生活保障工作的
意　　见

各县(区)人民政府,市城乡一体化示范区管委会,市政府有关部门:

为进一步做好城乡居民最低生活保障工作,根据《国务院关于进一步加强和改进最低生活保障工作的意见》(国发〔2012〕45号)和《河南省人民政府关于进一步做好城乡居民最低生活保障工作的意见》(豫政〔2013〕51号)精神,结合我市实际,提出如下意见:

一、规范最低生活保障资格认定

(一)申请人资格。具有我市常住户口的居民,凡共同生活的家庭成员人均收入低于最低生活保障标准,且家庭财产状况符合政府规定条件的,有权申请最低生活保障。新迁入户口的家庭原则上须半年以后方可申请。

共同生活的家庭成员包括:配偶;父母和未成年子女;已成年但不能独立生活的子女,包括在校接受本科及其以下学历教育的成年子女;其他具有法定赡养、扶养、抚养义务关系并长期共同居住的人员。

(二)申请人家庭财产认定。家庭财产,指家庭成员拥有的全部动产和不动产,主要包括:现金、银行存款及有价证券、机械设备、机动车辆、房产、债权、商业保险、知识产权、古董及艺术品等。

申请人家庭有下列情形之一的原则上不得享受最低生活保障待遇：

1. 家庭银行存款、有价证券、股票等金融资产人均超过低保月标准10倍以上，或从事收藏高价值物品的；

2. 家庭成员拥有大型汽车、小型汽车、电动汽车的；

3. 家庭拥有2套或2套以上住房，且住房建筑面积超过市政府规定的家庭人均住房保障标准2倍以上的；

4. 家庭成员有商业用房、自费出国留学、雇佣他人从事经营活动的；

5. 享受低保期间或提出低保申请之日前3年内自建住房或购买商品用房的（因国有土地征收或征地拆迁安置经济适用房、因灾倒房重建的除外）；

6. 享受低保期间或提出低保申请当年购买高档贵重非生活必需品造成开支过大的；

7. 家庭基本生活用电、燃气、用水量连续半年以上超出当地一般居民消费水平的；

8. 未按规定提出申请、提供有关证件、证明，或证件、证明提供不齐全的；

9. 不配合或不授权工作人员依法进行调查，隐瞒家庭真实收入和财产，提供虚假证明，或故意放弃、转移本人权益和财产的；

10. 市人民政府有关部门确定的其他家庭财产情形。

（三）申请人申请地确认。从2014年起，我市收入低于最低生活保障标准的城乡居民可直接向其户籍所在地的乡镇政府（办事处）提出最低生活保障申请，村（居）民委员会不再受理个人申请。受最低生活保障申请人委托，村（居）民委员会可以代为提交申请。

申请人经常居住地与户籍所在地不一致的，申请人凭户籍所在地县级人民政府民政部门出具的未享受最低生活保障的证明，可以向经常居住地乡镇人民政府（办事处）提出申请。

户籍类别相同但家庭成员户口不在一起的家庭，应将户口迁移到一起后再提出申请。因特殊原因无法将户口迁移到一起的，可选择在户主或者其主要家庭成员的户籍所在地提出申请，户籍不在申请地的其他家庭成员分别提供各自户籍所在地县级人民政府民政部门出具的未享受低保的证明。

共同生活的家庭成员分别持有非农业户口和农业户口的，一般按户籍类别分别申请城市低保和农村低保。

二、科学制定最低生活保障标准

根据全市经济社会发展情况，进一步健全最低生活保障标准与物价上涨挂钩的联动机制，建立城乡居民最低生活保障标准自然增长机制，动态、适时调整最低生活保障标准。城乡居民最低生活保障标准由市人民政府统一制定。

三、健全审批及举报核查制度

自2014年起，严格按照豫政〔2013〕51号文件规定的“申请—审核—公示”程序进行审批，建立低保经办人员和村（居）民委员会干部近亲属享受低保备案等监管机制，健全投诉举报核查制度，进一步加强县、乡、村“三级公示”制度建设。

四、建立救助申请家庭经济状况核对机制

2014年年底前，要建立跨部门、多层次、信息共享的救助申请家庭经济状况核对机制，加强工作机构、队伍和信息核对平台建设，确保准确、高效、公正认定最低生活保障等社会救助对象。民政部门负责救助申请家庭经济状况信息查询工作，统一进行跨部门信息核对。经救助申请人及其家庭成员授权，公安、人力资源社会保障、住房城乡建设、金融、保险、工商、税务、住房公积金等部门要根据有关规定和认定工作需要，及时向民政部门提供户籍、机动车、就业、保险、住房、存款、证券、个体工商户、纳税、住房公积金等方面的信息。

五、加强最低生活保障对象动态管理

建立最低生活保障家庭人口、收入和财产状况定期报告制度，定期开展核查，将不再符合条件的及时退出保障范围，形成最低生活保障对象有进有出、补助水平有升有降的动态管理机制。最低生活保障家庭要定期向乡镇政府（办事处）报告家庭人口、收入和财产状况变化情况。乡镇政府（办事处）要定期对最低生活保障家庭成员变化情况和家庭经济状况进行复核，并根据复核情况及时报请县级民政部门办理最低生活保障金续发、停发、减发或增发手续。

全面建立最低生活保障对象分类管理制度，按规定进行复核认定，实行自动退出机制。低保对象根据不同年限要求，在低保到期前要向低保经办机构提供家庭人口变化情况、家庭收入未发生根本性好转、家庭财产未明显增加依然符合低保条件的证明，逾期未提供者将自动退出低保保障范围。对无生活来源、无劳动能力又无法定赡养、抚养、扶养义务人的A类保障对象，有效期为三年；对家庭成员有重残、重病等短期内收入变化不大的B类保障对象，有效期为二年；对收入来源不固定、成员有劳动能力和劳动条件的C类保障对象，有效期为一年。在复核认定过程中，发现保障对象家庭收入高于低保标准的，有效期自动终止。各县（区）要制定具体的分类管理制度。

六、切实提高保障能力和水平

（一）加强组织领导。全市各级政府要将最低生活保障工作纳入重要议事日程，纳入经济社会发展规划，纳入科学发展考评体系。市政府将建立由市政府分管副市长任总召集人，市政府分管副秘书长、市民政局局长任副召集人，相关单位为成员的商丘市社会救助工作联席会议，负责制定社会救助工作政策，指导、协调和部署社会救助工作；推动社会救助各项政策措施的落实。各县（区）要进一步完善政府领导、民政牵头、部门配合、社会参与的社会救助工作机制，建立社会救助联席会议，统筹做好最低生活保障工作，研究解决救助申请家庭经济状况核对等信息共享问题，要将最低生活保障政策落实情况纳入政府绩效考核范围，考核结果作为政府领导班子和相关领导干部综合考核评价的重要内容，作为干部选拔任用、管理监督的主要依据。

（二）强化能力建设。各县（区）政府、管委会要切实加强最低生活保障工作能力建设，保障必要的工作条件，配备必要的工作人员。乡镇（办事处）要有低保办公场所，设立低保受理窗口。县(区)政府、管委会要通过多种渠道充实加强县(区)、乡镇(办事处)最低生活保障工作力量,集中力量解决基层民政工作力量薄弱的突出问题。要加强最低生活保障工作人员的业务培训,注重管理创新,不断提高最低生活保障管理服务水平。

(三)加强经费保障。市级财政要优化和调整支出结构,切实加大最低生活保障资金投入。各县(区)政府、管委会要加大最低生活保障资金投入,将最低生活保障工作所需经费纳入县、乡两级财政预算,切实保障基层工作经费。低保工作经费落实情况将作为年度城乡低保工作考评的一项重要内容进行考评。

(四)加强政策宣传。要利用广播、电视、网络等媒体和宣传栏、宣传册、"明白纸"等群众喜闻乐见的方式,重点宣传最低生活保障对象认定条件、审核审批、动态管理等政策规定及有关要求,不断提高最低生活保障信息公开的针对性、时效性和完整性。

(五)加强监督检查。市民政、监察、财政、审计部门要加强对最低生活保障工作落实及资金管理使用情况的抽查,防止挤占、挪用、套取等违纪违法现象的发生。各县(区)政府、管委会要将最低生活保障政策落实情况作为督查督办的重点内容,定期开展专项检查。

(六)强化责任追究。对因工作重视不够、管理不力、不如实提供信息等发生重大问题、造成严重社会影响的政府和部门负责人,以及在最低生活保障审核、审批过程中滥用职权、玩忽职守、徇私舞弊、失职渎职的工作人员,要依法依纪严肃追究责任。要加大对骗取最低生活保障待遇的查处力度,除追回骗取的最低生活保障金外,还要依法给予行政处罚;涉嫌犯罪的,移送司法机关处理。对在申请最低生活保障待遇过程中有违反治安管理行为的,交由公安机关依据有关规定予以处理。

此件自发布之日起施行,有效期5年。

商丘市人民政府关于公布第四批市级非物质文化遗产名录的通知

各县(区)人民政府,市城乡一体化示范区管委会,市人民政府各部门:

经研究。批准由市文化广电新闻出版局确定的第四批商丘市市级非物质文化遗产名录(共计31项)和商丘市市级非物质文化遗产扩展项目名录(共计2项),现予以公布。

全市非物质文化遗产是文化遗产的重要组成部分。各县(区)人民政府、市城乡一体化示范区管委会、市人民政府各部门要按照"保护为主、抢救第一、合理利用、传承发展"的工作方针,切实做好非物质文化遗产的保护、管理和合理利用工作,为加快我市由文化资源大市向文化强市跨越发展做出更大的贡献。

附件:1. 第四批商丘市市级非物质文化遗产名录

2. 商丘市市级非物质文化遗产扩展项目名录

2014年11月9日

附件1

第四批商丘市市级非物质文化遗产名录

(共计31项)

一、民间文学(共计6项)

序号	编号	项目名称	申报地区(单位)
1	Ⅰ-13	商丘民间故事	商丘市
2	Ⅰ-14	桃花扇的传说	睢阳区
3	Ⅰ-15	闹龙街的传说	睢阳区
4	Ⅰ-16	月下老人的传说	睢阳区
5	Ⅰ-17	王亥的传说	睢阳区
6	Ⅰ-18	庄子传说	民权县

二、传统音乐(共计1项)

序号	编号	项目名称	申报地区(单位)
7	Ⅲ-5	锣鼓经	民权县

三、传统美术(共计3项)

序号	编号	项目名称	申报地区(单位)
8	Ⅱ-16	进远剪(刻)纸艺术	梁园区
9	Ⅱ-17	民间多层剪纸	虞城县
10	Ⅱ-18	板笔画	虞城县

四、传统舞蹈(共计3项)

序号	编号	项目名称	申报地区(单位)
11	Ⅳ-12	火老虎	永城市
12	Ⅳ-13	鬼会	虞城县
13	Ⅳ-14	刘楼高跷	睢　县

五、传统戏剧(共计2项)

序号	编号	项目名称	申报地区(单位)
14	Ⅴ-9	大平调	民权县
15	Ⅴ-10	坠琴剧	柘城县

六、曲艺(共计1项)

序号	编号	项目名称	申报地区(单位)
16	Ⅵ-7	鼓琴曲	虞城县

七、传统体育、游艺竞技(共计4项)

序号	编号	项目名称	申报地区(单位)
17	Ⅶ-5	鞭陀	夏邑县
18	Ⅶ-6	小弘拳	虞城县
19	Ⅶ-7	大弘拳	民权县
20	Ⅶ-8	解家大洪拳	宁陵县

八、传统技艺(共计8项)

序号	编号	项目名称	申报地区(单位)
21	Ⅷ-19	老田家金银首饰制作技艺	梁园区
22	Ⅷ-20	豫东虎头鞋虎头帽制作技艺	梁园区、夏邑县
23	Ⅷ-21	王记酒曲传统制作技艺	夏邑县
24	Ⅷ-22	孙家卤肉传统制作技艺	夏邑县
25	Ⅷ-23	辛家五香驴肉传统制作技艺	虞城县

续表

序号	编号	项目名称	申报地区(单位)
26	Ⅷ-24	焦咯喳传统制作技艺	睢县
27	Ⅷ-25	九龙口香醋制传统制作技艺	睢县
28	Ⅷ-26	冷谷红葡萄酒传统酿造技艺	民权县

九、传统医药(共计3项)

序号	编号	项目名称	申报地区(单位)
29	Ⅸ-13	刘氏鼻喉疗法	梁园区
30	Ⅸ-14	付氏膏药	睢阳区
31	Ⅸ-15	刘氏百草膏	虞城县

附件2

商丘市市级非物质文化遗产扩展项目名录

一、传统戏剧(共计1项)

序号	编号	项目名称	申报地区(单位)
1	Ⅴ-6	柳琴戏	虞城县

二、曲艺(共计1项)

序号	编号	项目名称	申报地区(单位)
2	Ⅵ-6	豫东坠子	虞城县

为您服务

商丘南站旅客列车时刻表(三)

自2016年1月10日零时起实行

下行					
车次	区间	股道	到点	开点	方向
K1395	太原—温州	3	8:01	8:04	
K133	兰州—深圳西	3	9:22	9:37	西来
Z181	包头—深圳东	I	9:33过		
K2385	长春—南宁	3	9:45	9:55	
K665	沈阳北—福州	3	10:19	10:22	
Z185	沈阳北—深圳	3	10:48	10:52	
K1237	郑州—温州	3	15:09	15:13	西来
K743	郑州—厦门	3	15:24	15:29	西来
K1281	济南—深圳东	3	15:38	15:40	
K147	北京西—阜阳	3	18:09	18:11	
K1575	太原—福州	I	18:29过		
K29	洛阳—福州	3	18:37	18:40	西来
Z59	北京西—福州	I	20:00过		
K1453	北京西—赣州	3	20:34	20:38	
K1071	北京西—安庆	3	20:56	20:59	
T325	郑州—宁波	3	21:16	21:20	西来
Z307	北京西—厦门	I	21:37过		
K1109	北京西—黄山	3	21:32	21:44	
Z147	郑州—深圳东	3	22:03	22:06	西来
K1011	石家庄北—上海	3	22:19	22:23	
T179	济南—广州	3	22:33	22:35	
K725	哈尔滨—桂林北	3	22:45	22:48	
K341	青岛—南昌	3	23:10	23:12	
K1263	石家庄—杭州	3	23:28	23:30	
K1073	济南—长沙	3	23:39	23:41	
1153	西安—杭州	3	23:49	23:52	西来

索 引

A

B

C

D

E

F

G

H

J

K

L

M

N

P

Q

R

S

T

W

X

Y

Z

《商丘年鉴》责任编辑

（按承编顺序为序）

姓　名	责任编辑
王文双	数字商丘　统计资料　概貌
贾红艳	特载　人物　大事记　附录
杨　光	调查报告　人民生活　基础设施建设
贺威霖	政党　政权·政协
张来宾	社会团体　人民武装　政法　国策实施
刘雪艳	经济管理　农业
张振东	工业　商贸服务业　精神文明创建　教育·科技 文化·史志
刘志红	新闻媒体　卫生·体育　县(市、区)概览

图书在版编目（CIP）数据

商丘年鉴．2015/商丘市地方史志办公室编．—郑州：中州古籍出版社，2015．12

ISBN 978－7－5348－5968－7

Ⅰ．①商…　Ⅱ．①商…　Ⅲ．①商丘市—2015—年鉴　Ⅳ．①Z526．13

中国版本图书馆 CIP 数据核字（2016）第 039192 号

责任编辑：周　媛
责任校对：刘雪艳　贺威霖
出 版 社：中州古籍出版社
（地址：郑州市经五路 66 号　邮政编码：450002）
发行单位：新华书店
承印单位：郑州方志印务有限公司　（0371—67811485）
开　　本：889mm×1194mm　1/16　　**印　　张：**26．5
字　　数：1100 千字　　**印　　数：**1—1500 册
版　　次：2015 年 12 月第 1 版　　**印　　次：**2015 年 12 月第 1 次印刷

定　价：298．00 元

梁园区国税局

党组书记 局长 张 炜

梁园区国税局现有干部职工 245 人，其中在职人员 179 人，离退休、离岗人员 66 人。机关内设 11 个科室和 1 个办税服务厅，下辖五个税务管理分局，主要负责梁园区辖区内 1.1 万余户纳税人的税收征管工作。

近年来，以“四个全面”为税收工作思路航标灯，以构建和谐税收为目标，按照六个牢固树立的总要求，把握“事业凝聚力量，文化提升团队”的指导思想，“在执法中服务，在服务中执法”，把抓班子、带队伍、惠民生、促和谐作为重中之重，着力建设一支“心相通、情相容、力相合”的和谐国税队伍。以文化建设为动力，税收征管不断加强，干部队伍和谐稳定，各项工作持续推进。连年提前超额完成税收任务，大力支持了地方经济建设。连续三届获省级文明单位、连续三年获全省国税系统税收科研先进单位、多次获省、市国税系统先进单位、先进机关党组织、党风廉政建设目标管理优胜单位等。

送政策送发票到企业

张炜到企业调研

市委副书记周树群为该局颁发国家级“巾帼文明岗”牌匾

梁园区科技局

近年来，梁园区科技局遵循政府调控、市场导向、体现特色、重点突破的原则，充分利用区域经济和社会发展的特色和优势，发挥各创新主体的重要作用。至 2014 年年底，全区拥有国家级科技企业孵化器 1 家，大学生创业园 1 家，在孵企业 68 家，高新技术企业 3 家，省级工程技术中心 4 家，逐步建立起以企业为主体，市场为导向，产学研相结合的科技创新体系；拥有电子电气产业科技园 1 个，生物医药特色产业基地 1 个，优化了产业结构，为企业赢得更好的发展环境和空间。全区累计申请专利 501 件，授权专利 317 件。其中发明专利的申请量和授权量分别达 138 件和 26 件，在全市处于前列；组织实施科技计划项目 145 项，累计投入科技经费 1.1 亿余元；争取省科技厅科技计划项目 12 项，市科技局科技计划项目 52 项，共争取上级科技专项经费 1479 万元。有力的推动全区的经济发展。先后获“河南省科技系统先进集体”、“商丘市科技管理工作先进单位”、“梁园区综合目标先进单位”、“全国科技进步先进区”、“全国科普示范城区”、“河南省可持续发展实验区”和“河南省首批新农村建设科技示范村试点”等称号。

电子电气产业科技园

局领导班子深入企业服务

国家级科技企业孵化器

开发区国税局

商丘经济开发区国家税务局于 2005 年 12 月成立，遵循“为国聚财、为民收税”的税收工作宗旨，深入贯彻“依法治税，从严治队”的工作方针，始终坚持以组织收入为中心，以改革创新为动力，以科技兴税为手段，以服务经济建设为己任，与时俱进，锐意进取。税收收入连年攀升，征管体制逐步完善，纳税服务不断优化，各项事业全面发展。现有工作人员 39 人，承担着商丘市城乡一体化示范区 198 平方公里 2100 余户纳税人增值税、消费税和企业所得税的征收管理工作。

2014 年，开发区国税局圆满完成组织收入目标任务。全年累计入库各税合计 57531 万元，增长 21.1%，增收 10026 万元，提前 75 天完成全年收入任务。加强重点税源管理，重点税源企业累计入库各税合计 50797 万元，同比增长 16.42%，增收 7165 万元。强化征管质量。所得税低零负申报率全市排名第一位。企业所得税预缴申报率为 28.15 %。个体税收完成 370 万元，同比增长 131%。做好“营改增”工作。营改增纳税人累计入库县区级收入 537 万元。积极做好电信业营改增工作，电信业入库税款 833 万元。

领导带班制度服务纳税人

深入企业调研

“迎七一”趣味性文体活动

开展企业走访活动

梁园区平原街道

主 任　韩建华

党工委书记　马海波

2014 年，梁园区平原街道在区委、区政府的领导下，认真贯彻落实党的十八届三中、四中全会精神，紧紧围绕区委、区政府工作重点，发扬“团结向前，奋勇争先，求真务实，创新发展”的平原精神，严格履行“为党工作不畏千辛万苦，为民造福重在千方百计，为官清廉坚持千锤百炼，为人处世放眼千秋万代”座右铭，坚持以经济建设为中心，突出抓好“一个围绕、两个确保、六项重点工作”，大家心往一处想，劲往一处使，务实重干，克难攻坚，开拓创新，争创一流，积极推进产业集聚区建设、招商引资、项目建设、城市建设等各项工作，保障社会大局的和谐稳定和经济指标的持续增长，全年实现财税收入 8418 万元，完成年任务的 118.9%；工业总产值完成 26.5 亿元，同比增长 6%，其中限额以上工业总产值 25 亿元，同比增长 5.9%。确保在全市街道综合实力晋位升级。

三级干部大会

市长李公乐检查指导工作

睢阳区新城街道

2014 年，在区委、区政府的正确领导下，新城街道团结带领广大干部群众，积极贯彻落实党的十八大和十八届三中全会、四中全会精神，认真开展党的群众路线教育实践活动，按照“城镇引领、工业支撑、楼宇激活、城乡互动、文化助推、和谐稳定”的发展思路，紧紧围绕“抓十做百”计划，进一步奋力拼搏，锐意进取，各项工作均取得较好的成绩。

新城街道辖北海、紫荆、金世纪、银河、育才、市府、府前、宇航、新华、丰源、花园、鑫源、长江、天河、蓝牌、金桥、振兴、奥园、三和、双新、华夏、雪苑、应天、九州 24 个社区和夏营、沈窑、武宅 3 个行政村，总人口 13.2 万人，总面积 33.1 平方公里，约占商丘市城区规划面积的三分之一。经济综合实力连续 8 年位居全市第一。

新城街道是商丘市主城区，是商丘市及睢阳区的行政中心所在地，国家、省、市、区 300 多家机关、企事业单位坐落其中，11 条市管道路、20 多条区管道路贯穿全境。

市领导到新城街道慰问退伍军人

市长李公乐到新华农贸市场调研

日新月异的城市建设

网格化管理示范街——清华路

睢阳区东方街道

领导调研

市长李公乐视察华商文化广场

东方街道位于睢阳区、梁园区、开发区三区结合处，西与文化街道接壤，北依梁园区，东靠开发区，南临新城街道，地处商丘市的中心腹地。文化路、长江路横穿辖区东西，凯旋路、神火大道、归德路、中州路纵贯辖区南北，省市驻地机关单位 30 多家坐落其境，交通便利、地理位置优越、区位优势明显。街道下辖 13 个社区居委会，街道办公处所在地位于华夏路南侧路西 966 号。

2014 年，东方街道共完成固定资产投资 31.4 亿元，同比增长 84.69%，超额完成上级下达的招商引资任务。由北京中诚国联投资 6 亿元的微生物肥农业科技项目已进驻产业集聚区；投资 5.2 亿元建设的恒琪服饰有限公司，占地 17.87 公顷，已入驻产业集聚区；二期宏高棉业投资 3 亿元，厂房及展厅建设完工，投资 8 亿元的金盾国际房地产项目已开工建设；投资 6.2 亿元的东方花园安置房项目完工封顶；由帝和投资有限公司分别投资 5.2 亿元和 3.4 亿元的帝和左岸香颂、帝和北苑房地产项目，已完工封顶投入使用。2014 年，国、地税收入完成 2967 万元，公共预算收入完成 2219 万元，同比增长 6%，财政收入再步新高。

睢阳区古宋街道

市长李公乐视察金桥路升级改造工程

市长李公乐慰问优抚对象

古宋街道下辖11个村委会，华商、九州2个社区，总面积36平方公里，其中耕地面积1666.66公顷，总人口3.3万人。商柘、商鹿、商宁、连霍高速等国道、省道在辖区纵横交错，连霍高速商丘出口坐落其境。是商丘市乃至苏、鲁、豫、皖四省周边地区人流、物流、信息流中心和黄金大道枢纽。辖区内名胜古迹20余处，主要有世界上最早的天文台阏伯台，纪念大唐忠烈侯的张巡祠，三皇之一的火祖燧人氏陵，隋唐大运河遗址和宋国故城等，中国商文化博物馆、华商国际文化广场、火文化广场等也坐落境内。宋国故城和阏伯台为全国重点文物保护单位；隋唐大运河南关码头于2014年6月22日获准列入世界遗产名录，成为我国第46个世界遗产项目；历届华商文化节均在华商文化广场举行。以旅游为切入点，力促第三产业发展。积极发展商务楼宇经济、总部经济，促进现代服务业企业聚集，加大金融创新力度，引进各类保险机构设立分支机构；促进商业、旅游、文化及休闲功能整合，打造城市现代商业新名片。农业基础较好，工业经济发展势头强劲，经济发展迅猛，商业发达，市场繁荣。大型高档宾馆列入计划，区域性商贸物流中心日趋形成。城市基础设施完备，人居环境优良。随着中心的南移，古宋街道正在日趋发展为全市的中心腹地和新的政治、文化、经济、旅游、商贸中心。

市长李公乐在万商广场调研

阏伯台

睢县地税局

局长 林喻

2014 年，睢县地税局在县委、县政府和市地税局的正确领导下，立足服务地方经济发展，坚持“为国聚财、为民收税”的工作宗旨，面对复杂严峻的经济形势，努力克服“营改增”扩围、起征点提高、个体纳税人征期简并等不利因素的影响，牢固树立收入中心意识，注重科学分析和预测，大力推进依法治税，创新税收征管措施，整顿规范税收秩序，狠抓干部队伍建设，提升纳税服务质量，税收收入运行质量良好，地税收入再创历史新高。2014 年累计入库税收 39115 万元，其中：县乡级税收入库 35227 万元，同比增长 25.12%，增收 7072 万元，占年计划 3.18 亿元的 110.78%，提前 43 天超额完成全年税收任务，为睢县经济和社会发展做出积极贡献。

市局局长朱荣民到基层所调研

宁陵县地方税务局

2014 年，宁陵县地方税务局全体干部职工认真贯彻落实党的十八大和十八届三中、四中全会精神，以党的群众路线教育实践活动为抓手，紧紧围绕“文化兴税、文化育队”的工作方针，大力弘扬“笃学、精业、厚德、包容”的商丘地税精神，积极应对各种困难和挑战，团结拼搏，真抓实干，较好地完成各项工作任务，地税事业保持持续健康发展。2014 年共入库各项收入 20258 万元，其中入库税收收入 19236 万元，入库教育费附加及其他收入 1022 万元；地方级收入 18628 万元，其中地方级税收收入 17606 万元；代征工会经费 115 万元，残疾人就业保障金 65 万元。较好地发挥税收对政府财力的保障和支撑作用。获该县政府通令嘉奖一次，在县委、县政府年度考评中获垂直单位第一名，获县委、县政府综合目标管理先进单位。

市局副局长赵勇深入企业调研

省电税中心主任赵长江调研信息化建设工作

领导带班服务纳税人

警示教育活动

宁陵县住建局

党组书记、局长　丹红星

宁陵县住房和城乡规划建设管理局是县政府组成部门，主要职能包括：负责宁陵县城乡总体规划及控制性详细规划编制实施、城市基础设施建设及管理、村镇规划、建筑施工安全、建设管理及工程质量监督管理、城市房屋征迁的管理和指导等工作，担负着《建筑法》《城乡规划法》《招投标法》以及《安全生产管理条例》《建筑工程质量管理条例》等法律、法规的执法工作。局机关内设9个股室，下设二级机构10个。全局现有干部职工225人，其中财政全供事业编制31人。

近年来，在县委、县政府的正确领导下，全县建设事业得到快速发展，目前县城建成区面积16.5平方公里，主、次干道路总长度45公里，基础设施、公共服务设施布局合理、功能完善、配套设施齐全，已初具现代化小城市规模。先后规划审批32个商住小区，承建县第一、第二污水处理厂项目、县城规划区内雨污水管网30余公里及县档案馆综合楼等重点项目。连续多年获“省级卫生先进单位”、“省住建系统依法行政先进单位”、“省装修装饰行业先进单位”、“市村镇规划编制先进单位”、“县平安建设先进单位”、“县信访维稳先进单位”、“县安全生产先进单位”等。

城市建设日新月异

宁陵县人民医院

院 长 韩晓东

宁陵县人民医院，成立于1951年。是该县唯一一所集医疗、急救、教学、科研、预防为一体的综合性医院。是北京中医药大学东直门医院、河南省人民医院、郑州大学第一、第五附属医院、河南省淮河医院合作医院。

医院拥有美国GE64排168层高端螺旋CT、1.5T核磁共振成像系统、DR放射影像系统、电视透视机、电子胃镜、心脏彩超、碎石机、全自动血球、生化、尿液分析仪、电子腹腔镜、骨折治疗仪、X线C型臂、过敏原监测仪、五分类血球分析仪、利普刀、阴道镜、体外高频热疗机、肺功能监测仪、高频电刀、GE—730四维彩超等大型仪器五十余台，为方便患者就诊提供有利条件。

一分耕耘，一分收获。近年来，该医院先后被评为河南省“中原健康先锋岗”、商丘市“群众满意的好医院”、“物价计量先进单位”、“院务公开先进单位”、“文明单位”，市总工会授予“五一劳动奖”、“女职工工作示范单位”；被宁陵县委、县政府授予“文明单位”、“消防工作先进单位”、“先进基层党组织”；县卫生系统“红旗医院”等。

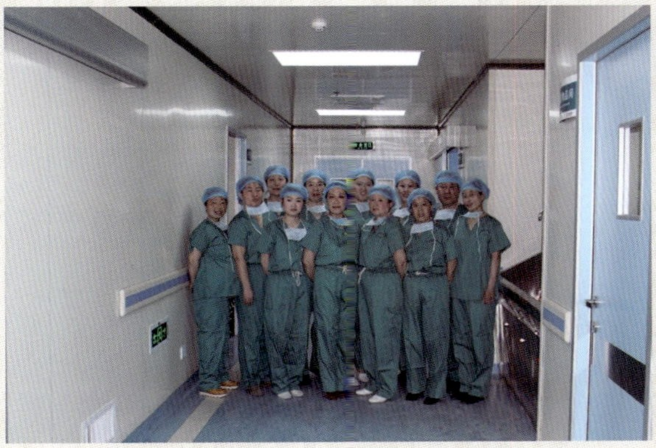

外科护士风采

院长韩晓东被评为河南省惠民院长

门诊大厅

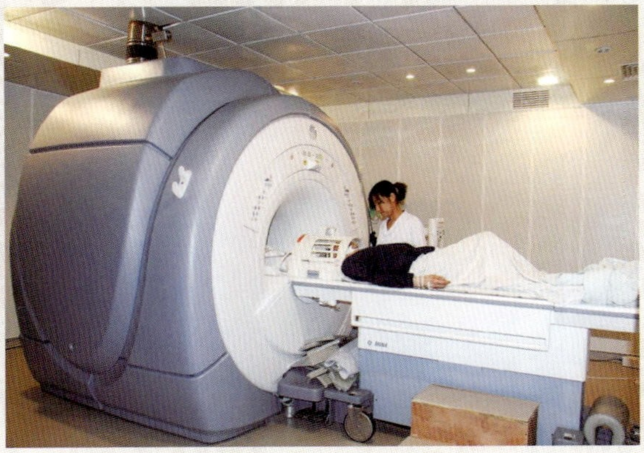

1.5T 核磁共振

民权县卫生局

全国人大副委员长陈竺视察民权卫生工作

近年来，该县不断加大医改力度，医疗保障能力显著增强，服务环境持续优化，管理机制不断完善，卫生工作取得明显成效。一是新农合保障水平大幅度提高。新农合参合率 99.81%，筹集资金 3.82 亿元，最高住院补偿 20 万元。二是医疗服务体系建设逐步完善。投资近 1 亿元，完成县人民医院东区医院和县中医院门诊综合楼建设，县级医院总床位 1800 多张。投资 1708 万元对全县 19 个乡镇卫生院进行改扩建，建设完成 529 个标准化村卫生室、县人民医院、120 急救指挥中心和卫生监督所综合楼建设项目。三是国家基本药物管理制度不断加强。全县三级医疗机构全部实施基本药物制度，实行零差率销售，药品电子监管网络覆盖 100%。四是疾病预防工作扎实开展。不断健全三级防治体系，稳步提升国家免疫规划工作水平，儿童基础免疫和加强免疫报告接种率 97% 以上，在全市排名第一。被评为“河南省卫生应急综合示范县”。五是基本公共卫生服务能力不断提升。成立基本公共卫生服务中心，不断加强内部管理，已建立居民健康档案 955637 份。六是积极推进基层管理体制改革和公立医院改革。实现标准化村卫生室全覆盖，在全省率先推行“先看病、后付费”和“床旁结算”诊疗服务模式，切实解决“看病难、看病贵”问题，群众满意度大幅提高。

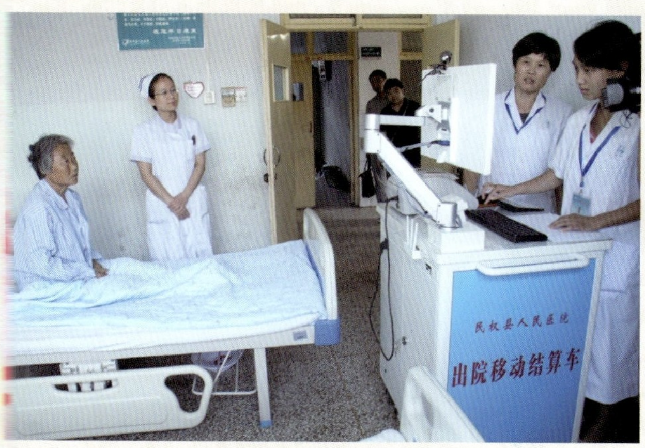

床旁移动结算服务

睢县中医院

河南省军区司令卢长健到该院调研

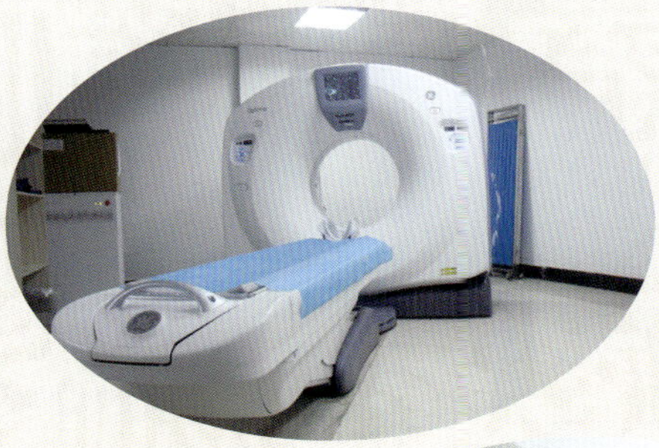
64 排螺旋 CT

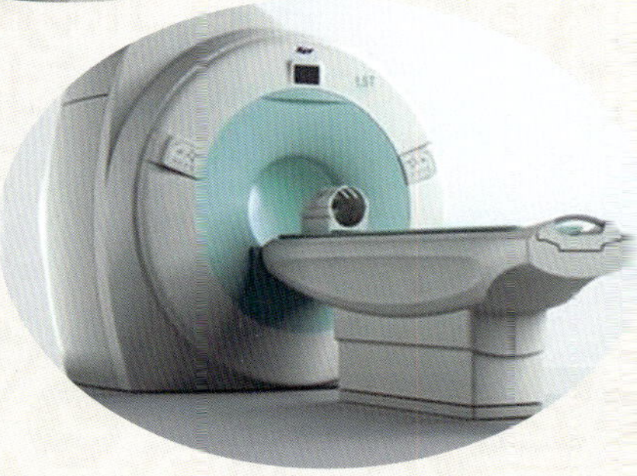
1.5T 核磁共振

睢县中医院始建于 1952 年，原名红十字医院，1976 年更名为睢县中医院。现有在职干部职工 1360 人，其中主任医师 8 人，副高级人员 44 人，中级职称 112 人，开设病床 1500 张，年门诊量 30 万余人次。是一所集医疗、科研、教学、预防、急救、康复、保健于一体的综合型医院，总建筑面积 13.7 万平方米，共分两个院区。2007 年 3 月，被国家中医药管理局授予“二级甲等中医院”。

医院拥有专病专科门诊 40 多个，如：心内科、脑病科、呼吸内科、消化内科、肾病科、糖尿病科、肝病科、肛肠科、康复科、针灸推拿科、口腔科、眼科、耳鼻咽喉科、皮肤科、乳腺科、男病科等专病专科。病房设有内科、外科、骨伤科、妇产科、儿科、肛肠科、肿瘤科及五官科等近 30 个病区。

医院设备先进。现已拥有英国医科达直线加速器、美国 GE64 排 128 层螺旋 CT、1.5T 核磁共振、加拿大和日本二郎神彩超、荷兰飞利浦彩色经颅多普勒、美国贝克曼全自动生化分析仪、日本西森美康血球仪、瑞士和德国产 22 套透析机、美国爱尔康超声乳化、美国施乐辉关节镜、日本托普康眼底照相机、日本宾得电子支气管镜、德国蔡司手术显微镜、德国爱克曼等离子电切镜和经皮肾镜、德国产腹腔镜、C 形臂、DR、10 人位高压氧舱、妇产科全套设备红外线乳腺诊断仪、耳鼻喉内窥镜、电子胃镜、心电图网络中心及现代化手术设备，为临床检查治疗提供可靠的保障。

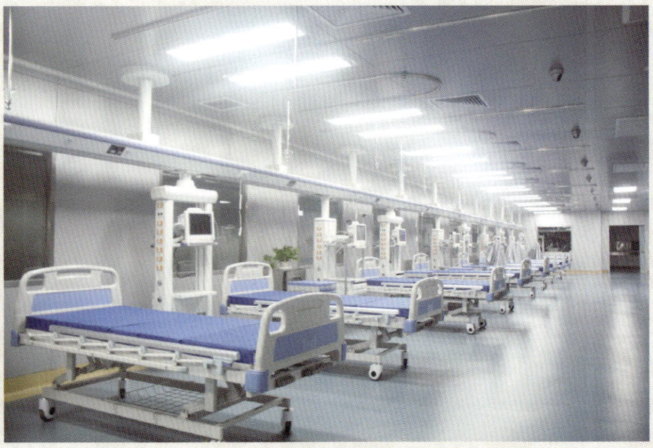
ICU 重症监护

商丘市第三幼儿园

商丘市第三幼儿园（原商丘县幼儿园），是睢阳区唯一一所公办幼儿园，创建于 1956 年。该园现有教职工 124 人，本科学历 26 人，学历合格率 100%。中级职称以上 70 人，其中高级教师 8 人，省级学术带头人 6 人，市级学术带头人 4 人，省优秀教师 3 人，特级教师 2 人。

该园以为幼儿一生发展奠定基础为办园宗旨；以每个孩子都是最棒的为理念；以健康快乐、习惯良好、合作友爱为培养目标。谨遵一言一行皆教育的园训，教师们爱岗敬业、快乐奉献，用爱心、耐心呵护幼儿，寓教于乐，让幼儿快乐学习、快乐游戏。该园以人为本，科学管理，人尽其才，扬长避短，充分激发老师潜能，加强团队凝聚力。发挥集体智慧，促进幼儿园稳健发展。该园先后被评为省幼教先进单位、省示范家长学校、市示范幼儿园、市十佳学校、市语言文字先进单位、市安全管理先进单位、市三八红旗集体、区优秀和谐领导班子等。

优秀和谐的班子

教师团队

丰富多彩的活动

夏邑县会亭镇

会亭镇位于夏邑县南 17 公里处，全镇总面积 65 平方公里，辖 35 个行政村，5.3 万人，耕地面积 3933.33 公顷。会亭镇于 1995 年被省建设厅列为全省“小城镇建设试点镇”，1999 年被命名为“中州名镇”，2000 年被省政府确定为“小城镇建设重点镇”，2011 年入选河南省“一佳名镇”。2014 年 7 月被国家七部委确定为“全国重点镇”。

近年来，该镇用于城镇建设的资金达到 10 多亿元。新修、拓宽、改造政府路、三合街、永昌路、景阳路等宽 30 米以上的主街道 7 条，总长度达 34 公里，形成“四纵三横”的发展格局。建成镇区自来水厂，铺设供水管道 20 万米，投资 70 万元建成小型污水处理站，投资 50 万元建成垃圾中转站和垃圾填埋场。建成总面积 31 万平方米的东花园、淮海等新型住宅小区，并配套建设电力、电讯、绿化、照明、给排水、有线电视、健身休闲广场等基础设施，提高城镇的品味。2014 年，镇区建成区面积 6.33 平方公里、镇区常驻人口 2.97 万人，城镇化率达 51%，高于全市和全省平均水平。

2014 年，全镇实现国内总产值 24.11 亿元，完成固定资产投资 10.8 亿元，工农业总产值达到 51.1 亿元，其中工业总产值达到 49.77 亿元。财政收入实现 1580 万元，农民人均纯收入实现 9867 元，高于全市平均水平，连续五年在全市乡镇经济实力综合排序中位居前茅。

打火机组装生产车间

淮海铸造有限公司汽车配件生产车间

美国通用公司专家指导生产

镇区淮海大道一角

商丘众誉汽车零部件有限公司

商丘众誉汽车零部件有限公司位于商丘市梁园区工业集聚区民主路与和谐路交叉口，法人代表徐建立，成立于2008年8月1日并于当月开始建厂，2010年3月正式投产。主要产品是滤清器外壳、弹簧的生产和销售，拥有固定资产870万元，现有工人110人，其中技术工人20人。东临豫东最大的汽车销售市场——中原车城。地理位置优越，自投产以来产品供不应求，该公司共有5条滤清器外壳生产线和两条弹簧自动化生产线，现有产品为各种机油滤、燃油滤外壳200多个品种各种弹簧、滤清器外壳的年生产能力为2000万只，弹簧上亿只，产品与国内多家知名品牌的滤清器厂配套，配套国内外大部分车型。新增项目“车轮毂生产线”一条，建成投产后年新增销售收入亿元以上，年新增利税在百万元，随着企业规模的不断扩大，该公司将步入一个新的台阶。

董事长　徐建立

喷沙设备

零配件

零配件车间

商丘市陇海气体有限公司

董事长　孔祥树

总经理　王灵芝

商丘市陇海气体有限公司始建于2000年1月，公司坐落于商丘市建设路西段路南，占地4.67余公顷，注册资金500万元，公司于2012年新引进一套目前省内及周边地区最先进的全自动化控制液化空分设备，实际投资额5000万元，属于高科技、环保型企业。公司现拥有职工45人，其中技术人员16人，占职工总数的35%，中级职称9人，占职工总数的20%。公司厂区建设面积5500平方米，厂房面积3920平方米，其中充装车间3000多平方米，化验室面积350多平方米，低温液体运输槽车5台，固定资产9600万元。

公司生产医用氧具有10余年的生产历史，是豫东地区技术实力雄厚、生产经验丰富的医用氧供应中心。为适应当前医疗机构对医用氧的需求，该公司在2012年度启动液态医用氧的项目工程，采用当今世界先进的空分生产流程，配备当代最先进的生产设备、检测设备。工程于2013年完工，并且一次性达到GMP认证要求，公司对充装车间进行GMP改造，各种技术要求指标均达到GMP要求。液态医用氧，生产工艺先进，采用设备尖端科技含量高，产品具有纯度高（99.8%），洁净度好，医疗效果显著等优势，填补了豫东地区液态医用氧的空白。

低温槽车

液体氧氮氩罐

商丘嘉禾塑业有限公司

总经理　贾玉莲

嘉禾塑业有限公司是河南食用菌袋定点生产企业，专业生产各种聚丙烯、聚乙烯菌袋。公司成立20余年，设备先进，技术力量雄厚，所生产的“神火牌”、“双木牌”“神龙牌”聚乙烯、聚丙烯筒料，平底袋，折角袋，双套环、菌种瓶等系列产品，所有产品均采用进口和国产优质原料精制而成。合格率99%，远销全国多个省、市、自治区，出口韩国、加拿大、马来西亚等多个国家。公司凭借丰富的生产经验，优秀的专业技术人才，雄厚的经济实力，精良的技术设备，先进的生产工艺，现代化的管理模式，严格的检测手段和无微不至的售后服务，赢得广大客户的一致信赖和好评。

河南商丘市嘉禾塑业有限公司始终本着“质量第一，用户至上，在创辉煌”的企业宗旨，以技术为核心，视质量为生命，奉用户为上帝，愿与社会各界朋友真诚合作，携手共进，共铸辉煌。

办公大楼

商丘天源饲料有限公司

商丘天源饲料有限公司成立于2007年，总投资1亿多元，是一家专业从事猪饲料的研发、生产、销售为一体的专业公司。公司位于商丘市睢阳产业集聚区105国道西侧，地理位置优越。现有员工150名，其中本科生30名，研究生5名。

公司配备2条电脑现代化生产线，年产15万吨优质饲料，公司建有2个万头实验猪场。建立一套完整的质量管理体系，确保产品的高质量、高标准。根据市场需求，公司不断研发新产品，产品广销苏、鲁、豫、皖四省，其中乳猪教槽料、母猪料是河南省规模猪场首选产品，在全国养猪行业得到客户广泛好评。公司以“科技兴农，产业报国”为己任，广结四海宾朋，以百倍的信心和坚强的信念，共谋农牧事业大发展，创造中国特色农牧事业的未来和希望。

市领导在该企业调研

拓展训练

世行领导视察工作

商丘市明清制药有限责任公司

董事长　董　康

商丘市明清制药有限责任公司于2004年8月由原河南省豫东制药厂改制重组而成，拥有40多年制药历史，是全国500强制药企业之一。公司位于商丘市梁园区产业集聚区陇海路88号，占地7.33余公顷，总投资3.2亿元，建筑面积5万平方米。

公司以大容量注射剂为主导产品，常年生产葡萄糖注射剂、甲硝唑注射剂等十九个品种，产品销售覆盖商丘周边600公里范围。2014年，公司上马非PVC膜软袋输液生产线项目。订购直立袋输液与非PVC膜软袋输液生产线各一条，项目投产后，可年产非PVC膜软袋输液1亿袋，直可立袋输液1亿袋，实现产值3亿元，利税6000万元，可提供600个就业岗位，将会成为豫东大输液生产基地。

为整合社会资源，扩大企业效益，该公司与南阳普康集团衡淯制药有限公司合作研发治疗糖尿病、心脑血管疾病等三类新药；与商丘师范学院药学院合作研发钠钾镁钙葡萄糖注射剂等六类仿制药和三类新药。产品研发完成成功上市后，公司产值可突破20亿元，利税突破8亿元，安排职工1000人。2014年，公司被授予“河南省质量兴企科技创新示范企业”。

厂区

新设备车间

商丘市新先锋药业有限公司

商丘市新先锋药业有限公司位于商丘市梁园区产业集聚区新兴路南侧振兴路西侧，注册资本 5000 万元，占地面积约 6.67 公顷，建筑面积 8 万平方米，其中办公大楼面积 6400 平方米，营业厅 1200 平方米，仓储面积 1.5 万平方米，辅助用房 1000 平方米，大型停车场 1.2 万平方米。现有在职人员 200 余人，其中执业药师 3 人，主管药师 4 人，从业药师 18 人，其他初、中级专业技术人员 30 余人，中专以上员工占 90% 以上，基本实现年轻化、知识化、专业化人力资源格局。

为实现信息资源充分、快捷、有效利用和适应国家医疗卫生体制改革及基本药物制度的实施，公司采用高科技手段打造具有远程采购、远程销售、远程库存、远程流向动态查询等功能强大的远程电子商务平台，实现购、销、调、存全程计算机自动化控制；公司现有大型大电机、制冷机、各类电子设备及高精密度质量检测仪器 200 余台；储运部门有运输、冷藏车辆 20 余部，物流配送承诺半径 500 公里 48 小时内及时送达，公司凭借自身实力成为河南省首批通过 GSP 认证企业，2009 年被批准为第一批基本药物配送资格企业。现为豫、鲁、苏、皖四省结合部最大的医药物流企业之一。公司积极参与社会各项公益事业，光彩事业和灾区捐款活动，先后被评为“中国诚信示范单位”、“河南省模范职工之家”、“市十佳企业”、“市五一劳动奖状”、“市示范药品企业”等，现为商丘市工商联合会常委单位。

市长李公乐在新先锋调研

办公大楼

仓库一角

仓库发货区

珍寿实业（商丘）有限公司

奠基仪式

珍寿实业（商丘）有限公司是上海珍寿鞋业有限公司整体收购商丘外贸皮张厂后成立的皮革生产企业。商丘外贸皮张厂成立于1972年，上海珍寿鞋业有限公司成立于1995年，公司现固定资产1.5亿元，拥有多台先进的进口设备，年销售额5亿元。

公司对山羊，绵羊鞋面革生产方面有着丰富的经验和精湛的技术，全部使用进口环保化工原料，生产的环保生态皮革，均符合欧盟最新标准。该公司产品是中国十大真皮鞋王，哈森，达芙妮，百思图，千百度，星期六，奥康等首选配合厂商之一，是世界著名服装公司原料供应商之一。

公司与昆山思凯林国际贸易有限公司在商丘市梁园产业集聚区共同投资兴建思凯林国际皮革制品产业园。该项目总投资10亿元，占地30.67公顷，经营范围涵盖各类皮革及皮革制品的设计、制造和销售，其中以牛皮沙发革、羊皮鞋面革、牛皮鞋面革、牛皮箱包革及沙发套、高档皮沙发及高档皮鞋、皮包等皮革制品为主。产后将成为世界一流的沙发类、鞋类及其他皮革类制品的产业园，年产值20亿元，解决就业6000人，成为商丘市的显著经济增长点之一，成为品牌化、标杆化、国际化、持续化的世界一流制造型实体集团。

皮革生产车间

河南亚太能源科技股份有限公司

董事长　刘红军

河南亚太能源科技股份有限公司，位于商丘市经济开发区，注册资金6000万元，是一家从事新能源技术研发及推广、有机废弃物综合利用、环保设备研发制造、生物柴油生产销售及售后服务于一体的高新技术企业，是商丘市第一家在“新三板”挂牌上市的企业，证券简称：亚太能源，证券代码：831950。

公司效益稳步提升，综合实力不断增强，实现可持续发展，建成年产300台（套）环保设备，与中科院合作研发并建成年产5万吨生物柴油生产示范基地。公司拥有“河南省生物柴油精炼及成套设备工程技术研究中心”、“河南省生物精炼工程实验室”等先进的技术创新平台。现有50余人的高级专业技术团队，先进实验设备40多台（套）、发明专利7项、实用新型专利17项。公司全面通过ISO9001质量管理体系、ISO14001环境管理体系、GB/T28001职业健康安全管理体系和CE等国际认证。公司是河南省新能源十强企业。2014年公司被评为“河南省装备制造业自主创新降本增效示范企业”、“河南省节能减排科技创新示范企业”。

公司创造了我国第一家达到欧盟生物柴油质量标准、第一家向阿拉伯联合酋长国出口生物柴油整套设备、第一家向韩国出口脂肪酸甲酯的企业记录。产品销往苏、鲁、豫、皖、赣、粤、浙等地并出口阿拉伯联合酋长国、巴基斯坦、印度、毛利塔尼亚等海外多个国家和地区。

市长李公乐与刘红军共同敲响开市宝钟

捐赠商丘水上义务救援队汽车

慰问留守儿童

上海洁士美建材有限公司

产品展示

领导视察

公司创立于2000年，于2014年6月5日注册上海洁士美建材有限公司，集研发、销售、施工为一体，近年来已成长为全国知名品牌，在河南、山东、安徽、江苏、山西、陕西、湖北、河北等地广受客户欢迎。洁士美以“实实在在做人，实实在在造漆”的经营理念为指导，致力于开发绿色产品，公司注重高科技、高品质，不断推进科研和开发，使洁士美漆快速赢得市场青睐，最大程度地满足社会和市场的需求。洁士美漆产品丰富，涉及到多种领域，其中真石漆、多彩艺术水漆、拉毛漆、浮雕漆、内外墙乳胶漆、地坪漆、内外墙粘结宝、保温砂浆等更是行业中的佼佼者。洁士美漆装饰保护着越来越多的人们生活、工作的家园，越来越多地受到客户的瞩目和信赖。

整洁的车间

洁士美产品

河南省汉梁王酒业有限公司

总经理　王月英

河南省汉梁王酒业有限公司，坐落在风景秀丽的中国长寿之乡河南夏邑。区域位置优越，交通四通八达。酒厂占地面积 2.64 万平方米，年生产白酒 100 万箱、原酒 300 吨。庞大的技术队伍，为企业进一步发展奠定了坚实的基础和后盾。

汉梁王酒用小麦、大麦、豌豆配比制曲，东北高粱为料，泥池发酵，在继承传统“老五甑”生产工艺的基础上，结合现代科技，用最严格、最考究的传统方法精心酿造而成，具有“窖香浓郁、绵甜净爽、甘冽醇厚、回味悠长”的浓香型白酒特点，且酒体如玉，晶莹剔透，饮后口不干，头不疼，滴滴经典、杯杯传情。在原有聚豪品牌酒的基础上，又推出“汉梁王、豪爽中原”白酒系列，产品畅销全国各地，深受广大消费者的厚爱和欢迎。

公司先后获“优秀诚信企业”、“河南省优秀民营企业”、“河南诚信联建示范单位”等，总经理王月英获“河南省优秀民营企业家”称号。

河南省农业广播电视学校夏邑分校

校 长　何新明

河南省农业广播电视学校夏邑分校（夏邑县农民教育中心）创建于1981年，是一所面向农村开展职业教育培训的成人中等专业学校。夏邑县绿色证书工程办公室、新型职业农民培育工程办公室均设在农广校，农广校现有教职工62人，其中高级技术职称8人，中级技术职称22人；另聘兼职教师20人，各乡镇建有分校。

办学30余年来共培养大专生358人、中专学历生7768人，职业技能鉴定4700人，绿色证书学员86737人；开展跨世纪青年农民培训3331人，农村劳动力转移阳光工程培训25692人，新型农民科技培训5880人，培育新型职业农民800人，实用技术培训近百万人次；组建科技协会200余个，村级科技报务站100余个；建立生产示范点300余个，带动发展400个科技专业村。2014年，夏邑县被定为全国新型职业农民培育工程示范县，夏邑县农广校以“培育新农民、发展新农业、服务新农村”为理念，积极实施新型职业农民培育工程，取得显著成绩。

4月9日，河南日报记者采访学员

查看小麦长势

武警商丘支队

华商文化节执勤

副市长、公安局长许大刚与官兵欢度春节

2014年，支队党委团结带领各级党组织和广大官兵，坚持以习近平系列讲话精神为指导，紧紧围绕党在新形势下的强军目标，按照总队、支队党委年度工作部署，积极进取、整体推进，部队建设呈现出稳中发展的态势。深入抓好习主席系列讲话、十八届四中全会和全军政治工作会议精神学习贯彻，扎实开展主题教育、战斗力标准大讨论，部队听党指挥的思想根基更加牢固。充分发挥“1.52”平台载体作用，上下联动、跟踪问效，基层政治工作落实质量稳步提升。积极开展“中国梦、强军梦、我的梦”主题团日和“强军风采”系列文化活动，深入开掘地域文化，激发官兵战斗精神。支队团委被评为武警部队“红旗团委”，一中队士官刘鹏获武警部队士官人才二等奖，参加总队“讲地域文化故事”比赛获二等奖。

商丘市人民防空办公室

领导视察

急速出动

2014年，商丘市人防办在市委、市政府和军分区的正确领导下，在省人防办的指导下，以深入学习贯彻党的十八大精神和习近平总书记的讲话精神为抓手，以党的群众路线教育实践活动为契机，紧紧围绕习主席提出的“能打仗、打胜仗”的要求，按照省办确定的“三抓、三强化、五转、五提升”的总体思路，认真履行职责，狠抓年度目标任务落实，圆满完成各项工作任务。在作风建设、队伍建设、人防工程建设、人防依法行政、人防组织指挥建设、人防中等专业学校建设等方面取得明显的成效。省军区司令员卢长健等领导先后对人防工作进行调研，并实地察看人防应急准备情况和人防工程建设情况，市有关领导亲自参加并指导9·18疏散对接演练活动和人防重大活动。2014年获全省人防建设责任目标先进单位、被六城创建指挥部表彰为先进单位，被市国防动员委员会表彰为关心支持国防建设先进单位。

商丘市盐业局

捐资助困

职工教育

2014 年，商丘市盐业系统干部职工认真贯彻落实党的十八大和十八届三中、四中全会精神，深入学习习近平总书记系列讲话精神，按照局党委年初提出的工作思路、指导思想和奋斗目标，坚持稳中求进的总基调，努力在调结构、促转型、转方式、重管理、增效益、保稳定上下功夫，各项工作稳步顺利推进，保持商丘盐业强劲的发展态势，全面完成全年专营任务，综合排名位居全省盐业系统第二名，受到省局主要领导的表扬；市委、市政府也对该局工作给予充分肯定。

商丘市中医院

市长李公乐在该院视察

团结奋进的领导班子

商丘市中医院是商丘最大的一所综合性二级甲等中医院。城镇职工（居民）医疗保险、新农合医疗定点医院，河南中医学院教学医院，商丘“120”联动医院。肩负着全市及豫鲁苏皖四省交界区域的医疗、抢救、康复、保健、教学、科研等重任。医院设床位 460 张，在职职工 582 人，其中高级职称 58 人，中级职称 117 人。

医院开设急诊科、内科、骨伤科、骨关节病科、外科、妇产科、儿科、血液净化科、针灸推拿科、眼科、耳鼻喉科、口腔科、皮肤性病科、张八卦外科、肛肠科、男科、脑病康复室及名老中医工作室等临床科室。医院拥有 1.5T 核磁共振、16 排螺旋 CT、DR、800mA 数字胃肠 X 光机、彩色多普勒超声诊断仪、全自动生化分析仪、血管造影机、双球管 X 光机、口腔全景 X 光机、关节镜、腹腔镜、宫腔镜、胃肠镜、肿瘤微创设备等大中型诊疗设备。

医院相继被全国妇联授予“巾帼文明岗”，河南省政府授予“医院行风建设先进单位”，市总工会授予“职业道德先进单位”和“商丘市五一劳动奖状”，获河南省中医药文化建设先进单位和河南省中医药科普工作先进单位，连续多年获群众满意医院、行风评议先进单位、卫生工作先进单位、市级文明单位等。

商丘职业技术学院

语言文字工作评估专家组在该院开展评估工作

商丘职业技术学院占地116.2公顷，建筑面积57万平方米，固定资产总值5.67亿元，图书馆藏书143万册，中外文纸质、电子期刊7787种。学院现有教职工1245人，其中专任教师781人。副高级以上职称教师426人（教授60人，副教授、高级会计师、高级经济师、高级实验员、高级工程师等366人），博士、硕士研究生（含在读）285人，“双师素质”教师506人，全国劳动模范2人，硕士研究生导师1人，享受国务院特殊津贴、省管专家、省教学名师、省学术技术带头人34人，市专业技术拔尖人才、“十佳”优秀中青年科技专家、学术技术带头人、首批科技特派员等37人。学院有11个教学系（院、部），1个成人教育学院（电大），开设有66个专业（含专业方向），其中国家级示范专业4个、省级特色专业3个、省级示范专业3个、省级教改试点专业2个。

商丘幼儿师范学校

就业双选会

俄罗斯大学校长到该校考察访问

商丘幼儿师范学校的前身是河南省夏邑师范学校，创办于1987年，主要培养合格的小学教师。1999年7月，经河南省人民政府批准改办为商丘幼儿师范学校，承担培养幼儿师资的任务。2014年5月学校由夏邑老校区迁入商丘新校区，目前学校正积极创办商丘幼儿师范高等专科学校。

该校是国家级重点中专，河南省特色校，是河南省首批改制的三所幼师之一，是商丘市唯一一所公办幼儿师范学校，是商丘市幼儿教师培养、培训中心，是商丘市幼儿教育科研中心。学校招生辐射省内其他地市，生源充足。目前有教学班78个，在校生近5000人，其中学前教育专业中专层次学生3000人，学前教育专业大专层次近2000人。对于五年制大专学生，毕业可专升本，就读二本院校商丘师院，升学率达学生总数的30%左右。对于中专学生，毕业之际可参加对口升大学考试，近年来，该校共向高等院校输送本科生150名，专科生378名，升学率一直位居河南省幼师对口升学前列。

中国铁塔股份有限公司商丘市分公司

总经理　段文鸿

市长李公乐出席揭牌仪式

中国铁塔股份有限公司于 2014 年 7 月 18 日正式成立，总部设在北京，在 31 个省设立省级分公司，在地市设立市级分公司。公司由中国移动、中国联通、中国电信三家电信基础运营企业联合出资组建。

公司主营铁塔的建设、维护和运营，兼营基站机房、电源、空调等配套设施和室内分布系统的建设、维护和运营以及基站设备的维护。总注册资本为 100 亿元人民币，中国移动、中国联通和中国电信分别出资 40 亿元人民币、30.1 亿元人民币和 29.9 亿元人民币，在中国铁塔股份有限公司中各持有 40%、30.1% 和 29.9% 的股权。2014 年 11 月 6 日，中国铁塔河南省分公司正式挂牌成立，原中国移动河南公司副总经理黄庶出任总经理。2014 年 11 月 28 日，中国铁塔商丘市分公司正式挂牌成立，现有员工 29 人，公司位于商丘市北海路与豫苑路向东 200 米路南。

河南商丘农田生态系统国家野外科学观测研究站

站长王和洲（左一）野外农田调查

国家科学技术进步奖

证　书

为表彰国家科学技术进步奖获得者，特颁发此证书。

项目名称：黄淮海平原持续高效农业综合技术研究与示范

奖励等级：二　等

获 奖 者：中国农业科学院农田灌溉研究所

证书号：2003-J-201-2-08-003

河南商丘农田生态系统国家野外科学观测研究站位于河南省商丘市李庄乡，是中国农业科学院在黄淮平原设置的农业资源与生态环境领域长期性、综合性科学研究基地。

1983 年 5 月建站以来，在解决商丘地区农业生产中存在的风沙、干旱、涝渍、盐碱等重大制约因素方面，相继取得了“商丘试验区综合治理技术体系”、“以节水农业为重点商丘试验区综合治理技术体系”、“商丘试验区节水农业持续发展研究”等一大批重要成果，推广应用面积 40 余万公顷，对改造中低产田具有指导意义。2005 年 12 月，中国农业科学院农田灌溉研究所商丘综合实验站被科技部命名为“河南商丘农田生态系统国家野外科学观测研究站”，主要从事农田生态系统过程的长期定位观测研究与区域农业可持续发展研究。

梁园区地方税务局

党组书记、局长 刘怀伟

省局副局长杨中民到税务所调研

河南省梁园区地方税务局，现有在职干部职工201名，机关内设7个职能科室，下辖办税服务厅、发票管理所、耕地占用税征收管理所及8个中心税务所。负责商丘文化路以北8个市区街道、4个农村乡镇、1个建制镇、1个产业集聚区，总面积约720平方公里的地方税收征收管理。2014年全区地税部门累计入库地方级税收53962万元，占年计划5.1亿元的105.81%，同比增长12.85%，增收6144万元，圆满的完成组织收入任务。

梁园区地方税务局多年来先后被授予"省级文明单位"、"省级卫生先进单位"、"全省先进基层党校"、"河南省地税系统依法行政示范单位"、"全省人民满意公务员示范岗"、"全市精神文明建设先进单位"、"全市职工职业道德建设先进单位"、"全市地税系统优秀单位"、"全市地税系统党风廉政建设责任目标管理优秀单位"等。

梁园区体育发展中心

太极扇

空竹杂技

梁园区体育发展中心现有班子成员4名，工作人员22名，设办公室、群体科、政工科、竞训科、场地管理中心、体校、市场办7个科室。

近年来，该中心积极筹措并向上级申请全民健身工程项目资金1000多万元，建设健身项目40多个，在梁园区廉政文化广场绿地、长征绿地、青年公园绿地、产业集聚区等公共场所，以及各乡镇、街道办事处新型农村社区、居民区场地建设安装健身器材、健身路径、篮球场地、羽毛球场地、乒乓球场地、门球场地、健身步道等。全面贯彻《体育法》、《全民健身条例》和《全民健身计划纲要》，认真落实《梁园区全民健身实施计划（2011-2015年）》，搞好群众体育和全民健身活动，努力提高广大人民群众身体素质。

梁园区水利局

农田水利建设

岗位练兵

2014 年，梁园区水利局真抓实干、开拓进取，负重拼搏、迎难而上，内抓管理、外树形象，紧紧抓住水利发展的重要机遇期，水利建设取得显著成效。全年共完成新增旱涝保收田面积 1000 公顷，新增有效灌溉面积 1667 公顷，改善有效灌溉面积 2666.67 公顷，新增除涝面积 733.33 公顷，改善除涝面积 4666.67 公顷，新增节水灌溉面积 846.67 公顷，改造坑塘 189 公顷，水产品产量 3799 吨，解决 62107 人农村居民及 7447 名学校师生的饮水不安全问题。完成新打机井 410 眼，维修旧井 350 眼，埋设低压管道 141.13 公里，疏挖沟渠 76 条，新建桥 139 座，新建涵 82 座。先后被表彰为全省水政监察执法工作先进集体和水政水资源管理工作先进集体，市级文明单位、全市“六城”联创工作先进单位、全市“五好”基层关工委、支持老区建设工作先进单位、“双学双比”先进集体，被区表彰为综合目标先进单位、“关心支持国防建设”先进单位。

梁园区运管局

团结务实的领导班子

义务劳动

梁园区运管局担负着全区道路旅客运输、货物运输、道路运输站（场）、机动车维修、驾驶员培训的行政许可和监管工作。维护道路运输市场秩序，保障道路运输安全，保护道路运输有关各方当事人的合法权益，促进道路运输业的健康发展。

梁园区运管局牢牢把握工作总体目标，紧紧结合行业实际，紧紧围绕科学发展这一主题和安全和谐这一主线，大力弘扬“高效、廉洁、包容、创新”的梁园运管精神，以创先争优和践行党的群众路线实践活动促发展、提效能、树形象，率先在全市投入使用 GPS 网络监控平台，对道路运输车辆实施有效动态监控。有力地推进道路运输安全、和谐发展，区内道路运输工作卓有成效。近年来，先后被省交通厅、省运输局评为综合目标管理先进单位、被市军分区评为国防建设先进单位、被区委评为先进党委、局团委被团省委评为“五四”红旗团委等。

睢阳区农业局

机械作业

农业专家查看小麦长势

睢阳区农业局内设办公室、人事股、财务股、科教股、计划信息股、种植业股、政策法规股、监察室、农业产业化办公室九个股室，下设农技推广中心、农技站、土肥站、植保站、农经站、农药管理站、种子管理站、肥料管理站、园艺站、农广校、农业技术物资服务站、农村环保能源站、农产品质量安全中心和路河、闫集、坞墙、高辛、李口、郭村 6 个基层农技推广区域站等 19 个技术推广管理单位；园艺场、黄楼农场、熊楼农场 3 个专业农场。现有干部职工 432 人，农业技术干部 61 人，其中高级职称 1[illegible] 人，中级职称 17 人，初级职称 29 人。

近年来，睢阳区农业局领导班子团结拼搏、务实进取、开拓创新、争创一流，各项工作取得显著的成绩。先后获全国农业综合执法工作先进单位、全省粮食生产先进单位；全省农业结构调整先进单位；全省农村沼气建设工作先进单位；省农业厅农业信息化工作先进单位；连续 5 年获市委、市政府表彰农业结构调整先进单位和夏粮生产先进单位。

睢阳区工业和信息化局

中国针织服装名城授牌仪式

志愿服务活动

2014 年，睢阳区工业和信息化局坚持把发展作为第一要务，大力实施“工业强区、工业立区”战略，强力推进工业振兴工程。全区规模以上工业企业完成工业总产值 293.36 亿元，同比增长 25.1%，完成工业增加值 54.38 亿元，同比增长 19.5%，总量全市第二位，增速全市第一位，全省第 15 位，开创了八年来最好成效。

2014 年，该区工业经济以“稳中调整，存量挖潜，主业优化”为基调，全区规模以上工业企业完成工业总产值 314.7 亿元，同比增长 16.1%，完成工业增加值 [illegible]0.73 亿元，总量全市第二位，同比增长 12%，增速位列全市第二位。针织童装产业集群打造迈上新台阶，中国纺织工业联合会在全国范围内唯一授予该区“中国针织服装名城”称号。2014 被评为省级产业转移先进单位、市级工业统计先进单位和市级发展工业经济先进单位等。

夏邑县地税局

省局副局长李建华到该局调研

学雷锋志愿活动

夏邑县地方税务局成立于1994年10月，现有在职干部职工93人，担负着全县6632户纳税人地方税收的征收管理工作。负责营业税、企业所得税、个人所得税、城市建设维护税、等16种税、费的征收和工会经费、残疾人就业保障金的代征工作。

近年来，该局以“六个地税”建设工作要求为指引，认真贯彻县委、县政府和市局各项工作部署，坚持依法治税，创新税收征管方式，加强干部队伍建设，优化纳税服务，各项工作取得显著成绩。2014年，全县地税系统累计组织各项税收收入38307万元，同比增长15.7%，增收5203万元。其中，县乡级税收收入35625万元，同比增长17.6%，增收5339万元，提前24天完成全年组织收入目标，为全县社会经济发展做出突出贡献。

先后被授予“全国助残先进集体”、“省级文明单位”、“河南省地税系统依法行政示范单位”、“档案规范化管理省特级单位”、“河南省模范职工之家”等。

民权县地方税务局

市局副局长司喜庆调研指导工作

市局副局长孔令民在该局慰问

2014年，该局认真贯彻落实市局和县委、县政府各项工作部署，以组织收入为中心，正确分析和把握全县经济税收形势，齐心协力、真抓实干、克难攻坚，争先求突破，实现再跨越，各项工作继续保持齐头并进的发展势头，较好地完成全年各项目标任务。

截至年底，该局共组织入库各项收入50918.98万元，组织入库税收48781.14万元，同比增长29.82%，增收11205.85万元；其中：中央级收入4958.08万元，同比增长28.84%，增收1109.94万元；市县乡级收入43823.06万元，占年计划37800万元的115.93%，同比增长29.93%，增收10095.92万元；市级收入696.12万元，同比增长53.09%，增收241.41万元；县乡级一般预算收入45960.9万元，县乡级税收收入43126.94万元同比增长29.62%，增收9854.51万元。

民权县农机局

局 长 李德豹

农机化司司长李伟国调研三夏工作

近年来，民权县农机局按照“凝心聚力、务实重干、稳中求进、富民强县”的总要求，围绕“改革发展稳定”总任务，突出“一城一区一廊”总抓手，农作物机收、农机深松整地、秸秆综合利用、保护性耕作、农机农艺融合等先进技术得到大范围推广应用，民权县农机化事业进入快速发展阶段。

全县农机总动力 125 万多千瓦，大中型拖拉机 4635 台，联合收割机 2998 台，玉米收获机近千台，主要农作物耕种收机械化率 85% 以上。农机专业合作服务组织发展迅猛，已在工商局注册的农机专业合作社 69 家，以农机户为主体、农机服务组织为骨干的多元化农机服务模式快速发展。农业机械化的快速推进，在农业结构调整，繁荣农村经济，促进农村劳动力向二、三产业转移中做出突出贡献。先后获“全国平安农机示范县”、“全国科普惠农先进单位”、“全国农业先进集体”等。连续三年被评为“全省安全生产先进集体”；2013 年 2 月被评为“全市文明单位标兵”；连续九年在全市农机系统综合目标考核中名列第一。

永城市人民医院

党委书记、院长 王玉章

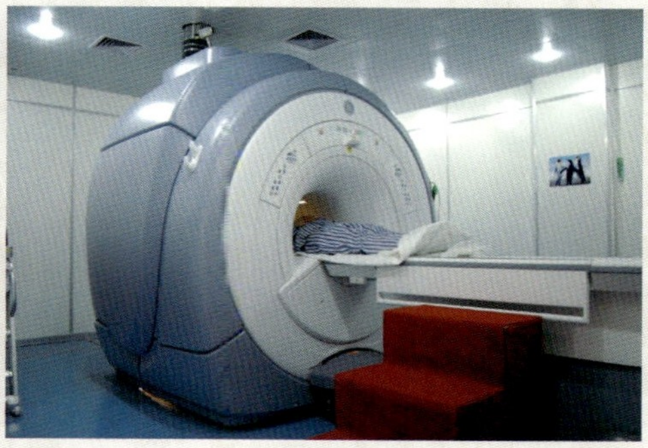

核磁共振

永城市人民医院系国家二级甲等医院，占地面积 18.6 万平方米，总建筑面积 10 万平方米，其中业务用房 8.9 万平方米。编制床位 1500 张，实际开放床位 1800 张。

永城市人民医院现有专业技术人员 1860 人，其中，高级技术人员 110 人，中级 360 人，医学博士 2 人、硕士研究生 80 人。拥有医用直线加速器、西门子 64 排 128 层 CT、通用 3.0 核磁共振、DRX 光机、东芝 1600 速生化分析仪、大型 C 臂、心彩超、腹部彩超等大型医疗设备。共设置临床科室 42 个。开展“二甲”技术项目 126 项，“三甲”技术项目“胰头根治切除术”、“全膝关节置换术”、“肾癌根治术”、“白血病诊治”、“断肢再植术”等二十多项。2014 年，医院业务总收入 3.4 亿元，总诊疗人次数 36.8 万人次，其中，住院人次 4.42 万人次。

永城市中心医院

学科共建研讨会

永城市市长孟庆勇到该院视察

2014 年，永城市中心医院紧紧围绕加快医院发展这个中心，以创建二级甲等医院为契机，强化科学管理，突出内涵建设，建立健全各种规章制度，改善就医条件，打造医院特色专科。保持医院快速发展的势头，使医院管理水平、医疗质量、服务水平跃上新台阶。医院现有职工 711 名，开放床位 600 张，专业技术科室 55 个，拥有中高级技术职称人员近 300 名；拥有万元以上大型医疗设备近 500 台件；总医疗用房面积 4.3 万平方米。全年总收入 1.27 亿元，门诊 267344 人次，住院 27999 人次，手术 3571 例次，病床周转次数 36.91 次。

宁陵县中医院

拓展训练

街头义诊

宁陵县中医院是一所中医特色突出，集医疗、教学、科研、康复为一体的综合性非营利性医院。曾荣获全国卫生文明建设先进集体，三次蝉联河南省“文明中医院”，先后被商丘市消协、市质量技术监督局授予“诚信维权、争创消费者满意活动先进单位”、“质量、计量信得过单位”。医院新址占地面积 56610 平方米，建筑面积 4.2 万平方米，设置床位 506 张，实际开放床位 220 张，该院为河南省中医学院教学实习医院、人寿险、城镇医保、新农合定点医院。

医院有职工 396 人，其中专业技术人员 302 人，副高以上职称 19 人，中级职称 80 人，初级职称 203 人，专业的技术人才基础为医院诊疗救治工作提供了有力保障。医院诊疗设备齐全，拥有核磁共振，螺旋 CT、DR，四维彩超，日本进口全自动生化仪，全自动血细胞分析仪，C 型臂、呼吸机、心电监护仪、心电工作站、动态心电图、胶囊胃肠镜等。

豫东国际食品城

电商运营中心

豫东国际食品城项目位于豫东综合物流集聚区内，北临汇聚八路，西临商均路，东临通达七路，南临朱台路，占地面积约 13.95 公顷，总建筑面积约 16 万平方米。

豫东国际食品城项目由商丘多美工贸有限公司于 2013 年 12 月投资兴建。总投资 6.5 亿元，总建筑面积 16.19 万平方米，其中包括仓储 12.58 万平方米，办公信息楼 3.2 万平方米。项目建成后，年营业额约 8 亿元，年创利税 3000 万元，安置就业 500 余人。

会员制仓储式直销中心

商丘世鹏医院

院 长　戴世鹏

商丘世鹏医院，是新农合、市、区职工、居民医保定点单位。以中西医疼痛、骨伤科为特色的疼痛科、三氧疼痛治疗系统、射频消融仪、低温等离子多功能手术系统等。疼痛骨伤科综合采用北京骨科神医罗有明及北京空军总医院冯天有教授新医正骨疗法，北京宣武医院及广州第一军医大高新技术治愈颈椎病、椎间盘突出患者数千例，在医界同仁和广大患者中树立自己的地位和形象。

戴世鹏院长出生于著名中医世家。毕业于河南医科大学，疼痛骨伤科主任、中国中医针灸推拿协会委员、中国疼痛医师协会中青年委员、世界疼痛医师协会中国分会中青年专家委员、中华医学会会员、商丘物理与康复专业委员会委员。

戴世鹏多次在北京空军总医院、北京宣武医院进修学习，集专家真传和多年临床经验，对各种常见的慢性顽固性疼痛疾病有扎实的理论基础丰富的临床经验。如颈肩腰腿痛、三叉神经痛等已独立完成 C 臂引导的射频消融术、低温等离子微创介入手术数百例，各种门诊神经阻滞治疗数千例，尤其擅长颈胸腰椎的微创介入手术。

商丘市鸿升豆业有限公司

总经理　任鸿升

贾寨豆腐干出名于任记，早在康熙年间，任鸿升的七世祖做的豆腐干就远近闻名，治黄大臣刘庸，有功怀朝，携豆腐干宴请朝臣有“治黄有功回朝转，唯有腐干宴群臣”之佳句，流传至今，后来乾隆登基，选当地名吃进贡朝廷，豆腐干被选进宫中，皇上食后龙颜大悦，封为贡品，年年进贡朝廷，从此贾寨任记的豆腐干成为苏鲁豫皖几省最著名的风味小吃之一，不知道的就把它说成贾寨豆腐干。

任鸿升是任记豆腐干世家的第十三代传人，为了更好的继承和发展祖传事业，铸造豫菜品牌，弘扬豫菜文化，任鸿升从贾寨搬迁到商丘从事豆腐干生产，他采取祖传工艺与现代科学相结合生产工艺，真空包装，高温灭菌，使豆腐干保质期可达一年之久，在祖传品种单一的基础上，现在生产出鸡汁、五香、油焖、麻辣、酱香、卤汁、手工黑、手工白、白香干等二十余种产品，深受消费者的赞誉。

河南省一顺药业有限公司

董事长　韩世洪

领导团队

河南省一顺药业有限公司是集批发、零售连锁经营为一体的综合医药物流企业。商丘市首家通过新版《药品经营质量管理规范》复认证企业，河南省基本药物配送百强企业，商丘市医药零售业协会会长单位，商丘市医药行业商会常务会长单位，商丘市梁园区优秀政协委员单位。公司位于商丘市民主与梁园路交叉口，民主东路 166 号，地理位置优越，交通便利，四通八达。

主要经营范围为中药材、中药饮片、中成药、化学药制剂、抗生素、生化药品、生物制品、精神药品，医疗器械，保健品、保健食品、消毒灭菌用品等产品的批发销售，是商丘市唯一罂粟壳批发企业。一顺药业与上千家药品生产厂家建立了互信共赢的合作伙伴关系，保持产品规模近万种，销售客户 5000 余家，配送范围遍及商丘及周边豫鲁苏皖地区。有现代化物流仓库万余平方米，配套服务用房 5000 余平方米，药品配送车辆、冷藏车 30 余辆，并配备能够满足配送需求的冷藏箱和保温箱，专车专人、专业专职保障药品及时快捷配送。

商丘市天伦大药房

董事长　蔡会梅

门　店

商丘市天伦大药房有限公司总店创建于2003年8月，位于神火大道556号，是商丘“超市型”开架式医药零售销售的开拓者。十年来，公司在董事长蔡会梅的带领下，全体员工不懈努力、拼搏进取，从一家门店发展到目前拥有经营场所面积8000平方米，仓库面积1200平方米、办公场所面积600平方米，各类经营设施、设备齐全，商丘规模最大、知名度、信誉度都领先于同行业的标准化医药连锁航母企业。

商丘市天伦大药房有限公司2009年10月首次通过GSP认证，2014年8月新版GSP认证一次性通过。先后被授予“省残疾人就业示范基地”、“市药品经营管理规范示范药店”、“市A级纳税信用等级企业”、“市消费者满意单位”等，深受广大消费者的支持和拥戴。公司坚持“统一采购、统一质量、统一配送、统一管理”的经营模式，秉承“以德为本、顾客至上”的经营理念，一如既往的在质量过硬、品种齐全、价格低廉、服务热情的经营方针上不断推进，肩负起商丘父老乡亲们用好药，用安全药的社会责任感。

哈药集团世一堂百川医药商贸有限公司

哈药集团世一堂百川医药商贸有限公司是集药品批发、医药零售连锁、中药材种植经营等于一体的大型医药批发企业。公司成立于2003年10月，注册资本4420万元，资产总额35043万元。经营范围包括中成药、中药材、中药饮片、化学原料药、化学药制剂、生化药品、生物制品、抗生素、疫苗、第一、二类精神药品、麻醉药品、医疗器械、保健品等。经营品种近万种。现有员工近400名，占地4余公顷，拥有GSP认证的规范化仓库1.2万平方米，能够实现对200公里内的医药分销商及终端网络的及时、安全、有效配送。

公司以诚信为根本，以创新为手段，不断深化改革，转变观念，开拓进取。先后同国内外知名厂商如哈药集团、石药集团、西安杨森等500余家知名厂商建立稳固的业务关系，下游客户1万余家。经营业务覆盖豫、鲁、苏、皖周边地区200公里左右的各商业公司及各医疗单位。建立中药材种植基地33.33余公顷。2014年实现销售销售收入14.8亿元，实现税利1344万元。迈入河南省民营企业百强和全国医药流通行业百强之列。

商丘演艺集团

《李香君》剧照

梅花奖

2014 年，商丘演艺集团按照市委、市政府中心工作，紧紧围绕中心，突出重点，以科学发展观为指导，坚持开拓创新、干事创业，在文化体制改革、艺术创作生产、剧目排练演出、群众文化生活、对外文化交流、文化产业发展等方面均取得较好的成绩，促进全市文化体制改革和文化产业发展，较好地完成全年各项工作任务。

2014 年全年共计演出场次近 400 场，随省长谢伏瞻率领的“中原情一家亲”河南参访团河南文化交流团，开展赴台经贸文化交流活动，在台湾全岛精彩巡演，受到当地观众的高度称赞。大型古装豫剧《王昭君》获第十三届河南省戏剧大赛文华大奖。发挥演艺资源优势，实施精品战略，演出市场规模稳步扩大，演出市场成效显著。

商丘市经济作物技术推广中心

2014 年，商丘市经济作物技术推广中心全体人员开展棉花、油料、烟叶等经济作物的新品种、新技术推广服务，在新品种、新技术示范推广方面，得到农业部肯定和表扬，在商丘市召开了全国棉花新技术示范观摩现场会，并于全国推广。

全市棉花种植面积 3.91 万公顷，总产 5.14 万吨，单产 5.85 公斤／公顷。油料面积计划 8.53 万公顷，其中花生面积 7.87 公顷、芝麻 1000 公顷、油菜 5666.67 公顷。花生总产量 53.1 万吨，产值 26.6 亿元。食用菌情况年产量 12.5 万吨实现产值 6.25 亿元，出口创汇 120.85 万美元。烟叶种植种植面积 902.67 公顷，年产值 6038 万元。

华春环保装饰建材有限公司

市委副书记周树群为董事长刘保林颁奖

华春集团位于江西省昌市，是积科研开发、生产销售、出口为一体的高技术新型建材企业，集团生产的华春定制家具、室内套装门被称为国内唯一无甲醛室内门称号。集团旗下拥有华春环保装饰建材有限公司，中德合资堡斯德建材南昌有限公司，2014 年投资 3000 万元成立河南生产基地，河南华春家居门业有限公司、河南华春装饰工程有限公司、华春定制家具、华春接待中心等子公司。公司有数项产品专利，通过 ISO9001，2000 国际质量体系认证，并列为国家重点新产品，高新技术企业。产品出口 100 多个国家。

商丘城乡一体化示范区

领导在企业调研

商丘城乡一体化示范区前身是商丘新区，2013 年 12 月更名。包括开发区、物流区以及正在规划的石化园区、综合保税区，辖平台、平安、中州三个街道和张阁、周集、贾寨三个乡（镇），面积 239 平方公里，总人口 30.5 万人。2014 年，在市委、市政府的坚强领导下，示范区党工委、管委会以党的十八大、十八届三中、四中全会精神为指导，认真贯彻落实习近平总书记系列讲话精神，负重拼博、克难攻坚，经济社会保持良好的发展态势。

商丘市气象局

气象应急演练操作

商丘市气象局下设办公室、人事科、业务科、政策法规科 4 个职能科室和气象台（信息保障中心）、气象科技服务中心、防雷技术中心、财务核算中心 4 个直属事业单位。下辖 9 个县（区）气象局（站）。

近年来，商丘市气象局坚持依法发展气象事业，以气象防灾减灾为主线，依法履行气象公共服务和气象社会管理重要职能。不断强化气象探测、预报预警和公共服务系统建设，切实增强科技创新能力，着力提高气象预报预测预警水平，努力提升气象防灾减灾服务能力，切实推进气象工作政府化、气象业务现代化和气象服务社会化进程，扎实开展决策服务、专项服务和公众气象服务工作。气象工作在保障社会经济发展、防汛抗旱、应急抢险救援和各类重大社会活动中发挥重要作用，特别是对促进全市粮食生产连年增收做出重要贡献。

郑州海关驻商丘办事处

业务工作

2014 年，郑州海关驻商丘办事处以“转作风、提服务、扩总值”为抓手，围绕中心工作，进一步优化监管服务，不断提升工作效能，圆满完成各项工作任务。

2014 年商丘市进出口总值 209272 万元，同比增长 33.9%，外贸进出口总值创历史最高水平，且首次突破 20 亿元关口，增速高于全省平均水平 26.4 个百分点。其中，进口 34518 万元，增长 37.5%，出口 174754 万元，增长 33.2%。全年共征收税款 23747 万元，同比增长 136.3%，首次突破 2 亿元关口；其中关税 776 万元，同比增长 144.8%；进口环节税 22971 万元，同比增长 136.1%。全年全市农产品出口货值实现双增长，其中货值 3.2627 亿元，同比增长 30.5%；货运量 1.8821 万吨，同比增长 31.9%；农产品出口值占全市出口总值的 15.6%，成为全市出口创汇的主力商品。

商丘市畜牧局

副省长王铁视察畜牧企业

2014 年，市畜牧局围绕农民增收这一中心，以服务型法制政府转型为目标，坚持发展与防控并举、监管与服务并重的方针，以发展、保护、安全为重点，强力推进畜牧业规模化、标准化、产业化，实现全市畜牧业又好又快发展，圆满完成各项工作任务。2004，全市肉类总产量 68.49 万吨，同比增长 3.2%；禽蛋产量 42.12 万吨，同比增长 4.1%；奶类产量 36.75 万吨，同比增长 8.6%。生猪存栏 508.82 万头，出栏 603.58 万头；牛存栏 125.59 万头，出栏 76.52 万头；羊存栏 535.27 万只，出栏 442.05 万只；家禽存栏 6496.21 万只，出栏 6006.96 万只。畜牧业多项生产指标位居全省前列，羊存出栏、羊肉产量居全省第一位，肉牛存出栏、牛肉产量居全省第三位，生猪、家禽存出栏居全省第四位，是全省重要优质畜产品生产加工基地。

商丘市中心血站

商丘市中心血站成立于 1996 年，占地 0.24 公顷，建筑面积 4600 平方米；另有在市凯旋中路、永城市、夏邑县各设置献血屋三座，面积 360 多平方米；流动采血车 3 辆，各县、区设有流动采血点 11 个，接受市民无偿献血。设有采供血部门 4 个，支持部门 13 个。血站拥有价值 5000 多万元的医疗、检验和实验室设备。担负着全市各医疗机构临床用血的供应及技术指导工作，血站一贯倡导科学、合理和安全的临床输血理念，为临床提供输血技术咨询和业务指导。为适应临床的需要，还开展疑难血型鉴定及配血、新生儿溶血病的检查、输血反应鉴定、稀有血冷冻保存、血浆置换术等输血相关服务项目和输血治疗项目。先后 50 多次受到国家、省、市的表彰奖励，连续被评为“全国无偿献血先进城市”、“全国实验室室间质评优秀单位”。

商丘市第五人民医院

商丘市第五人民医院，其前身为商丘铁路医院，始建于 1938 年，2006 年更名为商丘市第五人民医院。2012 年经省厅批准增挂商丘市儿童医院和商丘市妇幼保健中心的牌子。医院现开放床位 260 张，临床、医技、职能科室 35 个。是新型二级综合性医院。

该院是郑州铁路局职工医疗保险定点医院；商丘市城镇职工、城镇居民医疗保险定点医院；新型农村合作医疗保险定点医院；120 急救中心急救站；是全市唯一一家市级妇幼保健中心和儿童专科医院。为了方面全市患儿就医，2014 年 8 月 1 日商丘市儿童医院正式与开封市儿童医院联合办院。使全市患儿享受到三级儿童专科医院的高质量诊疗服务。

商丘市文化广电新闻出版局

世界遗产保护标识

商丘市文化广电新闻出版局是市政府组成部门，2010 年由商丘市文化（新闻出版）局和商丘市广播电视局合并组建。现有内设机构 12 个，行政编制 54 人。市文广新局承担着指导管理全市文化艺术、广播影视、新闻出版、文化市场管理、文化遗产保护等 23 项事业建设发展的重责。

商丘市文化广电新闻出版局设 12 个内设机构：办公室（政策法规科）、计划财务科、艺术科、文化市场科、文化产业科、社会文化科、市新闻出版办公室、宣传与电影管理科、科技事业科、人事科、市文物管理局。另设离退休干部工作科。所属企事业单位 11 个：商丘广播电视台、商丘市豫剧院、商丘市文化市场稽查大队、商丘博物馆、商丘市群众艺术馆、商丘市文物工作队、商丘市艺术研究所、商丘市电影公司、宋城影剧院、商丘广播电视监测服务中心、商丘市新农村数字电影院线公司。

中国人寿保险股份有限公司商丘分公司

2014 年，中国人寿商丘分公司坚持协调均衡可持续发展方针，以提升价值为先导，进一步优化结构，转型增效；在发展中掌控节奏，序时推进，全年以企划方案为纲，统一政策宣导，加强督导，有序推进，从而保证全年主要预算指标的顺利达成。全年全系统共实现总保费 10.82 亿元，市场份额 29.36%，稳居市场第一位，其中，长期险首年标准保费 7180 万元，同比增长 10.17%；新单保费 6.11 亿元，同比增长 1.15%；首年期缴 1.69 亿元，同比增长 39.67%；10 年期以上 7907 万元，同比增长 9.94%；短险 5087 万元，同比增长 16.99%。全年支付满期给付及各类赔款 7.39 亿元，纳税上千万元。系统综合考核得分 105.5 分，实现公司类别档升级。

商丘商贸学校

商丘商贸学校始建于 1983 年，是睢阳区唯一一所公办中等职业学校、省级重点学校。该校占地面积 9 公顷，建筑面积 3.5 万平方米。学校师资力量雄厚，现有教职工 200 余人，其中高级职称 96 人、“双师型”教师 85 人、省级优质课教师 26 人，全日制在校生 2000 余人，短期培训班学员常年保持在 500 人左右，办学规模在全市同类学校中居于领先水平。学校始终坚持“质量立校、技能立业、特色强校”的办学思想，把加强学生的技能培养作为教学的核心目标。在校学生全部享受国家免学费政策，涉农专业及家庭贫困学生可享受 4000 ～ 8000 元的助学金，成绩优异者还可享受学校奖学金 5000 元。

近年来，学校先后被商丘市人民政府命名为文明单位标兵、省教育厅命名为省级示范性职业中专、河南省人民政府命名为职业教育先进单位、连年被商丘市教育局评为招生工作先进单位、获睢阳区总工会“五一劳动奖状”，《河南日报》《教育时报》《商丘日报》等新闻单位先后报道学校的办学事迹，赢得社会赞誉。

梁园区审计局

局 长　彭春清

2014 年，梁园区审计局坚持科学审计理念，按照“坚持科学发展、继续狠抓质量、强化审计管理、实施精品工程、培养过硬队伍”的工作思路，不断提高审计队伍素质，积极发挥审计职能，在服务经济建设和促进廉政建设方面发挥积极作用，取得良好效果。

“以提升审计质量、打造审计精品、构建和谐审计“为目标，努力采取各项措施，提高审计质量，全力打造精品审计项目。以文明创建活动为载体，叫响“以人为本，构建和谐机关；文明执法，打造一流审计”的口号，大力弘扬团队精神，努力谋求团队凝聚力、战斗力，打造出“梁园审计品牌”。2011 年 12 月，被命名为“省级文明单位”，2012 年获“省级卫生先进单位”。

睢阳区林业局

林茂粮丰

近年来，全区林业工作紧紧围绕建设生态睢阳、美丽睢阳的目标，以林业生态区建设为载体，以林业重点工程为抓手，以集体林权制度改革为动力，大力推进提升林业生态建设，实施农田防护林体系改扩建工程、生态廊道网络建设工程、防沙治沙工程、低质低效林改造工程等林业生态建设工程，全区基本建成点、片、网、带相结合的农田防护林综合体系，以沟、河、路、渠为骨架的生态廊道网络，初步形成城镇村庄和通道沿线的自然生态景观带，改善提升城乡人居环境和经济发展生态环境。

睢阳区交通运输局

2014 年，睢阳区交通运输局在区委、区政府的正确领导和关心支持下，认真学习贯彻党的十八大和十八届三中、四中全会精神，以科学发展观统领全局，按照“稳中求进，改中求进，好中求快”工作思路，务实重干，加快推进综合交通、智慧交通、绿色交通、平安交通、法治交通、服务交通“六个交通”建设，取得良好效果，较好地完成各项工作任务。

该局先后被评为省级文明单位、省级卫生先进单位、全省“六好”基层工会、被市委、市政府评为全市优化经济发展环境工作先进单位、被区委、区政府授予公仆杯银奖、先进党委、“黄金搭档杯”优秀和谐领导班子、党风廉政建设责任制工作先进单位等。睢阳区道路运输管理所被评为全省道路运输先进单位；睢阳区农村公路管理所被市总工会评为“五一”巾帼文明岗，被区委、区政府授予“三八”红旗集体。

睢阳区农发行

中国农业发展银行商丘市睢阳区支行，地处商丘市神火大道中段158号，毗邻睢阳古城，位于商丘行政文化金融中心，地理位置优越。全行现有在册员工39人，在岗员工33人，其中大专以上[illegible]人，中级职称26人。

2014年，睢阳区农发行积极开展党的群众路线教育实践活动，把握稳中求进的工作基调，坚持强化政策职能保收购、“两轮驱动”促“短板”、从严治行促合规，严控风险防新增，全力抓好粮棉油收储信贷业务，大力开展中长期信贷业务。严格按照“一保、一进、一稳”的要求，着力调整信贷结构，进一步加强作风建设，深入开展“合规建设深化年活动，确保粮棉产业和城乡一体化发展，各项工作呈现稳健、有效发展的良好态势。截至年底，该行贷款余额18亿元，全年累计投放各类贷款16亿元，在全区各金融机构均居首位。目前，该行共支持20家客户企业，其中中储粮直属库1家，粮棉购销企业2家，农业产业化龙头企业[illegible]家，农业小企业3家，涉及纺织、面粉加工、养殖、食品加工、生物制药、木材加工、种子等行业。

睢县城关回族镇

党委书记　李红星

镇　长　吴伯路

睢县城关回族镇位居睢县县城，是全县的政治、经济、文化、信息中心，辖6个社区居委会、18个行政村（42个自然村），其中少数民族村委5个，总人口83565人（其中农业人口18170人，少数民族人口1.47万人），现有耕地1033.53公顷，是全市少数民族人口最多的民族乡镇。

近年来，该镇围绕“民族团结、经济发展、民生改善、形象树立”为工作重点和工作目标，按照“三严三实”专题教育活动要求，敢于担当，努力拼搏，务实重干，开创了经济社会和谐发展的新局面

民权县环境保护局

省环保厅副厅长王争亚视察工作

民权县环保局成立于1996年6月，是主管民权县环境保护工作的县政府直属机构。现有在职干部职工69名，内设二室、八股，下设一站一大队，分别为办公室、财务股、人事股、环评股、生态股、监察室、政策法规宣教股、污控股、危废辐射股、监测站、监察大队。

近年来，民权县环境保护局在县委、县政府的正确领导下，认真履行职责，严格监管，亲情服务，为努力促进经济社会与环境保护协调发展作出积极的贡献。先后被河南省环保厅表彰为“全国第一次污染源普查先进单位”、被省科学技术协会表彰为“河南省全国科普日活动先进单位”，被市委、市政府表彰为“市级文明单位”，被县委县政府表彰为“平安建设工作先进单位”、“综合目标考核先进单位”等。

睢阳区中心医院

商丘市睢阳区中心医院前身为睢阳区公费医疗医院，始建于 1983 年，是一所集医疗、保健、教学、疾病预防及社区服务为一体的综合性医院，是睢阳区城镇职工医疗保险、城镇居民医疗保险和新型农村合作医疗定点医院，是商丘市 120 急救中心指定急救单位。该院现有各类办公及业务用房 6370 平方米，开设床位 120 张。医院现有职工 262 人，专业技术人员 187 人，其中高级职称 13 人，中级职称 51 人。

该院开设临床一级科室有急诊科、内科、外科、妇产科、儿科、五官科、皮肤科、口腔科、中医科、肛肠科和麻醉科。其中内科二级分科有心血管内科、消化内科、神经内科、呼吸内科；外科二级分科有普外科、骨科、神经外科等。医技科室主要有放射科（CT 室）、影像科（包括心电图室、彩超室、多普勒室等）、检验科、胃镜室、碎石科、理疗科等。

梁园区城市管理局

梁园区城市管理局成立于 1997 年 12 月，全局拥有干部职工 2300 余人，主要担负着商丘市梁园辖区 74 条主次干道 720 万平方米道路清扫、保洁，167 座水、旱公厕保洁、粪便清掏、清运处理及城区市容秩序的管理职责。梁园区城市管理局内设 11 个职能科室。下设五个二级机构，即：梁园区环境卫生管理处、梁园区环境卫生管理二处、城市管理监察大队、火车站广场管理处、垃圾渣土管理办公室。

近年来，梁园区城管局在梁园区委、区政府的坚强领导下，在市城管局的正确指导下，紧紧围绕区委、区政府制定的年度城市管理工作目标，以科学发展观的指导，以实现市容环卫管理工作的规范化、经常化、制度化为重心，为积极营造全区优良的经济发展环境提供一流服务，使该区的城市管理工作取得了长足的发展和进步。

柘城县供电公司

国网河南柘城县供电公司共设 9 个职能部室、4 个业务支撑机构和 1 个柘源电力工程有限公司，20 个供电所，全县用电户 31.4 万余户。2014 年，柘城供电区最大负荷 164.7 兆瓦，供电量完成 6.36 亿千瓦时。共有在册职工 487 人，离退休人员 134 人，农电工 332 人。

柘城县境内现有 220 千伏变电站 1 座，主变 1 台，容量 180 兆伏安；110 千伏变电站 4 座，主变 6 台（其中一座变电站为用户变），总容量 216 兆伏安；110 千伏输电线路 5 条，总长 116 千米；35 千伏变电站 16 座，主变 28 台，总容量 147.7 兆伏安，其中公用变电站 15 座，变电容量 138.25 兆伏安；35 千伏输电线路 23 条，总长 169.1 千米；10 千伏线路 82 条，总长 1564 千米；配变 2478 台，总容量 378.03 兆伏安，其中公用配变 1981 台，总容量 211 兆伏安。400 伏线路总长度 3290 千米。

近年来，公司先后被国家电网评为文明单位；被省发改委授予河南之星最佳单位；被授予“省级文明单位”称号；被河南省电力公司评为 2009 ～ 2010 年度省一流县级供电企业；获国家二级档案先进单位等。

宁陵县民族医院

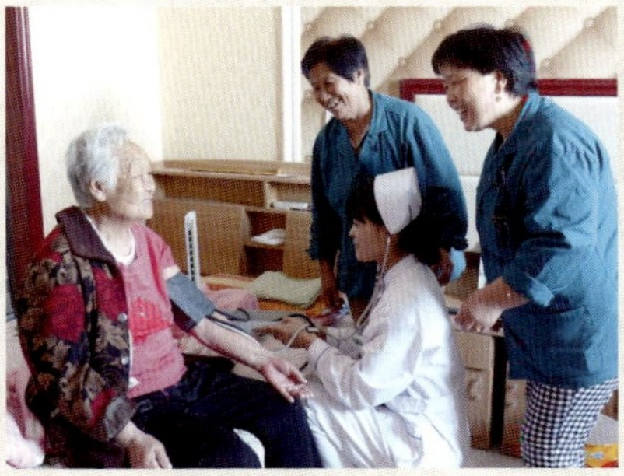

精心义诊

宁陵县民族医院是新型农村合作医疗定点医院，城镇职工、居民医疗定点医院，低保、五保民政直补定点医院。1998年由河南省著名老中医、国务院特殊津贴获得者、主任医师姚昌礼创建。2005年更名为宁陵县民族医院，该院占地7000余平方米；建筑面积4000平方米，设置床位100张，全院职工57人，其中主任医师2人。肝病科和糖尿病科为该院拳头科室，国务院特殊津贴获得者姚昌礼和主任医师现任院长陈雪玲长期坐诊。治疗肝病以中医辨证为基础，配合西药抗病毒、保肝、抗炎、抗纤维化等治疗，效果特优。治疗糖尿病，以自主研制经验方药为主，已有20余年的历史。项目“柳白皮合剂治疗糖尿病300例临床研究”获商丘市科技进步二等奖和河南省科技进步三等奖。

商丘城乡一体化示范区平台街道

赴兰考焦裕禄纪念馆宣读入党誓词

平台街道位于商丘市城区东南部，东与张阁镇周集乡毗邻，南与虞城县芒种桥乡相连，西与睢阳区宋城街道接壤，北与商丘物流园区为邻。105国道、木兰大道、京九铁路在辖区内穿过，交通便利。南区星林路、富商大道、阳光路、京九西路、富民路、黄山路与东区郑平路、华强路、飞跃路、方域路、商夏路、商虞路在境内纵横交错，在区域范围内全部实现雨污分流，达到“七通一平”的标准。

平台街道辖平台、杨大庄2个社区，陈阁、唐楼、唐小楼、乐道、路口、宋梨园、杨园、张瓦房、柳杭9个村民委员会，共43个自然村。辖区内已建成和合社区、和睦社区、和贵社区、和兴社区、和福社区5个社区，占地总面积34万平方米，建设用地56万平方米。新规划社区和平社区、和悦社区计划占地总70万平方米，计划建设用地64万平方米。辖区总人口5.3万人，其中常住人口3.2万人，流动人口2.1万人，城镇化率43%。

容湖生态景区

容湖雪景

容湖生态景区位于柘城县城北侧，是明朝嘉靖年间黄河决口冲灌而形成的自然湖泊，景区总占地面积133.33余公顷。2008年8月，采取市场化运作模式，投资10.8亿元，在原有北旧湖遗址上，打造出现在的容湖。目前是国家湿地公园，国家水利风景区，国家AA级旅游景区。

容湖景区现有绿化面积30万平方米，名贵树种以香樟树、银杏树、红果冬青为主，石楠、金叶黄杨、小叶女贞等小乔木为辅。景区建有音乐喷泉、水幕电影、白瓷塔苑、观湖石桥、观鱼长廊、游船码头、芦苇湿地等9个景观项目。梨园、桃园、紫薇园、荷花园4个主题景观园；以及音乐广场、府前广场、音乐广场三个城市休闲广场。湖区内的白瓷塔苑占地3600多平方米，塔身设计为七层八角式，高达40米，主体采用中式圆古典建筑群围合，中央耸立宝塔。白瓷塔苑是柘城县的十大地标性建筑之一。

梁园区工信局

市领导到梁园区企业调研

2014 年，梁园区工信局按照“稳增长、调结构、重服务、促发展”的工作思路开展工作。全年工业增加值完成 36.8 亿元，同比增长 11.5%，实现利润 2.2 亿元，同比增盈 3.1 亿元；上交税金 3.2 亿元，同比增长 2.8 倍。新增规模以上企业 27 家，总数 126 家，产值超亿元企业 25 家。压缩电解铝产能，医药、健康运动、食品成为主导产业，高新技术企业 25 家，增加值增长 35%。向企业派驻首席服务官，强化资金、电力、人力等要素保证，为企业协调资金 2.3 亿元，为企业争取政策性扶持资金 2000 余万元。积极开展招商引资工作，国药集团商丘物流公司、华润集团商丘药业公司投入运行，明清药业、雅康药业、华源服饰项目开工建设，金马药业落地梁园产业聚集区。被市政府命名为服务企业先进单位；被评为梁园区综合目标完成先进单位、招商引资先进单位、信访稳定先进单位。

局长刘安生慰问困难群众

座谈会